U0901208

2013 中国艺术品 JADE CARVING
{拍卖年鉴}

CHINESE ART AUCTION RECORDS

中英文名称对照 | 2012.1.1~2012.12.31

掌握玉器投资全球价格及趋势

《拍卖年鉴》编辑部／编著　赵友厚／编审

北京联合出版公司

前言
PREFACE

这是一本反映了纽约、巴黎、伦敦、香港、澳门、北京、上海、天津、南京、苏州、杭州、昆明等地，中国古代艺术品拍卖市场2012年全年重点玉器拍品拍卖记录年鉴。

它搜集了澳门中信、邦瀚斯、北京保利、北京长风、北京诚轩、北京传是、北京东正、北京歌德、北京古天一、北京翰海、北京华辰、北京九歌、北京匡时、北京荣宝、北京永乐、北京中汉、朵云轩、福建东南、佳士得、南京经典、上海道明、上海工美、上海泓盛、上海嘉泰、苏富比、太平洋、天津文物、西泠印社、云南典藏、中国嘉德、中贸圣佳等拍卖公司，从2012年1月1日至12月31日中国古代艺术品拍卖中玉器的交易记录4500多笔。本年鉴600余页，详实收录每件拍品的中英文对照信息，并附精美图片说明，是目前中国艺术品拍卖市场中，唯一可参考的拍卖年鉴。

据《拍卖年鉴》2012年拍卖资料可见，2012年艺术品拍卖市场整体表现较为平淡，几无亮点。在春拍市场中，部分老买家对艺术拍卖的关注度回升，但出手谨慎，观望态度依旧明显，这一点与以往大体量基金作用下的买家博弈形成鲜明对比，以前占尽媒体头条版面的天价效应已不再现。低估价或无底价起拍的操作方式虽有效减少了虚假交易和迟付、拒付现象，但拍品征集困难、市场精品难觅等市场反应，说明这一做法使大量藏家产生了惜售心理。纵观艺术品拍卖全年市场表现，上半年的成交额为281.60亿元，在年底结束了连续两个拍卖季度的交易总量下跌并有所回升，达到294亿元——V字形的发展使全年达到616亿元的成交总量，这给2013年的艺术品拍卖市场带来新的希望。

这一年的市场走势主要受两方面因素的影响。首先，受宏观经济波动影响，上半年流动资金依然紧张，民企资金链紧缺的状况并未好转；其次，税务、金融等多部门对艺术基金的监察，也使其进入谨慎调整的阶段，因此，以往大体量基金操作艺术品拍卖现象在2012年非常少见。同时，拍卖行业自身的弊端也让市场进一步低迷，媒体对天价成交拍品作价、做局的质疑更进一步提高了公众的警惕，使买家在出手时更为谨慎，成交量下降也随之而来。

2012年艺术品拍卖市场的一大表现是拍品数量的整体减少，上拍数量较比2011年度减少了7万余件。这主要是因为前两年的蜂拥入市逐利与盲目扩张轮番炒作的“击鼓传花”式交易行为，几乎套出了全部民间藏品资源。互联网的高速发展，让以往利用信息不对称进行逐利的行为急剧减少，大量低劣拍品不再能形成有效成交，因此上拍精品、开发新鲜藏品、发掘藏品的文化价值与历史底蕴，逐渐成为业内共识。

2012年玉器拍卖市场整体表现不温不火，“白玉交龙纽‘八徵耄念之宝’玺”以6900万元人民币高价在北京保利春拍中成交，成为2012年玉器拍卖的最高价，而以往的“亿元拍品”不见踪迹。虽然皇家玺印历来是玉器拍卖市场中最受关注的板块，但同为保利推出的“白玉云龙纽‘自强不息’玺”却难逃流拍的命运。低估价和无底价起拍者，除其中精品外，流拍现象严重。

《拍卖年鉴》编辑部预估，2013年艺术品拍卖市场将迎来新的冲击，拍卖市场将进入套现兑付的周期，这将是对艺术品金融属性的更真实考验。经过2010—2011年交易的泡沫期，在2012年成交总量和成交总额更为真实的背景下，面对经济回暖将有效支持艺术品交易的市场前景，我们保守估计，2013上半年，艺术品市场将会持续调整姿态，虽然人们对走势大多报以悲观情绪，但下半年的市场走势将会有所改观。

目录

CONTENTS

阅读导航

EXAMPLE

中英文品名

拍卖行官方品名信息，便于读者与相关拍卖行对比式查阅。

拍品图片

精美高清图片，读者可根据图片对拍品进行鉴赏，对年度成交前十位的各器型拍品，均予以标注，方便查找对比。

拍卖机构信息

书中所有拍品均标注拍卖机构的中英文名，读者可以迅速而直接地了解拍品成交信息及成交行情，让投资更简单。

拍品年代信息

书中断代信息均为拍卖行官方数据，便于读者对比图片、文字数据进行比对鉴赏。

拍品估价及成交价位信息

书中均以不同格式列明拍品估价与成交价，价格均以拍卖当地币种记录，更易查阅。

拍卖详情

详细列明拍品成交时间、拍品编号（Lot）及尺寸信息。

特别说明

1. 本书所用币种如下：USD- 美元、EUR- 欧元、GBP- 英镑、HKD- 港币、RMB- 人民币。
2. 拍卖公司英文名称均为英文缩写，详情参考“拍卖公司中英名称及本书缩称索引”（第 14 页）。
3. 尺寸单位为厘米（cm），其中字母含义分别为：H- 高、D- 直径、L- 长、W- 宽、De- 进深；重量单位为克（g），以 W 表示。

2012年度玉器拍卖Top 10

THE TOP 10 OF 2012 JADE CARVING AUCTIONS

中国玉器拍卖十大排行榜Top 10

排行	拍卖行	日期	Lot	年代	名称	尺寸	估价	成交价
1	北京保利	2012-6-5	6054	乾隆	白玉交龙纽 "八徵耄念之宝"玺	7.5 × 7.5 × 6.2cm	咨询价	RMB69,000,000
2	北京保利	2012-12-5	5710	乾隆	御制翡翠雕辟邪水丞	L 38.2cm	咨询价	RMB49,450,000
3	苏富比	2012-9-12	303	乾隆	玉交龙钮长方玺	6 × 6cm	USD 800,000-1,200,000	USD3,498,500
4	苏富比	2012-5-16	29	乾隆	褐斑白玉 "瑶池仙侣"图笔筒	16.9cm	GBP 250,000-350,000	GBP1,553,250
5	佳士得	2012-5-30	4275	晚清	翠玉饕餮纹狮钮活环耳方鼎	H 18.5cm	HKD 3,000,000-4,000,000	HKD16,900,000
6	苏富比	2012-10-9	3006	乾隆	乾隆帝御宝海水螭龙钮 青白玉玺	8.6cm	HKD 8,000,000-12,000,000	HKD16,340,000
7	北京保利	2012-12-5	5768	乾隆	白玉山水人物圆插屏	D 21.5cm	RMB 10,000,000-15,000,000	RMB12,650,000
8	北京保利	2012-12-5	5771	乾隆	白玉七佛八宝莲瓣奁盒	D 13cm	RMB 8,000,000-12,000,000	RMB12,650,000
9	佳士得	2012-5-30	3960	乾隆	白玉雕庆丰收图砚屏一对	W 24.7cm × 2	咨询价	HKD15,220,000
10	佳士得	2012-5-30	3956	乾隆	黄玉仿古夔龙纹象耳盖瓶	H 20.2cm	HKD 2,800,000-4,000,000	HKD15,220,000

中国玉器拍卖配饰类十大排行榜Top 10

排行	拍卖行	日期	Lot	年代	名称	尺寸	估价	成交价
1	佳士得	2012-5-15	88	乾隆	御制碧玉璧	D 40.7cm	GBP 400,000-600,000	GBP541,250
2	西泠印社	2012-7-7	1932	不详	杨曦 净面忠勇 白玉对牌	尺寸不一	RMB 3,000,000-4,000,000	RMB4,600,000
3	北京保利	2012-6-5	6112	乾隆	白玉九蟠龙镂空珮	L 14cm	RMB 3,000,000-5,000,000	RMB3,910,000
4	佳士得	2012-5-30	4322	晚清	翠玉龙纹带钩	L 9.5cm	HKD 600,000-800,000	HKD4,220,000
5	北京保利	2012-6-5	6193	乾隆	白玉仿古螭龙兽面纹环	L 12.7cm	RMB 2,000,000-3,000,000	RMB2,990,000
6	北京保利	2012-6-5	6104	明或更早	白玉透雕螭凤珮	L 7.7cm	RMB 1,800,000-2,500,000	RMB2,760,000
7	北京保利	2012-6-5	6113	乾隆	白玉龙凤"神品"珮	L 6.5cm	RMB 1,500,000-2,500,000	RMB2,415,000
8	北京荣宝	2012-11-25	1710	不详	鹅如意	57 × 53 × 14mm； W 81.5g	RMB 1,800,000-2,100,000	RMB1,904,000
9	西泠印社	2012-7-7	1962	不详	于雪涛 高枕无忧 白玉把件	80 × 58 × 46mm； 317g	RMB 1,200,000-1,500,000	RMB1,725,000
10	北京保利	2012-6-5	6110	乾隆	白玉仿古兽面纹长方牌	L 8.3cm	RMB 600,000-800,000	RMB1,667,500

中国玉器拍卖摆件类十大排行榜Top 10

排行	拍卖行	日期	Lot	年代	名称	尺寸	估价	成交价
1	北京保利	2012-12-5	5768	乾隆	白玉山水人物圆插屏	D 21.5cm	RMB 10,000,000-15,000,000	RMB12,650,000
2	佳士得	2012-5-30	3960	乾隆	白玉雕庆丰收图砚屏一对	W 24.7cm × 2	咨询价	HKD15,220,000
3	北京东正	2012-5-11	65	乾隆	白玉雕龙纹如意	L 45.2 cm	RMB 6,500,000-7,500,000	RMB7,475,000
4	北京东正	2012-5-11	71	乾隆	御制青白玉雕诗文黄山三十六峰纹山子	H 44 cm	RMB 6,000,000-8,000,000	RMB6,900,000
5	苏富比	2012-5-16	18	清 18 世纪	白玉"麒麟骑牛"	16.5cm	GBP 150,000-250,000	GBP668,450
6	北京匡时	2012-6-4	1361	乾隆	白玉俏色三阳开泰摆件	L 13cm	RMB 3,800,000-4,800,000	RMB5,520,000
7	佳士得	2012-5-30	3951	乾隆	白玉卧牛摆件	L 16.5cm	HKD 900,000-1,500,000	HKD6,020,000
8	北京东正	2012-10-31	232	乾隆	白玉雕寿字纹如意	L 47cm	RMB 3,800,000-4,200,000	RMB4,715,000
9	佳士得	2012-5-30	4009	乾隆	青白玉御题诗采芝图山子	W 21cm	HKD 3,000,000-4,000,000	HKD5,780,000
10	邦瀚斯	2012-11-27	204	乾隆	碧玉雕猎虎图插屏	D 25.8cm	HKD 2,000,000-3,000,000	HKD5,780,000

中国玉器拍卖器皿类十大排行榜Top 10

排行	拍卖行	日期	Lot	年代	名称	尺寸	估价	成交价
1	苏富比	2012-5-16	29	乾隆	褐斑白玉"瑶池仙侣"图笔筒	16.9cm	GBP 250,000-350,000	GBP1,553,250
2	佳士得	2012-5-30	4275	晚清	翠玉饕餮纹狮钮活环耳方鼎	H 18.5cm	HKD 3,000,000-4,000,000	HKD16,900,000
3	北京保利	2012-12-5	5771	乾隆	白玉七佛八宝莲瓣奁盒	D 13cm	RMB 8,000,000-12,000,000	RMB12,650,000
4	佳士得	2012-5-30	3956	乾隆	黄玉仿古夔龙纹象耳盖瓶	H 20.2cm	HKD 2,800,000-4,000,000	HKD15,220,000
5	佳士得	2012-11-28	2126	清 18 世纪	白玉雕天伦图碗（一对）	D 16.8cm × 2	HKD 1,600,000-2,400,000	HKD12,420,000
6	苏富比	2012-3-20	208	清	御题碧玉雕"云瀑飞棂"笔筒	H 15.2cm	USD 200,000-300,000	USD1,426,500
7	佳士得	2012-5-30	3958	乾隆	白玉万福如意盖炉	W 25.4cm	HKD 8,000,000-10,000,000	HKD9,020,000
8	佳士得	2012-5-30	4276	晚清	翠玉雕兽面纹爵	H 16.4cm	HKD 1,800,000-2,200,000	HKD9,020,000
9	保利香港	2012-11-25	863	乾隆	御制白玉松鹤延年扁瓶	H 16cm	HKD 5,000,000-8,000,000	HKD8,970,000
10	苏富比	2012-4-4	3275	乾隆	白玉仿古饕餮纹斝	L 19.7cm	HKD 2,500,000-3,500,000	HKD8,300,000

中国玉器拍卖鼻烟壶十大排行榜Top 10

排行	拍卖行	日期	Lot	年代	名称	尺寸	估价	成交价
1	北京保利	2012-6-6	7234	乾隆	御制白玉龙纹鼻烟壶	H 8.5cm	RMB 700,000-1,000,000	RMB 1,380,000
2	北京保利	2012-6-6	7232	清中期	苏作松下人物白玉鼻烟壶	H 9cm	RMB 700,000-900,000	RMB 920,000
3	北京保利	2012-4-22	1646	乾隆	白玉双龙诗文烟壶	H 7cm	RMB 50,000-80,000	RMB920,000
4	古天一	2012-12-2	1004	雍正	白玉巧雕九如鼻烟壶	H 6.5cm	RMB 800,000-1,200,000	RMB805,000
5	中国嘉德	2012-5-15	3704	乾隆	白玉葫芦形御制诗文鼻烟壶	H 6.3cm	RMB 240,000-400,000	RMB713,000
6	北京歌德	2012-12-1	1132	不详	翡翠光素鼻烟壶	H 6.5cm	RMB 100,000-200,000	RMB632,500
7	北京歌德	2012-12-1	1134	不详	翡翠雕双凤云纹鼻烟壶	H 6cm	RMB 500,000-600,000	RMB632,500
8	北京诚轩	2012-10-28	911	清	翡翠雕松鹤长青鼻烟壶	4.2 × 2.8 × 6.0cm	RMB 400,000-500,000	RMB598,000
9	北京保利	2012-12-6	6804	乾隆	御制黄玉团龙纹鼻烟壶	H 6.7cm	RMB 500,000-800,000	RMB575,000
10	苏富比	2012-4-4	3015	清乾隆	白玉仿古龙凤纹鼻烟壶	7.5cm	HKD 80,000-120,000	HKD680,000

中国玉器拍卖印章·印玺十大排行榜Top 10

排行	拍卖行	日期	Lot	年代	名称	尺寸	估价	成交价
1	北京保利	2012-6-5	6054	乾隆	白玉交龙纽 "八徵耄念之宝" 玺	7.5 × 7.5 × 6.2cm	咨询价	RMB69,000,000
2	苏富比	2012-9-12	303	乾隆	玉交龙钮长方玺	6 × 6cm	USD 800,000-1,200,000	USD3,498,500
3	苏富比	2012-10-9	3006	乾隆	乾隆帝御宝海水螭龙钮青白玉玺	8.6cm	HKD 8,000,000-12,000,000	HKD16,340,000
4	苏富比	2012-9-12	362	嘉庆	嘉庆皇帝御制镂雕龙钮碧玉玺	L 5.5 × 3.6cm	USD 400,000-600,000	USD1,202,500
5	苏富比	2012-5-16	186	1834-1908 年	印钮印面慈禧太后御宝交龙钮碧玉玺	13.1 × 13.1cm	GBP 300,000-400,000	GBP313,250
6	北京保利	2012-12-5	5658	乾隆 / 嘉庆	碧玉云龙纽方玺（一对）	5.9 × 4 × 4cm	RMB 1,500,000-2,500,000	RMB2,300,000
7	苏富比	2012-10-9	3019	清 19/20 世纪	慈禧太后御宝青玉玺	10 × 12.7 × 12.7cm	HKD 1,000,000-1,500,000	HKD2,660,000
8	北京保利	2012-6-7	7642	清	白玉苍龙教子方印	W 3.8cm；H 3.5cm	RMB 1,500,000-2,000,000	RMB 1,955,000
9	北京保利	2012-6-5	6184	康熙 - 乾隆	白玉瑞兽钮 "延熏山馆" 小玺	L 5.3cm	RMB 700,000-1,000,000	RMB1,380,000
10	北京保利	2012-10-24	725	明或更早	白玉龙钮押印	L 4cm	无底价	RMB299,000

2012拍场汇率表

EXCHANGE RATES OF 2012 AUCTIONS

拍卖日期 \ 汇率	USD/RMB 美元	EUR/RMB 欧元	HKD/RMB 港元	GBP/RMB 英镑
2012-1-10	6.294	8.029	0.809	9.724
2012-1-20	6.299	8.154	0.811	9.745
2012-1-30	6.299	8.155	0.811	9.745
2012-2-1	6.299	8.155	0.811	9.745
2012-2-8	6.298	8.153	0.811	9.743
2012-2-14	6.276	8.290	0.809	9.894
2012-2-16	6.283	8.174	0.809	9.839
2012-2-28	6.280	8.408	0.809	9.933
2012-3-5	6.287	8.289	0.809	9.943
2012-3-9	6.288	8.324	0.810	9.936
2012-3-16	6.302	8.227	0.811	9.888
2012-3-29	6.288	8.362	0.809	9.986
2012-4-5	6.287	8.249	0.809	9.985
2012-4-6	6.300	8.218	0.810	9.966
2012-4-9	6.287	8.191	0.809	9.956
2012-4-11	6.291	8.212	0.809	9.970
2012-4-13	6.281	8.261	0.808	10.007
2012-4-16	6.305	8.194	0.812	9.970
2012-4-18	6.290	8.235	0.810	10.006
2012-4-20	6.288	8.247	0.809	10.082
2012-4-23	6.287	8.278	0.809	10.121
2012-4-25	6.286	8.282	0.809	10.137
2012-5-2	6.281	8.290	0.809	10.185
2012-5-4	6.285	8.256	0.809	10.165
2012-5-7	6.294	8.150	0.810	10.137
2012-5-9	6.292	8.148	0.810	10.141

拍卖日期 \ 汇率	USD/RMB 美元	EUR/RMB 欧元	HKD/RMB 港元	GBP/RMB 英镑
2012-5-14	6.295	8.099	0.810	10.104
2012-5-16	6.306	8.010	0.811	10.066
2012-5-18	6.302	7.977	0.810	9.920
2012-5-22	6.306	8.053	0.811	9.963
2012-5-24	6.318	7.929	0.813	9.902
2012-5-28	6.324	7.940	0.814	9.915
2012-6-1	6.346	7.810	0.816	9.745
2012-6-4	6.348	7.849	0.817	9.733
2012-6-7	6.337	7.955	0.816	9.803
2012-6-11	6.349	8.005	0.817	9.864
2012-6-14	6.350	7.959	0.817	9.838
2012-6-18	6.341	8.029	0.816	9.944
2012-6-20	6.337	8.012	0.816	9.950
2012-6-25	6.363	7.959	0.819	9.902
2012-6-27	6.344	7.910	0.817	9.903
2012-6-29	6.342	7.877	0.816	9.835
2012-7-2	6.332	7.984	0.815	9.903
2012-7-4	6.331	7.960	0.815	9.916
2012-7-6	6.350	7.843	0.818	9.843
2012-7-10	6.349	7.795	0.818	9.840
2012-7-12	6.352	7.755	0.818	9.836
2012-7-16	6.358	7.761	0.819	9.884
2012-7-18	6.354	7.799	0.818	9.938
2012-7-20	6.356	7.774	0.819	9.969
2012-7-24	6.376	7.716	0.821	9.882
2012-7-26	6.375	7.677	0.821	9.871

汇率 拍卖日期	USD/RMB 美元	EUR/RMB 欧元	HKD/RMB 港元	GBP/RMB 英镑
2012-8-1	6.350	7.787	0.818	9.934
2012-8-3	6.357	7.724	0.819	9.853
2012-8-7	6.355	7.865	0.818	9.893
2012-8-10	6.348	7.788	0.817	9.908
2012-8-14	6.346	7.817	0.817	9.941
2012-8-16	6.350	7.790	0.818	9.946
2012-8-20	6.344	7.802	0.817	9.936
2012-8-22	6.337	7.883	0.816	9.982
2012-8-24	6.338	7.944	0.816	10.038
2012-8-28	6.342	7.892	0.817	9.982
2012-8-31	6.333	7.910	0.815	9.988
2012-9-3	6.330	7.937	0.815	10.024
2012-9-5	6.332	7.925	0.815	10.037
2012-9-7	6.326	7.982	0.815	10.070
2012-9-11	6.326	8.060	0.815	10.109
2012-9-17	6.296	8.246	0.811	10.204
2012-9-19	6.303	8.205	0.812	10.223
2012-9-21	6.299	8.146	0.811	10.197
2012-9-25	6.293	8.133	0.811	10.204
2012-9-27	6.287	8.089	0.810	10.169
2012-10-8	6.267	8.139	0.807	10.084
2012-10-10	6.273	8.055	0.808	10.024
2012-10-12	6.249	8.072	0.805	10.018
2012-10-15	6.245	8.045	0.805	10.009
2012-10-17	6.238	8.155	0.804	10.051

汇率 拍卖日期	USD/RMB 美元	EUR/RMB 欧元	HKD/RMB 港元	GBP/RMB 英镑
2012-10-19	6.233	8.133	0.803	9.997
2012-10-23	6.235	8.125	0.804	9.972
2012-10-25	6.225	8.068	0.802	9.976
2012-10-29	6.223	8.033	0.802	10.001
2012-10-31	6.226	8.055	0.802	10.002
2012-11-1	6.223	8.052	0.802	10.026
2012-11-6	6.229	7.979	0.803	9.971
2012-11-7	6.227	7.946	0.802	9.933
2012-11-9	6.215	7.908	0.801	9.923
2012-11-13	6.205	7.865	0.800	9.837
2012-11-19	6.216	7.925	0.801	9.849
2012-11-20	6.208	7.918	0.800	9.859
2012-11-23	6.211	7.985	0.800	9.891
2012-11-28	6.203	8.037	0.799	9.935
2012-11-29	6.204	8.027	0.791	9.942
2012-12-3	6.194	8.045	0.798	9.917
2012-12-5	6.184	8.086	0.797	9.943
2012-12-10	6.187	8.011	0.797	9.922
2012-12-11	6.212	8.022	0.801	9.974
2012-12-13	6.225	8.117	0.802	10.030
2012-12-17	6.211	8.159	0.801	10.032
2012-12-19	6.209	8.199	0.800	10.080
2012-12-25	6.212	8.190	0.801	10.087
2012-12-27	6.216	8.210	0.801	10.018
2012-12-31	6.206	8.192	0.800	10.017

中国历代年表

CHRONOLOGY

中文 英文/本书缩写	年代
新时期时代 / Neolithic Neolithic Period	10th-early 1st millennium B.C.
商 Shang	16th century-C.1050 B.C.
周 Zhou	C.1050 - 221 B.C.
西周 / W.Zhou Western Zhou	C.1050 - 771 B.C.
东周 / E.Zhou Eastern Zhou	770-256 B.C.
春秋/ S.& A. Spring & Autumn	770-476 B.C.
战国/ Warring Warring States	475-221 B.C.
秦 Qin	221-206 B.C.
汉 Han	206 B.C. - A.D. 220
西汉 / W.Han Western Han	206 B.C .- A.D. 25
东汉 / E.Han Eastern Han	A.D. 25-220
六朝 / Six Dy. Six Dynasties	220-589
三国 / Three King Three Kingdoms	220-265
晋 Jin	265-420
西晋 / W.Jin Western Jin	265-317
东晋 / E.Jin Eastern Jin	317-420
南北朝 / S.& N.DY. Southern & Northern Dynasties	420-589
隋 Sui	581-618
唐 Tang	618-907
五代 / Five Dy. Five Dynasties	907-960
宋 Song	960-1279
北宋 / N.Song Northern Song	960-1126
南宋 / S.Song Southern Song	1127-1279
辽 Liao	916-1125

中文 英文/本书缩写	年代
金 Jin	1115-1234
元 Yuan	1271-1368
明 Ming	1368-1644
洪武 Hongwu	1368-1398
建文 Jianwen	1399-1402
永乐 Yongle	1403-1424
洪熙 Hongxi	1425-1425
宣德 Xuande	1426-1435
正统 Zhengtong	1436-1449
景泰 Jingtai	1450-1456
天顺 Tianshun	1457-1464
成化 Chenghua	1465-1487
弘治 Hongzhi	1488-1505
正德 Zhengde	1506-1521
嘉靖 Jiajing	1522-1566
隆庆 Longqing	1567-1572
万历 Wanli	1573-1619
泰昌 Taichang	1620-1620
天启 Tianqi	1621-1627
崇祯 Chongzhen	1628-1644
清 Qing Dynasty	1644-1911
顺治 Shunzhi	1644-1661
康熙 Kangxi	1662-1722
雍正 Yongzheng	1723-1735
乾隆 Qianlong	1736-1795
嘉庆 Jiaqing	1796-1820
道光 Daoguang	1821-1850
咸丰 Xianfeng	1851-1861
同治 Tongzhi	1862-1874
光绪 Guangxu	1875-1908
宣统 Xuantong	1909-1911
中华民国 / Republic Period Republic of China	1912-1949
中华人民共和国 / PRC People's Republic of China	1949-

拍卖公司中英名称及本书缩称索引

AUCTION COMPANIES INDEX

中文名称	英文名称	本书缩称
澳门中信	MACAU CHUNG SHUN	MCS
邦瀚斯	BONHAMS	BO
北京保利	BEIJING POLY	BP
北京长风	CHIEFTOWN	CT
北京诚轩	BEIJING CHENGXUAN	BC
北京传是	BEIJING TRANTHY	TH
北京东正	BEIJING DONGZHENG	BD
北京歌德	BEIJING GOOGUT	GG
北京古天一	BEIJING SEEKS ANTIQUE	BSA
北京翰海	BEIJING HANHAI	BH
北京华辰	HUACHEN AUCTIONS	HC
北京九歌	BEIJING JIUGE	JG
北京匡时	COUNCIL	KS
北京荣宝	BEIJING RONGBAO	RB
北京永乐	FOREVER-CHRISTIE'S	FC
北京中汉	JOHAN AUCTION	Z
朵云轩	DUO YUN XUAN	D
福建东南	SOUTHEAST	SE
佳士得	CHRISTIE'S	C
南京经典	NANJING CLASSIC AUCTION	NCA
上海道明	DOWMIN AUCTION	DM
上海工美	SHANGHAI ARTS & CRAFTS	SC
上海泓盛	HOSANE	HS
上海嘉泰	JIATAI AUCTIONS	JT
苏富比	SOTHEBY'S	S
太平洋	PACIFIC INTERNATIONAL AUCTION	PAC
天津文物	TIANJIN ANTIQUE & CURIOSITY COMPANY	TC
西泠印社	XI LING ACADEMY	XLA
云南典藏	YUNNAN DIANCANG	YD
中国嘉德	CHINA GUARDIAN	GD
中贸圣佳	SUNGARI INTERNATIONAL AUCTION	SUN

感谢：澳门中信、邦瀚斯、北京保利、北京长风、北京诚轩、北京传是、北京东正、北京歌德、北京古天一、北京翰海、北京华辰、北京九歌、北京匡时、北京荣宝、北京永乐、北京中汉、朵云轩、福建东南、佳士得、南京经典、上海道明、上海工美、上海泓盛、上海嘉泰、苏富比、太平洋、天津文物、西泠印社、云南典藏、中国嘉德、中贸圣佳提供资料。

PART 1

高古玉
Jade Before Sui Dynasty

青玉环一对

A Rare Matching Pair of Jade Discs,Huan
新石器时代，约公元前 6500-1700 年 Neolithic,Circa 6500-1700 B.C.
C 佳士得 2012-11-6 Lot70 D 16.3cm × 2
估价：GBP 10,000-15,000
成交价：GBP10,000

玉斧

A Mottled Jade Axe
新石器时代，良渚文化，约公元前 3000-2000 年 Neolithic, Liangzhu Culture, Circa 3000-2000B.C.
C 佳士得 2012-11-6 Lot74 L 17.7cm
估价：GBP 15,000-20,000
成交价：GBP15,000

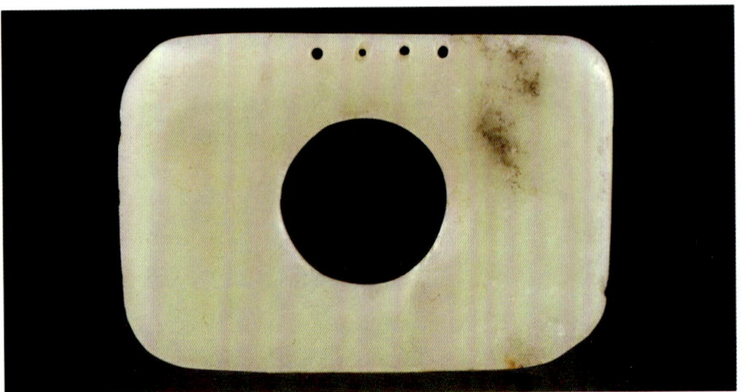

青白玉外方内圆形器

A Rare Pale Celadon Jade Rectangular Disc
新石器时代，红山文化，约公元前 4000-2500 年 Neolithic, Hongshan Culture,Circa 4000-2500B.C.
C 佳士得 2012-11-6 Lot72 W 8.3cm
估价：GBP 10,000-15,000
成交价：GBP10,000

谷纹玉璧

A Large Jade "Bi" Disc
东周 E.Zhou BO 邦瀚斯
2012-12-3 Lot210 D 24.2cm
估价：HKD 150,000-250,000
成交价：HKD300,000

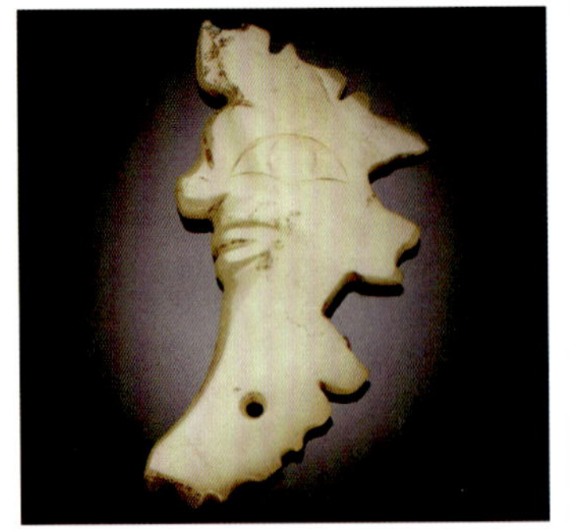

黄玉面纹饰

A Rare Yellowish-Jade Finial/Insignia
新石器时代晚期－青铜时代早期 Late Neolithic Period-Early Bronze Age,Circa 2000-1700 B.C.
C 佳士得 2012-9-13 Lot1003 L 7cm
估价：USD 20,000-30,000
成交价：USD50,000

旧玉龙凤纹柄形器

A Carved Old Jade Hilt with Dragon Design
西周 W.Zhou BH 北京翰海
2012-5-27 Lot2084 L 15.6cm
估价：RMB 1,300,000-1,600,000
成交价：RMB1,495,000

青玉戈
A Jade Blade and Stand
西周或更晚 W.Zhou or Later C 佳士得
2012-11-6 Lot73 L 37.2cm
估价：GBP 10,000-15,000
成交价：GBP10,000

青玉矛
A Mottled Celadon Jade Spearhead
商 Shang C 佳士得
2012-11-6 Lot76 L 10cm
估价：GBP 10,000-15,000
成交价：GBP10,000

黄玉环
A Carved Yellow Jade Ring
汉 Han BH 北京翰海
2012-5-27 Lot2080 D 11cm
估价：RMB 80,000-120,000
成交价：RMB92,000

玉雕一组三件
Three Archaic Jade Pendants
战国或更晚 Warring or Later C 佳士得
2012-11-9 Lot1005 L 4.5cm（最长）
估价：GBP 2,000-3,000
成交价：GBP34,850

玉雕剑彘 一组五件
Five Jade Sword Slides
汉或更晚 Han or Later C 佳士得
2012-11-9 Lot1004 L 10.8cm（最长）
估价：GBP 2,000-3,000
成交价：GBP27,500

PART 2

隋至元玉器

Jade from Sui to Yuan Dynasty

白玉浮雕人物图牌
A Carved White Jade Rectangular Plaque
唐－宋 Tang-Song S 苏富比
2012-4-4 Lot3043 5cm
估价：HKD 100,000-150,000
成交价：HKD400,000

镂雕人物"松鹤灵芝"图玉牌
A Reticulated Oval Jade Plaque
宋 Song S 苏富比
2012-4-4 Lot3017 9.5cm
估价：HKD 400,000-600,000
成交价：HKD3,140,000

圆雕"衔芝卧鹿"玉佩
A Recumbent Jade Deer Ornament
元 Yuan S 苏富比
2012-4-4 Lot3006 5.8cm
估价：HKD 80,000-120,000
成交价：HKD162,500

白玉和合二仙珮
A Carved White Jade Pendant with Figure Design
宋 Song BH 北京翰海
2012-5-27 Lot2177 H 5.2cm
估价：RMB 12,000-20,000
成交价：RMB299,000

仿古"饕餮"谷纹玉角杯
A Rare Archaistic Jade Rhyton
宋 Song S 苏富比
2012-10-9 Lot3137 11.5cm
估价：HKD 600,000-800,000
成交价：HKD860,000

黄玉琮
A Miniature Mottled Yellow Jade Archaistic Cong
宋 Song C 佳士得
2012-11-6 Lot85 H 4.4cm
估价：GBP 8,000-12,000
成交价：GBP10,000

青玉带皮雕人物把件
A Russet and Celadon Jade Merchant
宋－元 Song - Yuan C 佳士得
2012-11-9 Lot1278 L 7.4cm
估价：GBP 2,000-3,000
成交价：GBP3,250

白玉镂雕云龙纹牌
A White Jade Openwork "Dragon" Plaque
宋 Song（960-1279 年）C 佳士得
2012-9-13 Lot1006 L 7.3cm
估价：USD 20,000-30,000
成交价：USD25,000

黑白玉龙纹带扣（一半）
A Rare Two-Color Grey Jade Belt Fitting
元 Yuan（1279-1368 年）C 佳士得
2012-9-13 Lot1005 L 5.4cm
估价：USD 5,000-7,000
成交价：USD6,250

镂雕玉“灵鹿献寿”图圆带板
A Celadon Jade Openwork Plaque
金－元 Jin-Yuan S 苏富比
2012-11-7 Lot386 9.5cm
估价：GBP 4,000-6,000
成交价：GBP5,000

青白玉透雕春水牌
A White, Grey and Pale Russet Jade Plaque
金－元 Jin-Yuan C 佳士得
2012-3-22 Lot1798 L 10.1cm
估价：USD 8,000-12,000
成交价：USD32,500

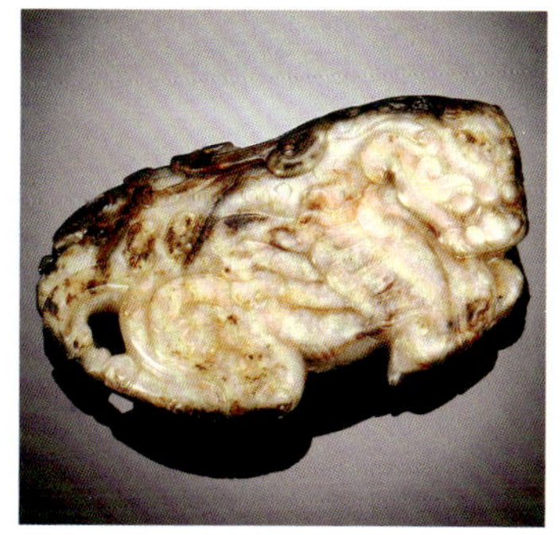

黄玉鹅
A Very Nice Yellow Jade Goose
元或更早 Yuan or Earlier BP 北京保利
2012-6-5 Lot6180 L 7.5cm
估价：RMB 350,000-550,000
成交价：RMB667,000

旧玉辟邪
A Fine Ancient Jade Carving
元或更早 Yuan or Earlier BP 北京保利
2012-6-5 Lot6181 L 6cm
估价：RMB 400,000-600,000
成交价：RMB598,000

古玉辟邪纸镇
A Very Rare Ancient Jade Paper-Weight
元或更早 Yuan or Earlier BP 北京保利
2012-6-5 Lot6182 L 12.5cm
估价：RMB 650,000-850,000
成交价：RMB920,000

白玉胡人吹箫饰件
A Carved White Jade Pendant with Figure Design
元 Yuan BH 北京翰海
2012-5-27 Lot2098 L 4.9cm
估价：RMB 50,000-80,000
成交价：RMB59,800

青白玉卧犬
A Pale Celadon Jade Dog
宋 Song S 苏富比
2012-5-16 Lot40 6.4cm
估价：GBP 6,000-8,000
成交价：GBP12,500

白玉鱼化龙饰件
A Carved White Jade Pendant with Fish Design
元 Yuan BH 北京翰海
2012-12-8 Lot2107 L 9.5cm
估价：RMB 350,000-380,000
成交价：RMB402,500

玉雕虎形勒子
A Jade Pendant
元 Yuan GD 中国嘉德
2012-6-16 Lot3243 L 4.4cm
估价：RMB 10,000-20,000
成交价：RMB23,000

白玉镂雕云龙纹炉顶
A Carved and Reticulated White Jade "Dragon" Finial
元 Yuan C 佳士得
2012-5-15 Lot112 L 5.7cm
估价：GBP 4,000-6,000
成交价：GBP21,250

白玉雕辟邪纹挂件
A Carved White Jade Mythical Beast
元 Yuan BD 北京东正
2012-12-31 Lot150 H 4cm
估价：RMB 20,000-30,000
成交价：RMB28,750

白玉雕瑞兽纹挂件
A Carved White Jade Mythical Beast
元 Yuan BD 北京东正
2012-12-31 Lot151 L 3.2cm
估价：RMB 40,000-50,000
成交价：RMB105,800

白玉留皮鳜鱼坠
元 Yuan BP 北京保利
2012-8-11 Lot610 W 8cm
估价：RMB 8,000-12,000
成交价：RMB23,000

白玉双螭出廓璧
A Fine White Jade "Chi-Dragon" Bi
元 Yuan BP 北京保利
2012-6-7 Lot7549 L 6.8cm
估价：RMB 100,000-150,000
成交价：RMB 115,000

白玉孔雀纹带板
元 Yuan BP 北京保利
2012-8-11 Lot608 W 7.5cm
估价：RMB 10,000-20,000
成交价：RMB51,750

黑白玉龙纹带板
元 Yuan BP 北京保利
2012-8-11 Lot616 D 7cm
估价：RMB 10,000-20,000
成交价：RMB161,000

白玉雕虎纹纸镇
A White Jade Tiger
元 Yuan BD 北京东正
2012-12-31 Lot107 L 7.5cm
估价：RMB 120,000-150,000
成交价：RMB138,000

青白玉群仙祝寿插屏
A Fine Greenish-White Jade Table Screen
元 Yuan BP 北京保利
2012-6-7 Lot7582 H 30cm
估价：RMB 100,000-180,000
成交价：RMB 115,000

青玉雕自在观音座像
元 Yuan BP 北京保利
2012-4-23 Lot2085 H 17cm
估价：RMB 80,000-100,000
成交价：RMB 92,000

褐斑白玉飞天童子
A Brown and White Jade Carving of A Boy
元 Yuan S 苏富比
2012-4-4 Lot3264 L 10.5cm
估价：HKD 150,000-200,000
成交价：HKD187,500

黄玉咬尾龙
A Yellow Jade "Dragon" Carving
元 Yuan GD 中国嘉德
2012-10-29 Lot3987 W 6cm
估价：RMB 35,000-55,000
成交价：RMB115,000

白玉卧虎
元 Yuan BP 北京保利
2012-8-11 Lot615 W 7.8cm
估价：RMB 8,000-12,000
成交价：RMB32,200

白玉虎纹摆件
元 Yuan BP 北京保利
2012-8-11 Lot617 W 6.5cm
估价：RMB 8,000-12,000
成交价：RMB9,200

黄玉雕瑞虎摆件
A Yellow Jade Carving of A Recumbent Tiger
元 Yuan XLA 西泠印社
2012-7-9 Lot2655 4.3 × 5.3 × 3.8cm
估价：RMB 350,000-400,000
成交价：RMB402,500

旧玉虎
An Ancient Jade Tiger
元 Yuan BP 北京保利
2012-6-7 Lot7755 H 4.2cm
估价：RMB 60,000-80,000
成交价：RMB 103,500

白玉鹿衔灵芝摆件
元 Yuan BP 北京保利
2012-8-11 Lot609 W 7cm
估价：RMB 8,000-12,000
成交价：RMB40,250

白玉透雕龙纹带板
A Group Carved White Jade Belts with Dragon Design
元 Yuan BH 北京翰海
2012-5-27 Lot2095 5.2-11.6cm
估价：RMB 250,000-350,000
成交价：RMB287,500

白玉鱼形盒
元 Yuan BP 北京保利
2012-8-11 Lot612 H 5.5cm
估价：RMB 5,000-8,000
成交价：RMB5,750

白玉春水盖盒
A Nice White Jade Inlaid Gilt-Bronze Box and Cover
元 Yuan BP 北京保利
2012-6-7 Lot7578 L 8.8cm
估价：RMB 30,000-50,000
成交价：RMB 69,000

青玉莲鱼炉顶
元 Yuan BP 北京保利
2012-8-11 Lot643 L 6cm
估价：RMB 10,000-20,000
成交价：RMB20,700

PART 3

配饰
Ornament

白玉仙人乘槎诗文牌
A White Jade Carved "A Shipping Immortal" Plaque
清 Qing GD 中国嘉德
2012-10-29 Lot4001 H 5.2cm
估价：RMB 30,000-50,000
成交价：RMB34,500

白玉浮雕刘海戏蟾福寿牌
A White Jade "Liu Hai" Plaque
清 Qing GD 中国嘉德
2012-10-29 Lot3980 H 7cm
估价：RMB 50,000-80,000
成交价：RMB71, 300

白玉题诗"孙策图"牌
A White Jade "Sun Ce" Plaque, Suzhou, by Zhiting
清 18 世纪 Qing, 18th Century S 苏富比
2012-4-4 Lot131 L 6.1cm
估价：HKD 300,000-400,000
成交价：HKD400,000

白玉浮雕刘海喜蟾牌
A White Jade "Liu Hai" Plaque
清 Qing GD 中国嘉德
2012-10-29 Lot3991 H 5.2cm
估价：RMB 22,000-32,000
成交价：RMB43,700

白玉河图洛书牌
A White Jade Plaque
清 Qing GD 中国嘉德
2012-10-29 Lot4052 5.1 × 3.6cm
估价：RMB 150,000-250,000
成交价：RMB425,500

题诗白玉梅花纹"子冈"牌
A White Jade Pendant
清 18 世纪 Qing,18th Century S 苏富比
2012-5-16 Lot144 5.5cm
估价：GBP 4,000-6,000
成交价：GBP46,850

白玉浮雕"仙山楼阁"图长方牌
A Carved White Jade Rectangular Plaque
清 18 – 19 世纪 Qing,18th-9th Century S 苏富比
2012-5-16 Lot213 13.5cm
估价：GBP 7,000-9,000
成交价：GBP23,750

白玉人物诗文牌
A White Jade Carved "Historical Celebrity" Plaque
清 Qing GD 中国嘉德
2012-10-29 Lot3998 H 6.5cm
估价：RMB 400,000-600,000
成交价：RMB816,500

白玉题诗"枫林高士"图牌
A Finely Carved White Jade "scholar" plaque
清 18 世纪 Qing,18th century S 苏富比
2012-10-9 Lot3152 4.2cm
估价：HKD 150,000-200,000
成交价：HKD187,500

白玉三羊开泰图牌
A White Jade Pendant
清 Qing GD 中国嘉德
2012-9-17 Lot4124 L 6.5cm
估价：RMB 45,000-65,000
成交价：RMB92,000

白玉人物诗文牌
A Carved "Celebrity" White Jade Plaque
清 Qing GD 中国嘉德
2012-5-14 Lot3424 H 4.5cm
估价：RMB 30,000-50,000
成交价：RMB51,750

白玉仕女诗文牌
A Carved "Lady" White Jade Plaque
清 Qing GD 中国嘉德
2012-5-14 Lot3430 H 6cm
估价：RMB 30,000-50,000
成交价：RMB40,250

白玉一品当朝图牌
A White Jade Pendant
清 Qing GD 中国嘉德
2012-9-17 Lot4151 L 6cm
估价：RMB 25,000-35,000
成交价：RMB28,750

白玉人物诗文牌
A White Jade Pendant
清 Qing GD 中国嘉德
2012-9-17 Lot4140 L 5.5cm
估价：RMB 100,000-200,000
成交价：RMB299,000

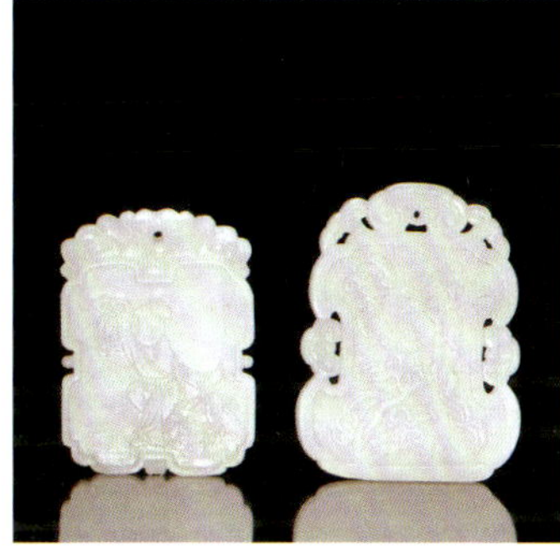

白玉吉祥如意牌（两件）
Two Carved "Ji Xiang Ru Yi" White Jade Plaques
清 Qing GD 中国嘉德
2012-5-14 Lot3421 L 6.5cm；L 7cm
估价：RMB 30,000-50,000
成交价：RMB92,000

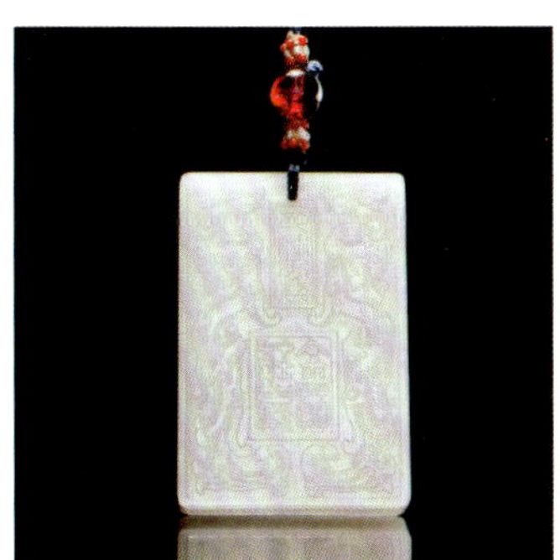

白玉龙纹牌
A Carved "Dragon" White Jade Plaque
民国 Republic Period GD 中国嘉德
2012-5-14 Lot3437 H 6.3cm
估价：RMB 20,000-40,000
成交价：RMB57,500

白玉平安无事牌
A White Jade Pendant
年代不详 Unknown GD 中国嘉德
2012-9-16 Lot2853 L 5.6cm
估价：无底价
成交价：RMB6,900

白玉童子牌
A Carved "Child" White Jade Plaque
清 Qing GD 中国嘉德
2012-5-14 Lot3507 H 5.8cm
估价：RMB 50,000-80,000
成交价：RMB115,000

白玉四君子图牌（四件）
Four White Jade Pendants
年代不详 Unknown GD 中国嘉德
2012-9-16 Lot2874 尺寸不一
估价：无底价
成交价：RMB5,750

白玉平安无事牌
A White Jade Pendant
年代不详 Unknown GD 中国嘉德
2012-9-16 Lot2862 L 5.7cm
估价：无底价
成交价：RMB4,600

白玉人物诗文牌（两件）
Two White Jade Pendants
年代不详 Unknown GD 中国嘉德
2012-9-16 Lot2875 L 5.5cm；L 6cm
估价：无底价
成交价：RMB11,500

白玉观音图牌
A White Jade Pendant
年代不详 Unknown GD 中国嘉德
2012-9-16 Lot2860 L 6.7cm
估价：无底价
成交价：RMB3,450

白玉观音图牌
A White Jade Pendant
年代不详 Unknown GD 中国嘉德
2012-9-16 Lot2879 L 7.7cm
估价：RMB 25,000-35,000
成交价：RMB28,750

白玉人物纹牌
A White Jade Pendant
年代不详 Unknown GD 中国嘉德
2012-6-16 Lot3426 L 6cm
估价：无底价
成交价：RMB3,450

白玉太白醉酒诗文牌
A White Jade Pendant
年代不详 Unknown GD 中国嘉德
2012-9-16 Lot2884 L 5.6cm
估价：无底价
成交价：RMB10,350

白玉庭院人物诗文牌
A White Jade Pendant
清 Qing GD 中国嘉德
2012-9-16 Lot2907 L 5.8cm
估价：RMB 20,000-30,000
成交价：RMB23,000

白玉沁色螭龙纹牌
A White Jade Pendant
清 Qing GD 中国嘉德
2012-9-16 Lot2915 L 6.1cm
估价：无底价
成交价：RMB10,350

白玉斋戒牌
A White Jade Pendant
清 Qing GD 中国嘉德
2012-9-16 Lot2928 L 6.4cm
估价：RMB 5,000-8,000
成交价：RMB5,750

白玉一路连科图牌
A White Jade Pendant
清 Qing GD 中国嘉德
2012-9-16 Lot2934 H 6.5cm
估价：RMB 25,000-35,000
成交价：RMB28,750

白玉松下高士图牌
A White Jade Pendant
清 Qing GD 中国嘉德
2012-9-16 Lot2937 L 5.7cm
估价：RMB 6,000-9,000
成交价：RMB23,000

白玉花卉纹牌、白玉葫芦珮（两件）
Two White Jade Pendants
清 Qing GD 中国嘉德
2012-9-16 Lot2948 L 4cm；L 4.8cm
估价：RMB 8,000-12,000
成交价：RMB9,200

白玉观音图牌
A White Jade Pendant
年代不详 Unknown GD 中国嘉德
2012-9-16 Lot2955 L 5.6cm
估价：无底价
成交价：RMB11,500

白玉观音图牌
A White Jade Pendant
年代不详 Unknown GD 中国嘉德
2012-9-16 Lot3030 L 5.1cm
估价：无底价
成交价：RMB5,750

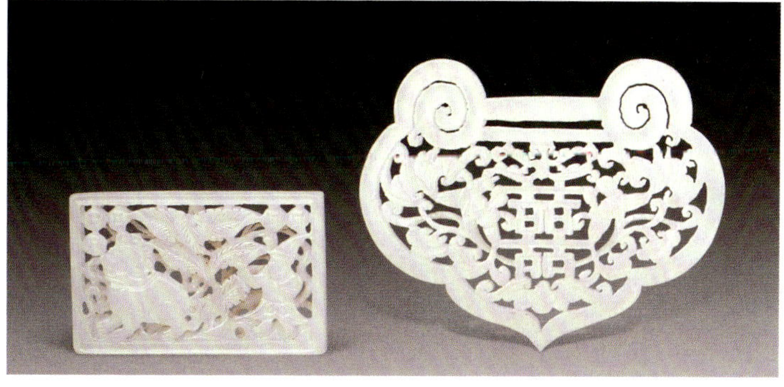

白玉镂雕胡人瑞兽珮、白玉喜字牌各一件
Two White Jade Pendants
清 Qing GD 中国嘉德
2012-9-16 Lot3054 L 5.5cm；L 7.8cm
估价：无底价
成交价：RMB4,600

白玉兽面纹牌
A White Jade Pendant
年代不详 Unknown GD 中国嘉德
2012-9-16 Lot3032 L 7.4cm
估价：RMB 15,000-25,000
成交价：RMB17,250

白玉洗象图诗文牌
A White Jade Pendant
年代不详 Unknown GD 中国嘉德
2012-9-16 Lot3060 L 8cm
估价：无底价
成交价：RMB9,200

白玉牌（两件）
Two White Jade Pendants
年代不详 Unknown GD 中国嘉德
2012-9-16 Lot3193 L 6.3cm；L 5cm
估价：无底价
成交价：RMB3,450

白玉子孙万代坠、白玉人物纹牌各一件
Two White Jade Pendants
年代不详 Unknown GD 中国嘉德
2012-9-16 Lot3200 L 5.6cm；L 5cm
估价：无底价
成交价：RMB2,300

白玉高士诗文牌
A White Jade Pendant
年代不详 Unknown GD 中国嘉德
2012-9-16 Lot3207 L 7.9cm
估价：无底价
成交价：RMB3,450

白玉留皮花卉纹牌
A White Jade Pendant
年代不详 Unknown GD 中国嘉德
2012-9-16 Lot3246 H 5.1cm
估价：RMB 8,000-12,000
成交价：RMB9,200

白玉龙祥凤瑞牌
A White Jade Pendant
清 Qing GD 中国嘉德
2012-6-16 Lot3418 L 5.1cm
估价：RMB 12,000-22,000
成交价：RMB13,800

玉小件（四件）
Four Jade Objects
年代不详 Unknown GD 中国嘉德
2012-9-16 Lot3202 尺寸不一
估价：无底价
成交价：RMB13,800

白玉留皮观音图牌
A White Jade Pendant
年代不详 Unknown GD 中国嘉德
2012-6-16 Lot3404 H 4.4cm
估价：无底价
成交价：RMB5,750

白玉牌、青白玉带板各一件
A White Jade Pendant and A Celadon Jade Belt Plaque
年代不详 Unknown GD 中国嘉德
2012-9-16 Lot3306 L 4.4cm；L 10.5cm
估价：无底价
成交价：RMB3,450

白玉牌（两件）
Two White Jade Pendants
年代不详 Unknown GD 中国嘉德
2012-9-16 Lot3201 L 5.6cm；L 5.8cm
估价：无底价
成交价：RMB2,300

白玉婴戏图牌、青玉十二生肖牌各一件
A White Jade Pendant and A Celadon Jade Pendant
年代不详 Unknown GD 中国嘉德
2012-6-16 Lot3409 L 5cm；D 5.5cm
估价：无底价
成交价：RMB2,300

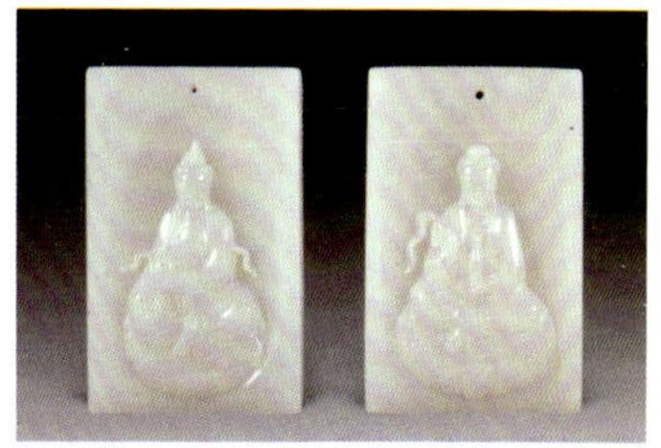

白玉观音图牌（一对）
A Pair of White Jade Pendants
年代不详 Unknown GD 中国嘉德
2012-9-16 Lot2876 L 6.4cm
估价：无底价
成交价：RMB13,800

白玉米芾拜石图牌
A White Jade Pendant
年代不详 Unknown GD 中国嘉德
2012-6-16 Lot3437 L 5.5cm
估价：无底价
成交价：RMB3,450

白玉关公像牌
A White Jade Pendant
年代不详 Unknown GD 中国嘉德
2012-6-16 Lot3438 L 5cm
估价：无底价
成交价：RMB4,600

白玉松下高士图牌
A White Jade Pendant
年代不详 Unknown GD 中国嘉德
2012-6-16 Lot3439 L 5.5cm
估价：无底价
成交价：RMB4,600

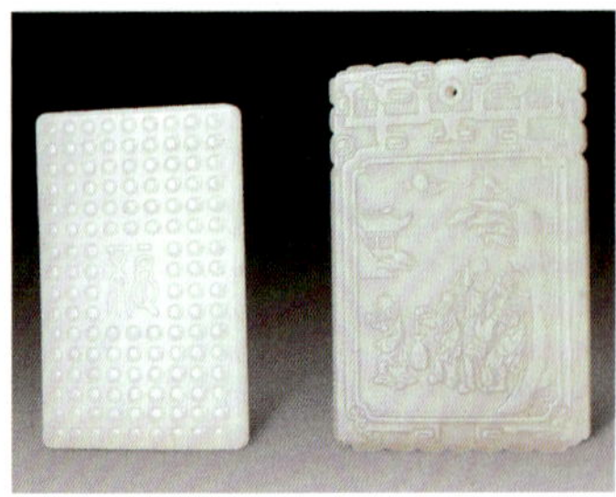

白玉福寿牌、青白玉人物诗文牌各一件

A White Jade Pendant and A Celadon Jade Pendant

年代不详 Unknown GD 中国嘉德

2012-6-16 Lot3425 L 5.2cm；L 5.7cm

估价：无底价

成交价：RMB4,600

玉雕龙纹牌、玉雕观音图牌各一件

Two Jade Pendants

年代不详 Unknown GD 中国嘉德

2012-6-16 Lot3422 D 5cm；L 6.7cm

估价：RMB 5,000-8,000

成交价：RMB10,350

白玉花卉人物纹牌（一对）

A Pair of White Jade Pendants

年代不详 Unknown GD 中国嘉德

2012-6-16 Lot3565 L 5.3cm × 2

估价：无底价

成交价：RMB9,200

白玉观音图牌

A White Jade Pendant

年代不详 Unknown GD 中国嘉德

2012-6-16 Lot3466 H 5.6cm

估价：无底价

成交价：RMB9,200

白玉富贵平安图牌

A White Jade Pendant

清 Qing GD 中国嘉德

2012-6-16 Lot3467 H 6cm

估价：无底价

成交价：RMB6,900

白玉牌（两件）

Two White Jade Pendants

年代不详 Unknown GD 中国嘉德

2012-6-16 Lot3483 L 5.8cm；L 6.6cm

估价：无底价

成交价：RMB3,450

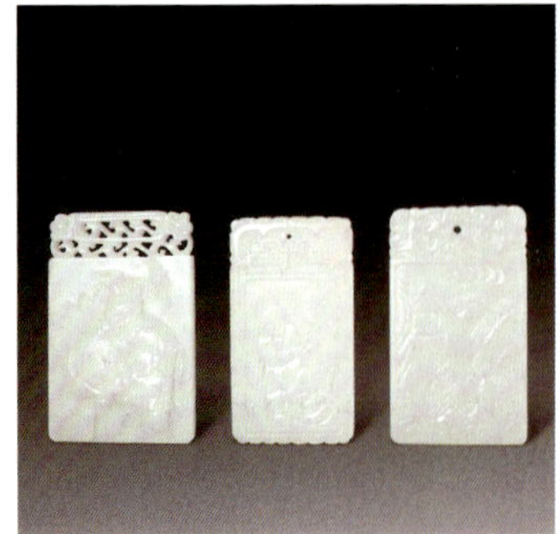

玉牌（三件）

Three Jade Pendants

年代不详 Unknown GD 中国嘉德

2012-6-16 Lot3498 L 6.1cm；L 5.9cm；L 6.2cm

估价：无底价

成交价：RMB6,900

白玉人物诗文牌

A White Jade Pendant

清 Qing GD 中国嘉德

2012-6-16 Lot3500 L 6.3cm

估价：RMB 5,000-8,000

成交价：RMB5,750

白玉弥勒图牌

A White Jade Pendant

年代不详 Unknown GD 中国嘉德

2012-6-16 Lot3506 H 5.6cm

估价：无底价

成交价：RMB9,200

白玉喜鹊登梅图牌
A White Jade Pendant
年代不详 Unknown GD 中国嘉德
2012-6-16 Lot3507 H 5.1cm
估价：无底价
成交价：RMB6,900

白玉吉庆有余图牌
A White Jade Pendant
年代不详 Unknown GD 中国嘉德
2012-6-16 Lot3508 H 5cm
估价：无底价
成交价：RMB6,900

白玉福在眼前图牌
A White Jade Pendant
清 Qing GD 中国嘉德
2012-6-16 Lot3511 H 6.2cm
估价：无底价
成交价：RMB6,900

白玉一帆风顺图牌
A White Jade Pendant
年代不详 Unknown GD 中国嘉德
2012-6-16 Lot3465 H 4.3cm
估价：无底价
成交价：RMB8,050

白玉观音图牌
A White Jade Pendant
年代不详 Unknown GD 中国嘉德
2012-6-16 Lot3513 H 4.3cm
估价：无底价
成交价：RMB5,750

白玉半壁江山牌
A White Jade Pendant
年代不详 Unknown GD 中国嘉德
2012-6-16 Lot3561 H 4.5cm
估价：无底价
成交价：RMB11,500

白玉大吉牌
A White Jade Pendant
年代不详 Unknown GD 中国嘉德
2012-6-16 Lot3571 L 5.4cm
估价：无底价
成交价：RMB6,900

白玉多子多福牌
A White Jade Pendant
年代不详 Unknown GD 中国嘉德
2012-6-16 Lot3560 H 5.8cm
估价：无底价
成交价：RMB5,750

白玉留皮蝠纹牌
A White Jade Pendant
年代不详 Unknown GD 中国嘉德
2012-6-16 Lot3584 D 6cm
估价：无底价
成交价：RMB6,900

白玉牌、白玉转心珮各一件
Two White Jade Pendants
清 Qing GD 中国嘉德
2012-6-16 Lot3878 D 5.2cm；L 5.6cm
估价：无底价
成交价：RMB3,450

白玉高士图牌、白玉扁豆童子珮各一件
Two White Jade Pendants
年代不详 Unknown GD 中国嘉德
2012-6-16 Lot3948 L 4.5cm；L 8.7cm
估价：无底价
成交价：RMB5,750

白玉牌（两件）
Two White Jade Pendants
年代不详 Unknown GD 中国嘉德
2012-6-16 Lot3882 L 5cm；L 2.8cm
估价：RMB 3,000-5,000
成交价：RMB3,450

白玉雕一品当朝牌
A Carved Jade Pendant
清中期 Mid Qing BC 北京诚轩
2012-5-13 Lot208 5.8 × 4 × 0.75cm
估价：RMB 150,000-180,000
成交价：RMB195,500

白玉梅花纹牌
A White Jade Pendant
年代不详 Unknown GD 中国嘉德
2012-6-16 Lot3881 L 8.9cm
估价：无底价
成交价：RMB5,750

玉斧、玉人物像各一件
Two Jade Pendants
清 Qing GD 中国嘉德
2012-6-16 Lot3950 L 8.4cm；L 6.7cm
估价：无底价
成交价：RMB3,450

白玉花卉纹牌
A White Jade Pendant
清中期 Mid Qing GD 中国嘉德
2012-6-16 Lot3307 L 7.5cm
估价：RMB 150,000-250,000
成交价：RMB172,500

白玉人物诗文牌
A White Jade Pendant
清 Qing GD 中国嘉德
2012-6-16 Lot3320 L 6.2cm
估价：RMB 100,000-200,000
成交价：RMB230,000

白玉米芾拜石图牌（两件）
Two White Jade Pendants
年代不详 Unknown GD 中国嘉德
2012-6-16 Lot3616 L 6cm；L 5cm
估价：无底价
成交价：RMB6,900

白玉雕垂钓图牌
A Carved White Jade Pendant
清 Qing FC 北京永乐
2012-12-15 Lot835 5.2×3.5cm
估价：RMB 80,000-100,000
成交价：RMB92,000

白玉雕一品当朝图牌
A Carved White Jade Pendant
清 Qing FC 北京永乐
2012-12-15 Lot837 6×3.4cm
估价：RMB 220,000-280,000
成交价：RMB253,000

白玉雕平安无事牌（一对）
A Pair Of White Jade Pendants
明 Ming BD 北京东正
2012-10-31 Lot345 L 4 cm；L 4.2 cm
估价：RMB 80,000-90,000
成交价：RMB92,000

白玉雕西厢记纹牌
A Carved White Jade Pendant
清早期 Early Qing BD 北京东正
2012-10-31 Lot347 L 6.2 cm
估价：RMB 400,000-500,000
成交价：RMB460,000

白玉雕龙凤纹牌
A White Jade Pendant
乾隆 Qianlong BD 北京东正
2012-10-31 Lot348 L 7.5 cm
估价：RMB 280,000-320,000
成交价：RMB322,000

白玉雕花卉纹牌
A White Jade Pendant
乾隆 Qianlong BD 北京东正
2012-10-31 Lot349 L 7.5 cm
估价：RMB 250,000-280,000
成交价：RMB287,500

白玉雕龙纹兽面牌
A Carved White Jade Pendant
清早期 Early Qing BD 北京东正
2012-10-31 Lot364 L 5.8 cm
估价：RMB 100,000-120,000
成交价：RMB149,500

白玉雕子冈款仕女牌
A White Jade Pendant
清中期 Mid Qing BD 北京东正
2012-10-31 Lot512 L 5.2 cm
估价：RMB 320,000-350,000
成交价：RMB368,000

白玉雕子冈款仕女牌
A White Jade Pendant
清中期 Mid Qing BD 北京东正
2012-10-31 Lot513 L 4.2 cm
估价：RMB 100,000-120,000
成交价：RMB115,000

白玉雕如心如意牌
A White Jade Pendant
乾隆 Qianlong BD 北京东正
2012-10-31 Lot514 L 7.3 cm
估价：RMB 180,000-200,000
成交价：RMB207,000

白玉雕花鸟纹牌
A Carved White Jade Pendant
清中期 Mid Qing BD 北京东正
2012-10-31 Lot515 L 5.5 cm
估价：RMB 45,000-50,000
成交价：RMB51,750

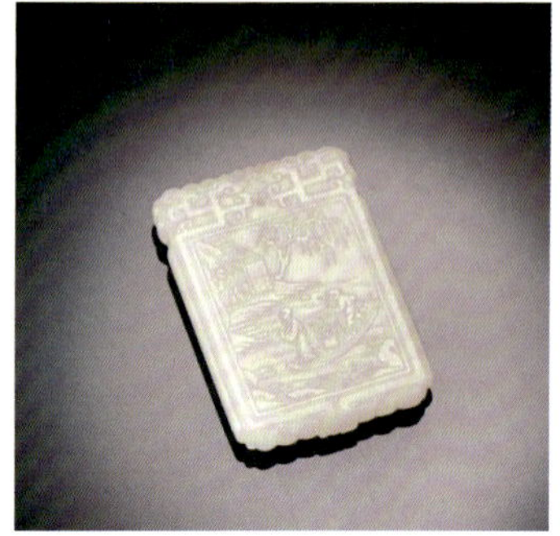

白玉雕子冈款溪山访友纹牌
A Carved White Jade Pendant with Inscription of "Zi Gang"
乾隆 Qianlong BD 北京东正
2012-5-11 Lot113 L 6 cm
估价：RMB 500,000-600,000
成交价：RMB770,500

白玉雕刘海戏蟾纹牌
A White Jade Pendant
乾隆 Qianlong BD 北京东正
2012-5-11 Lot114 L 5.5 cm
估价：RMB 280,000-300,000
成交价：RMB494,500

白玉雕福禄寿纹牌
A White Jade Pendant
清中期 Mid Qing BD 北京东正
2012-5-11 Lot117 L 5.5 cm
估价：RMB 40,000-50,000
成交价：RMB46,000

白玉雕高士对饮纹牌
A White Jade Pendant
乾隆 Qianlong BD 北京东正
2012-5-11 Lot169 L 5.8 cm
估价：RMB 200,000-250,000
成交价：RMB230,000

白玉雕张骞乘槎牌
A White Jade Pendant
乾隆 Qianlong BD 北京东正
2012-5-11 Lot236 L 5.5 cm
估价：RMB 400,000-450,000
成交价：RMB460,000

白玉松下筑室子冈牌
A Fine Carved White Jade Pendant
清早期 Mid Qing BD 北京东正
2012-5-11 Lot238 L 6 cm
估价：RMB 120,000-130,000
成交价：RMB195,500

白玉雕玉堂锦绣牌
A Fine Carved White Jade Pendant
乾隆 Qianlong BD 北京东正
2012-5-11 Lot67 L 5.7 cm
估价：RMB 500,000-600,000
成交价：RMB805,000

白玉“吉庆有余”翡翠环多宝串
年代不详 Unknown BSA 古天一
2012-12-2 Lot1043 H 3.8cm
估价：RMB 80,000-120,000
成交价：RMB385,250

白玉福至心灵牌串饰
年代不详 Unknown BSA 古天一
2012-12-2 Lot1054 4.5 × 3cm
估价：RMB 30,000-50,000
成交价：RMB80,500

倪伟滨 风竹弄影 白玉牌
Ni Weibin A White Jade Plaque of Bamboo in Wind
年代不详 Unknown XLA 西泠印社
2012-7-7 Lot1913 76 × 25 × 6mm；W28g
估价：RMB 120,000-150,000
成交价：RMB149,500

杨曦 钟馗 白玉牌
Yang Xi A White Jade Plaque of Zhong Kui
年代不详 Unknown XLA 西泠印社
2012-7-7 Lot1930 70 × 40 × 11mm；W82.6g
估价：RMB 350,000-500,000
成交价：RMB483,000

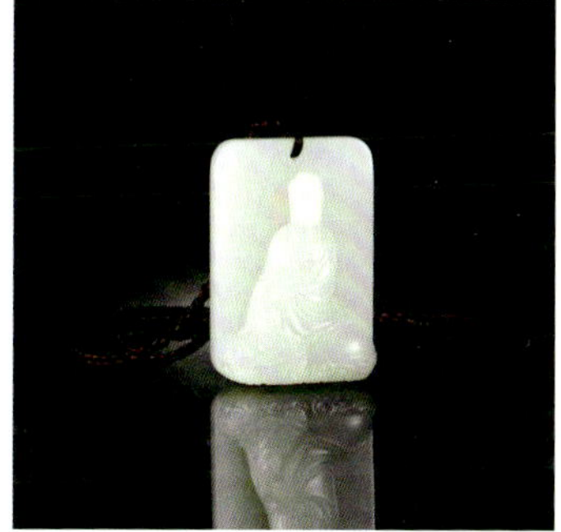

杨曦 善化众生 白玉牌
Yang Xi A White Jade Plaque of “Guan Yin”
年代不详 Unknown XLA 西泠印社
2012-7-7 Lot1931 50 × 35 × 15mm；W47g
估价：RMB 350,000-400,000
成交价：RMB402,500

杨曦 净面忠勇 白玉对牌
Yang Yi A Pair of White Jade Plaques,Bao Zheng,Li Kui and Zhang Fei
年代不详 Unknown XLA 西泠印社
2012-7-7 Lot1932 尺寸不一
估价：RMB 3,000,000-4,000,000
成交价：RMB4,600,000

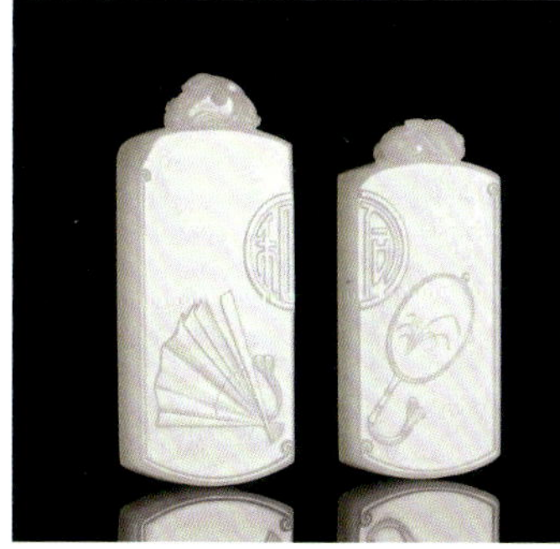

瞿利军 才子佳人 白玉对牌
Qu Lijun A Pair of White Jade Plaques,Lovers
年代不详 Unknown XLA 西泠印社
2012-7-7 Lot1941 尺寸不一
估价：RMB 120,000-150,000
成交价：RMB149,500

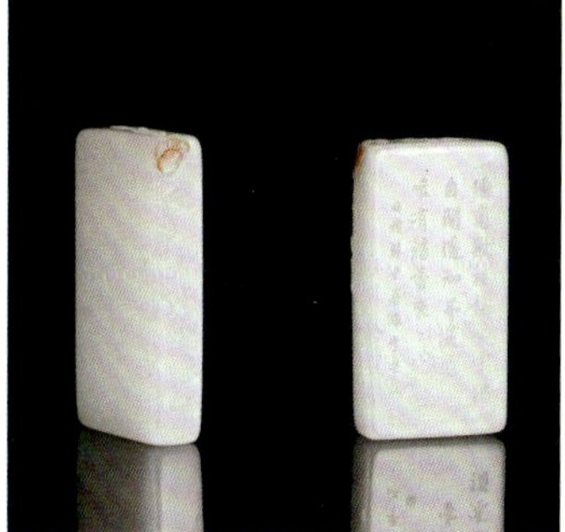

瞿利军 遥知非雪 白玉牌
Qu Lijun A White and Russet Jade Plaque of Plum Blossom
年代不详 Unknown XLA 西泠印社
2012-7-7 Lot1943 63 × 34 × 13mm；W75.2g
估价：RMB 180,000-220,000
成交价：RMB230,000

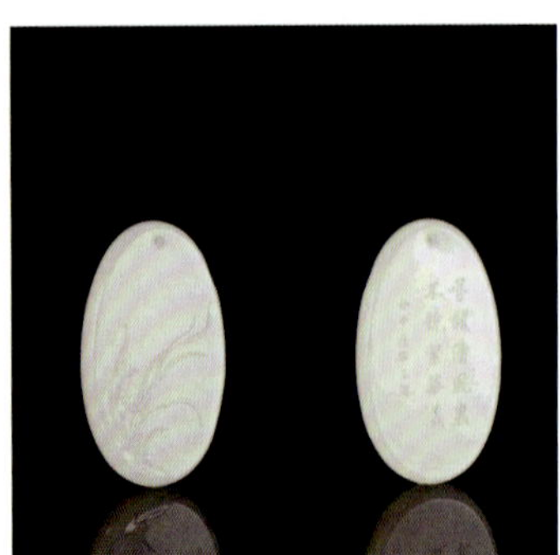

瞿利军 不竞华美 白玉牌
Qu Lijun A White Jade Plaque of Orchid
年代不详 Unknown XLA 西泠印社
2012-7-7 Lot1944 60×35×9mm；W 42g
估价：RMB 160,000-200,000
成交价：RMB184,000

瞿利军 暮云转玉 白玉牌
Qu Lijun A White Jade Plaque of Landscape
年代不详 Unknown XLA 西泠印社
2012-7-7 Lot1945 69×35×9mm；W 58.5g
估价：RMB 250,000-350,000
成交价：RMB345,000

刘忠荣 今正是时 白玉牌
Liu Zhongrong A White Jade Plaque of Buddha
年代不详 Unknown XLA 西泠印社
2012-7-7 Lot1948 60×37×10mm；W 57.6g
估价：RMB 450,000-600,000
成交价：RMB805,000

刘忠荣 金莲开法界 白玉牌
Liu Zhongrong A White Jade Plaque of "Guan Yin" on Lotus
年代不详 Unknown XLA 西泠印社
2012-7-7 Lot1949 80×38×10mm；W 75g
估价：RMB 800,000-1,200,000
成交价：RMB1,150,000

翟倚卫 桃花依旧 白玉牌
Zhai Yiwei A White Jade Plaque with Peach Blossom Pattern and Calligraphy
年代不详 Unknown XLA 西泠印社
2012-7-7 Lot1978 95×52×15mm；W 216g
估价：RMB 900,000-1,300,000
成交价：RMB1,265,000

翟倚卫 把酒临轩 白玉牌
Zhai Yiwei A White Jade Plaque of Landscape and Sages
年代不详 Unknown XLA 西泠印社
2012-7-7 Lot1979 85×45×14mm；W 137g
估价：RMB 1,300,000-1,500,000
成交价：RMB1,495,000

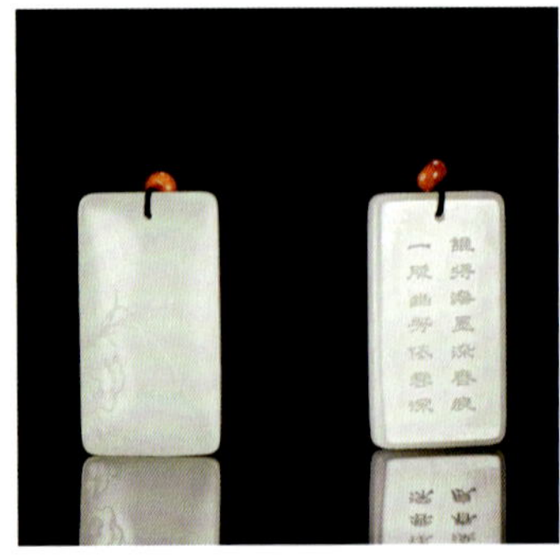

李宜钧 幽芳依云 白玉牌
Li Yijun A White Jade Plaque Incised with Orchid and Calligraphy
年代不详 Unknown XLA 西泠印社
2012-7-7 Lot1984 52×30×9mm；W 38g
估价：RMB 70,000-100,000
成交价：RMB80,500

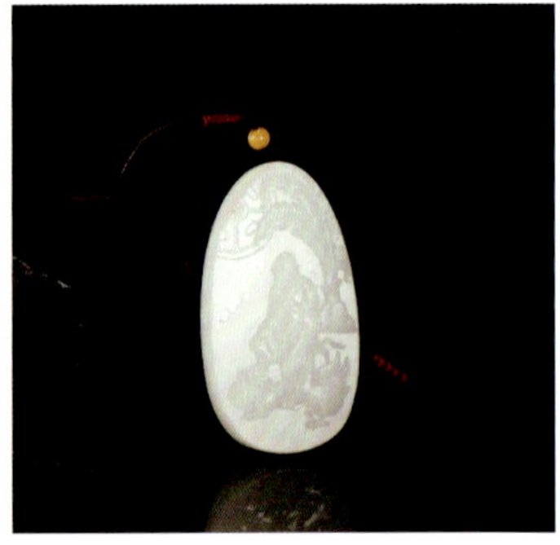

付雪飞 羲之爱鹅 白玉牌
Fu Xuefei A White Jade Plaque,Wang Xizhi and His Geese
年代不详 Unknown XLA 西泠印社
2012-7-7 Lot2012 78×43×10mm；W 77.5g
估价：RMB 180,000-250,000
成交价：RMB253,000

付雪飞 画圣 白玉牌
Fu Xuefei A White Jade Plaque with Figure Pattern
年代不详 Unknown XLA 西泠印社
2012-7-7 Lot2013 115×40×10mm；W 135g
估价：RMB 240,000-300,000
成交价：RMB276,000

付雪飞 渔翁得利 白玉牌
Fu Xuefei A White Jade Plaque of Fisherman
年代不详 Unknown XLA 西泠印社
2012-7-7 Lot2014 90 × 45 × 10mm ; W 105g
估价：RMB 120,000-160,000
成交价：RMB161,000

葛洪 神威远震 白玉牌
Ge Hong A White Jade Plaque of A Mythical Beast
年代不详 Unknown XLA 西泠印社
2012-7-7 Lot2020 63 × 45 × 24mm ; W 154g
估价：RMB 350,000-450,000
成交价：RMB437,000

赵显志 博古纹 白玉牌
Zhao Xianzhi A White Jade Plaque
年代不详 Unknown
XLA 西泠印社
2012-7-7 Lot2024 35 × 35 × 10mm ; W 29g
估价：RMB 30,000-45,000
成交价：RMB34,500

顾忠华 龙翔凤翥 白玉对牌
Gu Zhonghua A Pair of White Jade Plaques of Dragon and Phoenix
年代不详 Unknown XLA 西泠印社
2012-7-7 Lot2034 74 × 43 × 9mm × 2 ; W 68g × 2
估价：RMB 250,000-350,000
成交价：RMB287,500

徐凯 龙腾四海 白玉牌
Xu Kai A White Jade Plaque of Dragon
年代不详 Unknown XLA 西泠印社
2012-7-7 Lot2043 70 × 37 × 11mm ; W 72.6g
估价：RMB 150,000-200,000
成交价：RMB218,500

徐凯 天马行空 白玉牌
Xu Kai A White Jade Plaque,Horse in Sky
年代不详 Unknown XLA 西泠印社
2012-7-7 Lot2044 68 × 41 × 12mm ; W 77.6g
估价：RMB 300,000-350,000
成交价：RMB345,000

陈健 兰香 白玉牌
Chen Jian A White Jade Plaque of Orchid
年代不详 Unknown XLA 西泠印社
2012-7-7 Lot2056 50 × 30 × 11mm ; W 46g
估价：无底价
成交价：RMB48,300

陈健 香径风和 白玉牌
Chen Jian A White Jade Plaque of Pavilion and Landscape
年代不详 Unknown XLA 西泠印社
2012-7-7 Lot2058 90 × 38 × 10mm ; W 82g
估价：RMB 180,000-250,000
成交价：RMB230,000

范同生 武财神 白玉牌
Fan Tongsheng A White Jade Plaque of “Guan Gong” holding A Seal
年代不详 Unknown XLA 西泠印社
2012-7-7 Lot2059 73 × 31 × 20mm ; W 116g
估价：RMB 350,000-450,000
成交价：RMB402,500

范同生 观音 白玉牌
Fan Tongsheng A White and Russet Jade Plaque of "Guan Ying"
年代不详 Unknown XLA 西泠印社
2012-7-7 Lot2061 88×41×16mm；W 140g
估价：RMB 400,000-550,000
成交价：RMB460,000

蒋喜 白玉龙凤对牌
Jiang Xi A Pair of White Jade Plaques of Dragon and Phoenix
年代不详 Unknown XLA 西泠印社
2012-7-7 Lot2063 尺寸不一
估价：RMB 180,000-220,000
成交价：RMB207,000

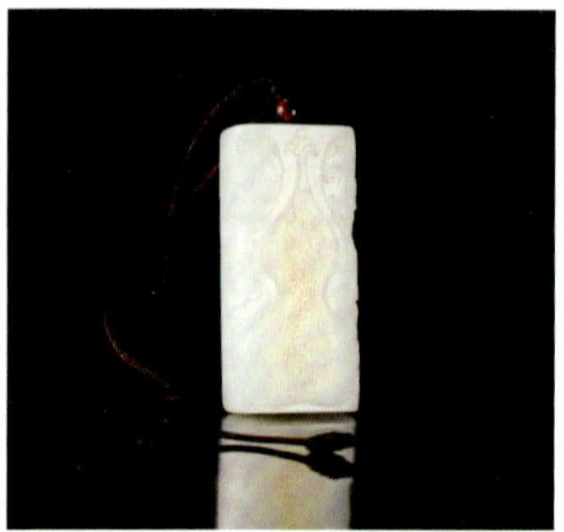

李剑 福禄双至 白玉牌
Li Jian A White Jade Plaque of Bat and Calabash
年代不详 Unknown XLA 西泠印社
2012-7-7 Lot2071 75×38×14mm；W 106g
估价：RMB 250,000-350,000
成交价：RMB437,000

叶清 梅兰竹菊 白玉套牌
Ye Qing A Set of White Jade Plaques,Plum Blossom,Orchid,Bamboo and Chrysanthemum
年代不详 Unknown XLA 西泠印社
2012-7-7 Lot2075 48×26×11mm×4
估价：RMB 500,000-600,000
成交价：RMB575,000

张晓玲 闲云 白玉牌
Zhang Xiaoling A White Jade Plaque,Cloud
年代不详 Unknown XLA 西泠印社
2012-7-7 Lot2086 42×29×5mm；W 13g
估价：RMB 30,000-50,000
成交价：RMB51,750

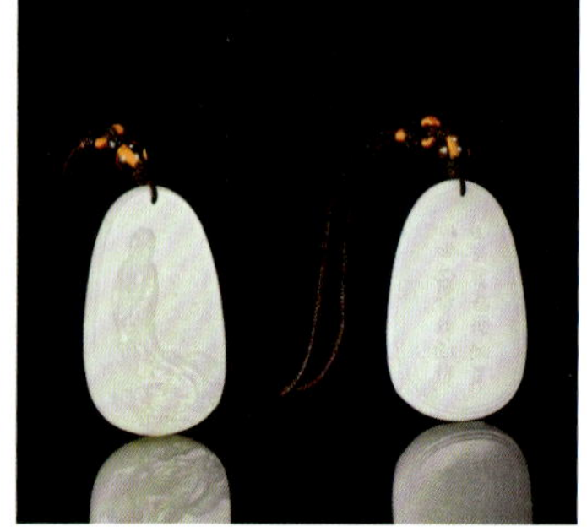

陈静 骑龙观音 白玉牌
Chen Jing A White Jade Plaque of "Guan Yin" on Dragon
年代不详 Unknown XLA 西泠印社
2012-7-7 Lot2088 63×40×12mm；W 49g
估价：RMB 160,000-200,000
成交价：RMB184,000

唐伟琪 谁识清意 白玉牌
Tang Weiqi A White Jade Plaque of Landscape Pattern
年代不详 Unknown XLA 西泠印社
2012-7-7 Lot2089 80×55×12mm；W 146g
估价：RMB 70,000-100,000
成交价：RMB80,500

唐伟琪 花边春风 白玉牌
Tang Weiqi A White Jade Plaque of Bird and Flower
年代不详 Unknown XLA 西泠印社
2012-7-7 Lot2090 72×33×12mm；W 60g
估价：RMB 220,000-280,000
成交价：RMB287,500

白玉雕米芾拜石牌
A White Jade Pendant of Mi Fu, A Famous Calligrapher
清 Qing XLA 西泠印社
2012-7-9 Lot2660 L 6cm；W 4.3cm
估价：RMB 200,000-250,000
成交价：RMB230,000

瞿利军 湖庄消夏 白玉牌
Qu Lijun A Whtie Jade Pendant with Winter View Patterns
年代不详 Unknown XLA 西泠印社
2012-10-21 Lot4 54 × 29 × 8mm；W 32.5g
估价：无底价
成交价：RMB20,700

瞿利军 江山归舟 白玉牌
Qu Lijun A White Jade Pendant
年代不详 Unknown XLA 西泠印社
2012-10-21 Lot9 37 × 19 × 5mm；W 11.4g
估价：无底价
成交价：RMB11,500

瞿利军 江上枫 白玉牌
Qu Lijun A White Jade Plaque with Landscape Patterns
年代不详 Unknown XLA 西泠印社
2012-10-21 Lot18 84 × 45 × 17mm；W 149g
估价：RMB600,000 – 800,000
成交价：RMB920,000

程磊 纳福 白玉牌
Cheng Lei A White Jade Plaque with Bamboo And Bat Patterns
年代不详 Unknown XLA 西泠印社
2012-10-21 Lot81 69 × 31 × 8mm；W 40g
估价：无底价
成交价：RMB57,500

崔磊 腾龙 白玉对牌
Cui Lei A Pair Of White Jade Plaques with Dragon Patterns
年代不详 Unknown XLA 西泠印社
2012-10-21 Lot83 54 × 34 × 11mm × 2
估价：RMB120,000 – 150,000
成交价：RMB184,000

程磊 国色天香 白玉牌
Cheng Lei A White Jade Plaque with Peony Patterns
年代不详 Unknown XLA 西泠印社
2012-10-21 Lot77 68 × 33 × 10mm；W 44g
估价：无底价
成交价：RMB80,500

黄罕勇 平安无事 白玉牌
Huang Hanyong A Plain White Jade Plaque
年代不详 Unknown XLA 西泠印社
2012-10-21 Lot70 65 × 32 × 9.5mm；W 57.8g
估价：无底价
成交价：RMB126,500

程磊 福气 白玉牌
Cheng Lei A White Jade Plaque with Bat Patterns
年代不详 Unknown XLA 西泠印社
2012-10-21 Lot74 55 × 34 × 8mm；W 38g
估价：无底价
成交价：RMB32,200

葛洪 博古 白玉牌
Ge Hong A White Jade Plaque with Archaistic Patterns
年代不详 Unknown XLA 西泠印社
2012-10-21 Lot143 33 × 18 × 7mm；W 9.2g
估价：无底价
成交价：RMB10,350

陈冠军 教子成名 白玉牌
Chen Guanjun A White Jade Plaque with Figure Patterns
年代不详 Unknown XLA 西泠印社
2012-10-21 Lot86 55 × 35 × 8mm ; W 44.1g
估价：无底价
成交价：RMB17,250

陈冠军 塘畔天伦 白玉牌
Chen Guanjun A White Jade Plaque with Family Union Patterns
年代不详 Unknown XLA 西泠印社
2012-10-21 Lot87 62 × 39 × 9mm ; W 63.9g
估价：无底价
成交价：RMB20,700

陈冠军 送友图 白玉牌
Chen Guanjun A White Jade Plaque with Friends Gathering Patterns
年代不详 Unknown XLA 西泠印社
2012-10-21 Lot88 58 × 37 × 7mm ; W 43.0g
估价：无底价
成交价：RMB17,250

陈冠军 农耕 白玉牌
Chen Guanjun A White Jade Plaque with Farming Patterns
年代不详 Unknown XLA 西泠印社
2012-10-21 Lot91 56 × 37 × 7mm ; W 62.4g
估价：RMB80,000 – 120,000
成交价：RMB126,500

陈冠军 访友图 白玉牌
Chen Guanjun A White Jade Plaque with Figures And Landscape Patterns And Inscription
年代不详 Unknown XLA 西泠印社
2012-10-21 Lot85 60 × 38 × 8mm ; W 53.4g
估价：无底价
成交价：RMB20,700

李东 和顺 白玉牌
Li Dong A White Jade Plaque with Delicate Patterns
年代不详 Unknown XLA 西泠印社
2012-10-21 Lot194 53 × 33 × 7mm ; W 30.5g
估价：无底价
成交价：RMB3,450

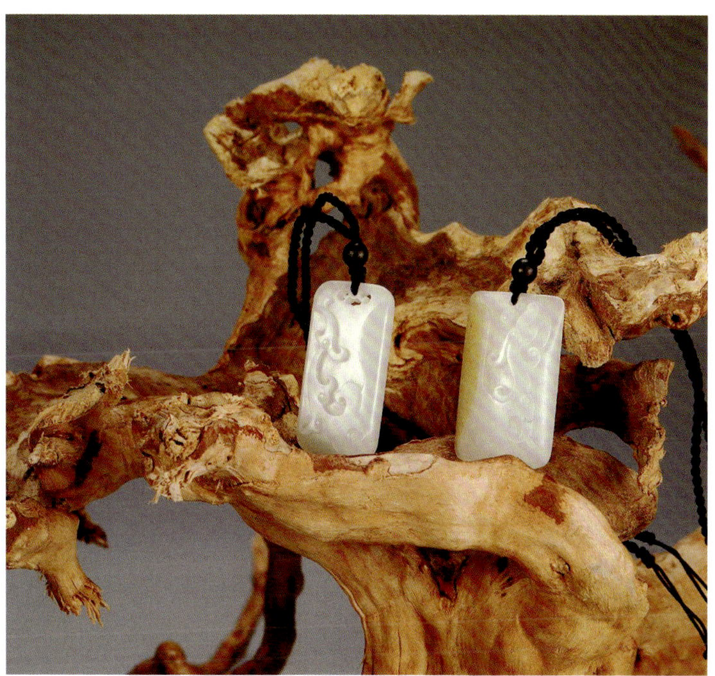

杨曦 龙飞凤舞 白玉对牌
Yang Xi A Pair Of White Jade Plaques with Dragon And Phoenix Patterns
年代不详 Unknown XLA 西泠印社
2012-10-21 Lot157 39×24×10mm，40×19×8mm
估价：RMB80,000 – 100,000
成交价：RMB92,000

叶清 连连有余 白玉牌
Ye Qing A White Jade Plaque with Goldfish Patterns
年代不详 Unknown XLA 西泠印社
2012-10-21 Lot153 37×25×8mm；W 14.2g
估价：无底价
成交价：RMB13,800

叶清 蝶恋花 白玉牌
Ye Qing A White Jade Plaque with Butterfly And Flower Patterns
年代不详 Unknown XLA 西泠印社
2012-10-21 Lot151 48×25×7mm；W 18.0g
估价：无底价
成交价：RMB13,800

李宜钧 岁寒有贞姿 白玉牌
Li Yijun A White Jade Plaque with Bamboo Patterns And Inscription
年代不详 Unknown XLA 西泠印社
2012-10-21 Lot167 70×37×9mm；W 67g
估价：RMB80,000 – 120,000
成交价：RMB92,000

吴金星 龙腾四海 白玉牌
Wu Jinxing A White Jade Plaque with Dragon Patterns
年代不详 Unknown XLA 西泠印社
2012-10-21 Lot185 69×28×10mm；W 49.4g
估价：RMB120,000 – 160,000
成交价：RMB161,000

吴银福 平安无事白玉牌
Wu Yinfu A White Jade Plaque with Dragon Patterns
年代不详 Unknown XLA 西泠印社
2012-10-21 Lot199 52×32×8mm；W 29.7g
估价：无底价
成交价：RMB28,750

刘洋 青山秀水 白玉牌
Liu Yang A White Jade Plaque with Landscape Patterns
年代不详 Unknown XLA 西泠印社
2012-10-21 Lot216 54×22×13mm；W 25.9g
估价：无底价
成交价：RMB10,350

白玉童子牌
A White Jade Ornament
清 Qing TT 北京传是
2012-7-8 Lot1458 L 6cm
估价：RMB 50,000-80,000
成交价：RMB57,500

佚名 荷莲掩映 白玉牌
Anonymous A White Jade Plaque with Lotus Patterns
年代不详 Unknown XLA 西泠印社
2012-10-21 Lot228 34×21×7mm；W 20.4g
估价：无底价
成交价：RMB25,300

白玉吉庆有余牌
A White Jade
清 Qing TT 北京传是
2012-7-8 Lot1490 L 5.5cm
估价：RMB 50,000-80,000
成交价：RMB57,500

白玉无双谱“孙伯符”子冈牌
乾隆 Qianlong BP 保利香港
2012-11-25 Lot857 L 5cm
估价：HKD 600,000-800,000
成交价：HKD782,000

佚名 平平安安 白玉牌
Anonymous A Plain White Jade Plaque
年代不详 Unknown XLA 西泠印社
2012-10-21 Lot232 87×48×14mm；W 159.7g
估价：无底价
成交价：RMB43,700

白玉“麻姑献寿”子冈牌
A White Jade “Birthday” Plaque
清中期 Mid Qing BP 北京保利
2012-6-6 Lot6916 L 5cm
估价：RMB 50,000-80,000
成交价：RMB161,000

白玉籽料兰花牌
年代不详 Unknown RB 北京荣宝
2012-3-10 Lot216 W 60.4g
估价：RMB 70,000-90,000
成交价：RMB123,200

白玉籽料兽面纹对牌
年代不详 Unknown RB 北京荣宝
2012-3-10 Lot218 W 36.8g
估价：RMB 50,000-70,000
成交价：RMB78,400

白玉籽料幽兰牌
年代不详 Unknown RB 北京荣宝
2012-3-10 Lot219 W 43g
估价：RMB 80,000-120,000
成交价：RMB123,200

白玉籽料持莲观音牌
年代不详 Unknown RB 北京荣宝
2012-3-10 Lot221 W 34.6g
估价：RMB 20,000-30,000
成交价：RMB29,120

江南水乡白玉籽料牌
年代不详 Unknown RB 北京荣宝
2012-3-10 Lot223 W 136g
估价：RMB 200,000-300,000
成交价：RMB336,000

白玉籽料腰鼓竹牌
年代不详 Unknown RB 北京荣宝
2012-3-10 Lot233 W 29g
估价：RMB 30,000-50,000
成交价：RMB42,560

古亭遗风白玉籽料牌
年代不详 Unknown RB 北京荣宝
2012-3-10 Lot247 W 101g
估价：RMB 130,000-180,000
成交价：RMB190,400

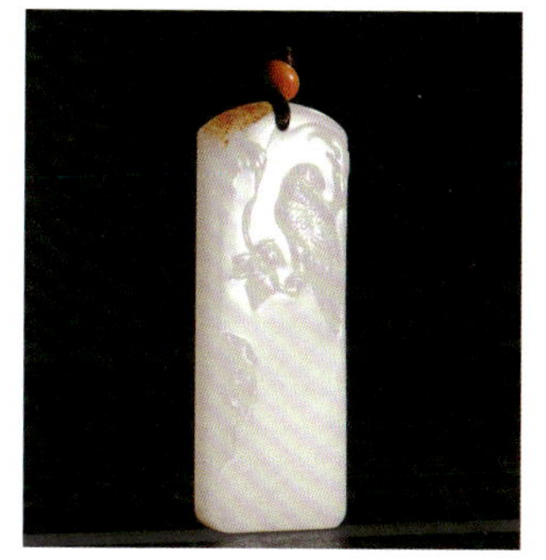

一世英明白玉籽料牌
年代不详 Unknown RB 北京荣宝
2012-3-10 Lot248 W 48g
估价：RMB 70,000-90,000
成交价：RMB100,800

白玉籽料关公牌
年代不详 Unknown RB 北京荣宝
2012-3-10 Lot271 W 39.5g
估价：RMB 50,000-80,000
成交价：RMB84,000

古玉婴戏牌
民国 Republic Period RB 北京荣宝
2012-3-10 Lot355 L 6cm
估价：RMB 20,000-30,000
成交价：RMB22,400

白玉雕观音坐像玉牌
年代不详 Unknown RB 北京荣宝
2012-3-10 Lot357 H 6.7cm
估价：RMB 25,000-35,000
成交价：RMB28,000

如意有福籽料白玉钺形牌
年代不详 Unknown RB 北京荣宝
2012-6-24 Lot1702 H 6cm
估价：RMB 20,000-30,000
成交价：RMB31,360

白玉籽料宝莲座观音牌
年代不详 Unknown RB 北京荣宝
2012-6-24 Lot1725 H 8cm
估价：RMB 160,000-210,000
成交价：RMB224,000

齐眉双寿图籽料白玉牌
年代不详 Unknown RB 北京荣宝
2012-6-24 Lot1704 H 10cm
估价：RMB 60,000-90,000
成交价：RMB84,000

仕女小憩籽料白玉牌
年代不详 Unknown RB 北京荣宝
2012-6-24 Lot1710 H 9cm
估价：RMB 70,000-100,000
成交价：RMB100,800

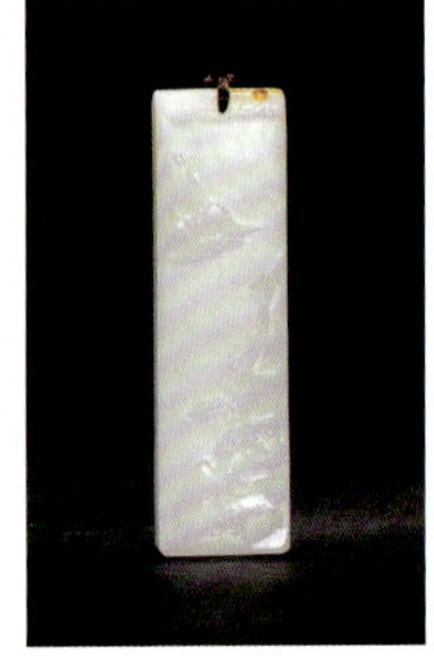

白玉籽料山水牌
年代不详 Unknown RB 北京荣宝
2012-6-24 Lot1720 H 7cm
估价：RMB 40,000-60,000
成交价：RMB44,800

独占鳌头籽料白玉牌
年代不详 Unknown RB 北京荣宝
2012-6-24 Lot1721 W 52g
估价：RMB 40,000-60,000
成交价：RMB44,800

白玉籽料人物山水牌
年代不详 Unknown RB 北京荣宝
2012-6-24 Lot1722 H 6cm
估价：RMB 30,000-50,000
成交价：RMB40,320

白玉籽料薄意山水牌
年代不详 Unknown RB 北京荣宝
2012-6-24 Lot1723 H 9cm
估价：RMB 60,000-90,000
成交价：RMB84,000

富贵牡丹籽料白玉牌
年代不详 Unknown RB 北京荣宝
2012-6-24 Lot1703 W 36g
估价：RMB 40,000-60,000
成交价：RMB61,600

白玉籽料双龙护主牌
年代不详 Unknown RB 北京荣宝
2012-6-24 Lot1747 H 5.5cm
估价：RMB 40,000-60,000
成交价：RMB58,240

平湖秋月籽料白玉牌
年代不详 Unknown RB 北京荣宝
2012-6-24 Lot1753 D 5cm
估价：RMB 60,000-80,000
成交价：RMB87,360

秋水伊人籽料白玉牌
年代不详 Unknown RB 北京荣宝
2012-6-24 Lot1757 H 8cm
估价：RMB 100,000-150,000
成交价：RMB112,000

白玉籽料活环竹牌
年代不详 Unknown RB 北京荣宝
2012-6-24 Lot1758 H 8cm
估价：RMB 30,000-50,000
成交价：RMB47,040

白玉籽料岁岁平安牌
年代不详 Unknown RB 北京荣宝
2012-6-24 Lot1759 H 5cm
估价：RMB 30,000-50,000
成交价：RMB43,680

白玉籽料龙行天下平安牌
年代不详 Unknown RB 北京荣宝
2012-6-24 Lot1760 H 6.5cm
估价：RMB 70,000-90,000
成交价：RMB98,560

白玉籽料兰花牌
年代不详 Unknown RB 北京荣宝
2012-6-24 Lot1794 W 49g
估价：RMB 50,000-80,000
成交价：RMB79,520

白玉籽料龙牌
年代不详 Unknown RB 北京荣宝
2012-6-24 Lot1767 H 8cm
估价：RMB 180,000-240,000
成交价：RMB246,400

籽料蝶恋花白玉牌
年代不详 Unknown RB 北京荣宝
2012-6-24 Lot1778 H 6.5cm
估价：RMB 40,000-60,000
成交价：RMB53,760

猛虎下山籽料白玉牌
年代不详 Unknown RB 北京荣宝
2012-6-24 Lot1781 W 84g
估价：RMB 30,000-50,000
成交价：RMB47,040

官上加官籽料白玉牌
年代不详 Unknown RB 北京荣宝
2012-6-24 Lot1783 W 17g
估价：RMB 20,000-30,000
成交价：RMB22,400

岁岁平安籽料白玉牌
年代不详 Unknown RB 北京荣宝
2012-6-24 Lot1786 H 7cm
估价：RMB 30,000-50,000
成交价：RMB38,080

一路连科籽料白玉牌
年代不详 Unknown RB 北京荣宝
2012-6-24 Lot1790 H 6.2cm
估价：RMB 40,000-60,000
成交价：RMB53,760

白玉籽料虎威牌
年代不详 Unknown RB 北京荣宝
2012-6-24 Lot1791 W 27g
估价：RMB 10,000-20,000
成交价：RMB20,160

白玉籽料龙牌
年代不详 Unknown RB 北京荣宝
2012-6-24 Lot1792 H 5cm
估价：RMB 40,000-60,000
成交价：RMB62,720

白玉籽料山水牌
年代不详 Unknown RB 北京荣宝
2012-6-24 Lot1761 H 8cm
估价：RMB 80,000-110,000
成交价：RMB112,000

观音牌
年代不详 Unknown RB 北京荣宝
2012-8-26 Lot816 H 58mm
估价：RMB 80,000-100,000
成交价：RMB95,200

和和美美牌
年代不详 Unknown RB 北京荣宝
2012-8-26 Lot845 H 38mm
估价：RMB 50,000-70,000
成交价：RMB67,200

和田白玉籽料高浮雕双龙戏珠牌
年代不详 Unknown JG 北京九歌
2012-6-29 Lot2548 H 7.9cm；W 4.7cm
估价：RMB 90,000-120,000
成交价：RMB101,200

和阗白玉雕观音坐像牌
年代不详 Unknown RB 北京荣宝
2012-6-24 Lot1614 H 7.5cm
估价：RMB 80,000-120,000
成交价：RMB95,200

和阗白玉雕云纹“平安无事”牌
年代不详 Unknown RB 北京荣宝
2012-6-24 Lot1627 H 6cm
估价：RMB 28,000-58,000
成交价：RMB31,360

祝福牌
年代不详 Unknown RB 北京荣宝
2012-8-26 Lot850 H 56mm
估价：RMB 25,000-35,000
成交价：RMB28,000

净瓶观音牌
年代不详 Unknown RB 北京荣宝
2012-11-25 Lot1756 62×22×8mm；W 25g
估价：RMB 20,000-24,000
成交价：RMB24,640

幽居
年代不详 Unknown RB 北京荣宝
2012-11-25 Lot1760 72×41×10mm；W 60g
估价：RMB 80,000-90,000
成交价：RMB95,200

入云龙
年代不详 Unknown RB 北京荣宝
2012-11-25 Lot1762 54×32×16mm；W48g
估价：RMB 20,000-24,000
成交价：RMB24,640

持莲观音牌
年代不详 Unknown RB 北京荣宝
2012-11-25 Lot1771 48×36×13mm；W 47.3g
估价：RMB 45,000-50,000
成交价：RMB56,000

鸳鸯戏水

年代不详 Unknown RB 北京荣宝
2012-11-25 Lot1785 64×40×14mm；W 92g
估价：RMB 40,000-45,000
成交价：RMB47,040

白玉仿古兽面纹长方牌

A Rare and Fine White Jade Ancient Pattern Plaque
乾隆 Qianlong BP 北京保利
2012-6-5 Lot6110 L 8.3cm
估价：RMB 600,000-800,000
成交价：RMB1,667,500

玉雕西王母炼丹图牌

A Very Rare and Finely Carved Jade Plaque
明或更早 Ming or Earlier BP 北京保利
2012-6-5 Lot6107 L 9.6cm
估价：RMB 800,000-1,200,000
成交价：RMB920,000

白玉西厢记子冈牌

A Rare and Fine White Jade Plaque
乾隆 Qianlong BP 北京保利
2012-6-5 Lot6114 L 5.2cm
估价：RMB 500,000-800,000
成交价：RMB1,035,000

白玉“花木兰”子冈牌

A Very Rare and Nice White Jade Plaque
乾隆 Qianlong BP 北京保利
2012-6-5 Lot6115 L 5.3cm
估价：RMB 1,000,000-1,500,000
成交价：RMB1,380,000

玉雕福寿牌、吉祥牌、金钱牌（三件）
清 Qing BP 北京保利
2012-4-23 Lot1887 尺寸不一
估价：无底价
成交价：RMB 13,800

白玉雕万字牌嵌碧玉 14K 金牌
清 Qing BP 北京保利
2012-4-23 Lot1939 D 7cm
估价：RMB 38,000-50,000
成交价：RMB 43,700

白玉吉庆有余牌
清 Qing BP 北京保利
2012-4-23 Lot1940 L 4.5cm
估价：RMB 20,000-30,000
成交价：RMB 23,000

白玉榴开百子牌（两件）
清 Qing BP 北京保利
2012-4-23 Lot1945 L 5.5cm × 2
估价：无底价
成交价：RMB 161,000

白玉夔龙纹御题诗牌
清 Qing BP 北京保利
2012-4-23 Lot1946 L 4.5cm
估价：RMB 50,000-80,000
成交价：RMB 57,500

白玉麒麟牌
清 Qing BP 北京保利
2012-4-23 Lot2002 H 6.5cm
估价：RMB 20,000-30,000
成交价：RMB 23,000

白玉经文、花卉牌（两件）
年代不详 Unknown BP 北京保利
2012-4-23 Lot2005 L 5cm × 2
估价：无底价
成交价：RMB 13,800

福气盈门
年代不详 Unknown RB 北京荣宝
2012-8-26 Lot853 H 48mm；W 32mm
估价：RMB 35,000-45,000
成交价：RMB42,560

白玉雕仙人乘槎子冈牌
清 Qing BP 北京保利
2012-4-23 Lot2021 L 6cm
估价：无底价
成交价：RMB 23,000

四君子对牌
年代不详 Unknown RB 北京荣宝
2012-11-25 Lot1799 95×48×11mm×2；140g×2
估价：RMB 380,000-430,000
成交价：RMB448,000

白玉双螭穿花连珠纹牌饰
清 Qing BP 北京保利
2012-10-24 Lot768 L 7cm
估价：无底价
成交价：RMB299,000

各式玉牌（四件）
民国 Republic Period BP 北京保利
2012-4-23 Lot2019 尺寸不一
估价：无底价
成交价：RMB 13,800

白玉吉庆有余牌
乾隆 Qianlong BP 北京保利
2012-10-24 Lot895 L 6.5cm
估价：RMB 100,000-200,000
成交价：RMB460,000

白玉、翠“长命百岁”、“子孙长宜”牌（共三件）
清 Qing BP 北京保利
2012-10-24 Lot891 尺寸不一
估价：无底价
成交价：RMB13,800

白玉花卉富寿牌
清中期 Mid Qing BP 北京保利
2012-10-24 Lot896 L 7cm
估价：RMB 100,000-200,000
成交价：RMB184,000

白玉诗文牌
清 Qing BP 北京保利
2012-10-24 Lot897 L 6cm
估价：RMB 90,000-120,000
成交价：RMB241,500

白玉三羊开泰牌
清 Qing BP 北京保利
2012-10-24 Lot898 L 5.5cm
估价：RMB 50,000-80,000
成交价：RMB207,000

白玉“玉符”牌
清 Qing BP 北京保利
2012-10-24 Lot899 L 5.5cm
估价：RMB 80,000-100,000
成交价：RMB195,500

白玉九如牌
清 Qing BP 北京保利
2012-10-24 Lot900 L 5.5cm
估价：RMB 60,000-80,000
成交价：RMB69,000

白玉如意牌
清 Qing BP 北京保利
2012-10-24 Lot901 L 5.5cm
估价：RMB 70,000-90,000
成交价：RMB97,750

白玉奉爵称寿牌
清 Qing BP 北京保利
2012-10-24 Lot902 L 7cm
估价：RMB 120,000-200,000
成交价：RMB264,500

白玉人物诗文牌
清 Qing BP 北京保利
2012-10-24 Lot903 L 5.5cm
估价：RMB 90,000-120,000
成交价：RMB1,035,000

白玉斋戒牌
乾隆 Qianlong BP 北京保利
2012-10-24 Lot904 L 7cm
估价：RMB 100,000-200,000
成交价：RMB115,000

白玉梅花牌
清 Qing BP 北京保利
2012-10-24 Lot905 L 6.5cm
估价：RMB 50,000-80,000
成交价：RMB92,000

白玉浅刻竹下人物诗文牌
清 Qing BP 北京保利
2012-10-24 Lot907 L 5.2cm
估价：RMB 30,000-40,000
成交价：RMB120,750

白玉三羊开泰、人物牌（两件）
清 Qing BP 北京保利
2012-10-24 Lot908 L 4cm；L 4.5cm
估价：无底价
成交价：RMB17,250

白玉福寿花卉牌
清 Qing BP 北京保利
2012-10-24 Lot909 L 7cm
估价：无底价
成交价：RMB46,000

白玉童子喜字牌
清 Qing BP 北京保利
2012-10-24 Lot910 L 4.5cm
估价：RMB 38,000-55,000
成交价：RMB55,200

玉雕九如福寿牌
清 Qing BP 北京保利
2012-10-24 Lot911 L 6cm
估价：无底价
成交价：RMB28,750

白玉山水子冈牌
明 Ming BP 北京保利
2012-10-24 Lot912 L 5.5cm
估价：RMB 30,000-40,000
成交价：RMB264,500

白玉葫芦喜字牌
清 Qing BP 北京保利
2012-10-24 Lot913 L 8cm
估价：RMB 100,000-200,000
成交价：RMB115,000

白玉吉庆有余牌
乾隆 Qianlong BP 北京保利
2012-10-24 Lot914 L 7.5cm
估价：RMB 80,000-100,000
成交价：RMB92,000

白玉鱼化龙牌
清 Qing BP 北京保利
2012-10-24 Lot916 L 7.5cm
估价：无底价
成交价：RMB17,250

白玉龙纹喜字牌
清 Qing BP 北京保利
2012-10-24 Lot918 L 5.5cm
估价：RMB 20,000-30,000
成交价：RMB34,500

白玉浮雕人物故事牌
清 Qing BP 北京保利
2012-10-24 Lot940 L 5.5cm
估价：RMB 5,000-8,000
成交价：RMB20,700

白玉福自天来牌
清 Qing BP 北京保利
2012-10-24 Lot941 L 5cm
估价：RMB 30,000-50,000
成交价：RMB34,500

白玉蝴蝶牌
清 Qing BP 北京保利
2012-10-24 Lot972 L 6cm
估价：RMB 25,000-35,000
成交价：RMB46,000

白玉麒麟送子牌
清 Qing BP 北京保利
2012-8-11 Lot630 L 10cm
估价：RMB 20,000-30,000
成交价：RMB28,750

玉雕鼓钉纹壁、龙纹牌（两件）
明 Ming BP 北京保利
2012-8-11 Lot637 D 8cm；L 6cm
估价：无底价
成交价：RMB11,500

白玉欢天喜地牌
清 Qing BP 北京保利
2012-8-11 Lot669 L 5cm
估价：RMB 8,000-12,000
成交价：RMB69,000

白玉巧雕风云际会牌
明 Ming BP 北京保利
2012-8-11 Lot670 L 5.5cm
估价：RMB 5,000-8,000
成交价：RMB23,000

白玉喜字葫芦牌
清 Qing BP 北京保利
2012-8-11 Lot671 L 7cm
估价：RMB 10,000-20,000
成交价：RMB74,750

白玉道教太极牌
清 Qing BP 北京保利
2012-8-11 Lot672 L 6.5cm
估价：RMB 15,000-25,000
成交价：RMB46,000

白玉风云际会牌
清 Qing BP 北京保利
2012-8-11 Lot673 L 4.5cm
估价：RMB 8,000-12,000
成交价：RMB74,750

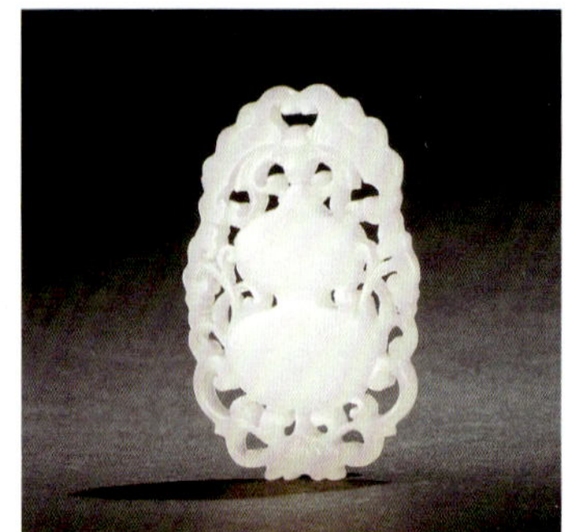

白玉葫芦牌
清 Qing BP 北京保利
2012-8-11 Lot674 L 5.5cm
估价：RMB 5,000-8,000
成交价：RMB17,250

白玉进宝“吉祥”牌
清 Qing BP 北京保利
2012-8-11 Lot675 L 5.5cm
估价：RMB 18,000-30,000
成交价：RMB55,200

白玉榴开百子牌
清 Qing BP 北京保利
2012-8-11 Lot678 L 5.5cm
估价：无底价
成交价：RMB36,800

白玉女将诗文牌
清 Qing BP 北京保利
2012-8-11 Lot679 L 5cm
估价：RMB 8,000-12,000
成交价：RMB23,000

白玉灵猴祝寿牌
清 Qing BP 北京保利
2012-8-11 Lot686 L 5.5cm
估价：RMB 10,000-20,000
成交价：RMB36,800

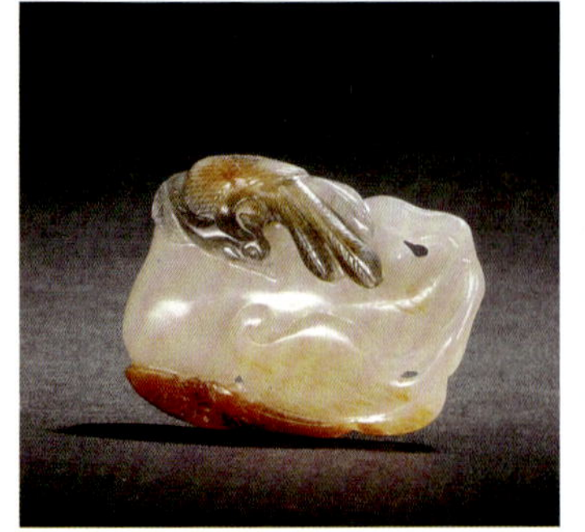

白玉三色金蟾凤凰牌
清 Qing BP 北京保利
2012-8-11 Lot689 L 5cm
估价：RMB 12,000-20,000
成交价：RMB48,300

白玉巧色吉祥葫芦牌
清 Qing BP 北京保利
2012-8-11 Lot690 L 6.5cm
估价：RMB 3,000-5,000
成交价：RMB28,750

白玉斋戒牌

清 Qing BP 北京保利
2012-8-11 Lot710 L 4.5cm
估价：RMB 5,000-8,000
成交价：RMB11,500

白玉透雕和合二仙牌

清中期 Mid Qing BP 北京保利
2012-8-11 Lot760 L 6.5cm
估价：RMB 6,000-10,000
成交价：RMB11,500

白玉人物诗文牌

清 Qing BP 北京保利
2012-8-11 Lot781 L 6cm
估价：RMB 8,000-12,000
成交价：RMB32,200

白玉“福寿齐梅”牌

民国 Republic Period BP 北京保利
2012-8-11 Lot783 L 4cm
估价：无底价
成交价：RMB23,000

白玉吉庆有余牌

清 Qing BP 北京保利
2012-8-11 Lot784 L 5.5cm
估价：无底价
成交价：RMB11,500

白玉平安无事牌

年代不详 Unknown BP 北京保利
2012-8-11 Lot947 L 5cm
估价：无底价
成交价：RMB23,000

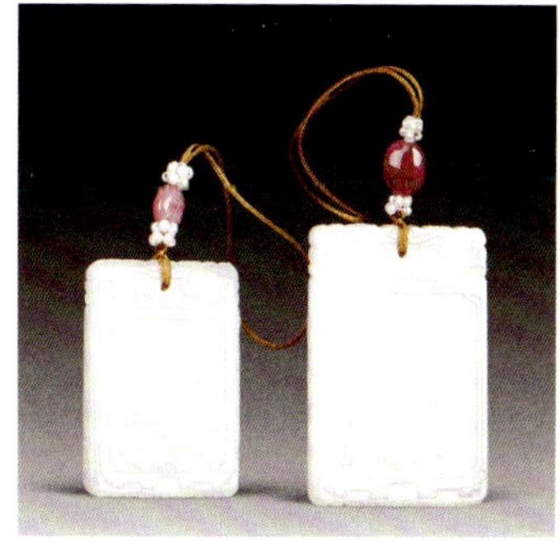

白玉童子牌（两件）

年代不详 Unknown BP 北京保利
2012-8-11 Lot964 L 4.5cm；L5.5cm
估价：无底价
成交价：RMB11,500

白玉婴戏牌（两件）

年代不详 Unknown BP 北京保利
2012-8-11 Lot965 L 5cm
估价：无底价
成交价：RMB11,500

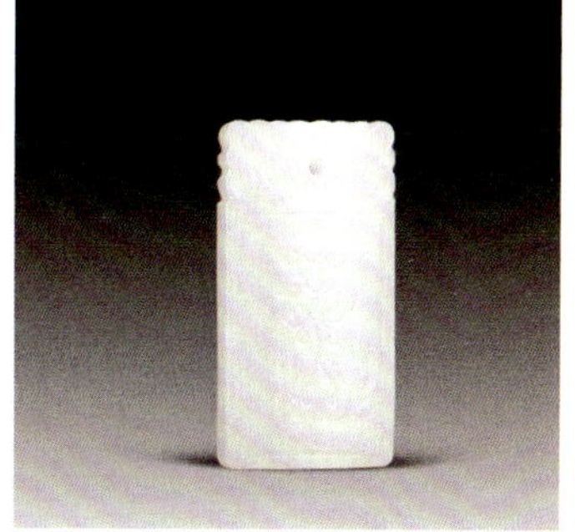

白玉岁岁平安牌

年代不详 Unknown BP 北京保利
2012-8-11 Lot966 L 4.5cm
估价：无底价
成交价：RMB11,500

白玉“大吉”、“天喜”葫芦形牌
A White Jade Double-Gourd Form Plaque
清 18 世纪 Qing,18th Century C 佳士得
2012-11-28 Lot2402 L 7.7cm
估价：HKD 150,000-250,000
成交价：HKD200,000

白玉镂雕“长宜子孙”牌
A Finely Carved White Jade Archaistic Plaque
清乾隆 Qianlong C 佳士得
2012-3-22 Lot1921 L 13.7cm
估价：USD 30,000-50,000
成交价：USD43,750

白玉牌
A White Jade Pendant
清 18 世纪 Qing,18th Century C 佳士得
2012-5-15 Lot75 H 6.3cm
估价：GBP 20,000-30,000
成交价：GBP37,250

白玉牌
A White Jade Pendant
清 19 世纪 Qing,19th Century C 佳士得
2012-5-15 Lot76 H 5.8cm
估价：GBP 10,000-15,000
成交价：GBP12,500

白玉人物图题字牌
A White Jade Pendant
清 19 世纪 Qing,19th Century C 佳士得
2012-11-6 Lot116 H 6.4cm
估价：GBP 20,000-50,000
成交价：GBP25,000

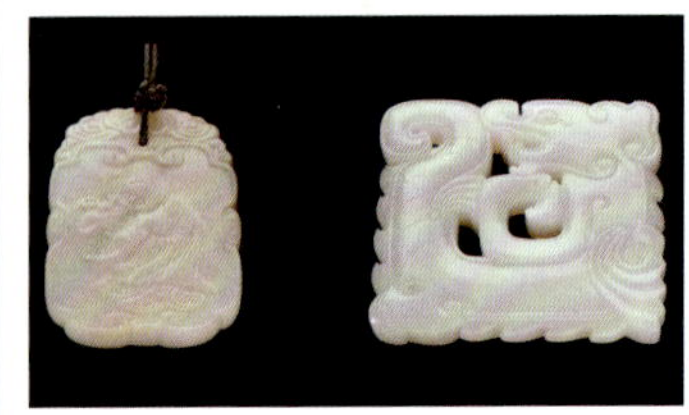

白玉牌一组两件
Two White Jade Plaques
清 18-19 世纪 Qing,18-19th Century C 佳士得
2012-11-9 Lot1211 W 5.2cm
估价：GBP 2,000-3,000
成交价：GBP4,750

白玉牌一组三件
Three White Jade Rectangular Plaques
清 18-19 世纪 Qing,18-19th Century C 佳士得
2012-11-9 Lot1001 尺寸不一
估价：GBP 5,000-8,000
成交价：GBP42,050

白玉牌一件
A White Jade Plaque
18 世纪 18th Century C 佳士得
2012-5-18 Lot1162 H 5.9cm
估价：GBP 3,000-5,000
成交价：GBP16,250

白玉“鸣凤来仪”牌

A White Jade Rectangular Plaque
年代不详 Unknow C 佳士得
2012-11-9 Lot1072 L 5.6cm
估价：GBP 3,000-5,000
成交价：GBP6,875

白玉牌一组两件

Two White Jade Plaques
清 18-19 世纪 Qing,18-19th Century C 佳士得
2012-11-9 Lot1141 L 6cm
估价：GBP 3,000-5,000
成交价：GBP22,500

白玉武士诗文牌

A White Jade Plaque
乾隆 Qianlong C 佳士得
2012-11-9 Lot1009 L 5.5cm
估价：GBP 4,000-6,000
成交价：GBP15,000

白玉牌一件

A White Jade Rectangular Plaque
18-19 世纪 18-19th Century C 佳士得
2012-5-18 Lot1163 L 6.4cm
估价：GBP 3,000-5,000
成交价：GBP67,250

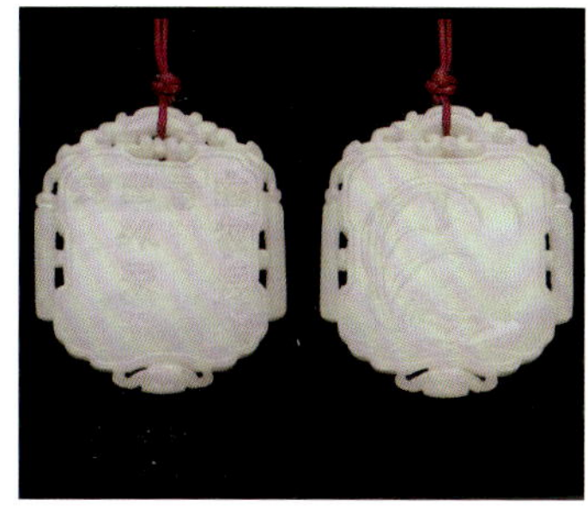

白玉牌一件

A White Jade Plaque
18-19 世纪 18-19th Century C 佳士得
2012-5-18 Lot1164 L 5.6cm
估价：GBP 4,000-6,000
成交价：GBP25,000

白玉牌一件

A White Jade Plaque
18-19 世纪 18-19th Century C 佳士得
2012-5-18 Lot1126 W 12.5cm
估价：GBP 4,000-6,000
成交价：GBP5,000

白玉凤凰子岗牌

A White Jade Rectangular Plaque
清 18 世纪 Qing,18th Century C 佳士得
2012-11-9 Lot1008 L 5.5cm
估价：GBP 2,000-3,000
成交价：GBP8,750

白玉牌一件

A White Jade Pendant
乾隆 Qianlong C 佳士得
2012-5-18 Lot1161 L 5.7cm
估价：GBP 4,000-6,000
成交价：GBP26,250

玉雕牌三件

Two White Jade Pendants and One "Chicken Bone" Jade Pendant
18-19 世纪 18-19th Century C 佳士得
2012-5-18 Lot1171 L 7.2cm
估价：GBP 1,500-2,500
成交价：GBP9,375

白玉牌一件

A White Jade Pendant
乾隆 Qianlong C 佳士得
2012-5-18 Lot1270 L 5.1cm
估价：GBP 4,000-6,000
成交价：GBP25,000

白玉牌三件

Three Rectangular Inscribed White Jade Plaques
18 世纪或更晚 18th Century or Later C 佳士得
2012-5-18 Lot1219 L 5.7cm
估价：GBP 4,000-6,000
成交价：GBP16,250

玉雕双龙牌

清 Qing BP 北京保利
2012-8-11 Lot715 L 4cm
估价：RMB 10,000-20,000
成交价：RMB20,700

白玉比翼同心牌一件

A White Jade Rectangular Plaque
18-19 世纪 18-19th Century C 佳士得
2012-5-18 Lot1324 H 8.9cm
估价：GBP 4,000-6,000
成交价：GBP51,650

白玉牌一件

A White Jade Plaque
18 世纪 18th Century C 佳士得
2012-5-18 Lot1326 L 6.3cm
估价：GBP 3,000-5,000
成交价：GBP51,650

白玉百事如意牌一件

A White Jade Plaque
乾隆 Qianlong C 佳士得
2012-5-18 Lot1327 L 6.1cm
估价：GBP 4,000-6,000
成交价：GBP46,850

白玉镂雕龙纹委角长方牌、白玉丹凤朝阳牌各一连同明白玉璏一件
元－明 Yuan-Ming（1279-1644 年）C 佳士得
2012-9-13 Lot1011 L 11.8cm;L 7.4cm;L 9.5cm
估价：USD 4,000-6,000
成交价：USD8,750

白玉透雕鹦鹉牌
A White Jade Reticulated Plaque
清 18 世纪 18th Century S 苏富比
2012-3-20 Lot268 H 6cm
估价：USD 5,000-7,000
成交价：USD6,250

白玉喜从天降牌
A White Jade Oval Plaque
清 19 世纪 19th Century C 佳士得
2012-9-13 Lot1112 W 12.8cm
估价：USD 4,000-6,000
成交价：USD7,500

白玉雕牌三件
A Group of White Jade Carvings
清 Qing S 苏富比
2012-3-20 Lot269 10.5cm
估价：USD 5,000-7,000
成交价：USD43,750

白玉雕豆牌
A White Jade "Bean" Plaque
清 Qing BO 邦瀚斯
2012-5-27 Lot339 H 5.2cm
估价：咨询价
成交价：HKD 43,750

白玉雕辟邪牌
A Small White Jade "Bixie" Plaque
清中期 Mid Qing BO 邦瀚斯
2012-5-27 Lot379 W 4.7cm
估价：HKD 30,000-50,000
成交价：HKD 37,500

白玉镂雕穿花龙牌
A Jade "Dragon" Plaque
明 Ming BO 邦瀚斯
2012-5-27 Lot381 L 7.4cm
估价：HKD 40,000-60,000
成交价：HKD 52,500

白玉镂雕龙牌
A White Jade "Dragon" Plaque
明 Ming BO 邦瀚斯
2012-5-27 Lot382 W 6.1cm
估价：HKD 20,000-40,000
成交价：HKD 52,500

黄白玉牌一件
A Yellow Jade Pendant
17-18 世纪 17-18th Century C 佳士得
2012-5-18 Lot1269 L 4.5cm
估价：GBP 3,000-5,000
成交价：GBP22,500

白玉及青玉牌一组两件
A White Jade Rectangular Plaque and A Celadon Jade Rectangular Plaque
清 18-19 世纪 Qing,18-19th Century C 佳士得
2012-11-9 Lot1213 L 5.6cm × 2
估价：GBP 3,000-5,000
成交价：GBP23,750

连升三级
年代不详 Unknown RB 北京荣宝
2012-11-25 Lot1757 56 × 34 × 13mm ; W 53g
估价：RMB 25,000-30,000
成交价：RMB31,360

白玉采药图牌一件（背“采药到天台，仙源取次开 子冈”字）
A White Jade Rectangular Pendant
18 世纪 18th Century C 佳士得
2012-5-18 Lot1314 L 6cm
估价：GBP 6,000-8,000
成交价：GBP16,250

白玉留皮精慎勤忍诗文腰牌
清 Qing BP 北京保利
2012-4-23 Lot2026 L 5.5cm
估价：无底价
成交价：RMB 20,700

白玉留皮巧雕八卦十二生肖牌
清 Qing BP 北京保利
2012-10-24 Lot868 D 5.5cm
估价：RMB 25,000-35,000
成交价：RMB80,500

和田白玉籽料饕餮纹辅首牌
年代不详 Unknown RB 北京荣宝
2012-6-24 Lot1711 H 6.2cm
估价：RMB 40,000-60,000
成交价：RMB47,040

白玉龙纹小插牌
A White Jade Dragon Pendant
明 Ming BP 北京保利
2012-6-7 Lot7520 L 8cm
估价：RMB 30,000-50,000
成交价：RMB 48,300

白玉牌 白玉古币牌
Two White Jade Plaques
清中期 Mid Qing BP 北京保利
2012-6-7 Lot7539 L 3.8cm
估价：RMB 15,000-25,000
成交价：RMB 51,750

白玉仕女抚琴子冈牌
A Rare White Jade Pendant
乾隆 Qianlong BP 北京保利
2012-6-7 Lot7550 L 6cm
估价：RMB 250,000-350,000
成交价：RMB 287,500

白玉鹤鹿九如牌
A Nice White Jade "Crane-and-Deer" Plaque
明 Ming BP 北京保利
2012-6-7 Lot7551 H 7.5cm
估价：RMB 80,000-120,000
成交价：RMB 138,000

鸡骨白玉雕“梅梢月”牌
A White Jade Pendant
明末－清初 Late Ming-Early Qing BP 北京保利
2012-6-7 Lot7560 L 6cm
估价：RMB 20,000-30,000
成交价：RMB 23,000

白玉福寿喜带饰
A Nice White Jade Carving
明 Ming BP 北京保利
2012-6-7 Lot7577 L 10cm
估价：RMB 30,000-50,000
成交价：RMB 63,250

白玉雕得心应手牌
A Nice White Jade Plaque
民国 Republic Period BP 北京保利
2012-6-7 Lot7686 L 5.7cm
估价：RMB 80,000-120,000
成交价：RMB 92,000

白玉梅花牌
A White Jade Plaque
清中期 Mid Qing BP 北京保利
2012-6-7 Lot7702 H 5.8cm
估价：RMB 60,000-100,000
成交价：RMB 207,000

白玉福寿牌
A Nice White Jade Palque
清中期 Mid Qing BP 北京保利
2012-6-7 Lot7709 H 6.5cm
估价：RMB 60,000-100,000
成交价：RMB 345,000

白玉人物诗文牌
清 Qing BP 北京保利
2012-10-25 Lot1408 L 6.5cm
估价：无底价
成交价：RMB 57,500

白玉龙纹牌
明 Ming BP 北京保利
2012-10-25 Lot1409 L 6cm
估价：无底价
成交价：RMB 46,000

白玉双螭牌
清 Qing BP 北京保利
2012-4-22 Lot1110 L 12cm
估价：无底价
成交价：RMB115,000

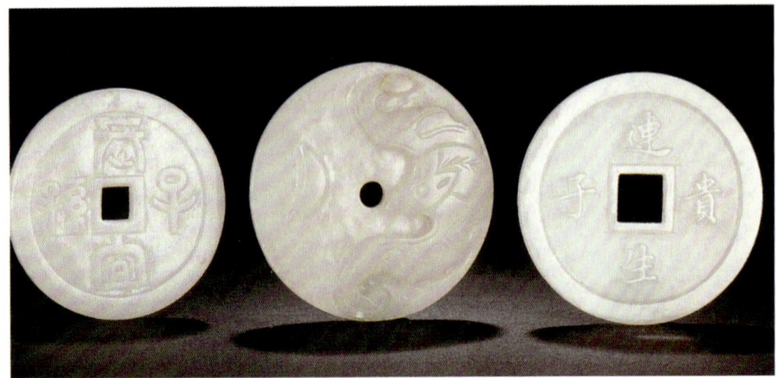

白玉“长命百岁”“子孙长宜”牌（三件）
清 Qing BP 北京保利
2012-4-22 Lot1104 尺寸不一
估价：无底价
成交价：RMB25,300

白玉虎符牌
清中期 Mid Qing BP 北京保利
2012-4-22 Lot1275 L 4cm
估价：无底价
成交价：RMB43,700

白玉喜字牌（四件）
清 Qing BP 北京保利
2012-4-22 Lot1146 尺寸不一
估价：无底价
成交价：RMB43,700

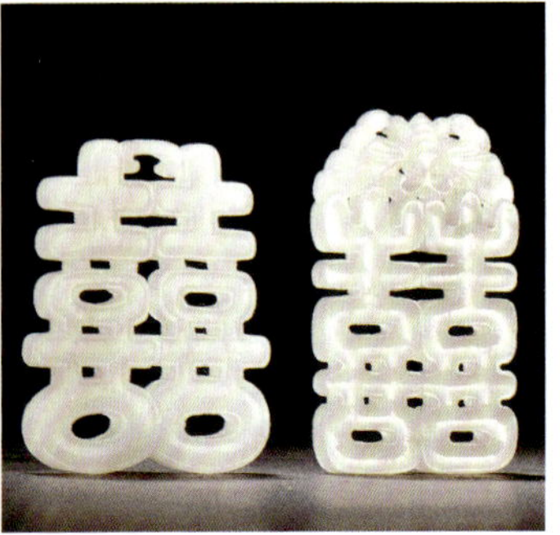

白玉喜字牌（两件）
清 Qing BP 北京保利
2012-4-22 Lot1144 L 6.5cm；L 7cm
估价：无底价
成交价：RMB17,250

玉雕扳指牌（五件）
清 Qing BP 北京保利
2012-4-22 Lot1271 尺寸不一
估价：无底价
成交价：RMB46,000

白玉梅花诗文牌
清中期 Mid Qing BP 北京保利
2012-4-22 Lot1282 L 5.5cm
估价：RMB 20,000-30,000
成交价：RMB109,250

玉雕八仙花片（八件）
清中期 Mid Qing BP 北京保利
2012-4-22 Lot1121 尺寸不一
估价：无底价
成交价：RMB11,500

白玉风云牌（一组两件）
清 Qing BP 北京保利
2012-4-22 Lot1276 L 6cm；L 7cm
估价：无底价
成交价：RMB92,000

白玉人物花卉牌（两件）
清中期 Mid Qing BP 北京保利
2012-4-22 Lot1273 H 5.5cm；H 8cm
估价：无底价
成交价：RMB11,500

白玉人物诗文牌
清中期 Mid Qing BP 北京保利
2012-4-22 Lot1274 L 4.5cm
估价：无底价
成交价：RMB28,750

白玉梅花禄寿牌
清中期 Mid Qing BP 北京保利
2012-4-22 Lot1284 L 5.5cm
估价：RMB 50,000-80,000
成交价：RMB57,500

白玉瑞兽诗文子冈牌
乾隆 Qianlong BP 北京保利
2012-4-22 Lot1289 L 7cm
估价：RMB 600,000-800,000
成交价：RMB816,500

白玉寿星牌
清 Qing BP 北京保利
2012-4-22 Lot1288 L 6cm
估价：RMB 300,000-400,000
成交价：RMB575,000

白玉仕女诗文牌
清 Qing BP 北京保利
2012-4-22 Lot1285 L 5cm
估价：RMB 45,000-60,000
成交价：RMB63,250

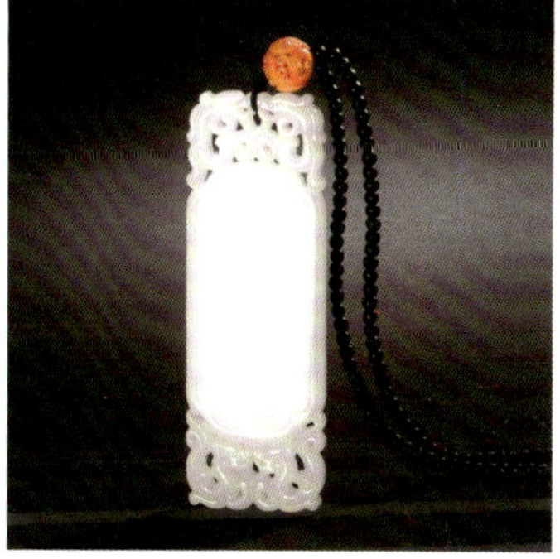

白玉葫芦万代“长宜子孙”牌
乾隆 Qianlong BP 北京保利
2012-4-22 Lot1290 L 9.5cm
估价：RMB 650,000-850,000
成交价：RMB805,000

白玉太白醉酒题诗牌

A Rare White Jade "Drinking" plaque with Inscription

清中期 Mid Qing BP 北京保利

2012-12-5 Lot5712 H 4.5cm

估价：RMB 150,000-200,000

成交价：RMB195,500

白玉巧雕双喜临门牌

A Finely Carved White Jade Plaque

乾隆 Qianlong BP 北京保利

2012-12-5 Lot5713 L 5cm

估价：RMB 300,000-400,000

成交价：RMB345,000

白玉四喜大吉葫芦牌

A White Jade Plaque in Shape of Double-Gourd

清 Qing BP 北京保利

2012-12-7 Lot7408 L 6.8cm

估价：RMB 120,000-160,000

成交价：RMB138,000

白玉双凤喜字牌

A White Jade "Doube-Phoenix" Plaque

清 Qing BP 北京保利

2012-12-7 Lot7406 L 5.3cm

估价：RMB 50,000-80,000

成交价：RMB57,500

白玉泛舟访友诗文牌

A Carved White Jade Plaque

清中期 Mid Qing BP 北京保利

2012-12-7 Lot7407 L 5.5cm

估价：RMB 60,000-90,000

成交价：RMB161,000

白玉长宜子孙牌

A Carved White Jade Longevity Plaque

民国 Republic Period BP 北京保利

2012-12-7 Lot7639 L 9.3cm

估价：RMB 80,000-120,000

成交价：RMB92,000

白玉富贵荣华牌

A Carved White Jade Plaque

清中期 Mid Qing BP 北京保利

2012-12-7 Lot7405 H 5.5cm

估价：RMB 50,000-80,000

成交价：RMB57,500

白玉赏荷图诗文牌

A Carved White Jade Plaque

清中期 Mid Qing BP 北京保利

2012-12-7 Lot7642 L 5.5cm

估价：RMB 60,000-90,000

成交价：RMB356,500

白玉留皮高士牌
清 Qing BP 北京保利
2012-4-22 Lot1283 L 5.3cm
估价：RMB 50,000-80,000
成交价：RMB575,000

白玉麻姑献寿御制诗牌
An Imperial and Finely Carved White Jade Birthday Plaque with Incised Inscription
乾隆 Qianlong BP 北京保利
2012-12-5 Lot5659 L 6.7cm
估价：RMB 1,000,000-1,500,000
成交价：RMB1,380,000

白玉翠牌（四件）
清 Qing BP 北京保利
2012-4-22 Lot1272 尺寸不一
估价：无底价
成交价：RMB28,750

玉雕寿山福海牌
清 Qing BP 北京保利
2012-10-25 Lot1407 L 6cm
估价：无底价
成交价：RMB 161,000

青白玉留皮秋山
A Nice Greenish-White Jade Carving
元－明 Yuan-Ming BP 北京保利
2012-6-7 Lot7576 L 7cm
估价：RMB 60,000-80,000
成交价：RMB 69,000

青白玉福寿万代牌
A White Jade Plaque
清中期 Mid Qing BP 北京保利
2012-6-7 Lot7706 H 7.1cm
估价：RMB 70,000-100,000
成交价：RMB 115,000

青白玉张骞乘槎图牌
A Celadon Jade Pendant
清 Qing GD 中国嘉德
2012-9-16 Lot2924 L 5cm
估价：RMB 15,000-25,000
成交价：RMB17,250

青白玉人物纹牌（三件）
Three Celadon Jade Pendants
年代不详 Unknown GD 中国嘉德
2012-9-16 Lot3267 尺寸不一
估价：无底价
成交价：RMB3,450

青白玉喜字牌、青白玉螭龙纹牌各一件
Two Celadon Jade Pendants
年代不详 Unknown GD 中国嘉德
2012-6-16 Lot3424 L 6.1cm；L 7.5cm
估价：无底价
成交价：RMB5,750

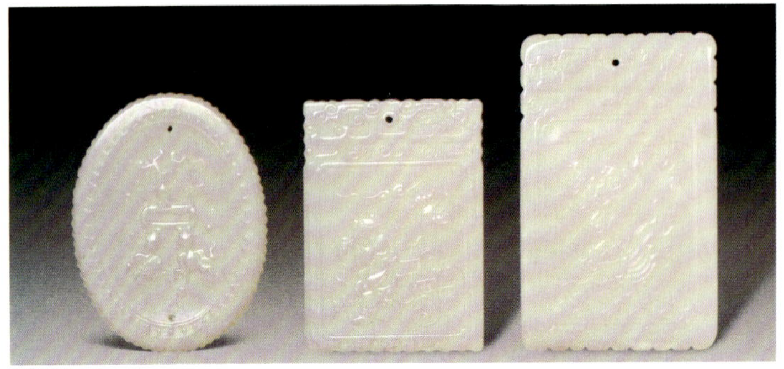

青白玉牌（三件）
Three Celadon Jade Pendants
年代不详 Unknown GD 中国嘉德
2012-9-16 Lot3270 尺寸不一
估价：无底价
成交价：RMB2,300

青白玉人物纹牌
A Celadon Jade Pendant
年代不详 Unknown GD 中国嘉德
2012-6-16 Lot3482 L 6cm
估价：无底价
成交价：RMB2,300

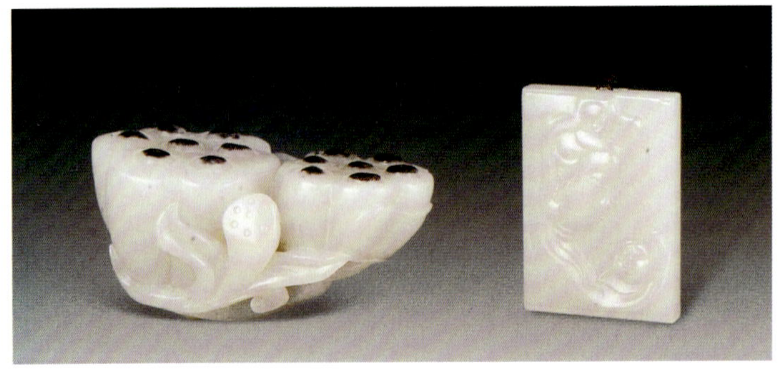

青白玉观音图牌、俏色玉雕莲蓬各一件
Two Celadon Jade Pendants
年代不详 Unknown GD 中国嘉德
2012-9-16 Lot3308 L 4.6cm；L 7cm
估价：无底价
成交价：RMB5,750

青白玉人物纹牌
A Celadon Jade Pendant
年代不详 Unknown GD 中国嘉德
2012-6-16 Lot3496 L 6.1cm
估价：RMB 5,000-8,000
成交价：RMB5,750

青白玉百事如意图牌
A Celadon Jade Pendant
清 Qing GD 中国嘉德
2012-6-16 Lot3559 L 6.1cm
估价：RMB 8,000-12,000
成交价：RMB20,700

青白玉人物诗文牌（两件）
Two Celadon Jade Pendants
年代不详 Unknown GD 中国嘉德
2012-6-16 Lot3585 L 5.9cm；L 6.2cm
估价：无底价
成交价：RMB8,050

青白玉观音图牌
A Celadon Jade Pendant
年代不详 Unknown GD 中国嘉德
2012-6-16 Lot3575 H 5.3cm
估价：无底价
成交价：RMB3,450

青白玉人物纹牌、白玉竹报平安图牌各一件
A Celadon Jade Pendant and A White Jade Pendant
年代不详 Unknown GD 中国嘉德
2012-6-16 Lot3883 L 5.3cm；L 6.1cm
估价：无底价
成交价：RMB2,300

青白玉福寿如意牌
A Celadon Jade Pendant
清 Qing GD 中国嘉德
2012-6-16 Lot3321 L 5.4cm
估价：RMB 10,000-20,000
成交价：RMB20,700

青玉观音图牌
A Celadon Jade Pendant
年代不详 Unknown GD 中国嘉德
2012-9-16 Lot2890 L 5.7cm
估价：无底价
成交价：RMB3,450

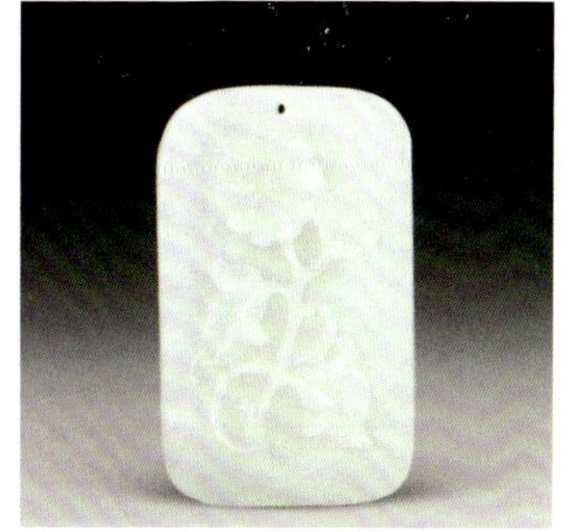

青玉花卉纹牌
A Celadon Jade Pendant
年代不详 Unknown GD 中国嘉德
2012-9-16 Lot2927 H 4.9cm
估价：无底价
成交价：RMB1,150

青白玉关公像牌、青玉兽面纹牌各一件
Two Celadon Jade Pendants
年代不详 Unknown GD 中国嘉德
2012-9-16 Lot3242 L 7cm；L 8cm
估价：无底价
成交价：RMB8,050

青玉佛像珮、黄玉人物纹牌各一件
A Celadon Jade Pendant and A Yellow Jade Pendant
年代不详 Unknown GD 中国嘉德
2012-6-16 Lot3408 L 5.9cm；L 5.3cm
估价：无底价
成交价：RMB8,050

青玉花卉纹牌、青白玉龙纹牌各一件
Two Celadon Jade Pendants
年代不详 Unknown GD 中国嘉德
2012-9-16 Lot3260 L 5.5cm；L 6.4cm
估价：无底价
成交价：RMB1,150

青玉人物纹牌（两件）
Two Celadon Jade Pendants
年代不详 Unknown GD 中国嘉德
2012-6-16 Lot3884 H 5.7cm；H 5cm
估价：无底价
成交价：RMB3,450

青玉、白玉牌（三件）
Three Celadon Jade and White Jade Pendants
清 Qing GD 中国嘉德
2012-9-16 Lot3300 尺寸不一
估价：无底价
成交价：RMB5,750

青玉人物纹牌（两件）
Two Celadon Jade Pendants
年代不详 Unknown GD 中国嘉德
2012-6-16 Lot3606 L 5.3cm；L 5.6cm
估价：无底价
成交价：RMB2,300

青白玉诗文牌一组三件
Three Rectangular Pale Celadon Jade Plaques
清 18-19 世纪 Qing,18th/19th Century C 佳士得
2012-11-9 Lot1215 L 5.8cm
估价：GBP 2,000-3,000
成交价：GBP39,650

青玉狮纹牌
A Celadon Jade Pendant
年代不详 Unknown GD 中国嘉德
2012-6-16 Lot3512 H 8.1cm
估价：无底价
成交价：RMB2,300

唐伟琪 鸟语花香 碧玉牌
Tang Weiqi A Spinach Green Jade Plaque with Moon and Flower Patterns
年代不详 Unknown XLA 西泠印社
2012-10-21 Lot206 47×29×11mm；W 36.4g
估价：无底价
成交价：RMB6900

唐伟琪 兰惠芬芳 碧玉牌
Tang Weiqi A Spinach Green Jade Plaque with Orchid Patterns and Inscription
年代不详 Unknown XLA 西泠印社
2012-10-21 Lot207 47×29×11mm；W 33.3g
估价：无底价
成交价：RMB4600

翠玉龙凤牌
A Jadeite "Phoenix" Pendant
清 19 世纪 Qing,19th Century C 佳士得
2012-11-6 Lot80 H 6cm
估价：GBP 10,000-15,000
成交价：GBP30,000

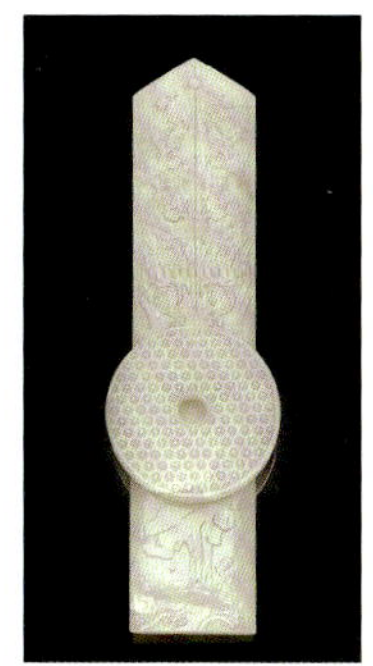

青白玉龙凤纹圭
A Pale Celadon Jade Ceremonial Tablet
清 18-19 世纪 Qing,18th/19th Century C 佳士得
2012-5-15 Lot22 23.5cm
估价：GBP 15,000-25,000
成交价：GBP32,450

青白玉楼榭人物图牌一件
A Pale Celadon Jade Plaque with Figures
18-19 世纪 18-19th Century C 佳士得
2012-5-18 Lot1278 L 8.8cm
估价：GBP 4,000-6,000
成交价：GBP33,650

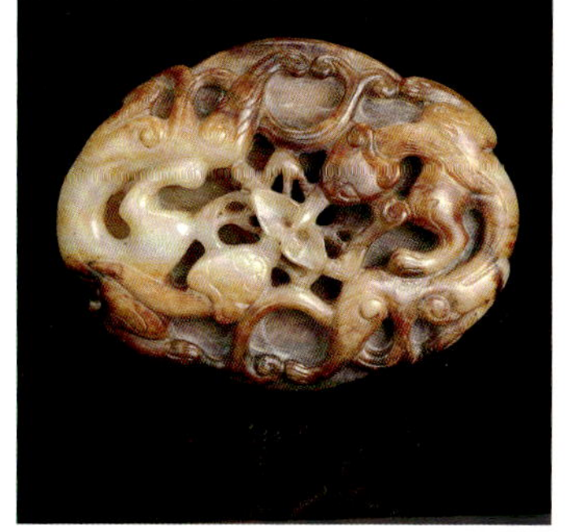

青玉雕双螭衔灵芝挂牌
A Russet Jade 'Chi Dragon' Plaque
清 Qing Dynasty BO 邦瀚斯
2012-12-13 Lot221 W 8.3cm
估价：HKD 80,000-120,000
成交价：HKD262,500

玉雕龙纹牌

明 Ming BP 北京保利
2012-10-24 Lot822 L 13cm
估价：无底价
成交价：RMB55,200

碧玉长宜子孙牌

乾隆 Qianlong BP 北京保利
2012-10-24 Lot1025 L 12cm
估价：RMB 50,000-80,000
成交价：RMB103,500

墨碧籽料静思观音牌

年代不详 Unknown RB 北京荣宝
2012-6-24 Lot1734 H 7.8cm
估价：RMB 20,000-30,000
成交价：RMB43,680

乙亥年造碧玉护身符

道光 Daoguang BP 北京保利
2012-8-11 Lot776 L 2.5cm
估价：无底价
成交价：RMB13,800

黄玉螭龙珮、旧玉兽面纹牌各一件

A Yellow Jade Pendant and A Jade Pendant
年代不详 Unknown GD 中国嘉德
2012-9-16 Lot3243 L 5.5cm；L6.1cm
估价：无底价
成交价：RMB6,900

黄玉牌（两件）

Two Yellow Jade Pendants
年代不详 Unknown GD 中国嘉德
2012-9-16 Lot3049 L 5.5cm；L 5.3cm
估价：无底价
成交价：RMB20,700

黄玉山水人物诗文牌

A Yellow Jade Pendant
年代不详 Unknown GD 中国嘉德
2012-9-16 Lot2858 L 5.3cm
估价：无底价
成交价：RMB10,350

黄玉螭龙对牌

A Pair of Yellow Jade Pendants
年代不详 Unknown GD 中国嘉德
2012-9-16 Lot2865 L 4.3cm
估价：无底价
成交价：RMB8,050

黄玉人物诗文牌

A Yellow Jade Pendant
年代不详 Unknown GD 中国嘉德
2012-9-16 Lot2885 L 6.5cm
估价：RMB 3,000-5,000
成交价：RMB8,050

黄玉天禄牌
A Yellow Jade Pendant
清 Qing GD 中国嘉德
2012-9-16 Lot2965 L 6cm
估价：RMB 8,000-12,000
成交价：RMB9,200

黄玉斋戒牌
A Yellow Jade Pendant
清 Qing GD 中国嘉德
2012-9-16 Lot3070 L 6.5cm
估价：无底价
成交价：RMB10,350

黄玉斋戒牌
A Yellow Jade Pendant
清 Qing GD 中国嘉德
2012-6-16 Lot3419 L 6.1cm
估价：无底价
成交价：RMB16,100

黄玉观音图牌
A Yellow Jade Pendant
年代不详 Unknown GD 中国嘉德
2012-9-16 Lot2857 L 4.9cm
估价：无底价
成交价：RMB3,450

黄玉人物诗文牌
A Yellow Jade Pendant
清 Qing GD 中国嘉德
2012-9-16 Lot2868 L 6.9cm
估价：RMB 20,000-30,000
成交价：RMB23,000

黄玉人物诗文牌
A Yellow Jade Pendant
年代不详 Unknown GD 中国嘉德
2012-6-16 Lot3471 L 5.7cm
估价：无底价
成交价：RMB10,350

黄玉人物纹牌（三件）
Three Yellow Jade Pendants
年代不详 Unknown GD 中国嘉德
2012-6-16 Lot3407 L 5cm；L 4.4cm；L 5.1cm
估价：RMB 8,000-12,000
成交价：RMB18,400

黄玉牌
A Yellow Jade Pendant
年代不详 Unknown GD 中国嘉德
2012-6-16 Lot3497 L 3.6cm
估价：无底价
成交价：RMB5,750

佚名 平安无事 黄玉牌

Anonymous A Jade Plaque

年代不详 Unknown XLA 西泠印社

2012-7-7 Lot2098 60×40×10mm；W 66g

估价：RMB 100,000-120,000

成交价：RMB115,000

黄玉螭龙纹牌

A Small Rectangular Yellow Jade Pendant

清 18 世纪 Qing,18th Century C 佳士得

2012-5-15 Lot160 L 4.5cm

估价：GBP 10,000-15,000

成交价：GBP12,500

陈 健 螭龙 黄口料对牌

Chen Jian A Pair of Jade Plaques with Mythical Beast Patterns

年代不详 Unknown XLA 西泠印社

2012-10-21 Lot166 62×21×8mm×2

估价：无底价

成交价：RMB4,600

陈冠军 龙凤呈祥 黄玉对牌

Chen Guanjun A Pair of Yellow Jade Plaques with Dragon and Phoenix Patterns

年代不详 Unknown XLA 西泠印社

2012-10-21 Lot89 35×33×4mm×2

估价：无底价

成交价：RMB80,50

陈冠军 龙凤 黄玉对牌

Chen Guanjun A Pair of Jade Plaques with Dragon and Phoenix Patterns

年代不详 Unknown XLA 西泠印社

2012-10-21 Lot90 53×30×7mm×2

估价：无底价

成交价：RMB25,300

黄玉人物纹牌

A Yellow Jade Pendant

年代不详 Unknown GD 中国嘉德

2012-6-16 Lot3570 H 5.6cm

估价：RMB 5,000-8,000

成交价：RMB10,350

黄玉人物诗文牌

A Yellow Jade Pendant

年代不详 Unknown GD 中国嘉德

2012-6-16 Lot3564 L 6.3cm

估价：无底价

成交价：RMB10,350

黄玉雕斋戒牌

A Yellow Jade Pendant

乾隆 Qianlong BD 北京东正

2012-10-31 Lot363 L 6.3cm

估价：RMB 200,000-250,000

成交价：RMB230,000

黄玉刘海戏蟾图牌
A Yellow Jade Pendant
清晚期 Late Qing C 佳士得
2012-11-6 Lot148 H 5cm
估价：GBP 10,000-15,000
成交价：GBP12,500

和阗黄玉雕“九州岛清宴”牌
年代不详 Unknown RB 北京荣宝
2012-6-24 Lot1629 H 6.5cm
估价：RMB 80,000-120,000
成交价：RMB89,600

玉牌一组三件
One White and Two Celadon Jade Rectangular Plaques
清 18-19 世纪 Qing,18-19th Century C 佳士得
2012-11-9 Lot1208 尺寸不一
估价：GBP 2,000-3,000
成交价：GBP25,000

禅悟·九歌（王东伟设计）
年代不详 Unknown RB 北京荣宝
2012-11-25 Lot1714 53×77×8mm；W 93g
估价：RMB 100,000-130,000
成交价：RMB123,200

黑白玉人物牌
清早期 Early Qing BP 北京保利
2012-10-24 Lot915 L 5.5cm
估价：无底价
成交价：RMB43,700

白玉“和合如意”锁形珮
A Nice White Jade Pendant
清中期 Mid Qing BP 北京保利
2012-6-7 Lot7496 L 13.5cm
估价：RMB 50,000-80,000
成交价：RMB 63,250

白玉仿古斧
A Fine and Rare White Jade Carved Ax
清 Qing KS 北京匡时
2012-6-4 Lot1421 L 7.7cm
估价：RMB 20,000-30,000
成交价：RMB71,300

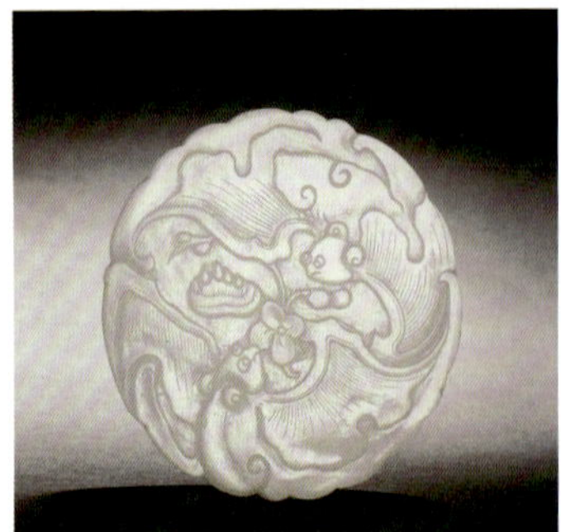

白玉福寿珮
A White Jade Pendant
清 Qing BP 北京保利
2012-6-7 Lot7498 D 7.6cm
估价：RMB 15,000-25,000
成交价：RMB 25,300

白玉苍龙教子云纹珮
A Fine And Nice "Dragon-and-Cloud" Pendant
乾隆 Qianlong BP 北京保利
2012-6-7 Lot7541 H 6.1cm
估价：RMB 100,000-150,000
成交价：RMB 126,500

白玉凤竹松芝珮
A Nice White Jade Pendant
乾隆 Qianlong BP 北京保利
2012-6-7 Lot7545 L 5.7cm
估价：RMB 60,000-80,000
成交价：RMB 69,000

冯钤 春堂水暖 青花玉牌
Feng Qian A "Qing HuA" jade Plaque,Spring Water
年代不详 Unknown XLA 西泠印社
2012-7-7 Lot2033 70 × 37 × 15mm ；W 105.8g
估价：RMB 600,000-800,000
成交价：RMB690,000

赵显志 富贵缠身 对牌
Zhao Xianzhi A Pair of Plaques,Wealth
年代不详 Unknown XLA 西泠印社
2012-7-7 Lot2027 尺寸不一
估价：RMB 250,000-300,000
成交价：RMB287,500

于雪涛 佛在心中 青花对牌
Yu Xuetao A Pair of "Qing HuA" Jade Plaques with Buddha Patterns
年代不详 Unknown XLA 西泠印社
2012-10-21 Lot165 39 × 30 × 6mm × 2
估价：无底价
成交价：RMB23,00

白玉结交四方珮
A Nice White Jade Pendant
清 Qing BP 北京保利
2012-6-7 Lot7583 L 7.3cm
估价：RMB 25,000-35,000
成交价：RMB 34,500

白玉同舟共济珮
A White Jade Pendant
清 Qing BP 北京保利
2012-6-7 Lot7300 L 9cm
估价：RMB 10,000-20,000
成交价：RMB 20,700

白玉盘螭珮
A Fine White Jade "Chi-Dragon" Pendant
乾隆 Qianlong BP 北京保利
2012-6-7 Lot7518 L 5cm
估价：RMB 60,000-80,000
成交价：RMB 126,500

白玉竹节珮
A White Jade Pendant
清 Qing BP 北京保利
2012-6-7 Lot7598 H 6cm
估价：RMB 10,000-20,000
成交价：RMB 20,700

白玉原穿珮
A White Jade Pendant
清 Qing BP 北京保利
2012-6-7 Lot7540 L 3.8cm
估价：RMB 20,000-30,000
成交价：RMB 25,300

白玉龙凤珮
A Nice White Jade "Dragon-and-Phoenix" Pendant
乾隆 Qianlong BP 北京保利
2012-6-7 Lot7543 L 6cm
估价：RMB 30,000-50,000
成交价：RMB 46,000

白玉蟠龙珮
A Fine and Nice White Jade Pan-Dragon Pendant
清 Qing BP 北京保利
2012-6-7 Lot7712 H 6.5cm
估价：RMB 200,000-300,000
成交价：RMB 230,000

白玉“吉祥如意”珮
A Nice White Jade Pendant
乾隆 Qianlong BP 北京保利
2012-6-7 Lot7727 H 8.8cm
估价：RMB 60,000-80,000
成交价：RMB 310,500

白玉佛手 玛瑙佛手 玛瑙福寿珮
A White Jade Carving and Two Agate Carvings
清 Qing BP 北京保利
2012-6-7 Lot7715 尺寸不一
估价：RMB 15,000-25,000
成交价：RMB 63,250

白玉蜻蜓珮
A Nice White Jade "Dragonfly" Plaque
清 Qing BP 北京保利
2012-6-7 Lot7729 L 9.5cm
估价：RMB 60,000-80,000
成交价：RMB 69,000

白玉五子夺魁珮（一对）
清 Qing BP 北京保利
2012-4-22 Lot1117 W 5.5cm
估价：无底价
成交价：RMB43,700

白玉松鼠葡萄珮
A White Jade Pendant
清中期 Mid Qing BP 北京保利
2012-6-7 Lot7730 L 5.7cm
估价：RMB 30,000-50,000
成交价：RMB 43,700

白玉龙纹珮
A Nice White Jade "Dragon" Pendant
清早期 Early Qing BP 北京保利
2012-6-7 Lot7738 L 7cm
估价：RMB 80,000-120,000
成交价：RMB 126,500

白玉春水嵌饰
清 Qing BP 北京保利
2012-4-22 Lot1120 L 9cm
估价：无底价
成交价：RMB36,800

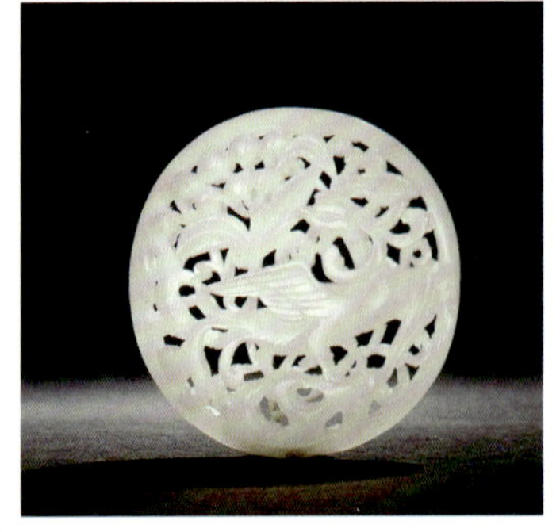

白玉透雕凤纹嵌饰
清 Qing BP 北京保利
2012-4-22 Lot1114 D 6.5cm
估价：无底价
成交价：RMB25,300

黄玉进贤司牌
清 Qing BP 北京保利
2012-8-11 Lot719 L 15cm
估价：RMB 5,000-8,000
成交价：RMB103,500

白玉透雕童子珮
清 Qing BP 北京保利
2012-4-22 Lot1118 L 5.5cm
估价：无底价
成交价：RMB23,000

白玉龙形珮
清 Qing BP 北京保利
2012-4-22 Lot1126 L 8.5cm
估价：无底价
成交价：RMB11,500

白玉龙凤珮
清 Qing BP 北京保利
2012-4-22 Lot1127 L 7cm
估价：无底价
成交价：RMB11,500

白玉透雕龙纹珮
清 Qing BP 北京保利
2012-4-22 Lot1131 L 4.5cm
估价：无底价
成交价：RMB63,250

白玉双龙珮
清 Qing BP 北京保利
2012-4-22 Lot1130 D 4cm
估价：无底价
成交价：RMB34,500

白玉交结四方龙纹珮
清 Qing BP 北京保利
2012-4-22 Lot1129 W 5cm
估价：无底价
成交价：RMB46,000

白玉福在眼前珮
清 Qing BP 北京保利
2012-4-22 Lot1132 L 6cm
估价：无底价
成交价：RMB13,800

白玉洪福珮
清 Qing BP 北京保利
2012-4-22 Lot1133 L 6cm
估价：无底价
成交价：RMB11,500

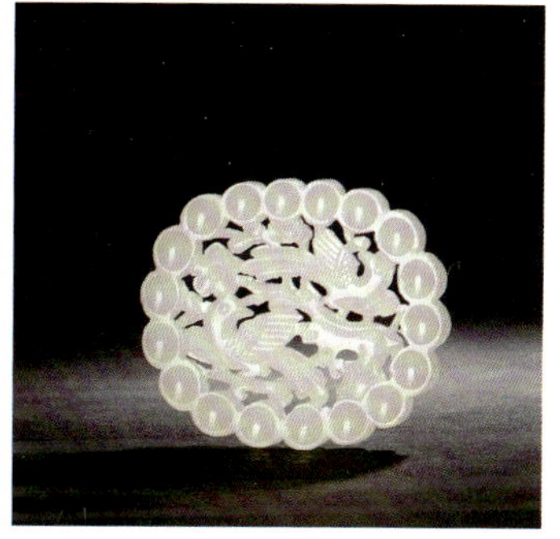

白玉镂雕喜上梅梢珮
清 Qing BP 北京保利
2012-4-22 Lot1134 L 5.5cm
估价：无底价
成交价：RMB13,800

白玉童子透雕珮
清 Qing BP 北京保利
2012-4-22 Lot1135 W 5cm
估价：无底价
成交价：RMB74,750

白玉透雕花卉珮
清 Qing BP 北京保利
2012-4-22 Lot1138 L 7.5cm
估价：无底价
成交价：RMB13,800

白玉透雕八宝珮
清 Qing BP 北京保利
2012-4-22 Lot1140 D 6cm
估价：无底价
成交价：RMB34,500

白玉透雕和合二仙珮（两件）
清 Qing BP 北京保利
2012-4-22 Lot1139 L 7.5cm；L 6cm
估价：无底价
成交价：RMB92,000

白玉双龙珮
清 Qing BP 北京保利
2012-4-22 Lot1136 L 6cm
估价：无底价
成交价：RMB23,000

白玉子辰珮
清 Qing BP 北京保利
2012-4-22 Lot1137 L 8cm
估价：无底价
成交价：RMB28,750

白玉透雕喜报三元珮
清 Qing BP 北京保利
2012-4-22 Lot1141 L 7.5cm
估价：无底价
成交价：RMB40,250

玉雕鹦鹉珮
清 Qing BP 北京保利
2012-4-22 Lot1142 L 5.5cm
估价：无底价
成交价：RMB20,700

白玉松鼠葡萄珮
清 Qing BP 北京保利
2012-4-22 Lot1163 L 6cm
估价：无底价
成交价：RMB32,200

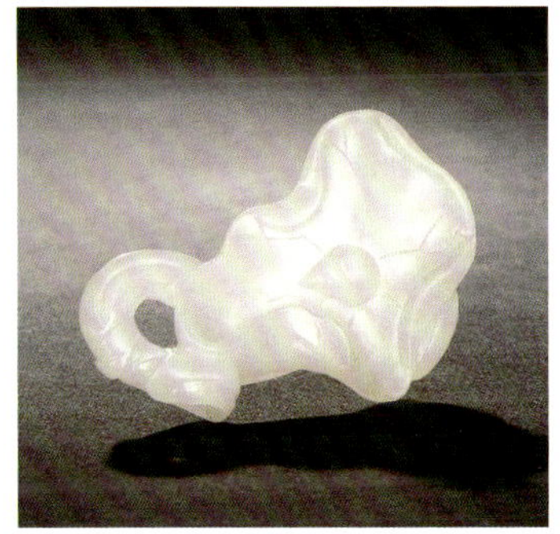

白玉荷叶珮
清 Qing BP 北京保利
2012-4-22 Lot1174 L 5cm
估价：无底价
成交价：RMB11,500

白玉雕蜻蜓珮
清 Qing BP 北京保利
2012-4-22 Lot1175 L 5.5cm
估价：无底价
成交价：RMB13,800

白玉雕莲藕蜻蜓珮
清 Qing BP 北京保利
2012-4-22 Lot1176 L 4.5cm
估价：无底价
成交价：RMB97,750

白玉莲藕蜻蜓珮
清 Qing BP 北京保利
2012-4-22 Lot1177 L 6cm
估价：无底价
成交价：RMB23,000

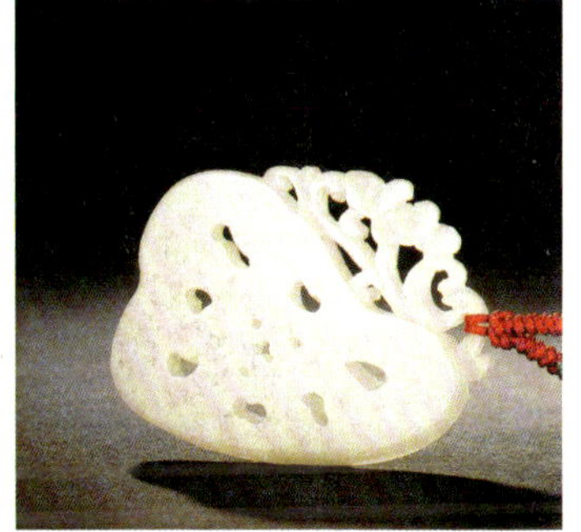

白玉莲藕珮
清 Qing BP 北京保利
2012-4-22 Lot1178 L 5cm
估价：无底价
成交价：RMB9,200

白玉持荷童子珮
清 Qing BP 北京保利
2012-4-22 Lot1196 H 4.5cm
估价：无底价
成交价：RMB25,300

白玉持荷童子珮
清 Qing BP 北京保利
2012-4-22 Lot1197 H 4.5cm
估价：无底价
成交价：RMB25,300

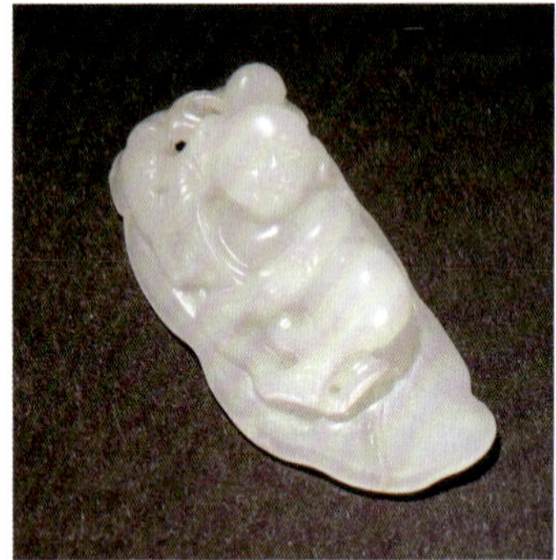

白玉童子守业珮
清 Qing BP 北京保利
2012-4-22 Lot1201 L 4.5cm
估价：无底价
成交价：RMB9,200

白玉刘海戏金蟾珮
清 Qing BP 北京保利
2012-4-22 Lot1203 H 5cm
估价：无底价
成交价：RMB46,000

白玉童子戏鹅珮
清 Qing BP 北京保利
2012-4-22 Lot1198 W 4.5cm
估价：无底价
成交价：RMB138,000

白玉福至心灵童子珮
清 Qing BP 北京保利
2012-4-22 Lot1204 W 6cm
估价：无底价
成交价：RMB20,700

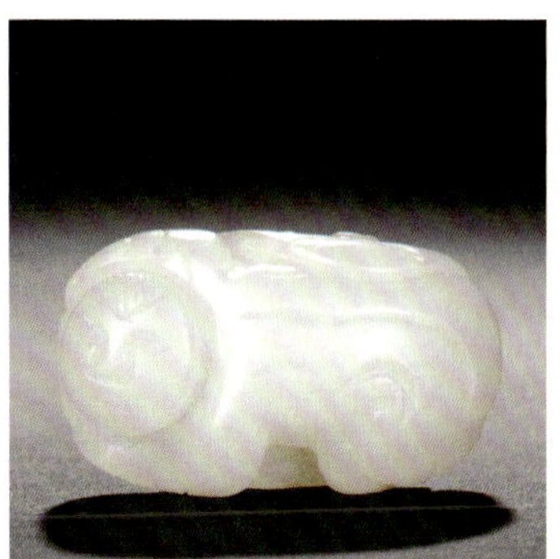

白玉童子珮
清 Qing BP 北京保利
2012-4-22 Lot1205 L 4.5cm
估价：无底价
成交价：RMB4,600

白玉童子葫芦珮
清 Qing BP 北京保利
2012-4-22 Lot1206 L 4.5cm
估价：无底价
成交价：RMB17,250

白玉童子珮
清 Qing BP 北京保利
2012-4-22 Lot1207 H 6.5cm
估价：无底价
成交价：RMB8,050

白玉载来花甲珮
清 Qing BP 北京保利
2012-4-22 Lot1208 L 4.5cm
估价：无底价
成交价：RMB74,750

白玉五子夺魁珮
清中期 Mid Qing BP 北京保利
2012-4-22 Lot1210 L 8.7cm
估价：无底价
成交价：RMB92,000

白玉持荷童子珮
清 Qing BP 北京保利
2012-4-22 Lot1224 H 5.5cm
估价：无底价
成交价：RMB23,000

白玉童子击鼓珮
清 Qing BP 北京保利
2012-4-22 Lot1225 L 5.5cm
估价：无底价
成交价：RMB40,250

白玉人上人珮
清 Qing BP 北京保利
2012-4-22 Lot1226 H 4cm
估价：无底价
成交价：RMB40,250

白玉人上人珮
清 Qing BP 北京保利
2012-4-22 Lot1229 H 5.5cm
估价：无底价
成交价：RMB17,250

白玉凤阳花鼓人物珮
清 Qing BP 北京保利
2012-4-22 Lot1230 H 5.5cm
估价：无底价
成交价：RMB17,250

白玉辈辈封侯珮
清 Qing BP 北京保利
2012-4-22 Lot1231 H 4.5cm
估价：无底价
成交价：RMB32,200

白玉凤阳花鼓人物珮
清 Qing BP 北京保利
2012-4-22 Lot1238 H 6cm
估价：无底价
成交价：RMB86,250

白玉凤阳花鼓人物珮
清 Qing BP 北京保利
2012-4-22 Lot1239 H 5.5cm
估价：无底价
成交价：RMB34,500

白玉凤阳花鼓人物珮
清 Qing BP 北京保利
2012-4-22 Lot1240 H 4.5cm
估价：无底价
成交价：RMB40,250

白玉四喜童子珮
清 Qing BP 北京保利
2012-4-22 Lot1243 L 4cm
估价：无底价
成交价：RMB32,200

白玉仕女珮
清 Qing BP 北京保利
2012-4-22 Lot1245 H 6cm
估价：无底价
成交价：RMB1,150

白玉欢心守业珮
清 Qing BP 北京保利
2012-4-22 Lot1247 L 7cm
估价：无底价
成交价：RMB2,300

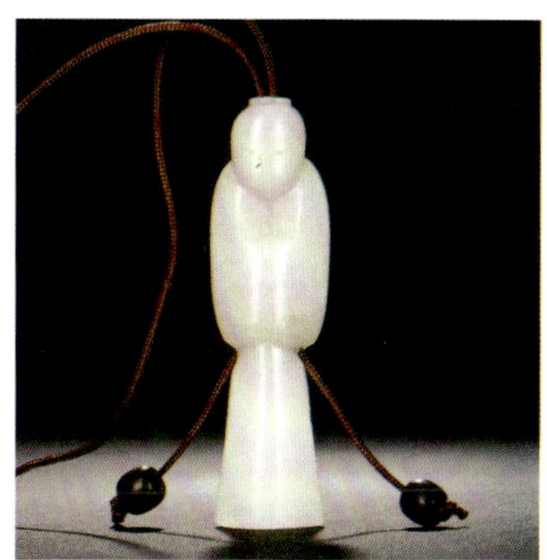

白玉翁仲珮
清 Qing BP 北京保利
2012-4-22 Lot1250 L 5.5cm
估价：无底价
成交价：RMB25,300

白玉子冈牌、白玉珮
清 Qing BP 北京保利
2012-4-22 Lot1277 L 4.5cm；L 7.5cm
估价：无底价
成交价：RMB115,000

白玉长宜子孙珮
清 Qing BP 北京保利
2012-4-22 Lot1278 L 7cm
估价：无底价
成交价：RMB46,000

玉雕八宝嵌饰
清 Qing BP 北京保利
2012-4-22 Lot1279 L 7.5cm
估价：无底价
成交价：RMB13,800

白玉诗文珮
清 Qing BP 北京保利
2012-4-22 Lot1281 L 8cm
估价：无底价
成交价：RMB40,250

白玉龙珮
清 Qing BP 北京保利
2012-4-22 Lot1305 L 5cm
估价：无底价
成交价：RMB92,000

白玉龙纹珮
清 Qing BP 北京保利
2012-4-22 Lot1308 L 8.5cm
估价：无底价
成交价：RMB63,250

白玉螭龙珮
清 Qing BP 北京保利
2012-4-22 Lot1309 L 7cm
估价：无底价
成交价：RMB51,750

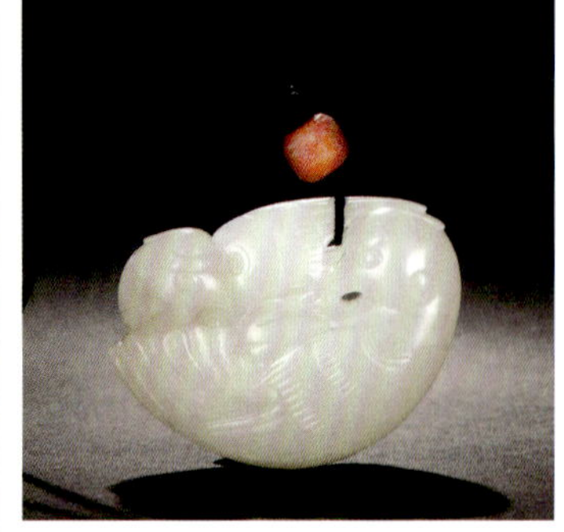

白玉雕鹦鹉珮
清 Qing BP 北京保利
2012-4-22 Lot1324 L 6cm
估价：无底价
成交价：RMB34,500

白玉凤凰珮
清 Qing BP 北京保利
2012-4-22 Lot1328 L 2.5cm
估价：无底价
成交价：RMB25,300

白玉双鱼珮
明 Ming BP 北京保利
2012-4-22 Lot1347 L 6.5cm
估价：无底价
成交价：RMB34,500

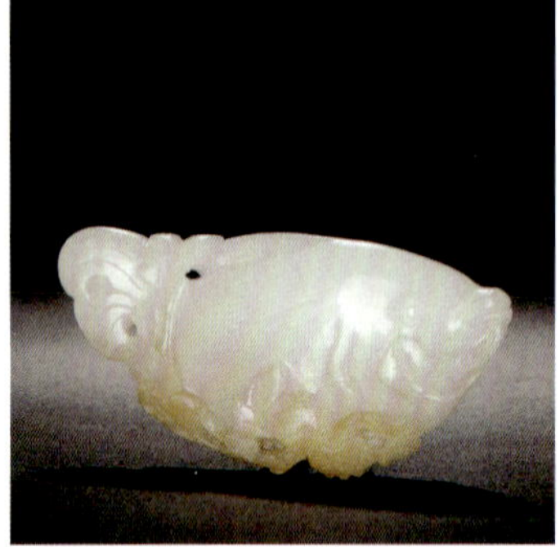

白玉鱼形珮
清 Qing BP 北京保利
2012-4-22 Lot1348 L 7cm
估价：无底价
成交价：RMB161,000

白玉双鱼珮
清 Qing BP 北京保利
2012-4-22 Lot1349 L 4.5cm
估价：无底价
成交价：RMB92,000

白玉蝴蝶珮
清 Qing BP 北京保利
2012-4-22 Lot1355 L 7cm
估价：无底价
成交价：RMB57,500

白玉龙凤子辰珮
A Finely Carved White Jade "Dragon and Phoenix" pendant
乾隆 Qianlong BP 北京保利
2012-12-5 Lot5708 W 5.4cm
估价：RMB 300,000-500,000
成交价：RMB437,000

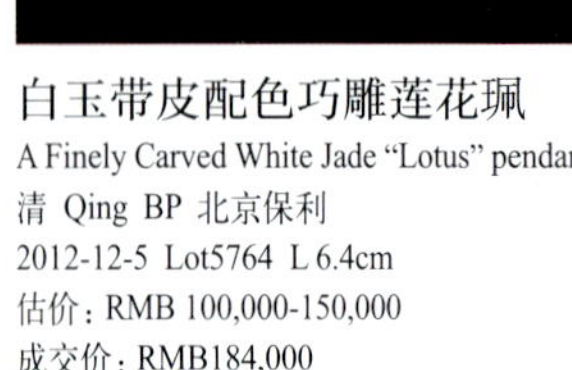

白玉带皮配色巧雕莲花珮
A Finely Carved White Jade "Lotus" pendant
清 Qing BP 北京保利
2012-12-5 Lot5764 L 6.4cm
估价：RMB 100,000-150,000
成交价：RMB184,000

白玉留皮镂空盘螭珮
A Carved White Jade Pendat
清中期 Mid Qing BP 北京保利
2012-12-7 Lot7413 L 7.8cm
估价：RMB 150,000-200,000
成交价：RMB276,000

白玉盘螭斧形珮
A White Jade Pendant
乾隆 Qianlong BP 北京保利
2012-12-7 Lot7411 L 6cm
估价：RMB 200,000-300,000
成交价：RMB310,500

白玉雕云纹蝉形珮
A Carved White Jade Cicada Plaque
清中期 Mid Qing BP 北京保利
2012-12-7 Lot7417 L 4.4cm
估价：RMB 50,000-80,000
成交价：RMB149,500

玉鱼
A Carved Jade Fish
明 Ming BP 北京保利
2012-12-7 Lot7611 L 8cm
估价：RMB 20,000-50,000
成交价：RMB25,300

白玉龙纹珮
A White Jade Dragon Pendant
清 Qing BP 北京保利
2012-12-7 Lot7644 W 4.5cm
估价：RMB 20,000-50,000
成交价：RMB86,250

白玉透雕螭龙珮
A White Jade Carving of Dragon Pendant
清 Qing BP 北京保利
2012-12-7 Lot7645 L 5.2cm
估价：RMB 50,000-80,000
成交价：RMB103,500

白玉穿花龙纹嵌饰
An Openwork Carved Jade Pendant
清中期 Mid Qing BP 北京保利
2012-12-7 Lot7648 L 9.3cm
估价：RMB 10,000-20,000
成交价：RMB25,300

白玉镂雕双鹤纹嵌饰
An Openwork Carved White Jade Plaque
清 Qing BP 北京保利
2012-12-7 Lot7649 L 5.3cm
估价：RMB 15,000-20,000
成交价：RMB17,250

玉双龙首璜
A Jade Pendant with Carved Dragon Head,Huang
明 Ming BP 北京保利
2012-12-7 Lot7625 L 7.3cm
估价：RMB 60,000-90,000
成交价：RMB69,000

白玉雕飞天珮
A White Jade Carved "Flying Apsaras" Pendant
清 Qing GD 中国嘉德
2012-10-29 Lot4044 L 6.5cm
估价：RMB 35,000-55,000
成交价：RMB40,250

白玉童子击鼓珮
A White Jade Carved "Kid Playing Durm" Pendant
清中期 Mid Qing GD 中国嘉德
2012-10-29 Lot4045 H 5cm
估价：RMB 160,000-220,000
成交价：RMB241,500

白玉转心龙钮珮
A White Jade Pendant
清中期 Mid Qing GD 中国嘉德
2012-10-29 Lot4048 L 7.8cm
估价：RMB 60,000-80,000
成交价：RMB82,800

白玉花形珮
A White Jade Pendant
清 Qing GD 中国嘉德
2012-9-17 Lot4125 L 6cm
估价：RMB 6,000-9,000
成交价：RMB13,800

白玉"梅兰竹菊"珮（两件）
Two Carved "Prunus,Orchid,Bamboo and Chrysanthemum" White Jade Pendants
清 Qing GD 中国嘉德
2012-5-14 Lot3441 H 7cm × 2
估价：RMB 250,000-350,000
成交价：RMB402,500

白玉螭龙珮
A White Jade Pendant
年代不详 Unknown GD 中国嘉德
2012-9-16 Lot2856 L 8.5cm
估价：无底价
成交价：RMB25,300

白玉凤纹珮
A White Jade Pendant
年代不详 Unknown GD 中国嘉德
2012-9-16 Lot2859 L 8.5cm
估价：无底价
成交价：RMB2,300

白玉子辰珮
A White Jade Pendant
年代不详 Unknown GD 中国嘉德
2012-9-16 Lot2861 L 5.6cm
估价：无底价
成交价：RMB3,450

玉雕龙纹珮
A Jade Pendant
清早期 Early Qing GD 中国嘉德
2012-9-16 Lot2864 L 6.5cm
估价：无底价
成交价：RMB6,900

白玉螭龙珮
A White Jade Pendant
年代不详 Unknown GD 中国嘉德
2012-9-16 Lot2870 H 5cm
估价：无底价
成交价：RMB4,600

白玉婴戏珮
A White Jade Pendant
清 Qing GD 中国嘉德
2012-9-16 Lot2877 L 8cm
估价：无底价
成交价：RMB4,600

白玉螭龙珮
A White Jade Pendant
年代不详 Unknown GD 中国嘉德
2012-9-16 Lot2936 L 7.5cm
估价：无底价
成交价：RMB13,800

白玉三多珮
A White Jade Pendant
年代不详 Unknown GD 中国嘉德
2012-9-16 Lot3021 L 5.7cm
估价：无底价
成交价：RMB6,900

白玉珮（三件）
Three White Jade Pendants
清 Qing GD 中国嘉德
2012-9-16 Lot3051 尺寸不一
估价：RMB 8,000-12,000
成交价：RMB9,200

白玉双鹤珮
A White Jade Pendant
年代不详 Unknown GD 中国嘉德
2012-9-16 Lot3077 D 5cm
估价：RMB 3,000-5,000
成交价：RMB4,600

白玉八仙珮
A Set of White Jade Pendants
清 Qing GD 中国嘉德
2012-9-16 Lot3182 L 3cm
估价：RMB 3,000-5,000
成交价：RMB6,900

白玉兽面纹斧形珮
A White Jade Pendant
年代不详 Unknown GD 中国嘉德
2012-9-16 Lot3181 H 6.5cm
估价：无底价
成交价：RMB2,300

白玉万寿无疆牌、白玉斧形珮各一件
Two White Jade Pendants
年代不详 Unknown GD 中国嘉德
2012-9-16 Lot3215 L 7.8cm；L 6.2cm
估价：无底价
成交价：RMB2,300

白玉弥勒珮
A White Jade Pendant
年代不详 Unknown GD 中国嘉德
2012-9-16 Lot3211 L 6.2cm
估价：无底价
成交价：RMB1,150

白玉、青白玉珮（三件）
Three White Jade and Celadon Jade Pendants
清 Qing GD 中国嘉德
2012-9-16 Lot3275 L 6cm；尺寸不一
估价：RMB 8,000-12,000
成交价：RMB13,800

白玉比翼双飞珮、白玉竹节珮各一件
Two White Jade Pendants
年代不详 Unknown GD 中国嘉德
2012-9-16 Lot3279 L 5.9cm；L 6.3cm
估价：无底价
成交价：RMB1,150

白玉珮（两件）
Two White Jade Pendants
年代不详 Unknown GD 中国嘉德
2012-9-16 Lot3307 L 5.2cm；L 5.3cm
估价：无底价
成交价：RMB6,900

白玉寿字珮
A White Jade Pendant
清 Qing GD 中国嘉德
2012-6-16 Lot3362 L 5.5cm
估价：RMB 3,000-5,000
成交价：RMB6,900

白玉子辰珮
A White Jade Pendant
清 Qing GD 中国嘉德
2012-6-16 Lot3363 L 5.5cm
估价：RMB 5,000-8,000
成交价：RMB5,750

白玉鲶鱼如意珮
A White Jade Pendant
年代不详 Unknown GD 中国嘉德
2012-6-16 Lot3370 L 7cm
估价：无底价
成交价：RMB4,600

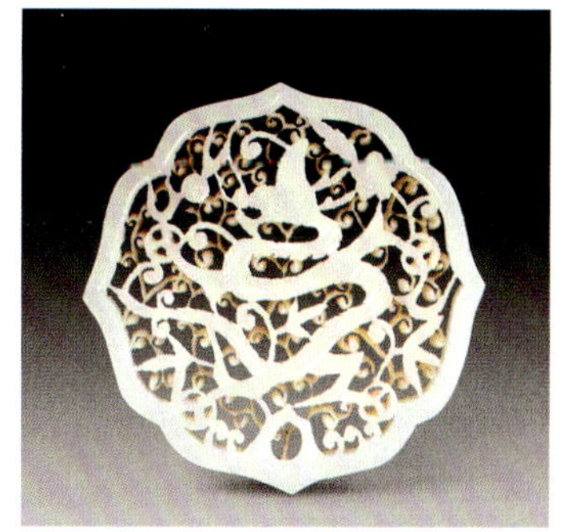

白玉龙纹珮
A White Jade Pendant
年代不详 Unknown GD 中国嘉德
2012-6-16 Lot3399 D 7.5cm
估价：无底价
成交价：RMB2,300

白玉沁色葫芦万代珮
A White Jade Pendant
清 Qing GD 中国嘉德
2012-6-16 Lot3402 L 5.2cm
估价：RMB 20,000-30,000
成交价：RMB46,000

白玉螭龙珮
A White Jade Pendant
年代不详 Unknown GD 中国嘉德
2012-6-16 Lot3576 H 5.5cm
估价：无底价
成交价：RMB2,300

白玉双鹅珮
A White Jade Pendant
清 Qing GD 中国嘉德
2012-6-16 Lot3581 L 6cm
估价：无底价
成交价：RMB4,600

白玉珮（三件）
Three White Jade Pendants
年代不详 Unknown GD 中国嘉德
2012-6-16 Lot3608 D 5.4cm；L 5cm；D 5.5cm
估价：无底价
成交价：RMB11,500

白玉龙纹珮
A White Jade Pendant
清 Qing GD 中国嘉德
2012-6-16 Lot3583 L 7.1cm
估价：无底价
成交价：RMB2,300

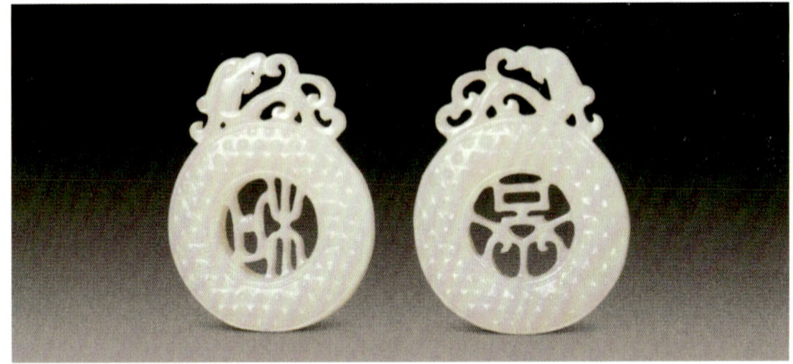

白玉吉祥珮（一对）
A Pair of White Jade Pendants
年代不详 Unknown GD 中国嘉德
2012-6-16 Lot3610 H 3.7cm × 2
估价：无底价
成交价：RMB3,450

白玉岁岁平安珮、白玉福寿坠各一件
Two White Jade Pendants
年代不详 Unknown GD 中国嘉德
2012-6-16 Lot3862 L 6cm；L 4.6cm
估价：无底价
成交价：RMB1,150

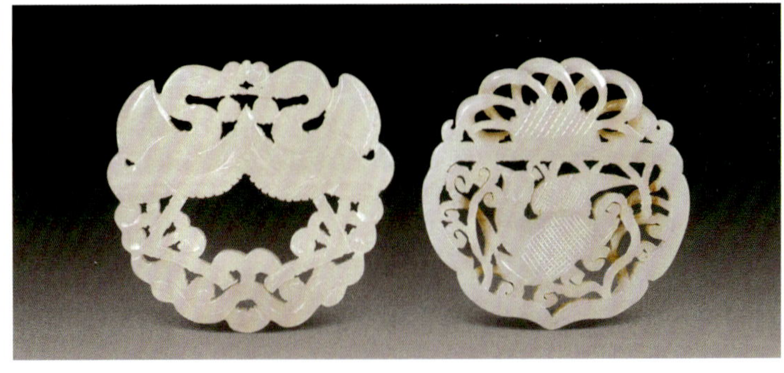

白玉花鸟纹珮（两件）
Two White Jade Pendants
清 Qing GD 中国嘉德
2012-6-16 Lot3864 L 5cm；L 4.6cm
估价：无底价
成交价：RMB1,150

白玉、黄玉珮（三件）
Three Jade Pendants
清 Qing GD 中国嘉德
2012-6-16 Lot3866 L 4.4cm；L 4cm；L 4cm
估价：无底价
成交价：RMB5,750

白玉喜鹊登梅珮
A White Jade Pendant
清 Qing GD 中国嘉德
2012-6-16 Lot3896 L 5cm
估价：无底价
成交价：RMB3,450

白玉人物诗文牌、黄玉螭龙珮各一件
A White Jade Pendant and A Yellow Jade Pendant
年代不详 Unknown GD 中国嘉德
2012-6-16 Lot3913 L 5.4cm；L 5.5cm
估价：RMB 10,000-20,000
成交价：RMB11,500

白玉蝠纹寿字珮
A White Jade Pendant
年代不详 Unknown GD 中国嘉德
2012-6-16 Lot3909 D 6cm
估价：无底价
成交价：RMB5,750

黄玉花卉纹牌、白玉和合二仙珮、青白玉花蝶珮各一件
A Yellow Jade Pendant A White Jade Pendant and A Celadon Jade
清 Qing GD 中国嘉德
2012-6-16 Lot3915 L 5.4cm；L 5.2cm；L 4.7cm
估价：RMB 3,000-5,000
成交价：RMB3,450

白玉福寿童子珮
A White Jade Pendant
清 Qing GD 中国嘉德
2012-6-16 Lot3926 L 8cm
估价：无底价
成交价：RMB1,150

白玉珮（两件）
Two White Jade Pendants
年代不详 Unknown GD 中国嘉德
2012-6-16 Lot3927 H 4.5cm；H 4.2cm
估价：无底价
成交价：RMB2,300

白玉雕“龙辰魁星”珮
A Fine and Rare White Jade Carved Plate
乾隆 Qianlong KS 北京匡时
2012-6-4 Lot1216 L 7.2cm
估价：RMB 200,000-250,000
成交价：RMB253,000

白玉花卉纹锁形珮
A White Jade Pendant
清 Qing GD 中国嘉德
2012-6-16 Lot3228 L 8.9cm
估价：RMB 3,000-5,000
成交价：RMB13,800

白玉蝠寿纹珮
A White Jade Pendant
清 Qing GD 中国嘉德
2012-6-16 Lot3229 L 6.2cm
估价：RMB 8,000-12,000
成交价：RMB9,200

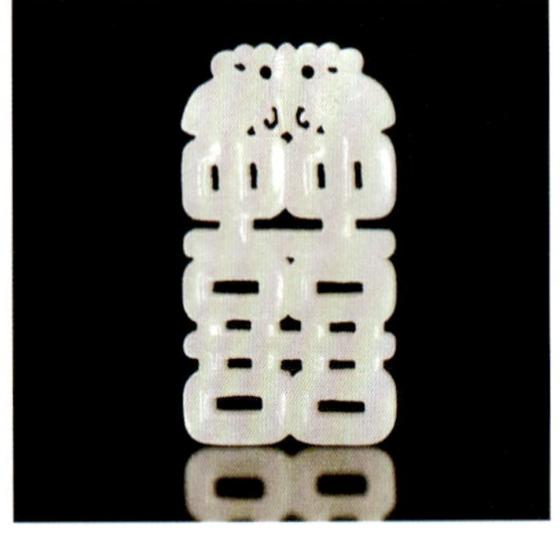

白玉双喜珮
A White Jade Pendant
清 Qing GD 中国嘉德
2012-6-16 Lot3230 L 7.4cm
估价：RMB 15,000-25,000
成交价：RMB17,250

白玉福庆有余锁形珮
A White Jade Pendant
清中期 Mid Qing GD 中国嘉德
2012-6-16 Lot3257 L 8.3cm
估价：RMB 12,000-22,000
成交价：RMB13,800

白玉鸳鸯珮
A White Jade Pendant
清 Qing GD 中国嘉德
2012-6-16 Lot3266 L 9.6cm
估价：RMB 20,000-30,000
成交价：RMB23,000

白玉十二生肖珮
A White Jade Pendant
清 Qing GD 中国嘉德
2012-6-16 Lot3267 D 4cm
估价：RMB 60,000-90,000
成交价：RMB126,500

白玉天干地支珮
A White Jade Pendant
清 Qing GD 中国嘉德
2012-6-16 Lot3294 L 6cm
估价：RMB 40,000-60,000
成交价：RMB74,750

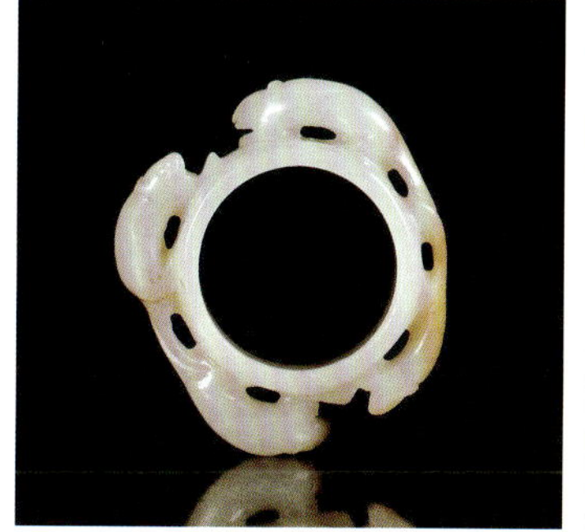

白玉四鼠运财珮
A White Jade Pendant
清 Qing GD 中国嘉德
2012-6-16 Lot3330 L 5.5cm
估价：RMB 65,000-95,000
成交价：RMB74,750

白玉松鼠葡萄叶形珮
A White Jade Pendant
清 Qing GD 中国嘉德
2012-6-16 Lot3225 L 4.5cm
估价：无底价
成交价：RMB3,450

白玉雕螭龙纹“清玩神品”珮
A Rare White Jade Carved Plate
清 Qing KS 北京匡时
2012-12-5 Lot2051 L 10cm
估价：RMB 100,000-120,000
成交价：RMB115,000

白玉浮雕螭龙纹珮
A Fine White Jade Carved Plate
乾隆 Qianlong KS 北京匡时
2012-12-5 Lot2128 D 8.5cm
估价：RMB 50,000-60,000
成交价：RMB74,750

白玉雕对凤珮
A Fine and Rare White Jade Carved “Double Phoenix” Plate
乾隆 Qianlong KS 北京匡时
2012-12-5 Lot1950 L 9.3cm
估价：RMB 500,000-550,000
成交价：RMB575,000

白玉饕餮纹钟形珮
A White Jade Pendant Design of Glutton Motive
清 Qing HC 北京华辰
2012-5-12 Lot1369 L 8.5cm
估价：RMB 150,000-180,000
成交价：RMB172,500

白玉雕童子珮
年代不详 Unknown PAC 太平洋
2012-6-16 Lot502 L 6.4cm
估价：RMB 18,000-18,000
成交价：RMB27,600

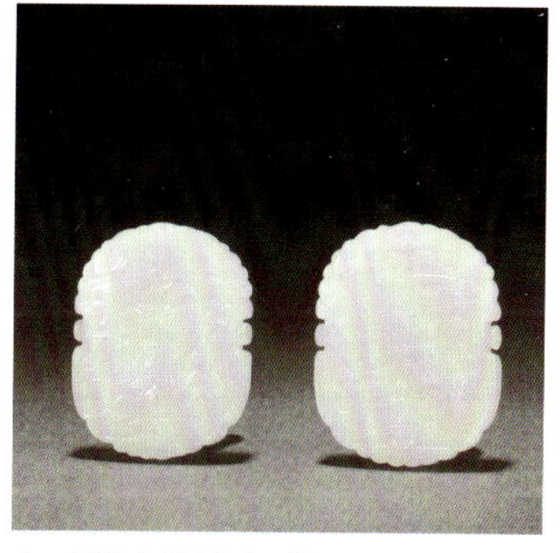

白玉雕人物诗文珮（一对）
年代不详 Unknown PAC 太平洋
2012-6-16 Lot503 L 5.3cm × 2
估价：RMB 18,000-18,000
成交价：RMB27,600

白玉童子闹春珮（一对）
年代不详 Unknown PAC 太平洋
2012-6-16 Lot505 L 6cm × 2
估价：RMB 40,000-40,000
成交价：RMB59,800

白玉雕双龙纹珮
A Carved White Jade Pendant
乾隆 Qianlong BD 北京东正
2012-10-31 Lot352 L 5.5 cm
估价：RMB 160,000-200,000
成交价：RMB345,000

白玉雕双龙兽面纹钟形珮
A White Jade Pendant
乾隆 Qianlong BD 北京东正
2012-10-31 Lot516 L 6 cm
估价：RMB 100,000-120,000
成交价：RMB138,000

白玉雕凤鸟纹珮
A Carved White Jade Pendant
明 Ming BD 北京东正
2012-10-31 Lot517 L 7.8 cm
估价：RMB 80,000-100,000
成交价：RMB92,000

白玉雕结交四方珮
A White Jade Pendant
乾隆 Qianlong BD 北京东正
2012-10-31 Lot529 L 5.7 cm
估价：RMB 180,000-200,000
成交价：RMB218,500

白玉雕圭璧珮
A White Jade Gui Pendant
乾隆 Qianlong BD 北京东正
2012-5-11 Lot25 L 5.5 cm
估价：RMB 120,000-150,000
成交价：RMB138,000

白玉雕龙纹鸡心珮
A White Jade Pendant
明 Ming BD 北京东正
2012-5-11 Lot116 L 6.3 cm
估价：RMB 100,000-120,000
成交价：RMB184,000

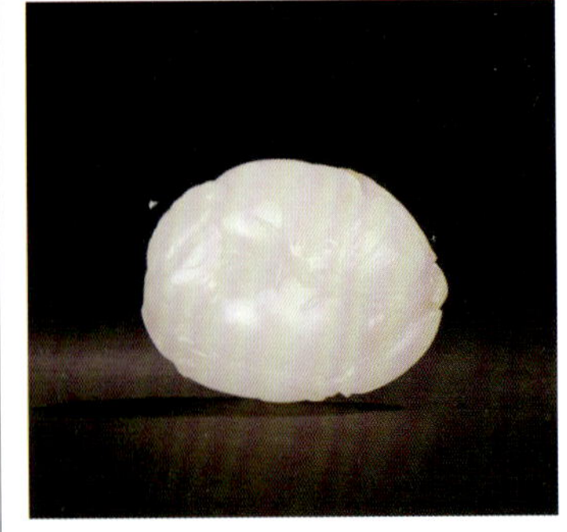

白玉雕丰衣足食纹珮
A White Jade Pendant
乾隆 Qianlong BD 北京东正
2012-10-31 Lot365 L 5.5 cm
估价：RMB 300,000-350,000
成交价：RMB379,500

白玉雕结交四方珮
A White Jade Pendant
乾隆 Qianlong BD 北京东正
2012-5-11 Lot282 L 5 cm
估价：RMB 50,000-60,000
成交价：RMB78,200

白玉雕同心比翼珮
A Carved White Jade "Double Phoenix" Pendant
乾隆 Qianlong BD 北京东正
2012-5-11 Lot66 L 9.5 cm
估价：RMB 500,000-600,000
成交价：RMB747,500

白玉龙纹珮
年代不详 Unknown BSA 古天一
2012-12-2 Lot1042 D 3cm
估价：RMB 80,000-120,000
成交价：RMB310,500

白玉镂雕龙凤纹珮
年代不详 Unknown BSA 古天一
2012-12-2 Lot1049 4×2cm
估价：RMB 30,000-50,000
成交价：RMB109,250

楼阁钮白玉印组珮
年代不详 Unknown BSA 古天一
2012-12-2 Lot1052 尺寸不一
估价：RMB 20,000-40,000
成交价：RMB97,750

玉雕龙纹珮
年代不详 Unknown BSA 古天一
2012-12-2 Lot1048 3.3×3.3cm
估价：RMB 30,000-50,000
成交价：RMB86,250

白玉雕岁寒三友珮
A White Jade Pendant with Plum Blossom, Pine and Bamboo Design and A Wood Stand
清 Qing XLA 西泠印社
2012-7-9 Lot2650 D 6.4cm
估价：RMB 60,000-80,000
成交价：RMB69,000

白云盘肠珮
清 Qing JG 北京九歌
2012-6-29 Lot2572 5×6.5cm
估价：RMB 120,000-180,000
成交价：RMB126,500

白玉独籽天官赐福
年代不详 Unknown RB 北京荣宝
2012-6-24 Lot1736 H 5.5cm
估价：RMB 20,000-30,000
成交价：RMB24,640

和田白玉龙凤平安无事珮（一对）
年代不详 Unknown JG 北京九歌
2012-6-29 Lot2558 5.6cm × 3.9cm × 2
估价：RMB 72,000-95,000
成交价：RMB80,500

白玉雕龙纹珮（两件）
A Pair of White Jade Dragon Pendant
清中期 Mid Qing BD 北京东正
2012-5-11 Lot125 尺寸不一
估价：RMB 200,000-250,000
成交价：RMB253,000

观音珮
年代不详 Unknown RB 北京荣宝
2012-8-26 Lot817 H 50mm；W 30mm
估价：RMB 90,000-120,000
成交价：RMB106,400

观音珮
年代不详 Unknown RB 北京荣宝
2012-8-26 Lot848 H 65mm；W 30mm
估价：RMB 50,000-70,000
成交价：RMB61,600

白玉雕天禄珮
A White Jade Pendant
清中期 Mid Qing SUN 中贸圣佳
2012-7-22 Lot1710 H 4.4cm
估价：RMB 100,000-120,000
成交价：RMB126,500

白玉雕辟邪珮
A White Jade Pendant
乾隆 Qianlong SUN 中贸圣佳
2012-7-22 Lot1711 H 5.6cm
估价：RMB 150,000-180,000
成交价：RMB172,500

和田白玉红皮籽料喜上眉梢珮
年代不详 Unknown JG 北京九歌
2012-6-29 Lot2555 W 40g；H 5.7cm；W 3.6cm
估价：RMB 140,000-180,000
成交价：RMB149,500

游刃有余珮
年代不详 Unknown RB 北京荣宝
2012-8-26 Lot823 54 × 30cm
估价：RMB 30,000-40,000
成交价：RMB35,840

蝶恋花
年代不详 Unknown RB 北京荣宝
2012-8-26 Lot841 H 70mm；W 27mm
估价：RMB 180,000-220,000
成交价：RMB201,600

和田白玉籽料雕三娘教子珮
年代不详 Unknown JG 北京九歌
2012-6-29 Lot2575 W 111g；H 9.5cm
估价：RMB 270,000-360,000
成交价：RMB276,000

洋洋如意
年代不详 Unknown RB 北京荣宝
2012-8-26 Lot835 H 40mm；W 22mm
估价：RMB 30,000-40,000
成交价：RMB33,600

忆花香
年代不详 Unknown RB 北京荣宝
2012-8-26 Lot849 H 72mm
估价：RMB 250,000-350,000
成交价：RMB313,600

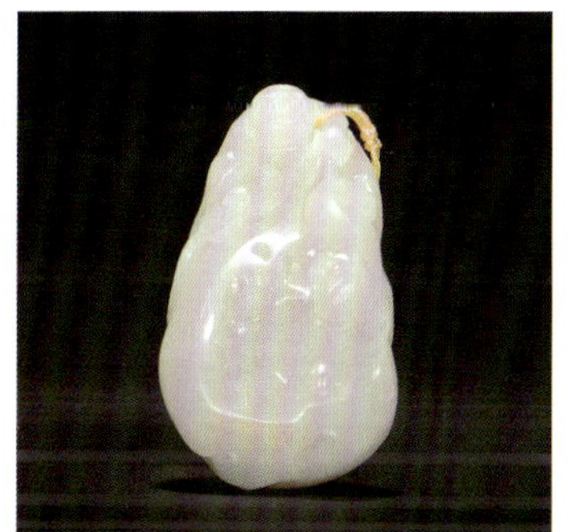

代代封侯
年代不详 Unknown RB 北京荣宝
2012-8-26 Lot837 H 57mm；W 30mm
估价：RMB 20,000-30,000
成交价：RMB22,400

金玉满堂
年代不详 Unknown RB 北京荣宝
2012-8-26 Lot836 H 42mm；W 16mm
估价：RMB 10,000-20,000
成交价：RMB13,440

君子之交珮
年代不详 Unknown RB 北京荣宝
2012-11-25 Lot1704 56×23×2mm；W 28.9g
估价：RMB 30,000-35,000
成交价：RMB39,200

琮璧圭璜
年代不详 Unknown RB 北京荣宝
2012-11-25 Lot1726 50×31×13mm；W 43.3g
估价：RMB 30,000-35,000
成交价：RMB35,840

白玉双龙圭璧珮
清 Qing BP 北京保利
2012-8-11 Lot676 L 7.5cm
估价：无底价
成交价：RMB28,750

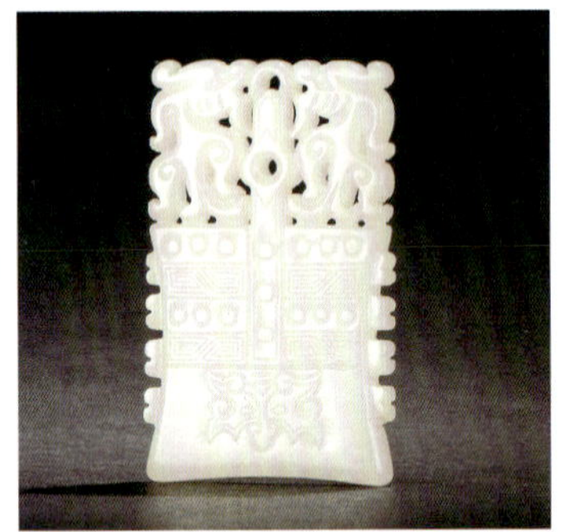

白玉双龙斧形珮
清 Qing BP 北京保利
2012-8-11 Lot708 L 6cm
估价：RMB 10,000-20,000
成交价：RMB32,200

白玉如意呈祥童子珮
清中期 Mid Qing BP 北京保利
2012-8-11 Lot703 D 3.2cm
估价：RMB 60,000-80,000
成交价：RMB69,000

白玉双龙形珮
清 Qing BP 北京保利
2012-8-11 Lot709 L 7.5cm
估价：RMB 10,000-20,000
成交价：RMB46,000

玉雕龙纹珮
清 Qing BP 北京保利
2012-8-11 Lot732 L 5.5cm
估价：RMB 5,000-8,000
成交价：RMB149,500

白玉钱币珮
清 Qing BP 北京保利
2012-8-11 Lot756 D 5.5cm
估价：无底价
成交价：RMB36,800

白玉透雕凤竹珮
清中期 Mid Qing BP 北京保利
2012-8-11 Lot759 L 5.5cm
估价：RMB 3,000-5,000
成交价：RMB11,500

白玉镂雕龙纹饰件
明 Ming BP 北京保利
2012-8-11 Lot761 L 6cm
估价：无底价
成交价：RMB40,250

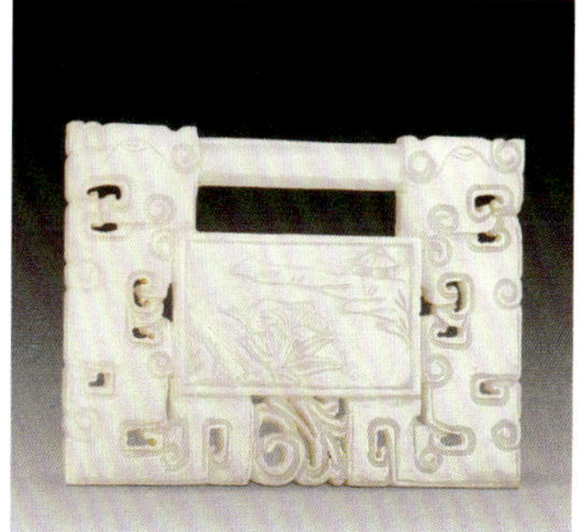

白玉雕“寿同日月”锁
清 Qing BP 北京保利
2012-8-11 Lot765 L 8cm
估价：RMB 6,000-10,000
成交价：RMB20,700

白玉文字如意环形珮
A Carved White Jade Ring Shaped Pendant with Chinese Character Design
清中期 Mid Qing BH 北京翰海
2012-5-27 Lot1959 H 6.7cm
估价：RMB 30,000-50,000
成交价：RMB34,500

白玉龙凤珮（一对）
清 Qing BP 北京保利
2012-8-11 Lot780 L 5.5cm × 2
估价：无底价
成交价：RMB46,000

白玉和合珮
清中期 Mid Qing BP 北京保利
2012-8-11 Lot787 L 8.5cm
估价：无底价
成交价：RMB11,500

白玉龙珮
A Carved White Jade Dragon Shaped Pendant
清中期 Mid Qing BH 北京翰海
2012-5-27 Lot1951 L 7.9cm
估价：RMB 10,000-20,000
成交价：RMB23,000

白玉螭龙珮
A Carved White Jade Dragon Shaped Pendant
清中期 Mid Qing BH 北京翰海
2012-5-27 Lot1952 L 5.6cm
估价：RMB 12,000-20,000
成交价：RMB25,300

白玉龙珮
A Carved White Jade Dragon Shaped Pendant
清中期 Mid Qing BH 北京翰海
2012-5-27 Lot1953 H 5.4cm
估价：RMB 10,000-20,000
成交价：RMB23,000

白玉龙纹珮
年代不详 Unknown BP 北京保利
2012-8-11 Lot778 L 6cm
估价：RMB 10,000-20,000
成交价：RMB11,500

白玉老人耕耘纹珮
A Carved White Jade Pendant with Figure Design
清中期 Mid Qing BH 北京翰海
2012-5-27 Lot1965 H 8cm
估价：RMB 60,000-90,000
成交价：RMB97,750

白玉文玉祥瑞螭龙珮
A Carved White Jade Pendant with Dragon Design
清中期 Mid Qing BH 北京翰海
2012-5-27 Lot1956 H 6.4cm
估价：RMB 20,000-30,000
成交价：RMB34,500

白玉文字珮
A Carved White Jade Pendant with Chinese Character Design
清中期 Mid Qing BH 北京翰海
2012-5-27 Lot1957 H 4.9cm
估价：RMB 12,000-18,000
成交价：RMB34,500

白玉天干地支珮
A Carved White Pendant with Chinese Character Design
清 Qing BH 北京翰海
2012-5-27 Lot1958 H 7.5cm
估价：RMB 15,000-22,000
成交价：RMB32,200

白玉松下人物诗文珮
A Carved White Jade Pendant with Chinese Character and Figure Design
清中期 Mid Qing BH 北京翰海
2012-5-27 Lot1968 H 6.5cm
估价：RMB 60,000-90,000
成交价：RMB112,700

白玉吉庆有余珮
A Carved White Jade Double Fish Shaped Pendant
清 Qing BH 北京翰海
2012-5-27 Lot1960 H 5.5cm
估价：RMB 20,000-30,000
成交价：RMB23,000

白玉螭龙珮
A Carved White Pendant with Dragon Design
清 Qing BH 北京翰海
2012-5-27 Lot1961 H 7.3cm
估价：RMB 25,000-35,000
成交价：RMB40,250

白玉一品当朝珮
A Carved White Jade Pendant with Red-Crowned Crane Design
清 Qing BH 北京翰海
2012-5-27 Lot1962 H 5.8cm
估价：RMB 30,000-50,000
成交价：RMB36,800

白玉平安珮
A Carved White Jade Pendant
清中期 Mid Qing BH 北京翰海
2012-5-27 Lot1963 H 6.1cm
估价：RMB 50,000-70,000
成交价：RMB82,800

白玉一团和气珮
A Carved White Jade Pendant with "He He Er Xian" Design
清 Qing BH 北京翰海
2012-5-27 Lot1984 H 5.6cm
估价：RMB 20,000-30,000
成交价：RMB34,500

白玉春风得意诗文珮
A Carved White Jade Pendant with Chinese Character and Figure Design
清 Qing BH 北京翰海
2012-5-27 Lot1964 H 6.4cm
估价：RMB 40,000-60,000
成交价：RMB48,300

白玉龙纹斧形珮
A Carved White Jade Axe Shaped Pendant with Dragon Design
清中期 Mid Qing BH 北京翰海
2012-5-27 Lot1966 H 7.8cm
估价：RMB 80,000-120,000
成交价：RMB94,300

白玉吉庆有余珮
A Carved White Pendant with Fish Design
清中期 Mid Qing BH 北京翰海
2012-5-27 Lot1980 H 6.8cm
估价：RMB 200,000-260,000
成交价：RMB322,000

白玉人物诗文珮
A Carved White Jade Pendant with Chinese Character and Figure Design
清 Qing BH 北京翰海
2012-5-27 Lot1967 H 5.8cm
估价：RMB 50,000-70,000
成交价：RMB59,800

白玉祥云瑞兽蝠在眼前珮
A Carved White Jade Pendant with Mythical Beast and Bat Design
清 Qing BH 北京翰海
2012-5-27 Lot1970 H 6.7cm
估价：RMB 65,000-80,000
成交价：RMB74,750

白玉人物诗文珮
A Carved White Jade Pendant with Chinese Character and Figure Design
清 Qing BH 北京翰海
2012-5-27 Lot1971 H 6.8cm
估价：RMB 200,000-300,000
成交价：RMB230,000

白玉梅寿珮
A Carved White Jade Pendant with Plum Blossom Design
清中期 Mid Qing BH 北京翰海
2012-5-27 Lot1974 H 7.1cm
估价：RMB 180,000-250,000
成交价：RMB207,000

白玉增华进寿珮

A Carved White Pendant
清 Qing BH 北京翰海
2012-5-27 Lot1979 H 6.2cm
估价：RMB 200,000-260,000
成交价：RMB322,000

白玉秋山饰件

A Carved White Jade Pendant with Hunting Design
清 Qing BH 北京翰海
2012-5-27 Lot1983 H 4.8cm
估价：RMB 20,000-30,000
成交价：RMB23,000

白玉透雕麒麟送子珮

A Carved White Jade Pendant with Kylin Design
清中期 Mid Qing BH 北京翰海
2012-5-27 Lot1981 D 8.2cm
估价：RMB 10,000-20,000
成交价：RMB13,800

白玉飞天珮

A Carved White Jade Pendant with Figuer Design
明 Ming BH 北京翰海
2012-5-27 Lot1982 H 5cm
估价：RMB 30,000-50,000
成交价：RMB34,500

白玉透雕螭龙珮

A Carved White Jade Pendant with Dragon Design
清中期 Mid Qing BH 北京翰海
2012-5-27 Lot1954 H 5.8cm
估价：RMB 12,000-16,000
成交价：RMB51,750

白玉龙珮

A Carved White Jade Pendant with Dragon Design
清中期 Mid Qing BH 北京翰海
2012-5-27 Lot1955 H 7.9cm
估价：RMB 15,000-22,000
成交价：RMB28,750

白玉神品龙凤纹珮

A Carved White Jade Pendant with Phoenix Design
清 Qing BH 北京翰海
2012-5-27 Lot1986 H 7cm
估价：RMB 30,000-50,000
成交价：RMB36,800

白玉螭龙鸡心珮

A Carved White Jade Heart-Shaped Pendant with Dragon Design
清 Qing BH 北京翰海
2012-5-27 Lot1985 H 7.7cm
估价：RMB 30,000-50,000
成交价：RMB34,500

白玉宜子孙钟形珮

A Carved White Jade Bell Shaped Pendant
清 Qing BH 北京翰海
2012-5-27 Lot2146 H 9.5cm
估价：RMB 1,000,000-1,600,000
成交价：RMB1,265,000

白玉透雕教子成龙珮
A Carved White Jade Dragon Shaped Pendant
清中期 Mid Qing BH 北京翰海
2012-5-27 Lot2147 H 8.5cm
估价：RMB 260,000-380,000
成交价：RMB345,000

白玉采药图诗文珮
A Carved White Jade Pendant with Figure Design
清中期 Mid Qing BH 北京翰海
2012-5-27 Lot2149 L 5.8cm
估价：RMB 160,000-260,000
成交价：RMB184,000

白玉福禄永昌珮
A Carved White Jade Pendant with Deer Design
清中期 Mid Qing BH 北京翰海
2012-5-27 Lot2150 H 7.3cm
估价：RMB 260,000-360,000
成交价：RMB322,000

白玉罗汉诵经诗文珮
A Carved White Jade Pendant with Arhat Design
清中期 Mid Qing BH 北京翰海
2012-5-27 Lot2151 H 6.8cm
估价：RMB 160,000-260,000
成交价：RMB207,000

白玉寿天百禄珮
A Carved Jade Pendant with Mythical Beast Design
清中期 Mid Qing BH 北京翰海
2012-5-27 Lot2154 H 6.7cm
估价：RMB 120,000-160,000
成交价：RMB230,000

白玉龙珮
A Carved White Jade Pendant with Dragon Design
清中期 Mid Qing BH 北京翰海
2012-5-27 Lot2155 H 5cm
估价：RMB 100,000-120,000
成交价：RMB115,000

白玉长宜子孙珮
A Carved White Jade Pendant with Chinese Character Design
清 Qing BH 北京翰海
2012-5-27 Lot2156 H 6.9cm
估价：RMB 50,000-70,000
成交价：RMB57,500

白玉天保九如珮
A Carved White Jade Pendant with Figuer Design
清中期 Mid Qing BH 北京翰海
2012-5-27 Lot2157 H 6.2cm
估价：RMB 50,000-70,000
成交价：RMB66,700

白玉太平有象珮
A Carved White Jade Pendant with Elephant Design
清中期 Mid Qing BH 北京翰海
2012-5-27 Lot2158 H 6cm
估价：RMB 70,000-90,000
成交价：RMB80,500

白玉吉庆有余珮
A Carved White Jade Pendant with Double Fish Design
清中期 Mid Qing BH 北京翰海
2012-5-27 Lot2159 H 6.6cm
估价：RMB 45,000-56,000
成交价：RMB59,800

白玉风云际会珮
A Carved White Jade Pendant with Cloud and Tiger Design
清中期 Mid Qing BH 北京翰海
2012-5-27 Lot2160 H 7cm
估价：RMB 40,000-80,000
成交价：RMB46,000

白玉马上封侯诗文珮
A Carved White Jade Pendant with Horse and Monkey Design
清 Qing BH 北京翰海
2012-5-27 Lot2161 H 6.2cm
估价：RMB 35,000-56,000
成交价：RMB40,250

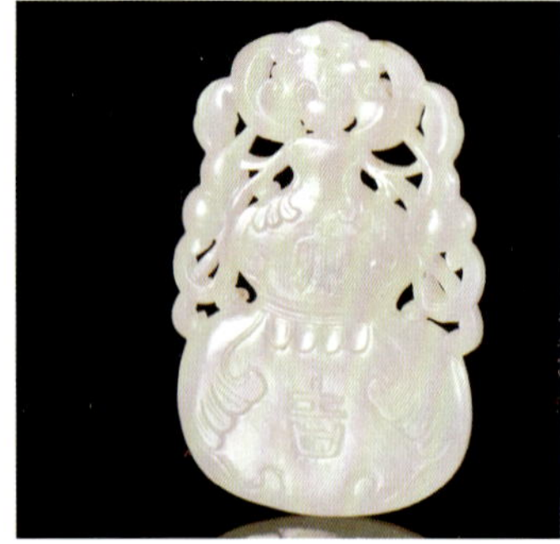

白玉天喜大吉葫芦珮
A Carved White Jade Gourd Shaped Pendant
清中期 Mid Qing BH 北京翰海
2012-5-27 Lot2163 H 6.9cm
估价：RMB 45,000-55,000
成交价：RMB59,800

白玉太白醉酒诗文珮
A Carved White Jade Pendant with Chinese Character and Figure Design
清 Qing BH 北京翰海
2012-5-27 Lot2164 H 6.5cm
估价：RMB 50,000-100,000
成交价：RMB59,800

白玉福寿如意珮
A Carved White Jade Pendant with Peach Design
清中期 Mid Qing BH 北京翰海
2012-5-27 Lot2165 H 6.2cm
估价：RMB 50,000-80,000
成交价：RMB59,800

白玉延年益寿葫芦珮
A Carved White Jade Gourd Shaped Pendant
清 Qing BH 北京翰海
2012-5-27 Lot2167 L 8.5cm
估价：RMB 80,000-150,000
成交价：RMB92,000

白玉喜得连科珮
A Carved White Jade Pendant with Magpie and Lotus Design
清中期 Mid Qing BH 北京翰海
2012-5-27 Lot2168 H 6.2cm
估价：RMB 60,000-100,000
成交价：RMB69,000

白玉龙形珮
A Carved White Jade Dragon Shaped Pendant
清 Qing BH 北京翰海
2012-5-27 Lot2169 H 6.7cm
估价：RMB 45,000-65,000
成交价：RMB57,500

白玉风云际会斧形珮
A Carved White Axe Shaped Pendant with Dragon Design
清中期 Mid Qing BH 北京翰海
2012-5-27 Lot2170 H 7cm
估价：RMB 46,000-58,000
成交价：RMB52,900

白玉年年有余珮
A Carved White Jade Double Fish Shaped Pendant
清中期 Mid Qing BH 北京翰海
2012-5-27 Lot2171 L 7.2cm
估价：RMB 60,000-90,000
成交价：RMB69,000

白玉达摩渡海诗文珮
A Carved Yellow Jade Pendant with Mythical Beast Design
清 Qing BH 北京翰海
2012-5-27 Lot2172 H 6.2cm
估价：RMB 70,000-90,000
成交价：RMB80,500

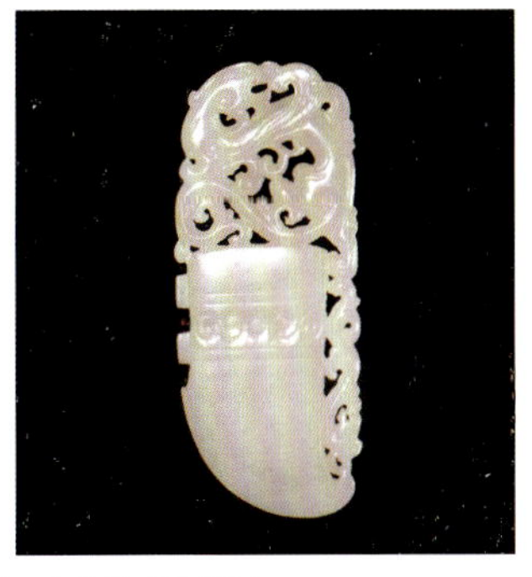

白玉龙纹斧形珮
A Carved White Jade Axe Shaped Pendant with Dragon Design
清中期 Mid Qing BH 北京翰海
2012-5-27 Lot2175 H 8.4cm
估价：RMB 12,000-16,000
成交价：RMB13,800

白玉独占鳌头珮
A Carved White Jade Fish and Boy
清 Qing BH 北京翰海
2012-5-27 Lot2176 L 6.4cm
估价：RMB 12,000-18,000
成交价：RMB23,000

白玉龙珮
A Carved White Jade Dragon Shaped Pendant
清中期 Mid Qing BH 北京翰海
2012-12-8 Lot2003 L 5.1cm
估价：RMB 8,000-12,000
成交价：RMB13,800

白玉子辰珮
A Carved White Jade Dragon Shaped Pendant
清中期 Mid Qing BH 北京翰海
2012-12-8 Lot2004 H 6.7cm
估价：RMB 25,000-35,000
成交价：RMB32,200

白玉子辰珮
A Carved White Jade Dragon Shaped Pendant
清 Qing BH 北京翰海
2012-12-8 Lot2005 L 6.2cm
估价：RMB 20,000-30,000
成交价：RMB23,000

白玉盘龙珮
A Carved White Jade Dragon Shaped Pendant
清中期 Mid Qing BH 北京翰海
2012-12-8 Lot2006 H 7.8cm
估价：RMB 20,000-30,000
成交价：RMB23,000

白玉龙珮
A Carved White Jade Dragon Shaped Pendant
清中期 Mid Qing BH 北京翰海
2012-12-8 Lot2007 L 7cm
估价：RMB 20,000-30,000
成交价：RMB25,300

白玉子辰珮
A Carved White Jade Dragon Shaped Pendant
清 Qing BH 北京翰海
2012-12-8 Lot2008 L 6cm
估价：RMB 20,000-30,000
成交价：RMB23,000

白玉仙人乘槎诗文珮
A Carved White Jade Pendant with Figure Design
清中期 Mid Qing BH 北京翰海
2012-12-8 Lot2029 H 6.2cm
估价：RMB 60,000-70,000
成交价：RMB69,000

白玉人物诗文珮
A Carved White Jade Pendant with Figure Design
清中期 Mid Qing BH 北京翰海
2012-12-8 Lot2030 H 4.5cm
估价：RMB 60,000-70,000
成交价：RMB69,000

白玉山水人物诗文珮
A Carved White Jade Pendant with Landscape and Figure Design
清中期 Mid Qing BH 北京翰海
2012-12-8 Lot2034 H 6.2cm
估价：RMB 50,000-60,000
成交价：RMB57,500

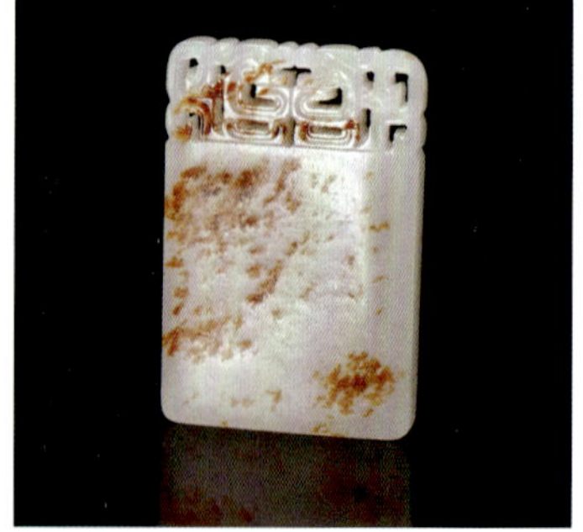

白玉洒金平安珮
A Carved White Jade Pendant
清中期 Mid Qing BH 北京翰海
2012-12-8 Lot2035 H 5.3cm
估价：RMB 25,000-30,000
成交价：RMB28,750

白玉洒金双喜临门珮
A Carved White Jade Pendant with Magpie Design
清中期 Mid Qing BH 北京翰海
2012-12-8 Lot2036 H 5.5cm
估价：RMB 30,000-40,000
成交价：RMB34,500

白玉太平丰登珮
A Carved White Jade Pendant with Figure Design
清中期 Mid Qing BH 北京翰海
2012-12-8 Lot2038 H 6.5cm
估价：RMB 50,000-60,000
成交价：RMB57,500

白玉福禄呈祥珮
A Carved White Jade Pendant with Figure Design
清 Qing BH 北京翰海
2012-12-8 Lot2039 H 6.5cm
估价：RMB 50,000-60,000
成交价：RMB57,500

白玉龙凤珮
A Carved White Jade Pendant with Dragon Design
清 Qing BH 北京翰海
2012-12-8 Lot2041 H 6.6cm
估价：RMB 40,000-50,000
成交价：RMB46,000

白玉福山寿海珮
A Carved White Jade Pendant with Bat and Peach Design
清 Qing BH 北京翰海
2012-12-8 Lot2043 H 7.2cm
估价：RMB 40,000-50,000
成交价：RMB101,200

白玉老子出关珮
A Carved White Pendant with "Lao Zi Chu Guan" Design
清中期 Mid Qing BH 北京翰海
2012-12-8 Lot2053 H 6.5cm
估价：RMB 200,000-220,000
成交价：RMB253,000

白玉寿天百禄珮
A Carved White Jade Pendant with Kylin Design
清 Qing BH 北京翰海
2012-12-8 Lot2050 H 7cm
估价：RMB 200,000-230,000
成交价：RMB230,000

白玉四君子珮
A Carved White Jade Pendant with Flower Design
清 Qing BH 北京翰海
2012-12-8 Lot2052 H 5.8cm
估价：RMB 180,000-200,000
成交价：RMB207,000

白玉玉兔望月珮
A Carved White Jade Pendant with Rabbit Design
清 Qing BH 北京翰海
2012-12-8 Lot2047 H 7cm
估价：RMB 150,000-180,000
成交价：RMB172,500

白玉福禄珮
A Carved White Jade Pendant with Gourd Design
清 Qing BH 北京翰海
2012-12-8 Lot2110 H 6.6cm
估价：RMB 180,000-200,000
成交价：RMB207,000

白玉龙祥凤瑞环形珮
A Carved White Jade Ring Shaped Pendant with Dragon and Phoenix Design
清中期 Mid Qing BH 北京翰海
2012-12-8 Lot2112 D 7.8cm
估价：RMB 80,000-100,000
成交价：RMB92,000

白玉凤纹珮
A Carved White Jade Pendant with Phoenix Design
清 Qing BH 北京翰海
2012-12-8 Lot2114 L 7.2cm
估价：RMB 25,000-35,000
成交价：RMB32,200

白玉福寿珮
A Carved White Jade Pendant with Chinese Character Design
清中期 Mid Qing BH 北京翰海
2012-12-8 Lot2116 H 7.3cm
估价：RMB 60,000-80,000
成交价：RMB69,000

白玉童子牧牛诗文珮
A Carved White Jade Pendant with Buffalo Boy Design
清 Qing BH 北京翰海
2012-12-8 Lot2123 H 6.1cm
估价：RMB 80,000-100,000
成交价：RMB92,000

白玉松鹤诗文珮
A Carved White Jade Pendant with Red-Crowned Crane Design
清 Qing BH 北京翰海
2012-12-8 Lot2126 H 6.1cm
估价：RMB 80,000-100,000
成交价：RMB92,000

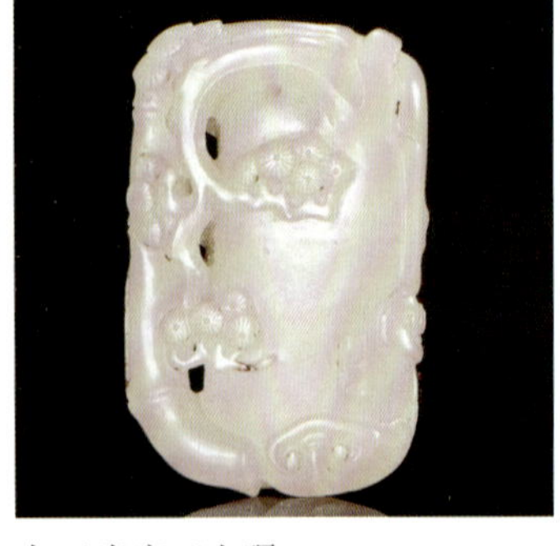

白玉岁寒三友珮
A Carved White Jade Pendant with Flower Design
清中期 Mid Qing BH 北京翰海
2012-12-8 Lot2127 H 6cm
估价：RMB 30,000-40,000
成交价：RMB34,500

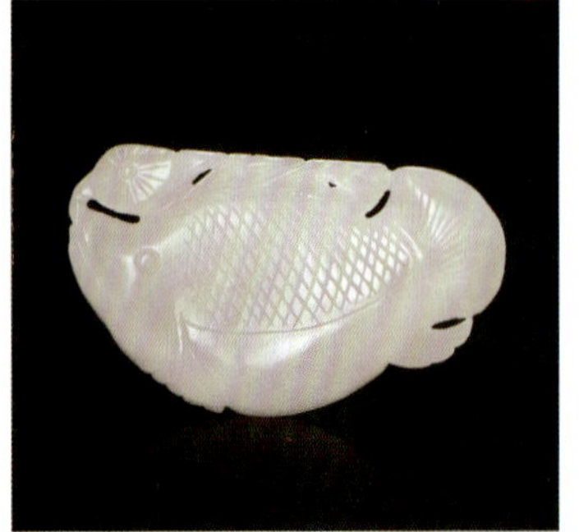

白玉连年有余珮
A Carved White Jade Fish
清 Qing BH 北京翰海
2012-12-8 Lot2235 L 7cm
估价：RMB 10,000-20,000
成交价：RMB11,500

白玉龙珮
A Carved White Jade Pendant with Dragon Design
清 Qing BH 北京翰海
2012-12-8 Lot2237 L 8.2cm
估价：RMB 20,000-30,000
成交价：RMB23,000

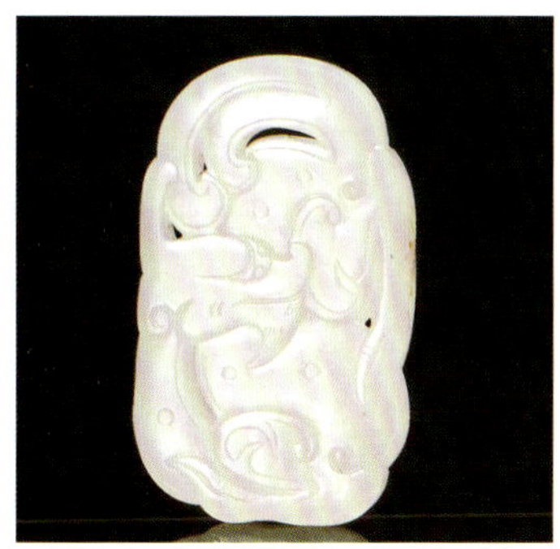

白玉龙珮
A Carved White Jade Pendant with Dragon Design
清中期 Mid Qing BH 北京翰海
2012-12-8 Lot2288 H 6cm
估价：RMB 10,000-20,000
成交价：RMB14,950

白玉双龙紫香玉瑛珮
A Carved White Jade Pendant with Dragon Design
清 Qing BH 北京翰海
2012-12-8 Lot2289 H 5.7cm
估价：RMB 30,000-40,000
成交价：RMB34,500

白玉龙珮
A Carved White Jade Pendant with Dragon Design
清 Qing BH 北京翰海
2012-12-8 Lot2290 H 5.1cm
估价：RMB 10,000-20,000
成交价：RMB13,800

白玉龙珮
A Carved White Jade Dragon Shaped Pendant
清中期 Mid Qing BH 北京翰海
2012-12-8 Lot2291 H 7cm
估价：RMB 30,000-40,000
成交价：RMB34,500

白玉浮雕人物龙纹斧形珮
A Carved White Jade Axe Shaped Pendant with Dragon Design
清 Qing BH 北京翰海
2012-12-8 Lot2292 H 8.5cm
估价：RMB 60,000-70,000
成交价：RMB69,000

白玉天干地支珮
A Carved White Jade Pendant with Chinese Character Design
清 Qing BH 北京翰海
2012-12-8 Lot2293 H 6.4cm
估价：RMB 80,000-90,000
成交价：RMB92,000

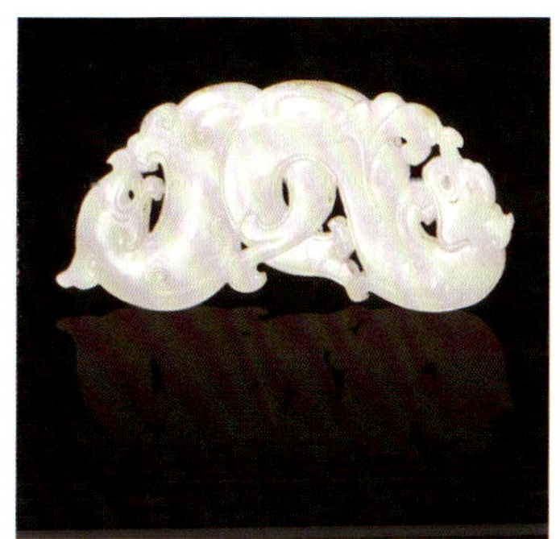

白玉双龙珮
A Carved White Jade Dragon Shaped Pendant
清中期 Mid Qing BH 北京翰海
2012-12-8 Lot2297 L 8.5cm
估价：RMB 10,000-15,000
成交价：RMB21,850

玉带扣
年代不详 Unknown BH 北京翰海
2012-9-28 Lot1537 L 5.3cm
估价：RMB 38,000-38,000
成交价：RMB43,700

玉雕山水人物珮
年代不详 Unknown BH 北京翰海
2012-9-28 Lot1548 H 6cm
估价：RMB 25,000-25,000
成交价：RMB28,750

白玉长宜子孙珮
A Carved White Jade Pendant with Chinese Character Design
清 Qing BH 北京翰海
2012-12-8 Lot2250 H 10.2cm
估价：RMB 600,000-700,000
成交价：RMB690,000

白玉龙纹珮
A Carved White Jade Pendant with Dragon Design
清 Qing BH 北京翰海
2012-12-8 Lot2252 H 6.3cm
估价：RMB 100,000-120,000
成交价：RMB115,000

白玉人物诗文珮
A Carved White Jade Pendant with Figure Design
清中期 Mid Qing BH 北京翰海
2012-12-8 Lot2284 H 6.4cm
估价：RMB 30,000-40,000
成交价：RMB34,500

白玉葡萄纹福禄万代珮
A Carved White Jade Pendant with Grape Design
清 Qing BH 北京翰海
2012-12-8 Lot2285 H 6cm
估价：RMB 20,000-30,000
成交价：RMB23,000

白玉福寿珮
A Carved White Jade Pendant with Gourd Design
清中期 Mid Qing BH 北京翰海
2012-12-8 Lot2286 H 5.7cm
估价：RMB 15,000-25,000
成交价：RMB17,250

白玉福寿珮
A Carved White Jade Pendant with Peach Design
清 Qing BH 北京翰海
2012-12-8 Lot2287 H 5.8cm
估价：RMB 20,000-30,000
成交价：RMB23,000

白玉人物诗文珮
A Carved White Jade Pendant with Figure Design
清中期 Mid Qing BH 北京翰海
2012-12-8 Lot2239 H 6cm
估价：RMB 30,000-40,000
成交价：RMB48,300

白玉长宜子孙珮
A Carved White Jade Pendant with Grape Design
清中期 Mid Qing BH 北京翰海
2012-12-8 Lot2240 H 6cm
估价：RMB 30,000-40,000
成交价：RMB34,500

白玉人物珮
A Carved White Jade Pendant with Figure Design
清 Qing BH 北京翰海
2012-12-8 Lot2249 H 6cm
估价：RMB 800,000-900,000
成交价：RMB920,000

白玉榴开百子珮
A Carved White Jade Pendant with Figure Design
清中期 Mid Qing BH 北京翰海
2012-12-8 Lot2243 H 6.4cm
估价：RMB 80,000-100,000
成交价：RMB92,000

白玉寿天百禄珮
A Carved White Jade Pendant with Mythical Beast Design
清 Qing BH 北京翰海
2012-12-8 Lot2244 H 6.6cm
估价：RMB 80,000-100,000
成交价：RMB92,000

白玉玉堂锦绣珮
A Carved White Jade Pendant with Lion Design
清 Qing BH 北京翰海
2012-12-8 Lot2246 H 6.8cm
估价：RMB 100,000-120,000
成交价：RMB115,000

白玉珮
清 Qing BP 北京保利
2012-4-23 Lot1840 L 7.5cm
估价：无底价
成交价：RMB 10,350

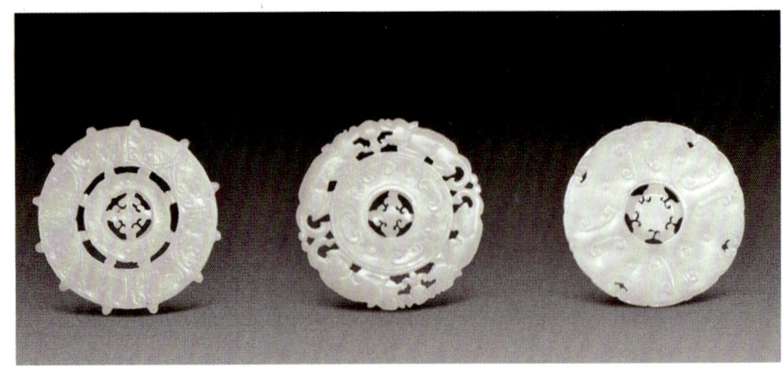

白玉透雕转心珮（三件）
清 Qing BP 北京保利
2012-4-23 Lot1885 尺寸不一
估价：无底价
成交价：RMB 48,300

白玉卧欢珮
清 Qing BP 北京保利
2012-4-23 Lot1882 L 5cm
估价：RMB 5,000-10,000
成交价：RMB 17,250

白玉透雕转心珮（三件）
清 Qing BP 北京保利
2012-4-23 Lot1886 尺寸不一
估价：无底价
成交价：RMB 48,300

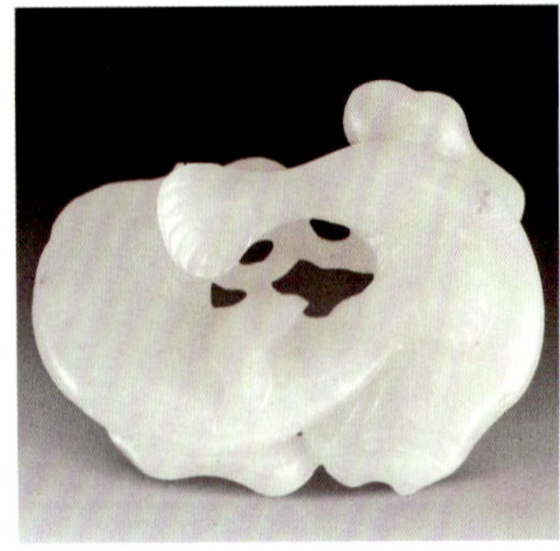

白玉灵芝珮
清 Qing BP 北京保利
2012-4-23 Lot1883 L 5.5cm
估价：RMB 3,000-5,000
成交价：RMB 10,350

白玉镂雕和合二仙珮
清 Qing BP 北京保利
2012-4-23 Lot1889 D 7cm
估价：RMB 15,000-25,000
成交价：RMB 17,250

白玉福禄大吉珮
清 Qing BP 北京保利
2012-4-23 Lot1898 L 6.5cm
估价：RMB 15,000-25,000
成交价：RMB 17,250

白玉福寿珮
清中期 Mid Qing BP 北京保利
2012-4-23 Lot1965 L 5.5cm
估价：RMB 10,000-20,000
成交价：RMB 11,500

白玉龙纹斧形珮
清 Qing BP 北京保利
2012-4-23 Lot1972 L 8.5cm
估价：RMB 80,000-100,000
成交价：RMB 92,000

白玉鸳鸯珮
明或更早 Ming or Earlier BP 北京保利
2012-10-24 Lot715 L 3.5cm
估价：无底价
成交价：RMB23,000

白玉童子骑鱼珮
明或更早 Ming or Earlier BP 北京保利
2012-10-24 Lot716 L 5cm
估价：无底价
成交价：RMB126,500

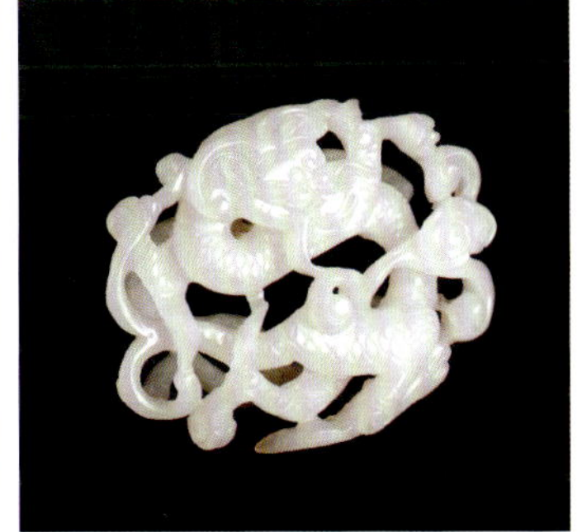

白玉云龙纹珮饰
明 Ming BP 北京保利
2012-10-24 Lot726 L 7cm
估价：无底价
成交价：RMB276,000

白玉童子珮
明 Ming BP 北京保利
2012-10-24 Lot752 H 5cm
估价：无底价
成交价：RMB46,000

白玉飞天式莲花童子珮
明或更早 Ming or Earlier BP 北京保利
2012-10-24 Lot756 L 4cm
估价：无底价
成交价：RMB115,000

白玉龙纹珮
明或更早 Ming or Earlier BP 北京保利
2012-10-24 Lot759 L 6cm
估价：无底价
成交价：RMB184,000

白玉卧虎珮
明 Ming BP 北京保利
2012-10-24 Lot762 L 4.5cm
估价：无底价
成交价：RMB34,500

白玉蝴蝶珮
清 Qing BP 北京保利
2012-10-24 Lot763 L 8cm
估价：无底价
成交价：RMB40,250

白玉镂雕黄金万两纹珮
清 Qing BP 北京保利
2012-10-24 Lot764 L 6.5cm
估价：无底价
成交价：RMB28,750

白玉六牙云象珮
明或更早 Ming or Earlier BP 北京保利
2012-10-24 Lot798 L 5cm
估价：无底价
成交价：RMB391,000

白玉甲子万年钱形珮
A Fine and Nice White Jade Plaque
乾隆 Qianlong BP 北京保利
2012-6-5 Lot6101 D 10.2cm
估价：RMB 500,000-800,000
成交价：RMB1,610,000

白玉应龙珮
A Fine and Nice White Jade "Dragon" Plaque
明或更早 Ming or Earlier BP 北京保利
2012-6-5 Lot6106 L 7.8cm
估价：RMB 600,000-800,000
成交价：RMB690,000

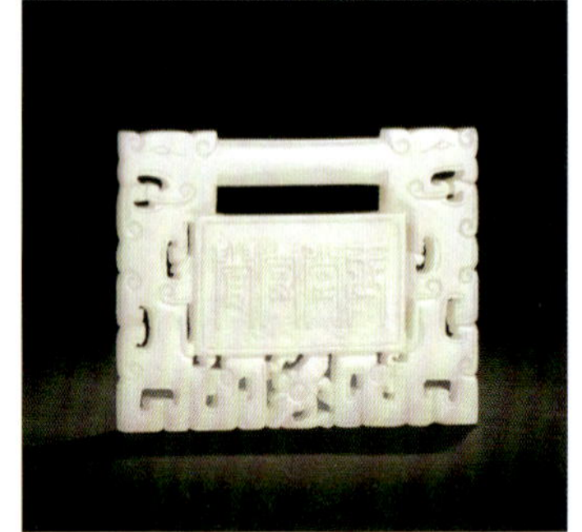

白玉玉堂富贵锁
清 Qing BP 北京保利
2012-10-24 Lot1021 L 8.5cm
估价：RMB 10,000-20,000
成交价：RMB20,700

白玉童子独占鳌头珮
清 Qing BP 北京保利
2012-10-24 Lot786 L 7.5cm
估价：无底价
成交价：RMB253,000

白玉骑竹马童子珮
清 Qing BP 北京保利
2012-10-24 Lot787 L 5cm
估价：无底价
成交价：RMB92,000

白玉卧叶仕女珮
清 Qing BP 北京保利
2012-10-24 Lot792 L 6.5cm
估价：无底价
成交价：RMB92,000

白玉童子梅花珮
清 Qing BP 北京保利
2012-10-24 Lot906 L 5.5cm
估价：RMB 120,000-200,000
成交价：RMB287,500

白玉斧形珮
清 Qing BP 北京保利
2012-10-24 Lot919 L 5.5cm
估价：RMB 18,000-30,000
成交价：RMB48,300

白玉龙凤珮
清 Qing BP 北京保利
2012-10-24 Lot922 L 8cm
估价：RMB 8,000-12,000
成交价：RMB28,750

玉巧雕龙凤珮
清 Qing BP 北京保利
2012-10-24 Lot923 L 6cm
估价：RMB 20,000-30,000
成交价：RMB149,500

白玉梅花转心珮
清 Qing BP 北京保利
2012-10-24 Lot924 W 6cm
估价：RMB 50,000-80,000
成交价：RMB74,750

白玉吉庆有余转心珮
清 Qing BP 北京保利
2012-10-24 Lot925 L 5.5cm
估价：RMB 20,000-30,000
成交价：RMB115,000

白玉雕双面工福寿齐眉珮
清 Qing BP 北京保利
2012-10-24 Lot928 D 7.6cm
估价：RMB 10,000-20,000
成交价：RMB36,800

白玉路路通珮
清 Qing BP 北京保利
2012-10-24 Lot971 L 5.5cm
估价：无底价
成交价：RMB69,000

白玉玉堂富贵锁
清 Qing BP 北京保利
2012-10-24 Lot1020 L 9.5cm
估价：无底价
成交价：RMB23,000

白玉杜秋娘诗意图佩
A White Jade Rectangular Plaque
清 18-19 世纪 Qing,18th-19th Century C 佳士得
2012-3-22 Lot1913 L 6.4cm
估价：USD 15,000-25,000
成交价：USD68,500

白玉五福捧寿图佩一件
A White Jade Circular Perfumier
年代不详 Unknown C 佳士得
2012-5-18 Lot1007 D 5.1cm
估价：GBP 4,000-6,000
成交价：GBP5,000

白玉龙凤“神品”珮
A Very Rare And Fine White Jade “Dragon-And-Phoenix” Plaque
乾隆 Qianlong BP 北京保利
2012-6-5 Lot6113 L 6.5cm
估价：RMB 1,500,000-2,500,000
成交价：RMB2,415,000

2012 Chinese Art Auction TOP10 中国玉器拍卖配饰类十大排行榜 Top 7

白玉鹦鹉佩
A White Jade Pendant with A Bird
18-19 世纪 18th-19th Century C 佳士得
2012-5-18 Lot1280 L 6.9cm
估价：GBP 3,000-5,000
成交价：GBP13,750

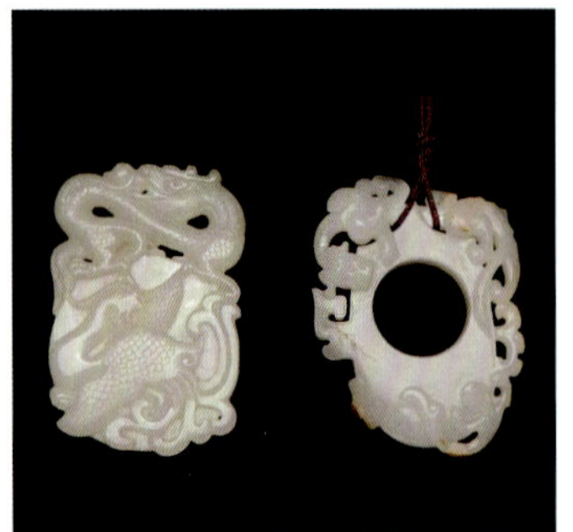

白玉镂雕配饰两件
Two White Jade Plaques
20 世纪 20th Century C 佳士得
2012-5-18 Lot1136 L 7.1cm
估价：GBP 1,000-1,500
成交价：GBP4,750

白玉“增华晋爵”佩
A Small White Jade Pendant
清 19 世纪 Qing,19th Century C 佳士得
2012-3-22 Lot1911 L 4.7cm
估价：USD 4,000-6,000
成交价：USD47,500

白玉"梦笔生花"图佩及夔龙纹"斋戒"佩
Two White Jade Pendants
清 18-19 世纪 Qing,18-19th Century S 苏富比
2012-11-7 Lot486 尺寸不一
估价：GBP 4,000-6,000
成交价：GBP5,000

褐白玉螭龙纹佩
A Fine White Jade "Chilong" Pendant
乾隆 Qianlong S 苏富比
2012-5-16 Lot143 6.5cm
估价：GBP 4,000-6,000
成交价：GBP27,500

圆雕"衔芝卧鹿"玉佩
A Recumbent Jade Deer Ornament
元 Yuan S 苏富比
2012-4-4 Lot3006 5.8cm
估价：HKD 80,000-120,000
成交价：HKD162,500

白玉双螭龙纹璧形佩连同明白玉螭龙穿莲纹牌
A White Jade Archaistic Pendant
明末－清 18 世纪 17-18th Century C 佳士得
2012-9-13 Lot1056 L 6.5cm;L 9cm
估价：USD 6,000-8,000
成交价：USD10,625

白玉米芾拜石图佩、白玉"淡月初明松影斜"佩各一
Two White Jade Pendants
清 19 世纪 Qing,19th Century C 佳士得
2012-9-13 Lot1097 L 5.4cm;L 5.6cm
估价：USD 6,000-8,000
成交价：USD7,500

白玉童子戏蝠佩、白玉螭龙纹璧及白玉福寿纹坠（各一件）
A Set of Three White Jade Pendants
年代不详 Unknown C 佳士得
2012-11-28 Lot2409 L 4.4cm × 3
估价：HKD 20,000-30,000
成交价：HKD27,500

白玉刻字寿纹佩
A Carved White Jade "Shou" Circular Plaque
清 18 世纪 Qing,18th Century C 佳士得
2012-11-28 Lot2408 D 5.1cm
估价：HKD 100,000-150,000
成交价：HKD137,500

白玉镂雕和合二仙佩
A Reticulated White Jade Plaque
清 Qing C 佳士得
2012-11-28 Lot2411 H 6cm
估价：HKD 40,000-60,000
成交价：HKD87,500

白玉婴戏图佩
A Carved White Jade "Boys" Plaque
清 18-19 世纪 Qing,18-19th Century C 佳士得
2012-11-28 Lot2355 L 6.5cm
估价：HKD 120,000-180,000
成交价：HKD200,000

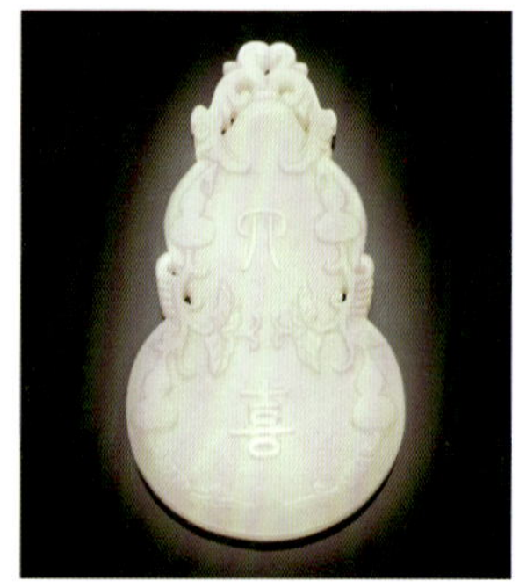

白玉“大吉”葫芦形佩
A White Jade Double Gourd-Form Plaque
清 18-19 世纪 Qing,18-19th Century C 佳士得
2012-3-22 Lot1927 H 7.1cm
估价：USD 4,000-6,000
成交价：USD40,000

白玉仿古龙凤纹佩
A Finely Carved White Jade “Dragon” Plaque
乾隆 Qianlong C 佳士得
2012-5-15 Lot79 W 8.3cm
估价：GBP 15,000-25,000
成交价：GBP27,500

白玉透雕螭凤珮
A Very Rare and Finely Carved White Jade “Chi-Phoenix” Plaque
明或更早 Ming or Earlier BP 北京保利
2012-6-5 Lot6104 L 7.7cm
估价：RMB 1,800,000-2,500,000
成交价：RMB2,760,000

2012 Chinese Art Auction TOP10 中国玉器拍卖配饰类十大排行榜 Top 6

白玉镂空“逐珠云龙”图佩
A White Jade Reticulated “Dragon” Pendant
清乾隆 Qianlong S 苏富比
2012-4-4 Lot3044 6cm
估价：HKD 40,000-60,000
成交价：HKD596,000

巧色褐斑黑白玉“牛生麒麟”佩
A White, Russet and Black Jade “Ox and Qilin” Pendant
清 18-19 世纪 Qing, 18-19th Century S 苏富比
2012-11-7 Lot239 4.2cm
估价：GBP 10,000-15,000
成交价：GBP13,750

青白玉“双鹿灵芝”图饰
A Pale Celadon Jade Deer Group
明 Ming S 苏富比
2012-4-4 Lot3058 9.2cm
估价：HKD 50,000-70,000
成交价：HKD81,250

玉葫芦佩
A Jade "Double Gourd" Pendant
清 18 世纪 Qing,18th Century S 苏富比
2012-5-16 Lot210 6.5cm
估价：GBP 5,000-7,000
成交价：GBP6,250

白玉镂雕"祥祯"龙凤纹佩
A White Jade "Dragon and Phoenix" Pendant
清 18-19 世纪 Qing,18-19th Century S 苏富比
2012-5-16 Lot212 7.5cm
估价：GBP 6,000-8,000
成交价：GBP37,250

白玉佩（两枚）
A Fine White Jade Pendant
清 18 世纪 Qing,18th Century S 苏富比
2012-5-16 Lot214A 6cm
估价：GBP 4,000-6,000
成交价：GBP4,375

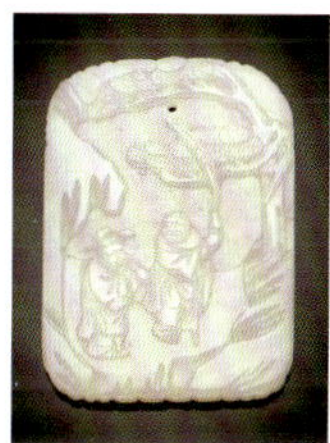

白玉二仙佩
A Small White Jade Pendant
年代不详 Unknown C 佳士得
2012-9-13 Lot1062 H 6.5cm
估价：USD 3,000-5,000
成交价：USD6,875

白玉人物图佩
A Finely Carved White Jade Pendant
清 18 世纪 Qing,18th Century C 佳士得
2012-9-13 Lot1070 H 5.5cm
估价：USD 12,000-18,000
成交价：USD56,250

白玉巧雕凤纹钺形佩
A White and Russet Jade Archaistic Pendant
清 18-19 世纪 Qing,18-19th Century C 佳士得
2012-3-22 Lot1854 尺寸不上
估价：USD 7,000-9,000
成交价：USD25,000

玉雕把佩件一组
A Group of Jade Carvings
清 18-19 世纪 Qing, 18-19th Century S 苏富比
2012-9-12 Lot304 尺寸不一
估价：USD 8,000-12,000
成交价：USD30,000

白玉九蟠龙镂空珮
A Rare And Very Fine White Jade "Nine Dragons" Pendant
乾隆 Qianlong BP 北京保利
2012-6-5 Lot6112 L 14cm
估价：RMB 3,000,000-5,000,000
成交价：RMB3,910,000

白玉雕螭龙佩
A White Jade Disc Pendant
清 18 世纪 Qing, 18th Century S 苏富比
2012-9-12 Lot353 D 5.6cm
估价：USD 5,000-7,000
成交价：USD10,625

玉镂雕佩三件
A Group of Jade Carvings
清 18-19 世纪 Qing, 18-19th Century S 苏富比
2012-9-12 Lot356 尺寸不一
估价：USD 6,000-8,000
成交价：USD30,000

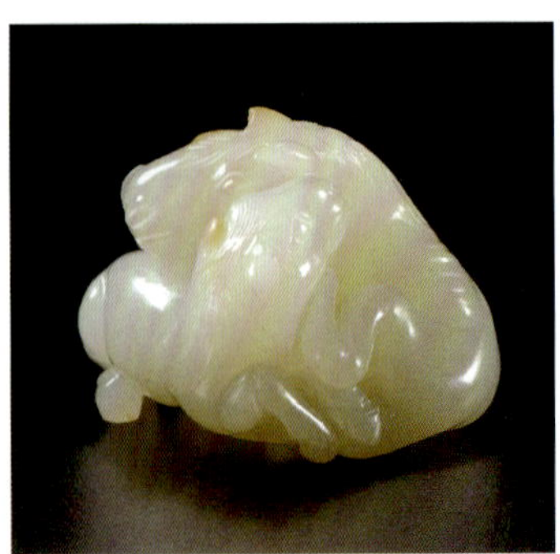

白玉双马佩
A White Jade "Twin Horse" Pendant
清 Qing S 苏富比
2012-4-4 Lot3260 L 4.7cm
估价：HKD 70,000-90,000
成交价：HKD800,000

白玉"美人"佩
A White Jade Oval Pendant
清 Qing S 苏富比
2012-4-4 Lot3269 L 5.8cm
估价：HKD 180,000-280,000
成交价：HKD225,000

白玉镂雕"螭龙斧"佩
A White Jade Phoenix "Axe-Head" plaque
清 18 世纪 Qing,18th century S 苏富比
2012-10-9 Lot3149 7cm
估价：HKD 100,000-150,000
成交价：HKD175,000

玉雕花鸟纹珮
A Jade Pendant
年代不详 Unknown GD 中国嘉德
2012-9-16 Lot3245 H 7.4cm
估价：RMB 6,000-9,000
成交价：RMB6,900

白玉留皮镂雕松鼠葡萄珮
A Rare and Fine White Jade Engraving Plate
乾隆 Qianlong KS 北京匡时
2012-12-5 Lot2050 L 5cm
估价：RMB 100,000-110,000
成交价：RMB115,000

白玉四色巧雕丰衣足食珮
A White Jade Pendant
乾隆 Qianlong BD 北京东正
2012-10-31 Lot354 L 6 cm
估价：RMB 300,000-350,000
成交价：RMB402,500

"子冈"款玉勒子、白玉印组珮
年代不详 Unknown BSA 古天一
2012-12-2 Lot1024 H 2.2cm
估价：RMB 30,000-50,000
成交价：RMB109,250

龙形玉珮
年代不详 Unknown BSA 古天一
2012-12-2 Lot1027 L 5.6cm
估价：RMB 30,000-50,000
成交价：RMB86,250

玉飞天组珮
年代不详 Unknown BSA 古天一
2012-12-2 Lot1026 L 4.8cm
估价：RMB 50,000-80,000
成交价：RMB138,000

云龙纹玉勒组珮
年代不详 Unknown BSA 古天一
2012-12-2 Lot1033 L 3.2cm
估价：RMB 100,000-150,000
成交价：RMB379,500

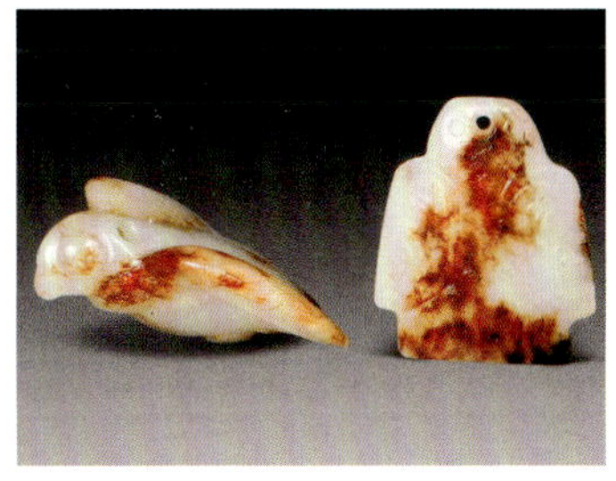

旧玉珮（两件）
Two Jade Pendant
清 Qing GD 中国嘉德
2012-6-16 Lot3941 H 3.3cm，L 4cm
估价：无底价
成交价：RMB1,150

玉雕瑞兽珮
A Carved Jade Pendant
元－明早期 Yuan-Early Ming BC 北京诚轩
2012-5-13 Lot207 4.8 × 3.2cm
估价：RMB 10,000-15,000
成交价：RMB36,800

白玉螭龙纹佩
A White Jade “Chilong” Plaque
明或更早 Ming or Earlier C 佳士得
2012-11-6 Lot133 L 9.4cm
估价：GBP 5,000-8,000
成交价：GBP6,250

白玉螭龙环组珮
年代不详 Unknown BSA 古天一
2012-12-2 Lot1020 L 3.2cm
估价：RMB 20,000-50,000
成交价：RMB195,500

玉环、兽钮玉印组珮
年代不详 Unknown BSA 古天一
2012-12-2 Lot1022 D 3cm
估价：RMB 30,000-50,000
成交价：RMB97,750

白玉螭龙纹佩
A Small White Jade Carving
清 18-19 世纪 Qing,18th-19th Century C 佳士得
2012-5-15 Lot73 L 5.4cm
估价：GBP 6,000-8,000
成交价：GBP7,500

青白玉年年有余螭龙珮
A Greenish-White Jade Pendant
清 Qing GD 中国嘉德
2012-9-17 Lot4120 H 6cm
估价：RMB 8,000-12,000
成交价：RMB28,750

青白玉花形珮
A Greenish-White Jade Pendant
清 Qing GD 中国嘉德
2012-9-17 Lot4121 L 6.2cm
估价：RMB 4,000-6,000
成交价：RMB8,050

青白玉螭龙珮
A Greenish-White Jade Pendant
清 Qing GD 中国嘉德
2012-9-17 Lot4134 D 5.6cm
估价：RMB 12,000-22,000
成交价：RMB20,700

青白玉穿花凤纹珮（三件）
Three Celadon Jade Pendants
清 Qing GD 中国嘉德
2012-9-16 Lot3265 尺寸不一
估价：无底价
成交价：RMB1,150

青白玉兔纹珮
A Celadon Jade Pendant
明 Ming GD 中国嘉德
2012-9-16 Lot3002 L 8.1cm
估价：RMB 8,000-12,000
成交价：RMB9,200

青白玉花卉纹珮（三件）
Three Celadon Jade Pendants
清 Qing GD 中国嘉德
2012-9-16 Lot3273 尺寸不一
估价：无底价
成交价：RMB3,450

青白玉喜字珮
A Celadon Jade Pendant
清 Qing GD 中国嘉德
2012-9-16 Lot3210 L 6cm
估价：无底价
成交价：RMB3,450

青白玉珮
A Celadon Jade Pendant
清 Qing GD 中国嘉德
2012-9-16 Lot3079 D 6.7cm
估价：RMB 6,000-9,000
成交价：RMB6,900

青白玉珮（两件）
Two Celadon Jade Pendants
年代不详 Unknown GD 中国嘉德
2012-9-16 Lot3284 L 8.2cm；L 6.5cm
估价：RMB 3,000-5,000
成交价：RMB34,500

青白玉花鸟纹珮
A Celadon Jade Pendant
年代不详 Unknown GD 中国嘉德
2012-6-16 Lot3406 H 4.5cm
估价：无底价
成交价：RMB6,900

青白玉圭璧珮
A Celadon Jade Pendant
年代不详 Unknown GD 中国嘉德
2012-9-16 Lot3206 L 12.3cm
估价：无底价
成交价：RMB9,200

青白玉花蝶珮、白玉凤纹牌各一件
A Celadon Jade Pendant and A White Jade Pendant
清 Qing GD 中国嘉德
2012-6-16 Lot3582 L 6.1cm；L 5.3cm
估价：无底价
成交价：RMB3,450

青白玉春水珮
A Celadon Jade Pendant
年代不详 Unknown GD 中国嘉德
2012-6-16 Lot3611 H 7.4cm
估价：无底价
成交价：RMB4,600

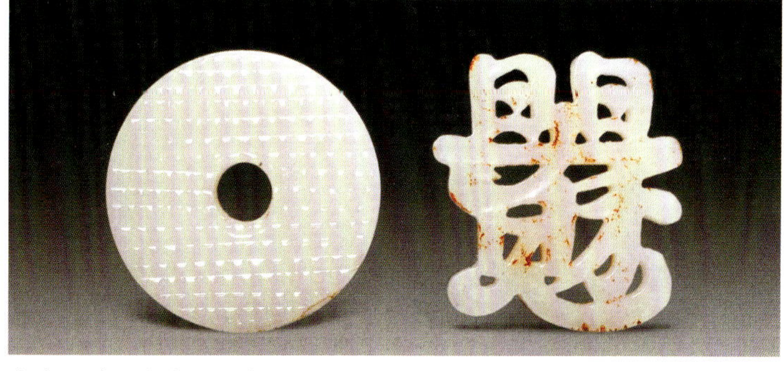

青白玉璧、青白玉财字珮各一件
A Celadon Jade Bi and A Celadon Jade Pendant
年代不详 Unknown GD 中国嘉德
2012-9-16 Lot3303 D 5.1cm；L 5cm
估价：RMB 3,000-5,000
成交价：RMB3,450

青白玉福寿三多珮
A Celadon Jade Pendant
清 Qing GD 中国嘉德
2012-6-16 Lot3860 L 5cm
估价：无底价
成交价：RMB1,150

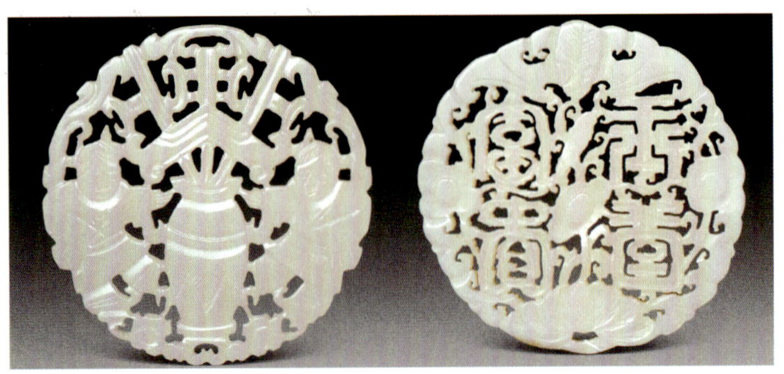

青白玉珮（两件）
Two Celadon Jade Pendants
年代不详 Unknown GD 中国嘉德
2012-6-16 Lot3935 D 5.6cm；D 5.5cm
估价：无底价
成交价：RMB2,300

青白玉花鸟纹珮
A Celadon Jade Pendant
清 Qing GD 中国嘉德
2012-6-16 Lot3912 L 5cm
估价：无底价
成交价：RMB3,450

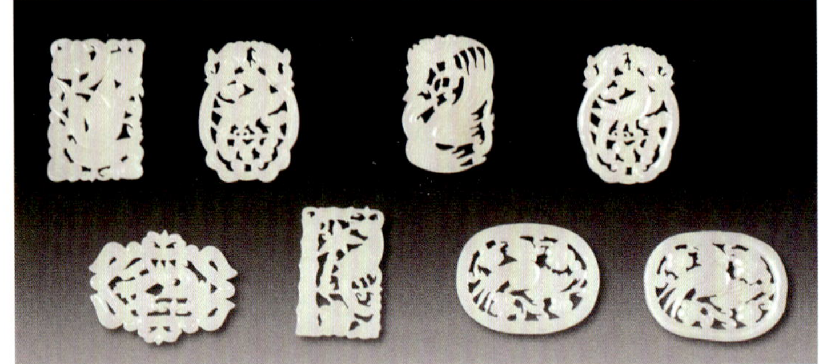

青白玉花鸟纹珮（八件）
Eight Celadon Jade Pendants
年代不详 Unknown GD 中国嘉德
2012-6-16 Lot3944 尺寸不一
估价：无底价
成交价：RMB5,750

青白玉钱形珮
A Celadon Jade Pendant
年代不详 Unknown GD 中国嘉德
2012-6-16 Lot3586 D 5.6cm
估价：无底价
成交价：RMB4,600

青白玉花形珮
A Celadon Jade Pendant
清 Qing GD 中国嘉德
2012-6-16 Lot3234 D 6.4cm
估价：RMB 5,000-8,000
成交价：RMB10,350

青白玉仿虎钮铜镜
A Celadon Jade Imitation Bronze Mirror
明 Ming GD 中国嘉德
2012-6-16 Lot3237 D 8.4cm
估价：RMB 8,000-12,000
成交价：RMB17,250

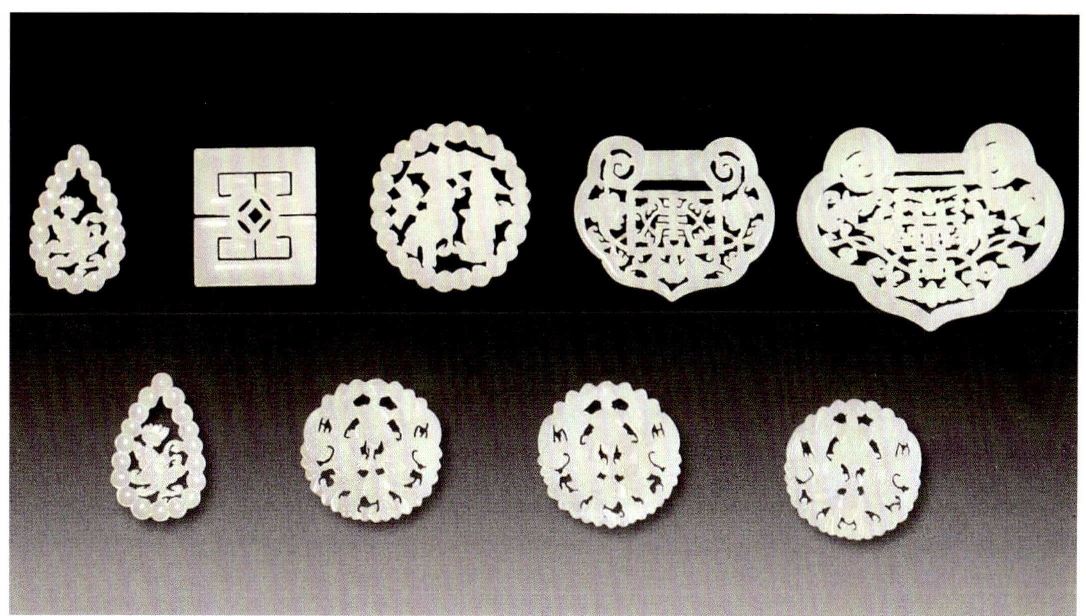

青白玉珮（九件）
Nine Celadon Jade Pendants
清 Qing GD 中国嘉德
2012-6-16 Lot3945 尺寸不一
估价：RMB 3,000-5,000
成交价：RMB5,750

青白玉雕吉庆有余珮
A Carved Jade Pendant
清中期 Mid Qing BC 北京诚轩
2012-10-28 Lot915 6.6×4.5cm
估价：RMB 40,000-50,000
成交价：RMB46,000

青玉斧形珮（两件）
Two Celadon Jade Pendants
年代不详 Unknown GD 中国嘉德
2012-9-16 Lot3055 L 5.8cm；L 6.2cm
估价：无底价
成交价：RMB3,450

青白玉雕年年双欢珮
A Carved Jade Pendant
清早期 Early Qing BC 北京诚轩
2012-5-13 Lot214 4.8×1×4.2cm
估价：RMB 30,000-40,000
成交价：RMB34,500

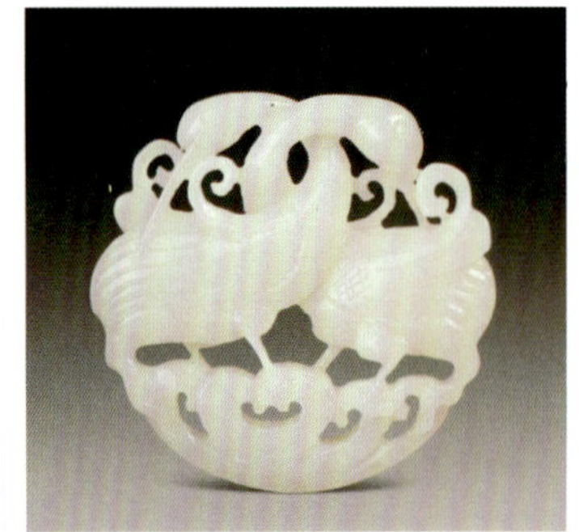

青玉双鹤珮
A Celadon Jade Pendant
年代不详 Unknown GD 中国嘉德
2012-9-16 Lot3190 L 5cm
估价：无底价
成交价：RMB2,300

青玉梵文珮
A Celadon Jade Pendant
清 Qing GD 中国嘉德
2012-9-16 Lot3257 L 5cm
估价：无底价
成交价：RMB5,750

青玉花鸟珮、青玉童子珮各一件
Two Celadon Jade Pendants
年代不详 Unknown GD 中国嘉德
2012-9-16 Lot3082 D 5.8cm；D 5.4cm
估价：无底价
成交价：RMB3,450

青玉螭龙鸡心珮
A Celadon Jade Pendant
年代不详 Unknown GD 中国嘉德
2012-9-16 Lot3188 L 5.2cm
估价：无底价
成交价：RMB1,150

青玉小件（四件）
Four Celadon Jade Objects
年代不详 Unknown GD 中国嘉德
2012-9-16 Lot3248 尺寸不一
估价：无底价
成交价：RMB3,450

青玉兽面纹珮
A Celadon Jade Pendant
年代不详 Unknown GD 中国嘉德
2012-9-16 Lot3258 L 10.9cm
估价：无底价
成交价：RMB4,600

青玉寿字珮、青玉喜字珮各一件
Two Celadon Jade Pendants
年代不详 Unknown GD 中国嘉德
2012-9-16 Lot3293 D 5.5cm；D 5.8cm
估价：无底价
成交价：RMB1,150

青玉珮（两件）
Two Celadon Jade Pendants
清 Qing GD 中国嘉德
2012-6-16 Lot3924 L 6.5cm；L 5cm
估价：无底价
成交价：RMB1,150

青玉珮（三件）
Three Celadon Jade Pendants
年代不详 Unknown GD 中国嘉德
2012-9-16 Lot3309 尺寸不一
估价：无底价
成交价：RMB2,300

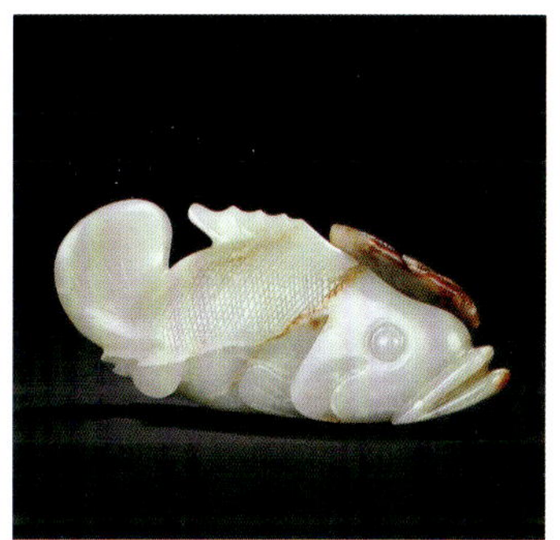

青白玉雕俏色鳜鱼珮
清 Qing BP 北京保利
2012-10-25 Lot1391 L 13cm
估价：无底价
成交价：RMB 1,150

青玉童子珮、白玉福寿珮各一件
A Celadon Jade Pendant and A White Jade Pendant
清 Qing GD 中国嘉德
2012-6-16 Lot3865 L 5.5cm；L 5.3cm
估价：无底价
成交价：RMB2,300

青玉浅浮雕“五蝠图”卵石珮
A Carved Pebble Jade “Five Bats” Group
乾隆 Qianlong S 苏富比
2012-4-4 Lot185 L 7cm
估价：HKD 220,000-280,000
成交价：HKD375,000

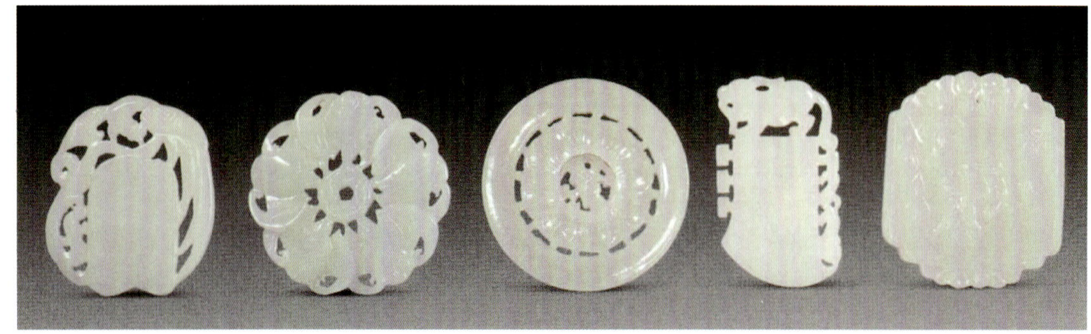

青玉、白玉珮（五件）
Celadon Jade、White Jade Pendants
清 Qing GD 中国嘉德
2012-6-16 Lot3921 尺寸不一
估价：无底价
成交价：RMB5,750

青玉喜字珮（三件）
Three Celadon Jade Pendants
清 Qing GD 中国嘉德
2012-6-16 Lot3922 D 5.9cm；L 5cm；L 6.5cm
估价：无底价
成交价：RMB2,300

青玉珮（两件）
Two Celadon Jade Pendants
清 Qing GD 中国嘉德
2012-6-16 Lot3923 L 6cm
估价：无底价
成交价：RMB2,300

青黄玉凤凰形佩
A Yellowish-Celadon Jade "Phoenix" Pendant
明 16 世纪 Ming,16th Century C 佳士得
2012-5-15 Lot162 H 5.8cm
估价：GBP 15,000-20,000
成交价：GBP15,000

褐黄玉"灵猴"佩
A Yellow and Russet Jade "Monkey" pendant
17 – 18 世纪 17/18th Century S 苏富比
2012-11-7 Lot485 4.7cm
估价：GBP 3,000-5,000
成交价：GBP13,750

玉珮（三件）
Three Jade Pendants
年代不详 Unknown GD 中国嘉德
2012-6-16 Lot3943 L 5.3cm；L 4.8cm；D 4.5cm
估价：无底价
成交价：RMB1,150

青白玉雕云龙纹珮
清早期 Early Qing BP 北京保利
2012-8-11 Lot777 L 7cm
估价：RMB 50,000-80,000
成交价：RMB57,500

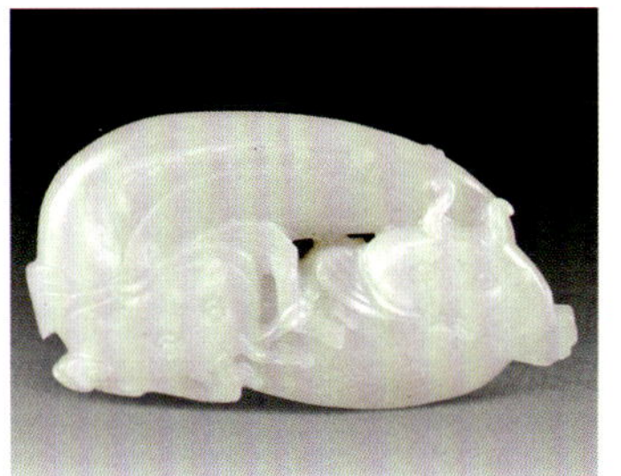

青白玉大年珮
清 Qing BP 北京保利
2012-4-23 Lot1881 L 7.5cm
估价：RMB 5,000-10,000
成交价：RMB 43,700

黄玉瑞鸟佩
A Fine Yellow Jade Carving of A Bird
17 世纪 17th Century S 苏富比
2012-4-4 Lot3261 L 5.3cm
估价：HKD 250,000-350,000
成交价：HKD500,000

青白玉透雕五福捧寿珮
清 Qing BP 北京保利
2012-8-11 Lot605 D 5cm
估价：RMB 20,000-30,000
成交价：RMB28,750

翠玉荷叶佩
A Small Mottled Green and White Jadeite Rectangular Pendant
年代不详 Unknow C 佳士得
2012-3-22 Lot1924 L 5.2cm
估价：USD 5,000-7,000
成交价：USD15,000

翠玉福寿纹佩
A Mottled Green Jadeite Rectangular Pendant
年代不详 Unknown C 佳士得
2012-9-13 Lot1104 L 5.1cm
估价：USD 5,000-7,000
成交价：USD8,125

白金镶钻翠玉瓜瓞绵绵佩
An Emerald-Green Jadeite, White Gold and Diamond Pendant
年代不详 Unknown C 佳士得
2012-9-13 Lot1106 L 7.6cm
估价：USD 25,000-35,000
成交价：USD86,500

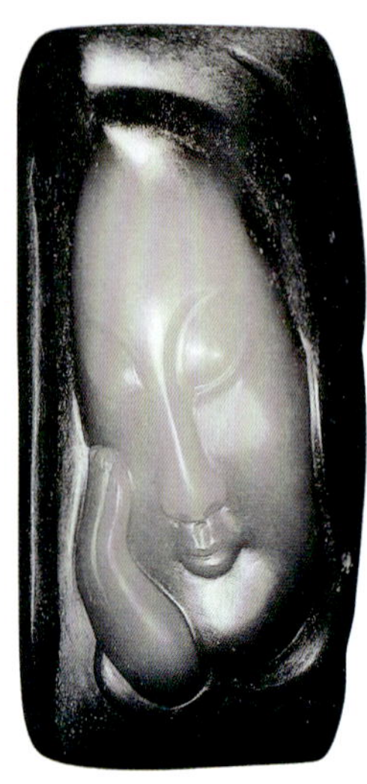

若虚腰珮
年代不详 Unknown RB 北京荣宝
2012-8-26 Lot838 H 45mm；W 21mm
估价：RMB 25,000-35,000
成交价：RMB31,360

飞黄腾达珮
年代不详 Unknown RB 北京荣宝
2012-8-26 Lot815 H 68mm；W 38mm
估价：RMB 30,000-40,000
成交价：RMB33,600

青玉籽料双龙八卦珮
年代不详 Unknown RB 北京荣宝
2012-6-24 Lot1735 H 6cm
估价：RMB 20,000-30,000
成交价：RMB33,600

青白玉龙凤佩连同明青白玉钟形饰
An Unusual Pale Greyish-Green Jade Hinged Ornament
清 18-19 世纪 Qing,18-19th Century C 佳士得
2012-9-13 Lot1095 W 9cm;L 8.7cm
估价：USD 4,000-6,000
成交价：USD11,875

黄玉舞人珮
明 Ming BP 北京保利
2012-4-22 Lot1249 H 7cm
估价：无底价
成交价：RMB25,300

黄玉珮
A Yellow Jade Pendant
年代不详 Unknown GD 中国嘉德
2012-9-16 Lot2896 H 5.3cm
估价：无底价
成交价：RMB9,200

碧玉龙纹带板 平安嵌饰（两件）
清 Qing BP 北京保利
2012-4-22 Lot1125 L 8cm；L 8.5cm
估价：RMB 15,000-25,000
成交价：RMB17,250

褐青玉螭龙纹佩
A Carved Mottled Celadon and Brown Jade Sword Slide
明末清初 Late Ming-Early Qing C 佳士得
2012-5-15 Lot114 L 7cm
估价：GBP 15,000-20,000
成交价：GBP18,750

玉龙形珮
A Carved Dragon-Formed Pale-White Jade Pendant
明 Ming BP 北京保利
2012-12-7 Lot7613 L 6.2cm
估价：RMB 30,000-50,000
成交价：RMB34,500

黄玉子辰珮
A Yellow Jade Pendant
清 Qing GD 中国嘉德
2012-6-16 Lot3398 L 9.4cm
估价：RMB 50,000-80,000
成交价：RMB57,500

黄玉龙凤纹珮（一对）
Pair of Yellow Jade Pendants
年代不详 Unknown GD 中国嘉德
2012-9-16 Lot2949 L 5.4cm × 2
估价：无底价
成交价：RMB17,250

黄玉兽珮
A Fine Yellow Jade Carved Plate
清 Qing KS 北京匡时
2012-12-5 Lot2167 L 5.7cm
估价：RMB 40,000-50,000
成交价：RMB46,000

黄玉珮（三件）
Three Yellow Jade Pendants
年代不详 Unknown GD 中国嘉德
2012-9-16 Lot2950 尺寸不一
估价：RMB 10,000-20,000
成交价：RMB17,250

黄玉雕双螭龙纹斧形珮
A Yellow Jade Pendant
乾隆 Qianlong BD 北京东正
2012-10-31 Lot350 L 6.5 cm
估价：RMB 200,000-250,000
成交价：RMB230,000

黄玉螭龙纹珮（一对）
A Pair of Yellow Jade Pendants
年代不详 Unknown GD 中国嘉德
2012-6-16 Lot3615 L 5.5cm
估价：无底价
成交价：RMB20,700

黄玉雕“凤凰来仪”纹珮
A Carved Yellow Jade Double Phoenix Pendant
清早期 Early Qing BD 北京东正
2012-5-11 Lot28 L 7.3 cm
估价：RMB 400,000-450,000
成交价：RMB632,500

白玉荔枝纹佩
A Small White Jade Pendant
清 18-19 世纪 Qing,18-19th Century C 佳士得
2012-9-13 Lot1064 H 5.4cm
估价：USD 5,000-7,000
成交价：USD18,750

黄玉吉庆有余珮
A Carved Yellow Jade Pendant with Fish Design
清 Qing BH 北京翰海
2012-12-8 Lot2051 H 7.7cm
估价：RMB 250,000-280,000
成交价：RMB287,500

黄玉双龙珮
A Carved Yellow Jade Pendant with Dragon Design
清中期 Mid Qing BH 北京翰海
2012-12-8 Lot2115 H 8.5cm
估价：RMB 80,000-100,000
成交价：RMB92,000

黄玉鲤形佩
A Small Yellow and Russet Jade Dragon-Fish Pendant
晚明－清初 Late Ming-Early Qing C 佳士得
2012-11-6 Lot87 L 4.5cm
估价：GBP 10,000-15,000
成交价：GBP11,250

黄玉长宜子孙珮
A Carved Yellow Jade Pendant with Chinese Character Design
清中期 Mid Qing BH 北京翰海
2012-12-8 Lot2248 H 11.7cm
估价：RMB 800,000-900,000
成交价：RMB920,000

黄玉雕斧形珮
年代不详 Unknown BH 北京翰海
2012-9-28 Lot1534 H 5cm
估价：RMB 12,000-12,000
成交价：RMB13,800

黄玉雕螭龙珮
年代不详 Unknown BH 北京翰海
2012-9-28 Lot1545 L 6.8cm
估价：RMB 20,000-20,000
成交价：RMB23,000

黄玉雕太平有象珮
年代不详 Unknown BH 北京翰海
2012-9-28 Lot1535 H 5.9cm
估价：RMB 12,000-12,000
成交价：RMB13,800

黄玉仿古龙纹佩、骨白玉“一品清廉”佩一组两件
A Yellow Jade Pendant and A "Chicken Bone" Jade Pendant
清 Qing C 佳士得
2012-5-15 Lot163 L 5.9cm;L 5cm
估价：GBP 3,000-5,000
成交价：GBP4,375

玉璧一组三件及龙形佩
Three Jade Bi Discs and A Jade Dragon Pendant
明或更晚 Ming and Later C 佳士得
2012-11-9 Lot1080 D 6.3cm
估价：GBP 1,500-2,500
成交价：GBP61,250

灰白玉卧雁珮
明或更早 Ming or Earlier BP 北京保利
2012-10-24 Lot799 L 3.5cm
估价：无底价
成交价：RMB17,250

龙珮
明 Ming BP 北京保利
2012-10-24 Lot809 L 4cm
估价：无底价
成交价：RMB25,300

旧玉斋戒珮
A Carved Old Jade Pendant
清初 Early Qing BH 北京翰海
2012-5-27 Lot2179 H 7.2cm
估价：RMB 60,000-90,000
成交价：RMB103,500

旧玉兽面纹珮
A Carved Old Jade Pendant with Beast Mask Design
明 Ming BH 北京翰海
2012-5-27 Lot2178 H 7.6cm
估价：RMB 30,000-60,000
成交价：RMB74,750

玉雕龙纹鸡心珮
清 Qing BP 北京保利
2012-8-11 Lot746 L 5cm
估价：RMB 5,000-8,000
成交价：RMB36,800

旧玉透雕双兽饰件
A Carved Old Jade Pendant with Mythical Beast Design
清 Qing BH 北京翰海
2012-12-8 Lot2275 H 5.5cm
估价：RMB 8,000-12,000
成交价：RMB20,700

玉雕弥勒把件
A Jade Fondling Piece
年代不详 Unknown GD 中国嘉德
2012-6-16 Lot3577 L 7.2cm
估价：无底价
成交价：RMB2,300

白玉瓜瓞绵绵暖手
A Fine and Nice White Jade Warmer
乾隆 Qianlong BP 北京保利
2012-6-7 Lot7731 L 8cm
估价：RMB 250,000-350,000
成交价：RMB 287,500

白玉留皮一鹭连科把件
A White Jade Fondling Piece
年代不详 Unknown GD 中国嘉德
2012-9-16 Lot3031 L 9.9cm
估价：无底价
成交价：RMB3,450

黄罕勇 鹤鹿同春 白玉把件
Huang Hanyong A White Jade Ornament,Crane and Deer
年代不详 Unknown XLA 西泠印社
2012-7-7 Lot1924 95×40×20mm；W 179g
估价：RMB 1,200,000-1,500,000
成交价：RMB1,380,000

崔磊 攻守兼备 白玉把件
Cui Lei A White Jade Ornament of Shield and Ax
年代不详 Unknown XLA 西泠印社
2012-7-7 Lot1956 50×38×32mm；W 98g
估价：RMB 200,000-300,000
成交价：RMB414,000

崔磊 左右逢缘 白玉把件
Cui Lei A White Jade Ornament of Elderly and Boy
年代不详 Unknown XLA 西泠印社
2012-7-7 Lot1959 107×40×35mm；W 254g
估价：RMB 480,000-550,000
成交价：RMB552,000

崔磊 金榜题名 白玉把件
Cui Lei A White Jade Ornament of An Elder Examinee
年代不详 Unknown XLA 西泠印社
2012-7-7 Lot1957 68×47×23mm；W 127g
估价：RMB 200,000-300,000
成交价：RMB287,500

樊军民 游鱼图 白玉把件
Fan Junmin A White Jade Ornament of Roaming Fish
年代不详 Unknown XLA 西泠印社
2012-7-7 Lot1960 75×50×28mm；W 165g
估价：RMB 150,000-200,000
成交价：RMB172,500

崔磊 鞍前马后 白玉挂件
Cui Lei A White Jade Pendant of An Elderly and A Boy On A Saddle
年代不详 Unknown XLA 西泠印社
2012-7-7 Lot1958 45×40×22mm；W 52.6g
估价：RMB 180,000-220,000
成交价：RMB230,000

于雪涛 财神 白玉把件
Yu Xuetao A White Jade Ornament of the Immortal of Wealth
年代不详 Unknown XLA 西泠印社
2012-7-7 Lot1963 85×40×30mm；W 176.5g
估价：RMB 600,000-800,000
成交价：RMB690,000

郭万龙 貔貅 白玉把件
Guo Wanlong A White Jade Ornament of Pi Xiu, A Mythical Beast
年代不详 Unknown XLA 西泠印社
2012-7-7 Lot1983 62×38×40mm；W 165g
估价：RMB 180,000-220,000
成交价：RMB218,500

苏然 三不猴 白玉把件
Su Ran A White Jade Ornament of Three Monkeys,Prudence
年代不详 Unknown XLA 西泠印社
2012-7-7 Lot1985 90×50×30mm；W 214g
估价：RMB 200,000-250,000
成交价：RMB253,000

苏然 节节高升 白玉把件
Su Ran A White Jade Ornament of Bamboo
年代不详 Unknown XLA 西泠印社
2012-7-7 Lot1986 75 × 35 × 25mm ; W 81.5g
估价：RMB 100,000-150,000
成交价：RMB172,500

吴金星 瑞兽 白玉把件
Wu Jinxing A White Jade Ornament of Pi Xiu, An Auspicious Beast
年代不详 Unknown XLA 西泠印社
2012-7-7 Lot2006 62 × 50 × 40mm ; W 143.6g
估价：RMB 550,000-700,000
成交价：RMB805,000

吴德升 芳泽 白玉把件
Wu Desheng A White Jade Ornament of A Girl
年代不详 Unknown XLA 西泠印社
2012-7-7 Lot2000 65 × 32 × 18mm ; W 72g
估价：RMB 300,000-360,000
成交价：RMB632,500

于雪涛 高枕无忧 白玉把件
Yu Xuetao A White Jade Ornament
年代不详 Unknown XLA 西泠印社
2012-7-7 Lot1962 80 × 58 × 46mm ; W 317g
估价：RMB 1,200,000-1,500,000
成交价：RMB1,725,000

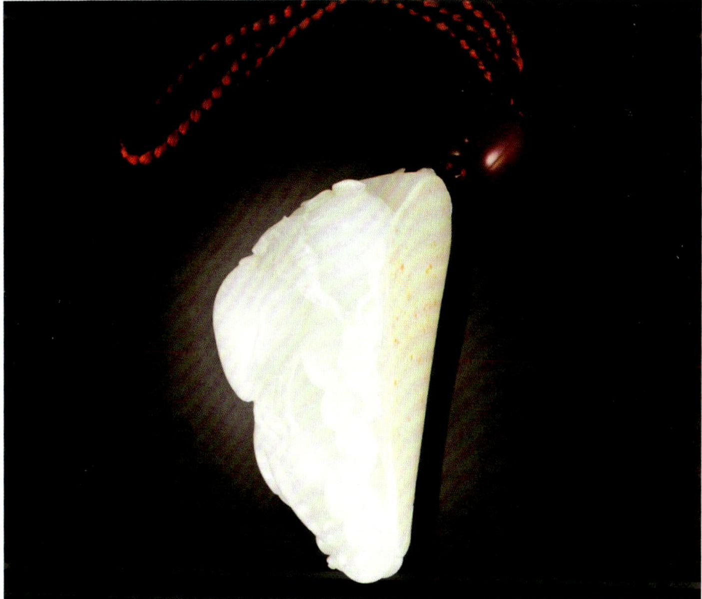

苏然 多福多寿 白玉把件
Su Ran A White Jade Ornament of Peach and Bat
年代不详 Unknown XLA 西泠印社
2012-7-7 Lot1987 104 × 48 × 47mm ; W 300g
估价：RMB 800,000-1,200,000
成交价：RMB1,265,000

吴德升 露姿 白玉把件
Wu Desheng A White Jade Ornament of A Nude Woman
年代不详 Unknown XLA 西泠印社
2012-7-7 Lot1999 70×35×25mm；W 62.8g
估价：RMB 250,000-300,000
成交价：RMB414,000

吴灶发 路路如意 白玉把件
Wu Zaofa A White Jade Ornament
年代不详 Unknown XLA 西泠印社
2012-7-7 Lot2045 75×45×25mm；W 130g
估价：RMB 350,000-400,000
成交价：RMB437,000

吴灶发 我如意 白玉把件
Wu Zaofa A White Jade Ornament of Geese
年代不详 Unknown XLA 西泠印社
2012-7-7 Lot2046 66×46×30mm；W 176g
估价：RMB 250,000-320,000
成交价：RMB368,000

程磊 我如意 白玉把件
Cheng Lei A White Jade Ornament of Swan
年代不详 Unknown XLA 西泠印社
2012-7-7 Lot2052 65×32×19mm；W 61g
估价：RMB 250,000-300,000
成交价：RMB345,000

赵琦 太平有象 白玉把件
Zhao Qi A White Jade Ornament of Elephant
年代不详 Unknown XLA 西泠印社
2012-7-7 Lot2082 48×35×35mm；W 65.6g
估价：无底价
成交价：RMB34,500

范同生 遇百财 白玉把件
Fan Tongsheng A White Jade Ornament of Cabbage
年代不详 Unknown XLA 西泠印社
2012-7-7 Lot2062 80×35×40mm；W 165g
估价：RMB 460,000-550,000
成交价：RMB529,000

邹作志 玄武 白玉把件
Xue Zuozhi A White Jade Ornament of "Xuan Wu" ,A Mythical Beast
年代不详 Unknown XLA 西泠印社
2012-7-7 Lot2080 56×42×28mm；W 82g
估价：RMB 180,000-250,000
成交价：RMB253,000

赵琦 一鹭连科 白玉把件
Zhao Qi A White Jade Ornament of Egret
年代不详 Unknown XLA 西泠印社
2012-7-7 Lot2085 90×52×35mm；W 221.2g
估价：RMB 160,000-200,000
成交价：RMB218,500

刘国皓 文武财神 白玉把件
Liu Guohao A White Jade Ornament of Two Immortals of Wealth
年代不详 Unknown XLA 西泠印社
2012-7-7 Lot2095 65×40×37mm；W 188g
估价：RMB 380,000-500,000
成交价：RMB517,500

吴银福 寿万年 青花把件

Wu Yinfu A "Qing HuA" Ornament with Turtle Patterns

年代不详 Unknown XLA 西泠印社

2012-10-21 Lot23 56×44×29mm；W 88.5g

估价：无底价

成交价：RMB13,800

孙永 溪山清远 白玉把件

Sun Yong A White Jade Carving of Landscape

年代不详 Unknown XLA 西泠印社

2012-7-7 Lot2097 57×78×15mm；115.6g

估价：RMB 30,000-40,000

成交价：RMB34,500

崔磊 能使鬼推磨 白玉把件

Cui Lei A White Jade Ornament

年代不详 Unknown XLA 西泠印社

2012-10-21 Lot84 35×31×24mm；W 34.1g

估价：无底价

成交价：RMB92,000

佚名 赑屃 白玉把件

Anonymous A White Jade Ornament of "Bi Xi" ,A Mythical Beast

年代不详 Unknown XLA 西泠印社

2012-7-7 Lot2093 65×40×30mm；W 101g

估价：RMB 140,000-160,000

成交价：RMB161,000

黄罕勇 福寿绵长 白玉把件

Huang Hanyong A White Jade Ornament with Mythical Beast and Bat Patterns

年代不详 Unknown XLA 西泠印社

2012-10-21 Lot72 81×60×31mm；W 223.8g

估价：RMB350,000 – 450,000

成交价：RMB460,000

瞿利军 螭龙佩 白玉把件

Qu Lijun A White Jade Ornament with "Chi Long" Patterns

年代不详 Unknown XLA 西泠印社

2012-10-21 Lot15 D 40mm；H 17mm；W 48.5g

估价：RMB100,000 – 150,000

成交价：RMB138,000

黄罕勇 吉祥如意 白玉把件

Huang Hanyong A White Jade Ornament with Sheep Patterns

年代不详 Unknown XLA 西泠印社

2012-10-21 Lot71 56×48×31mm；W 103.9g

估价：RMB150,000 – 200,000

成交价：RMB195,500

赵 琦 鹰击长空 白玉把件

Zhao Qi A White Jade Ornament with Eagle and Carp Patterns

年代不详 Unknown XLA 西泠印社

2012-10-21 Lot56 60×33×23mm；W 66.3g

估价：无底价

成交价：RMB5,750

赵 琦 云霄万里 白玉把件

Zhao Qi A White Jade Ornament with Eagle Patterns

年代不详 Unknown XLA 西泠印社

2012-10-21 Lot61 62×49×25mm；W 122.9g

估价：RMB90,000 – 120,000

成交价：RMB103,500

赵显志 天伦 白玉把件
Zhao Xianzhi A White Jade Ornament with Toads Patterns
年代不详 Unknown XLA 西泠印社
2012-10-21 Lot106 59×33×19mm；W 56g
估价：无底价
成交价：RMB10,350

邹作志 君子 白玉把件
Zou Zuozhi A White Jade Ornament
年代不详 Unknown XLA 西泠印社
2012-10-21 Lot126 53×34×25mm；W 51.6g
估价：无底价
成交价：RMB5,750

叶清 果熟禽来 白玉把件
Ye Qing A White Jade Ornament
年代不详 Unknown XLA 西泠印社
2012-10-21 Lot150 42×26×11mm；W 18.1g
估价：无底价
成交价：RMB32,200

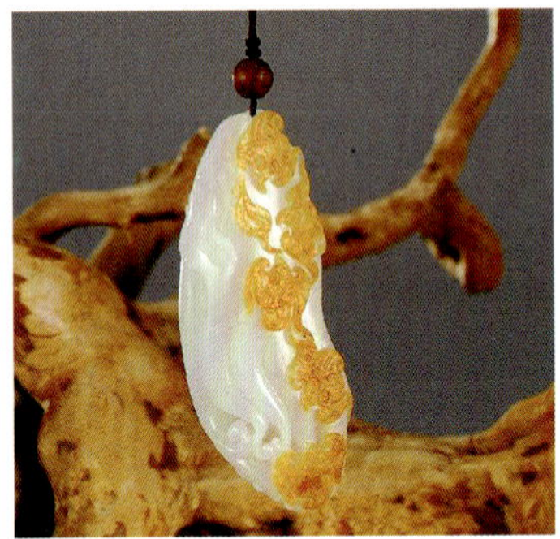

叶清 五福捧寿 白玉把件
Ye Qing A White Jade Ornament with Bat Patterns
年代不详 Unknown XLA 西泠印社
2012-10-21 Lot154 65×27×19mm；W 41g
估价：无底价
成交价：RMB25,300

叶清 路路如意 白玉把件
Ye Qing A White Jade Ornament with Heron Patterns
年代不详 Unknown XLA 西泠印社
2012-10-21 Lot155 78×48×24mm；W 158.0g
估价：RMB400,000 – 500,000
成交价：RMB517,500

吴德昇 芙蓉出水 白玉把件
Wu Desheng A White Jade Ornament with Woman Patterns
年代不详 Unknown XLA 西泠印社
2012-10-21 Lot179 48×39×13mm；W 32.3g
估价：RMB150,000 – 250,000
成交价：RMB218,500

吴德昇 荷池仙韵 白玉把件
Wu Desheng A White Jade Ornament with Fairy Patterns
年代不详 Unknown XLA 西泠印社
2012-10-21 Lot180 57×43×22mm；W 74.5g
估价：RMB400,000 – 550,000
成交价：RMB552,000

吴德昇 凤眠 白玉把件
Wu Desheng A White Jade Ornament with Sleeping Woman Patterns
年代不详 Unknown XLA 西泠印社
2012-10-21 Lot181 97×44×25mm；W 110.2g
估价：RMB800,000 – 1,000,000
成交价：RMB126,5000

陈 健 瓜瓞绵绵 白玉把件
Chen Jian A White Jade Ornament with Melon Patterns
年代不详 Unknown XLA 西泠印社
2012-10-21 Lot189 93 × 45 × 31mm ; W 213.3g
估价：无底价
成交价：RMB48,300

陈 健 任逍遥 白玉把件
Chen Jian A White Jade Ornament with Maitreya Patterns
年代不详 Unknown XLA 西泠印社
2012-10-21 Lot190 73 × 41 × 30mm ; W 132.4g
估价：无底价
成交价：RMB13,800

陈 健 花好月圆 白玉把件
Chen Jian A White Jade Ornament with Flower and Bird Patterns and Inscription
年代不详 Unknown XLA 西泠印社
2012-10-21 Lot191 70 × 55 × 17mm ; W 114.7g
估价：RMB220,000 - 300,000
成交价：RMB253,000

李 东 玄武 白玉把件
Li Dong A White Jade Ornament with "Xuan Wu" Patterns
年代不详 Unknown XLA 西泠印社
2012-10-21 Lot196 38 × 32 × 35mm ; W 50.5g
估价：无底价
成交价：RMB11,500

吴银福 仿古瑞兽 白玉把件
Wu Yinfu A White Jade Ornament with Mythical Beast Patterns
年代不详 Unknown XLA 西泠印社
2012-10-21 Lot203 40 × 38 × 22mm ; W 47.6g
估价：无底价
成交价：RMB20,700

佚名 牛气冲天 白玉把件
Anonymous A White Jade Ornament
年代不详 Unknown XLA 西泠印社
2012-10-21 Lot231 90 × 57 × 31mm ; W 210g
估价：无底价
成交价：RMB32,200

佚名 招财金蟾 白玉把件
Anonymous A White Jade Ornament with Three-Legged Toad
年代不详 Unknown XLA 西泠印社
2012-10-21 Lot234 54 × 46 × 31mm ; W 109.3g
估价：无底价
成交价：RMB20,700

佚名 马到成功 白玉把件一对
Anonymous Two White Jade Ornaments with Horse Patterns
年代不详 Unknown XLA 西泠印社
2012-10-21 Lot238 55 × 20 × 25mm × 2 ; W 50.8g ; W 50.4g
估价：RMB60,000 - 100,000
成交价：RMB138,000

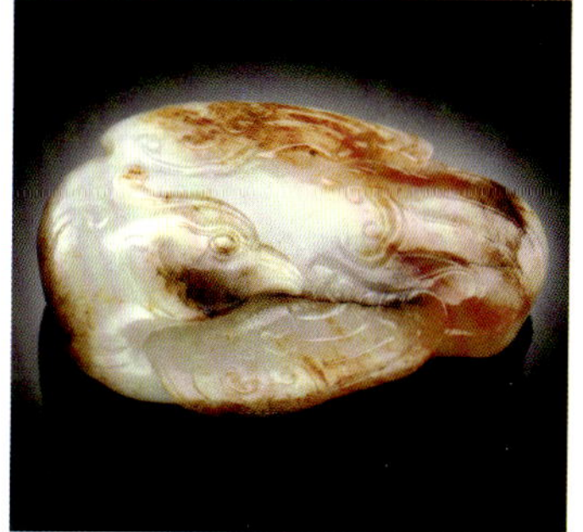

白玉巧雕卧鸟把件
A Small White, Russet and Brown Jade Carving of A Bird
清 18 世纪 Qing,18th Century C 佳士得
2012-3-22 Lot1853 L 6.3cm
估价：USD 7,000-9,000
成交价：USD15,000

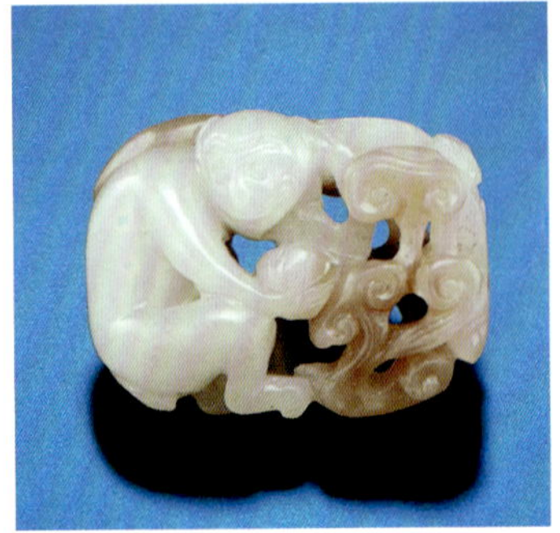

白玉褐沁灵猴把件
A White and Brown Jade Monkey Group
清 18 世纪 Qing,18th Century C 佳士得
2012-5-30 Lot4300 W 4.1cm
估价：HKD 30,000-50,000
成交价：HKD81,250

白玉灵猴献寿把件
A Fine White Jade Carving of A Monkey
清 18 世纪 Qing,18th Century C 佳士得
2012-5-30 Lot4304 H 7cm
估价：HKD 100,000-150,000
成交价：HKD212,500

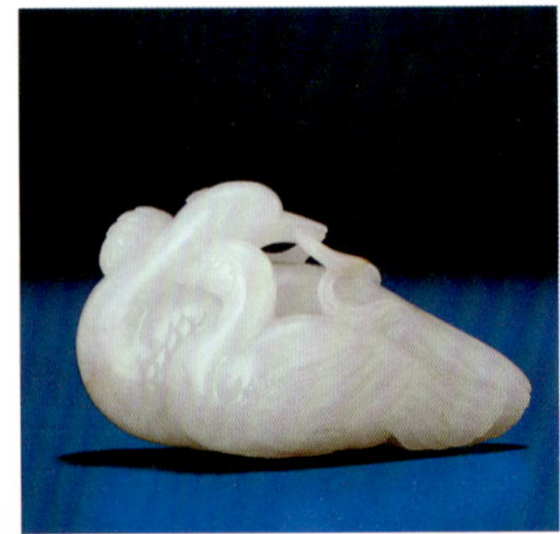

白玉鸳鸯把件
A Carved White Jade "Mandarin Ducks" Group
清 18 世纪 Qing,18th Century C 佳士得
2012-5-30 Lot4305 L 7.9cm
估价：HKD 120,000-180,000
成交价：HKD150,000

白玉子孙万代把件
A White Jade Double-Gourd Group
清 18 世纪 Qing,18th Century C 佳士得
2012-5-30 Lot4309 W 5.1cm
估价：HKD 40,000-60,000
成交价：HKD75,000

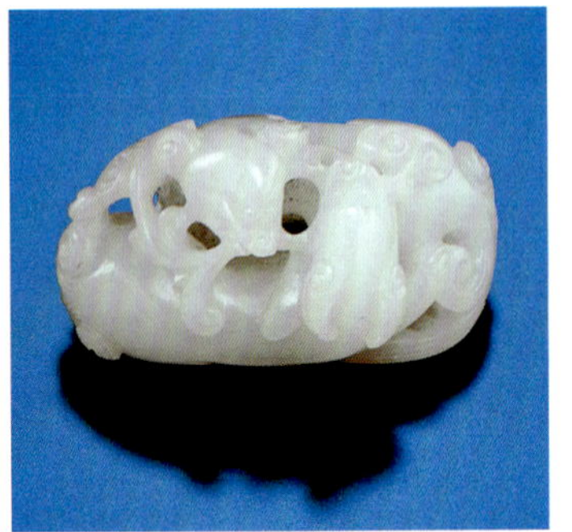

白玉双龙把件
A White Jade Double "Chilong" Group
清 18 世纪 Qing,18th Century C 佳士得
2012-5-30 Lot4310 L 5.2cm
估价：HKD 120,000-180,000
成交价：HKD137,500

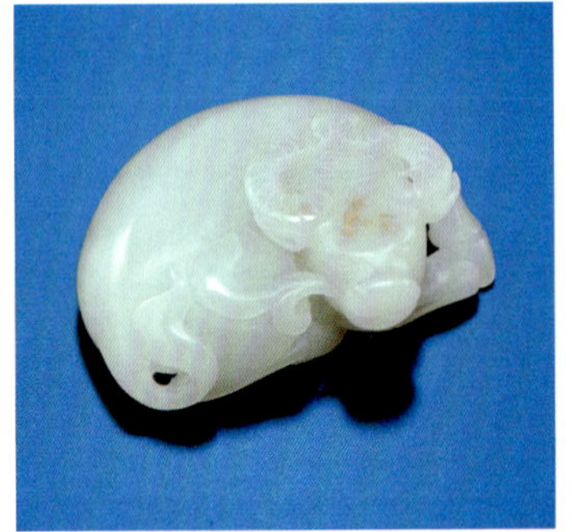

白玉卧牛把件
A Small White Jade Buffalo
清 Qing C 佳士得
2012-5-30 Lot4311 L 5.3cm
估价：HKD 30,000-50,000
成交价：HKD60,000

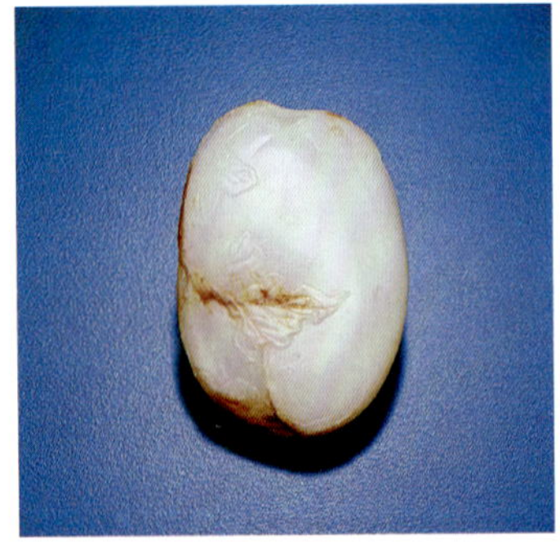

白玉巧雕题"子孙福禄侯"把件
An Inscribed White Jade Melon-form Pebble
清 18 世纪 Qing,18th Century C 佳士得
2012-11-28 Lot2183 L 7.5cm
估价：HKD 500,000-800,000
成交价：HKD560,000

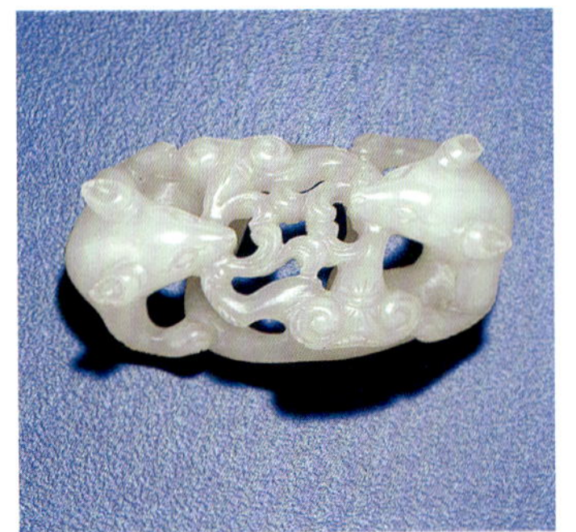

白玉双螭龙把件
A White Jade "Double Chilong" Group
清 18 世纪 Qing,18th Century C 佳士得
2012-11-28 Lot2350 L 5.4cm
估价：HKD 40,000-60,000
成交价：HKD50,000

白玉童子与猫把件
A White Jade "Cat and Boy" Group
清 18 世纪 Qing,18th Century C 佳士得
2012-11-28 Lot2351 L 5.1cm
估价：HKD 120,000-180,000
成交价：HKD150,000

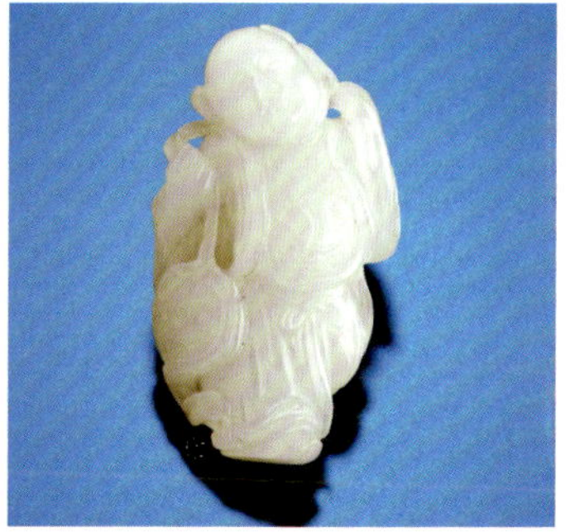

白玉童子戏绣球把件

A White Jade Figure of A Boy
清 18 世纪 Qing,18th Century C 佳士得
2012-5-30 Lot4299 H 5.5cm
估价：HKD 120,000-180,000
成交价：HKD162,500

白玉童子骑象把件

A White Jade Carving of A Boy and Elephant
清晚期 Late Qing C 佳士得
2012-11-28 Lot2353 L 6.4cm
估价：HKD 50,000-70,000
成交价：HKD56,250

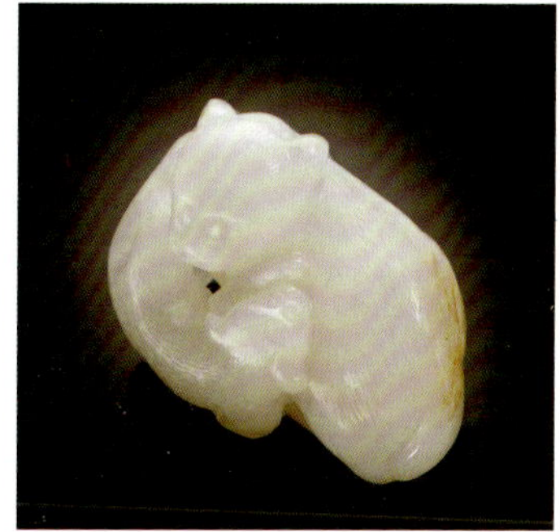

白玉子母猫把件

A White Jade Carving of Two Cats
年代不详 Unknow C 佳士得
2012-3-22 Lot1819 W 4.5cm
估价：USD 8,000-10,000
成交价：USD22,500

白玉豆荚形把件及白玉连生贵子把件

Two White Jade Carvings
清 18-19 世纪 Qing,18-19th Century C 佳士得
2012-3-22 Lot1818 5.1 × 4.7cm
估价：USD 3,000-5,000
成交价：USD6,875

白玉巧雕瓜藤松鼠把件及白玉鸳鸯衔莲把件

Two Small White Jade Carvings
清 18-19 世纪 Qing,18-19th Century C 佳士得
2012-3-22 Lot1870 L 5.1cm；L 5.7cm
估价：USD 8,000-12,000
成交价：USD10,000

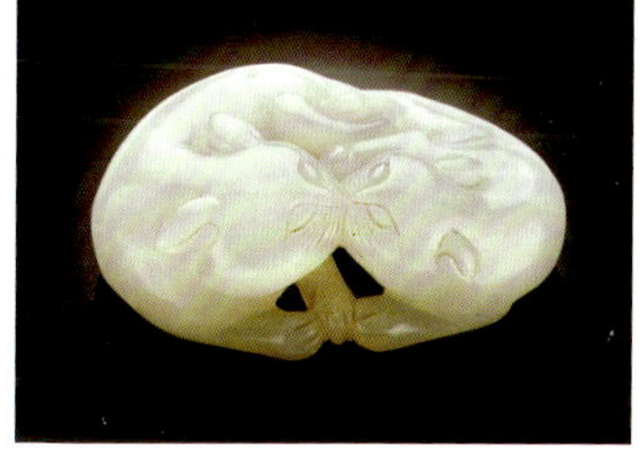

白玉双猫把件

A Small White Jade Carving of Two Cats
清 18-19 世纪 Qing,18-19th Century C 佳士得
2012-3-22 Lot1875 W 5.7cm
估价：USD 8,000-12,000
成交价：USD37,500

白玉巧雕树蛙石榴把件

A Small White and Green Jade Frog and Pomegranate Group
清 18-19 世纪 Qing,18-19th Century C 佳士得
2012-3-22 Lot1894 L 5.1cm
估价：USD 4,000-6,000
成交价：USD23,750

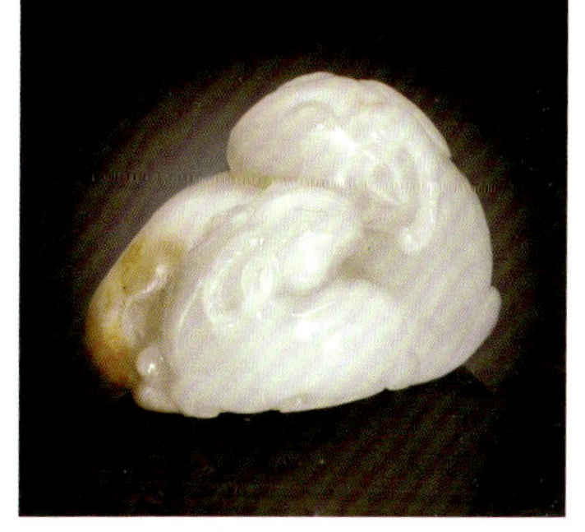

白玉子母羊把件

A Small White Jade Ram Group
清 18 世纪 Qing,18th Century C 佳士得
2012-3-22 Lot1895 W 5.7cm
估价：USD 8,000-12,000
成交价：USD21,250

白玉鹅衔桃株把件

A Small White Jade Goose
清 18 世纪 Qing,18th Century C 佳士得
2012-3-22 Lot1908 W 4.8cm
估价：USD 4,000-6,000
成交价：USD13,750

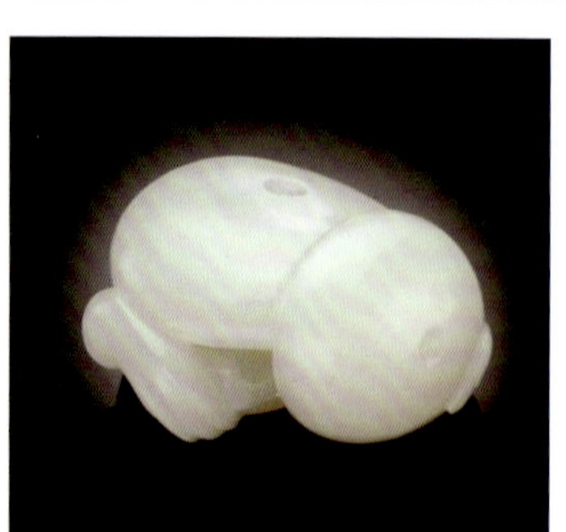

白玉双菇把件
A White Jade Carving of Two Mushrooms
清 18 世纪 Qing,18th Century C 佳士得
2012-3-22 Lot1909 W 4.8cm
估价：USD 5,000-7,000
成交价：USD9,375

白玉籽料财神把件
年代不详 Unknown RB 北京荣宝
2012-3-10 Lot268 W 49.3g
估价：RMB 180,000-240,000
成交价：RMB246,400

白玉雕玉蝉把件
年代不详 Unknown JG 北京九歌
2012-6-29 Lot2577 H 6cm
估价：RMB 110,000-150,000
成交价：RMB126,500

白玉鹏程万里把件
A Jade Pendant
民国 Republic Period TT 北京传是
2012-7-8 Lot1486 H 7cm
估价：RMB 8,000-12,000
成交价：RMB10,350

金镶玉五福莲花把件
年代不详 Unknown RB 北京荣宝
2012-3-10 Lot224 W 90g
估价：RMB 150,000-200,000
成交价：RMB235,200

刘海戏金蟾白玉籽料把件
年代不详 Unknown RB 北京荣宝
2012-3-10 Lot231 W 141g
估价：RMB 150,000-180,000
成交价：RMB207,200

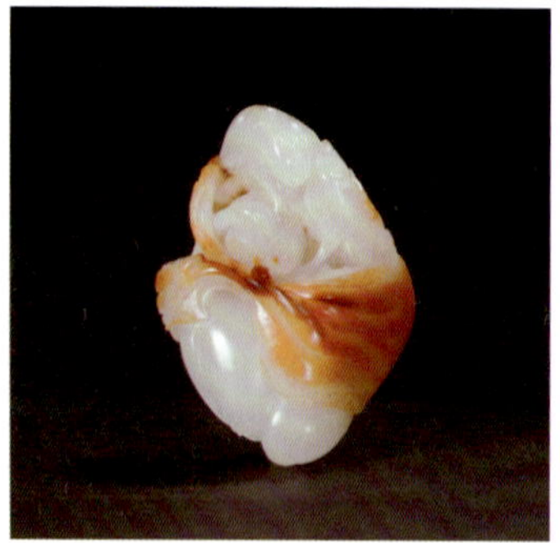

现代花想容白玉籽料把件
年代不详 Unknown RB 北京荣宝
2012-3-10 Lot251 W 77g
估价：RMB 200,000-250,000
成交价：RMB268,800

白玉籽料钟馗把件
年代不详 Unknown RB 北京荣宝
2012-3-10 Lot264 W 52g
估价：RMB 70,000-90,000
成交价：RMB106,400

太白醉酒白玉籽料把件
年代不详 Unknown RB 北京荣宝
2012-3-10 Lot267 W 154g
估价：RMB 150,000-200,000
成交价：RMB246,400

白玉“麒麟送福”把件
A White Jade Qilin and Bat Group
年代不详 Unknow C 佳士得
2012-11-9 Lot1181 L 4.5cm
估价：GBP 3,000-5,000
成交价：GBP4,000

代代数钱白玉籽料雕件
年代不详 Unknown RB 北京荣宝
2012-3-10 Lot270 W 56g
估价：RMB 20,000-30,000
成交价：RMB28,000

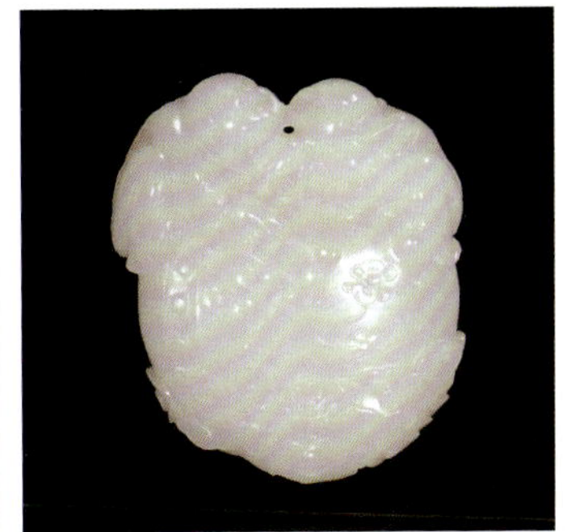

白玉籽料童子击鼓把件
年代不详 Unknown RB 北京荣宝
2012-3-10 Lot274 W 78g
估价：RMB 40,000-60,000
成交价：RMB51,520

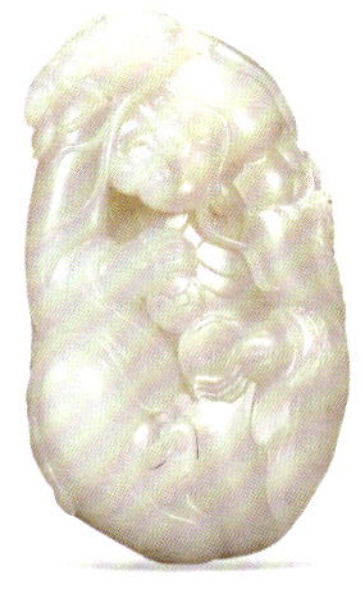

白玉籽料招财罗汉把件
年代不详 Unknown RB 北京荣宝
2012-6-24 Lot1706 H 8cm
估价：RMB 70,000-100,000
成交价：RMB78,400

白玉籽料满皮飞天把件
年代不详 Unknown RB 北京荣宝
2012-6-24 Lot1707 W 100g
估价：RMB 60,000-90,000
成交价：RMB84,000

白玉籽料代代封侯把件
年代不详 Unknown RB 北京荣宝
2012-6-24 Lot1708 H 5cm
估价：RMB 40,000-60,000
成交价：RMB56,000

白玉籽料一路连科把件
年代不详 Unknown RB 北京荣宝
2012-6-24 Lot1709 6×4cm
估价：RMB 170,000-220,000
成交价：RMB224,000

白玉籽料英明连升把件
年代不详 Unknown RB 北京荣宝
2012-6-24 Lot1727 H 7cm
估价：RMB 30,000-50,000
成交价：RMB47,040

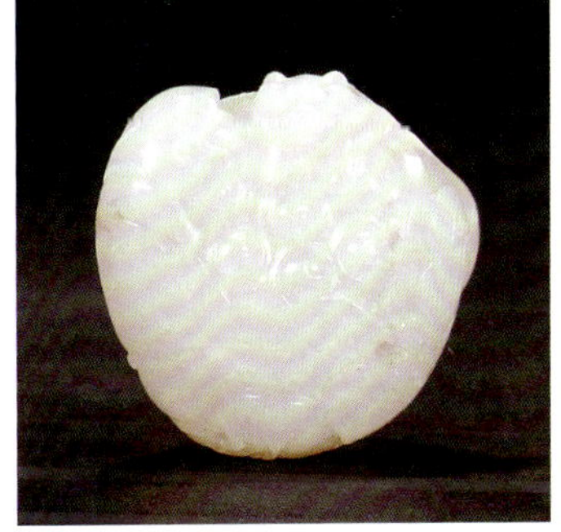

连连得财白玉籽料把件
年代不详 Unknown RB 北京荣宝
2012-6-24 Lot1748 34g
估价：RMB 10,000-20,000
成交价：RMB11,200

白玉籽料九五之尊把件
年代不详 Unknown RB 北京荣宝
2012-6-24 Lot1762 H 8cm
估价：RMB 200,000-300,000
成交价：RMB246,400

白玉籽料龙游太极把件
年代不详 Unknown RB 北京荣宝
2012-6-24 Lot1768 D 5cm
估价：RMB 100,000-150,000
成交价：RMB145,600

白玉籽料财神把件
年代不详 Unknown RB 北京荣宝
2012-6-24 Lot1780 H 6cm
估价：RMB 50,000-70,000
成交价：RMB79,520

白玉籽料封侯拜相把件
年代不详 Unknown RB 北京荣宝
2012-6-24 Lot1784 H 7cm
估价：RMB 180,000-220,000
成交价：RMB246,400

白玉籽料金玉满堂把件
年代不详 Unknown RB 北京荣宝
2012-6-24 Lot1788 H 7cm
估价：RMB 50,000-80,000
成交价：RMB84,000

白玉籽料鹅如意把件
年代不详 Unknown RB 北京荣宝
2012-6-24 Lot1795 H 9cm
估价：RMB 130,000-180,000
成交价：RMB190,400

白玉籽料安居乐业
年代不详 Unknown RB 北京荣宝
2012-3-10 Lot242 W 33g
估价：RMB 20,000-30,000
成交价：RMB33,600

和田玉手把件“荷塘情趣”（三件）
年代不详 Unknown RB 北京荣宝
2012-3-10 Lot359 尺寸不一
估价：无底价
成交价：RMB17,920

玉雕把件三件
Three Jade Carvings
17 世纪或更晚 17th Century or Later C 佳士得
2012-5-18 Lot1030 尺寸不一
估价：GBP 2,000-3,000
成交价：GBP2,750

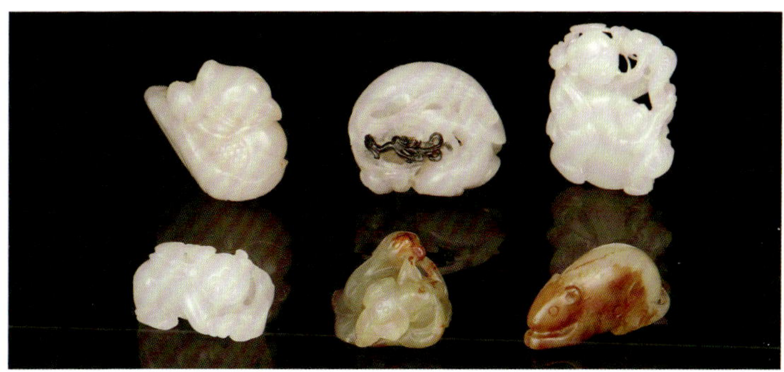

玉雕把件六件
Six Jade Carvings
17 世纪或更晚 17th Century or Later C 佳士得
2012-5-18 Lot1302 尺寸不一
估价：GBP 2,500-4,000
成交价：GBP75,650

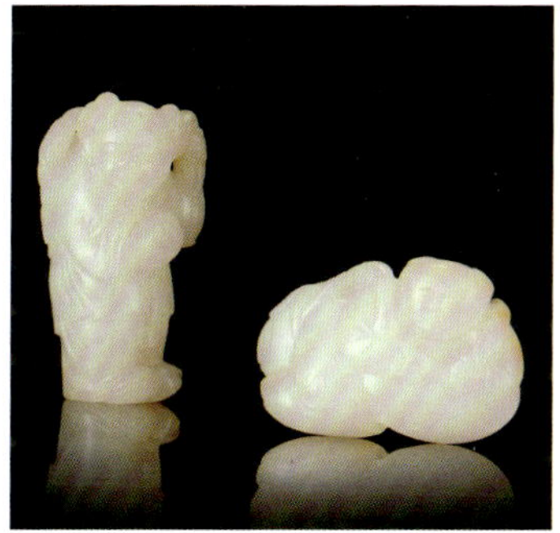

白玉雕人物把件两件
Two White Jade Carvings
18 世纪 18th Century C 佳士得
2012-5-18 Lot1169 尺寸不一
估价：GBP 1,500-2,500
成交价：GBP6,875

玉雕鼻烟壶四件，白玉把件一件
Four Jade Snuffbottles and A Circular Jade Carving
19 世纪或更晚 19th Century or Later C 佳士得
2012-5-18 Lot1304 尺寸不一
估价：GBP 3,000-5,000
成交价：GBP15,000

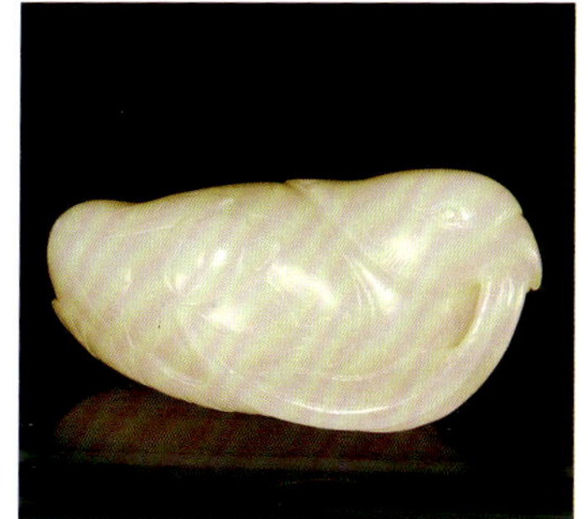

白玉鸳鸯把件一件
A White Jade Carving of A Mandarin Duck
乾隆 Qianlong C 佳士得
2012-5-18 Lot1032 L 6cm
估价：GBP 2,000-2,500
成交价：GBP11,875

白玉灵芝把件一件
A White Jade Lingzhi
乾隆 Qianlong C 佳士得
2012-5-18 Lot1139 W 8.9cm
估价：GBP 4,000-6,000
成交价：GBP8,125

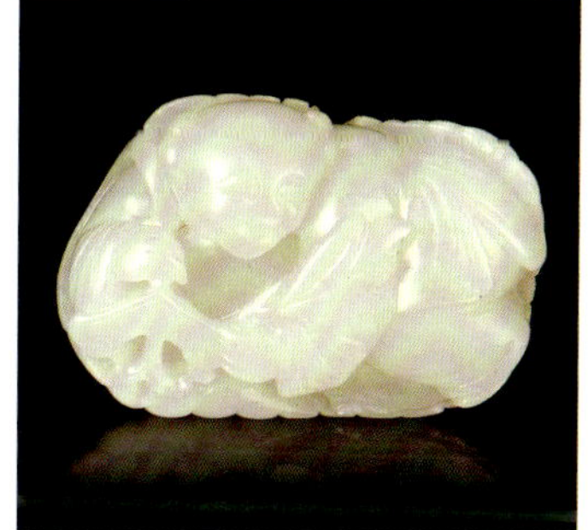

白玉雕童子蝠磬芭蕉叶纹把件一件
A White Jade Boy with A Plantain Leaf
18-19 世纪 18-19th Century C 佳士得
2012-5-18 Lot1310 W 6cm
估价：GBP 3,000-5,000
成交价：GBP5,000

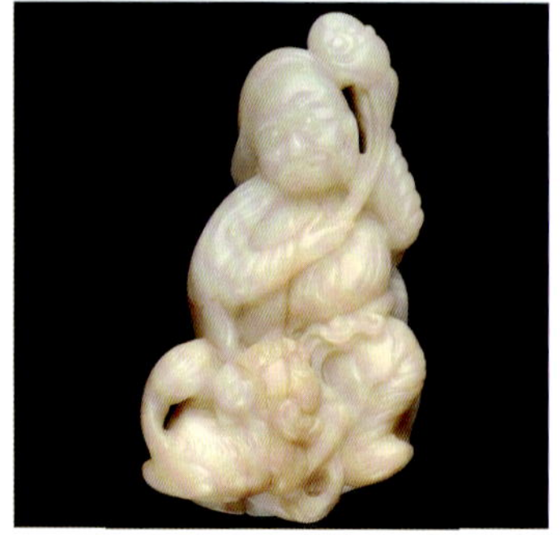

白玉巧雕胡人戏狮把件一件
A White Jade Carving of A Foreigner
17-18 世纪 17-18th Century C 佳士得
2012-5-18 Lot1313 H 7cm
估价：GBP 4,000-6,000
成交价：GBP5,000

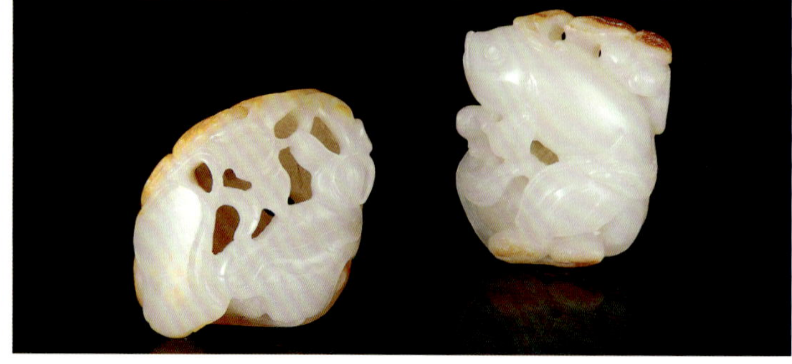

白玉镂雕把件两件
Two White and Russet Jade Carvings
18 世纪 18th Century C 佳士得
2012-5-18 Lot1329 L 4cm
估价：GBP 3,000-5,000
成交价：GBP25,000

白玉龙马精神把件一件
A White Jade Mythical Beast, Longma
18-19 世纪 18-19th Century C 佳士得
2012-5-18 Lot1328 L 4.4cm
估价：GBP 3,000-5,000
成交价：GBP87,650

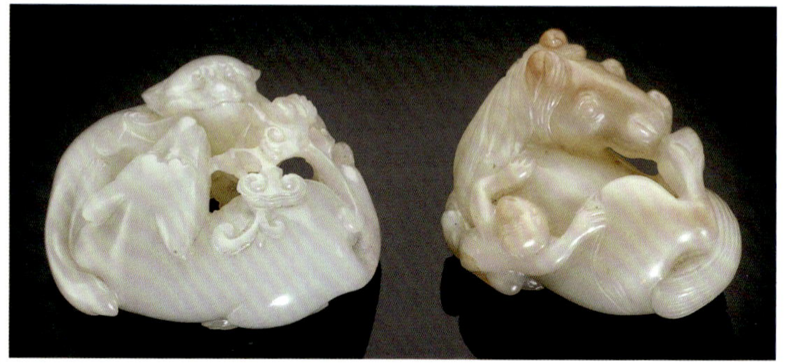

白玉双獾把件、白玉马上封侯把件各一
Two Small White Jade Carvings
清 18-19 世纪 Qing,18-19th Century C 佳士得
2012-9-13 Lot1027 6cm;5.7cm
估价：USD 6,000-8,000
成交价：USD27,500

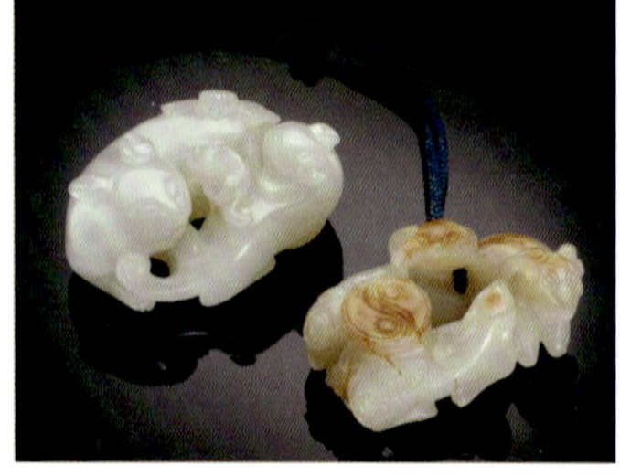

白玉三阳开泰把件、白玉猫戏蜻蜓把件各一
Two Small Jade Animal-Form Carvings
年代不详 Unknown C 佳士得
2012-9-13 Lot1082 尺寸不一
估价：USD 5,000-7,000
成交价：USD13,750

白玉马上封侯把件
A Small White Jade Horse and Monkey Group
清 18 世纪 Qing,18th Century C 佳士得
2012-9-13 Lot1093 L 6.9cm
估价：USD 6,000-8,000
成交价：USD13,750

青白玉子母羊把件一组三件
Three Small Jade Ram Carvings
清 19 世纪 Qing,19th Century C 佳士得
2012-9-13 Lot1037 L 6cm;L 3.8cm;L 4.1cm
估价：USD 5,000-7,000
成交价：USD6,250

白玉雕螭龙灵芝把件
A White Jade "Chilong" Group
清 18 世纪 Qing, 19th Century S 苏富比
2012-9-12 Lot349 L 7.6cm
估价：USD 6,000-8,000
成交价：USD16,250

白工雕事事如意把件
A Jade Carving of Persimmons
清 18 世纪 Qing,18th Century S 苏富比
2012-3-20 Lot254 L 5.1cm
估价：USD 5,000-7,000
成交价：USD8,750

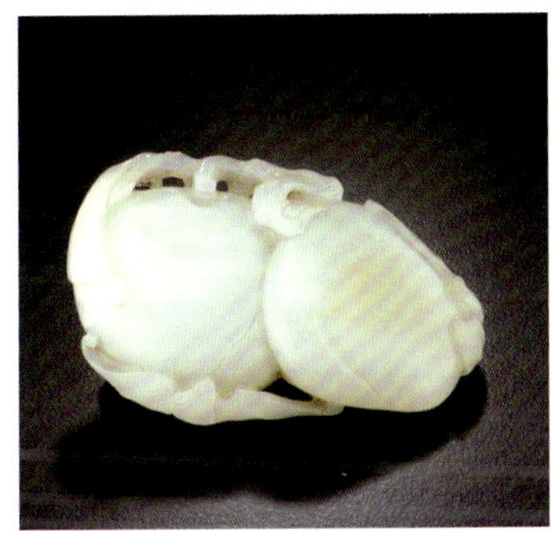

白玉雕福寿双全把件
A White Jade Peach Carving
清 18 世纪 18th Century S 苏富比
2012-3-20 Lot258 L 8cm
估价：USD 7,000-9,000
成交价：USD8,750

白玉刘海戏蟾把件、白玉灵芝童子把件、白玉双獾把件各一
Three Small White Jade Carvings
清 18-19 世纪 Qing,18-19th Century C 佳士得
2012-9-13 Lot1098 L 5.1cm;L 4.1cm;L 5.1cm
估价：USD 5,000-7,000
成交价：USD6,250

白玉童子把件
A Small White Jade Carving of Two Boys
清 18-19 世纪 Qing,18-19th Century C 佳士得
2012-9-13 Lot1065 H 5.7cm
估价：USD 5,000-7,000
成交价：USD13,750

白玉雕鸳鸯衔莲摆件
A White Jade "Mandarin Duck" Group
清 18 世纪 Qing, 18th Century S 苏富比
2012-9-12 Lot354 L 9.3cm
估价：USD 20,000-30,000
成交价：USD25,000

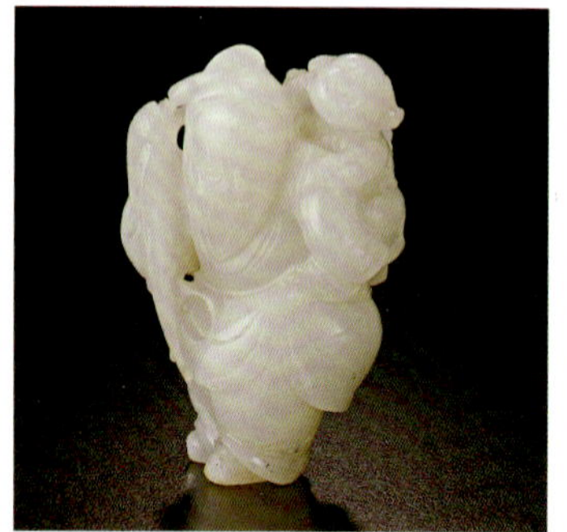

青白玉雕老人童子把件
A Pale Celadon Jade Carving of A Sage and A Boy
清 19 世纪 Qing, 19th Century S 苏富比
2012-9-12 Lot373 H .5.7cm
估价：USD 5,000-7,000
成交价：USD5,250

颜桂明 万万岁 青花把件
Yan Guiming A "Qing HuA" Jade Ornament of Turtles
年代不详 Unknown XLA 西泠印社
2012-7-7 Lot1965 55 × 50 × 23mm；W 112g
估价：RMB 160,000-200,000
成交价：RMB207,000

俏色玉雕松鹤延年把件
A Jade Fondling Piece
年代不详 Unknown GD 中国嘉德
2012-9-16 Lot3059 L 6.6cm
估价：无底价
成交价：RMB4,600

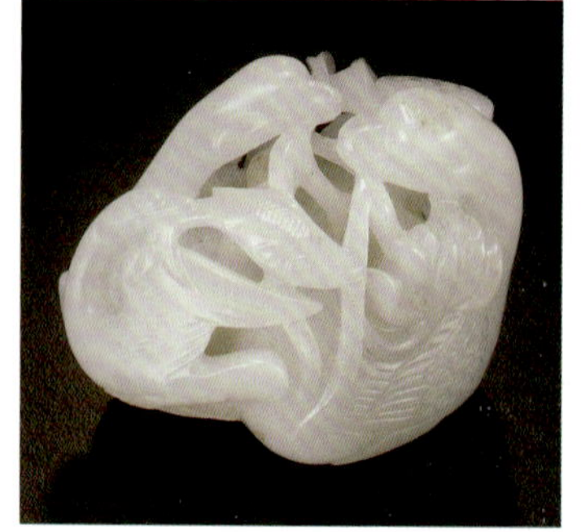

白玉雕莲池鸳鸯把件
A White Jade Carving of Ducks
清 18-19 世纪 Qing, 18-19th Century S 苏富比
2012-9-12 Lot375 L 5.3cm
估价：USD 5,000-7,000
成交价：USD27,500

灰白玉童子执灵芝把件
A Small White and Gray Jade Carving of A Young Boy
清 19 世纪 Qing, 19th Century S 苏富比
2012-9-12 Lot316 H 4.5cm
估价：USD 6,000-8,000
成交价：USD5,000

邹作志 玉蝉 青花把件
Zou Zuozhi A “Qing HuA” Jade Ornament with Cicada Patterns
年代不详 Unknown XLA 西泠印社
2012-10-21 Lot127 55×30×13mm；W 34.1g
估价：无底价
成交价：RMB6,900

青白玉罗汉把件
A Celadon Jade Fondling Piece
年代不详 Unknown GD 中国嘉德
2012-6-16 Lot3867 L 8.2cm
估价：无底价
成交价：RMB1,150

张晓玲 貔貅 青玉把件
Zhang Xiaoling A Celadon Jade Ornament with Mythical Patterns
年代不详 Unknown XLA 西泠印社
2012-10-21 Lot42 45×30×29mm；W 56.3g
估价：无底价
成交价：RMB5,750

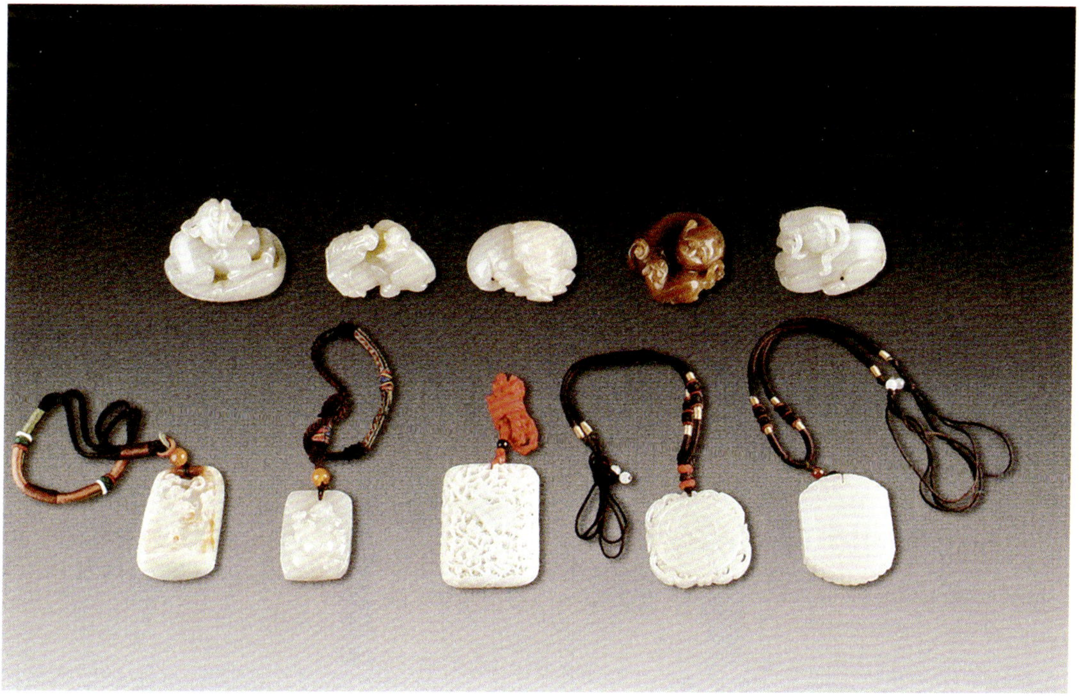

青白玉牌子手把件等（十件）
年代不详
BP 北京保利
2012-8-11 Lot944 尺寸不一
估价：无底价
成交价：RMB17,250

玉髓舢舨把件
A Small Blue Chalcedony Carving of A Sampan
清 18 世纪 Qing,18th Century C 佳士得
2012-3-22 Lot1205 L 7.7cm
估价：USD 30,000-50,000
成交价：USD37,500

青玉及灰玉把件一组三件
Three Celadon and Grey Jade Carvings
明 Ming C 佳士得
2012-11-9 Lot1074 尺寸不一
估价：GBP 4,000-6,000
成交价：GBP27,500

青玉雕人物把件
年代不详
BP 北京保利
2012-8-11 Lot942 L 7.5cm
估价：无底价
成交价：RMB17,250

青玉雕人物把件一组三件
Three Celadon Jade Carvings
17 世纪或以后 17th Century or Later C 佳士得
2012-11-9 Lot1284 尺寸不一
估价：GBP 3,000-5,000
成交价：GBP6,875

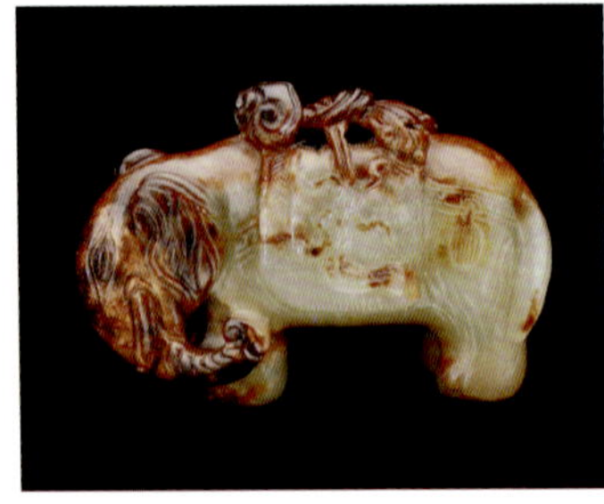

青玉雕象驮如意把件
A Small Greenish-Yellow and Russet Jade Carving of An Elephant
明末－清初 Late Ming-Early Qing C 佳士得
2012-3-22 Lot1815 L 5cm
估价：USD 6,000-8,000
成交价：USD21,250

翠玉龙虾把件
A Small Green Jadeite Carving of A Lobster
年代不详 Unknow C 佳士得
2012-3-22 Lot1902 L 6.4cm
估价：USD 4,000-6,000
成交价：USD21,250

青白玉菱角把件及白玉福禄坠
Two Small White Jade Carvings
清 18 世纪 Qing,18th Century C 佳士得
2012-3-22 Lot1910 L 7.3cm；L 5.5cm
估价：USD 6,000-8,000
成交价：USD18,750

苦尽甘来碧玉籽料把件
年代不详 Unknown RB 北京荣宝
2012-3-10 Lot276 W 55g
估价：RMB 20,000-30,000
成交价：RMB31,360

清正廉洁青花籽料把件
年代不详 Unknown RB 北京荣宝
2012-3-10 Lot244 W 71g
估价：RMB 10,000-20,000
成交价：RMB20,160

顾铭 江山在握 青花把件
Gu Ming A "Qing HuA" jade Ornament
年代不详 Unknown XLA 西泠印社
2012-7-7 Lot1994 75 × 32 × 19mm；W 82g
估价：无底价
成交价：RMB20,700

碧玉龙凤纹把件（两件）
Two Jasper Fondling Pieces
年代不详 Unknown GD 中国嘉德
2012-6-16 Lot3662 L 7.6cm；L 7.8cm
估价：无底价
成交价：RMB1,150

青褐玉刘海乘葫芦把件
A Brown and Celadon Jade Carving of Liu Hai On A Double Gourd
乾隆 Qianlong S 苏富比
2012-9-12 Lot317 L 8.7cm
估价：USD 8,000-12,000
成交价：USD7,500

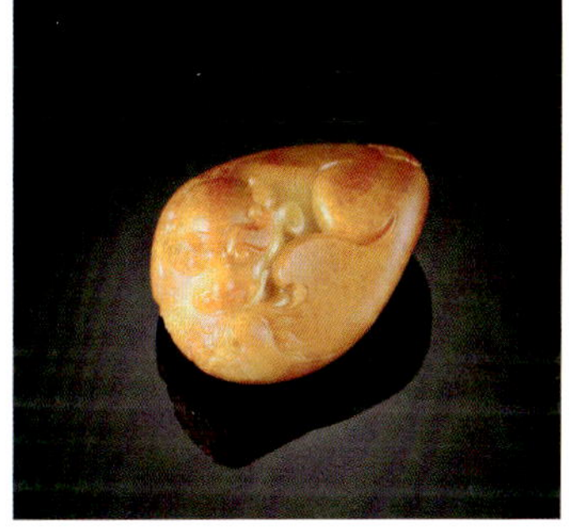

吴金星 瑞兽 黄沁料把件
Wu Jinxing A "Huang Qin" Russet Jade Ornament of A Mythical Beast
年代不详 Unknown XLA 西泠印社
2012-7-7 Lot2005 55 × 50 × 30mm；100g
估价：RMB 300,000-400,000
成交价：RMB368,000

叶 清 喜事连连 黄沁料把件
Ye Qing A Yellow-Colored Jade Ornament
年代不详 Unknown XLA 西泠印社
2012-10-21 Lot146 35 × 29 × 20mm；W 31.8g
估价：无底价
成交价：RMB6,900

张晓玲 金运瑞兽 糖玉把件
Zhang Xiaoling A Jade Ornament with Mythical Beast Patterns
年代不详 Unknown XLA 西泠印社
2012-10-21 Lot44 50 × 34 × 36mm；W 91.2g
估价：无底价
成交价：RMB8,050

黄玉巧雕卧狗把件
A Fine and Rare Yellow Jade Carving of A Dog
明或更早 Ming or Earlier C 佳士得
2012-11-28 Lot2192 L 7.8cm
估价：HKD 200,000-300,000
成交价：HKD680,000

黄玉凤凰把件
A Small Yellow and Russet Jade Figure of A Phoenix
清 18 世纪 Qing,18th Century C 佳士得
2012-9-13 Lot1020 L 5.7cm
估价：USD 7,000-9,000
成交价：USD32,500

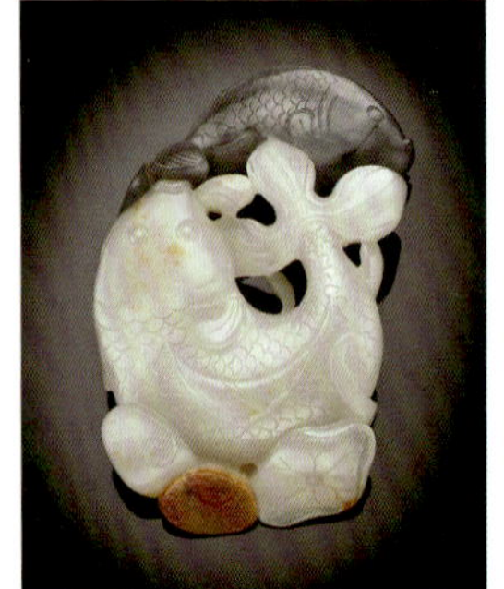

黑白玉巧雕双鱼把件
A Small White and Grey Jade Carving of Two Fish
清 18-19 世纪 Qing,18-19th Century C 佳士得
2012-9-13 Lot1036 L 7cm
估价：USD 6,000-8,000
成交价：USD43,750

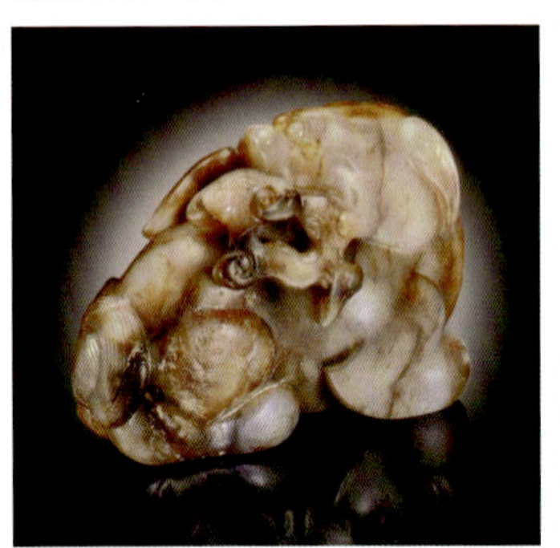

灰白玉瑞兽衔灵芝把件
A Greyish-White and Brown Jade Carving of A Mythical Beast
清 19 世纪 Qing,19th Century C 佳士得
2012-3-22 Lot1813 L 6cm
估价：USD 4,000-6,000
成交价：USD4,000

玉雕把件一组三件
Three Jade Carvings
明 Ming C 佳士得
2012-11-9 Lot1142 尺寸不一
估价：GBP 1,500-2,500
成交价：GBP8,125

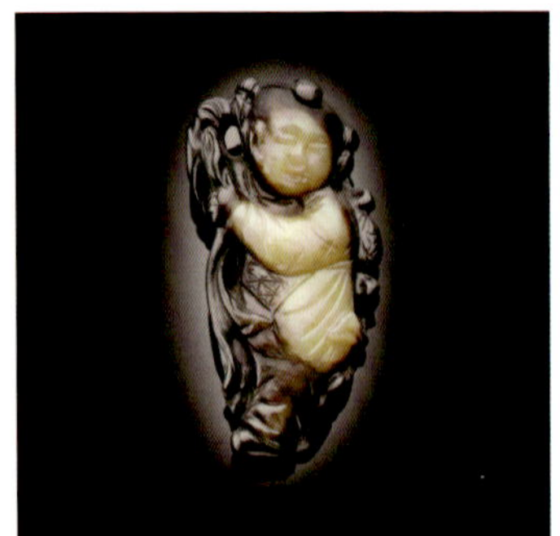

黄玉巧雕童子把件
A Small Pale Greenish-Yellow and Blackish-Brown Jade Figure of A Boy
明 Ming C 佳士得
2012-3-22 Lot1852 L 7.4cm
估价：USD 7,000-9,000
成交价：USD20,000

黄玉带皮瑞兽把件
A Yellow Jade Mythical Beast
清 18-19 世纪 Qing,18th-19th Century C 佳士得
2012-5-30 Lot4297 W 5.7cm
估价：HKD 100,000-150,000
成交价：HKD980,000

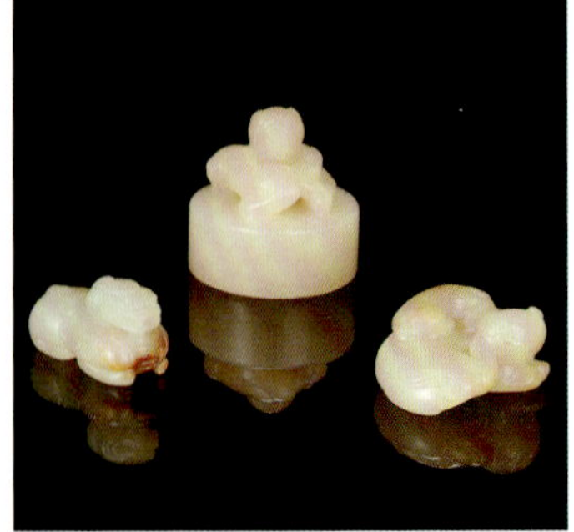

黄玉雕把件三件
Three Yellow Jade Carvings
18-19 世纪 18-19th Century C 佳士得
2012-5-18 Lot1307 尺寸不一
估价：GBP 3,000-5,000
成交价：GBP17,500

葛洪 博古礼天 黄沁料把件
Ge Hong A "Huang Qin" russet Jade "Kui Long" dragon Ornament
年代不详 Unknown XLA 西泠印社
2012-7-7 Lot2021 68 × 31 × 20mm ; W 58g
估价：RMB 250,000-300,000
成交价：RMB287,500

范同生 鸿运瑞兽 墨玉把件
Fan Tongsheng A Dark Jade Ornament with Mythical Beast Patterns
年代不详 Unknown XLA 西泠印社
2012-10-21 Lot124 77 × 64 × 43mm ; W 343.6g
估价：RMB380,000 – 450,000
成交价：RMB460,000

冯钤 鱼熊兼得 青花把件
Feng Qian A "Qing Hua" jade Ornament of Bear and Fish
年代不详 Unknown XLA 西泠印社
2012-7-7 Lot2032 68 × 40 × 40mm ; W 196g
估价：RMB 250,000-300,000
成交价：RMB287,500

徐志浩 占山为王 青花把件
Xu Zhihao A "Qing Hua" Jade Ornament with Monkey Patterns
年代不详 Unknown XLA 西泠印社
2012-10-21 Lot66 55 × 46 × 24mm ; W 66.4g
估价：无底价
成交价：RMB74,750

白玉雕松鼠葡萄纹挂件
A Carved White Jade and Russet Pendant
乾隆 Qianlong BD 北京东正
2012-10-31 Lot530 L 6cm
估价：RMB 120,000-150,000
成交价：RMB184,000

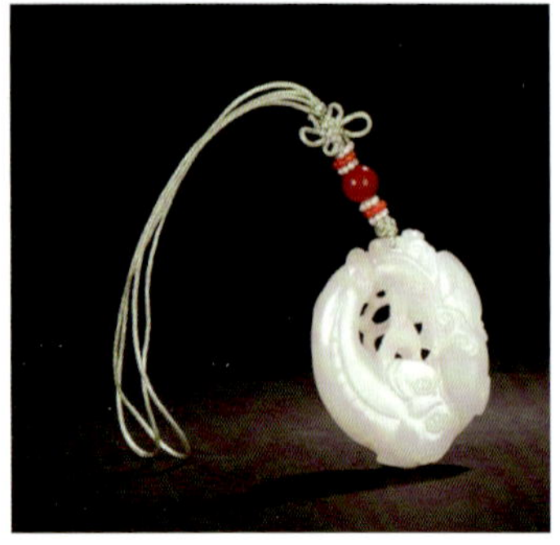

白玉雕年年有余挂件
A Carved White Jade Pendant
乾隆 Qianlong BD 北京东正
2012-10-31 Lot536 L 4.8cm
估价：RMB 40,000-50,000
成交价：RMB138,000

白玉雕骆驼挂件
A Carved White Jade Camel
元 - 明 Yuan-Ming BD 北京东正
2012-12-31 Lot103 L 5.7cm
估价：RMB 200,000-250,000
成交价：RMB276,000

白玉雕瑞兽纹挂件
A Carved White Jade Mythical Beast
元 - 明 Yuan-Ming BD 北京东正
2012-12-31 Lot119 L 5.8cm
估价：RMB 350,000-400,000
成交价：RMB483,000

白玉雕赑屃纹挂件
A White Jade Bi Xi
明 Ming BD 北京东正
2012-12-31 Lot129 L 5cm
估价：RMB 300,000-350,000
成交价：RMB345,000

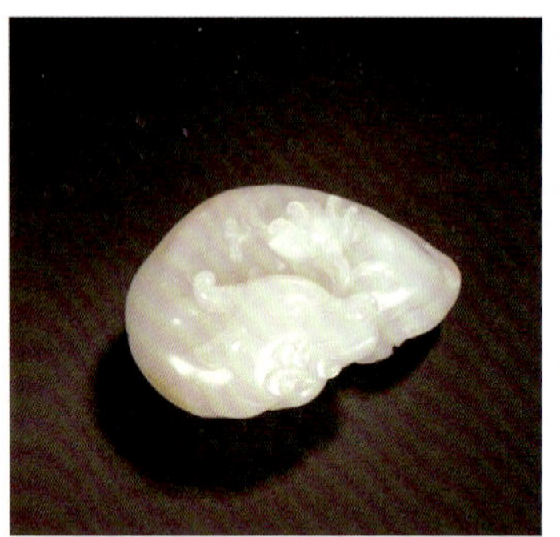

白玉雕牛衔灵芝纹挂件
A Carved White Jade Buffalo
明 Ming BD 北京东正
2012-12-31 Lot130 L 6.2cm
估价：RMB 200,000-250,000
成交价：RMB230,000

白玉雕灵芝 莲蓬纹挂件
A Pair of White Jade Ganoderma and Lotus Pendant
乾隆 Qianlong BD 北京东正
2012-5-11 Lot32 尺寸不一
估价：RMB 120,000-150,000
成交价：RMB195,500

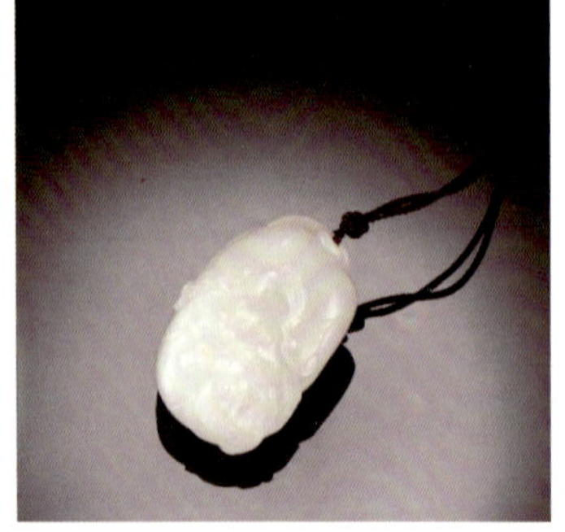

白玉雕莲蓬纹挂件
A White Jade Lotus Stamen Pendant
乾隆 Qianlong BD 北京东正
2012-5-11 Lot126 L 4.5cm
估价：RMB 30,000-40,000
成交价：RMB34,500

白玉留皮雕双欢纹挂件
A Russet and White Jade Double Badger Pendant
乾隆 Qianlong BD 北京东正
2012-5-11 Lot171 L 4.8cm
估价：RMB 150,000-200,000
成交价：RMB184,000

白玉雕连年有余纹挂件
A White Jade Pendant
乾隆 Qianlong BD 北京东正
2012-5-11 Lot183 L 4.5cm
估价：RMB 300,000-320,000
成交价：RMB368,000

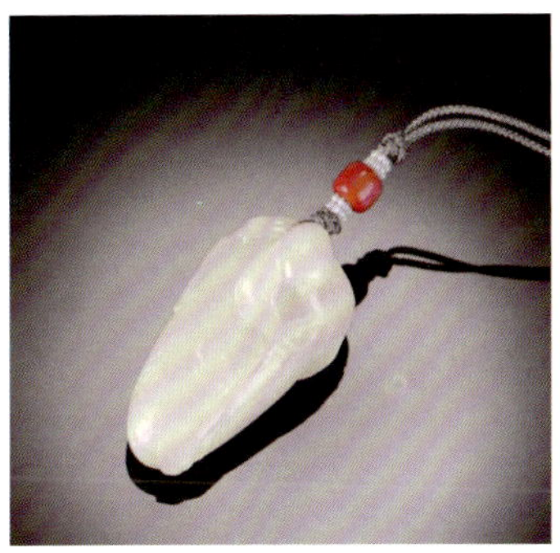

白玉雕瓜果纹挂件
A White Jade Melon-Shaped Pendant
乾隆 Qianlong BD 北京东正
2012-5-11 Lot184 L 5.5cm
估价：RMB 100,000-120,000
成交价：RMB126,500

白玉雕佛手纹挂件
A Carved White Jade "Finger Citron" Pendant
乾隆 Qianlong BD 北京东正
2012-5-11 Lot228 L 6.5cm
估价：RMB 300,000-350,000
成交价：RMB345,000

白玉雕多子多福纹挂件
A White Jade Lotus Pendant
清中期 Mid Qing BD 北京东正
2012-5-11 Lot234 L 4.3cm
估价：RMB 80,000-90,000
成交价：RMB105,800

白玉雕和为贵挂件
A White Jade Fish with Lotus
乾隆 Qianlong BD 北京东正
2012-5-11 Lot288 L 5.7cm
估价：RMB 100,000-120,000
成交价：RMB126,500

白玉雕喜报三元纹挂件
A Carved White Jade Magpie Pendant
乾隆 Qianlong BD 北京东正
2012-5-11 Lot291 L 4.5cm
估价：RMB 120,000-130,000
成交价：RMB161,000

倪伟滨 永恒 白玉挂件
Ni Weibin A White Jade Pendant,Eternity
年代不详 Unknown XLA 西泠印社
2012-7-7 Lot1914 29 × 22 × 20mm ；W 18g
估价：RMB 30,000-40,000
成交价：RMB34,500

王平 慈怀无量 白玉挂件
Wang Ping A White Jade Pendant of "Guan Yin"
年代不详 Unknown XLA 西泠印社
2012-7-7 Lot1915 61 × 33 × 18mm ；W 58g
估价：RMB 500,000-600,000
成交价：RMB575,000

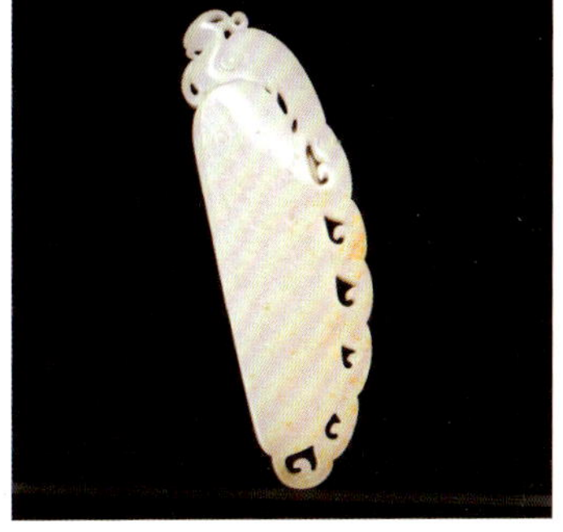

黄罕勇 凤 白玉挂件
Huang Hanyong A White Jade Pendant of Phoenix
年代不详 Unknown XLA 西泠印社
2012-7-7 Lot1919 80 × 25 × 7mm ；W 33g
估价：无底价
成交价：RMB28,750

黄罕勇 云 白玉挂件
Huang Hanyong A White Jade Pendant,Cloud
年代不详 Unknown XLA 西泠印社
2012-7-7 Lot1921 65 × 25 × 9mm ；W 36g
估价：无底价
成交价：RMB28,750

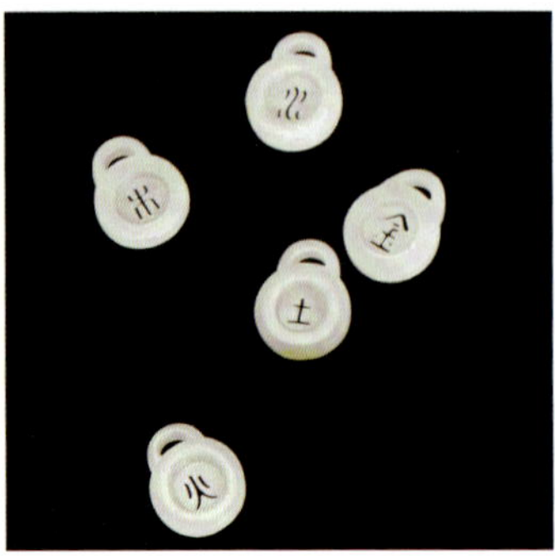

黄罕勇 五行 白玉挂件
Huang Hanyong Five White Jade Pendants of "Five Elements"
年代不详 Unknown XLA 西泠印社
2012-7-7 Lot1920 20×25×5mm×5；W 31g×5
估价：无底价
成交价：RMB34,500

黄罕勇 禅定 白玉挂件
Huang Hanyong A White Jade Pendant of "Guan Yin" Bottle
年代不详 Unknown XLA 西泠印社
2012-7-7 Lot1923 47×34×10mm；W 26.5g
估价：RMB 50,000-80,000
成交价：RMB80,500

杨曦 连年有余 白玉挂件
Yang Xi A White Jade Pendant of Fish
年代不详 Unknown XLA 西泠印社
2012-7-7 Lot1926 43×22×11mm；W 22g
估价：RMB 30,000-45,000
成交价：RMB51,750

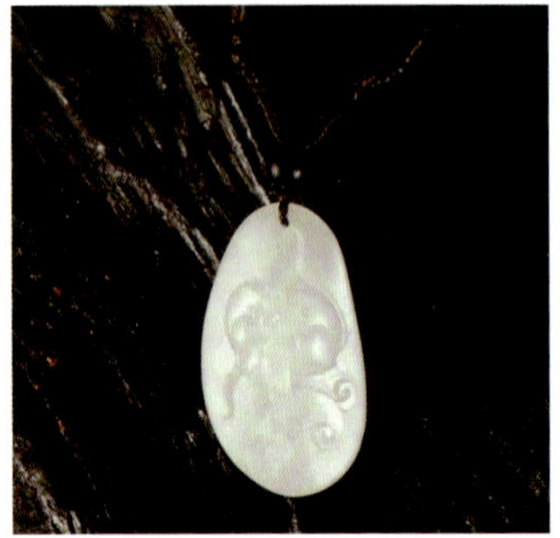

杨曦 处处如意 白玉挂件
Yang Xi A White Jade Pendant
年代不详 Unknown XLA 西泠印社
2012-7-7 Lot1928 40×23×10mm；W 13g
估价：RMB 40,000-60,000
成交价：RMB57,500

杨曦 香远益清 白玉挂件
Yang Xi A White Jade Pendant of Flower Pattern
年代不详 Unknown XLA 西泠印社
2012-7-7 Lot1929 37×27×10mm；W 12g
估价：RMB 30,000-45,000
成交价：RMB43,700

杨曦 春风带露 白玉挂件
Yang Xi A White Jade Pendant,Dew in Spring
年代不详 Unknown XLA 西泠印社
2012-7-7 Lot1927 46×31×10mm；W 27g
估价：RMB 80,000-120,000
成交价：RMB126,500

瞿利军 独钓江雪 白玉挂件
Qu Lijun A White Jade Pendant of Landscape
年代不详 Unknown XLA 西泠印社
2012-7-7 Lot1946 65×46×15mm；W 68g
估价：RMB 150,000-200,000
成交价：RMB172,500

洪新华 我如意 白玉挂件
Hong Xinhua A White Jade Pendant of Goose and Boy
年代不详 Unknown XLA 西泠印社
2012-7-7 Lot1952 55×40×30mm；W 104.6g
估价：RMB 80,000-100,000
成交价：RMB115,000

洪新华 松鹤延年 白玉挂件
Hong Xinhua A White Jade Pendant of Cranes and Pine
年代不详 Unknown XLA 西泠印社
2012-7-7 Lot1953 75×50×18mm；W 110g
估价：RMB 180,000-250,000
成交价：RMB207,000

范同生 吉祥如意 白玉挂件
Fan Tongsheng A Jade Ornament of Rooster Pattern
年代不详 Unknown XLA 西泠印社
2012-7-7 Lot1954 32 × 17 × 15mm ; W 14g
估价：无底价
成交价：RMB23,000

崔磊 通钱 白玉挂件
Cui Lei A White Jade Pendant of the Immortal of Wealth
年代不详 Unknown XLA 西泠印社
2012-7-7 Lot1955 37 × 27 × 20mm ; W 31g
估价：无底价
成交价：RMB74,750

颜桂明 妙法圆通 白玉挂件
Yan Guiming A White Jade Pendant of "Guan Yin"
年代不详 Unknown XLA 西泠印社
2012-7-7 Lot1964 58 × 38 × 12mm ; W 30g
估价：RMB 60,000-90,000
成交价：RMB97,750

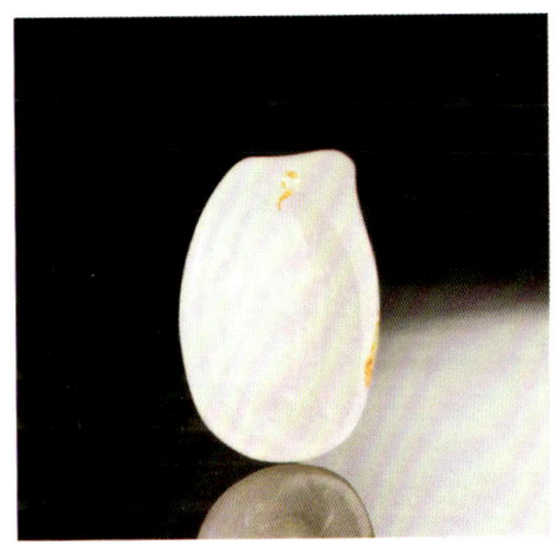

徐志浩 观自在 白玉挂件
Xu Zhihao A White Jade Pendant
年代不详 Unknown XLA 西泠印社
2012-7-7 Lot1966 40 × 27 × 7mm ; W 12g
估价：无底价
成交价：RMB34,500

徐志浩 傲雪 白玉挂件
Xu Zhihao A White Jade Pendant
年代不详 Unknown XLA 西泠印社
2012-7-7 Lot1967 51 × 16 × 6mm ; W 11.5g
估价：无底价
成交价：RMB23,000

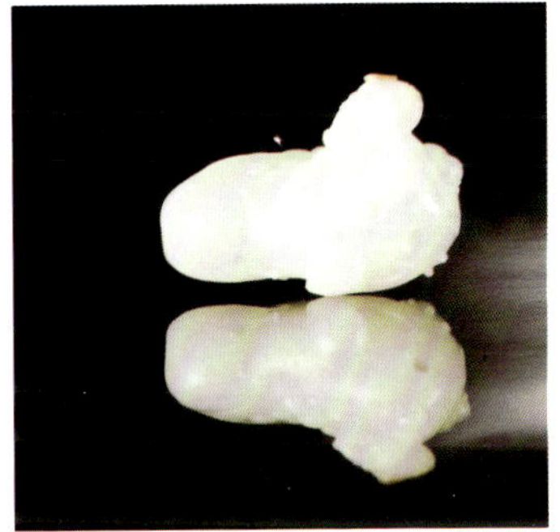

徐志浩 财运连连 白玉挂件
Xu Zhihao A White Jade Pendant of Two Toads
年代不详 Unknown XLA 西泠印社
2012-7-7 Lot1968 40 × 25 × 25mm ; W 31g
估价：RMB 50,000-70,000
成交价：RMB57,500

徐志浩 路路通 白玉挂件
Xu Zhihao A White Jade Pendant
年代不详 Unknown XLA 西泠印社
2012-7-7 Lot1969 31 × 21 × 10mm ; W 87g
估价：无底价
成交价：RMB28,750

翟倚卫 一枕秋声 白玉挂件
Zhai Yiwei A White Jade Pendant of A Woman Playing "Pipa"
年代不详 Unknown XLA 西泠印社
2012-7-7 Lot1981 33 × 21 × 5mm ; W 6.3g
估价：RMB 25,000-35,000
成交价：RMB28,750

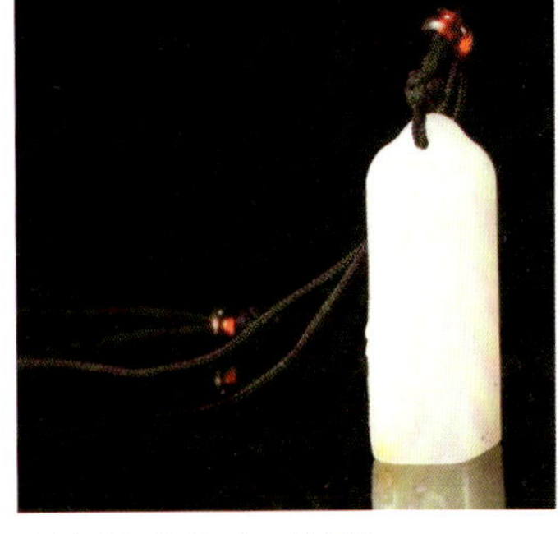

吴金星 龙印 白玉挂件
Wu Jinxing A White Jade Pendant
年代不详 Unknown XLA 西泠印社
2012-7-7 Lot2003 40 × 16 × 14mm ; W 23g
估价：RMB 30,000-40,000
成交价：RMB34,500

吴金星 螭龙纹 白玉挂件
Wu Jinxing A White and Russet Jade Pendant of Dragon Pattern
年代不详 Unknown XLA 西泠印社
2012-7-7 Lot2004 50×25×8mm；W 25g
估价：RMB 40,000-60,000
成交价：RMB46,000

程磊 福禄双全 白玉挂件
Cheng Lei A White Jade Pendant of Deer and Bat
年代不详 Unknown XLA 西泠印社
2012-7-7 Lot2053 50×35×20mm；W 64g
估价：RMB 200,000-250,000
成交价：RMB287,500

侯晓锋 引福 白玉挂件
Hou Xiaofeng A White Jade Pendant of Maitreya
年代不详 Unknown XLA 西泠印社
2012-7-7 Lot2067 50×40×18mm；W 60g
估价：RMB 500,000-600,000
成交价：RMB575,000

徐凯 天道酬勤 白玉挂件
Xu Kai A White Jade Ornament
年代不详 Unknown XLA 西泠印社
2012-7-7 Lot2040 58×38×17mm；W 64.3g
估价：RMB 100,000-150,000
成交价：RMB161,000

葛洪 长生延年 白玉挂件
Ge Hong A White Jade Ornament,Longevity
年代不详 Unknown XLA 西泠印社
2012-7-7 Lot2048 55×13×7mm；W 8g
估价：无底价
成交价：RMB32,200

李剑 寿字纹勒子 白玉挂件
Li Jian A White Jade Pendant of Shou-Character Pattern
年代不详 Unknown XLA 西泠印社
2012-7-7 Lot2068 38×22×10mm；W 22g
估价：无底价
成交价：RMB20,700

赵显志 羊羊如意 白玉挂件
Zhao Xianzhi A White Jade Ornament of Goats
年代不详 Unknown XLA 西泠印社
2012-7-7 Lot2047 37×23×15mm；W 23g
估价：无底价
成交价：RMB46,000

叶清 月晓风清 白玉挂件
Ye Qing A White Jade Ornament
年代不详 Unknown XLA 西泠印社
2012-7-7 Lot2076 48×25×13mm；W 24.8g
估价：RMB 70,000-90,000
成交价：RMB103,500

程磊 一夜封侯 白玉挂件
Cheng Lei A White and Russet Jade Pendant of Maple and Monkey
年代不详 Unknown XLA 西泠印社
2012-7-7 Lot2054 45×32×20mm；W 39g
估价：RMB 60,000-80,000
成交价：RMB97,750

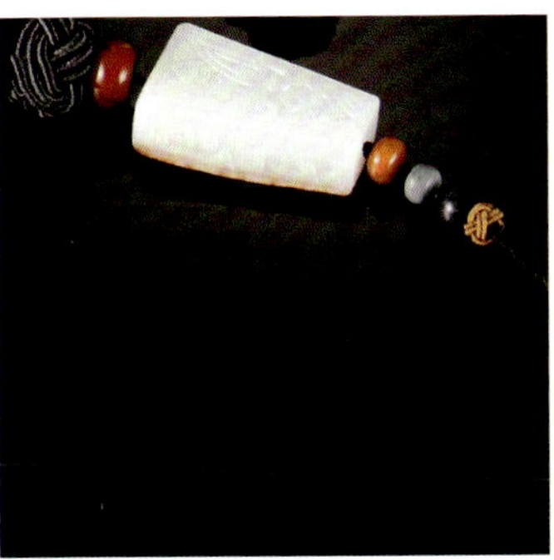

李剑 翁仲 白玉挂件
Li Jian A White Jade Pendant
年代不详 Unknown XLA 西泠印社
2012-7-7 Lot2069 48 × 13 × 15mm ; W 14.2g
估价：无底价
成交价：RMB20,700

李剑 莲蕊香尘 白玉挂件
Li Jian A White Jade Pendant,Lotus
年代不详 Unknown XLA 西泠印社
2012-7-7 Lot2070 53 × 26 × 12mm ; W 33g
估价：RMB 25,000-35,000
成交价：RMB40,250

赵琦 一鹭连科 白玉挂件
Zhao Qi A White Jade Pendant of Egret
年代不详 Unknown XLA 西泠印社
2012-7-7 Lot2083 70 × 25 × 20mm ; W 52g
估价：无底价
成交价：RMB34,500

赵琦 一鹭连科 白玉挂件
Zhao Qi A White Jade Pendant of Egret
年代不详 Unknown XLA 西泠印社
2012-7-7 Lot2084 70 × 25 × 20mm ; W 52g
估价：无底价
成交价：RMB34,500

瞿利军 如鱼得水 白玉挂件
Qu Lijun A White Jade Pendant with Fish Patterns
年代不详 Unknown XLA 西泠印社
2012-10-21 Lot6 42 × 20 × 14mm ; W 19.3g
估价：无底价
成交价：RMB13,800

瞿利军 年年有余 白玉挂件
Qu Lijun A White Jade Pendant with Fish Patterns
年代不详 Unknown XLA 西泠印社
2012-10-21 Lot7 60 × 27 × 8mm ; W 32.5g
估价：无底价
成交价：RMB25,300

瞿利军 节节高升 白玉挂件
Qu Lijun A White Jade Pendant
年代不详 Unknown XLA 西泠印社
2012-10-21 Lot8 40 × 21 × 8mm ; W 16.2g
估价：无底价
成交价：RMB9,200

瞿利军 祝福满满 白玉挂件
Qu Lijun A White Jade Pendant
年代不详 Unknown XLA 西泠印社
2012-10-21 Lot10 45 × 22 × 9mm ; W 14.5g
估价：无底价
成交价：RMB23,000

瞿利军 知足常乐 白玉挂件
Qu Lijun A White Jade Pendant with Spider Patterns
年代不详 Unknown XLA 西泠印社
2012-10-21 Lot11 40 × 20 × 16mm ; W 19.4g
估价：无底价
成交价：RMB17,250

许馨互 辟邪牌 白玉挂件
Xu Xinhu A White Jade Pendant
年代不详 Unknown XLA 西泠印社
2012-10-21 Lot29 42×20×8mm；W 13.6g
估价：无底价
成交价：RMB17,250

许馨互 府上有龙 白玉挂件
Xu Xinhu A White Jade Pendant with Ax And Dragon Patterns
年代不详 Unknown XLA 西泠印社
2012-10-21 Lot28 61×26×10mm；W 29.2g
估价：RMB50,000 – 80,000
成交价：RMB80,500

许馨互 悠然自得 白玉挂件
Xu Xinhu A White Jade Pendant with Lotus Pond Patterns
年代不详 Unknown XLA 西泠印社
2012-10-21 Lot33 35×27×14mm；W 24g
估价：无底价
成交价：RMB10,350

许馨互 笑口常开 白玉挂件一组
Xu Xinhu Three White Jade Pendants with Maitreya Patterns
年代不详 Unknown XLA 西泠印社
2012-10-21 Lot24 尺寸不一
估价：无底价
成交价：RMB63,250

许馨互 安居乐业 白玉挂件
Xu Xinhu A White Jade Pendant
年代不详 Unknown XLA 西泠印社
2012-10-21 Lot27 36×23×21mm；W 30.2g
估价：无底价
成交价：RMB6,900

张晓玲 玉琮 白玉挂件
Zhang Xiaoling A White Jade Pendant, Cong
年代不详 Unknown XLA 西泠印社
2012-10-21 Lot39 27×25×9mm；D 14mm；W 10.5g
估价：无底价
成交价：RMB5,750

瞿利军 一鸣惊人 白玉挂件
Qu Lijun A White Jade Pendant with Cicada Patterns
年代不详 Unknown XLA 西泠印社
2012-10-21 Lot12 45×24×8mm；W 15.4g
估价：无底价
成交价：RMB20,700

瞿利军 海纳百川 白玉挂件
Qu Lijun A White Jade Pendant with Torrent Patterns
年代不详 Unknown XLA 西泠印社
2012-10-21 Lot16 52×49×18mm；W 105g
估价：RMB350,000 – 450,000
成交价：RMB517,500

瞿利军 金枫一叶 白玉挂件
Qu Lijun A White Jade Pendant with Maple Patterns
年代不详 Unknown XLA 西泠印社
2012-10-21 Lot17 40×22×12mm；W 20g
估价：RMB80,000 – 100,000
成交价：RMB126,500

许馨互 大吉祥 白玉挂件
Xu Xinhu A White Jade Pendant with Goat Head Patterns
年代不详 Unknown XLA 西泠印社
2012-10-21 Lot30 34 × 19 × 17mm ; W 15.6g
估价：无底价
成交价：RMB6,900

张晓玲 瑞兽 白玉挂件
Zhang Xiaoling A White Jade Pendant with Mythical Beast Patterns, Xie Zhi
年代不详 Unknown XLA 西泠印社
2012-10-21 Lot37 27 × 18 × 16mm ; W 10.7g
估价：无底价
成交价：RMB6,900

许馨互 富贵花开 白玉挂件
Xu Xinhu A White Jade Pendant with Peony Patterns
年代不详 Unknown XLA 西泠印社
2012-10-21 Lot34 40 × 29 × 11mm ; W 23.2g
估价：无底价
成交价：RMB6,900

许馨互 佛手 白玉挂件
Xu Xinhu A White Jade Pendant with Finger Citron Patterns
年代不详 Unknown XLA 西泠印社
2012-10-21 Lot35 37 × 20 × 20mm ; W 26.4g
估价：无底价
成交价：RMB11,500

王平 大自在 白玉挂件
Wang Ping A White Jade Pendant with Maitreya Patterns
年代不详 Unknown XLA 西泠印社
2012-10-21 Lot36 49 × 25 × 17mm ; W 31.6g
估价：RMB150,000 – 180,000
成交价：RMB172,500

许馨互 貔貅 白玉挂件
Xu Xinhu A White Jade Pendant with "Pi Xiu" Patterns
年代不详 Unknown XLA 西泠印社
2012-10-21 Lot31 28 × 19 × 16mm ; W 16.1g
估价：无底价
成交价：RMB8,050

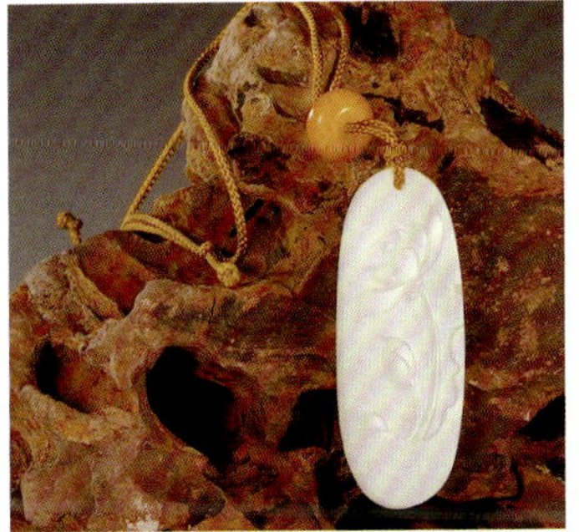

许馨互 荷风清韵 白玉挂件
Xu Xinhu A White Jade Pendant with Lotus Patterns
年代不详 Unknown XLA 西泠印社
2012-10-21 Lot32 50 × 19 × 5mm ; W 11.2g
估价：无底价
成交价：RMB10,350

赵琦 府上有龙 白玉挂件
Zhao Qi A White Jade Pendant with Beast Patterns
年代不详 Unknown XLA 西泠印社
2012-10-21 Lot49 46 × 32 × 10mm ; W 20.8g
估价：无底价
成交价：RMB11,500

赵琦 观音 白玉挂件
Zhao Qi A White Jade Pendant With “Guan Yin” Patterns
年代不详 Unknown XLA 西泠印社
2012-10-21 Lot57 50 × 20 × 9mm；W 14.8g
估价：无底价
成交价：RMB13,800

赵琦 福在手心 白玉挂件
Zhao Qi A White Jade Pendant with Bat And Finger Citron Patterns
年代不详 Unknown XLA 西泠印社
2012-10-21 Lot52 55 × 29 × 25mm；W 57.9g
估价：无底价
成交价：RMB23,000

赵琦 代代封侯 白玉挂件
Zhao Qi A White Jade Pendant with Monkey Patterns
年代不详 Unknown XLA 西泠印社
2012-10-21 Lot53 59 × 20 × 10mm；W 18.3g
估价：无底价
成交价：RMB9,200

赵琦 一路连科 白玉挂件
Zhao Qi A White Jade Pendant
年代不详 Unknown XLA 西泠印社
2012-10-21 Lot50 53 × 31 × 8mm；W 16.1g
估价：无底价
成交价：RMB8,050

赵琦 福禄 白玉挂件
Zhao Qi A White Jade Pendant with Bat And Calabash Patterns
年代不详 Unknown XLA 西泠印社
2012-10-21 Lot54 51 × 26 × 19mm；W 37.7g
估价：无底价
成交价：RMB13,800

赵琦 升龙出海 白玉挂件
Zhao Qi A White Jade Pendant with Dragon Patterns
年代不详 Unknown XLA 西泠印社
2012-10-21 Lot60 46 × 32 × 12mm；W 31.1g
估价：无底价
成交价：RMB17,250

赵琦 福在眼前 白玉挂件
Zhao Qi A White Jade Pendant
年代不详 Unknown XLA 西泠印社
2012-10-21 Lot51 32 × 29 × 15mm；W 14.9g
估价：无底价
成交价：RMB6,900

赵琦 跃龙门 白玉挂件
Zhao Qi A White Jade Pendant with Carp Patterns
年代不详 Unknown XLA 西泠印社
2012-10-21 Lot55 42 × 27 × 17mm；W 27.4g
估价：无底价
成交价：RMB23,000

程磊 福上加福 白玉挂件
Cheng Lei A White Jade Pendant with Bat Patterns
年代不详 Unknown XLA 西泠印社
2012-10-21 Lot73 54 × 27 × 7mm；W 24.3g
估价：无底价
成交价：RMB25,300

程磊 腾跃 白玉挂件

Cheng Lei A White Jade Pendant with Fish And Lotus Patterns
年代不详 Unknown XLA 西泠印社
2012-10-21 Lot82 60×34×20mm；W 64g
估价：RMB180,000 – 240,000
成交价：RMB207,000

范同生 鹤寿 白玉挂件

Fan Tongsheng A White Jade Pendant with Crane Patterns
年代不详 Unknown XLA 西泠印社
2012-10-21 Lot120 34×23×19mm；W 20.9g
估价：无底价
成交价：RMB80,500

赵显志 天禄 白玉挂件

Zhao Xianzhi A White Jade Pendant with "Chi" Patterns
年代不详 Unknown XLA 西泠印社
2012-10-21 Lot107 43×30×18mm；W 51.5g
估价：RMB160,000 – 220,000
成交价：RMB184,000

赵显志 龙牙 白玉挂件

Zhao Xianzhi A White Jade Pendant with Dragon Head Patterns
年代不详 Unknown XLA 西泠印社
2012-10-21 Lot108 50×15×11mm；W 13.5g
估价：无底价
成交价：RMB11,500

赵显志 吉祥如意 白玉挂件

Zhao Xianzhi A White Jade Pendant
年代不详 Unknown XLA 西泠印社
2012-10-21 Lot109 23×23×10mm；W 9.7g
估价：无底价
成交价：RMB8,050

赵显志 事事如意 白玉挂件

Zhao Xianzhi A White Jade Pendant with Persimmon Patterns
年代不详 Unknown XLA 西泠印社
2012-10-21 Lot110 31×23×11mm；W 12g
估价：无底价
成交价：RMB10,350

范同生 多宝串 白玉挂件

Fan Tongsheng A White Jade Pendant with Ingot Patterns
年代不详 Unknown XLA 西泠印社
2012-10-21 Lot118 尺寸不详
估价：无底价
成交价：RMB4,600

范同生 子孙万代 白玉挂件

Fan Tongsheng A White Jade Pendant with Peanut Patterns
年代不详 Unknown XLA 西泠印社
2012-10-21 Lot119 32×15×14mm；W 9.5g
估价：无底价
成交价：RMB4,600

陈冠军 龙凤子佩 白玉挂件

Chen Guanjun A White Jade Pendants with Dragon And Phoenix Patterns
年代不详 Unknown XLA 西泠印社
2012-10-21 Lot92 尺寸不一
估价：无底价
成交价：RMB25,300

徐志浩 三足金蟾 白玉挂件
Xu Zhihao A White Jade Pendant with Three-Legged Toad Patterns
年代不详 Unknown XLA 西泠印社
2012-10-21 Lot63 33×22×15mm；W 14.4g
估价：无底价
成交价：RMB6,900

徐志浩 慈怀无量 白玉挂件
Xu Zhihao A White Jade Pendant With "Guan Yin" Patterns
年代不详 Unknown XLA 西泠印社
2012-10-21 Lot64 50×28×14mm；W 29.3g
估价：无底价
成交价：RMB13,800

李剑 且听蝉唱 白玉挂件
Li Jian A White Jade Pendant with Cicada Patterns
年代不详 Unknown XLA 西泠印社
2012-10-21 Lot140 48×23×13mm；W 21.5g
估价：无底价
成交价：RMB36,800

程磊 喜上眉梢 白玉挂件
Cheng Lei A White Jade Pendant with Auspicious Patterns
年代不详 Unknown XLA 西泠印社
2012-10-21 Lot78 49×33×11mm；W 27.4g
估价：无底价
成交价：RMB80,500

程磊 路路连科 白玉挂件
Cheng Lei A White Jade Pendant with Heron Patterns
年代不详 Unknown XLA 西泠印社
2012-10-21 Lot79 56×35×11mm；W 47g
估价：无底价
成交价：RMB86,250

李剑 花开富贵 白玉挂件
Li Jian A White Jade Pendant with Flower Patterns
年代不详 Unknown XLA 西泠印社
2012-10-21 Lot137 50×39×6mm；W 15.2g
估价：无底价
成交价：RMB17,250

李剑 莲华 白玉挂件
Li Jian A White Jade Pendant with Lotus Patterns
年代不详 Unknown XLA 西泠印社
2012-10-21 Lot131 40×25×15mm；W 26.5g
估价：无底价
成交价：RMB43,700

范同生 弥勒 白玉挂件
Fan Tongsheng A White Jade Pendant with Maitreya Patterns
年代不详 Unknown XLA 西泠印社
2012-10-21 Lot122 35×32×17mm；W 36.8g
估价：无底价
成交价：RMB40,250

李剑 铺首 白玉挂件
Li Jian A White Jade Pendant with Beast Head Patterns
年代不详 Unknown XLA 西泠印社
2012-10-21 Lot134 32×21×6mm；W 8.1g
估价：无底价
成交价：RMB5,750

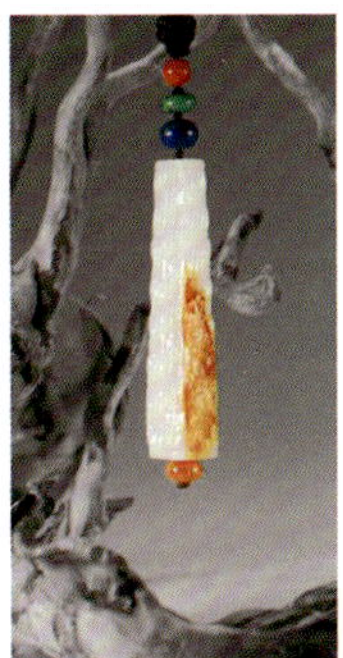

李剑 云纹勒子 白玉挂件
Li Jian A White Jade Pendant with Cloud Patterns
年代不详 Unknown XLA 西泠印社
2012-10-21 Lot129 61 × 13 × 13mm ; W 21.0g
估价：无底价
成交价：RMB63,250

李剑 龙游云深处 白玉挂件
Li Jian A White Jade Pendant with Flying Dragon Patterns
年代不详 Unknown
XLA 西泠印社
2012-10-21 Lot135 50 × 27 × 11mm ; W 28.0g
估价：无底价
成交价：RMB23,000

李剑 如意随身 白玉挂件
Li Jian A White Jade Pendant With "Ru Yi" Sceptor Patterns
年代不详 Unknown XLA 西泠印社
2012-10-21 Lot136 51 × 15 × 10mm ; W 8.1g
估价：无底价
成交价：RMB17,250

叶清 清莲 白玉挂件
Ye Qing A White Jade Pendant with Lotus Patterns
年代不详 Unknown XLA 西泠印社
2012-10-21 Lot148 40 × 24 × 7mm ; W 12.0g
估价：无底价
成交价：RMB25,300

叶清 一路如意 白玉挂件
Ye Qing A White Jade Pendant
年代不详 Unknown XLA 西泠印社
2012-10-21 Lot149 39 × 19 × 8mm ; W 9.9g
估价：无底价
成交价：RMB11,500

叶清 龙璧 白玉挂件
Ye Qing A White Jade Pendant with Dragon Patterns
年代不详 Unknown XLA 西泠印社
2012-10-21 Lot152 41 × 24 × 6mm ; W 9.6g
估价：无底价
成交价：RMB10,350

叶清 龙牙 白玉挂件
Ye Qing A White Jade Pendant with Part-Dragon Fish Patterns
年代不详 Unknown XLA 西泠印社
2012-10-21 Lot147 55 × 8 × 6mm ; W 5g
估价：无底价
成交价：RMB9,200

杨曦 飞鸽报福 白玉挂件
Yang Xi A White Jade Pendant with Pigeon Patterns
年代不详 Unknown XLA 西泠印社
2012-10-21 Lot158 32 × 20 × 13mm ; W 9.1g
估价：无底价
成交价：RMB4,600

杨曦 莲心 白玉挂件
Yang Xi A White Jade Pendant With "Guan Yin" Patterns
年代不详 Unknown XLA 西泠印社
2012-10-21 Lot156 64 × 36 × 12mm ; W 48.3g
估价：RMB280,000 – 350,000
成交价：RMB322,000

李东 天行健 黄玉挂件
Li Dong A Jade Pendant
年代不详 Unknown XLA 西泠印社
2012-10-21 Lot195 57×28×8mm；W 24.1g
估价：无底价
成交价：RMB3,450

杨曦 诸事如意 白玉挂件
Yang Xi A White Jade Pendant with Pig Patterns
年代不详 Unknown XLA 西泠印社
2012-10-21 Lot159 44×20×14mm；W 15.6g
估价：无底价
成交价：RMB6,900

于雪涛 唯吾自在 白玉挂件
Yu Xuetao A White Jade Pendant
年代不详 Unknown XLA 西泠印社
2012-10-21 Lot163 63×22×13mm；W 25.0g
估价：无底价
成交价：RMB8,050

杨曦 吉祥平安 白玉挂件
Yang Xi A White Jade Pendant with Pigeon Patterns
年代不详 Unknown XLA 西泠印社
2012-10-21 Lot160 33×21×5mm；W 5.9g
估价：无底价
成交价：RMB23,000

于雪涛 连年有余 白玉挂件
Yu Xuetao A White Jade Pendant with Carp Patterns
年代不详 Unknown XLA 西泠印社
2012-10-21 Lot164 46×39×15mm；W 22.5g
估价：RMB70,000 – 90,000
成交价：RMB103,500

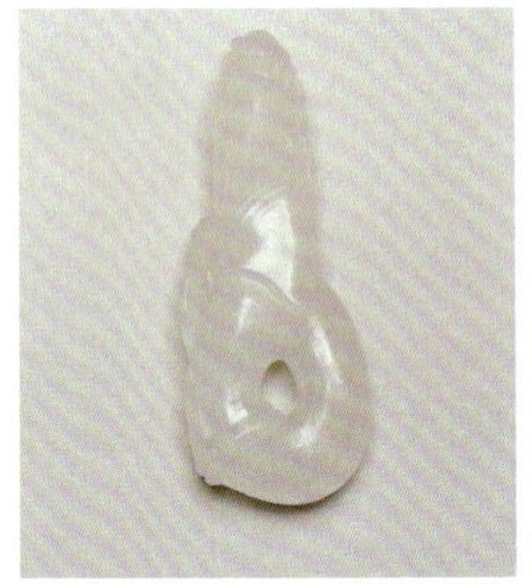

李东 劲节 白玉挂件
Li Dong A White Jade Pendant with Bamboo Patterns
年代不详 Unknown XLA 西泠印社
2012-10-21 Lot193 63×25×12mm；W 27.1g
估价：无底价
成交价：RMB4,600

葛洪 守护 白玉挂件
Ge Hong A White Jade Pendant with Beast Head Patterns
年代不详 Unknown XLA 西泠印社
2012-10-21 Lot144 39×22×17mm；W 22.3g
估价：无底价
成交价：RMB17,250

颜桂明 绰绰有余 白玉挂件
Yan Guiming A White Jade Pendant with Fish and Lotus Patterns
年代不详 Unknown XLA 西泠印社
2012-10-21 Lot198 53×28×18mm；W 25.8g
估价：无底价
成交价：RMB11,500

吴银福 祝告祈福 白玉挂件
Wu Yinfu A White Jade Pendant with Bamboo and Bat Patterns
年代不详 Unknown XLA 西泠印社
2012-10-21 Lot200 43×21×14mm；W 25.8g
估价：无底价
成交价：RMB13,800

吴银福 佛佑吾身 白玉挂件
Wu Yinfu A White Jade Pendant with "Guan Yin" Patterns
年代不详 Unknown XLA 西泠印社
2012-10-21 Lot201 48×34×10mm；W 28.9g
估价：无底价
成交价：RMB13,800

吴银福 一鸣惊人 白玉挂件
Wu Yinfu A White Jade Pendant with Cicada Patterns
年代不详 Unknown XLA 西泠印社
2012-10-21 Lot202 44×27×15mm；W 25.1g
估价：无底价
成交价：RMB11,500

唐伟琪 一鸣惊人 白玉挂件
Tang Weiqi A White Jade Pendant with Cicada Patterns
年代不详 Unknown XLA 西泠印社
2012-10-21 Lot208 37×17×13mm；W 11.5g
估价：无底价
成交价：RMB4,600

唐伟琪 荷趣 白玉挂件
Tang Weiqi A White Jade Pendant with Lotus Pond Patterns
年代不详 Unknown XLA 西泠印社
2012-10-21 Lot210 43×21×10mm；W 14.2g
估价：无底价
成交价：RMB8,050

唐伟琪 祥瑞 白玉挂件
Tang Weiqi A White Jade Pendant with Mythical Beast Patterns
年代不详 Unknown XLA 西泠印社
2012-10-21 Lot209 35×20×14mm；W 15.0g
估价：无底价
成交价：RMB9,200

唐伟琪 天趣 白玉挂件
Tang Weiqi A White Jade Pendant with Birds Patterns
年代不详 Unknown XLA 西泠印社
2012-10-21 Lot211 45×21×14mm；W 18.1g
估价：无底价
成交价：RMB6,900

唐伟琪 有福 白玉挂件
Tang Weiqi A White Jade Pendant
年代不详 Unknown XLA 西泠印社
2012-10-21 Lot212 35×21×12mm；W 16.4g
估价：无底价
成交价：RMB8,050

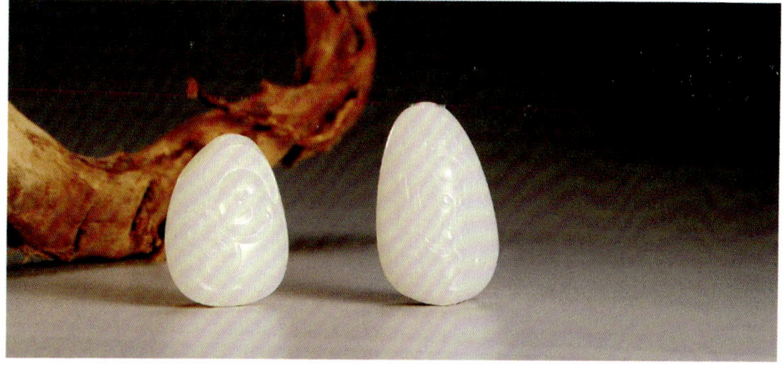

唐伟琪 佛光再现 白玉挂件一对
Tang Weiqi A White Jade Pendant with Guan Yin and Maitreya Patterns
年代不详 Unknown XLA 西泠印社
2012-10-21 Lot214 尺寸不一
估价：无底价
成交价：RMB25,300

佚名 貔貅 白玉挂件
Anonymous A White Jade Pendant with Dog Patterns
年代不详 Unknown XLA 西泠印社
2012-10-21 Lot233 50×26×17mm；W 35.0g
估价：无底价
成交价：RMB13,800

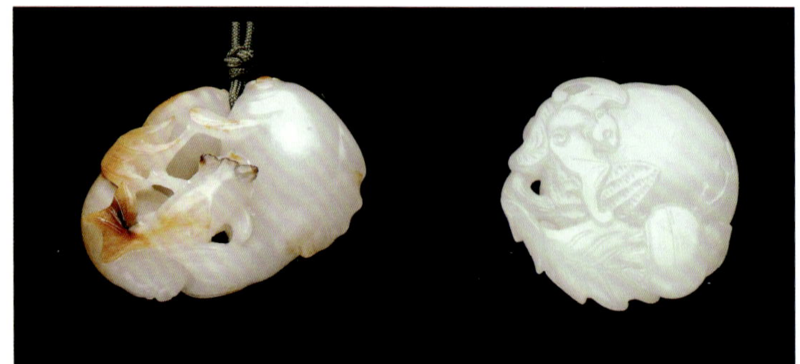

白玉雕一组两件
Two White Jade Carvings
清 18-19 世纪 Qing,18-19th Century C 佳士得
2012-11-9 Lot1214 L 5.3cm
估价：GBP 4,000-6,000
成交价：GBP32,450

白玉花形饰
明或更早 Ming or Earlier BP 北京保利
2012-10-24 Lot802 L 2cm
估价：无底价
成交价：RMB11,500

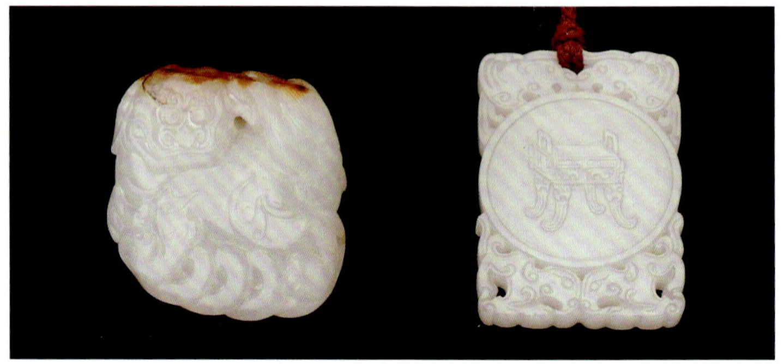

白玉雕一组两件
A White Jade Plaque and A White Jade Animal Carving
明末清初 Late MingEarly Qing C 佳士得
2012-11-9 Lot1283 L 4.1cm
估价：GBP 4,000-6,000
成交价：GBP23,750

白玉洒金一路连科
A Carved White Jade Pendant with Bat Design
清 Qing BH 北京翰海
2012-12-8 Lot2073 H 6.5cm
估价：RMB 200,000-220,000
成交价：RMB230,000

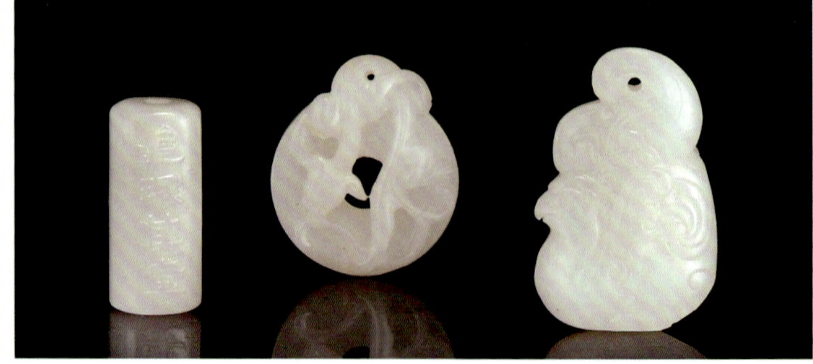

玉雕一组三件
Three White Jade Pendants
清 18-19 世纪 Qing,18-19th Century C 佳士得
2012-11-9 Lot1006 L 4.5cm
估价：GBP 2,000-3,000
成交价：GBP25,000

白玉龙纹摆件
年代不详 Unknown JG 北京九歌
2012-6-29 Lot2567 H 8.5cm
估价：RMB 360,000-480,000
成交价：RMB425,500

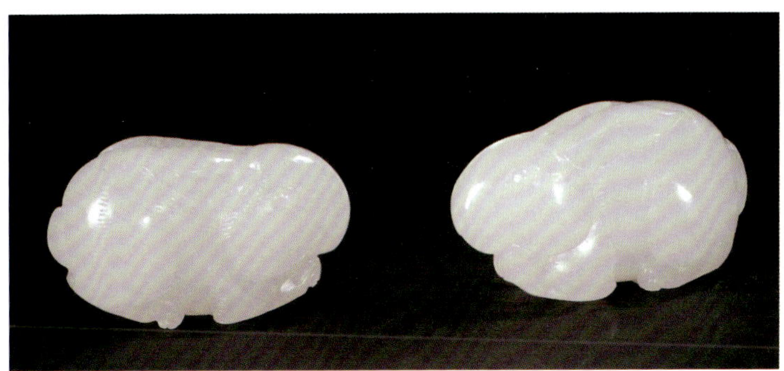

白玉籽料玉兔挂件（一对）
年代不详 Unknown RB 北京荣宝
2012-3-10 Lot259 W 18g × 2
估价：RMB 5,000-10,000
成交价：RMB33,600

瑞兽守财白玉籽料雕件
年代不详 Unknown RB 北京荣宝
2012-3-10 Lot236 W 53.2g
估价：RMB 40,000-60,000
成交价：RMB61,600

白玉籽料福猪挂件
年代不详 Unknown RB 北京荣宝
2012-3-10 Lot214 W 32.2g
估价：RMB 10,000-20,000
成交价：RMB20,160

府上有龙白玉籽料挂件
年代不详 Unknown RB 北京荣宝
2012-3-10 Lot215 W 22.4g
估价：RMB 20,000-40,000
成交价：RMB47,040

白玉籽料数钱挂件
年代不详 Unknown RB 北京荣宝
2012-3-10 Lot260 W 27g
估价：RMB 20,000-30,000
成交价：RMB35,840

白玉籽料戌狗生肖挂件
年代不详 Unknown RB 北京荣宝
2012-3-10 Lot261 W 13g
估价：RMB 10,000-20,000
成交价：RMB17,920

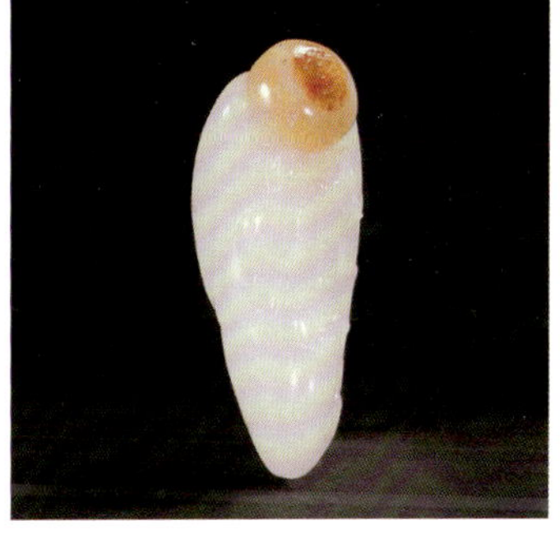

白玉籽料寿星挂件
年代不详 Unknown RB 北京荣宝
2012-3-10 Lot263 W 29g
估价：RMB 40,000-60,000
成交价：RMB58,240

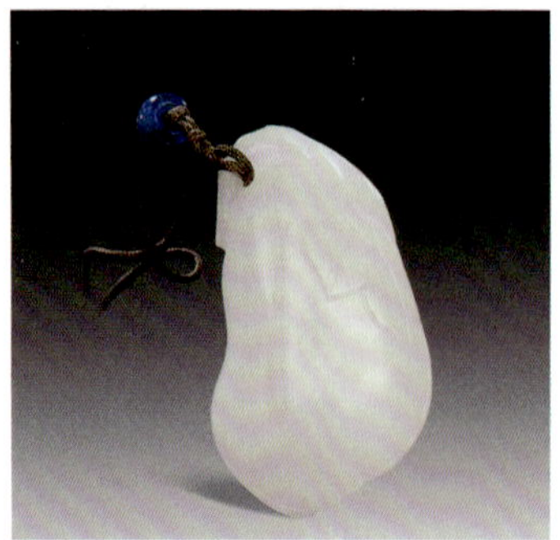

白玉雕双豆荚挂件
清 Qing RB 北京荣宝
2012-3-10 Lot350 H 6cm
估价：RMB 10,000-30,000
成交价：RMB13,440

白玉松树葡萄挂件
民国 Republic Period RB 北京荣宝
2012-3-10 Lot351 L 5.3cm
估价：RMB 10,000-20,000
成交价：RMB11,200

白玉雕灵芝昆虫挂件
年代不详 Unknown RB 北京荣宝
2012-3-10 Lot352 L 5.5cm
估价：RMB 12,000-15,000
成交价：RMB13,440

白玉雕指日高升挂件
年代不详 Unknown RB 北京荣宝
2012-3-10 Lot356 L 5.2cm
估价：RMB 8,000-12,000
成交价：RMB10,080

佛引福来白玉挂件
年代不详 Unknown RB 北京荣宝
2012-3-10 Lot364 W 122g
估价：RMB 80,000-100,000
成交价：RMB89,600

马上如意白玉挂件
年代不详 Unknown RB 北京荣宝
2012-3-10 Lot363 W 90g
估价：RMB 45,000-55,000
成交价：RMB50,400

吴德升玉贵人白玉挂件
年代不详 Unknown RB 北京荣宝
2012-3-10 Lot365 W 76g
估价：RMB 250,000-350,000
成交价：RMB280,000

渔翁得利白玉籽料挂件
年代不详 Unknown RB 北京荣宝
2012-6-24 Lot1732 W 30g
估价：RMB 20,000-30,000
成交价：RMB28,000

白玉籽料满皮关公挂件
年代不详 Unknown RB 北京荣宝
2012-6-24 Lot1733 W 28g
估价：RMB 40,000-60,000
成交价：RMB44,800

白玉籽料福猪挂件
年代不详 Unknown RB 北京荣宝
2012-6-24 Lot1746 W 47g
估价：RMB 20,000-30,000
成交价：RMB28,000

白玉籽料龙挂件
年代不详 Unknown RB 北京荣宝
2012-6-24 Lot1749 H 6cm
估价：RMB 50,000-70,000
成交价：RMB78,400

籽料白玉满皮仿古饕餮纹挂件
年代不详 Unknown RB 北京荣宝
2012-6-24 Lot1750 W 33g
估价：RMB 130,000-180,000
成交价：RMB145,600

持宝弥勒白玉籽料挂件
年代不详 Unknown RB 北京荣宝
2012-6-24 Lot1787 W 24g
估价：RMB 20,000-30,000
成交价：RMB26,880

白玉籽料五福临门挂件
年代不详 Unknown RB 北京荣宝
2012-6-24 Lot1793 H 5cm
估价：RMB 40,000-60,000
成交价：RMB50,400

和阗白玉雕瑞兽挂件
年代不详 Unknown RB 北京荣宝
2012-6-24 Lot1624 L 5.5cm
估价：RMB 23,000-43,000
成交价：RMB25,760

如意弥勒挂件
年代不详 Unknown RB 北京荣宝
2012-8-26 Lot801 H 45mm；W 25mm
估价：RMB 15,000-20,000
成交价：RMB16,800

官上加官
年代不详 Unknown RB 北京荣宝
2012-8-26 Lot843 H 45mm；W 32mm
估价：RMB 40,000-50,000
成交价：RMB53,760

弥勒挂件
年代不详 Unknown RB 北京荣宝
2012-8-26 Lot844 H 55mm；W 28mm
估价：RMB 30,000-40,000
成交价：RMB42,560

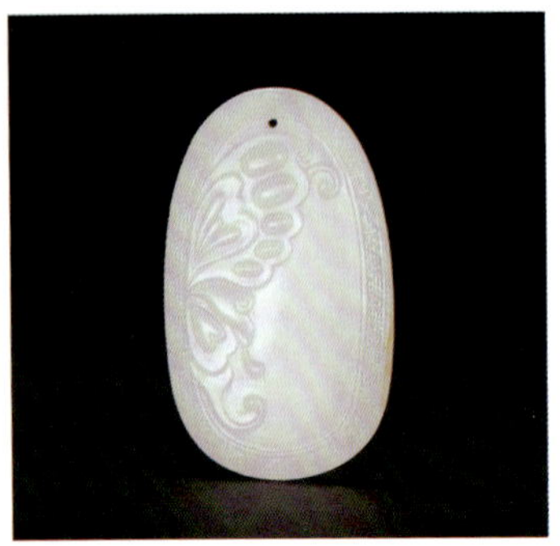

蝶舞
年代不详 Unknown RB 北京荣宝
2012-8-26 Lot846 H 56mm
估价：RMB 40,000-50,000
成交价：RMB47,040

必居高位
年代不详 Unknown RB 北京荣宝
2012-8-26 Lot847 H 50mm；W 27mm
估价：RMB 60,000-80,000
成交价：RMB67,200

白玉雕莲蓬
清 Qing BP 北京保利
2012-4-22 Lot1153 L 4cm
估价：无底价
成交价：RMB36,800

裸女
年代不详 Unknown RB 北京荣宝
2012-11-25 Lot1753 39×20×14mm；W 12g
估价：RMB 270,000-300,000
成交价：RMB324,800

白玉福寿磬形挂件
A Fine And Nice White Jade Pendant
清中期 Mid Qing BP 北京保利
2012-6-7 Lot7537 L 13cm
估价：RMB 100,000-150,000
成交价：RMB 115,000

白玉扁豆挂件
清 Qing BP 北京保利
2012-4-22 Lot1185 L 6.5cm
估价：RMB 3,000-5,000
成交价：RMB3,450

白玉螭龙牌福字锁（三件）
清 Qing BP 北京保利
2012-4-22 Lot1145 尺寸不一
估价：无底价
成交价：RMB46,000

白玉福寿挂件
清中期 Mid Qing BP 北京保利
2012-4-22 Lot1343 L 5.5cm
估价：无底价
成交价：RMB11,500

白玉雕莲蓬
清 Qing BP 北京保利
2012-4-22 Lot1156 L 3.5cm
估价：无底价
成交价：RMB63,250

白玉菱角
清 Qing BP 北京保利
2012-4-22 Lot1160 L 4.5cm
估价：无底价
成交价：RMB23,000

白玉多宝串
A White Jade Bracelet
清 Qing BP 北京保利
2012-6-7 Lot7530 L 15cm
估价：RMB 20,000-30,000
成交价：RMB 57,500

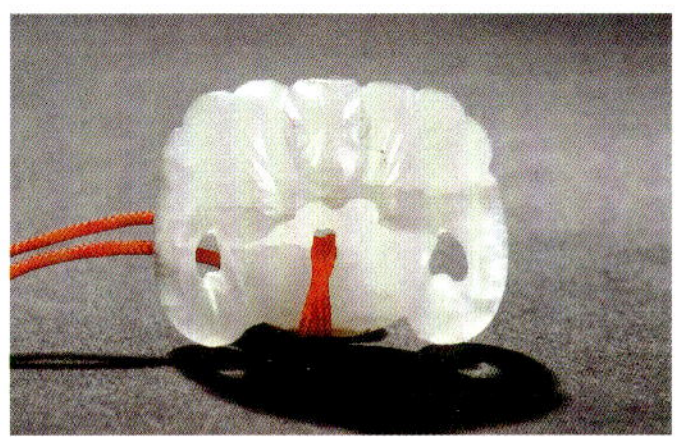

白玉洪福小件
清 Qing BP 北京保利
2012-4-22 Lot1342 L 2.5cm
估价：无底价
成交价：RMB9,200

白玉留皮海冬青饰件
A Carved White Jade Pendant with Bird Design
清中期 Mid Qing BH 北京翰海
2012-5-27 Lot2103 L 10.1cm
估价：RMB 35,000-55,000
成交价：RMB40,250

白玉山水人物磬形挂件
A White Jade Landscape Pendant
清中期 Mid Qing BP 北京保利
2012-6-7 Lot7536 L 15.7cm
估价：RMB 50,000-80,000
成交价：RMB 57,500

白玉福在眼前挂件
清 Qing BP 北京保利
2012-4-22 Lot1341 D 2.5cm
估价：无底价
成交价：RMB11,500

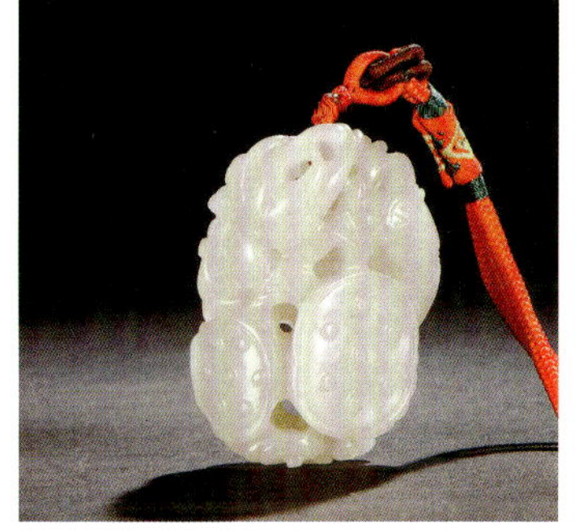

白玉莲藕挂件
清 Qing BP 北京保利
2012-4-22 Lot1186 L 5cm
估价：RMB 10,000-20,000
成交价：RMB17,250

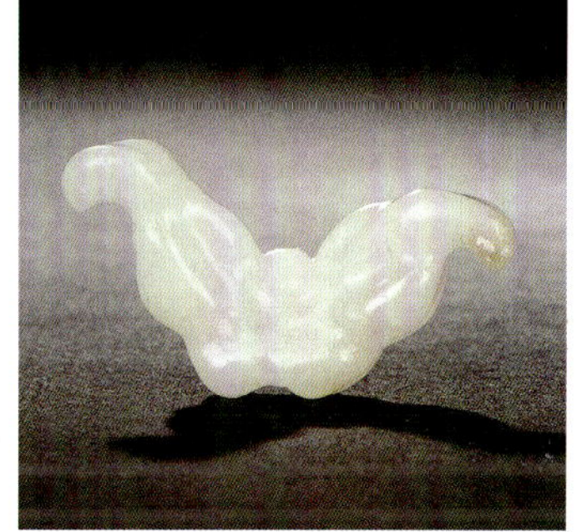

白玉菱角挂件
清 Qing BP 北京保利
2012-4-22 Lot1162 L 4.3cm
估价：无底价
成交价：RMB17,250

白玉多宝串（十二件）
Twelve White Jade Bracelets
清 Qing BP 北京保利
2012-6-7 Lot7531 尺寸不一
估价：RMB 20,000-30,000
成交价：RMB 63,250

白玉巧雕双欢（三件）
A Group of White Jade Double-Badgers
乾隆 Qianlong BD 北京东正
2012-10-31 Lot353 尺寸不一
估价：RMB 400,000-500,000
成交价：RMB460,000

范同生 福禄双全 青花挂件
Fan Tongsheng A "Qing Hua" Jade Pendant with Delicate Patterns
年代不详 Unknown XLA 西泠印社
2012-10-21 Lot116 59×29×14mm；W 33.1g
估价：无底价
成交价：RMB10,350

青白玉双喜挂件
清 Qing BP 北京保利
2012-4-22 Lot1147 W 7.5cm
估价：RMB 5,000-10,000
成交价：RMB9,200

青玉瓜瓞绵绵
乾隆 Qianlong BP 北京保利
2012-4-22 Lot1150 L 8cm
估价：无底价
成交价：RMB23,000

范同生 依偎 碧玉挂件
Fan Tongsheng A Spinach Green Jade Pendant with Melon Patterns
年代不详 Unknown XLA 西泠印社
2012-10-21 Lot114 45×15×9mm；W 39.5g
估价：无底价
成交价：RMB10,350

唐伟琪 冰清玉洁·兰香 玉挂件一对
Tang Weiqi Two Jade Pendants with Orchid Patterns
年代不详 Unknown XLA 西泠印社
2012-10-21 Lot204 尺寸不一
估价：无底价
成交价：RMB8,050

许馨亙 多子多福 碧玉挂件
Xu Xinhu A Spinach Green Jade Pendant with Grape Patterns
年代不详 Unknown XLA 西泠印社
2012-10-21 Lot25 56×29×18mm；W 38.3g
估价：无底价
成交价：RMB5,750

唐伟琪 慎修思永·平安富贵 玉挂件一对
Tang Weiqi Two Jade Pendants
年代不详 Unknown XLA 西泠印社
2012-10-21 Lot205 尺寸不一
估价：无底价
成交价：RMB10,350

青白玉雕福报平安挂件
A Fine Pale Celadon Jade Pendant in Vase Form
清 Qing XLA 西泠印社
2012-7-9 Lot2695 D 5.8cm
估价：RMB 40,000-50,000
成交价：RMB46,000

赵显志 年年有余 玉挂件
Zhao Xianzhi White Jade Pendants
年代不详 Unknown XLA 西泠印社
2012-7-7 Lot2023 尺寸不一
估价：RMB 60,000-80,000
成交价：RMB92,000

范同生 飞黄腾达 碧玉挂件
Fan Tongsheng A Spinach Green Jade Pendant with Cucumber Patterns
年代不详 Unknown XLA 西泠印社
2012-10-21 Lot115 46×11×9mm；W 32.7g
估价：无底价
成交价：RMB9,200

李 剑 遇百财 碧玉挂件
Li Jian A Spinach Green Jade Pendant with Cabbage Patterns
年代不详 Unknown XLA 西泠印社
2012-10-21 Lot133 49×21×18mm；W 26.3g
估价：无底价
成交价：RMB10,350

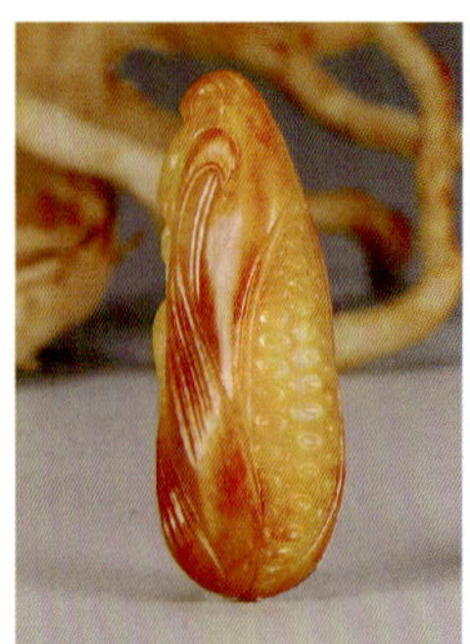

李剑 金玉满堂 黄沁料挂件
Li Jian A Yellow-Colored Jade Pendant with Maize Patterns
年代不详 Unknown XLA 西泠印社
2012-10-21 Lot132 50×20×17mm；W 23.7g
估价：无底价
成交价：RMB11,500

黄玉雕福在眼纹前挂件
A Yellow Jade Pendant
清初 Early Qing BD 北京东正
2012-10-31 Lot361 L 5cm
估价：RMB 180,000-200,000
成交价：RMB264,500

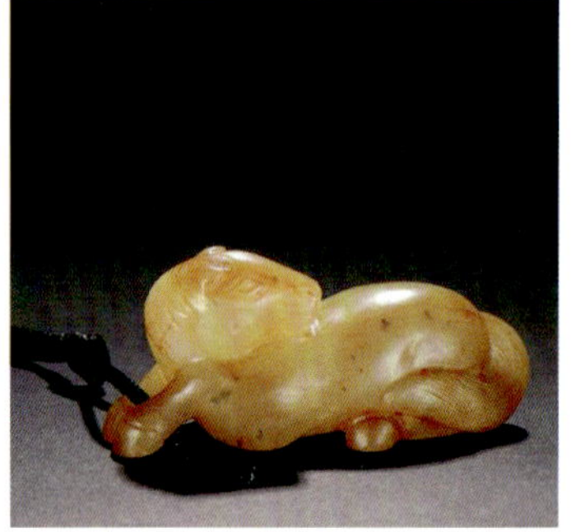

黄玉雕卧马纹挂件
A Yellow Jade Crouching Horse
明晚期 Late Ming BD 北京东正
2012-12-31 Lot105 L 7cm
估价：RMB 300,000-350,000
成交价：RMB345,000

黄玉雕刘海戏蟾纹挂件
A Yellow Jade Pendant
清中期 Mid Qing BD 北京东正
2012-10-31 Lot360 L 5.5cm
估价：RMB 120,000-150,000
成交价：RMB161,000

许馨互 旭日东升 黄玉挂件
Xu Xinhu A Jade Pendant with Sunrise Scene Patterns
年代不详 Unknown XLA 西泠印社
2012-10-21 Lot26 47×25×10mm；W 26g
估价：无底价
成交价：RMB5,750

吴金星 金蝉 黄沁料挂件
Wu Jinxing A Yellow-Colored Jade Pendant with Cicada Patterns
年代不详 Unknown XLA 西泠印社
2012-10-21 Lot182 49×28×10mm；W 18.5g
估价：RMB70,000 – 90,000
成交价：RMB92,000

仿古玉雕一组三件
A Group of Three Archaistic Jade Carvings
明或更晚 Ming and Later C 佳士得
2012-11-9 Lot1143 L 11.5cm
估价：GBP 1,500-2,500
成交价：GBP8,750

张晓玲 鹰熊 青花挂件
Zhang Xiaoling A "Qing HuA" Jade Pendant with Eagle and Bear Patterns
年代不详 Unknown XLA 西泠印社
2012-10-21 Lot40 40 × 23 × 20mm ; W 22.3g
估价：无底价
成交价：RMB5,750

范同生 财运连连 青花挂件
Fan Tongsheng A "Qing HuA" Jade Pendant with Lotus Root Patterns
年代不详 Unknown XLA 西泠印社
2012-10-21 Lot121 57 × 30 × 18mm ; W 31.5g
估价：无底价
成交价：RMB57,500

赵显志 一鸣惊人 玉挂件
Zhao Xianzhi Cicadas
年代不详 Unknown XLA 西泠印社
2012-7-7 Lot2022 尺寸不一
估价：RMB 70,000-100,000
成交价：RMB109,250

张晓玲 玉玦 青花挂件一对
Zhang Xiaoling A Pair Of "Qing HuA" Jade Pendants with Cloud Patterns, Jue
年代不详 Unknown XLA 西泠印社
2012-10-21 Lot41 尺寸不一
估价：无底价
成交价：RMB4,600

葛洪 开天辟地 墨玉挂件
Ge Hong A Dark Jade Pendant with Ax Patterns
年代不详 Unknown XLA 西泠印社
2012-10-21 Lot142 38 × 34 × 8mm ; W 17.2g
估价：无底价
成交价：RMB4,600

张晓玲 有余 青花挂件
Zhang Xiaoling A "Qing HuA" Jade Pendant
年代不详 Unknown XLA 西泠印社
2012-10-21 Lot43 57 × 23 × 20mm ; W 26.4g
估价：无底价
成交价：RMB4,600

冯钤 渔归 青花挂件
Feng Qian A “Qing Hua” ade Ornament of Landscape
年代不详 Unknown XLA 西泠印社
2012-7-7 Lot2030 47 × 29 × 5mm ; W 18g
估价：RMB 60,000-80,000
成交价：RMB92,000

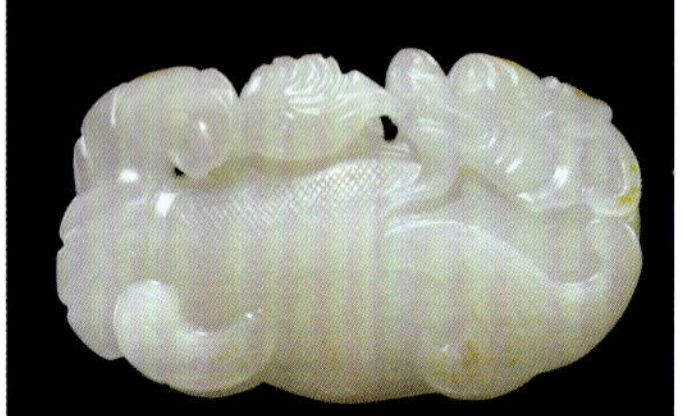

白玉鱼龙变化坠
A White Jade “Fishing Changing Dragon” Carving
清中期 Mid Qing GD 中国嘉德
2012-10-29 Lot4012 L 5.9cm
估价：RMB 18,000-28,000
成交价：RMB28,750

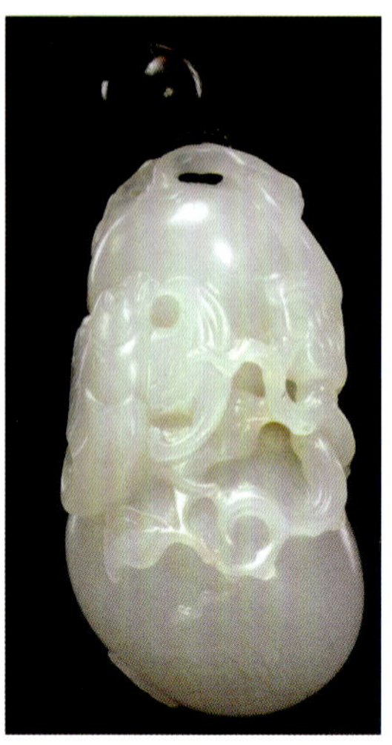

白玉福禄如意坠
A White Jade “Auspicious Plants” Pendant
清中期 Mid Qing GD 中国嘉德
2012-10-29 Lot3972 L 5.3cm
估价：RMB 12,000-18,000
成交价：RMB20,700

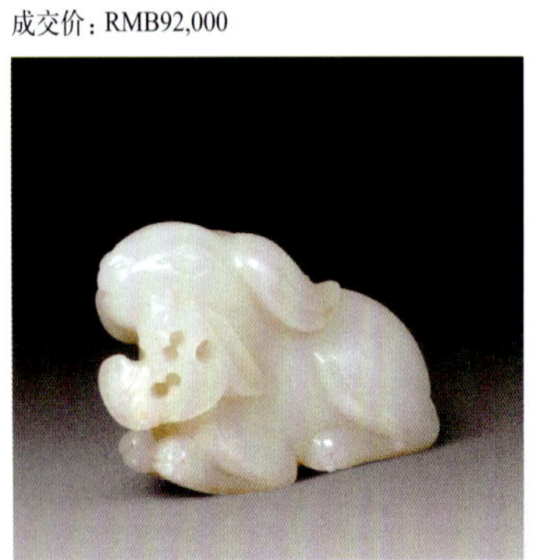

白玉兔衔灵芝坠
A White Jade Pendant
清 Qing GD 中国嘉德
2012-6-16 Lot3358 L 6cm
估价：无底价
成交价：RMB6,900

白玉一路连科坠
A White Jade Pendant
年代不详 Unknown GD 中国嘉德
2012-6-16 Lot3405 L 4.7cm
估价：RMB 5,000-8,000
成交价：RMB5,750

徐志浩 旺财 白玉、青花挂件
Xu Zhihao A Pair of Jade Dogs
年代不详 Unknown XLA 西泠印社
2012-10-21 Lot62 尺寸不一
估价：无底价
成交价：RMB5,750

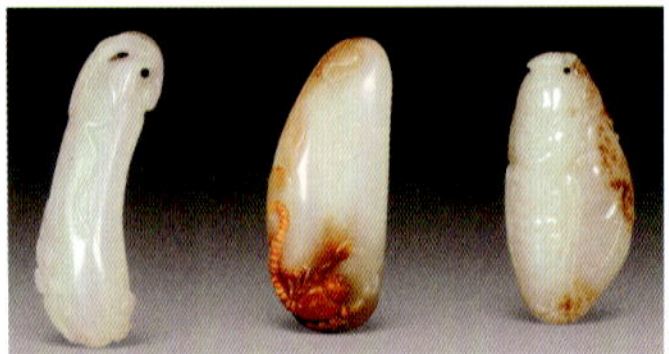

白玉坠（三件）
Three White Jade Pendants
年代不详 Unknown GD 中国嘉德
2012-9-16 Lot3244 尺寸不一
估价：RMB 6,000-9,000
成交价：RMB11,500

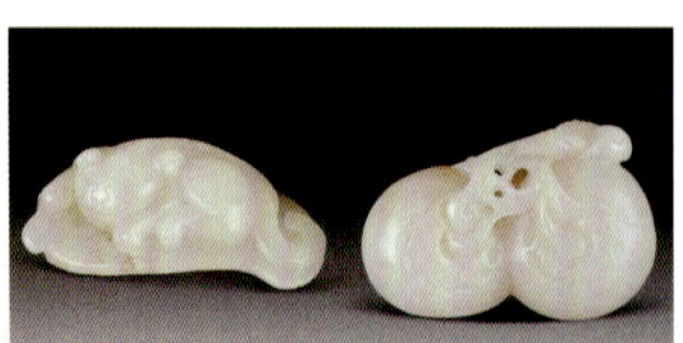

白玉坠（两件）
Two White Jade Pendants
年代不详 Unknown GD 中国嘉德
2012-9-16 Lot3192 L 3.6cm ; L 4cm
估价：无底价
成交价：RMB2,300

白玉小件（三件）
Three White Jade Objects
年代不详 Unknown GD 中国嘉德
2012-9-16 Lot3272 尺寸不一
估价：无底价
成交价：RMB1,150

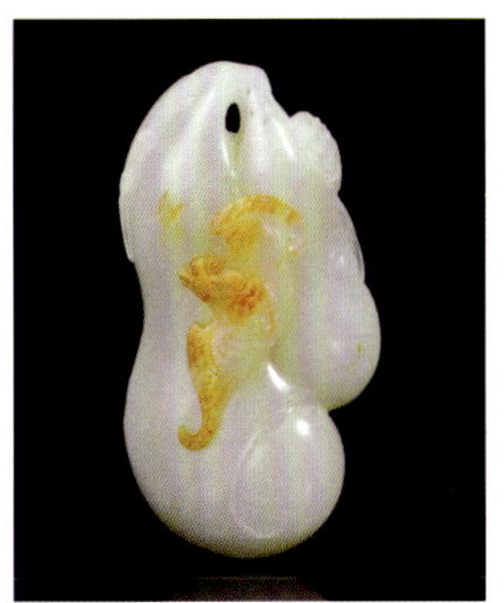

白玉留皮蝠纹葫芦坠
A White Jade Pendant
清 Qing GD 中国嘉德
2012-9-17 Lot4142 L 7.3cm
估价：无底价
成交价：RMB32,200

白玉松鼠葡萄坠
A White Jade Pendant
清 Qing GD 中国嘉德
2012-9-16 Lot2892 L 6.8cm
估价：RMB 15,000-25,000
成交价：RMB17,250

白玉弥勒坠
A White Jade Pendant
年代不详 Unknown GD 中国嘉德
2012-9-16 Lot2901 L 5.6cm
估价：RMB 15,000-25,000
成交价：RMB25,300

白玉童子坠
A White Jade Pendant
清 Qing GD 中国嘉德
2012-9-16 Lot2910 L 4.6cm
估价：无底价
成交价：RMB5,750

白玉留皮鸳鸯坠
A White Jade Pendant
年代不详 Unknown GD 中国嘉德
2012-9-16 Lot2923 L 4.8cm
估价：RMB 5,000-8,000
成交价：RMB5,750

白玉刘海戏金蟾坠
A White Jade Pendant
清 Qing GD 中国嘉德
2012-9-16 Lot2925 L 5.4cm
估价：RMB 12,000-22,000
成交价：RMB13,800

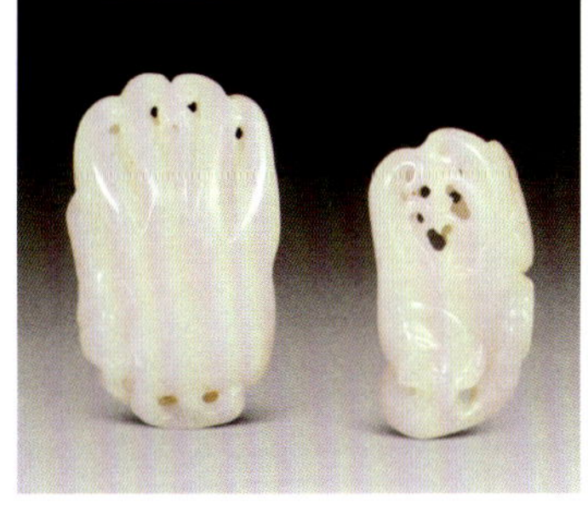

白玉佛手坠（两件）
Two White Jade Pendants
年代不详 Unknown GD 中国嘉德
2012-9-16 Lot3046 H 4.6cm；H 3.8cm
估价：无底价
成交价：RMB3,450

白玉四喜童子坠、白玉财神童子把件各一件
Two White Jade Pendants
年代不详 Unknown GD 中国嘉德
2012-9-16 Lot3058 L 4.2cm；L 7.8cm
估价：无底价
成交价：RMB5,750

白玉灵芝坠
A White Jade Pendant
年代不详 Unknown GD 中国嘉德
2012-9-16 Lot3176 L 6.5cm
估价：无底价
成交价：RMB3,450

白玉持莲童子坠
A White Jade Pendant
年代不详 Unknown GD 中国嘉德
2012-6-16 Lot3364 L 5.2cm
估价：无底价
成交价：RMB5,750

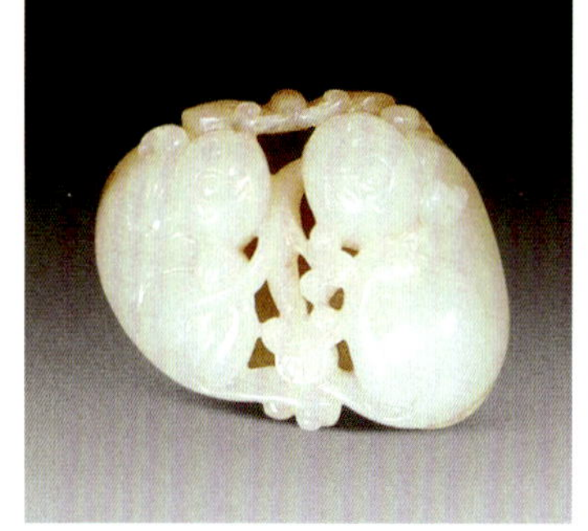

白玉猫蝶坠
A White Jade Pendant
清 Qing GD 中国嘉德
2012-6-16 Lot3415 L 3.3cm
估价：RMB 3,000-5,000
成交价：RMB4,600

白玉螭龙坠
A White Jade Pendant
清 Qing GD 中国嘉德
2012-6-16 Lot3478 L 8.3cm
估价：RMB 40,000-60,000
成交价：RMB46,000

白玉羊衔灵芝坠
A White Jade Pendant
清 Qing GD 中国嘉德
2012-6-16 Lot3488 L 6.4cm
估价：RMB 30,000-50,000
成交价：RMB36,800

白玉莲蓬
A White Jade Pendant
清 Qing GD 中国嘉德
2012-6-16 Lot3491 L 6.5cm
估价：RMB 15,000-25,000
成交价：RMB17,250

白玉观音图牌
A White Jade Pendant
年代不详 Unknown GD 中国嘉德
2012-6-16 Lot3501 H 5.4cm
估价：无底价
成交价：RMB6,900

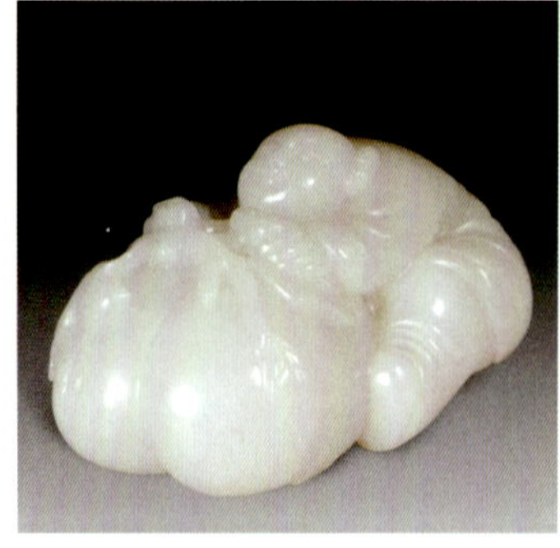

白玉童子坠
A White Jade Pendant
清 Qing GD 中国嘉德
2012-6-16 Lot3533 L 6cm
估价：RMB 15,000-25,000
成交价：RMB17,250

白玉观音坠、青白玉弥勒坠各一件
A White Jade Pendant and A Celadon Jade Pendant
年代不详 Unknown GD 中国嘉德
2012-6-16 Lot3534 L 5.6cm；L 5.3cm
估价：无底价
成交价：RMB2,300

白玉观音坠
A White Jade Pendant
年代不详 Unknown GD 中国嘉德
2012-6-16 Lot3579 H 4.5cm
估价：无底价
成交价：RMB10,350

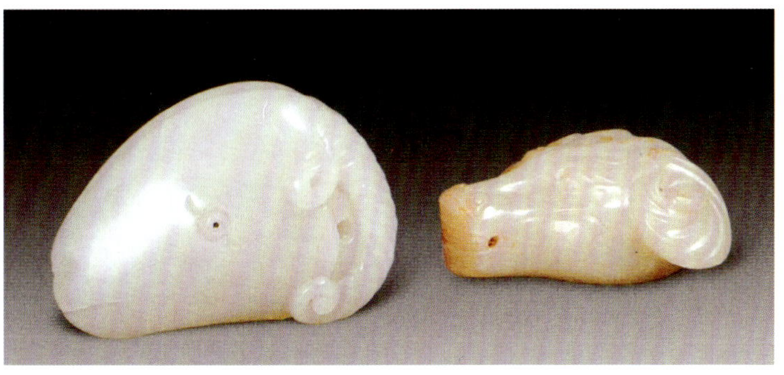

旧玉牛首坠、白玉羊首坠各一件
A Jade Pendant and A White Jade Pendant
年代不详 Unknown GD 中国嘉德
2012-6-16 Lot3537 L 4.4cm；L 3.7cm
估价：无底价
成交价：RMB1,150

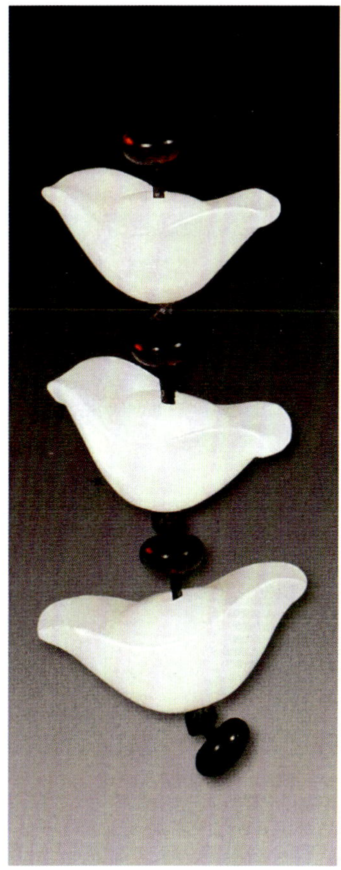

白玉元宝坠
A White Jade Pendant
年代不详 Unknown GD 中国嘉德
2012-6-16 Lot3595 L 6cm
估价：无底价
成交价：RMB3,450

白玉童子坠
A White Jade Pendant
清 Qing GD 中国嘉德
2012-6-16 Lot3868 L 2.9cm
估价：无底价
成交价：RMB3,450

白玉弥勒坠
A White Jade Pendant
年代不详 Unknown GD 中国嘉德
2012-6-16 Lot3869 L 4.1cm
估价：无底价
成交价：RMB2,300

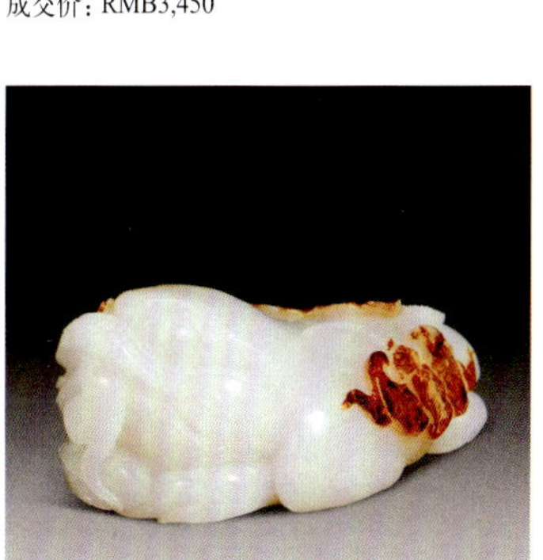

白玉留皮金蟾坠
A White Jade Pendant
年代不详 Unknown GD 中国嘉德
2012-6-16 Lot3891 L 7.9cm
估价：无底价
成交价：RMB4,600

白玉双鹰坠
A White Jade Pendant
年代不详 Unknown GD 中国嘉德
2012-6-16 Lot3894 L 4.5cm
估价：无底价
成交价：RMB1,150

白玉刘海戏金蟾坠
A White Jade Pendant
年代不详 Unknown GD 中国嘉德
2012-6-16 Lot3599 H 9cm
估价：无底价
成交价：RMB8,050

白玉弥勒坠（一对）
A Pair of White Jade Pendants
年代不详 Unknown GD 中国嘉德
2012-6-16 Lot3917 L 2.6cm × 2
估价：无底价
成交价：RMB5,750

白玉留皮花生坠
A White Jade Pendant
年代不详 Unknown GD 中国嘉德
2012-6-16 Lot3931 H 4.8cm
估价：无底价
成交价：RMB3,450

白玉 青玉坠（四件）
White Jade Pendants and Celadon Jade Pendants
年代不详 Unknown GD 中国嘉德
2012-6-16 Lot3929 尺寸不一
估价：无底价
成交价：RMB1,150

白玉留皮一路连科坠
A White Jade Pendant
年代不详 Unknown GD 中国嘉德
2012-6-16 Lot3932 L 5.5cm
估价：无底价
成交价：RMB1,150

白玉仕女坠、青白玉佛像坠各一件
A White Jade Pendant and A Celadon Jade Pendant
年代不详 Unknown GD 中国嘉德
2012-6-16 Lot3933 L 7.5cm；H 5.4cm
估价：无底价
成交价：RMB3,450

白玉童子坠
A White Jade Pendant
清 Qing GD 中国嘉德
2012-6-16 Lot3949 L 5.3cm
估价：RMB 3,000-5,000
成交价：RMB3,450

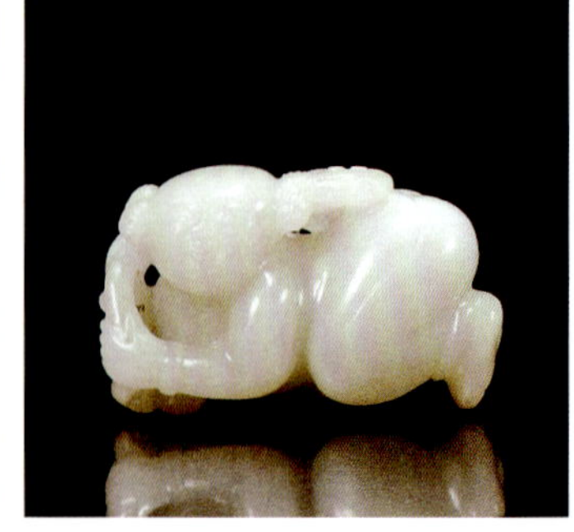

白玉持莲童子坠
A White Jade Pendant
清 Qing GD 中国嘉德
2012-6-16 Lot3235 L 5.3cm
估价：RMB 9,000-15,000
成交价：RMB10,350

白玉人物纹坠
A White Jade Pendant
清 Qing GD 中国嘉德
2012-6-16 Lot3247 L 4.2cm
估价：RMB 10,000-20,000
成交价：RMB23,000

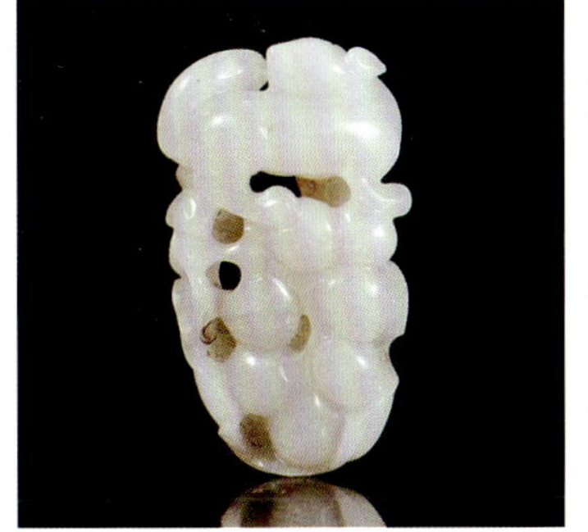

白玉松鼠葡萄坠
A White Jade Pendant
清 Qing GD 中国嘉德
2012-6-16 Lot3248 L 6cm
估价：RMB 10,000-20,000
成交价：RMB11,500

白玉红皮金玉满堂坠
A White Jade Pendant
清 Qing GD 中国嘉德
2012-6-16 Lot3268 L 4.1cm
估价：RMB 20,000-30,000
成交价：RMB23,000

白玉雕同登眉寿坠
A Carved Jade Pendant
乾隆 Qianlong BC 北京诚轩
2012-5-13 Lot210 5.4 × 2 × 4.4cm
估价：RMB 50,000-70,000
成交价：RMB138,000

白玉镂空雕松鼠葡萄坠
A Carved Jade Pendant
清中期 Mid Qing BC 北京诚轩
2012-5-13 Lot224 5.4 × 3.5 × 2.1cm
估价：RMB 50,000-70,000
成交价：RMB57,500

白玉雕福禄万代纹坠
A White Jade Gourd-Shaped Pendant
清中期 Mid Qing BD 北京东正
2012-5-11 Lot237 L 7.5 cm
估价：RMB 80,000-90,000
成交价：RMB94,300

“鹘攫鹅”玉坠
年代不详 Unknown BSA 古天一
2012-12-2 Lot1046 3.5 × 2.8cm
估价：RMB 80,000-120,000
成交价：RMB218,500

白玉刘海戏蟾坠
年代不详 Unknown BSA 古天一
2012-12-2 Lot1041 H 4cm
估价：RMB 30,000-50,000
成交价：RMB64,400

白玉善财童子坠
年代不详 Unknown BSA 古天一
2012-12-2 Lot1040 H 3.6cm
估价：RMB 20,000-40,000
成交价：RMB71,300

白玉鸳鸯坠
年代不详 Unknown BSA 古天一
2012-12-2 Lot1028 L 3.8cm
估价：RMB 80,000-120,000
成交价：RMB368,000

双联管式玉坠
年代不详 Unknown BSA 古天一
2012-12-2 Lot1030 H 3.8cm
估价：RMB 30,000-50,000
成交价：RMB66,700

双兔捣药玉坠
年代不详 Unknown BSA 古天一
2012-12-2 Lot1021 H 4cm
估价：RMB 20,000-50,000
成交价：RMB57,500

玉雕龙形坠
年代不详 Unknown BSA 古天一
2012-12-2 Lot1032 L 3.4cm
估价：RMB 50,000-80,000
成交价：RMB138,000

程磊 真水无香 白玉耳坠
Cheng Lei A Pair of White Jade Earrings
年代不详 Unknown XLA 西泠印社
2012-7-7 Lot2055 24×9×6mm×2
估价：无底价
成交价：RMB17,250

程磊 月未央 白玉耳坠
Cheng Lei Pendant Earrings
年代不详 Unknown XLA 西泠印社
2012-10-21 Lot76 18×18×4mm×2；D 6mm；W 3.1g×2
估价：无底价
成交价：RMB6900

白玉印、碧玺猴多宝串
年代不详 Unknown BSA 古天一
2012-12-2 Lot1039 H 3.2cm
估价：RMB 10,000-20,000
成交价：RMB36,800

白玉印、翡翠印多宝串
年代不详 Unknown BSA 古天一
2012-12-2 Lot1050 尺寸不一
估价：RMB 20,000-40,000
成交价：RMB115,000

白玉洪福齐天挂坠
A Seed Hotan Pendant
清 Qing TT 北京传是
2012-7-8 Lot1460 H 7cm
估价：RMB 10,000-15,000
成交价：RMB14,950

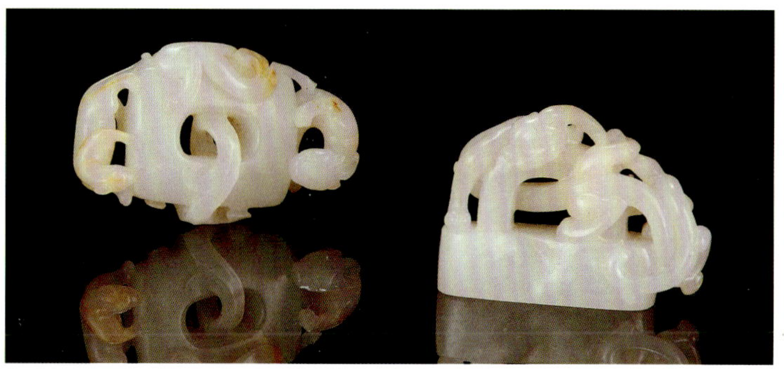

白玉镂雕坠饰两件
Two White Jade Carvings
18 世纪 18th Century C 佳士得
2012-5-18 Lot1133 尺寸不一
估价：GBP 4,000-6,000
成交价：GBP23,750

白玉犬一件
A White Jade Dog
18 世纪 18th Century C 佳士得
2012-5-18 Lot1134 L 6.8cm
估价：GBP 2,000-3,000
成交价：GBP15,000

白玉坠饰三件
Three Jade Carvings
宋 - 明 Song to Ming C 佳士得
2012-5-18 Lot1165 尺寸不一
估价：GBP 3,000-5,000
成交价：GBP10,000

白玉雕胡人坠
A Small Jade Figure of A Foreigner
元 - 明 Yuan-Ming C 佳士得
2012-5-18 Lot1140 L 6.5cm
估价：GBP 2,000-3,000
成交价：GBP2,500

玉吊坠两件，玻璃牌一件
Two Jade Pendants and One Glass Plaque
18 世纪或更晚 18th Century or Later C 佳士得
2012-5-18 Lot1135 尺寸不一
估价：GBP 4,000-6,000
成交价：GBP99,650

白玉福禄大吉葫芦形坠一件
A White Jade Double-Gourd Shaped Pendant
18 世纪 18th Century C 佳士得
2012-5-18 Lot1137 L 8.1cm
估价：GBP 3,000-5,000
成交价：GBP34,850

白玉龙凤纹吊坠一件
A White Jade 'Dragon and Pheonix' Pendant
18 世纪 18th Century C 佳士得
2012-5-18 Lot1138 W 6.3cm
估价：GBP 2,000-3,000
成交价：GBP27,500

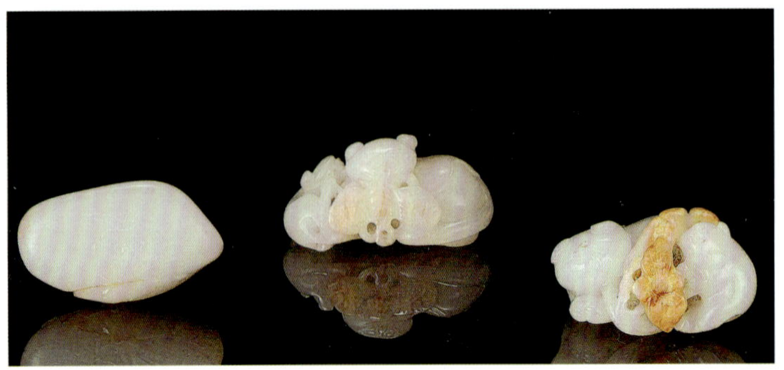

白玉坠饰三件
Three White Jade Carvings
18-19 世纪 18-19th Century C 佳士得
2012-5-18 Lot1166 尺寸不一
估价：GBP 3,000-5,000
成交价：GBP22,500

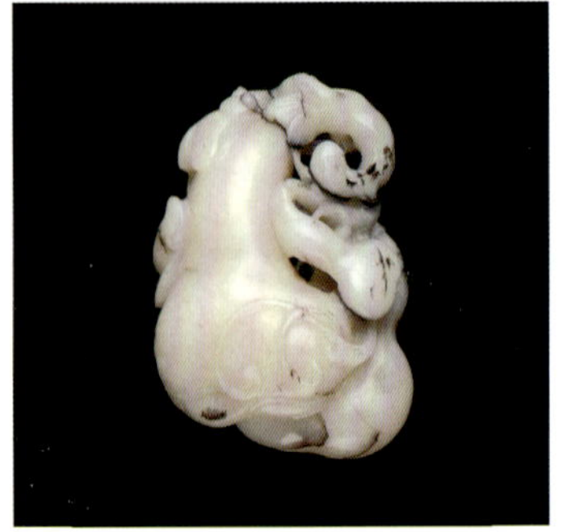

玉雕福禄双全坠一件
A Jade Double Gourd Pendant
18 世纪 18th Century C 佳士得
2012-5-18 Lot1222 H 5.8cm
估价：GBP 3,000-5,000
成交价：GBP3,750

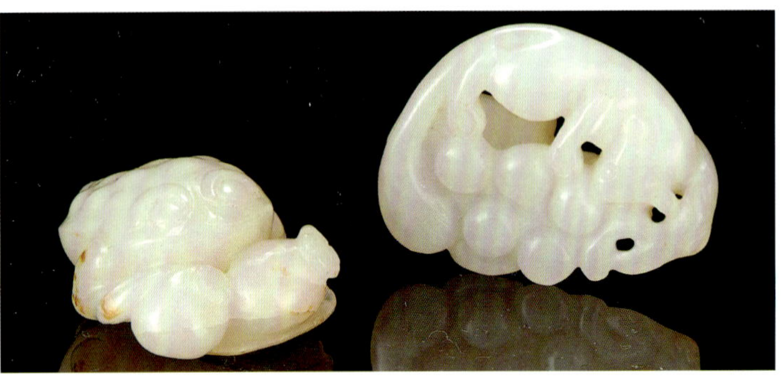

白玉雕动物坠两件
Two White Jade Carvings of Animals
18-19 世纪 18-19th Century C 佳士得
2012-5-18 Lot1167 尺寸不一
估价：GBP 1,000-1,500
成交价：GBP6,000

白玉巧雕坠饰四件
Four White Jade Carvings
18-19 世纪 18-19th Century C 佳士得
2012-5-18 Lot1308 尺寸不一
估价：GBP 2,000-3,000
成交价：GBP8,125

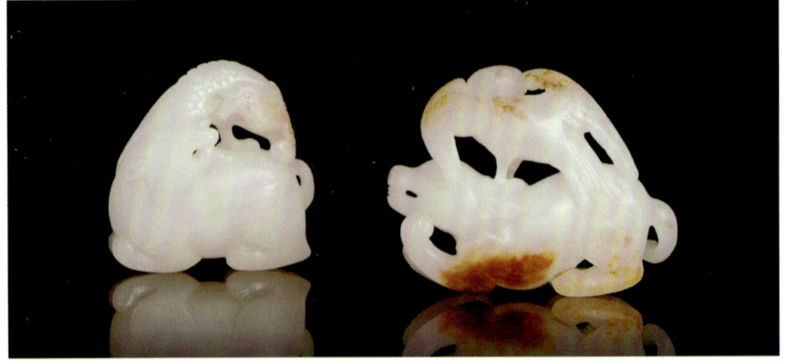

白玉巧雕坠饰两件
Two White Jade Carvings of An Eagle and A Bear
18 世纪或更晚 18th Century or Later C 佳士得
2012-5-18 Lot1168 尺寸不一
估价：GBP 2,000-3,000
成交价：GBP51,650

白玉葫芦形福海寿山吊坠一件
A White Jade Double-Gourd Shaped Pendant
18 世纪 18th Century C 佳士得
2012-5-18 Lot1309 L 8cm
估价：GBP 2,000-3,000
成交价：GBP70,850

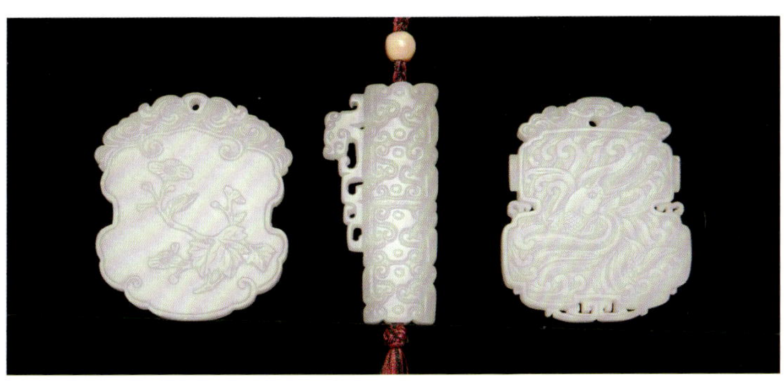

白玉雕坠饰三件
Three Jade Pendants
17-18 世纪 17-18th Century C 佳士得
2012-5-18 Lot1170 6.1cm
估价：GBP 3,000-5,000
成交价：GBP46,850

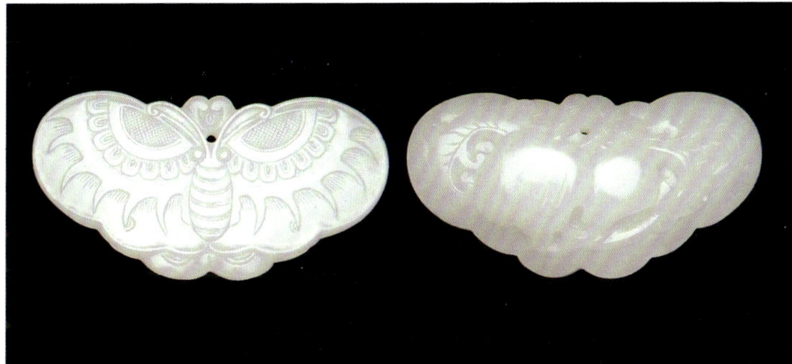

白玉蝴蝶形吊坠一件
A White Jade Pendant
乾隆 Qianlong C 佳士得
2012-5-18 Lot1325 W 5.9cm
估价：GBP 4,000-6,000
成交价：GBP16,250

白玉螭龙纹璧、白玉莲叶坠、翠玉石榴坠各一
Three Small Jade and Jadeite Carvings
年代不详 Unknown C 佳士得
2012-9-13 Lot1050 5.1cm;5.5cm;6cm
估价：USD 6,000-8,000
成交价：USD15,000

白玉镂雕麒麟坠一件
A White Jade Pendant of A Qilin
18 世纪 18th Century C 佳士得
2012-5-18 Lot1312 H 6cm
估价：GBP 4,000-6,000
成交价：GBP25,000

白玉随行巧雕坠
A White Jade Water Chestnut Pendant
乾隆 Qianlong C 佳士得
2012-5-18 Lot1332 L 6cm
估价：GBP 3,000-5,000
成交价：GBP4,375

金玉满堂（崔磊作）
年代不详 Unknown RB 北京荣宝
2012-11-25 Lot1765 45×35×23mm；W 48g
估价：RMB 200,000-230,000
成交价：RMB246,400

白玉寿桃挂坠
A White Jade Pendant
清 Qing TT 北京传是
2012-7-8 Lot1471 L 5cm
估价：RMB 15,000-20,000
成交价：RMB23,000

白玉籽料八宝吉祥莲
年代不详 Unknown RB 北京荣宝
2012-6-24 Lot1705 W 71g
估价：RMB 60,000-90,000
成交价：RMB95,200

籽料白玉兰
年代不详 Unknown RB 北京荣宝
2012-6-24 Lot1729 W 16g
估价：RMB 40,000-60,000
成交价：RMB64,960

白玉籽料飞黄腾达
年代不详 Unknown RB 北京荣宝
2012-6-24 Lot1730 H 6cm
估价：RMB 20,000-30,000
成交价：RMB28,000

数钱
年代不详 Unknown RB 北京荣宝
2012-8-26 Lot802 30×20mm
估价：RMB 8,000-12,000
成交价：RMB11,200

白玉巧雕“年年有余”挂坠
年代不详 Unknown RB 北京荣宝
2012-6-24 Lot1621 H 4.8cm
估价：RMB 80,000-120,000
成交价：RMB89,600

平安对锁
年代不详 Unknown RB 北京荣宝
2012-8-26 Lot812 29×22cm；29×19cm
估价：无底价
成交价：RMB16,800

伏虎瑞兽
年代不详 Unknown RB 北京荣宝
2012-8-26 Lot818 L 75mm
估价：RMB 40,000-50,000
成交价：RMB44,800

貔貅
年代不详 Unknown RB 北京荣宝
2012-8-26 Lot819 L 53mm
估价：RMB 40,000-50,000
成交价：RMB47,040

生肖鼠
年代不详 Unknown RB 北京荣宝
2012-8-26 Lot822 40×20cm
估价：RMB 10,000-15,000
成交价：RMB16,800

和田白玉原籽挂坠
年代不详 Unknown RB 北京荣宝
2012-6-24 Lot1623 H 5.5cm
估价：RMB 88,000-120,000
成交价：RMB98,560

玫瑰之恋
年代不详 Unknown RB 北京荣宝
2012-11-25 Lot1701 31×16mm；W 11g
估价：RMB 12,000-15,000
成交价：RMB20,160

渔翁得利
年代不详 Unknown RB 北京荣宝
2012-11-25 Lot1702 34×22×29mm；W 16g
估价：RMB 15,000-18,000
成交价：RMB20,160

风调雨顺
年代不详 Unknown RB 北京荣宝
2012-11-25 Lot1706 92×31×13mm；W 80g
估价：RMB 50,000-60,000
成交价：RMB61,600

鹅如意
年代不详 Unknown RB 北京荣宝
2012-11-25 Lot1710 57×53×14mm；W 81.5g
估价：RMB 1,800,000-2,100,000
成交价：RMB1,904,000

称心如意

年代不详 Unknown RB 北京荣宝
2012-11-25 Lot1711 74×44×34mm；W 94g
估价：RMB 100,000-120,000
成交价：RMB123,200

执伞仕女

年代不详 Unknown RB 北京荣宝
2012-11-25 Lot1713 100×29mm；W 98g
估价：RMB 100,000-130,000
成交价：RMB134,400

多子多福

年代不详 Unknown RB 北京荣宝
2012-11-25 Lot1715 49×29×14mm；W 30.6g
估价：RMB 22,000-25,000
成交价：RMB31,360

遇吉祥

年代不详 Unknown RB 北京荣宝
2012-11-25 Lot1716 43×34×16mm；W 35g
估价：RMB 25,000-30,000
成交价：RMB31,360

白玉镂雕金鱼坠及白玉青蛙戏莲把件

A White Jade Pendant and A White Jade Carving
清 18-19 世纪 Qing,18th-19th Century C 佳士得
2012-3-22 Lot1817 L 5.4cm；L 4cm
估价：USD 5,000-7,000
成交价：USD20,000

如意卧牛

年代不详 Unknown RB 北京荣宝
2012-11-25 Lot1738 43×21×14mm；W 19g
估价：RMB 11,000-13,000
成交价：RMB12,320

一团和气

年代不详 Unknown RB 北京荣宝
2012-11-25 Lot1744 57×57×20mm；W 101g
估价：RMB 75,000-80,000
成交价：RMB89,600

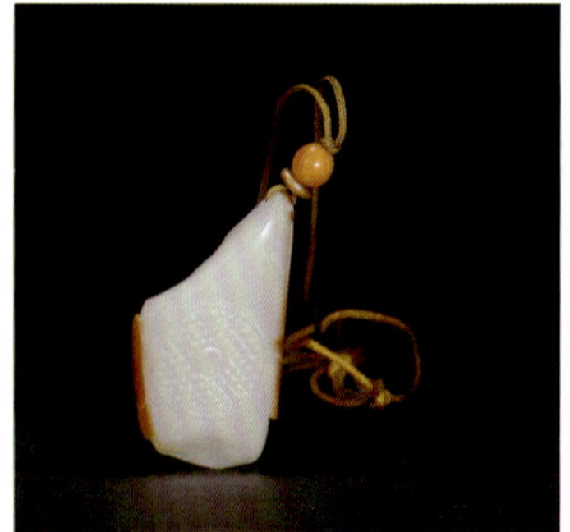

玉刀币

年代不详 Unknown RB 北京荣宝
2012-11-25 Lot1728 56×30×14mm；W 33.3g
估价：RMB 70,000-80,000
成交价：RMB78,400

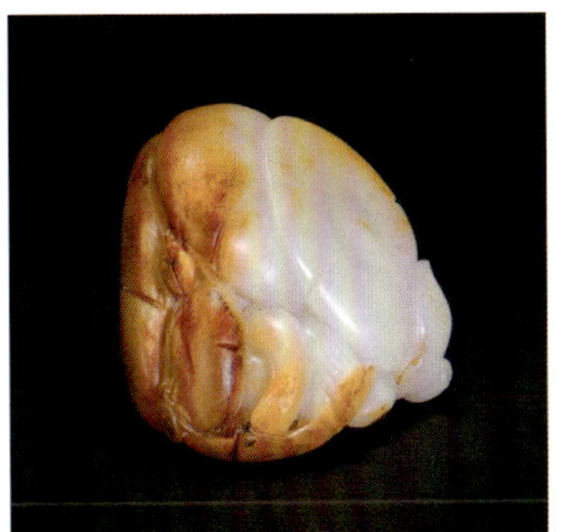

君子之交

年代不详 Unknown RB 北京荣宝
2012-11-25 Lot1740 55×51×30mm；W 88.8g
估价：RMB 40,000-50,000
成交价：RMB50,400

弥勒佛（洪新华作）

年代不详 Unknown RB 北京荣宝
2012-11-25 Lot1758 43×41×18mm；W 38.7g
估价：RMB 300,000-330,000
成交价：RMB336,000

年年有余

年代不详 Unknown RB 北京荣宝
2012-11-25 Lot1768 54×54×14mm；W 90.2g
估价：RMB 43,000-48,000
成交价：RMB47,040

江南水乡

年代不详 Unknown RB 北京荣宝
2012-11-25 Lot1755 47×35×10mm；W 33g
估价：RMB 36,000-40,000
成交价：RMB42,560

福兔

年代不详 Unknown RB 北京荣宝
2012-11-25 Lot1790 50×24×11mm；W 20.4g
估价：RMB 15,000-18,000
成交价：RMB20,160

一路连科

年代不详 Unknown RB 北京荣宝
2012-11-25 Lot1787 63×34×16mm；W 60g
估价：RMB 40,000-45,000
成交价：RMB47,040

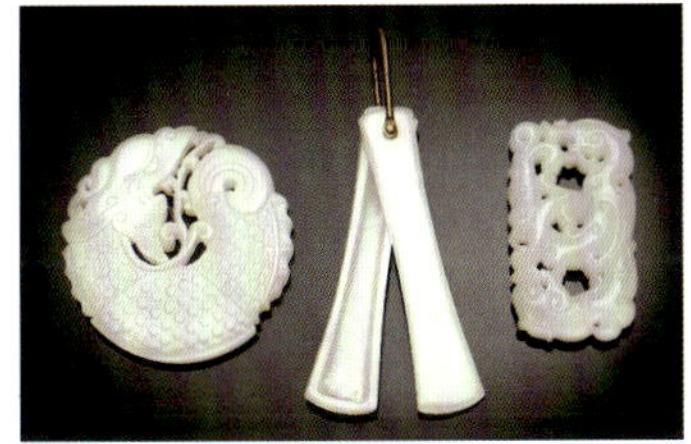

白玉龙鱼坠、白玉盖盒、白玉双龙纹坠各一

Three Small White Jade Articles
年代不详 Unknown C 佳士得
2012-9-13 Lot1061 5.4cm;7cm;5cm
估价：USD 4,000-6,000
成交价：USD27,500

灵猴献寿

年代不详 Unknown RB 北京荣宝
2012-11-25 Lot1789 38×31×20mm；W 38g
估价：RMB 12,000-15,000
成交价：RMB16,800

江渚泊舟

年代不详 Unknown RB 北京荣宝
2012-11-25 Lot1788 57×22×7mm；W 21g
估价：RMB 40,000-45,000
成交价：RMB47,040

貔貅
年代不详 Unknown RB 北京荣宝
2012-11-25 Lot1784 49×48×36mm；W 107g
估价：RMB 68,000-75,000
成交价：RMB78,400

年年有馀
年代不详 Unknown RB 北京荣宝
2012-11-25 Lot1770 45×35×19mm；W 48.1g
估价：RMB 250,000-270,000
成交价：RMB280,000

财神（崔磊作）
年代不详 Unknown RB 北京荣宝
2012-11-25 Lot1782 42×21×15mm；W 17.2g
估价：RMB 80,000-90,000
成交价：RMB95,200

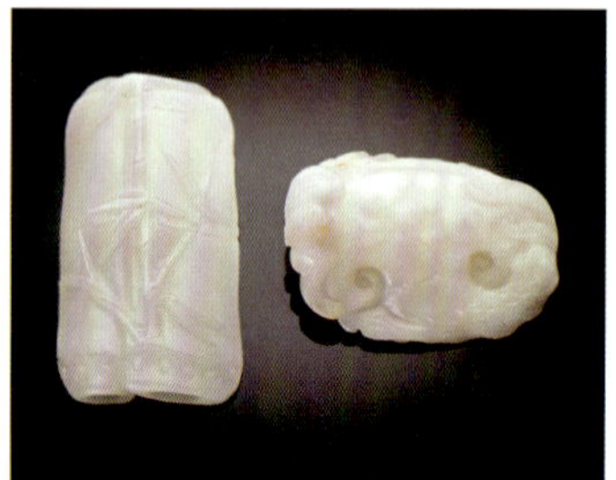

白玉竹节形坠及白玉福至心灵坠
Two White Jade Pendants
清 17-19 世纪 Qing,17-19th Century C 佳士得
2012-3-22 Lot1859 L 5cm；L 6cm
估价：USD 4,000-6,000
成交价：USD13,750

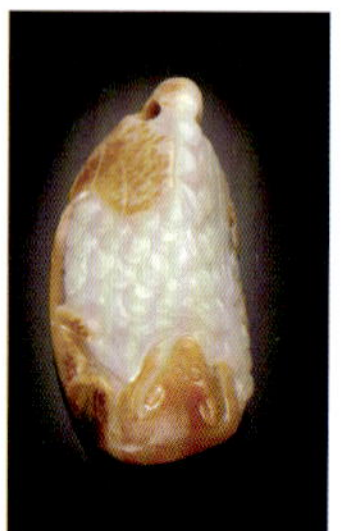

白玉巧雕松鼠葡萄坠
A White and Russet Jade Pendant
清 18-19 世纪 Qing,18-19th Century C 佳士得
2012-3-22 Lot1863 L 5.7cm
估价：USD 6,000-8,000
成交价：USD7,500

白玉双鹅衔花坠
清 Qing BP 北京保利
2012-8-11 Lot677 L 4.5cm
估价：RMB 5,000-8,000
成交价：RMB55,200

白玉留皮双福双寿坠
清 Qing BP 北京保利
2012-8-11 Lot680 L 5.5cm
估价：RMB 20,000-30,000
成交价：RMB57,500

白玉福寿坠
清 Qing BP 北京保利
2012-8-11 Lot684 L 5.5cm
估价：RMB 5,000-8,000
成交价：RMB11,500

白玉巧雕凤凰坠
清 Qing BP 北京保利
2012-8-11 Lot687 L 5cm
估价：RMB 8,000-12,000
成交价：RMB17,250

白玉洒金皮松鼠葡萄坠
清 Qing BP 北京保利
2012-8-11 Lot688 L 4.5cm
估价：RMB 20,000-30,000
成交价：RMB126,500

白玉洒金皮金玉满堂坠
清 Qing BP 北京保利
2012-8-11 Lot691 L 5.5cm
估价：RMB 25,000-35,000
成交价：RMB69,000

白玉双象坠
明 Ming BP 北京保利
2012-8-11 Lot693 L 4.5cm
估价：无底价
成交价：RMB11,500

白玉瑞兽坠
清 Qing BP 北京保利
2012-8-11 Lot699 L 4.5cm
估价：RMB 12,000-20,000
成交价：RMB51,750

白玉童子坠
清 Qing BP 北京保利
2012-8-11 Lot700 L 4cm
估价：RMB 8,000-12,000
成交价：RMB32,200

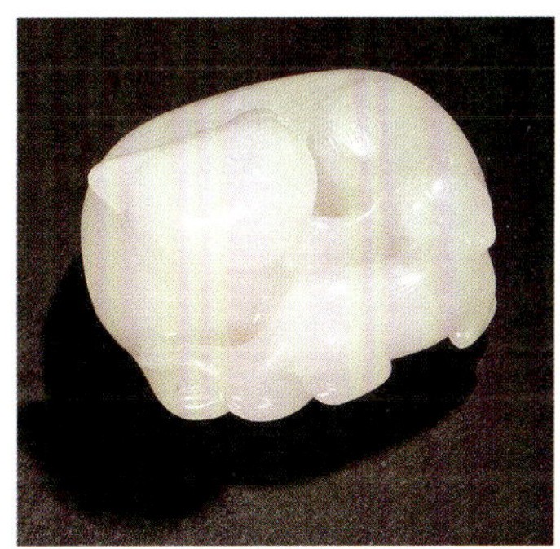

白玉双猫坠
清 Qing BP 北京保利
2012-8-11 Lot704 L 3.5cm
估价：RMB 10,000-20,000
成交价：RMB149,500

白玉双鱼坠
清 Qing BP 北京保利
2012-8-11 Lot706 L 3.5cm
估价：RMB 5,000-8,000
成交价：RMB63,250

白玉留皮蚕纹坠
清 Qing BP 北京保利
2012-8-11 Lot711 L 4cm
估价：RMB 5,000-8,000
成交价：RMB51,750

白玉带皮松鼠葡萄坠
清中期 Mid Qing BP 北京保利
2012-8-11 Lot770 D 4.5cm
估价：RMB 10,000-20,000
成交价：RMB13,800

白玉灵仙祝寿坠
清 Qing BP 北京保利
2012-8-11 Lot694 L 4.5cm
估价：RMB 60,000-80,000
成交价：RMB69,000

白玉螭龙坠
A Carved White Jade Pendant with Dragon Design
明 Ming BH 北京翰海
2012-5-27 Lot2110 L 5.2cm
估价：RMB 30,000-50,000
成交价：RMB34,500

白玉洒金松鼠葡萄坠
A Carved White Jade Pendant with Squirrel and Grape Design
清中期 Mid Qing BH 北京翰海
2012-5-27 Lot2108 H 8cm
估价：RMB 60,000-80,000
成交价：RMB78,200

白玉留皮巧雕福至心灵坠
清 Qing BP 北京保利
2012-8-11 Lot695 L 5cm
估价：RMB 12,000-22,000
成交价：RMB48,300

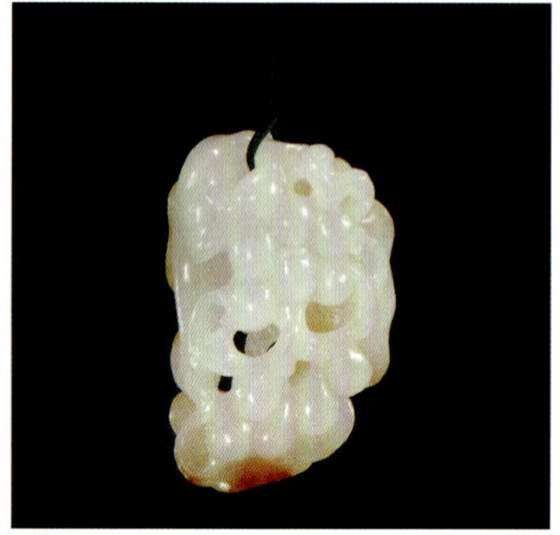

白玉洒金松鼠葡萄坠
A Carved White Jade Pendant with Squirrel and Grape Design
清中期 Mid Qing BH 北京翰海
2012-5-27 Lot2109 H 6.2cm
估价：RMB 120,000-150,000
成交价：RMB149,500

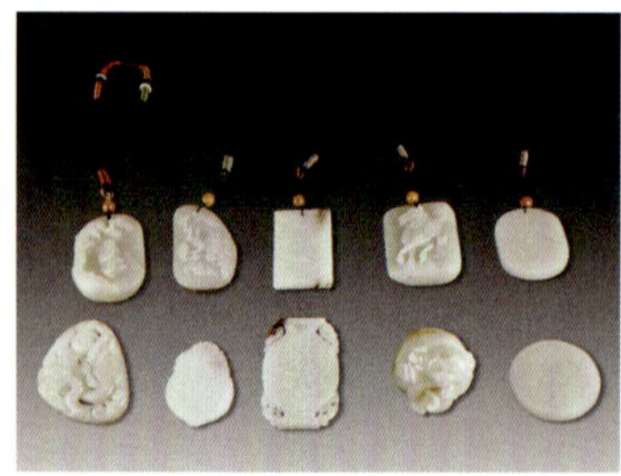

玉牌子挂件（十件）
年代不详 Unknown BP 北京保利
2012-8-11 Lot943 尺寸不一
估价：无底价
成交价：RMB17,250

白玉大吉坠
清 Qing BP 北京保利
2012-8-11 Lot696 L 5cm
估价：RMB 6,000-8,000
成交价：RMB51,750

白玉蔬果坠
A Carved White Jade Fruit Shaped Pendant
清中期 Mid Qing BH 北京翰海
2012-5-27 Lot2125 H 5.4cm
估价：RMB 30,000-50,000
成交价：RMB57,500

白玉丰衣足食坠
A Carved White Jade Silkworm
清中期 Mid Qing BH 北京翰海
2012-5-27 Lot2123 H 5cm
估价：RMB 15,000-25,000
成交价：RMB57,500

白玉童子乘槎坠
A Carved White Jade Boy Servant of An Immortal
清 Qing BH 北京翰海
2012-5-27 Lot2134 L 6.1cm
估价：RMB 10,000-15,000
成交价：RMB11,500

白玉洒金瓜果坠
A Carved White Jade Melon Shaped Pendant
清 Qing BH 北京翰海
2012-5-27 Lot2137 H 5.5cm
估价：RMB 30,000-50,000
成交价：RMB126,500

白玉洒金透雕荷莲坠
A Carved White Jade Pendant with Lotus Design
清中期 Mid Qing BH 北京翰海
2012-5-27 Lot2138 H 5.2cm
估价：RMB 30,000-50,000
成交价：RMB115,000

白玉洒金福寿坠
A Carved White Jade Pendant with Peach Design
清中期 Mid Qing BH 北京翰海
2012-5-27 Lot2139 L 7.3cm
估价：RMB 150,000-260,000
成交价：RMB184,000

白玉洒金葫芦万代坠
A Carved White Jade Gourd Shaped Pendant
清中期 Mid Qing BH 北京翰海
2012-5-27 Lot2140 H 6.1cm
估价：RMB 150,000-260,000
成交价：RMB218,500

白玉连年有余坠
A Carved White Jade Lotus Root
清中期 Mid Qing BH 北京翰海
2012-12-8 Lot2084 L 6.5cm
估价：RMB 25,000-30,000
成交价：RMB28,750

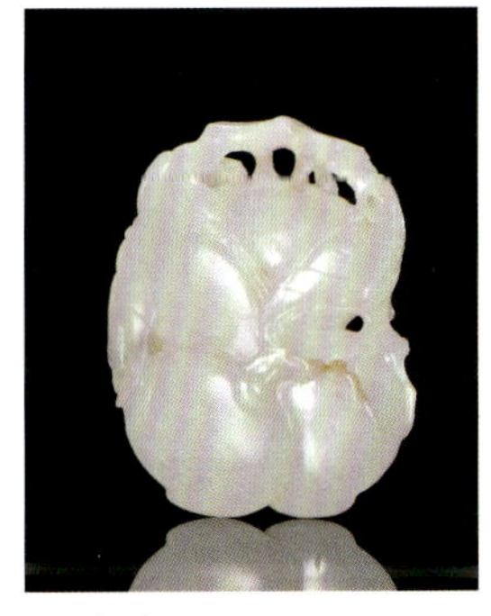

白玉双寿坠
A Carved White Jade Double Peaches
清 Qing BH 北京翰海
2012-12-8 Lot2257 H 5.2cm
估价：RMB 15,000-25,000
成交价：RMB31,050

白玉洒金葫芦坠
A Carved White Jade Gourd
清中期 Mid Qing BH 北京翰海
2012-12-8 Lot2258 H 7cm
估价：RMB 30,000-40,000
成交价：RMB34,500

白玉洒金福禄万代坠
A Carved White Jade Gourd
清中期 Mid Qing BH 北京翰海
2012-12-8 Lot2273 H 7.3cm
估价：RMB 25,000-35,000
成交价：RMB46,000

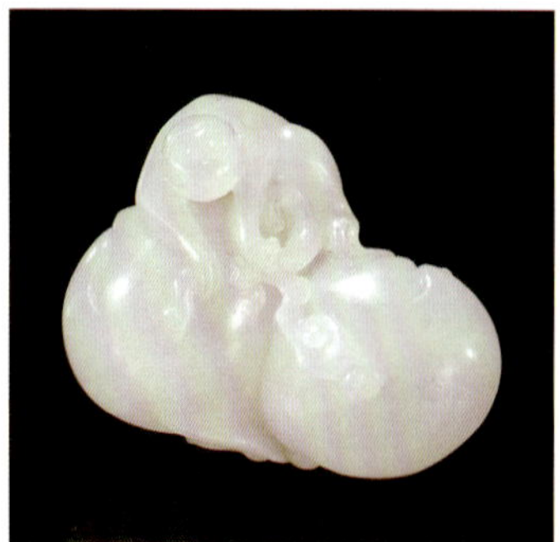

白玉灵猴献寿坠
A Carved White Jade Monkey
清中期 Mid Qing BH 北京翰海
2012-12-8 Lot2274 H 5.6cm
估价：RMB 15,000-25,000
成交价：RMB17,250

玉雕三欢坠
年代不详 Unknown BH 北京翰海
2012-9-28 Lot1599 L 4cm
估价：RMB 20,000-20,000
成交价：RMB23,000

白玉留皮瓜蝶绵绵坠
A Fine and Nice White Jade Pendant
乾隆 Qianlong BP 北京保利
2012-6-5 Lot6203 L 6cm
估价：RMB 300,000-500,000
成交价：RMB552,000

白玉双欢坠
A Fine and Nice White Jade Carving
乾隆 Qianlong BP 北京保利
2012-6-5 Lot6204 L 6.5cm
估价：RMB 250,000-350,000
成交价：RMB287,500

白玉蚕纹坠
民国 Republic Period BP 北京保利
2012-4-23 Lot1870 L 6cm
估价：无底价
成交价：RMB 10,350

白玉葫芦万代坠
清 Qing BP 北京保利
2012-4-23 Lot1884 L 5.5cm
估价：RMB 5,000-10,000
成交价：RMB 55,200

白玉琴棋书画坠
清 Qing BP 北京保利
2012-4-23 Lot1934 L 6.5cm
估价：RMB 10,000-20,000
成交价：RMB 69,000

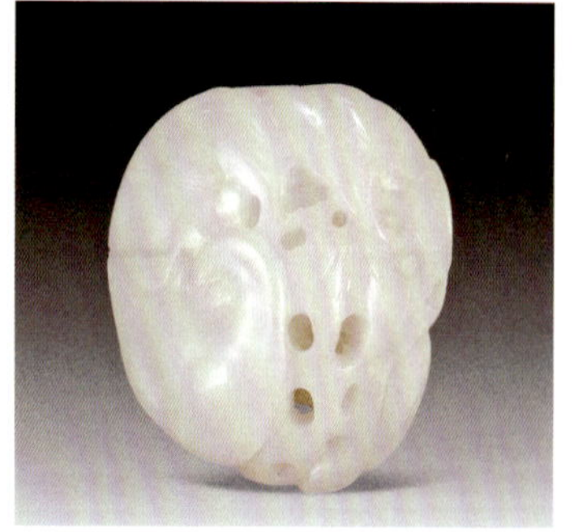

白玉灵芝坠
清 Qing BP 北京保利
2012-4-23 Lot2095 L 4cm
估价：RMB 3,000-5,000
成交价：RMB 13,800

白玉鳜鱼坠饰
明或更早 Ming or Earlier BP 北京保利
2012-10-24 Lot796 L 5cm
估价：无底价
成交价：RMB34,500

白玉欢天喜地童子坠

清 Qing BP 北京保利

2012-10-24 Lot850 L 4cm

估价：RMB 30,000-50,000

成交价：RMB34,500

白玉人物坠

清 Qing BP 北京保利

2012-10-24 Lot853 L 6cm

估价：无底价

成交价：RMB17,250

白玉福禄万代坠

清 Qing BP 北京保利

2012-10-24 Lot856 L 4.5cm

估价：无底价

成交价：RMB20,700

白玉佛手坠

清 Qing BP 北京保利

2012-10-24 Lot860 L 7cm

估价：无底价

成交价：RMB10,350

白玉长宜子孙蝉形坠

清 Qing BP 北京保利

2012-10-24 Lot942 L 5.5cm

估价：RMB 10,000-20,000

成交价：RMB57,500

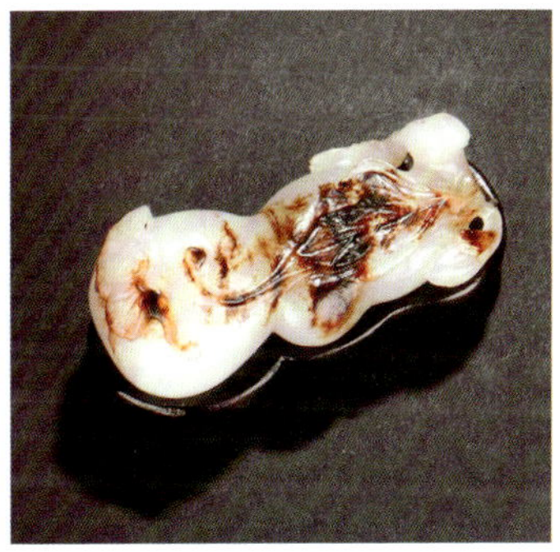

白玉福禄坠

清 Qing BP 北京保利

2012-10-24 Lot963 L 6cm

估价：无底价

成交价：RMB28,750

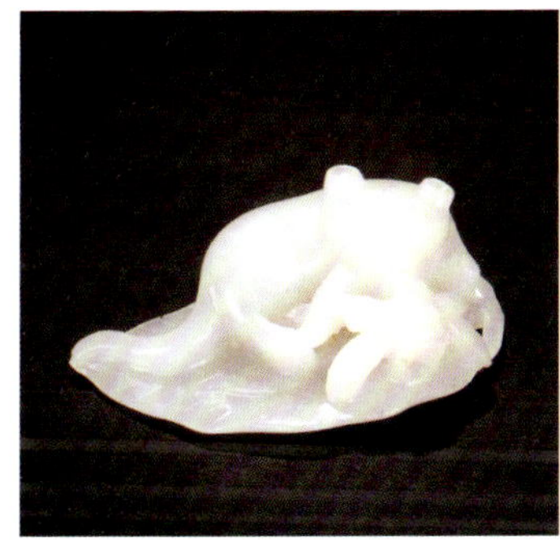

白玉欢衔蜻蜓坠

清 Qing BP 北京保利

2012-10-24 Lot970 L 6cm

估价：无底价

成交价：RMB11,500

白玉留皮松鼠瓜形坠

清 Qing BP 北京保利

2012-8-11 Lot692 L 5cm

估价：RMB 80,000-100,000

成交价：RMB92,000

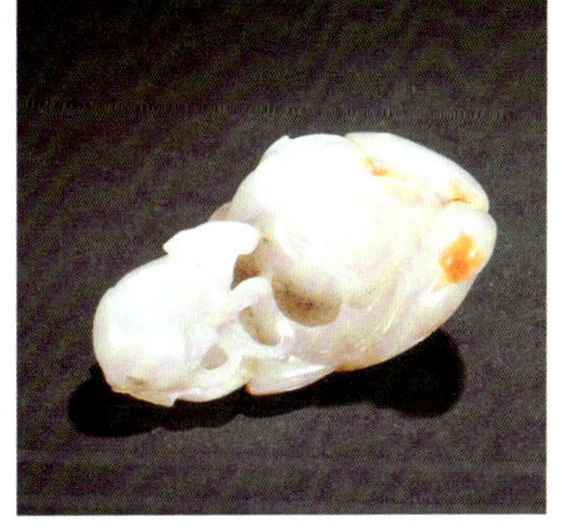

白玉留皮运财坠

清 Qing BP 北京保利

2012-10-24 Lot944 L 4.5cm

估价：无底价

成交价：RMB48,300

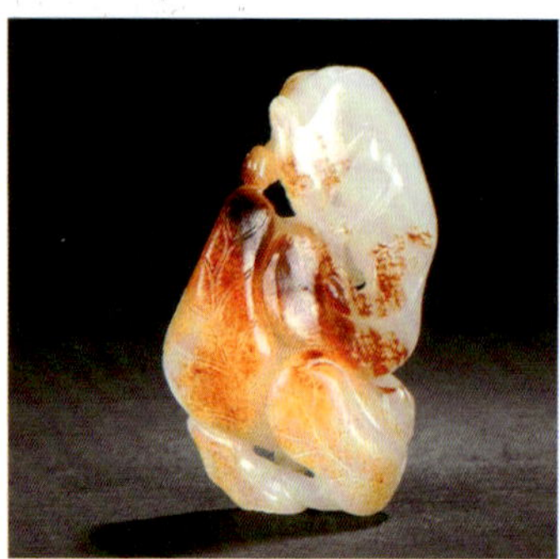

白玉带皮松鼠葡萄坠
清中期 Mid Qing BP 北京保利
2012-10-24 Lot945 L 6cm
估价：RMB 20,000-30,000
成交价：RMB28,750

白玉带皮松鼠葡萄坠
清中期 Mid Qing BP 北京保利
2012-10-24 Lot946 L 3.5cm
估价：RMB 15,000-25,000
成交价：RMB23,000

白玉留皮瓜瓞绵绵坠
清 Qing BP 北京保利
2012-10-24 Lot951 L 5cm
估价：RMB 80,000-120,000
成交价：RMB207,000

白玉留皮鸭形坠
清 Qing BP 北京保利
2012-10-24 Lot954 L 4cm
估价：无底价
成交价：RMB25,300

白玉留皮大吉坠
清 Qing BP 北京保利
2012-10-24 Lot957 L 3cm
估价：RMB 30,000-40,000
成交价：RMB103,500

白玉镶金勒多宝串
年代不详 Unknown BSA 古天一
2012-12-2 Lot1051 H 2.8cm
估价：RMB 20,000-40,000
成交价：RMB86,250

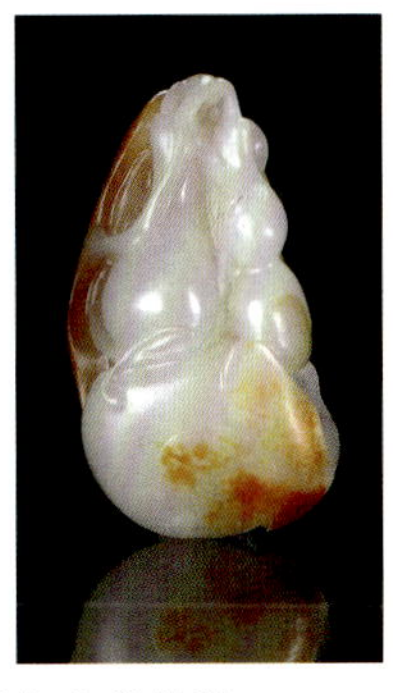

白玉洒金皮葫芦坠
清 Qing BP 保利香港
2012-11-25 Lot849 L 5cm
估价：HKD 120,000-200,000
成交价：HKD184,000

玉雕童子洗象坠
A Jade Pendant
年代不详 Unknown GD 中国嘉德
2012-6-16 Lot3492 L 6cm
估价：无底价
成交价：RMB8,050

白玉瓜瓞绵绵坠
A White Jade Plaque
清 Qing BP 北京保利
2012-6-7 Lot7503 L 4.8cm
估价：RMB 15,000-25,000
成交价：RMB 17,250

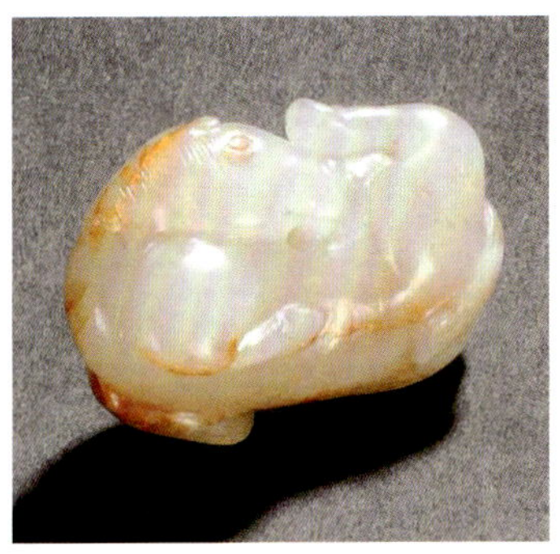

白玉滚马坠
A Nice White Jade "Horse" Pendant
明 Ming BP 北京保利
2012-6-7 Lot7562 L 4cm
估价：RMB 20,000-30,000
成交价：RMB 32,200

白玉荔枝坠
A White Jade "Lichi" Pendant
明 Ming BP 北京保利
2012-6-7 Lot7566 L 4cm
估价：RMB 10,000-20,000
成交价：RMB 11,500

白玉留皮灵芝福海坠
A White Jade "Lingzhi" Pendant
清 Qing BP 北京保利
2012-6-7 Lot7714 L 5cm
估价：RMB 20,000-30,000
成交价：RMB 59,800

白玉福寿纹坠
A Nice White Jade "Bat" Pendant
清 Qing BP 北京保利
2012-6-7 Lot7723 L 5cm
估价：RMB 15,000-25,000
成交价：RMB 34,500

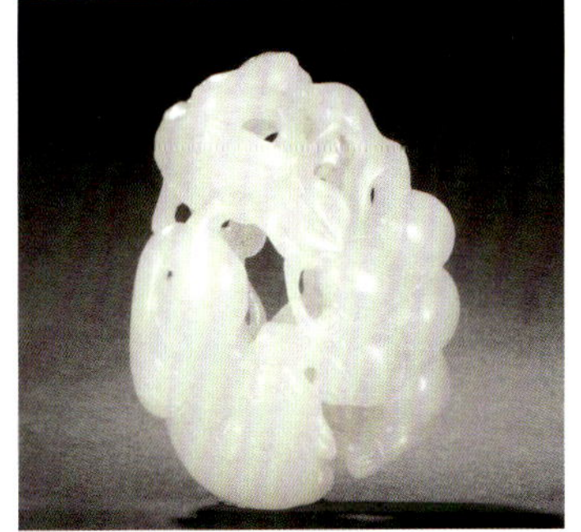

白玉镂雕松鼠葡萄坠
A Nicely Carved White Jade Pendant
清 Qing BP 北京保利
2012-6-7 Lot7724 L 6cm
估价：RMB 80,000-120,000
成交价：RMB 92,000

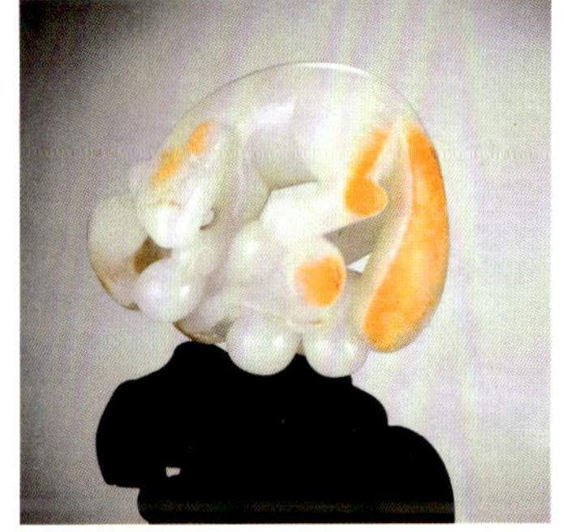

白玉留皮松鼠葡萄坠
A Nice White Jade Pendant
清中期 Mid Qing BP 北京保利
2012-6-7 Lot7733 L 5cm
估价：RMB 80,000-120,000
成交价：RMB 115,000

白玉莲藕挂坠
清 Qing BP 北京保利
2012-4-22 Lot1154 L 3.5cm
估价：无底价
成交价：RMB36,800

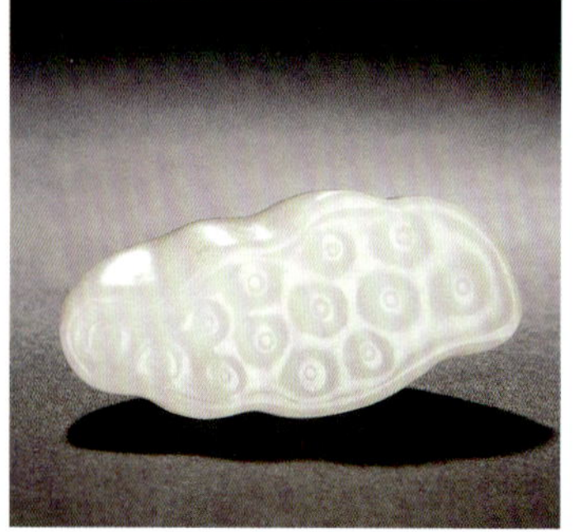

白玉莲藕挂坠
清 Qing BP 北京保利
2012-4-22 Lot1155 L 4.5cm
估价：无底价
成交价：RMB9,200

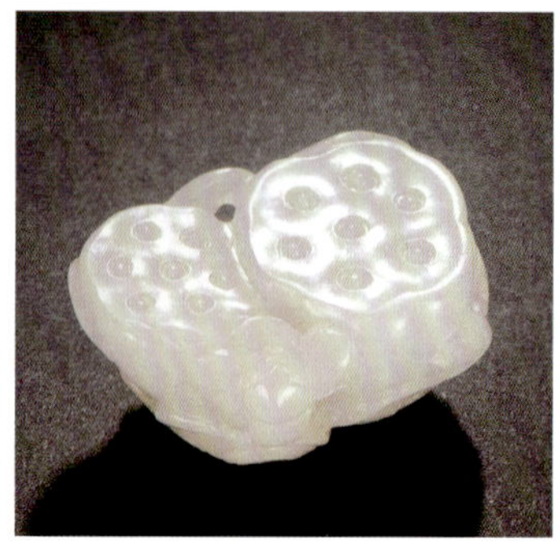

白玉莲藕坠
清 Qing BP 北京保利
2012-4-22 Lot1157 L 4cm
估价：无底价
成交价：RMB74,750

白玉荔枝挂坠
清 Qing BP 北京保利
2012-4-22 Lot1158 L 5.5cm
估价：无底价
成交价：RMB28,750

白玉莲藕
清 Qing BP 北京保利
2012-4-22 Lot1161 L 5cm
估价：无底价
成交价：RMB13,800

白玉凌霄花挂坠
清 Qing BP 北京保利
2012-4-22 Lot1164 L 5cm
估价：无底价
成交价：RMB13,800

白玉桃纹藕形坠（四件）
清 Qing BP 北京保利
2012-4-22 Lot1165 尺寸不一
估价：无底价
成交价：RMB20,700

白玉喜事连连坠
清 Qing BP 北京保利
2012-4-22 Lot1166 L 5cm
估价：无底价
成交价：RMB46,000

白玉葫芦纹挂坠
清中期 Mid Qing BP 北京保利
2012-4-22 Lot1167 L 4.5cm
估价：无底价
成交价：RMB11,500

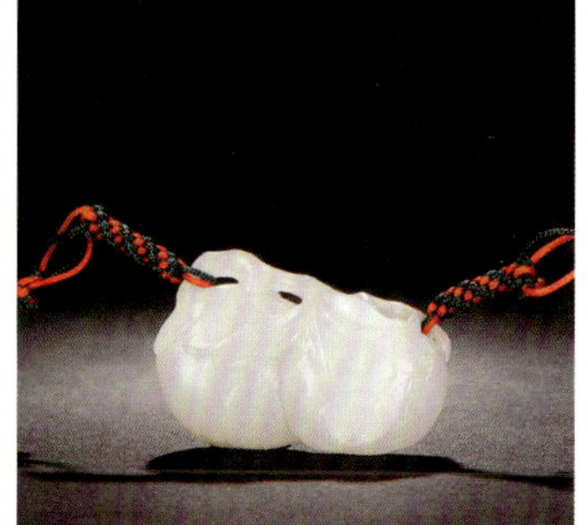

白玉寿桃
清 Qing BP 北京保利
2012-4-22 Lot1168 L 5cm
估价：无底价
成交价：RMB13,800

白玉瓜瓞绵绵挂坠
清 Qing BP 北京保利
2012-4-22 Lot1169 L 3.5cm
估价：无底价
成交价：RMB11,500

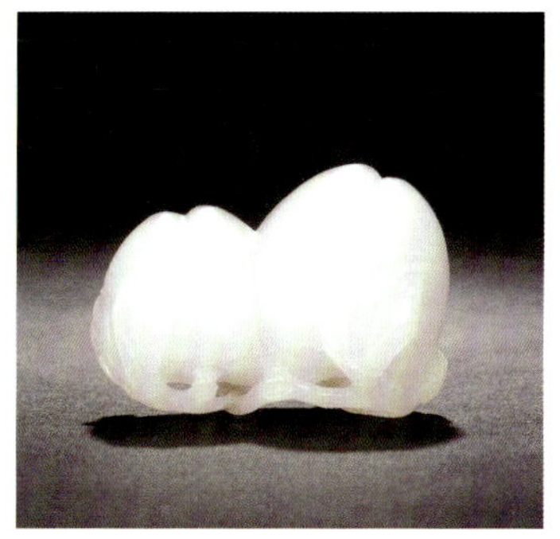

白玉寿桃
清 Qing BP 北京保利
2012-4-22 Lot1170 L 5cm
估价：无底价
成交价：RMB13,800

白玉瓜形挂坠
清 Qing BP 北京保利
2012-4-22 Lot1171 L 4.5cm
估价：无底价
成交价：RMB48,300

白玉石榴坠
清 Qing BP 北京保利
2012-4-22 Lot1173 L 2.5cm
估价：无底价
成交价：RMB20,700

白玉双瓜坠
清中期 Mid Qing BP 北京保利
2012-4-22 Lot1179 L 8cm
估价：无底价
成交价：RMB13,800

白玉福寿葫芦坠
清 Qing BP 北京保利
2012-4-22 Lot1180 L 4cm
估价：RMB 13,000-25,000
成交价：RMB14,950

白玉灵芝花卉坠
清 Qing BP 北京保利
2012-4-22 Lot1181 L 7cm
估价：无底价
成交价：RMB20,700

白玉双藕坠
清 Qing BP 北京保利
2012-4-22 Lot1187 L 6cm
估价：RMB 20,000-30,000
成交价：RMB23,000

白玉人物仕女坠
清 Qing BP 北京保利
2012-4-22 Lot1200 L 4.5cm
估价：无底价
成交价：RMB34,500

白玉独占鳌头挂坠
清 Qing BP 北京保利
2012-4-22 Lot1211 L 6cm
估价：无底价
成交价：RMB92,000

白玉和合二仙坠
明 Ming BP 北京保利
2012-4-22 Lot1232 H 3cm
估价：无底价
成交价：RMB20,700

玉雕童子坠
明 Ming BP 北京保利
2012-4-22 Lot1237 L 3cm
估价：无底价
成交价：RMB11,500

白玉脸谱挂坠
清 Qing BP 北京保利
2012-4-22 Lot1251 L 4cm
估价：无底价
成交价：RMB1,150

白玉童子洗象坠
清中期 Mid Qing BP 北京保利
2012-4-22 Lot1252 L 4.5cm
估价：RMB 5,000-10,000
成交价：RMB57,500

白玉巧雕童子梅花坠
清中期 Mid Qing BP 北京保利
2012-4-22 Lot1253 L 4cm
估价：RMB 5,000-10,000
成交价：RMB391,000

白玉童子戏狮坠
清中期 Mid Qing BP 北京保利
2012-4-22 Lot1256 H 4.5cm
估价：RMB 5,000-10,000
成交价：RMB80,500

白玉虎符平定坠
清 Qing BP 北京保利
2012-4-22 Lot1287 L 5cm
估价：RMB 80,000-100,000
成交价：RMB299,000

白玉鹿衔灵芝坠
明 Ming BP 北京保利
2012-4-22 Lot1297 L 3.5cm
估价：无底价
成交价：RMB34,500

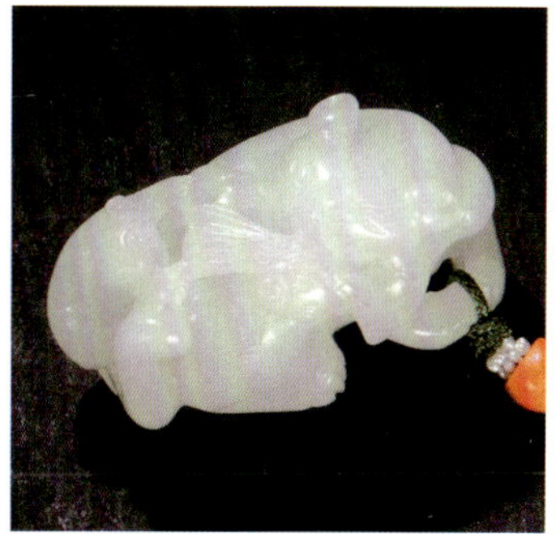

白玉猫蝶坠
清中期 Mid Qing BP 北京保利
2012-4-22 Lot1299 L 5cm
估价：无底价
成交价：RMB92,000

白玉荷叶螭龙坠
清 Qing BP 北京保利
2012-4-22 Lot1306 L 3.5cm
估价：无底价
成交价：RMB34,500

白玉洒金龙纹坠
清 Qing BP 北京保利
2012-4-22 Lot1307 L 4.5cm
估价：无底价
成交价：RMB32,200

白玉龙纹坠
明 Ming BP 北京保利
2012-4-22 Lot1310 H 3.5cm
估价：无底价
成交价：RMB46,000

白玉鸡形挂坠
明 Ming BP 北京保利
2012-4-22 Lot1312 L 7.5cm
估价：无底价
成交价：RMB23,000

白玉鸳鸯挂坠
清 Qing BP 北京保利
2012-4-22 Lot1317 L 4cm
估价：无底价
成交价：RMB46,000

白玉凤衔牡丹坠
清中期 Mid Qing BP 北京保利
2012-4-22 Lot1338 L 9cm
估价：无底价
成交价：RMB51,750

白玉留皮凤鸣在竹坠
乾隆 Qianlong BP 北京保利
2012-4-22 Lot1340 L 6cm
估价：RMB 200,000-300,000
成交价：RMB391,000

白玉福寿坠
清中期 Mid Qing BP 北京保利
2012-4-22 Lot1346 L 4.5cm
估价：无底价
成交价：RMB17,250

白玉洒金皮金玉满堂坠
乾隆 Qianlong BP 北京保利
2012-4-22 Lot1353 L 5cm
估价：RMB 100,000-200,000
成交价：RMB138,000

白玉留皮马上封侯坠
明 Ming BP 北京保利
2012-4-22 Lot1363 L 5cm
估价：无底价
成交价：RMB51,750

白玉松鼠葡萄坠
清早期 Early Qing BP 北京保利
2012-4-22 Lot1352 L 5cm
估价：RMB 80,000-120,000
成交价：RMB230,000

白玉马上封侯坠
明 Ming BP 北京保利
2012-4-22 Lot1364 L 5cm
估价：无底价
成交价：RMB40,250

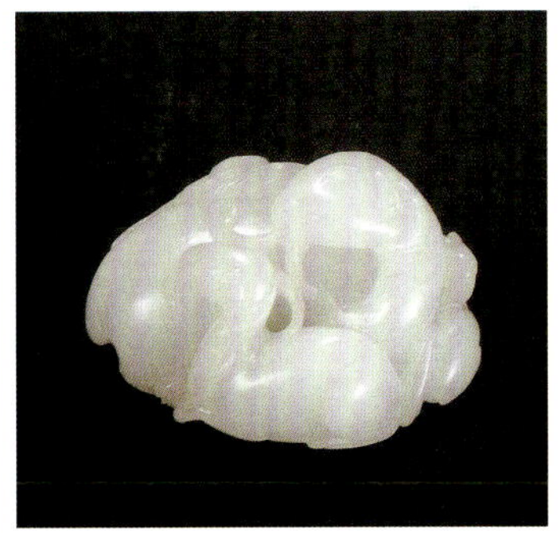

白玉三羊开泰坠
清中期 Mid Qing BP 北京保利
2012-4-22 Lot1366 L 5cm
估价：RMB 5,000-8,000
成交价：RMB230,000

白玉马上封猴坠
清中期 Mid Qing BP 北京保利
2012-4-22 Lot1367 L 4.5cm
估价：RMB 5,000-8,000
成交价：RMB195,500

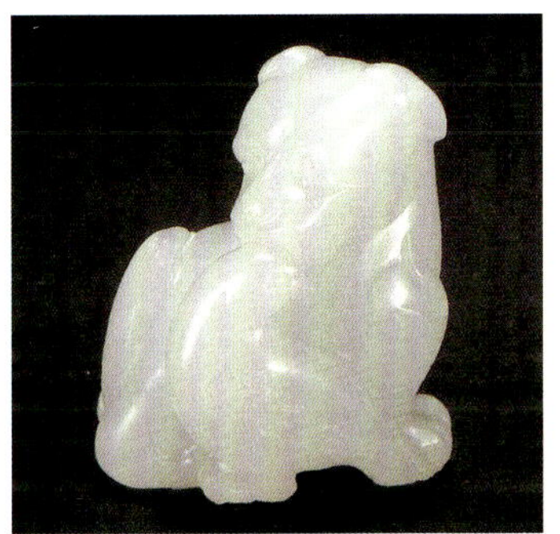

白玉英雄坠
清 Qing BP 北京保利
2012-4-22 Lot1368 L 4.5cm
估价：RMB 5,000-8,000
成交价：RMB161,000

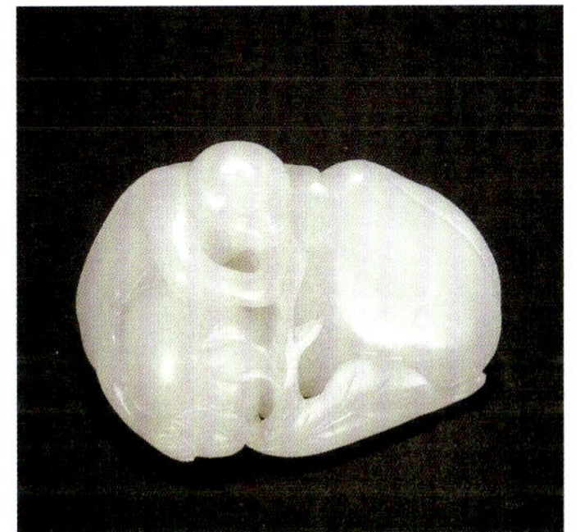

白玉双寿坠
清中期 Mid Qing BP 北京保利
2012-4-22 Lot1370 L 5.5cm
估价：RMB 5,000-8,000
成交价：RMB276,000

白玉英雄坠
清 Qing BP 北京保利
2012-4-22 Lot1378 L 5cm
估价：RMB 5,000-8,000
成交价：RMB46,000

白玉年年有余坠
清 Qing BP 北京保利
2012-4-22 Lot1379 L 5cm
估价：RMB 5,000-8,000
成交价：RMB43,700

白玉鸟形坠
清 Qing BP 北京保利
2012-4-22 Lot1394 L 7.5cm
估价：RMB 35,000-55,000
成交价：RMB40,250

白玉雕环形坠
A Carved White Jade Pendant
清 Qing BP 北京保利
2012-12-7 Lot7376 D 4.3cm
估价：RMB 25,000-40,000
成交价：RMB28,750

白玉留皮灵芝坠
A Carved White Jade Pendant
乾隆 Qianlong BP 北京保利
2012-12-7 Lot7380 L 3.9cm
估价：RMB 60,000-90,000
成交价：RMB184,000

白玉路路通挂坠
A White Jade Pendant
清 Qing BP 北京保利
2012-12-7 Lot7421 L 4.6cm
估价：RMB 30,000-50,000
成交价：RMB34,500

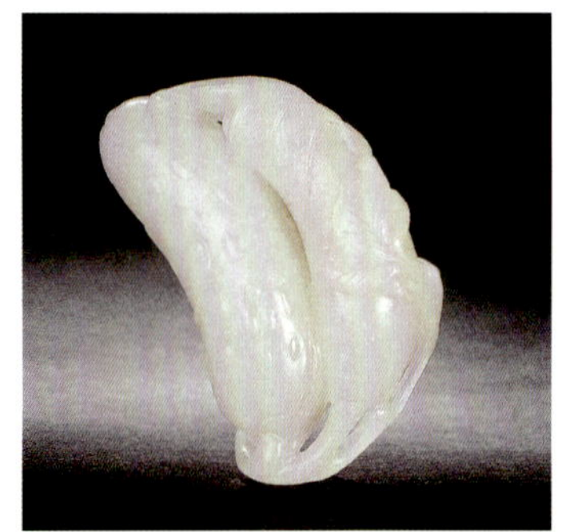

白玉雕癞瓜坠
A White Jade Pendant
清 Qing BP 北京保利
2012-12-7 Lot7654 L 6cm
估价：RMB 20,000-50,000
成交价：RMB36,800

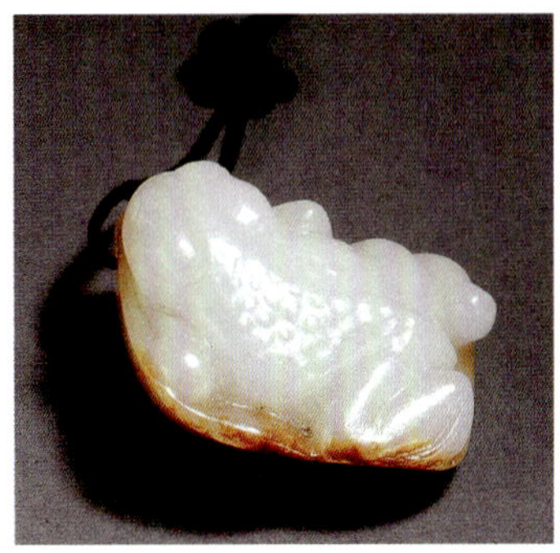

白玉带皮金蟾坠
A Carved White Jade Pendant in Form of Toad
清 Qing BP 北京保利
2012-12-7 Lot7389 L 3.7cm
估价：RMB 68,000-98,000
成交价：RMB126,500

玉雕荔枝挂坠
清 Qing BP 北京保利
2012-4-22 Lot1159 L 5cm
估价：无底价
成交价：RMB11,500

白玉留皮刘海戏金蟾坠
清中期 Mid Qing BP 北京保利
2012-4-22 Lot1199 L 4cm
估价：无底价
成交价：RMB109,250

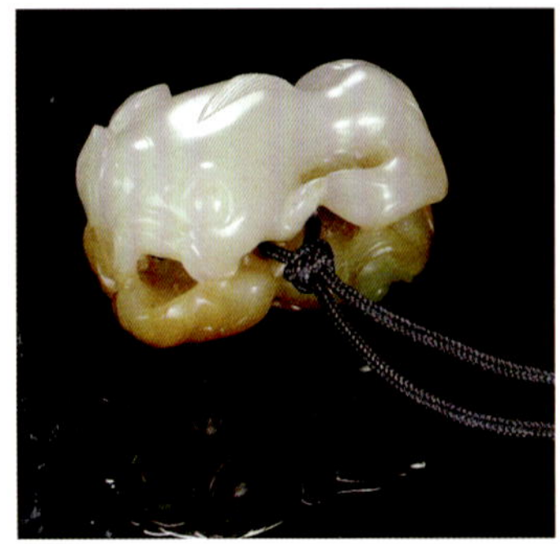

双色玉鱼
清 Qing BP 保利香港
2012-11-25 Lot856 L 4.2cm
估价：HKD 38,000-58,000
成交价：HKD149,500

白玉留皮和和美美坠
乾隆 Qianlong BP 北京保利
2012-4-22 Lot1350 L 5cm
估价：RMB 120,000-150,000
成交价：RMB218,500

白玉留皮坠
清 Qing BP 北京保利
2012-4-22 Lot1447 L 5.5cm
估价：无底价
成交价：RMB23,000

白玉留皮巧雕双禽坠
A White Jade Carving of Two Cranes
清中期 Mid Qing BP 北京保利
2012-12-5 Lot5722 L 6.5cm
估价：RMB 150,000-200,000
成交价：RMB241,500

黑白玉刘海戏金蟾坠
清 Qing BP 北京保利
2012-4-22 Lot1202 L 4.5cm
估价：无底价
成交价：RMB109,250

玉玦、玉珠串饰
年代不详 Unknown BSA 古天一
2012-12-2 Lot1029 D 2.5cm
估价：RMB 30,000-50,000
成交价：RMB97,750

白玉留皮松鼠葡萄坠
清中期 Mid Qing BP 北京保利
2012-4-22 Lot1351 L 6.5cm
估价：RMB 60,000-80,000
成交价：RMB86,250

白玉留皮荷塘月色坠
A Carved "Lotus Pond" White Jade Ornament
清 Qing GD 中国嘉德
2012-5-14 Lot3496 L 5cm
估价：RMB 80,000-120,000
成交价：RMB92,000

玉雕刘海戏金蟾坠
A Jade Pendant
年代不详 Unknown GD 中国嘉德
2012-6-16 Lot3854 H 5.4cm
估价：无底价
成交价：RMB1,150

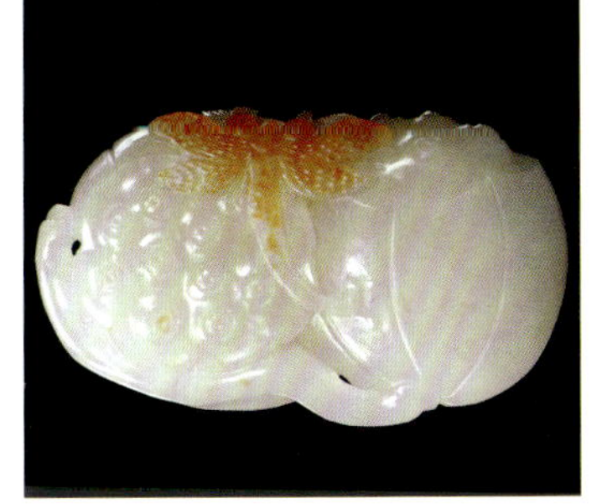

白玉留皮蜻蜓莲蓬坠
A White Gade "Dragonfly and Lotus Seedpod" Pendant
清中期 Mid Qing GD 中国嘉德
2012-10-29 Lot3973 L 5.5cm
估价：RMB 18,000-28,000
成交价：RMB51,750

青白玉瑞兽、青白玉童子坠各一件
Two Celadon Jade Pendants
年代不详 Unknown GD 中国嘉德
2012-9-16 Lot3292 L 4.8cm；L 4.6cm
估价：无底价
成交价：RMB3,450

旧玉坠（三件）
Three Jade Objeces
清 Qing GD 中国嘉德
2012-6-16 Lot3928 L 5cm；L 4cm；L 3.7cm
估价：无底价
成交价：RMB1,150

白玉留皮巧雕蚕食坠
A White Jade Sildworm Pendant
清 Qing　GD 中国嘉德
2012-10-29 Lot3983 L 5.2cm
估价：RMB 60,000-80,000
成交价：RMB69,000

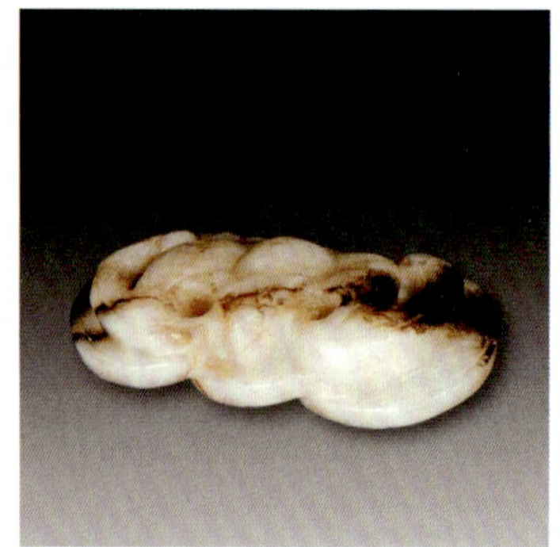

旧玉蝠钱坠
A Jade Pendant
清 Qing　GD 中国嘉德
2012-6-16 Lot3578 L 5cm
估价：无底价
成交价：RMB2,300

蝉形玉坠
年代不详 Unknown BSA 古天一
2012-12-2 Lot1031 L 4.5cm
估价：RMB 80,000-120,000
成交价：RMB310,500

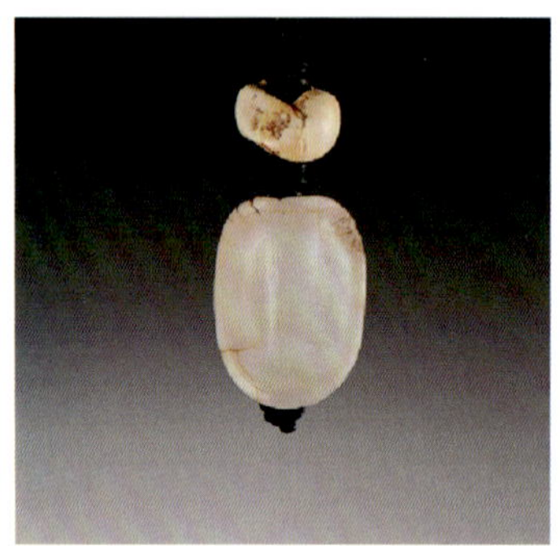

龟形玉坠
年代不详 Unknown BSA 古天一
2012-12-2 Lot1044 L 3.4cm
估价：RMB 40,000-60,000
成交价：RMB105,800

鼓形玉勒、玉珠串饰
年代不详 Unknown BSA 古天一
2012-12-2 Lot1036 L 3cm
估价：RMB 60,000-100,000
成交价：RMB195,500

鹄纹玉勒、金兽面多宝串
年代不详 Unknown BSA 古天一
2012-12-2 Lot1047 L 2.6cm
估价：RMB 150,000-200,000
成交价：RMB552,000

秋山玉饰、兽面玉勒串饰
年代不详 Unknown BSA 古天一
2012-12-2 Lot1038 L 3.5cm
估价：RMB 60,000-100,000
成交价：RMB195,500

束腰几何纹扁勒
年代不详 Unknown BSA 古天一
2012-12-2 Lot1025 H 3.8cm
估价：RMB 80,000-120,000
成交价：RMB379,500

玉琮、八角玉勒串饰
年代不详 Unknown BSA 古天一
2012-12-2 Lot1045 L 3.6cm
估价：RMB 60,000-80,000
成交价：RMB230,000

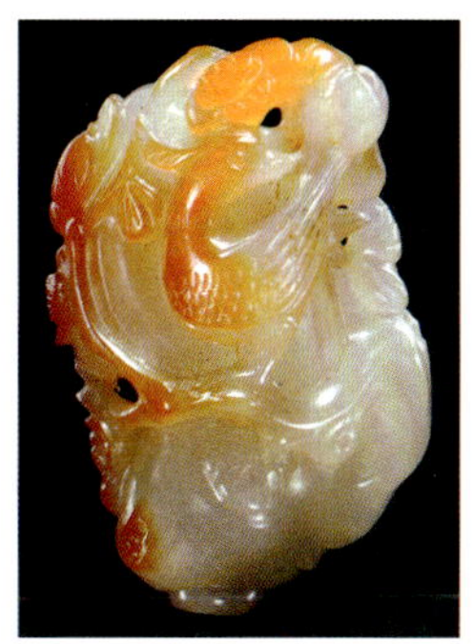

白玉留皮喜上眉梢坠
A White Jade "Magpie on Prunus Branches" Carving
清中期 Mid Qing GD 中国嘉德
2012-10-29 Lot4011 L 3.5cm
估价：RMB 8,000-12,000
成交价：RMB20,700

嘎拉哈玉带饰
年代不详 Unknown BSA 古天一
2012-12-2 Lot1053 L 3.2cm
估价：RMB 20,000-40,000
成交价：RMB48,300

玉雕莲鹭纹坠
年代不详 Unknown BSA 古天一
2012-12-2 Lot1035 L 4cm
估价：RMB 30,000-50,000
成交价：RMB57,500

青白玉刘海戏金蟾坠
A Celadon Jade Pendant
清 Qing GD 中国嘉德
2012-9-16 Lot2961 H 5cm
估价：RMB 8,000-12,000
成交价：RMB9,200

青白玉榴开百子坠
A Celadon Jade Pendant
清 Qing GD 中国嘉德
2012-9-16 Lot2883 L 6.2cm
估价：RMB 10,000-20,000
成交价：RMB11,500

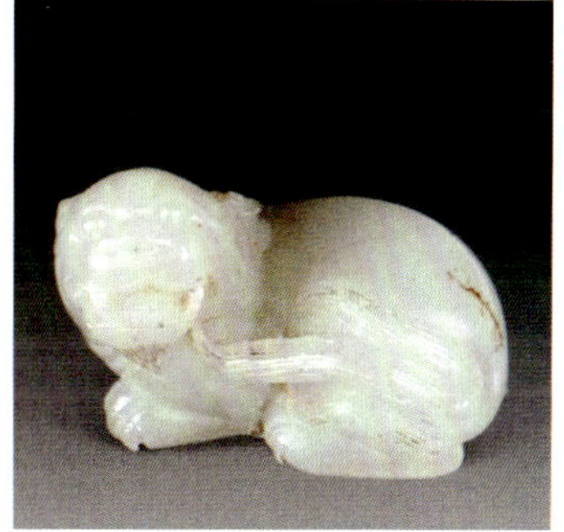

青白玉瑞兽坠
A Celadon Jade Pendant
清 Qing GD 中国嘉德
2012-9-16 Lot2903 L 4cm
估价：RMB 3,000-5,000
成交价：RMB3,450

青白玉持莲童子坠
A Celadon Jade Pendant
年代不详 Unknown GD 中国嘉德
2012-9-16 Lot3256 L 5.8cm
估价：无底价
成交价：RMB1,150

青白玉留皮灵芝坠
A Celadon Jade Pendant
清 Qing GD 中国嘉德
2012-6-16 Lot3403 L 7.2cm
估价：无底价
成交价：RMB4,600

青白玉凤鸟坠
A Celadon Jade Pendant
清 Qing GD 中国嘉德
2012-6-16 Lot3413 L 9.2cm
估价：无底价
成交价：RMB2,300

青白玉金蟾坠
A Celadon Jade Pendant
年代不详 Unknown GD 中国嘉德
2012-6-16 Lot3930 L 6.5cm
估价：无底价
成交价：RMB2,300

青白玉双鱼坠
A Celadon Jade Pendant
清早期 Early Qing GD 中国嘉德
2012-6-16 Lot3238 L 5cm
估价：RMB 8,000-12,000
成交价：RMB25,300

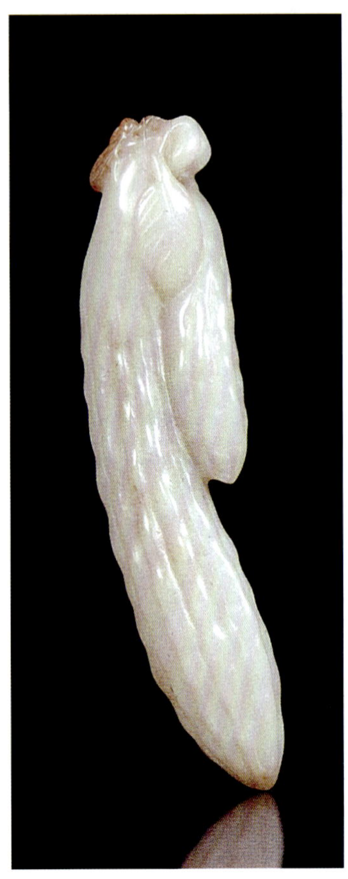

青白玉留皮草虫苦瓜坠
A Celadon Jade Pendant
清 Qing GD 中国嘉德
2012-6-16 Lot3224 L 11.1cm
估价：RMB 3,000-5,000
成交价：RMB5,750

青白玉瓜瓞连绵坠
A Celadon Jade Pendant
清 Qing GD 中国嘉德
2012-6-16 Lot3260 L 5.3cm
估价：RMB 8,000-12,000
成交价：RMB9,200

青玉童子坠
A Celadon Jade Pendant
清 Qing GD 中国嘉德
2012-9-16 Lot2959 L 4.7cm
估价：RMB 8,000-12,000
成交价：RMB9,200

青玉龙纹坠
A Celadon Jade Pendant
年代不详 Unknown GD 中国嘉德
2012-9-16 Lot3253 H 6cm
估价：无底价
成交价：RMB1,150

青玉坠
A Celadon Jade Pendant
清 Qing GD 中国嘉德
2012-6-16 Lot3850 L 3.2cm
估价：RMB 3,000-5,000
成交价：RMB3,450

青黄玉兔纹坠饰
明或更早 Ming or Earlier BP 北京保利
2012-10-24 Lot710 L 4.5cm
估价：无底价
成交价：RMB103,500

翠玉雕螭龙灵芝纹坠
A Finely Carved Jadeite Pendant with Beaded Chain
年代不详 Unknown C 佳士得
2012-11-28 Lot2359 L 8.7cm
估价：HKD 250,000-350,000
成交价：HKD560,000

翠玉福禄双全吊坠一件
A Jadeite Double-Gourd Pendant
年代不详 Unknown C 佳士得
2012-5-18 Lot1006 L 4.7cm
估价：GBP 1,500-2,500
成交价：GBP32,450

翠玉莲纹坠
A Mottled Green Jadeite Oval Pendant
年代不详 Unknown C 佳士得
2012-9-13 Lot1047 L 5.1cm
估价：USD 6,000-8,000
成交价：USD30,000

冠上加冠
年代不详 Unknown RB 北京荣宝
2012-8-26 Lot830 H 45mm
估价：无底价
成交价：RMB16,800

翠玉龙纹带钩连同翠玉葫芦万代坠
A Mottled Green Jadeite Garment Hook
年代不详 Unknown C 佳士得
2012-9-13 Lot1105 L 10cm；L 4.2cm
估价：USD 6,000-8,000
成交价：USD20,000

龙凤呈祥
年代不详 Unknown RB 北京荣宝
2012-11-25 Lot1739 56×56×12mm；W 69g
估价：RMB 29,000-32,000
成交价：RMB33,600

黄玉雕鹰形坠
明 Ming BP 北京保利
2012-8-11 Lot820 L 5.5cm
估价：RMB 40,000-60,000
成交价：RMB11,500

黄玉巧雕独占鳌头坠
A Carved Yellow Jade Mythical Beast
清中期 Mid Qing BH 北京翰海
2012-5-27 Lot2112 L 4.8cm
估价：RMB 60,000-90,000
成交价：RMB69,000

黄玉童子坠
清 Qing BP 北京保利
2012-10-24 Lot848 L 6cm
估价：RMB 80,000-100,000
成交价：RMB92,000

玉雕龙纹坠
清 Qing BP 北京保利
2012-8-11 Lot872 L 7cm
估价：无底价
成交价：RMB20,700

黑白玉松鼠葡萄坠
A Carved Black and White Jade Squirrel and Grape Design
清 Qing BH 北京翰海
2012-5-27 Lot2111 H 6.3cm
估价：RMB 15,000-25,000
成交价：RMB17,250

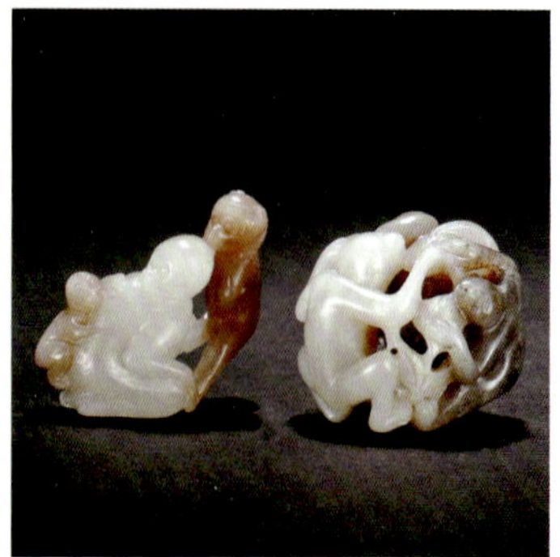

玉雕猴形坠（两件）
清 Qing BP 北京保利
2012-4-23 Lot1905 L 5.5cm；L 4.5cm
估价：RMB 5,000-10,000
成交价：RMB 25,300

黑白玉童子坠
清 Qing BP 北京保利
2012-10-24 Lot851 H 4.5cm
估价：RMB 8,000-12,000
成交价：RMB32,200

黑白玉巧雕葫芦坠
清 Qing BP 北京保利
2012-10-24 Lot858 L 5cm
估价：无底价
成交价：RMB23,000

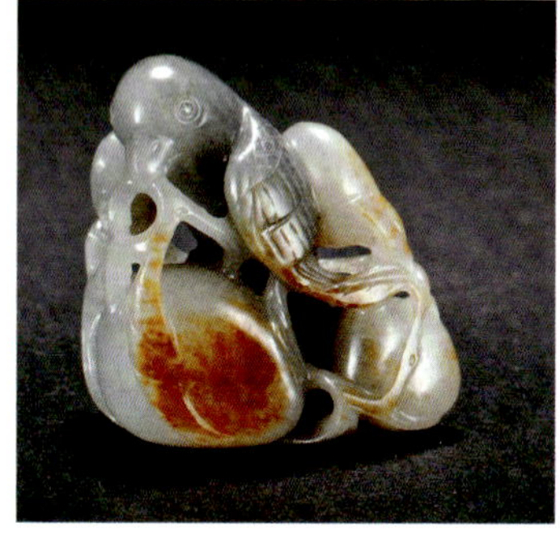

黑白玉留皮鹦鹉坠
清 Qing BP 北京保利
2012-4-23 Lot1906 L 4cm
估价：RMB 5,000-10,000
成交价：RMB 20,700

玉雕四喜童子坠
A Jade Pendant
清 Qing GD 中国嘉德
2012-9-16 Lot2911 L 5cm
估价：RMB 10,000-20,000
成交价：RMB20,700

青玉吉庆有余图珮、青玉童子坠各一件
Two Celadon Jade Pendants
年代不详 Unknown GD 中国嘉德
2012-9-16 Lot3310 L 6.3cm；L 7.3cm
估价：无底价
成交价：RMB3,450

玉勒、龟形玉坠
年代不详 Unknown BSA 古天一
2012-12-2 Lot1037 H 2.6cm
估价：RMB 100,000-150,000
成交价：RMB437,000

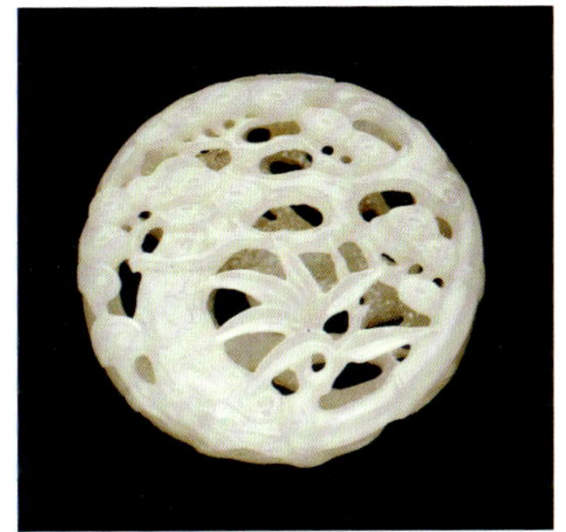

青白玉镂雕“岁寒三友”香囊
A Pale Celadon Jade Circular Openwork "Three Friends" Plaque
清 18-19 世纪 Qing,18th-19th Century C 佳士得
2012-11-9 Lot1077 D 5.5cm
估价：GBP 3,000-5,000
成交价：GBP6,875

白玉镂雕“松竹梅鸟”饰
A White Openwork "Phoenix" jade Pendant
乾隆 Qianlong S 苏富比
2012-10-9 Lot3150 5.4cm
估价：HKD 120,000-180,000
成交价：HKD375,000

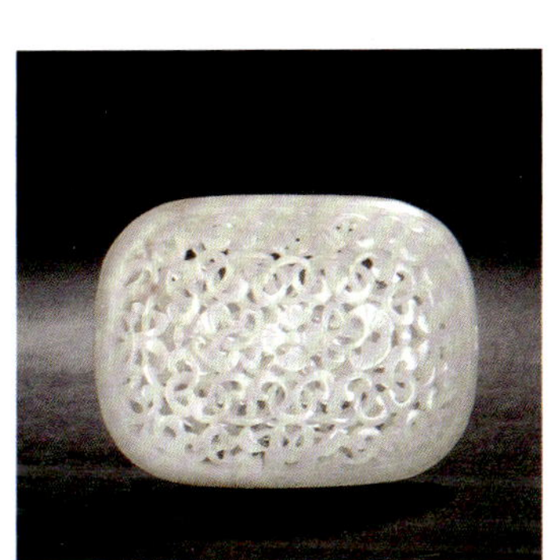

白玉透雕花卉香囊
清 Qing BP 北京保利
2012-4-22 Lot1453 L 5cm
估价：无底价
成交价：RMB34,500

白玉透雕葫芦形香囊
清 Qing BP 北京保利
2012-4-22 Lot1452 L 6.5cm
估价：无底价
成交价：RMB23,000

白玉透雕福寿香囊
清 Qing BP 北京保利
2012-4-22 Lot1454 W 5cm
估价：无底价
成交价：RMB36,800

白玉春水图香囊
A White Jade Incense Bag
清 Qing GD 中国嘉德
2012-6-16 Lot3612 H 5.5cm
估价：无底价
成交价：RMB3,450

白玉花鸟纹香囊
A White Jade Incense Bag
年代不详 Unknown GD 中国嘉德
2012-6-16 Lot3613 D 5cm
估价：无底价
成交价：RMB1,150

褐白玉镂雕穿花芦雁纹香囊
A Reticulated White and Russet Jade Parfumier
清 18-19 世纪 Qing,18th-19th Century S 苏富比
2012-11-7 Lot487 5.7cm
估价：GBP 6,000-8,000
成交价：GBP7,500

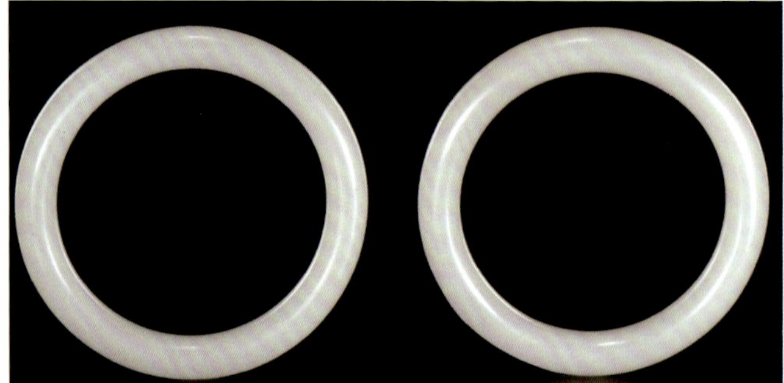

白玉镯（一对）
A Pair of White Jade Bracelets
清 Qing GD 中国嘉德
2012-10-29 Lot4028 D 8.5cm × 2
估价：RMB 8,000-10,000
成交价：RMB59,800

白玉绳纹镯（一对）
A Pair of White Jade Bracelets
年代不详 Unknown GD 中国嘉德
2012-9-16 Lot3223 D 8.2cm × 2
估价：RMB 8,000-12,000
成交价：RMB20,700

白玉镯
A White Jade Bracelet
年代不详 Unknown GD 中国嘉德
2012-9-16 Lot3218 D 8cm
估价：无底价
成交价：RMB13,800

白玉绞丝镯
A White Jade Bracelet
年代不详 Unknown GD 中国嘉德
2012-9-16 Lot3219 D 7.5cm
估价：无底价
成交价：RMB6,900

白玉镯
A White Jade Bracelet
年代不详 Unknown GD 中国嘉德
2012-9-16 Lot3221 D 7.8cm
估价：RMB 8,000-12,000
成交价：RMB9,200

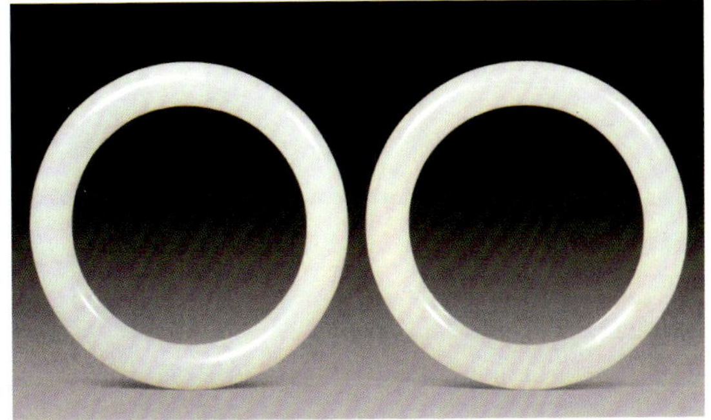

白玉镯（一对）
A Pair of White Jade Bracelets
年代不详 Unknown GD 中国嘉德
2012-9-16 Lot3224 D 8.2cm × 2
估价：RMB 8,000-12,000
成交价：RMB25,300

白玉镯
A White Jade Bracelet
年代不详 Unknown GD 中国嘉德
2012-9-16 Lot3241 D 7.9cm
估价：RMB 8,000-12,000
成交价：RMB32,200

白玉镯（一对）
A Pair of White Jade Bracelets
年代不详 Unknown GD 中国嘉德
2012-6-16 Lot3705 D 7.7cm × 2
估价：无底价
成交价：RMB13,800

白玉龙纹镯
A White Jade Bracelet
年代不详 Unknown GD 中国嘉德
2012-6-16 Lot3707 D 7.8cm
估价：无底价
成交价：RMB3,450

白玉镯
A White Jade Bracelet
年代不详 Unknown GD 中国嘉德
2012-6-16 Lot3718 D 8cm
估价：无底价
成交价：RMB6,900

玉沁色灵芝兔纹镯
A Jade Bracelet
明 Ming GD 中国嘉德
2012-6-16 Lot3331 D 7.7cm
估价：RMB 30,000-50,000
成交价：RMB112,700

白玉镯（一对）
A Pair of White Jade Bracelets
年代不详 Unknown GD 中国嘉德
2012-6-16 Lot3709 D 7.7cm × 2
估价：无底价
成交价：RMB13,800

白玉镯（一对）
A Pair of White Jade Bracelets
年代不详 Unknown GD 中国嘉德
2012-6-16 Lot3716 D 8.5cm × 2
估价：无底价
成交价：RMB13,800

白玉镯（一对）
A Pair of White Jade Bracelets
年代不详 Unknown GD 中国嘉德
2012-6-16 Lot3750 D 8.3cm；D 8.2cm × 2
估价：无底价
成交价：RMB11,500

白玉圆雕兽面云纹手镯
A Rare White Jade Carved Bracelet
清 Qing KS 北京匡时
2012-6-4 Lot1417 D 7cm
估价：RMB 20,000-30,000
成交价：RMB74,750

白玉素镯
A Fine and Rare White Jade Bracelet
清中期 Mid Qing KS 北京匡时
2012-12-5 Lot2122 D 8.2cm
估价：RMB 20,000-30,000
成交价：RMB23,000

白玉雕双龙戏珠纹手镯（一对）
A Pair of White Jade Bangles
清中期 Mid Qing BD 北京东正
2012-10-31 Lot523 D 7.5cm × 2
估价：RMB 20,000-30,000
成交价：RMB28,750

白玉镯（一对）
A Pair of White Jade Bracelet
清 Qing HC 北京华辰
2012-10-30 Lot208 D 8cm × 2
估价：RMB 15,000-25,000
成交价：RMB66,700

白玉雕双龙夺珠纹手镯（一对）
A Pair of White Jade Bangles
清中期 Mid Qing BD 北京东正
2012-10-31 Lot522 D 7.6cm × 2
估价：RMB 60,000-80,000
成交价：RMB71,300

白玉手镯
清 Qing BP 北京保利
2012-4-22 Lot1476 D 7.5cm
估价：无底价
成交价：RMB55,200

白玉手镯
清 Qing BP 北京保利
2012-4-22 Lot1474 D 7.5cm
估价：无底价
成交价：RMB69,000

白玉手镯
清 Qing BP 北京保利
2012-4-22 Lot1475 D 7.3cm
估价：无底价
成交价：RMB51,750

白玉手镯
清 Qing BP 北京保利
2012-4-22 Lot1479 D 6.8cm
估价：无底价
成交价：RMB25,300

白玉手镯
清 Qing BP 北京保利
2012-4-22 Lot1477 D 7.2cm
估价：无底价
成交价：RMB92,000

白玉手镯
清 Qing BP 北京保利
2012-4-22 Lot1478 D 7.8cm
估价：无底价
成交价：RMB9,200

白玉龙纹手镯
清 Qing BP 北京保利
2012-4-22 Lot1480 D 7.2cm
估价：无底价
成交价：RMB74,750

白玉镯
A White Jade Bangle
清 Qing BP 北京保利
2012-12-7 Lot7579 D 7.6cm
估价：RMB 20,000-50,000
成交价：RMB23,000

白玉雕松鹿纹镯
A Carved White Jade Bangle
清 Qing BP 北京保利
2012-12-7 Lot7580 D 6.5cm
估价：RMB 60,000-90,000
成交价：RMB97,750

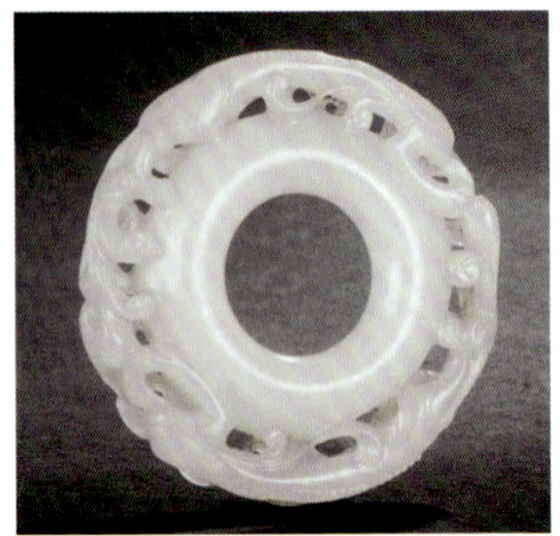

白玉雕螭衔灵芝环
A Nice White Jade Ring
清 Qing BP 北京保利
2012-6-7 Lot7685 D 5.5cm
估价：RMB 80,000-120,000
成交价：RMB 287,500

白玉兽面纹蚩尤环
A Rare Carved White Jade Archaistic Ring
乾隆 Qianlong BP 北京保利
2012-12-5 Lot5707 D 7.5cm
估价：RMB 600,000-800,000
成交价：RMB977,500

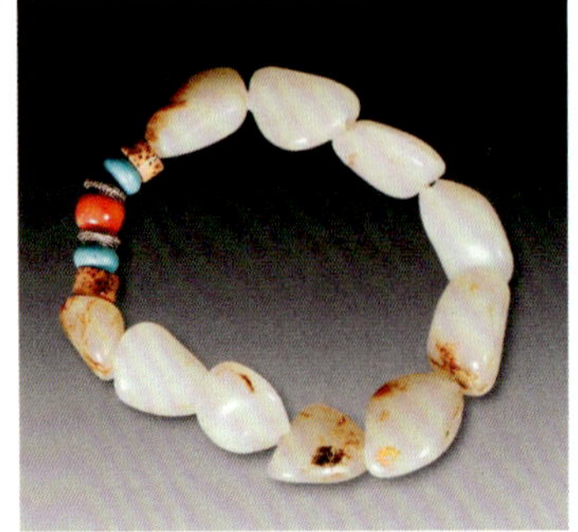

白玉手串
A White Jade Chain
年代不详 Unknown GD 中国嘉德
2012-6-16 Lot3763 L 10cm
估价：无底价
成交价：RMB3,450

李剑 如意引福 白玉手链
Li Jian A White Jade Bracelet
年代不详 Unknown XLA 西泠印社
2012-10-21 Lot130 40 × 17 × 7mm
估价：无底价
成交价：RMB6,900

白玉手串
A White Jade Chain
年代不详 Unknown GD 中国嘉德
2012-6-16 Lot3764 L 10.5cm
估价：无底价
成交价：RMB6,900

程磊 福双至 白玉手链
Cheng Lei A White Jade Bracelet
年代不详 Unknown XLA 西泠印社
2012-10-21 Lot75 40 × 15 × 7mm；W 10.7g
估价：无底价
成交价：RMB8,050

杨曦 佛手拈花 白玉手链
Yang Xi A White Jade Bracelet With Palm And Lotus Patterns
年代不详 Unknown XLA 西泠印社
2012-10-21 Lot161 45 × 18 × 14mm
估价：无底价
成交价：RMB8,050

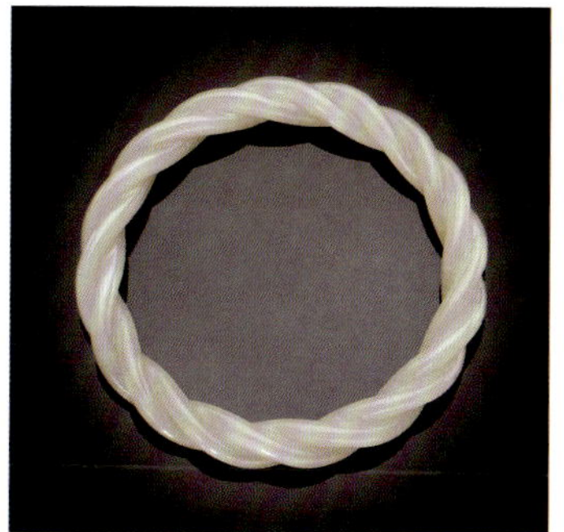

白玉络纹镯
A White Jade Rope-Twist Bangle
清 Qing（1644-1911 年）C 佳士得
2012-9-13 Lot1067 D 8.3cm
估价：USD 6,000-8,000
成交价：USD18,750

白玉镯（两件）
清 Qing BP 北京保利
2012-8-11 Lot881 D7.5cm；D8cm
估价：RMB 15,000-25,000
成交价：RMB17,250

白玉双龙镯
清 Qing BP 北京保利
2012-8-11 Lot884 D 7cm
估价：无底价
成交价：RMB25,300

白玉镯（一对）
清 Qing BP 北京保利
2012-8-11 Lot882 D 8cm × 2
估价：RMB 15,000-25,000
成交价：RMB20,700

白玉花卉镯
年代不详 Unknown BP 北京保利
2012-8-11 Lot1017 D 7cm
估价：无底价
成交价：RMB13,800

双龙戏珠白玉手镯（两件）
清 Qing BP 北京保利
2012-8-11 Lot885 D 7cm；D 7.5cm
估价：无底价
成交价：RMB34,500

白玉镯
年代不详 Unknown BP 北京保利
2012-8-11 Lot1020 D 8cm
估价：无底价
成交价：RMB11,500

白玉镯
年代不详 Unknown BP 北京保利
2012-8-11 Lot1021 D 7.5cm
估价：无底价
成交价：RMB17,250

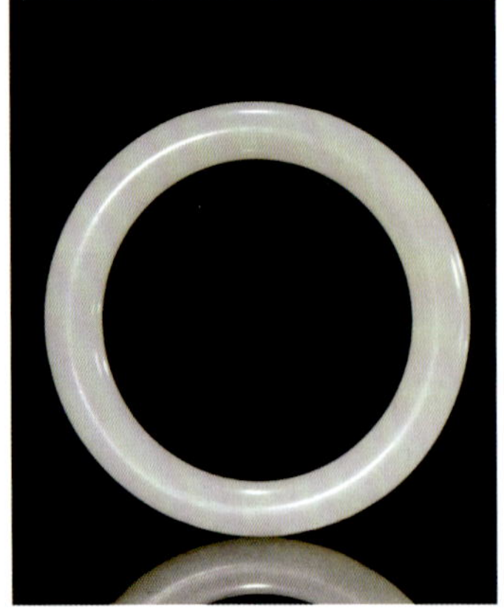

白玉手镯
A Carved White Jade Bangle
清 Qing BH 北京翰海
2012-5-27 Lot2017 D 6cm
估价：RMB 20,000-30,000
成交价：RMB46,000

玉手镯（一对）
年代不详 Unknown BP 北京保利
2012-8-11 Lot1024 D 7.5cm
估价：无底价
成交价：RMB11,500

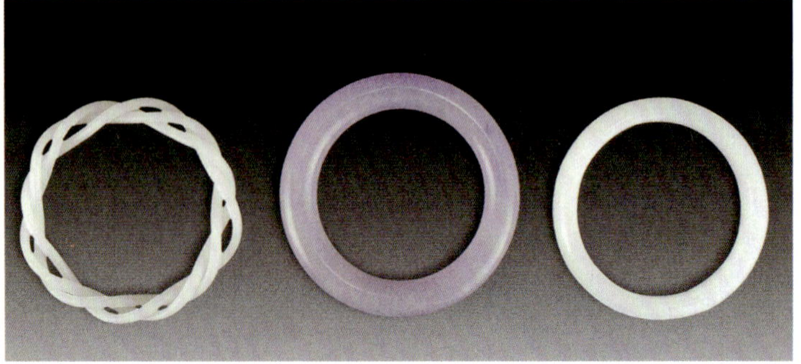

各式手镯（三件）
年代不详 Unknown BP 北京保利
2012-8-11 Lot1025 尺寸不一
估价：无底价
成交价：RMB13,800

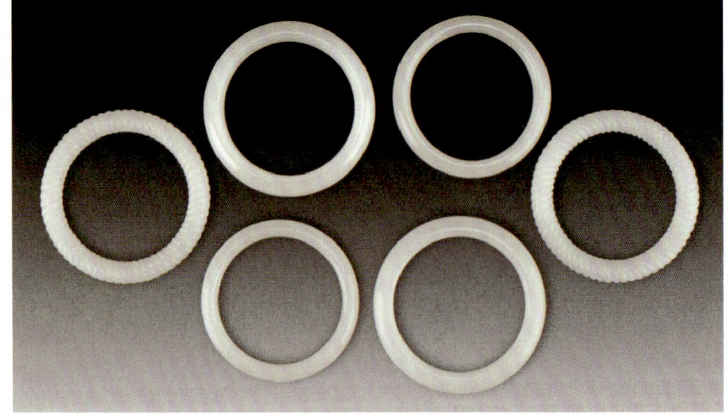

白玉手镯（六件）
年代不详 Unknown BP 北京保利
2012-8-11 Lot1027 尺寸不一
估价：无底价
成交价：RMB23,000

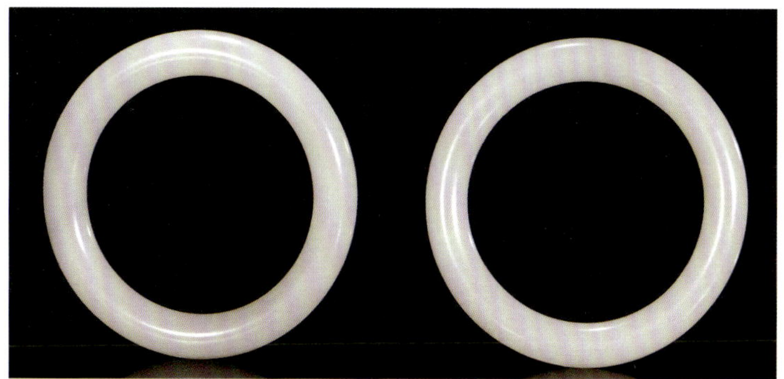

白玉手镯
A Pair of Carved White Jade Bangles
清 Qing BH 北京翰海
2012-5-27 Lot2016 D 6cm
估价：RMB 35,000-55,000
成交价：RMB97,750

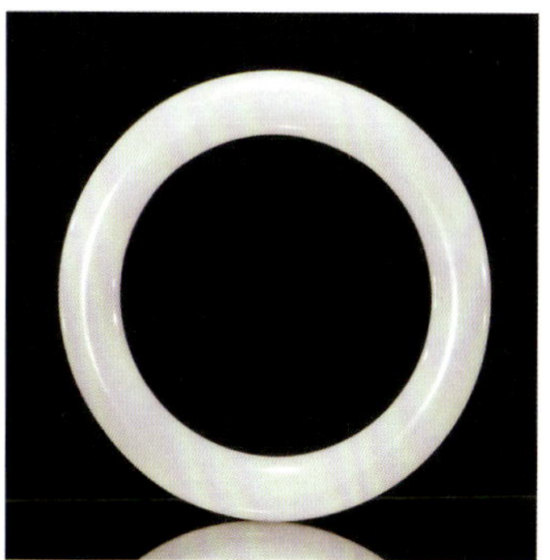

白玉手镯
A Carved White Jade Bracelet
清 Qing BH 北京翰海
2012-12-8 Lot2228 D 5.7cm
估价：RMB 20,000-30,000
成交价：RMB25,300

白玉手镯（二件）
A Pair of Carved White Jade Bracelets
清中期 Mid Qing BH 北京翰海
2012-12-8 Lot2229 D 5.3cm
估价：RMB 35,000-45,000
成交价：RMB78,200

白玉手镯
A White Jade Bangle
清 Qing TT 北京传是
2012-7-8 Lot1469 D 5.6cm
估价：RMB 8,000-12,000
成交价：RMB17,250

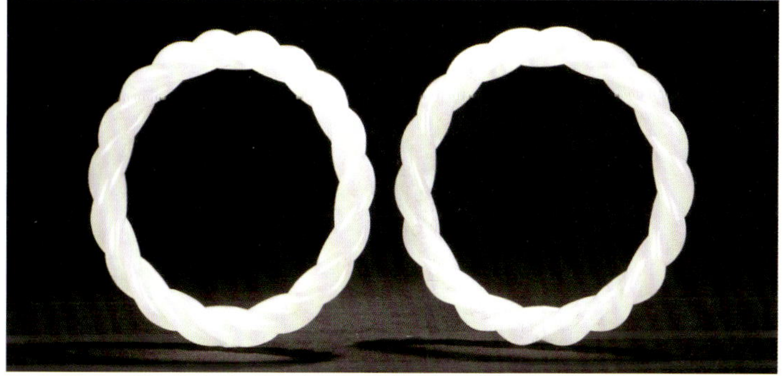

白玉绳纹镯（一对）
清 Qing BP 北京保利
2012-10-24 Lot1022 D 7cm × 2
估价：RMB 20,000-30,000
成交价：RMB276,000

白玉籽料手串
年代不详 Unknown RB 北京荣宝
2012-3-10 Lot235 W 68g
估价：RMB 50,000-80,000
成交价：RMB89,600

白玉绳纹手镯（一对）
A Pair White Jade Bangles
清 Qing TT 北京传是
2012-7-8 Lot1470 D 6cm×2
估价：RMB 15,000-20,000
成交价：RMB32,200

白玉籽料珠链
年代不详 Unknown RB 北京荣宝
2012-3-10 Lot227 W 68.6g
估价：RMB 60,000-80,000
成交价：RMB84,000

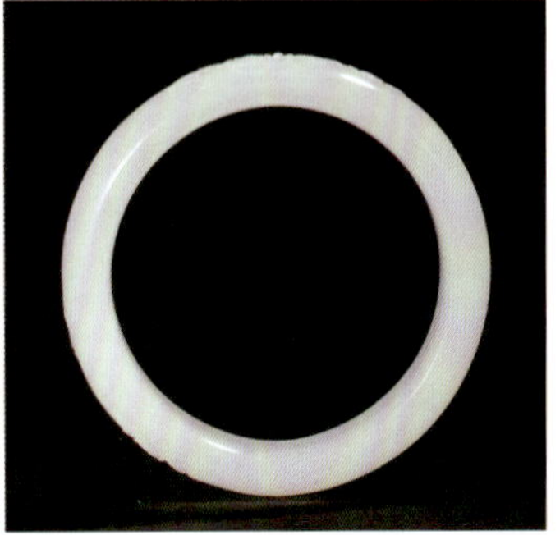

白玉籽料富贵镯
年代不详 Unknown RB 北京荣宝
2012-3-10 Lot252 D 5.5cm
估价：RMB 250,000-350,000
成交价：RMB392,000

白玉籽料八仙手链
年代不详 Unknown RB 北京荣宝
2012-6-24 Lot1718 W 73g
估价：RMB 60,000-90,000
成交价：RMB84,000

白玉籽料女士手钏
年代不详 Unknown RB 北京荣宝
2012-6-24 Lot1719 W 31g
估价：RMB 20,000-30,000
成交价：RMB39,200

籽料白玉圆镯
年代不详 Unknown RB 北京荣宝
2012-6-24 Lot1769 W 51g
估价：RMB 220,000-320,000
成交价：RMB336,000

白玉籽料男士手钏
年代不详 Unknown RB 北京荣宝
2012-6-24 Lot1770 W 51g
估价：RMB 60,000-90,000
成交价：RMB91,840

如意三才籽料白玉镯
年代不详 Unknown RB 北京荣宝
2012-6-24 Lot1771 W 59g
估价：RMB 330,000-430,000
成交价：RMB470,400

“舍”手镯
年代不详 Unknown RB 北京荣宝
2012-8-26 Lot827 D 58mm
估价：RMB 130,000-150,000
成交价：RMB156,800

落雪圆镯
年代不详 Unknown RB 北京荣宝
2012-8-26 Lot828 D 58mm
估价：RMB 250,000-300,000
成交价：RMB336,000

国色天香富贵牡丹镯
年代不详 Unknown RB 北京荣宝
2012-8-26 Lot829 D 57mm
估价：RMB 160,000-190,000
成交价：RMB190,400

清心玉映手链
年代不详 Unknown RB 北京荣宝
2012-8-26 Lot857 W 25 g
估价：RMB 10,000-20,000
成交价：RMB16,800

手链
年代不详 Unknown RB 北京荣宝
2012-8-26 Lot860 D 16mm（单珠）
估价：RMB 90,000-120,000
成交价：RMB106,400

手链
年代不详 Unknown RB 北京荣宝
2012-8-26 Lot861 20mm×10mm（单珠）
估价：RMB 80,000-100,000
成交价：RMB95,200

流云映宝月
年代不详 Unknown RB 北京荣宝
2012-8-26 Lot862 16mm×10mm（单珠）
估价：RMB 40,000-50,000
成交价：RMB50,400

手链
年代不详 Unknown RB 北京荣宝
2012-8-26 Lot863 20mm×15mm（单珠）
估价：RMB 90,000-120,000
成交价：RMB112,000

手链
年代不详 Unknown RB 北京荣宝
2012-8-26 Lot864 15mm×10mm（单珠）
估价：RMB 60,000-80,000
成交价：RMB67,200

白玉平安镯

年代不详 Unknown RB 北京荣宝

2012-11-25 Lot1747 D 57mm；W 15mm；W 60.33g

估价：RMB 300,000-350,000

成交价：RMB358,400

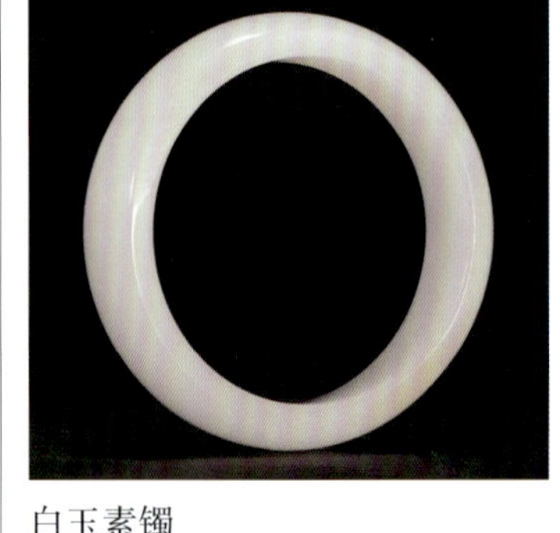

白玉素镯

年代不详 Unknown RB 北京荣宝

2012-11-25 Lot1748 D 58mm；W 19mm；W 84g

估价：RMB 550,000-600,000

成交价：RMB616,000

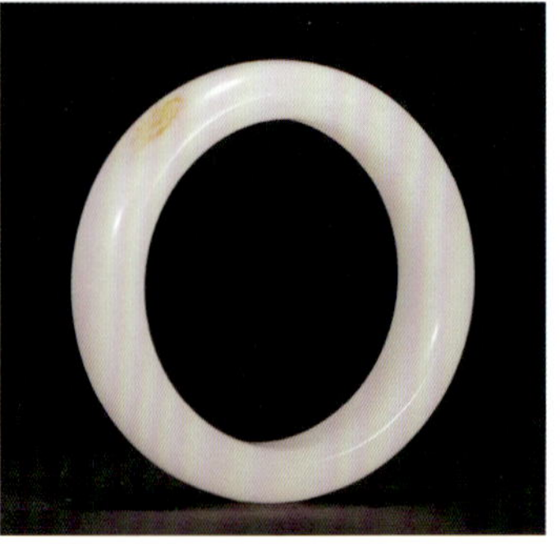

羊脂玉镯

年代不详 Unknown RB 北京荣宝

2012-11-25 Lot1749 D 58mm；W 19mm；W 106g

估价：RMB 800,000-900,000

成交价：RMB952,000

白玉福镯

年代不详 Unknown RB 北京荣宝

2012-11-25 Lot1793 D 56mm；W 13mm；W 58g

估价：RMB 200,000-230,000

成交价：RMB224,000

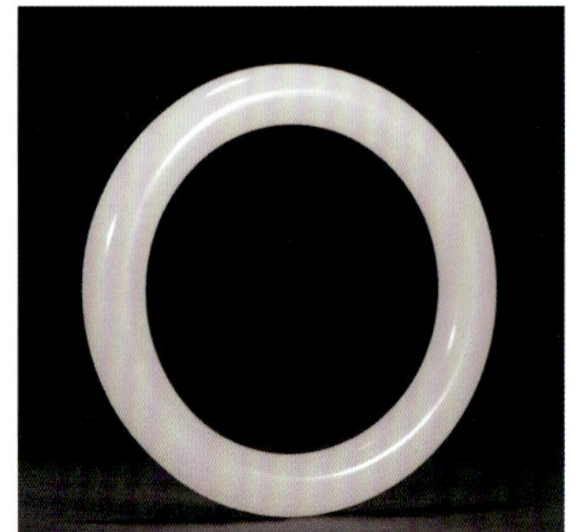

白玉腰鼓镯

年代不详 Unknown RB 北京荣宝

2012-11-25 Lot1794 D 57mm；W 11mm；W 58.7g

估价：RMB 280,000-310,000

成交价：RMB313,600

白玉平安镯

年代不详 Unknown RB 北京荣宝

2012-11-25 Lot1795 D 57mm；W 15mm；W 67g

估价：RMB 110,000-130,000

成交价：RMB156,800

白玉镯

年代不详 Unknown RB 北京荣宝

2012-11-25 Lot1796 D 59mm；W 15mm；W 81g

估价：RMB 650,000-680,000

成交价：RMB728,000

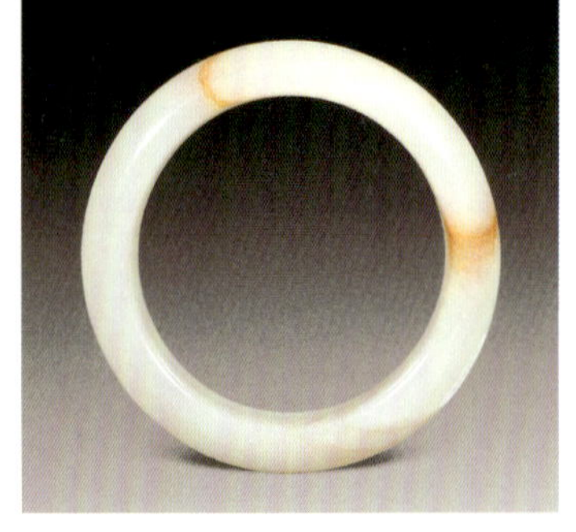

玉镯

A Jade Bracelet

年代不详 Unknown GD 中国嘉德

2012-6-16 Lot3703 D 77cm

估价：无底价

成交价：RMB1,150

和田白玉籽料镶金女士福寿八仙手链

年代不详 Unknown RB 北京荣宝

2012-6-24 Lot1744 W 32g

估价：RMB 40,000-60,000

成交价：RMB61,600

和田白玉碧玉情侣手钏（二条）
年代不详 Unknown RB 北京荣宝
2012-6-24 Lot1717 W 32g；W 22g
估价：RMB 30,000-50,000
成交价：RMB50,400

青白玉镯
A Celadon Jade Bracelet
清 Qing GD 中国嘉德
2012-9-17 Lot4158 D 7.9cm
估价：无底价
成交价：RMB25,300

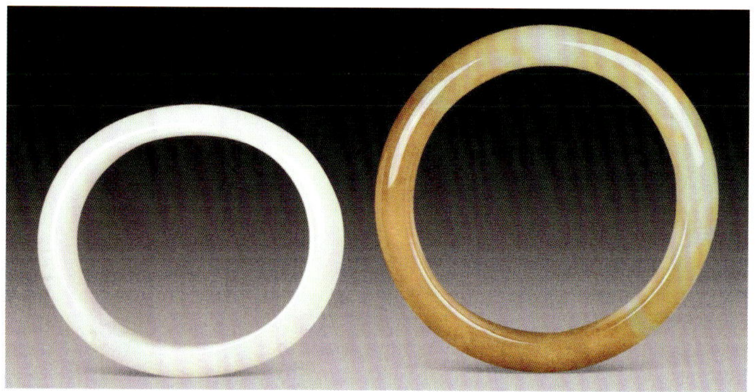

玉镯（两只）
Two Jade Bracelets
年代不详 Unknown GD 中国嘉德
2012-9-16 Lot3222 尺寸不一
估价：无底价
成交价：RMB3,450

青白玉镯
A Celadon Jade Bracelet
年代不详 Unknown GD 中国嘉德
2012-6-16 Lot3701 D 7.2cm
估价：无底价
成交价：RMB3,450

玉镯（两只）
Two Jade Bracelets
年代不详 Unknown GD 中国嘉德
2012-6-16 Lot3700 尺寸不一
估价：无底价
成交价：RMB1,150

青白玉镯
A Celadon Jade Bracelet
清 Qing GD 中国嘉德
2012-6-16 Lot3706 D 7.4cm
估价：无底价
成交价：RMB1,150

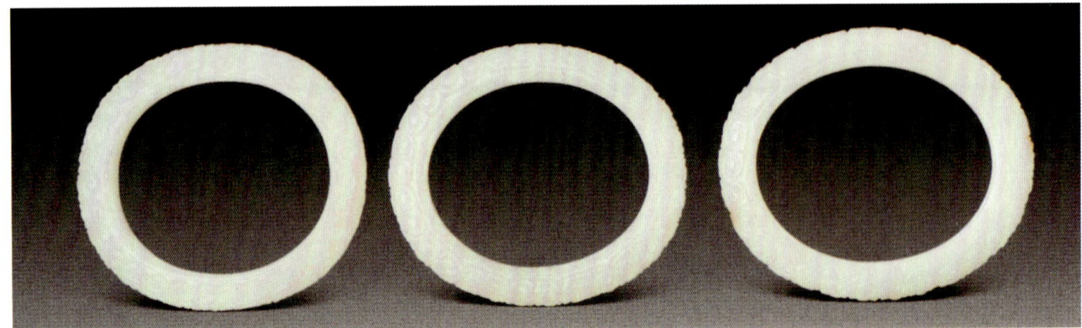

青白玉云纹镯（三只）
Three Celadon Jade Bracelets
年代不详 Unknown GD 中国嘉德
2012-6-16 Lot3751 尺寸不一
估价：无底价
成交价：RMB3,450

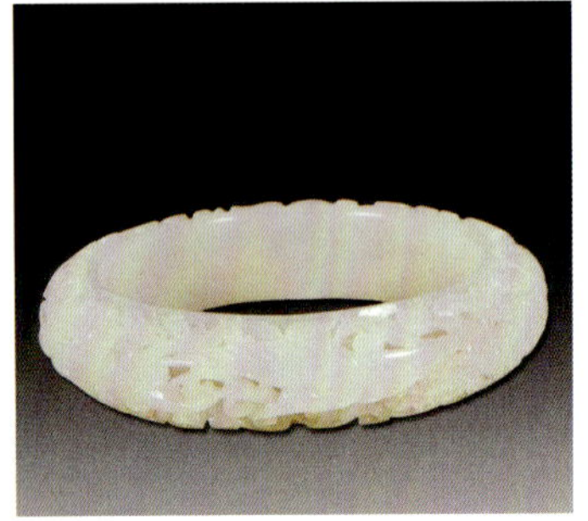

青白玉花鸟纹镯
A Celadon Jade Bracelet
年代不详 Unknown GD 中国嘉德
2012-6-16 Lot3753 D7.5cm
估价：无底价
成交价：RMB4,600

玉镯（三只）
Three Jade Bracelets
年代不详 Unknown GD 中国嘉德
2012-6-16 Lot3708 尺寸不一
估价：无底价
成交价：RMB2,300

青白玉素镯（一对）
A Pair of Celadon Jade Bracelets
清 Qing HC 北京华辰
2012-5-12 Lot1362 L 9cm × 2
估价：RMB 15,000-20,000
成交价：RMB63,250

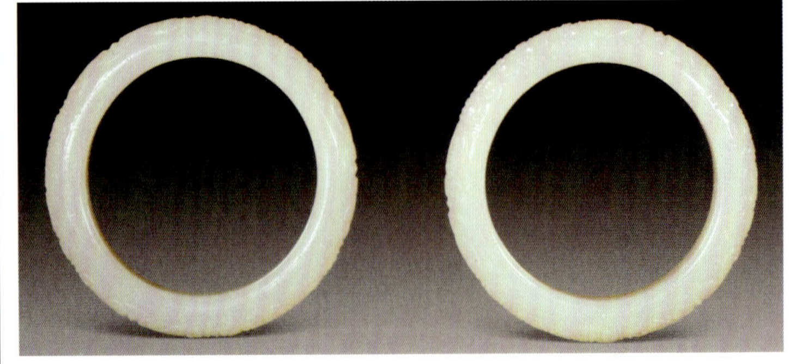

青玉兽面纹镯（一对）
A Pair of Celadon Jade Bracelets
年代不详 Unknown GD 中国嘉德
2012-9-16 Lot3233 D 8cm × 2
估价：无底价
成交价：RMB4,600

碧玉镯
A Jasper Bracelet
年代不详 Unknown GD 中国嘉德
2012-9-16 Lot3157 D 7.3cm
估价：无底价
成交价：RMB5,750

碧影寻禅手镯
年代不详 Unknown RB 北京荣宝
2012-8-26 Lot826 D 57mm
估价：RMB 20,000-30,000
成交价：RMB22,400

碧玉镯
年代不详 Unknown RB 北京荣宝
2012-11-25 Lot1722 D 59mm；W 18mm；W 81g
估价：RMB 30,000-35,000
成交价：RMB39,200

碧玉镯（一对）
A Pair of Jasper Bracelets
年代不详 Unknown GD 中国嘉德
2012-6-16 Lot3699 D 7.5cm × 2
估价：无底价
成交价：RMB4,600

碧玉镯（一对）
A Pair of Jasper Bracelets
年代不详 Unknown GD 中国嘉德
2012-6-16 Lot3704 D 7.6cm；D 7.5cm
估价：无底价
成交价：RMB1,150

碧玉镯（一对）
A Pair of Jasper Bracelets
年代不详 Unknown GD 中国嘉德
2012-6-16 Lot3717 D 7.5cm × 2
估价：无底价
成交价：RMB2,300

碧玉镯（一对）
A Pair of Jasper Bracelets
年代不详 Unknown GD 中国嘉德
2012-6-16 Lot3754 D 7.7cm；D 7.5cm
估价：无底价
成交价：RMB1,150

碧玉手串（两串）
Two Jasper Chains
年代不详 Unknown GD 中国嘉德
2012-9-16 Lot3160 L 10cm×2
估价：无底价
成交价：RMB3,450

碧玉手串（两串）
Two Jasper Chains
年代不详 Unknown GD 中国嘉德
2012-6-16 Lot3762 L 10cm×2
估价：无底价
成交价：RMB4,450

碧玉手镯、项坠、耳环、戒指套装
A Set of Spinach-Green Jadeite Jewelry,Including A Necklace,A Bracelt,A Pair of Earrings and A Ring
年代不详 Unknown XLA 西泠印社
2012-7-7 Lot2102 L 8.8cm；W 5.2cm
估价：RMB 40,000-60,000
成交价：RMB69,000

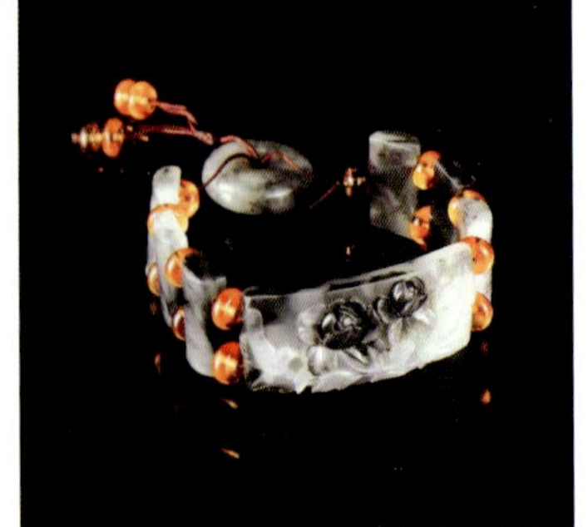

双喜临门 青花手链
A “QinghuA” jade Bracelet with Flower Pattern
年代不详 Unknown XLA 西泠印社
2012-7-7 Lot2101 L 9.5cm；L 8cm
估价：RMB 20,000-30,000
成交价：RMB36,800

黄玉镯
A Yellow Jade Bracelet
年代不详 Unknown GD 中国嘉德
2012-6-16 Lot3702 D 7.5cm
估价：RMB 20,000-30,000
成交价：RMB25,300

黄玉十八子手串
A Yellow Jade Bracelet
清 Qing FC 北京永乐
2012-6-5 Lot735 L 12.5cm
估价：RMB 80,000-90,000
成交价：RMB48,300

黄玉绳纹手串
A Yellow Jade Bracelet
清 Qing HC 北京华辰
2012-10-30 Lot205 L 14cm
估价：RMB 8,000-12,000
成交价：RMB5,750

黄玉雕五龙穿花纹镯
An Imperial Yellow Jade Dragon bangle
乾隆 Qianlong BD 北京东正
2012-10-31 Lot217 L 10.3cm
估价：RMB 600,000-800,000
成交价：RMB9,200

黄玉云蝠镯
年代不详 Unknown BP 北京保利
2012-8-11 Lot1022 D 6.5cm
估价：无底价
成交价：RMB13,800

黄玉回龙纹环
A Nice Yellow Jade Dragon Ring
明 Ming BP 北京保利
2012-6-7 Lot7585 D 9.5cm
估价：RMB 60,000-80,000
成交价：RMB 172,500

青花腰鼓镯
年代不详 Unknown RB 北京荣宝
2012-11-25 Lot1721 D 58.5mm；W 13mm；W 59.2g
估价：RMB 40,000-45,000
成交价：RMB50,400

青花平安镯
年代不详 Unknown RB 北京荣宝
2012-11-25 Lot1720 D 56mm；W 15mm；W 62g
估价：RMB 35,000-40,000
成交价：RMB39,200

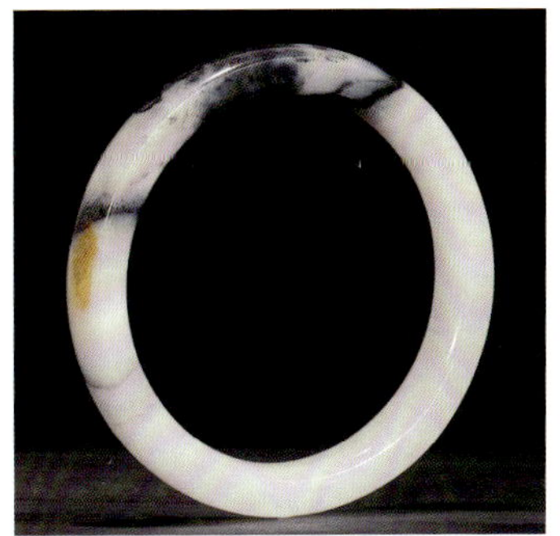

青花名媛镯
年代不详 Unknown RB 北京荣宝
2012-11-25 Lot1797 D 56mm；W 12mm；W 49g
估价：RMB 160,000-180,000
成交价：RMB201,600

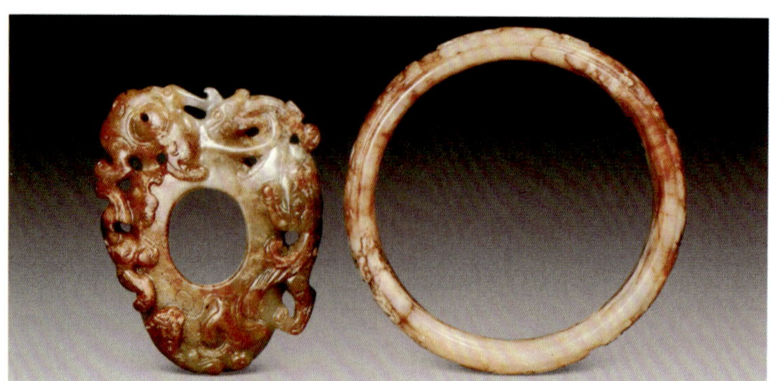

玉镯、玉雕鸡心珮各一件
A Jade Bracelet and A Jade Pendant
年代不详 Unknown GD 中国嘉德
2012-6-16 Lot3852 L 6cm；L 7cm
估价：无底价
成交价：RMB3,450

佚名 香囊 手串
Anonymous A Jade Bangle
年代不详 Unknown XLA 西泠印社
2012-10-21 Lot230 85×25×15mm；W 55.4g
估价：无底价
成交价：RMB46,000

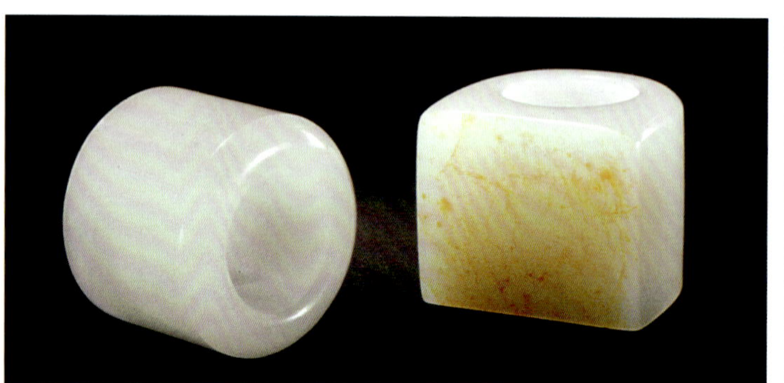

白玉扳指（二件）
Two White Jade Rings
清 Qing GD 中国嘉德
2012-10-29 Lot4030 D 3.1cm，W 3.2cm
估价：RMB 30,000-50,000
成交价：RMB69,000

白玉乾隆御题诗扳指
A White Jade Carved Emperor's Poem Ring
乾隆 Qianglong GD 中国嘉德
2012-10-29 Lot4031 D 3cm
估价：RMB 180,000-280,000
成交价：RMB207,000

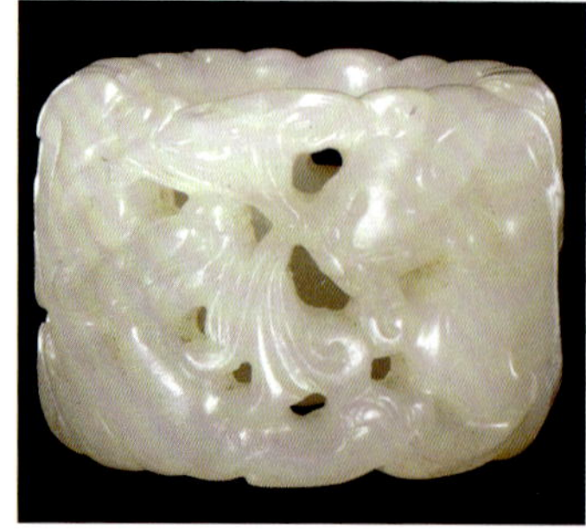

白玉镂雕螭衔灵芝扳指
A White Jade Carved Dragon Ring
清 Qing GD 中国嘉德
2012-10-29 Lot3993 D 3cm
估价：RMB 30,000-50,000
成交价：RMB34,500

白玉云纹扳指
A White Jade Carved Clouds Ring
清 Qing GD 中国嘉德
2012-10-29 Lot4029 D 3.4cm
估价：RMB 5,000-8,000
成交价：RMB25,300

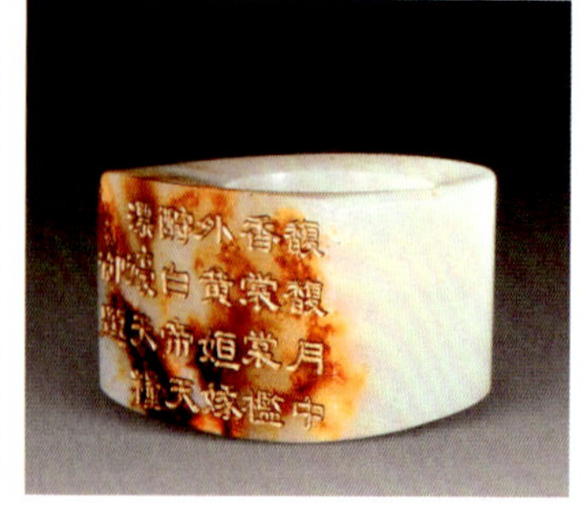

白玉诗文扳指
A White Jade Ring
年代不详 Unknown GD 中国嘉德
2012-9-16 Lot3225 D 4.1cm
估价：无底价
成交价：RMB4,600

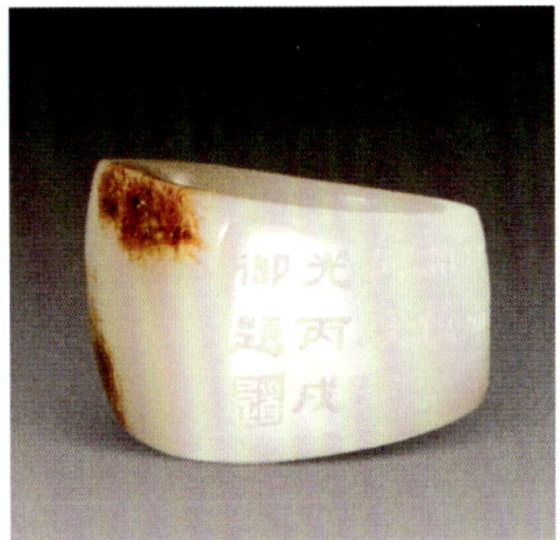

白玉留皮诗文扳指
A White Jade Ring
年代不详 Unknown GD 中国嘉德
2012-9-16 Lot3226 D 3.4cm
估价：无底价
成交价：RMB9,200

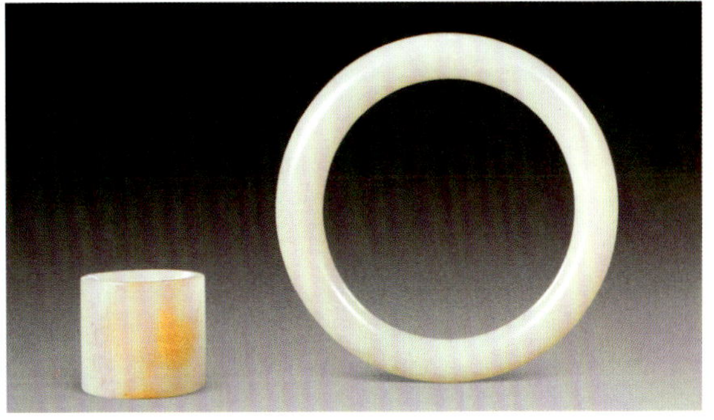

白玉扳指、青玉镯各一只
A White Jade Ring and A Celadon Jade Bracelet
清 Qing GD 中国嘉德
2012-9-16 Lot3231 D 2.6cm，D 8cm
估价：RMB 8,000-12,000
成交价：RMB9,200

白玉扳指、青白玉花卉诗文扳指各一只
A White Jade Ring and A Celadon Jade Ring
年代不详 Unknown GD 中国嘉德
2012-6-16 Lot3749 D 3.5 cm；D 3.6cm
估价：RMB 6,000-9,000
成交价：RMB6,900

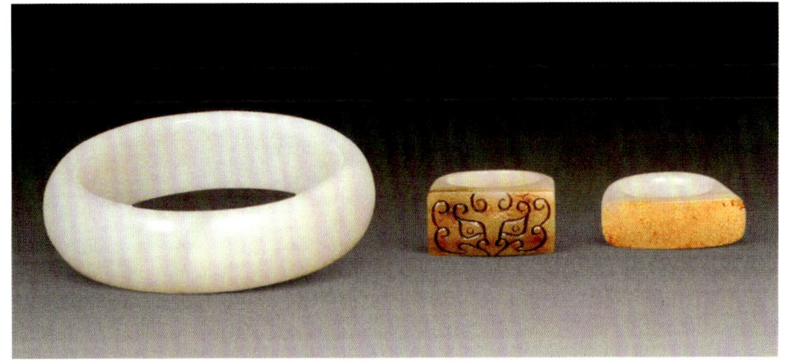

白玉镯、青玉留皮扳指（三只）
A White Jade Bracelet and Two Celadon Jade Rings
年代不详 Unknown GD 中国嘉德
2012-9-16 Lot3232 尺寸不一
估价：RMB 3,000-5,000
成交价：RMB3,450

白玉扳指
A White Jade Ring
年代不详 Unknown GD 中国嘉德
2012-9-16 Lot3227 D 3.7cm
估价：无底价
成交价：RMB5,750

白玉嘉庆御题诗文扳指
A White Jade Ring
清 Qing GD 中国嘉德
2012-9-16 Lot3230 D 3cm
估价：RMB 55,000-85,000
成交价：RMB63,250

白玉留皮诗文扳指
A White Jade Ring
清 Qing GD 中国嘉德
2012-6-16 Lot3715 D 3.9cm
估价：无底价
成交价：RMB17,250

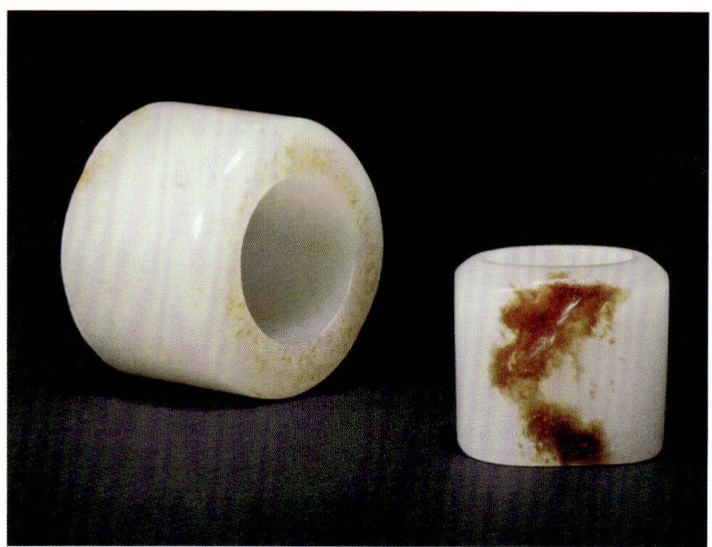

白玉留皮扳指（两件）
Two Jade Rings
清 Qing BC 北京诚轩
2012-10-28 Lot913 尺寸不一
估价：RMB 20,000-30,000
成交价：RMB74,750

玉、翠扳指（十五件）
A Set of Fifteen Carved Jade Thumb Rings
清中期 Mid Qing BH 北京翰海
2012-12-8 Lot2223 D 2cm
估价：RMB 120,000-150,000
成交价：RMB138,000

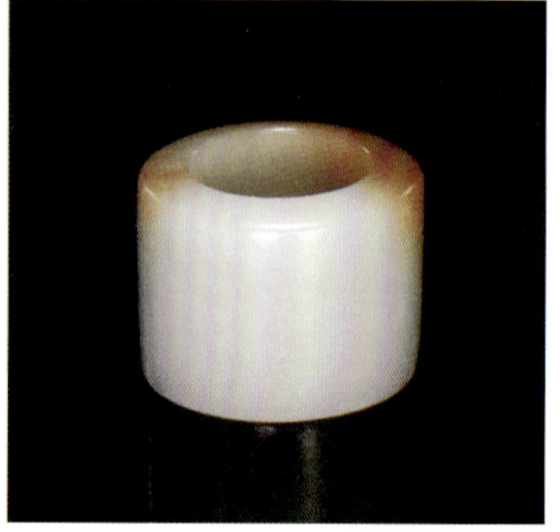

D47403068@YL03836
白玉雕梵文扳指
A Carved White Jade Archer's Ring
清 Qing FC 北京永乐
2012-12-15 Lot836 D 5.4cm；L 7.7cm
估价：RMB 80,000-100,000
成交价：RMB6,900

白玉雕御题诗文扳指
An Imperial White Jade Archer's Ring
乾隆 Qianlong BD 北京东正
2012-10-31 Lot355 D 2.9cm
估价：RMB 200,000-220,000
成交价：RMB437,000

白玉双喜纹扳指
A White Jade Archer's Ring
清中期 Mid Qing BD 北京东正
2012-10-31 Lot539 L 3.2cm
估价：RMB 30,000-40,000
成交价：RMB48,300

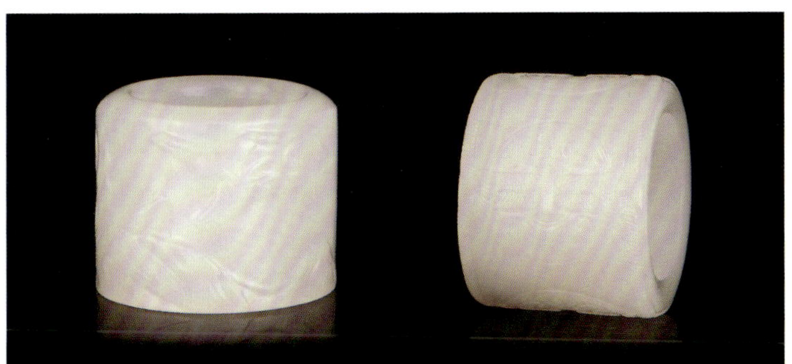

白玉扳指一组两件
Two White Jade Archer's Rings
清 18-19 世纪 Qing,18-19th Century C 佳士得
2012-11-9 Lot1285 D 3cm
估价：GBP 2,000-3,000
成交价：GBP16,250

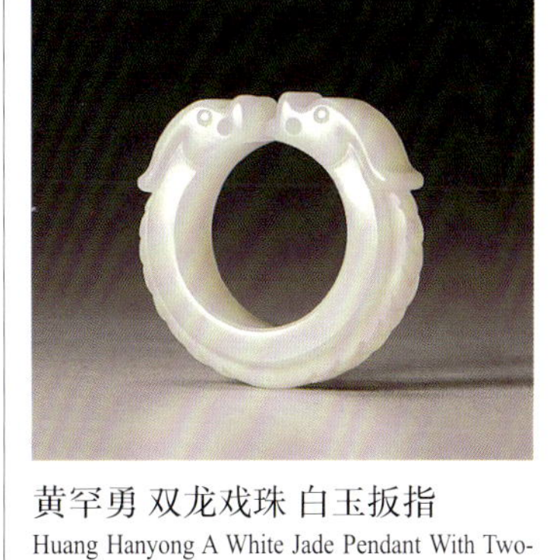

黄罕勇 双龙戏珠 白玉扳指
Huang Hanyong A White Jade Pendant With Two-Dragon Patterns
年代不详 Unknown XLA 西泠印社
2012-10-21 Lot68 35×31×11.5mm；W 15.7g
估价：无底价
成交价：RMB17,250

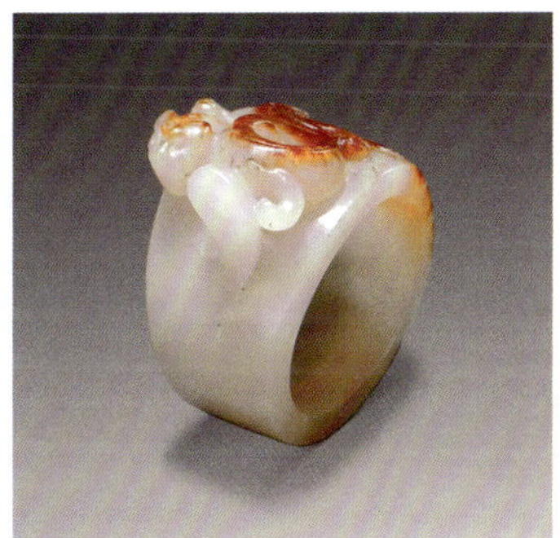

白玉巧雕螭龙纹戒指
年代不详 Unknown RB 北京荣宝
2012-6-24 Lot1620 L 3.5cm
估价：RMB 10,000-30,000
成交价：RMB11,200

白玉扳指
年代不详 Unknown RB 北京荣宝
2012-11-25 Lot1727 35×26mm；W 40g
估价：RMB 25,000-30,000
成交价：RMB31,360

俞艇 白玉扳指
Yu Ting A White Jade Ring
年代不详 Unknown XLA 西泠印社
2012-7-7 Lot2008 D 35cm
估价：无底价
成交价：RMB40,250

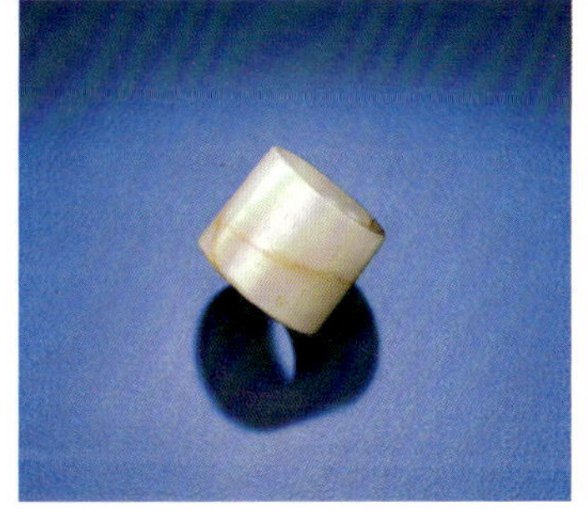

白玉御题牵牛诗扳指
An Imperial Inscribed White Jade Archer's Ring
清 18 世纪 Qing,18th Century C 佳士得
2012-11-28 Lot2340 W 2.6cm
估价：HKD 300,000-400,000
成交价：HKD375,000

白玉雕螭龙纹扳指
A White Jade Dragon Ring
乾隆 Qianlong Z 北京中汉
2012-10-30 Lot563 H 2.1cm
估价：RMB 20,000-40,000
成交价：RMB23,000

白玉浅刻喜鹊登梅御题诗文扳指
A Carved White Jade Archer's Ring
清中期 Mid Qing BH 北京翰海
2012-5-27 Lot2019 D 2.2cm
估价：RMB 80,000-100,000
成交价：RMB207,000

白玉雕蟠虺纹、玉雕螭龙纹扳指各一件
Two Carved Jade Rings
乾隆 Qianlong BC 北京诚轩
2012-5-13 Lot217 尺寸不一
估价：RMB 60,000-80,000
成交价：RMB69,000

玉雕素扳指
清 Qing BP 北京保利
2012-4-23 Lot1963 D 3.5cm
估价：无底价
成交价：RMB 13,800

玉雕诗文扳指
年代不详 Unknown BH 北京翰海
2012-9-28 Lot1644 H 2.8cm
估价：RMB 25,000-25,000
成交价：RMB28,750

玉雕扳指（三件）
年代不详 Unknown BH 北京翰海
2012-9-28 Lot1646 尺寸不一
估价：RMB 20,000-20,000
成交价：RMB23,000

白玉大吉图扳指
清 Qing BP 北京保利
2012-10-24 Lot879 D 3cm
估价：RMB 20,000-30,000
成交价：RMB23,000

玉扳指（三件）
清 Qing BP 北京保利
2012-10-24 Lot878 尺寸不一
估价：无底价
成交价：RMB17,250

白玉云龙扳指
清 Qing BP 北京保利
2012-10-24 Lot880 D 3cm
估价：RMB 20,000-30,000
成交价：RMB69,000

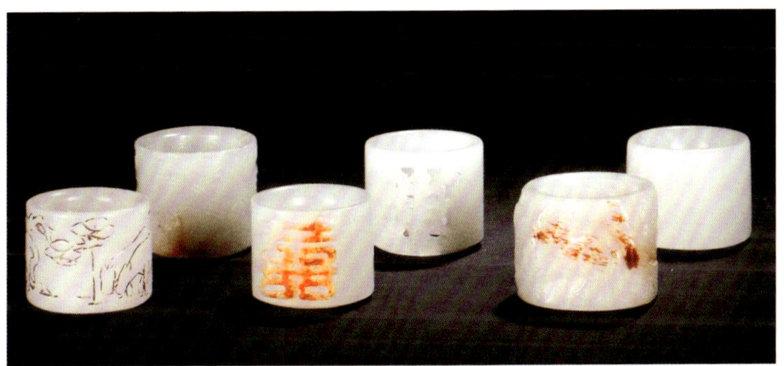

白玉各式扳指（六件一组）
清 Qing BP 北京保利
2012-10-24 Lot882 尺寸不一
估价：RMB 80,000-100,000
成交价：RMB92,000

白玉云雷纹扳指
清中期 Mid Qing BP 北京保利
2012-10-24 Lot881 D 3cm
估价：RMB 10,000-20,000
成交价：RMB92,000

白玉云蝠扳指
清 Qing BP 北京保利
2012-10-24 Lot883 D 3cm
估价：RMB 20,000-30,000
成交价：RMB69,000

白玉松鹿扳指
清 Qing BP 北京保利
2012-10-24 Lot884 D 3cm
估价：RMB 20,000-30,000
成交价：RMB23,000

白玉山水人物扳指
清 Qing BP 北京保利
2012-10-24 Lot885 D 3cm
估价：RMB 20,000-30,000
成交价：RMB69,000

白玉留皮扳指
清 Qing BP 北京保利
2012-10-24 Lot886 D 3cm
估价：RMB 30,000-50,000
成交价：RMB92,000

白玉如意纹扳指
清 Qing BP 北京保利
2012-10-24 Lot887 D 3cm
估价：RMB 30,000-50,000
成交价：RMB63,250

玉雕诗文扳指
年代不详 Unknown BH 北京翰海
2012-9-28 Lot1642 H 2.5cm
估价：RMB 25,000-25,000
成交价：RMB28,750

白玉镂雕螭龙灵芝纹扳指
A White Jade Archer's Ring
清 Qing S 苏富比
2012-3-20 Lot256 H 2.6cm；D 2.4cm
估价：USD 6,000-8,000
成交价：USD10,625

黄白玉巧雕岁寒三友图扳指一件
A White and Russet Jade Archer's Ring
18 世纪 18th Century C 佳士得
2012-5-18 Lot1311 D 2.9cm
估价：GBP 4,000-6,000
成交价：GBP6,250

白玉留皮鱼纹扳指
清 Qing BP 北京保利
2012-8-11 Lot623 L 3cm
估价：RMB 5,000-8,000
成交价：RMB13,800

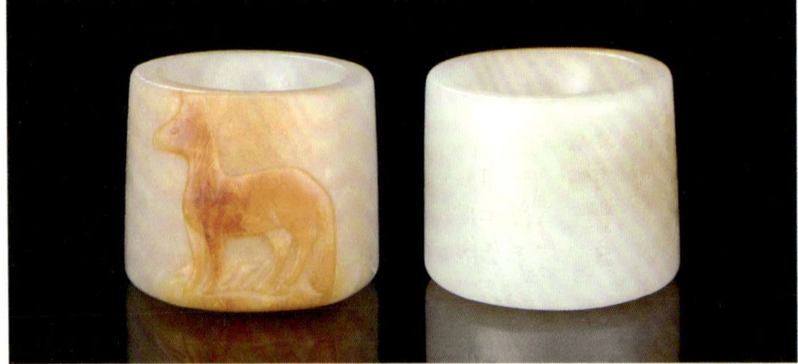

黄白玉御题诗扳指一件
A Celadon and Russet Jade Archer's Ring with Imperial Poem
18-19 世纪 18-19th Century C 佳士得
2012-5-18 Lot1330 D 3.1cm
估价：GBP 20,000-30,000
成交价：GBP31,250

白玉青鸾献寿扳指
A Fine White Jade Thumb Ring
乾隆 Qianlong BP 北京保利
2012-6-7 Lot7524 D 3cm
估价：RMB 60,000-80,000
成交价：RMB 138,000

白玉三羊开泰扳指
A Fine White Jade Thumb Ring
乾隆 Qianlong BP 北京保利
2012-6-7 Lot7525 D 3cn
估价：RMB 60,000-80,000
成交价：RMB 69,000

白玉扳指
清 Qing BP 北京保利
2012-4-22 Lot1397 D 3cm
估价：无底价
成交价：RMB11,500

白玉春华秋实扳指
清 Qing BP 北京保利
2012-4-22 Lot1403 D 3cm
估价：无底价
成交价：RMB92,000

白玉龙纹扳指
清 Qing BP 北京保利
2012-4-22 Lot1404 D 3cm
估价：无底价
成交价：RMB48,300

白玉扳指
清 Qing BP 北京保利
2012-4-22 Lot1405 D 3cm
估价：无底价
成交价：RMB11,500

白玉御题诗扳指
乾隆 Qianlong BP 北京保利
2012-4-22 Lot1406 D 2.5cm
估价：RMB 50,000-80,000
成交价：RMB149,500

白玉兰花御制诗文扳指
乾隆 Qianlong BP 北京保利
2012-4-22 Lot1407 D 2.5cm
估价：RMB 50,000-80,000
成交价：RMB230,000

白玉雕三阳开泰扳指
清 Qing BP 北京保利
2012-4-22 Lot1409 D 3cm
估价：无底价
成交价：RMB13,800

白玉雕梅花扳指
清 Qing BP 北京保利
2012-4-22 Lot1410 D 3cm
估价：无底价
成交价：RMB17,250

白玉八骏扳指
清 Qing BP 北京保利
2012-4-22 Lot1411 D 2.5cm
估价：无底价
成交价：RMB74,750

白玉题诗扳指
A White Jade and Incribed Ring
清 Qing BP 北京保利
2012-12-7 Lot7577 D 2.9cm
估价：RMB 40,000-60,000
成交价：RMB138,000

白玉留皮扳指
清中期 Mid Qing BP 北京保利
2012-4-22 Lot1412 L 3cm
估价：无底价
成交价：RMB20,700

玉雕龙纹扳指
清 Qing BP 北京保利
2012-4-22 Lot1396 D 3cm
估价：无底价
成交价：RMB23,000

玉雕铭文扳指
清 Qing BP 北京保利
2012-4-22 Lot1402 D 2.5cm
估价：无底价
成交价：RMB34,500

玉雕扳指
清 Qing BP 北京保利
2012-4-22 Lot1398 D 2.5cm
估价：无底价
成交价：RMB2,300

玉雕吉祥如意扳指
清 Qing BP 北京保利
2012-4-22 Lot1401 D 3cm
估价：无底价
成交价：RMB149,500

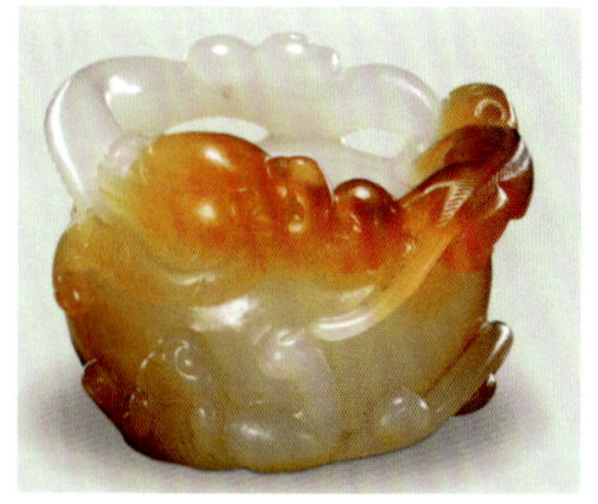

白玉留皮子辰扳指
A White Jade “Dragon and Mouse” Ring
清中期 Mid Qing GD 中国嘉德
2012-10-29 Lot3982 D 5.9cm
估价：RMB 50,000-80,000
成交价：RMB28,750

白玉留皮竹纹御题诗扳指
A Rare White Jade "Bamboo" thumb Ring with Imperial Inscription
乾隆 Qianlong BP 北京保利
2012-12-5 Lot5706 L 3.3cm
估价：RMB 120,000-180,000
成交价：RMB149,500

巧色浅灰玉搬指
A Carved Pale Grey Jade Thumbring with Russet Skin
清 Qing S 苏富比
2012-4-4 Lot126 L 3.2cm
估价：HKD 15,000-20,000
成交价：HKD47,500

巧色"射鹄恒用"玉搬指
A Black and Brown Jade Thumbring
乾隆 Qianlong S 苏富比
2012-4-4 Lot190 L 3.1cm
估价：HKD 120,000-150,000
成交价：HKD375,000

青白玉和合二仙图扳指
A Celadon Jade Ring
清 Qing GD 中国嘉德
2012-9-16 Lot3228 D 3.5cm
估价：RMB 4,000-6,000
成交价：RMB4,600

青玉留皮扳指
A Celadon Jade Ring
清 Qing GD 中国嘉德
2012-6-16 Lot3748 D 4.4cm
估价：无底价
成交价：RMB1,150

青玉扳指
A Celadon Jade Ring
清 Qing GD 中国嘉德
2012-6-16 Lot3756 D 3.5cm
估价：无底价
成交价：RMB3,450

玉扳指（两只）
Two Jade Rings
年代不详 Unknown GD 中国嘉德
2012-6-16 Lot3757 D 3.5cm
估价：无底价
成交价：RMB2,300

碧玉山水人物扳指
A Jasper Ring
清 Qing TT 北京传是
2012-7-8 Lot1468 H 3cm
估价：RMB 10,000-15,000
成交价：RMB23,000

玉雕御制诗扳指
A Rare Carved Jade Ring
乾隆 Qianlong BC 北京诚轩
2012-5-13 Lot219 3×2.5cm
估价：RMB 80,000-100,000
成交价：RMB92,000

旧玉诗文扳指
A Ring
清 Qing TT 北京传是
2012-7-8 Lot1467 L 2.4cm
估价：RMB 15,000-20,000
成交价：RMB21,850

黄玉提油浅刻仿古瑞兽扳指
A Yellow Jade Inscribed Thumb Ring
乾隆 Qianlong BP 北京保利
2012-6-7 Lot7523 D 2.7cm
估价：RMB 50,000-80,000
成交价：RMB 184,000

碧玉扳指
清 Qing BP 北京保利
2012-4-22 Lot1400 D 3cm
估价：无底价
成交价：RMB1,150

黄玉灵兽诗文扳指
清中期 Mid Qing BP 北京保利
2012-4-22 Lot1408 H 2.5cm
估价：RMB 20,000-30,000
成交价：RMB74,750

黄玉文字扳指
清 Qing BP 北京保利
2012-10-24 Lot888 D 3cm
估价：RMB 20,000-30,000
成交价：RMB23,000

玉雕扳指
清 Qing BP 北京保利
2012-4-22 Lot1395 D 2.5cm
估价：无底价
成交价：RMB23,000

黄玉诗文扳指
A Yellow Jade Ring
年代不详 Unknown GD 中国嘉德
2012-6-16 Lot3759 D 3.8cm
估价：无底价
成交价：RMB1,150

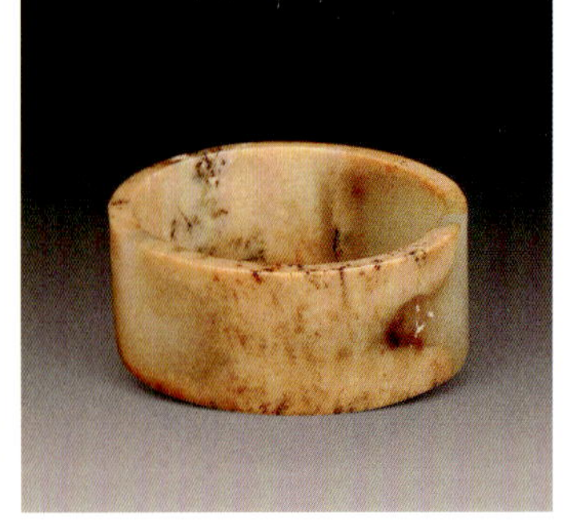

旧玉环
A Jade Huan
年代不详 Unknown GD 中国嘉德
2012-6-16 Lot3712 D 7.9cm
估价：RMB 5,000-8,000
成交价：RMB9,200

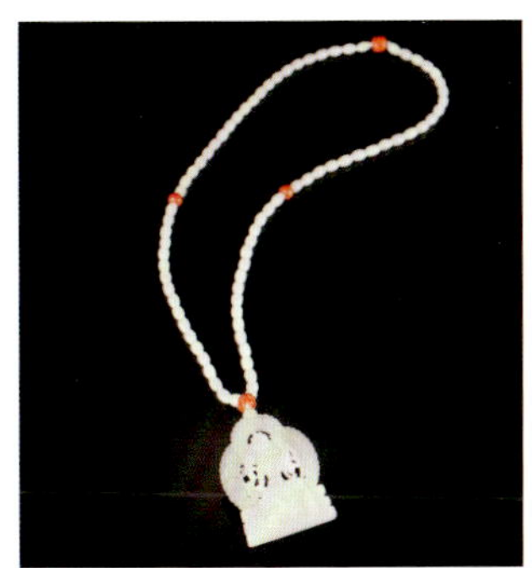

绿度母 白玉项链
A White Jade Necklace of Tara
年代不详 Unknown XLA 西泠印社
2012-7-7 Lot2103 尺寸不详
估价：RMB 120,000-150,000
成交价：RMB138,000

白玉串饰（两串）
Two White Jade Chains
年代不详 Unknown GD 中国嘉德
2012-9-16 Lot3236 尺寸不一
估价：无底价
成交价：RMB4,600

天佑 白玉项链
A White Jade Necklace,God-Blessed
年代不详 Unknown XLA 西泠印社
2012-7-7 Lot2099 尺寸不详
估价：RMB 30,000-50,000
成交价：RMB55,200

素心女款项链
年代不详 Unknown RB 北京荣宝
2012-8-26 Lot859 W 43 g
估价：RMB 50,000-70,000
成交价：RMB56,000

鸿运 佛珠
年代不详 Unknown RB 北京荣宝
2012-11-25 Lot1828 单珠：15 × 10mm；W 33.6g
估价：RMB 50,000-60,000
成交价：RMB64,960

紫气东来 佛珠
年代不详 Unknown RB 北京荣宝
2012-11-25 Lot1831 单珠 D 15mm；W 71.95g
估价：RMB 90,000-110,000
成交价：RMB105,280

青白玉佛珠
Celadon Jade Beads
年代不详 Unknown GD 中国嘉德
2012-6-16 Lot3760 L 98cm
估价：无底价
成交价：RMB8,050

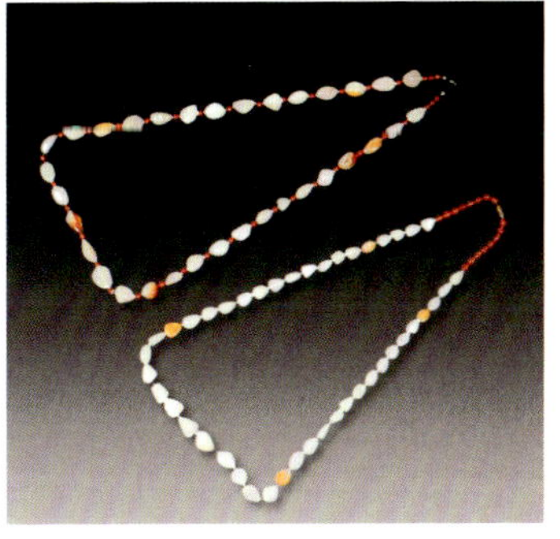

白玉项链（两串）
Two White Jade Necklaces
年代不详 Unknown GD 中国嘉德
2012-9-16 Lot3237 尺寸不一
估价：无底价
成交价：RMB2,300

念清净佛珠
年代不详 Unknown RB 北京荣宝
2012-8-26 Lot858 W 19 g
估价：RMB 30,000-40,000
成交价：RMB33,600

念心 佛链
年代不详 Unknown RB 北京荣宝
2012-11-25 Lot1853 单珠 D 6mm；W 36.8g
估价：RMB 10,000-13,000
成交价：RMB13,440

净心 佛链
年代不详 Unknown RB 北京荣宝
2012-11-25 Lot1857 W 44.3g
估价：RMB 12,000-15,000
成交价：RMB13,440

无上清心 佛链
年代不详 Unknown RB 北京荣宝
2012-11-25 Lot1858 单珠尺寸：7×6mm；W 44g
估价：RMB 30,000-40,000
成交价：RMB33,600

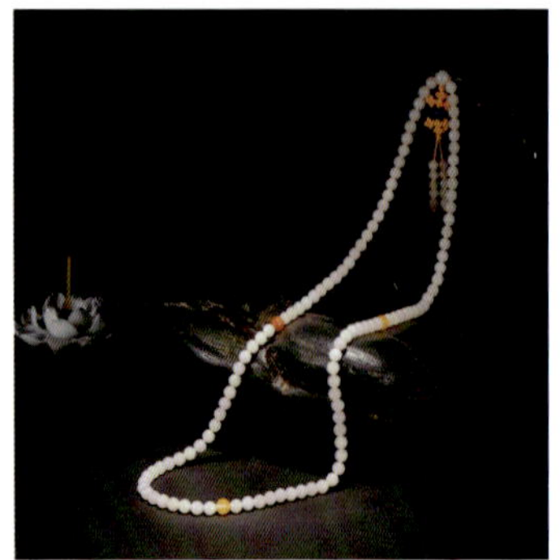

念心 佛链
年代不详 Unknown RB 北京荣宝
2012-11-25 Lot1876 单珠 D 6mm；W 33.55g
估价：RMB 12,000-15,000
成交价：RMB16,800

碧绿涟漪 佛链
年代不详 Unknown RB 北京荣宝
2012-11-25 Lot1850 单珠 D 9mm；W 48.7g
估价：RMB 18,000-21,000
成交价：RMB20,160

涵澈 佛链
年代不详 Unknown RB 北京荣宝
2012-11-25 Lot1881 单珠 D 6mm；W 43.5g
估价：RMB 12,000-15,000
成交价：RMB13,440

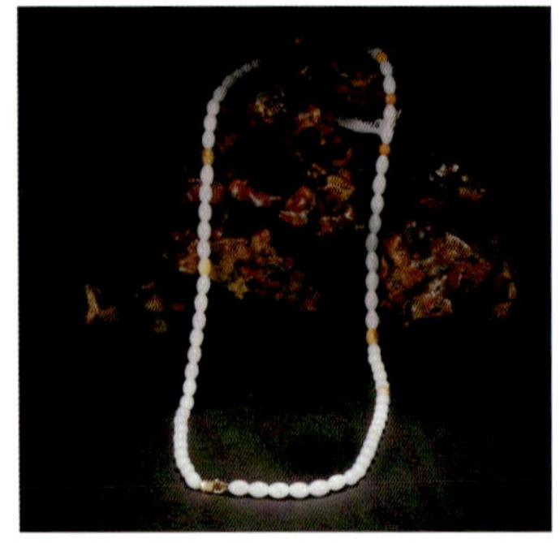

念心 佛链
年代不详 Unknown RB 北京荣宝
2012-11-25 Lot1824 单珠：7×5mm；W 22.5g
估价：RMB 16,000-19,000
成交价：RMB17,920

碧绿涟漪 项链
年代不详 Unknown RB 北京荣宝
2012-11-25 Lot1854 单珠 D 10mm；W 71.25g
估价：RMB 18,000-21,000
成交价：RMB21,280

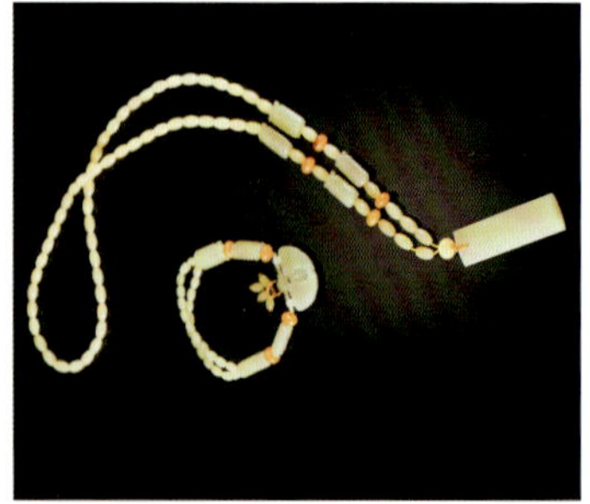

兰香馥郁 黄玉项链、手链套装
A Set of Yellow Jade Jewelry,Including A Necklace and A Bracelet
年代不详 Unknown XLA 西泠印社
2012-7-7 Lot2100 尺寸不一
估价：RMB 80,000-100,000
成交价：RMB115,000

白玉浅浮雕螭龙纹簪
A White Jade Chilong Hairpin
清 17-18 世纪 Qing, 17th-18th Century S 苏富比
2012-4-4 Lot152 L 14.1cm
估价：HKD 400,000-500,000
成交价：HKD620,000

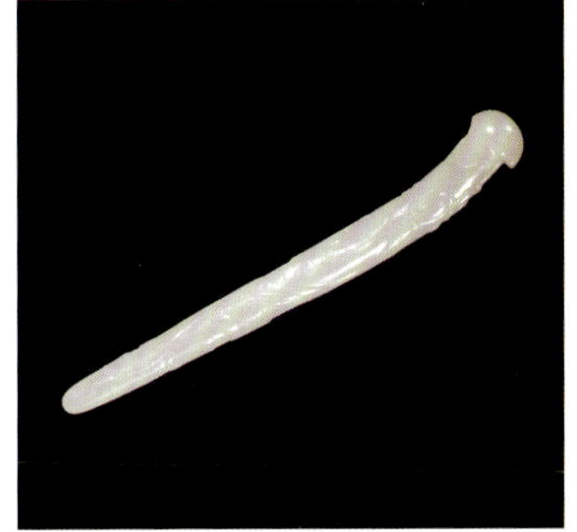

白玉龙纹发簪
A Carved White Jade Hairpin
清中期 Mid Qing BH 北京翰海
2012-5-27 Lot2022 L 9.4cm
估价：RMB 20,000-30,000
成交价：RMB23,000

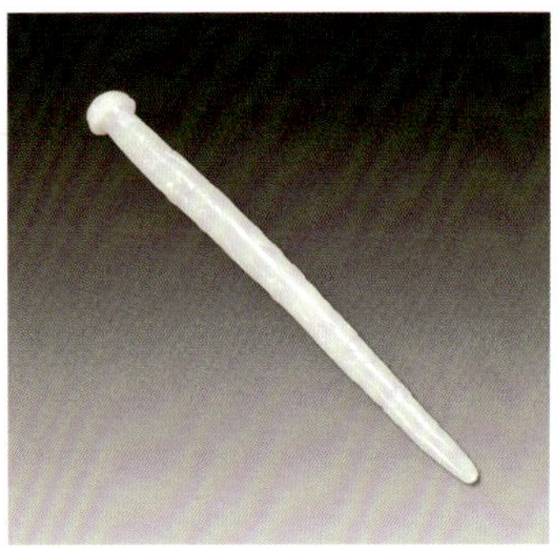

白玉螭龙发簪
清 Qing BP 北京保利
2012-4-23 Lot2104 L 12.5cm
估价：无底价
成交价：RMB 13,800

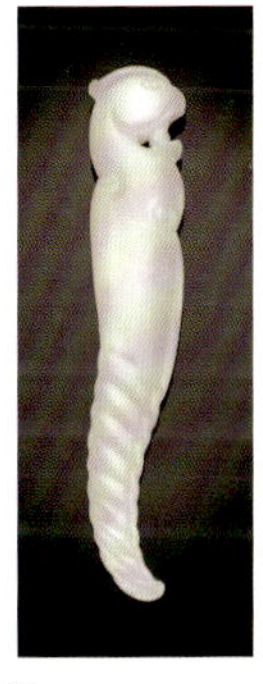

白工凤首觿
A Fine White Jade Xi Pendant
清 18 世纪 Qing,19th Century C 佳士得
2012-9-13 Lot1021 L 7.6cm
估价：USD 10,000-15,000
成交价：USD13,750

白玉龙头含珠发簪头
明或更早 Ming or Earlier BP 北京保利
2012-10-24 Lot761 L 4.5cm
估价：无底价
成交价：RMB80,500

白玉花鸟纹发簪
明或更早 Ming or Earlier BP 北京保利
2012-10-24 Lot803 L 6.5cm
估价：无底价
成交价：RMB74,750

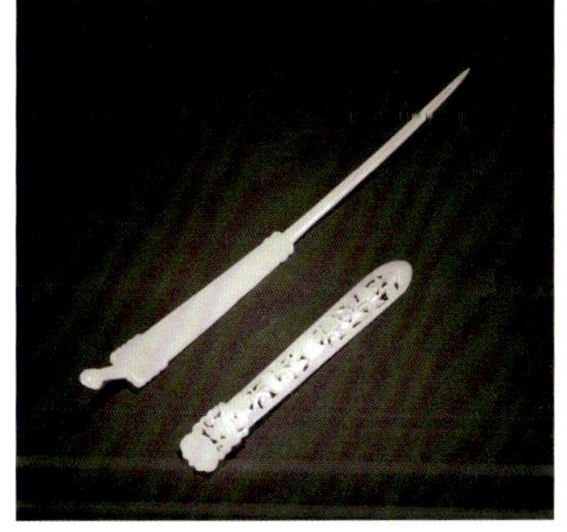

白玉发簪（两件）
清 Qing BP 北京保利
2012-10-24 Lot1017 L 11.5cm；L 20cm
估价：无底价
成交价：RMB17,250

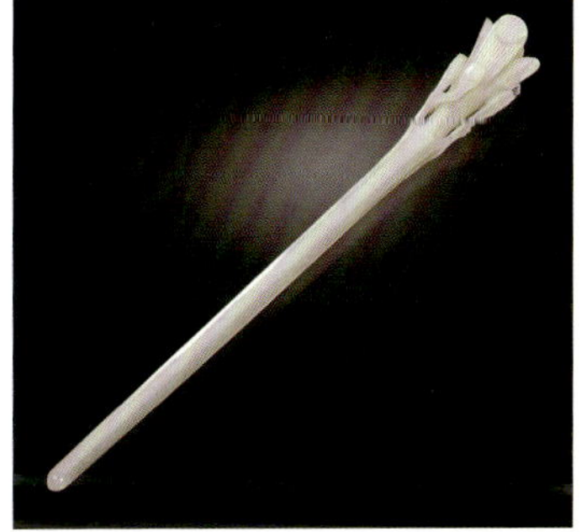

白玉玉兰纹簪
A Large White Jade Hair Pin
晚明 Late Ming C 佳士得
2012-3-22 Lot1802 L 31.4cm
估价：USD 12,000-18,000
成交价：USD23,750

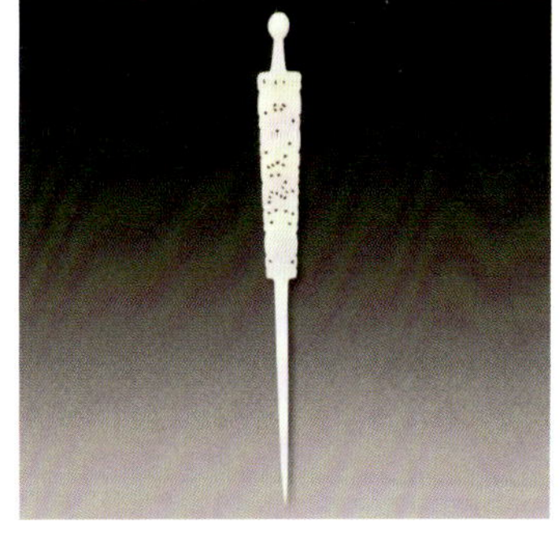

白玉花蝶纹簪
A White Jade Hairpin
清 Qing GD 中国嘉德
2012-6-16 Lot3905 L 18.7cm
估价：RMB 5,000-8,000
成交价：RMB5,750

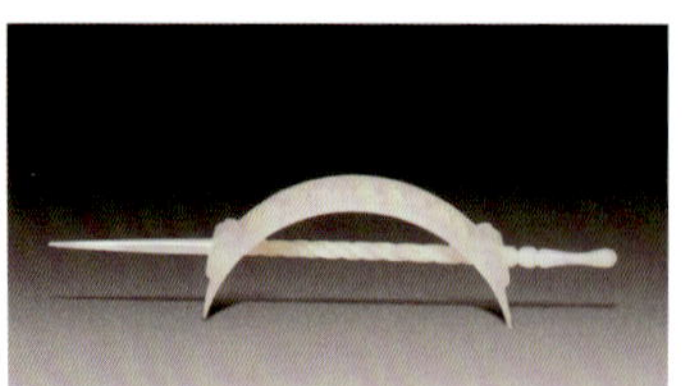

白玉寿字发簪
A White Jade Hairpin
年代不详 Unknown GD 中国嘉德
2012-6-16 Lot3770 L 16cm
估价：无底价
成交价：RMB5,750

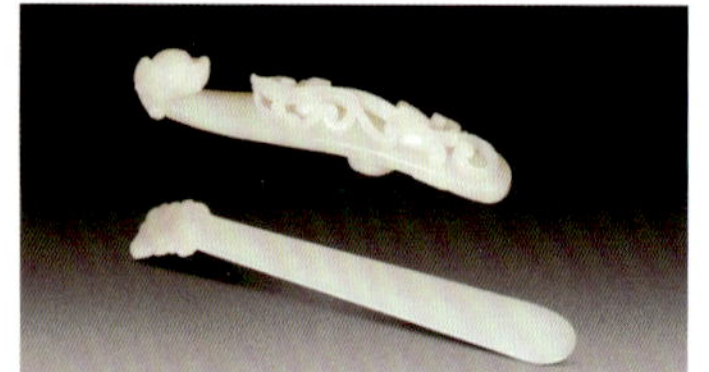

白玉龙钩、白玉簪各一件
A White Jade Belt Hook and A White Hairpin
年代不详 Unknown GD 中国嘉德
2012-6-16 Lot3775 L 13.5cm；L 12.5cm
估价：无底价
成交价：RMB3,450

白玉花卉纹茶则
A White Jade Tea Spoon
清 Qing GD 中国嘉德
2012-6-16 Lot3774 L 9cm
估价：无底价
成交价：RMB1,150

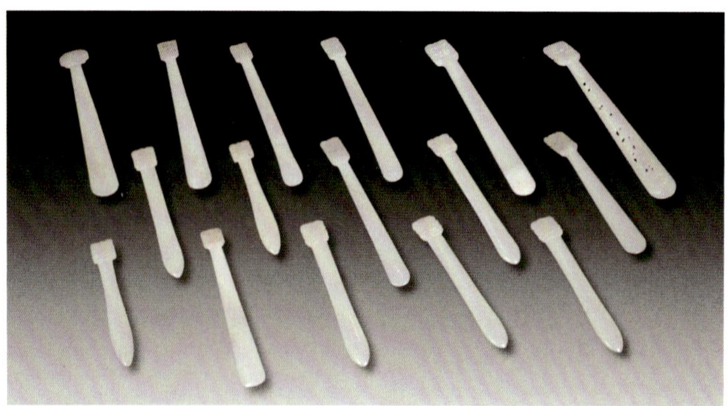

青白玉簪（十六件）
Sixteen Celadon Jade Hairpins
年代不详 Unknown GD 中国嘉德
2012-9-16 Lot3266 尺寸不一
估价：RMB 5,000-8,000
成交价：RMB17,250

青玉杯、簪、路路通（五件）
Five Celadon Jade Objects
年代不详 Unknown GD 中国嘉德
2012-6-16 Lot3851 尺寸不一
估价：无底价
成交价：RMB4,600

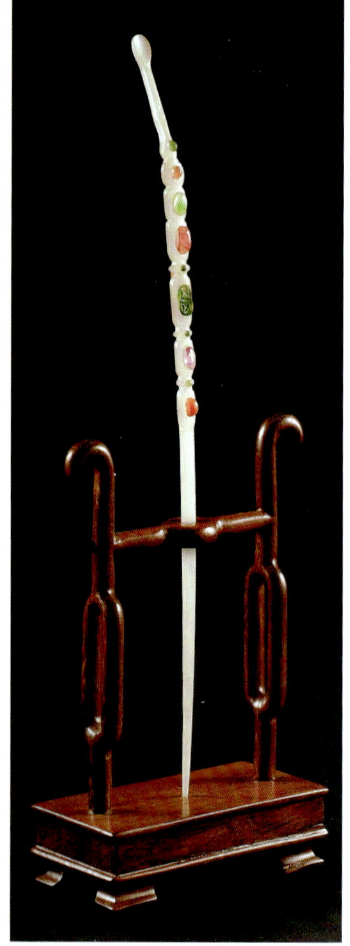

白玉嵌百宝耳挖簪
A Very Rare White Jade Inlaid Stone Earpick
乾隆 Qianlong KS 北京匡时
2012-12-5 Lot1943 L 20.5cm
估价：RMB 30,000-50,000
成交价：RMB92,000

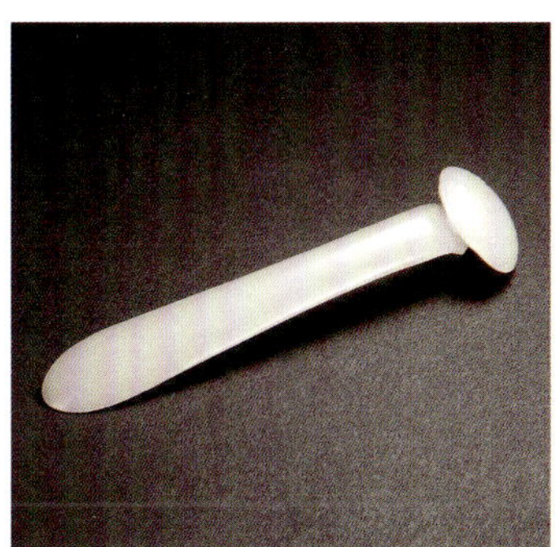

白玉如意形发簪
清 Qing BP 北京保利
2012-4-22 Lot1470 L 11cm
估价：无底价
成交价：RMB6,900

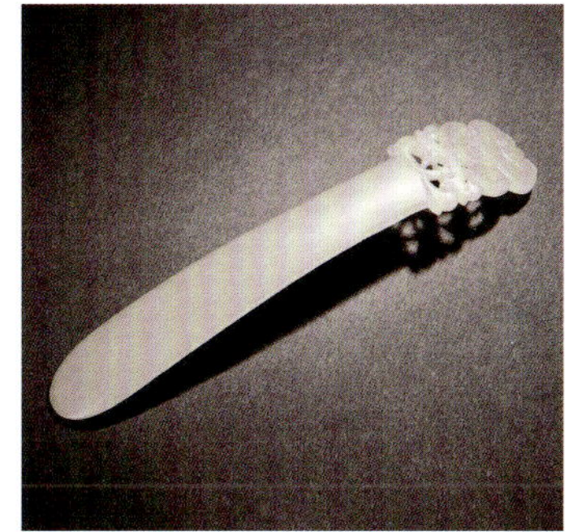

白玉发簪
清 Qing BP 北京保利
2012-4-22 Lot1471 L 12.5cm
估价：无底价
成交价：RMB6,900

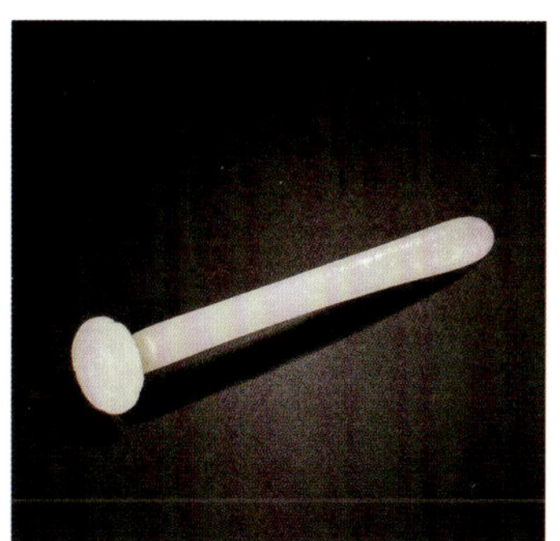

白玉花蝶簪
A White Jade Hair Pin
清 Qing BP 北京保利
2012-12-7 Lot7581 L 13.4cm
估价：RMB 30,000-50,000
成交价：RMB34,500

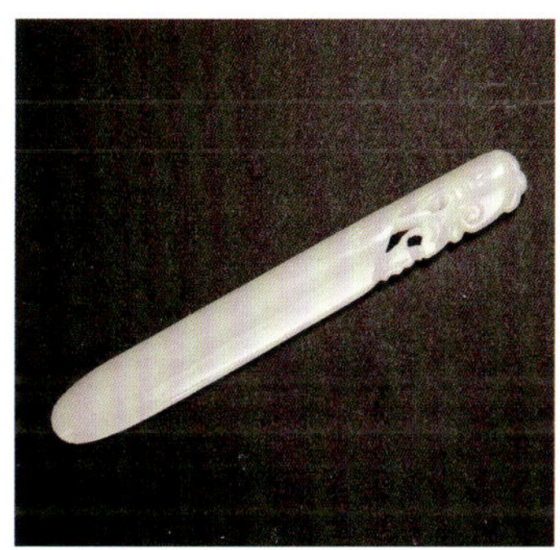

白玉龙头发簪
清 Qing BP 北京保利
2012-4-22 Lot1469 L 9.5cm
估价：无底价
成交价：RMB10,350

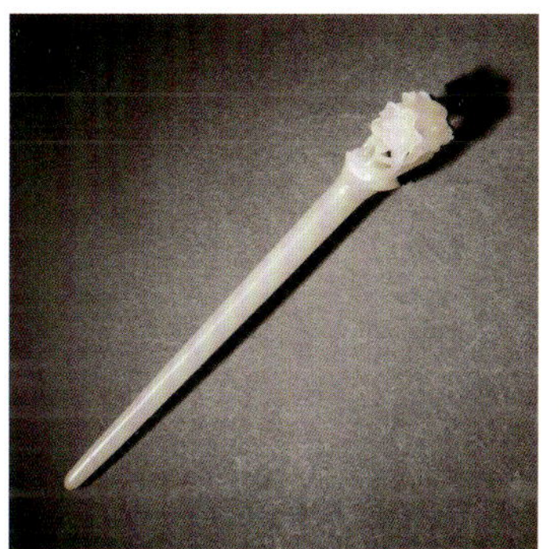

青白玉透雕花卉簪
A Carved Greenish-White Jade Hairpin
明 Ming BP 北京保利
2012-6-7 Lot7528 L 16.5cm
估价：RMB 20,000-30,000
成交价：RMB 23,000

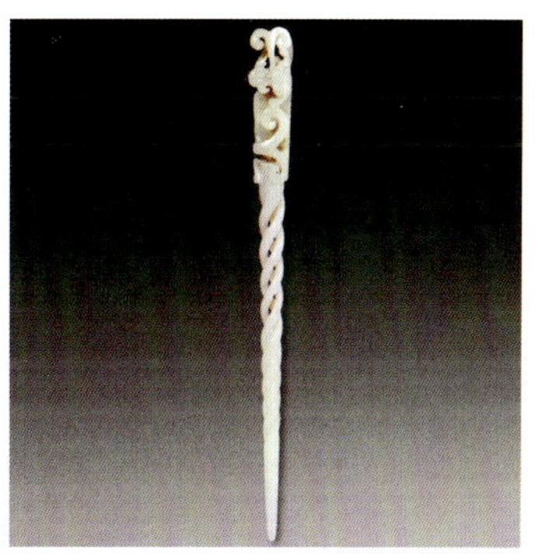

青玉簪
A Celadon Jade Hairpin
年代不详 Unknown GD 中国嘉德
2012-6-16 Lot3904 L 18.5cm
估价：无底价
成交价：RMB1,150

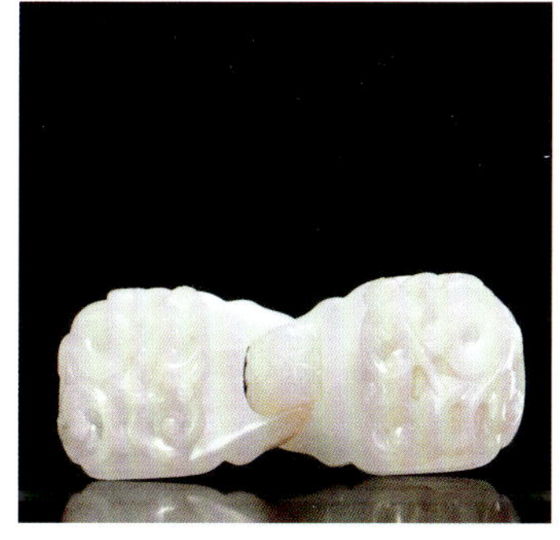

白玉雕螭龙带扣
A Carved "Dragon" White Jade Buckle
明末－清初 Late Ming-Early Qing GD 中国嘉德
2012-5-14 Lot3499 L 9cm
估价：RMB 48,000-58,000
成交价：RMB63,250

白玉花鸟发簪
A Carved White Jade Hair Pin
清 Qing BP 北京保利
2012-12-7 Lot7398 L 20.5cm
估价：RMB 60,000-90,000
成交价：RMB69,000

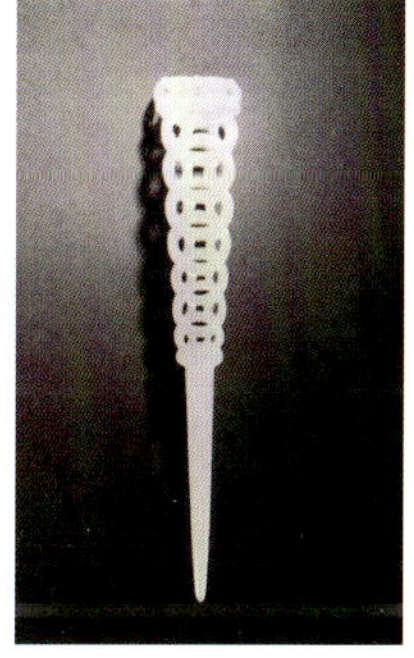

白玉钱纹发簪
A White Jade Hairpin
清 Qing BP 北京保利
2012-6-7 Lot7454 L 20cm
估价：RMB 15,000-25,000
成交价：RMB 17,250

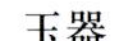

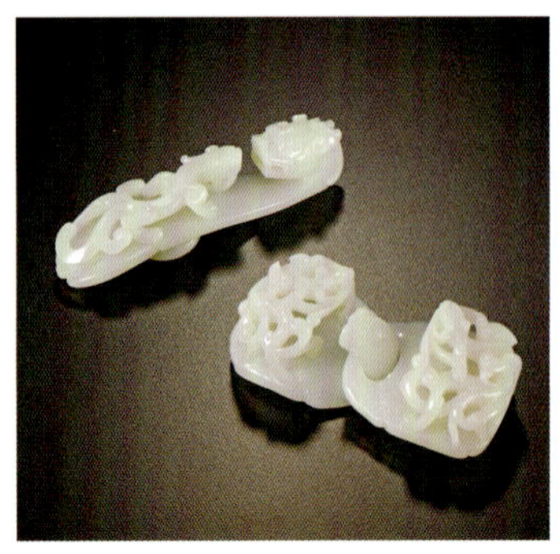

白玉镂雕螭龙纹带扣
A White Jade Archaistic Belt Buckle
清 18 世纪 Qing, 18th Century S 苏富比
2012-9-12 Lot383 L 10.8cm
估价：USD 6,000-8,000
成交价：USD13,750

白玉穿花龙纹带扣
A White Jade Buckle
年代不详 Unknown GD 中国嘉德
2012-9-16 Lot3251 L 11.6cm
估价：RMB 3,000-5,000
成交价：RMB3,450

白玉玄武带扣
A White Jade Buckle
清 Qing GD 中国嘉德
2012-6-16 Lot3526 L 6cm
估价：RMB 8,000-12,000
成交价：RMB11,500

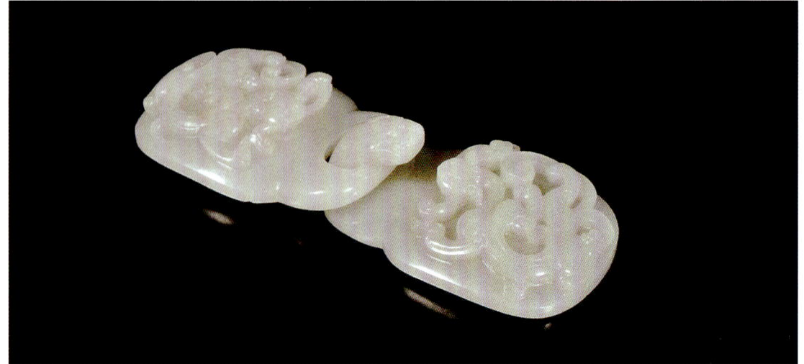

白玉螭龙纹带扣
A White Jade Buckle
清 Qing GD 中国嘉德
2012-6-16 Lot3312 L 7.2cm；L 7.5cm
估价：RMB 60,000-90,000
成交价：RMB69,000

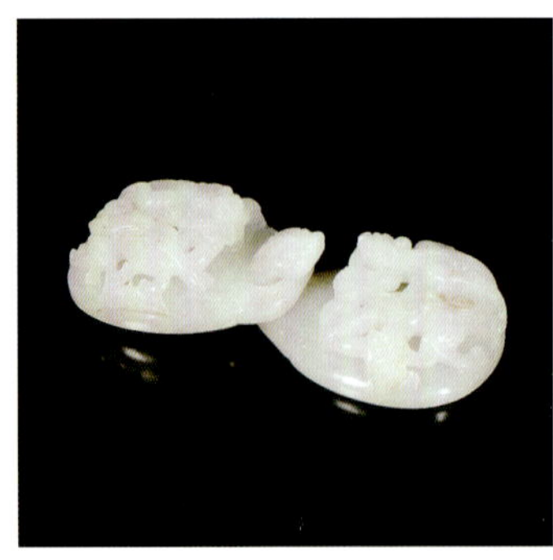

白玉螭龙纹带扣
A White Jade Buckle
乾隆 Qianlong GD 中国嘉德
2012-6-16 Lot3258 L 5.8cm；L 5.7cm
估价：RMB 40,000-60,000
成交价：RMB46,000

白玉五子登科带扣
A White Jade Belt Hook
清 Qing BP 北京保利
2012-6-7 Lot7499 L 8cm
估价：RMB 10,000-20,000
成交价：RMB 11,500

白玉透雕和合二仙带扣
A Nice White Jade Belt Hook
乾隆 Qianlong BP 北京保利
2012-6-7 Lot7546 L 6cm
估价：RMB 60,000-80,000
成交价：RMB 69,000

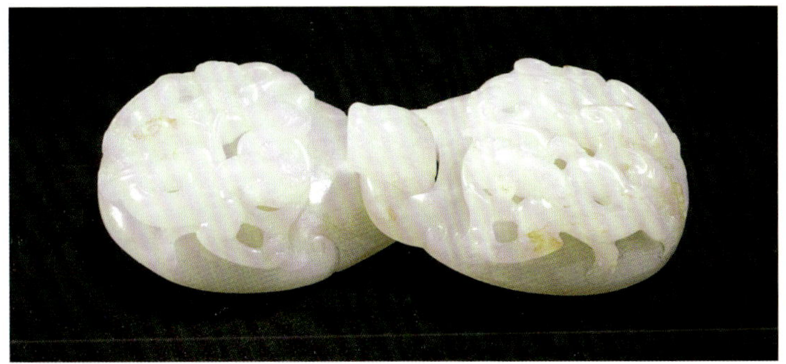

白玉雕蟠螭纹带扣
A Set of Finely Carved Jade Buckle
乾隆 Qianlong BC 北京诚轩
2012-10-28 Lot924 10.1 × 4.6 × 2.1cm
估价：RMB 40,000-50,000
成交价：RMB46,000

螭龙纹玉带扣
清 Qing JG 北京九歌
2012-6-29 Lot2571 6 × 6cm
估价：RMB 68,000-90,000
成交价：RMB71,300

白玉双福棉长带扣
清 Qing BP 北京保利
2012-10-24 Lot776 尺寸不详
估价：无底价
成交价：RMB103,500

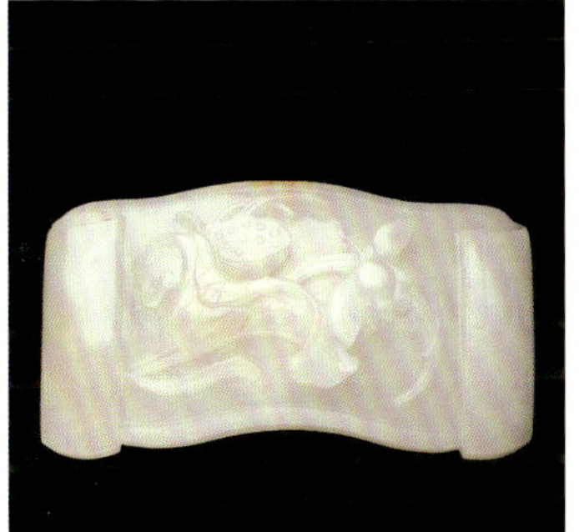

白玉“青莲”带扣
A White Jade Buckle
清 18-19 世纪 Qing,18th-19th Century C 佳士得
2012-11-9 Lot1002 D 10.2cm
估价：GBP 4,000-6,000
成交价：GBP12,500

铜鎏金嵌白玉带扣一件
A White Jade Belt Clasp with Gilt Bronze Mount
19 世纪早期 -20 世纪 Early 19th-20th Century C 佳士得
2012-5-18 Lot1303 W 6.3cm
估价：GBP 2,000-3,000
成交价：GBP2,500

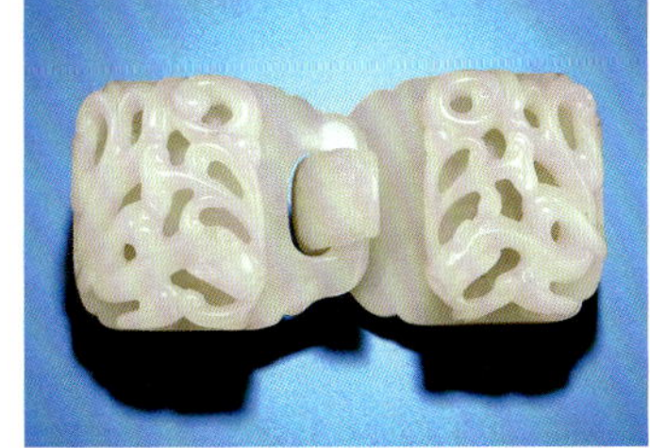

白玉镂雕云龙纹带扣
A White Jade Belt Hook and Buckle
清 18 世纪 Qing,18th Century C 佳士得
2012-5-30 Lot4319 W 10.8cm
估价：HKD 40,000-60,000
成交价：HKD106,250

白玉携琴访友带扣
A Carved White Jade Belt Buckle with Figure Design
清中期 Mid Qing BH 北京翰海
2012-5-27 Lot2093 L 8cm
估价：RMB 70,000-90,000
成交价：RMB80,500

白玉鸭形带扣
An Unusual White Jade Two-Part Belt Buckle
清 18 世纪 Qing,18th Century C 佳士得
2012-3-22 Lot1800 L 10.9cm
估价：USD 6,000-8,000
成交价：USD20,000

白玉带饰两件及白玉带扣一件
Three White Jade Belt Fittings
清 18-19 世纪 Qing,18-19th Century C 佳士得
2012-9-13 Lot1081 L 7.6cm;L 9.5cm;L 10.2cm
估价：USD 6,000-8,000
成交价：USD21,250

白玉留皮诗文带扣
清 Qing BP 北京保利
2012-8-11 Lot622 L 5cm
估价：RMB 20,000-30,000
成交价：RMB34,500

翠玉螭龙衔灵芝纹带扣
A Mottled Green Jadeite Two-Part Buckle
年代不详 Unknow C 佳士得
2012-3-22 Lot1903 L 8.7cm
估价：USD 7,000-9,000
成交价：USD13,750

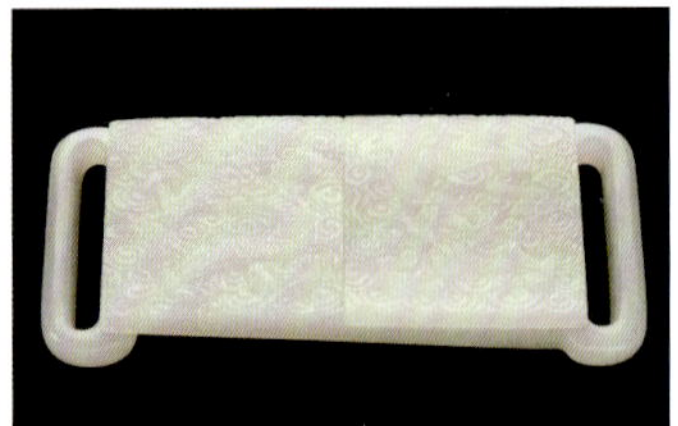

青玉云龙纹带扣
A Rectangular Celadon Jade Dragon Belt Buckle
清末民初 Late QingEarly Republic Period C 佳士得
2012-11-9 Lot1079 D 9.8cm
估价：GBP 2,000-3,000
成交价：GBP18,750

翠玉螭龙衔灵芝纹带扣
A Green Jadeite Two-Part Buckle
清 19 世纪 Qing,19th Century C 佳士得
2012-5-15 Lot187 L 9.5cm
估价：GBP 4,000-6,000
成交价：GBP6,250

翠玉螭龙衔灵芝纹带扣
An Apple-Green and Greenish-White Jadeite Two-Part Belt Buckle
清 19 世纪 Qing,19th Century C 佳士得
2012-9-13 Lot1048 L 10.2cm
估价：USD 5,000-7,000
成交价：USD52,500

白玉五子登科带扣
清 Qing BP 北京保利
2012-4-22 Lot1115 L 7.5cm
估价：无底价
成交价：RMB17,250

白玉童子带扣
清 Qing BP 北京保利
2012-4-22 Lot1116 L 8cm
估价：无底价
成交价：RMB13,800

白玉花卉带扣
清 Qing BP 北京保利
2012-4-22 Lot1172 L 5.5cm
估价：无底价
成交价：RMB13,800

白玉云鹤纹带扣
A Nice White Jade Buckel
明 Ming BP 北京保利
2012-6-7 Lot7584 L 9.4cm
估价：RMB 80,000-120,000
成交价：RMB 92,000

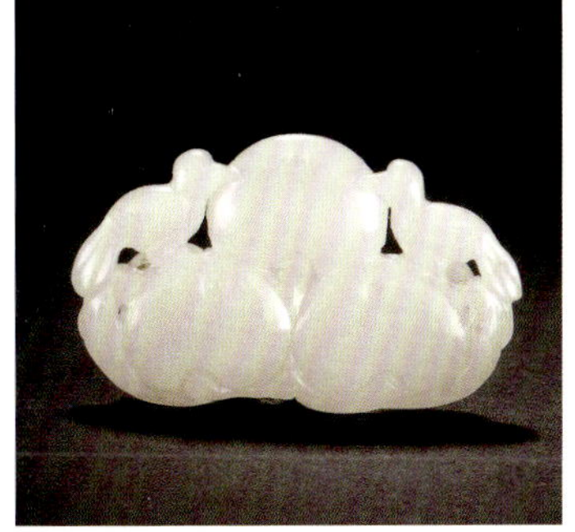

白玉喜报三元带扣
清 Qing BP 北京保利
2012-4-22 Lot1393 L 7cm
估价：RMB 35,000-55,000
成交价：RMB40,250

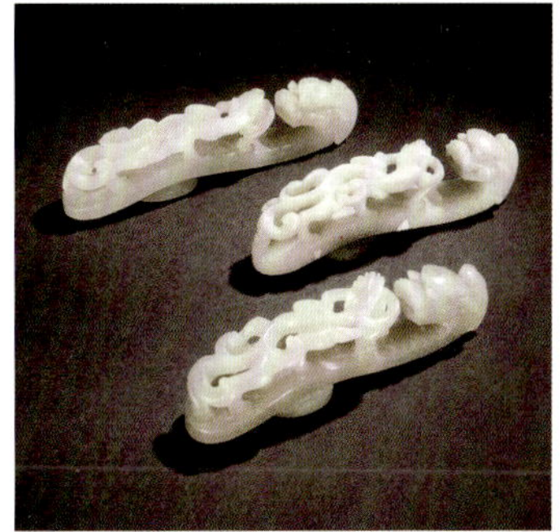

白玉龙纹带扣（三件）
清中期 Mid Qing BP 北京保利
2012-4-22 Lot1417 尺寸不一
估价：无底价
成交价：RMB20,700

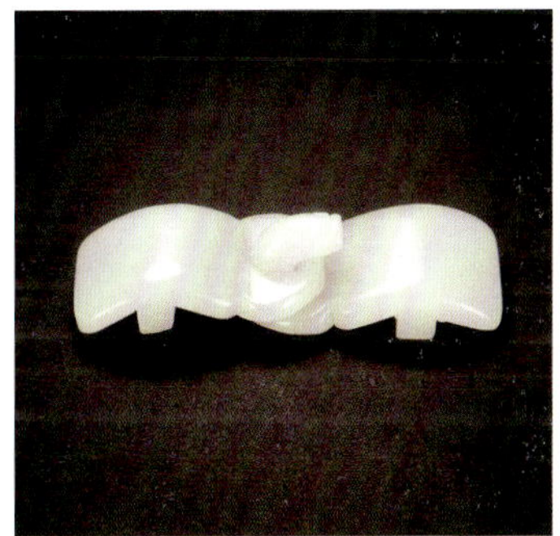

白玉带扣
清 Qing BP 北京保利
2012-4-22 Lot1419 L 8.5cm
估价：无底价
成交价：RMB48,300

白玉鹅形带扣
乾隆 Qianlong BP 北京保利
2012-4-22 Lot1422 L 5.5cm
估价：RMB 8,000-12,000
成交价：RMB20,700

白玉带扣
清 Qing BP 北京保利
2012-4-22 Lot1434 L 6cm
估价：无底价
成交价：RMB92,000

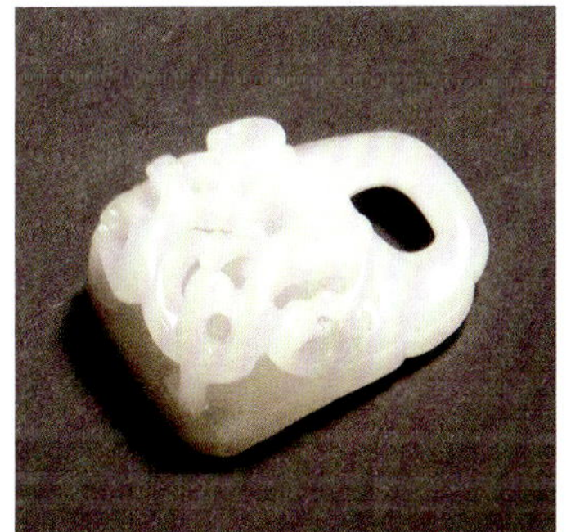

白玉龙纹带扣
清 Qing BP 北京保利
2012-4-22 Lot1435 L 5cm
估价：无底价
成交价：RMB17,250

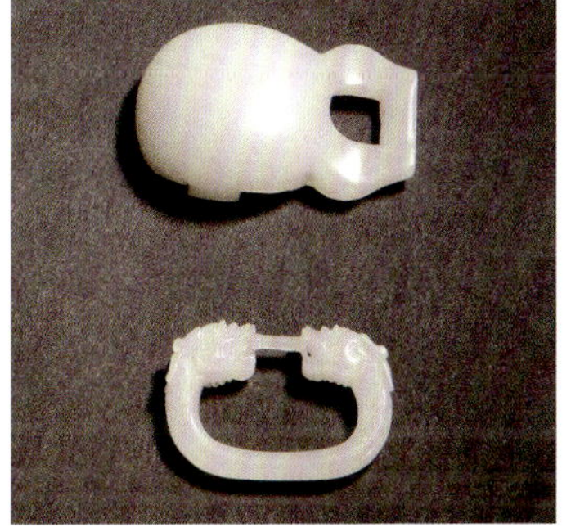

白玉带扣（两件）
清 Qing BP 北京保利
2012-4-22 Lot1436 L 5cm；L 4cm
估价：无底价
成交价：RMB28,750

白玉带扣
清 Qing BP 北京保利
2012-4-22 Lot1437 L 6.5cm
估价：无底价
成交价：RMB80,500

白玉花卉带扣
乾隆 Qianlong BP 北京保利
2012-4-22 Lot1439 L 6.5cm
估价：RMB 30,000-40,000
成交价：RMB264,500

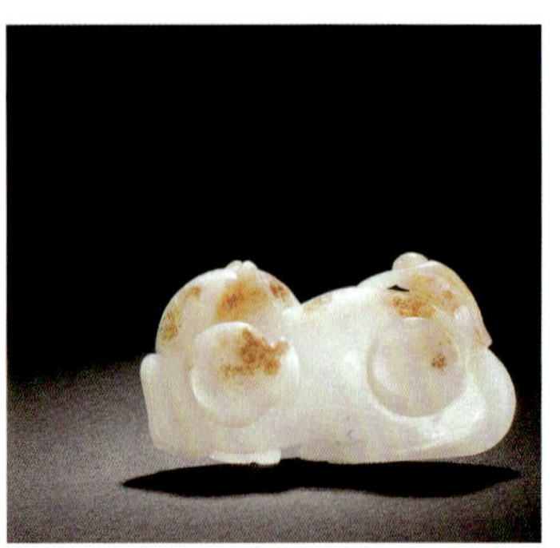

白玉留皮俏色马上封侯带扣
A White Jade Buckle
乾隆 Qianlong BP 北京保利
2012-12-7 Lot7392 L 7cm
估价：RMB 100,000-150,000
成交价：RMB115,000

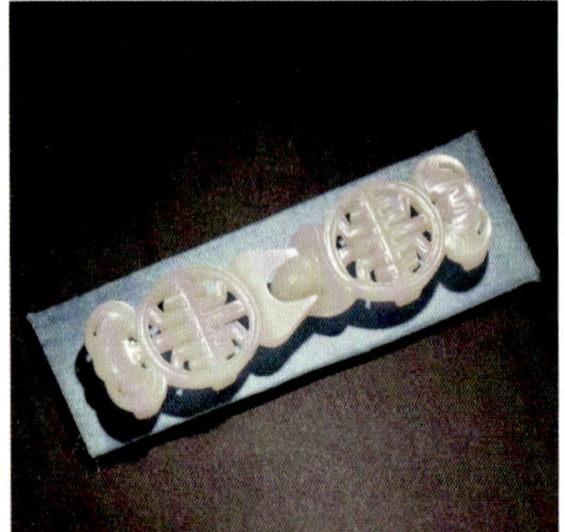

白玉福寿纹带扣
清中期 Mid Qing BP 北京保利
2012-4-22 Lot1440 L 10cm
估价：无底价
成交价：RMB32,200

白玉兽面乳钉纹带扣
清中期 Mid Qing BP 北京保利
2012-4-22 Lot1442 L 9.5cm
估价：RMB 20,000-30,000
成交价：RMB63,250

白玉透雕龙纹带扣
A Carved White Jade "Dragons" Buckle
清 Qing BP 北京保利
2012-12-7 Lot7399 L 11cm
估价：RMB 80,000-120,000
成交价：RMB92,000

青白玉雕鳜鱼带扣
A Carved Celadon Jade Buckle
清中期 Mid Qing BP 北京保利
2012-12-7 Lot7382 L 10.5cm
估价：RMB 8,000-10,000
成交价：RMB11,500

青白玉马上封侯带扣
A Celadon Jade Buckle
清 Qing GD 中国嘉德
2012-6-16 Lot3381 L 7.4cm
估价：RMB 3,000-5,000
成交价：RMB11,500

玉雕穿花龙纹带扣
明 Ming BSA 古天一
2012-12-2 Lot1110 L 8.8cm；W 5.2cm
估价：RMB 60,000-90,000
成交价：RMB69,000

白玉雕龙钩
A Carved "Dragon" White Jade Belt Hook
清中期 Mid Qing GD 中国嘉德
2012-5-14 Lot3426 L 11.8cm
估价：RMB 18,000-28,000
成交价：RMB20,700

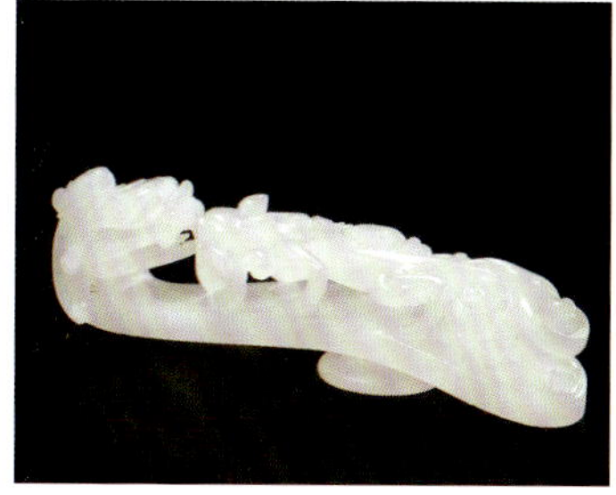

白玉雕龙带钩
A Carved "Dragon" White Jade Belt Hook
清中期 Mid Qing GD 中国嘉德
2012-5-14 Lot3432 L 11.5cm
估价：RMB 25,000-35,000
成交价：RMB43,700

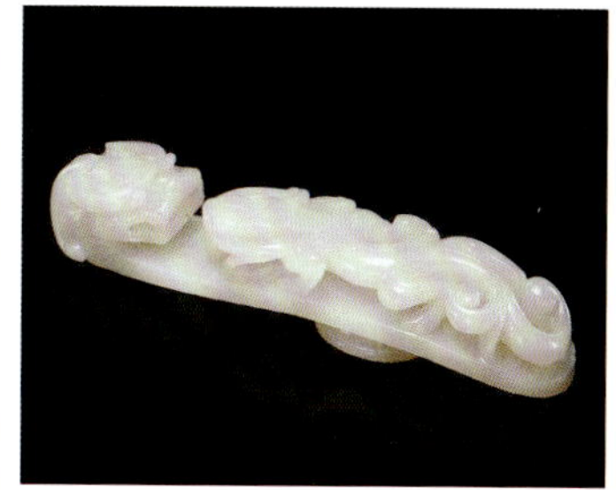

白玉雕龙钩
A Carved "Dragon" White Jade Belt Hook
清中期 Mid Qing GD 中国嘉德
2012-5-14 Lot3509 L 13.5cm
估价：RMB 48,000-68,000
成交价：RMB55,200

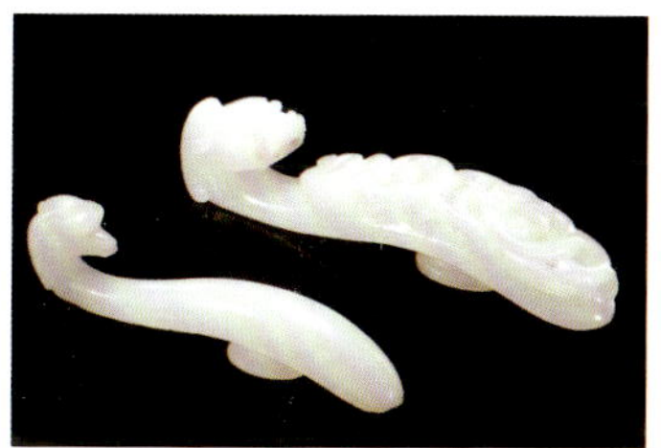

白玉龙钩和白玉凤首钩
Two Carved "Dragon" And "Phoenix" White Jade Belt Hooks
清 Qing GD 中国嘉德
2012-5-14 Lot3494 L 9.5cm；L 8cm
估价：RMB 25,000-35,000
成交价：RMB36,800

白玉雕龙钩
A Carved "Dragon" White Jade Belt Hook
清中期 Mid Qing GD 中国嘉德
2012-5-14 Lot3495 L 13.2cm
估价：RMB 28,000-38,000
成交价：RMB32,200

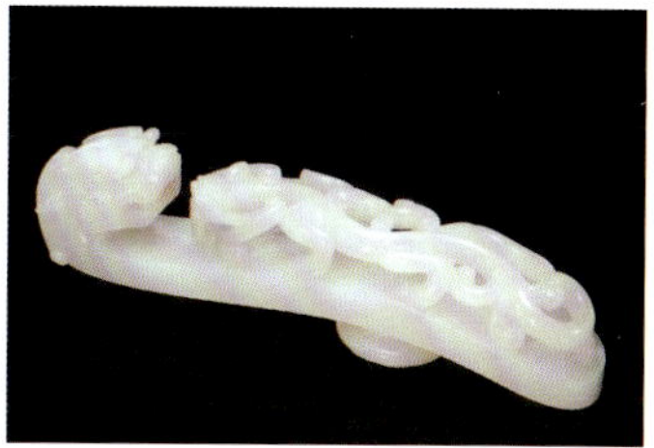

白玉雕蟠螭纹龙首带钩
A Carved "Dragon" White Jade Belt Hook
清中期 Mid Qing GD 中国嘉德
2012-5-14 Lot3500 L 12.5cm
估价：RMB 35,000-55,000
成交价：RMB48,300

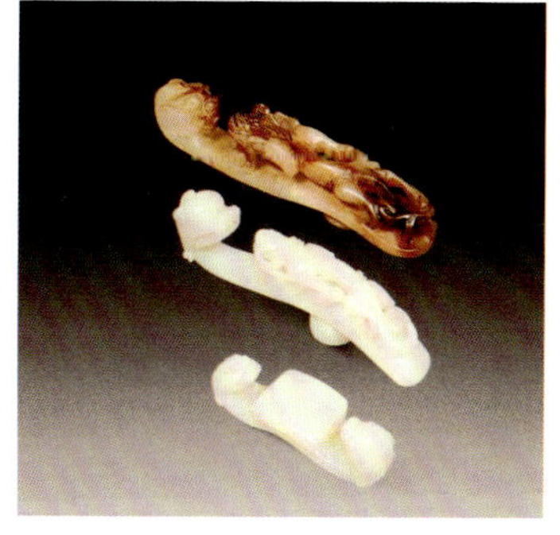

白玉、旧玉龙首带钩（三件）
Three Jade Belt Hooks
清 Qing GD 中国嘉德
2012-6-16 Lot3767 L 12.3cm；L 6.5cm；L 10.6cm
估价：RMB 5,000-8,000
成交价：RMB11,500

白玉龙钩
A White Jade Belt Hook
清 Qing BP 北京保利
2012-6-7 Lot7466 L 11cm
估价：RMB 15,000-25,000
成交价：RMB 36,800

白玉双鱼磬
A White Jade Double-Fish Qing
清 Qing BP 北京保利
2012-6-7 Lot7497 L 14.5cm
估价：RMB 30,000-50,000
成交价：RMB 36,800

白玉蝠寿带钩
A White Jade Belt Hook
清 Qing BP 北京保利
2012-6-7 Lot7638 L 10cm
估价：RMB 10,000-20,000
成交价：RMB 51,750

白玉苍龙教子带钩
清 Qing PAC 太平洋
2012-6-16 Lot504 L 14cm
估价：RMB 3,000-3,000
成交价：RMB3,450

黄玉花卉纹珮、白玉龙首带钩、翡翠璧各一件
A Yellow Jade Pendant A White Jade Belt Hook and A Jadite Belt Bi
清 Qing GD 中国嘉德
2012-9-16 Lot3297 尺寸不一
估价：无底价
成交价：RMB4,600

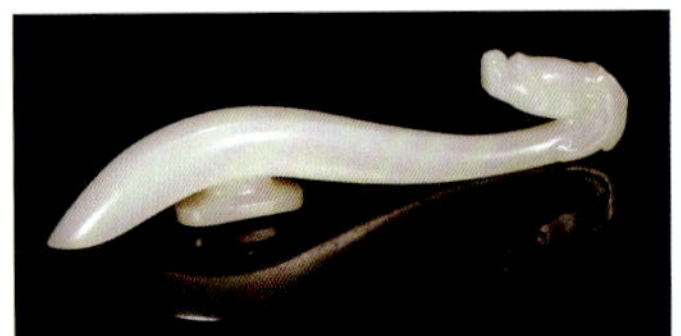

白玉龙首带钩
A Carved White Jade Belt Hook with Dragon Head Design
清初 Early Qing BH 北京翰海
2012-5-27 Lot2090 L 14.8cm
估价：RMB 10,000-20,000
成交价：RMB57,500

白玉龙勾
清 Qing BP 北京保利
2012-8-11 Lot888 L 14cm
估价：RMB 50,000-80,000
成交价：RMB57,500

玉龙首带钩
A Carved Jade Belt Hook with Dragon Head Design
清初 Early Qing BH 北京翰海
2012-5-27 Lot2091 L 10cm
估价：RMB 10,000-20,000
成交价：RMB20,700

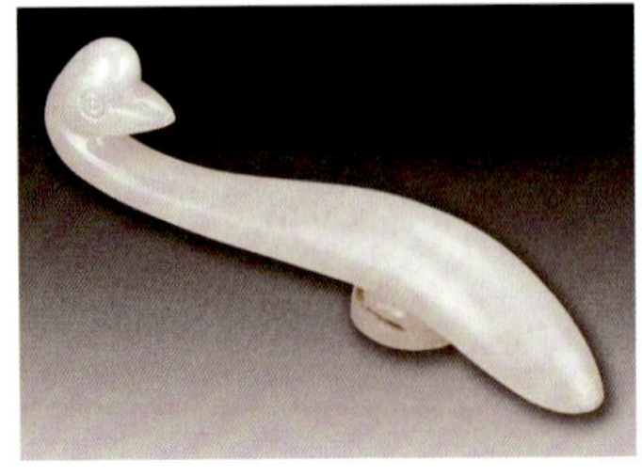

白玉鹅首带钩
清 Qing BP 北京保利
2012-8-11 Lot890 L 8.5cm
估价：RMB 5,000-8,000
成交价：RMB10,350

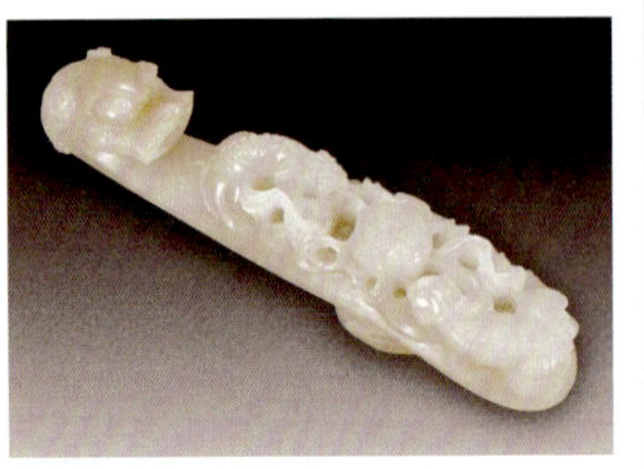

白玉龙首双狮戏球带钩
清 Qing BP 北京保利
2012-8-11 Lot892 L 8cm
估价：无底价
成交价：RMB10,350

白玉龙钩
清 Qing BP 北京保利
2012-4-23 Lot1951 L 14cm
估价：RMB 20,000-30,000
成交价：RMB 23,000

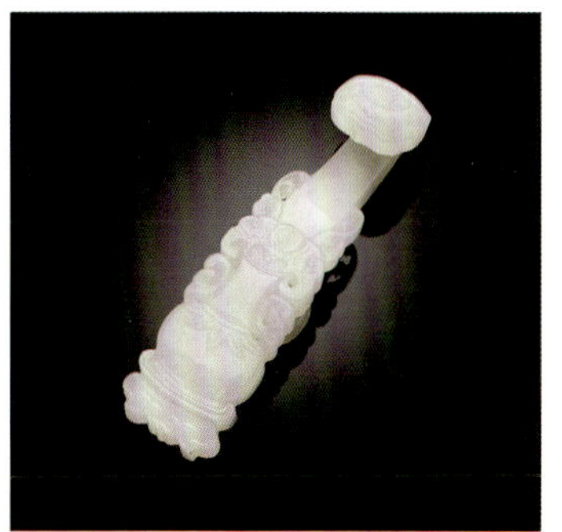

白玉福到赏瓶纹带钩
A Small White Jade Garment Hook
清 18 世纪 Qing,18th Century C 佳士得
2012-3-22 Lot1944 L 7.7cm
估价：USD 2,000-3,000
成交价：USD12,500

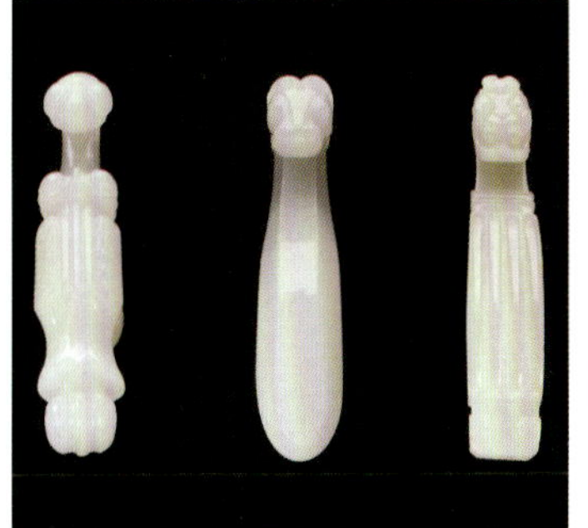

白玉带钩（一组三件）
Three White Jade Belthooks
清 19 世纪 Qing,19th Century C 佳士得
2012-11-9 Lot1210 L 9.7cm
估价：GBP 1,500-2,500
成交价：GBP16,250

翠雕、白玉龙勾（两件）
清 Qing BP 北京保利
2012-8-11 Lot895 L 8cm；L 7cm
估价：无底价
成交价：RMB20,700

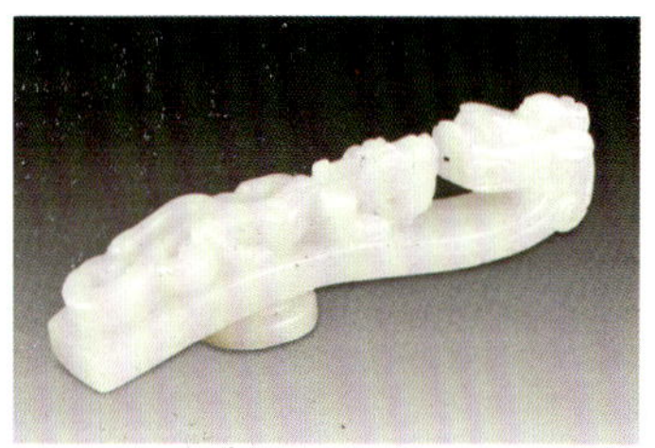

白玉苍龙教子龙钩
清 Qing BP 北京保利
2012-4-23 Lot1952 L 12cm
估价：RMB 5,000-10,000
成交价：RMB 40,250

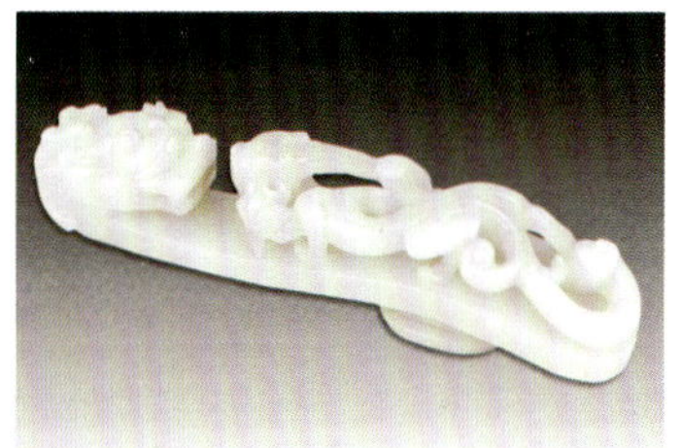

白玉龙纹带钩
清 Qing BP 北京保利
2012-4-23 Lot2370 L 13cm
估价：RMB 10,000-20,000
成交价：RMB 55,200

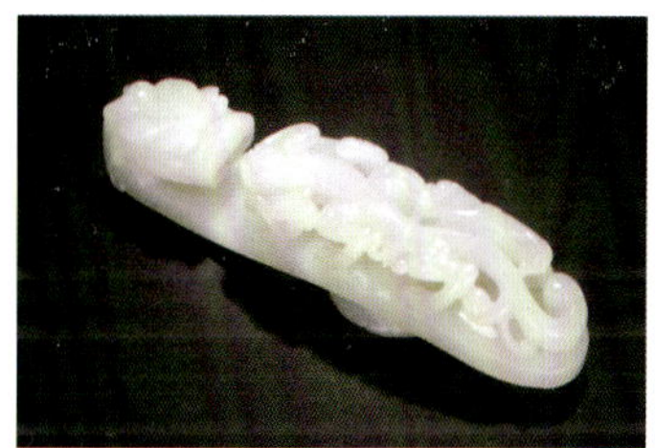

白玉龙纹带钩
乾隆 Qianlong BP 北京保利
2012-10-24 Lot1013 L 13cm
估价：RMB 80,000-100,000
成交价：RMB218,500

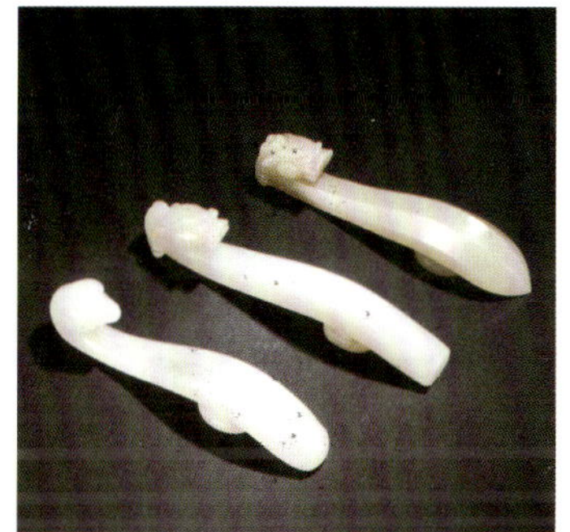

白玉龙勾（三件）
清 Qing BP 北京保利
2012-10-24 Lot1009 尺寸不一
估价：无底价
成交价：RMB17,250

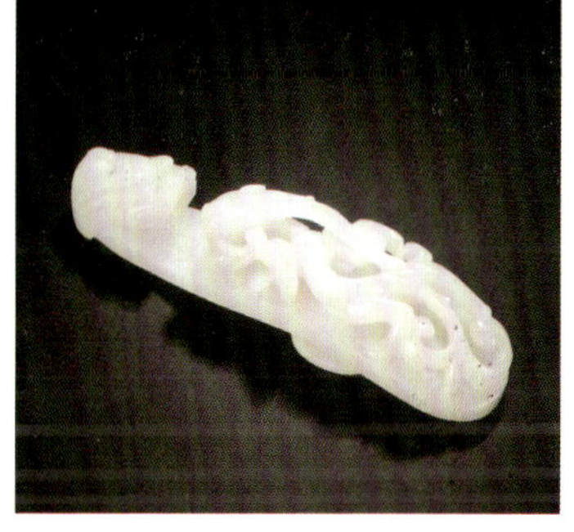

白玉龙勾
清 Qing BP 北京保利
2012-10-24 Lot1015 L 11.5cm
估价：RMB 20,000-30,000
成交价：RMB74,750

白玉大龙钩
清 Qing BP 北京保利
2012-10-24 Lot1016 L 13cm
估价：无底价
成交价：RMB92,000

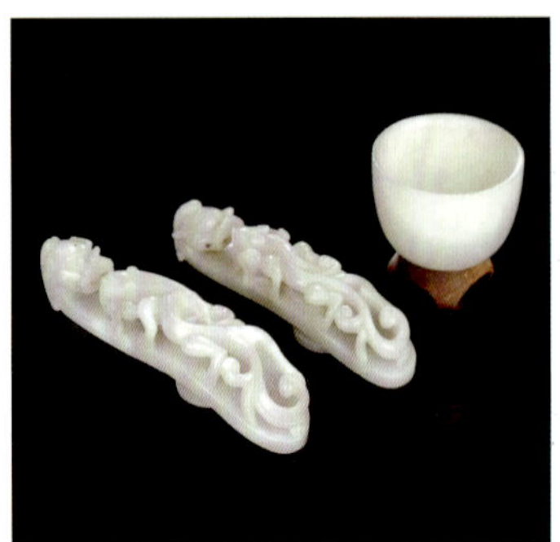

白玉带钩两件及小杯一件
Two White Jade Belt Hooks and A Pale Celadon Jade Cup
18-19 世纪 18-19th Century C 佳士得
2012-5-18 Lot1042 木架 L 13cm
估价：GBP 3,000-5,000
成交价：GBP6,250

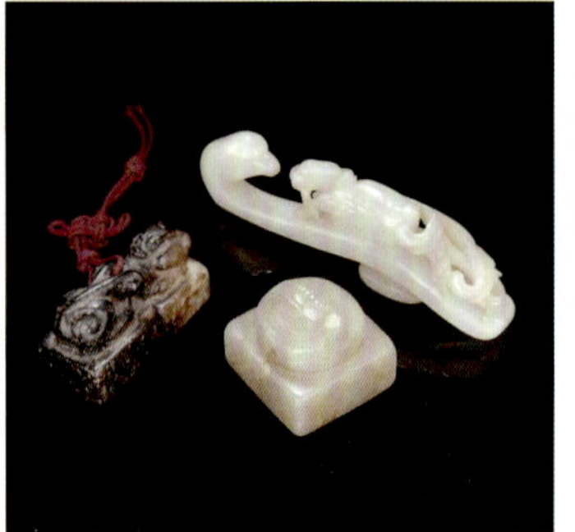

白玉带钩一件，玉器组章两方
A White Jade Belt Hook and Two Jade Seals
18-19 世纪 18-19th Century C 佳士得
2012-5-18 Lot1277 L 10.8cm
估价：GBP 2,000-3,000
成交价：GBP6,875

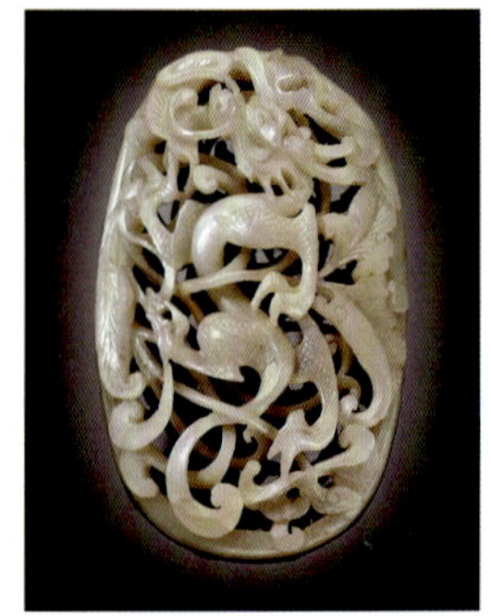

白玉镂雕龙纹牌连同清白玉螭龙纹带钩一组三件
A Pale Greyish-White Jade Openwork Oblong Plaque
明 Ming（1368-1644 年）C 佳士得
2012-9-13 Lot1009 L 8.5cm;L 9.2cm-12cm
估价：USD 6,000-8,000
成交价：USD12,500

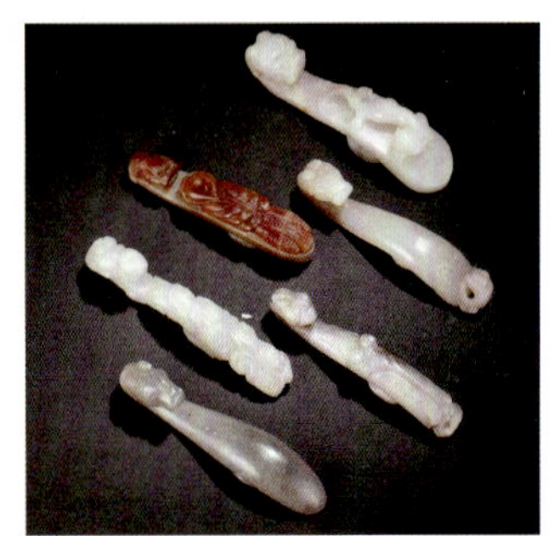

玉雕带钩（六件一组）
清 Qing BP 北京保利
2012-8-11 Lot650 尺寸不一
估价：RMB 10,000-20,000
成交价：RMB34,500

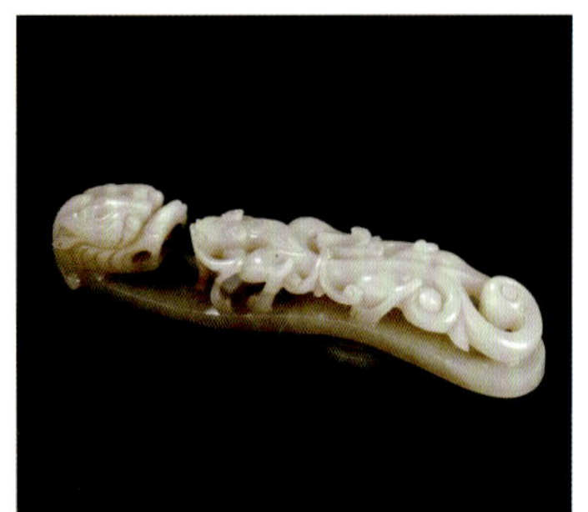

白玉雕螭龙带钩
A White Jade Belt Hook
清中期 Mid Qing BO 邦瀚斯
2012-5-27 Lot312 L 13.6cm
估价：咨询价
成交价：HKD 50,000

青白玉带钩连木座一件
A Pale Celadon Jade Belt Hook and Fitted Wood Stand
18-19 世纪 18-19th Century C 佳士得
2012-5-18 Lot1003 L 14.5cm
估价：GBP 3,000-5,000
成交价：GBP8,125

白玉龙纹带钩两件及青玉带钩一件
Three Small Jade Garment Hooks
清 18-19 世纪 18-19th Century C 佳士得
2012-9-13 Lot1038 L 11.4cm;10.2cm;L 9.8cm
估价：USD 6,000-8,000
成交价：USD8,750

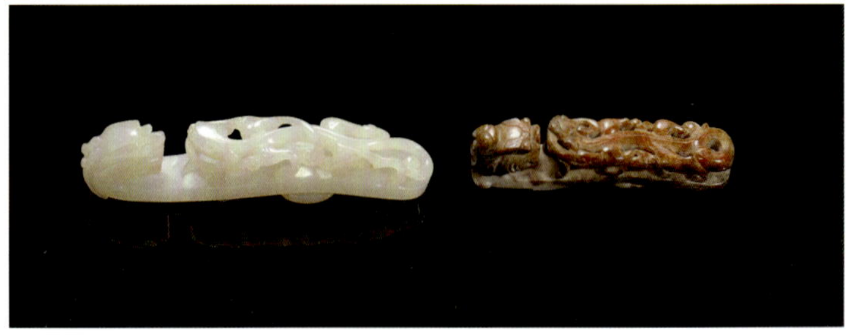

苍龙教子玉带钩两件
Two Jade Belt Hooks
清 Qing Dynasty BO 邦瀚斯
2012-12-14 Lot222 L 12.4cm(最长).
估价：HKD 25,000-40,000
成交价：HKD75,000

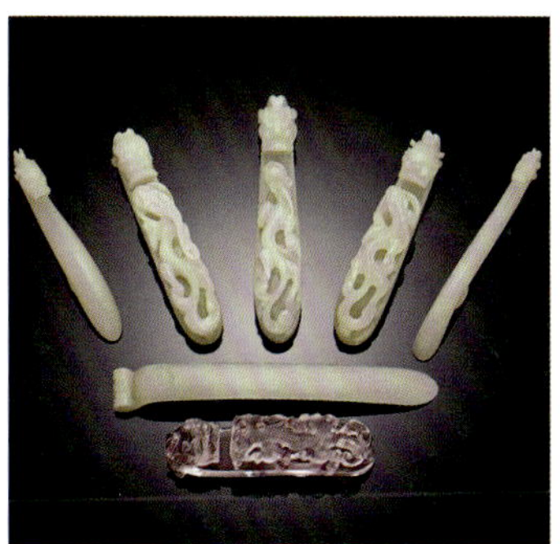

青白玉带钩五件、青白玉簪一件及玻璃带钩一件
A Group of Pale Celadon Jade and Glass Carvings
清 18-19 世纪 Qing,18-19th Century C 佳士得
2012-5-15 Lot60 尺寸不一
估价：GBP 15,000-20,000
成交价：GBP18,750

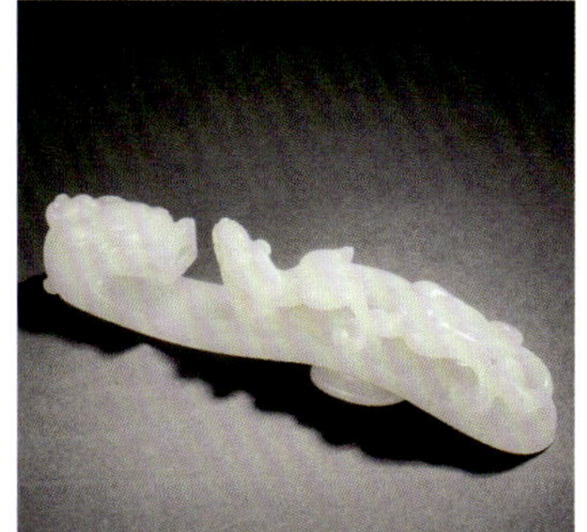

白玉苍龙教子大带钩
A Large White Jade Dragon Belt Hook
清中期 Mid Qing BP 北京保利
2012-6-7 Lot7647 L 14.5cm
估价：RMB 30,000-50,000
成交价：RMB 86,250

青玉龙头带钩
明 Ming BP 北京保利
2012-10-24 Lot748 L 6.5cm
估价：无底价
成交价：RMB28,750

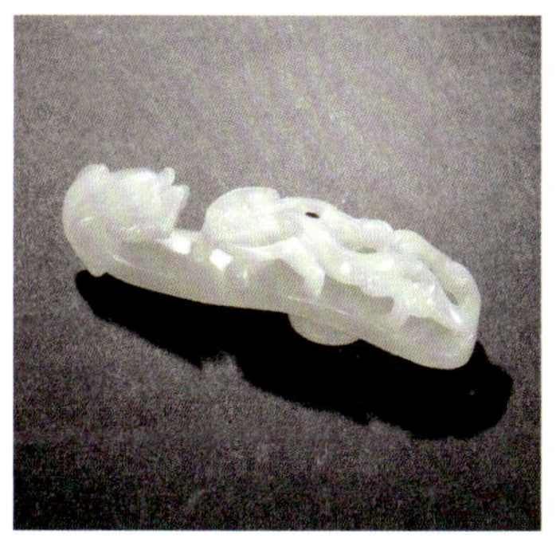

白王小龙钩
清 Qing BP 北京保利
2012-4-22 Lot1413 L 7.5cm
估价：无底价
成交价：RMB23,000

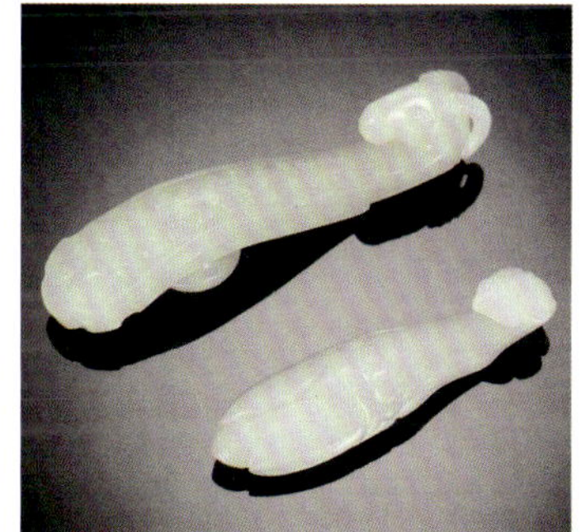

白玉羊头 如意头带钩（两件）
Two White Jade Belt Hooks
清早期 Early Qing BP 北京保利
2012-6-7 Lot7643 L 8.6cm；L 6.5cm
估价：RMB 50,000-80,000
成交价：RMB 97,750

白玉龙纹带钩
A White Jade Belt Hook
清 Qing BP 北京保利
2012-6-7 Lot7646 L 10.8cm
估价：RMB 30,000-50,000
成交价：RMB 55,200

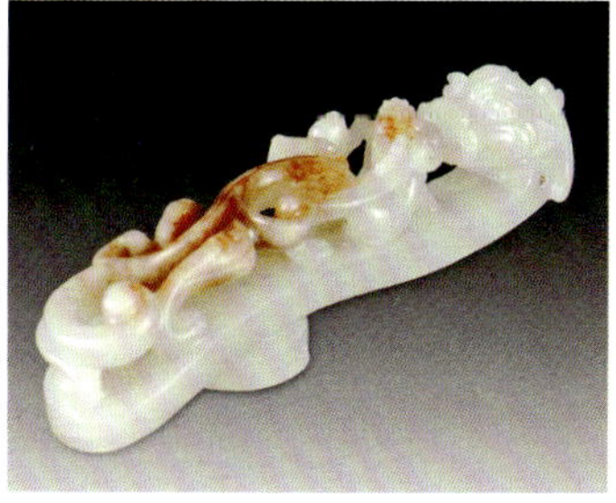

青白玉龙纹带钩
年代不详 Unknown BP 北京保利
2012-4-23 Lot1953 L 11.5cm
估价：无底价
成交价：RMB 13,800

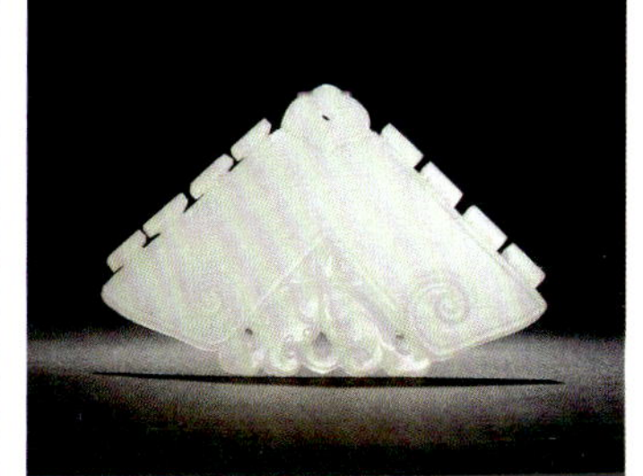

白玉雕双鱼磬
清 Qing BP 北京保利
2012-4-22 Lot1128 L 7.5cm
估价：无底价
成交价：RMB20,700

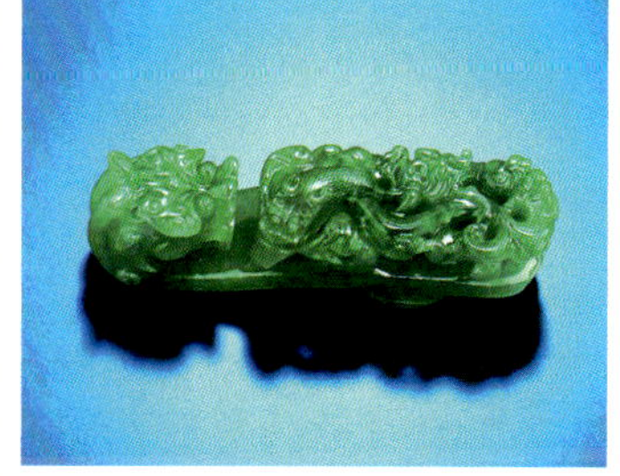

翠玉龙纹带钩
A Finely Carved Jadeite Belt Hook
清晚期 Late Qing C 佳士得
2012-5-30 Lot4322 L 9.5cm
估价：HKD 600,000-800,000
成交价：HKD4,220,000

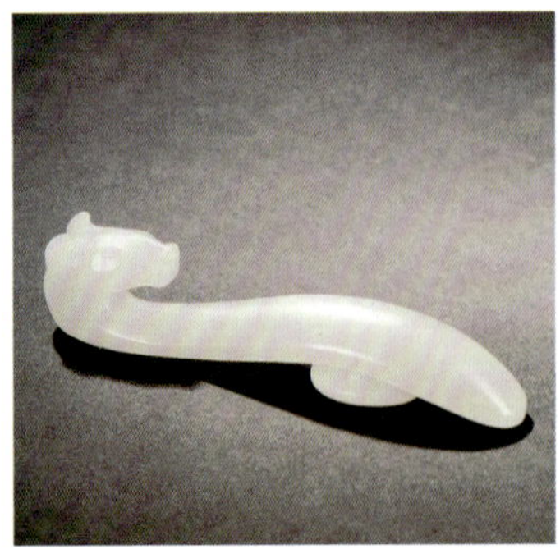

白玉龙钩
清 Qing BP 北京保利
2012-4-22 Lot1414 L 7.5cm
估价：无底价
成交价：RMB17,250

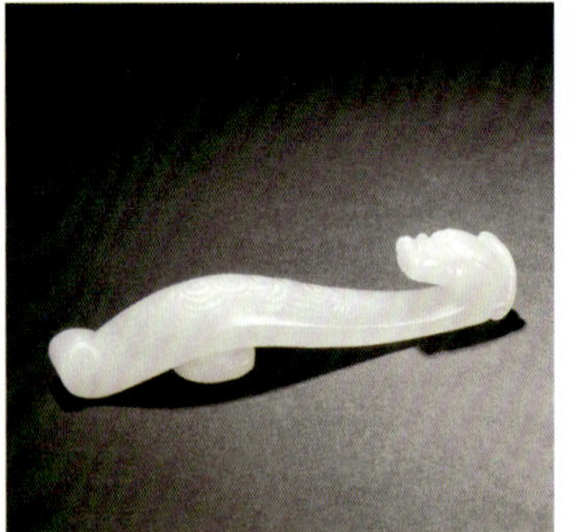

白玉龙钩
清 Qing BP 北京保利
2012-4-22 Lot1415 L 8cm
估价：无底价
成交价：RMB34,500

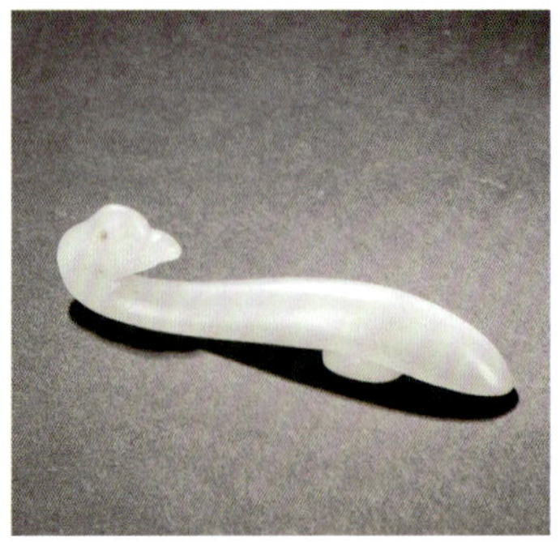

白玉龙钩
清 Qing BP 北京保利
2012-4-22 Lot1416 L 6cm
估价：无底价
成交价：RMB17,250

白玉龙纹带钩
清 Qing BP 北京保利
2012-4-22 Lot1418 L 7cm
估价：无底价
成交价：RMB17,250

白玉带钩（两件）
清 Qing BP 北京保利
2012-4-22 Lot1420 L 7cm；L 4cm
估价：无底价
成交价：RMB4,600

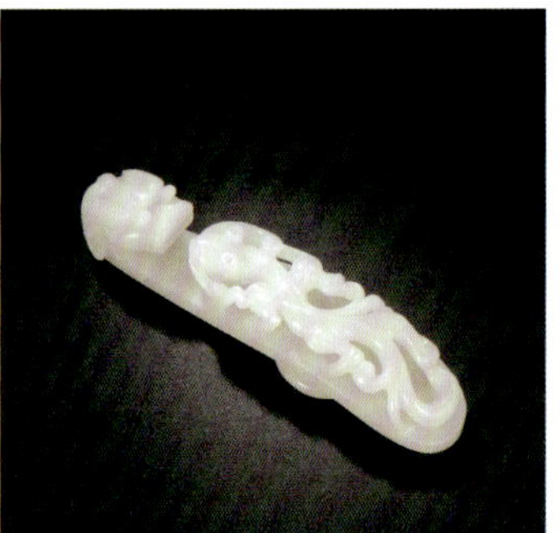

白玉龙勾
乾隆 Qianlong BP 北京保利
2012-4-22 Lot1423 L 13cm
估价：RMB 60,000-80,000
成交价：RMB69,000

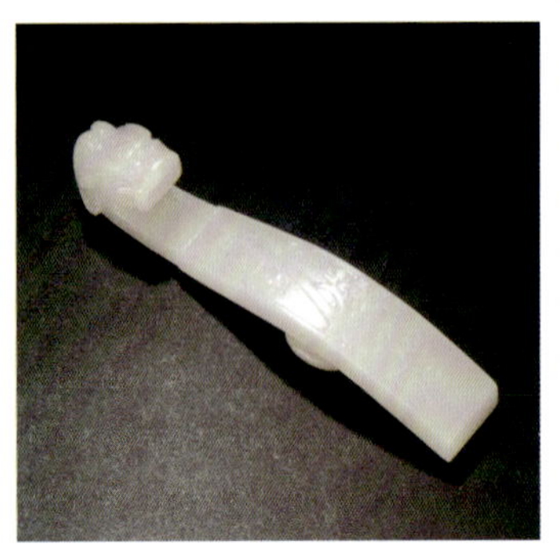

白玉梅花纹龙勾
乾隆 Qianlong BP 北京保利
2012-4-22 Lot1424 L 11cm
估价：RMB 80,000-120,000
成交价：RMB138,000

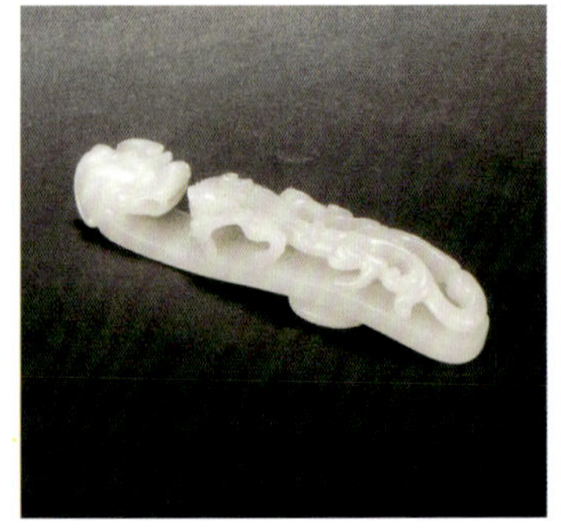

白玉龙钩
清 Qing BP 北京保利
2012-4-22 Lot1427 L 13cm
估价：RMB 30,000-50,000
成交价：RMB46,000

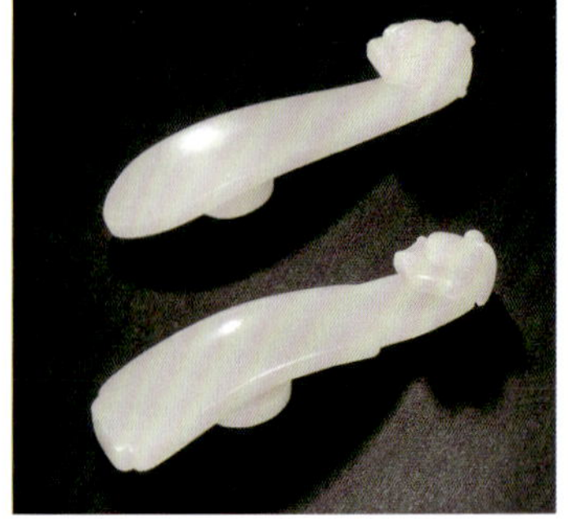

白玉龙钩（两件）
清 Qing BP 北京保利
2012-4-22 Lot1430 L 8.5cm
估价：RMB 20,000-30,000
成交价：RMB23,000

白玉透雕龙纹带板
明 Ming BP 北京保利
2012-4-22 Lot1432 L 8.5cm
估价：无底价
成交价：RMB40,250

白玉龙纹带板
明 Ming BP 北京保利
2012-4-22 Lot1433 L 7.5cm
估价：RMB 30,000-50,000
成交价：RMB34,500

白玉沁色带板
A White Jade Plaque
明 Ming BP 北京保利
2012-12-7 Lot7637 L 7.6cm
估价：RMB 110,000-150,000
成交价：RMB207,000

白玉苍龙教子大龙钩
A White Jade Hook
清 Qing BP 北京保利
2012-12-7 Lot7400 L 12.5cm
估价：RMB 20,000-50,000
成交价：RMB40,250

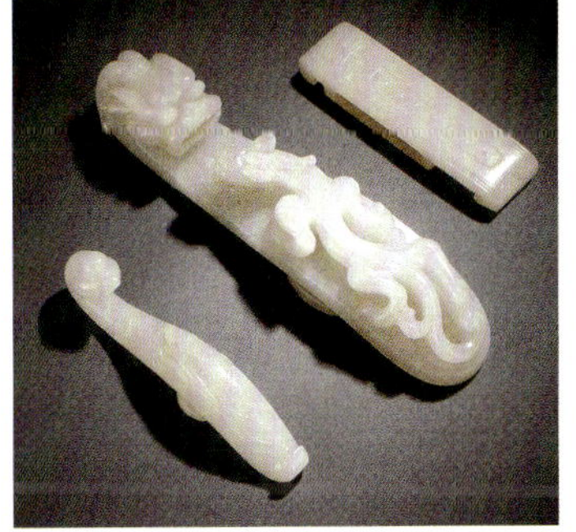

白玉带钩、剑饰（三件）
A Set of Three White Jade Hooks and Sowrd Ornament
清 Qing BP 北京保利
2012-12-7 Lot7402 尺寸不一
估价：RMB 40,000-60,000
成交价：RMB46,000

白玉花卉蜜蜂带板
清中期 Mid Qing BP 北京保利
2012-4-22 Lot1441 L 6cm
估价：无底价
成交价：RMB34,500

镂雕巧色白玉“一路连科”图圆带板
A White Jade “Goose” Plaque
元 / 明 Yuan/Ming S 苏富比
2012-5-16 Lot145 9cm
估价：GBP 4,000-6,000
成交价：GBP6,500

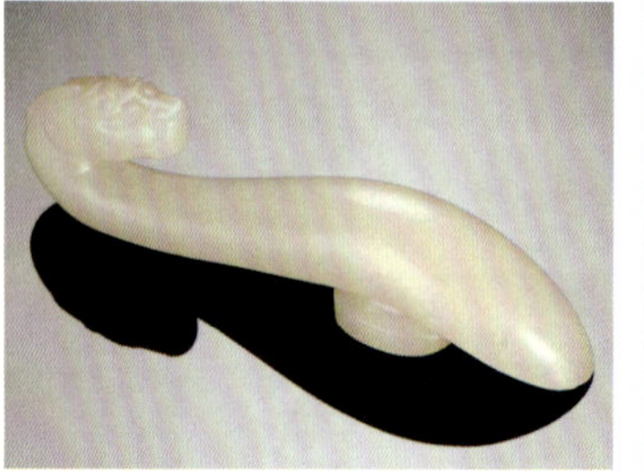

黄玉龙首带钩
A Nice Yellow Jade Belt Hook
清中期 Mid Qing BP 北京保利
2012-6-7 Lot7639 L 11.5cm
估价：RMB 28,000-38,000
成交价：RMB 69,000

青白玉龙首带钩
A Celadon Jade Belt Hook
年代不详 Unknown GD 中国嘉德
2012-9-16 Lot2954 L 14cm
估价：无底价
成交价：RMB5,750

玉雕龙钩
清 Qing BP 北京保利
2012-4-22 Lot1431 L 7.5cm
估价：RMB 20,000-30,000
成交价：RMB23,000

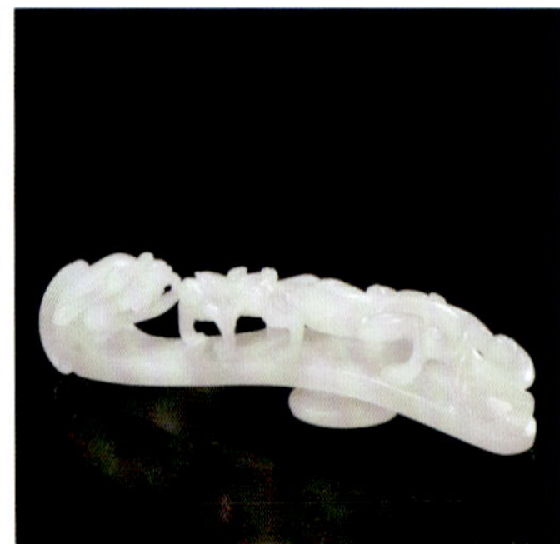

青白玉雕龙带钩
A Carved “Dragon” Greenish-White Jade Belt Hook
清中期 Mid Qing GD 中国嘉德
2012-5-14 Lot3423 L 12.5cm
估价：RMB 18,000-28,000
成交价：RMB25,300

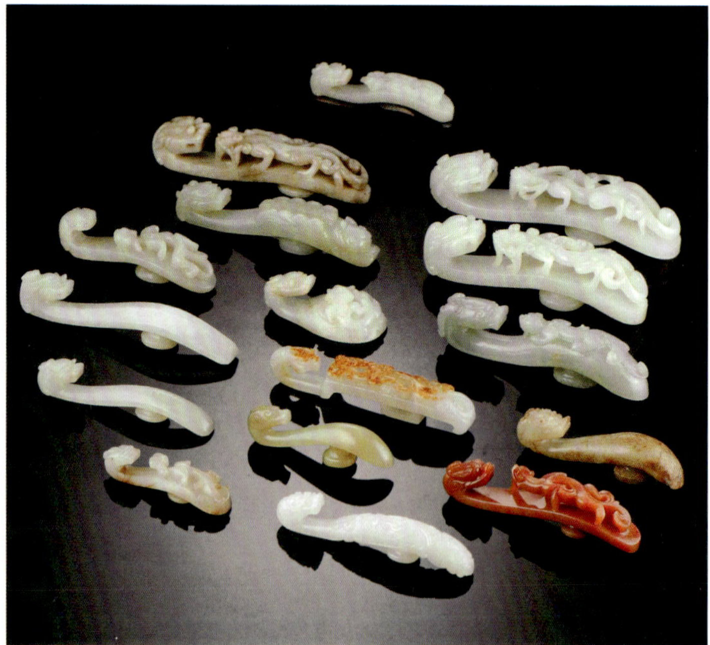

各式带钩（十六件）
A Set of Sixteen “Dragon” Belt Buckles
元 - 清 Yuan/Qing BP 北京保利
2012-6-7 Lot7648 尺寸不一
估价：RMB 600,000-800,000
成交价：RMB 782,000

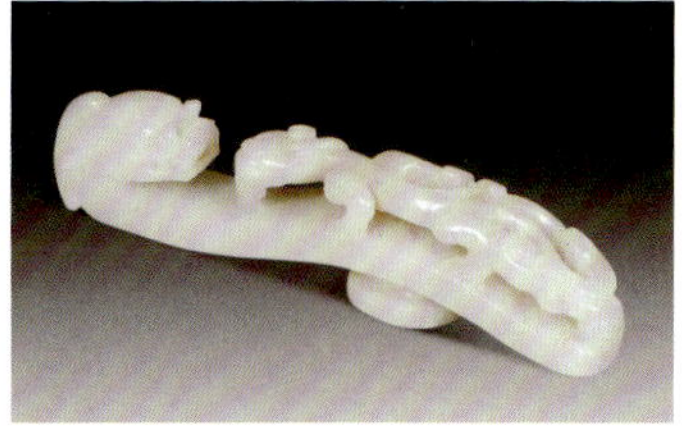

青白玉龙首带钩
A Celadon Jade Belt Hook
清 Qing GD 中国嘉德
2012-9-16 Lot3184 L 10.3cm
估价：RMB 8,000-12,000
成交价：RMB9,200

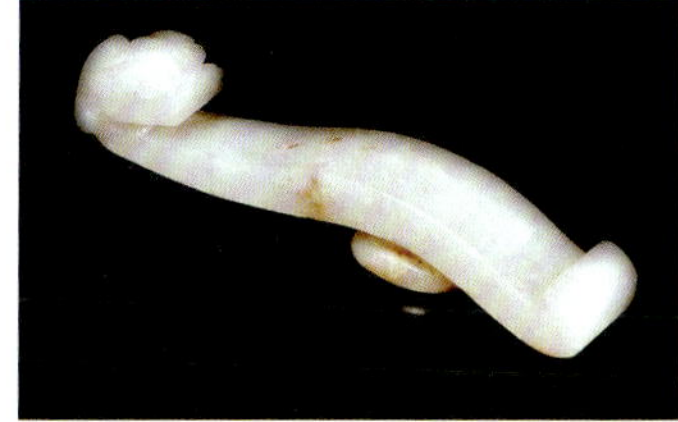

青白玉龙首带钩
A Celadon Jade Belt Hook
明 Ming GD 中国嘉德
2012-6-16 Lot3280 L 9.3cm
估价：RMB 10,000-20,000
成交价：RMB11,500

玉雕龙首带钩
A Jade Belt Hook
明 Ming GD 中国嘉德
2012-6-16 Lot3899 L 11.3cm
估价：无底价
成交价：RMB1,150

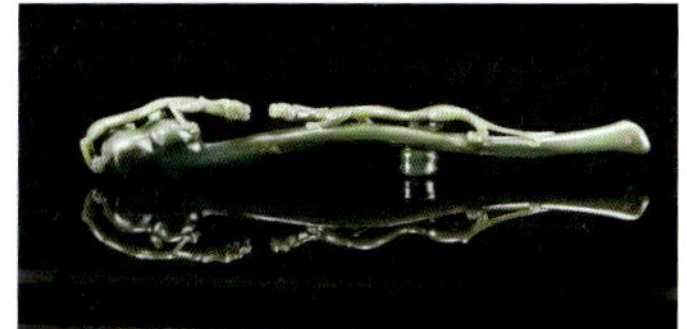

邱启敬 青玉螭龙带钩
Qiu Qijing A Celadon Jade Belt Hook with Dragon Pattern
年代不详 Unknown XLA 西泠印社
2012-7-7 Lot1971 85 × 25 × 15mm ；W 55.4g
估价：无底价
成交价：RMB46,000

玉带钩（八枚）
A Study Collection of Jade Belt Hooks
清 Qing S 苏富比
2012-5-16 Lot208 尺寸不一
估价：GBP 4,000-6,000
成交价：GBP8,125

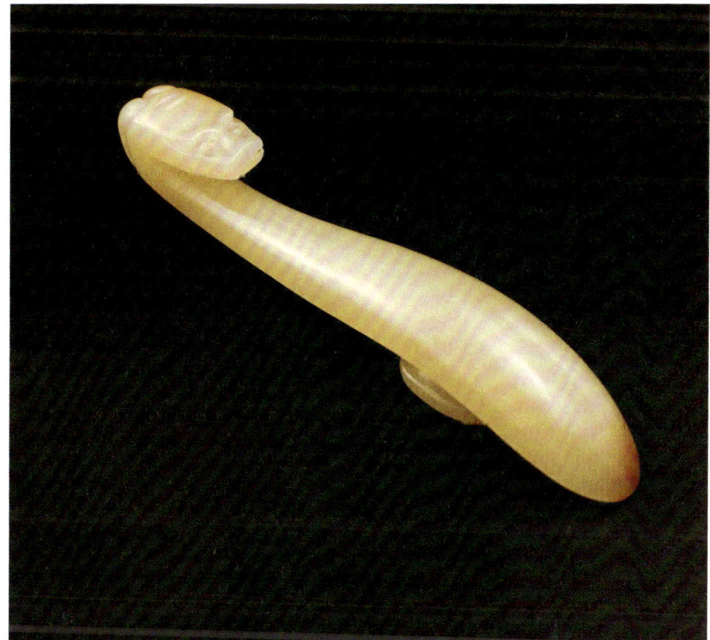

黄玉龙首带钩
A Fine and Rare Yellow Jade Belt Hook
明 Ming KS 北京匡时
2012-6-4 Lot1215 L 9.7cm
估价：RMB 180,000-200,000
成交价：RMB230,000

黄玉浮雕龙凤纹带钩
A Carved Yellow Jade Belt Hook
明初 Early Ming BH 北京翰海
2012-5-27 Lot2092 L 9.5cm
估价：RMB 40,000-60,000
成交价：RMB46,000

黄玉龙纹带钩
A Rare Ming Yellow Jade "Dragon" Belt Hook
明或以前 Ming or Earlier C 佳士得
2012-11-28 Lot2191 L 9cm
估价：HKD 150,000-200,000
成交价：HKD187,500

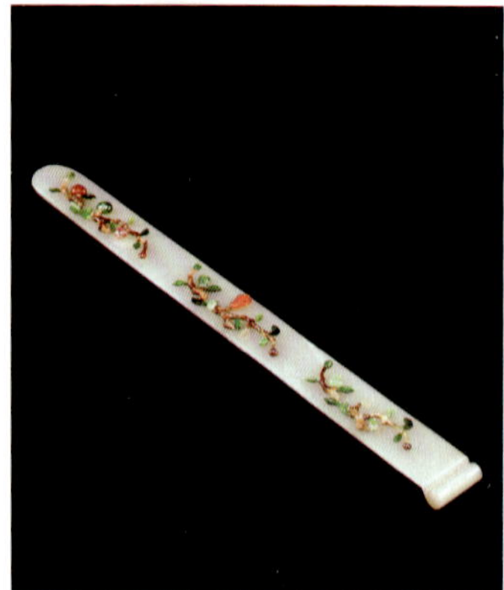

白玉嵌百宝三多纹扁方
A Very Rare and Fine White Jade Carved Inlaid Stone Hairpin
乾隆 Qianlong KS 北京匡时
2012-12-5 Lot1942 L 33cm
估价：RMB 80,000-100,000
成交价：RMB97,750

灰玉苍龙教子带钩一组两件
Two Grey and White Jade Belt Hooks
清 18 世纪 Qing,18th Century C 佳士得
2012-11-9 Lot1287 L 10.5cm
估价：GBP 3,000-5,000
成交价：GBP4,750

玉雕龙纹带板
A Jade Carved "Dragon" Belt Plate
明 Ming GD 中国嘉德
2012-10-29 Lot4020 L 98cm
估价：RMB 6,000-8,000
成交价：RMB97,750

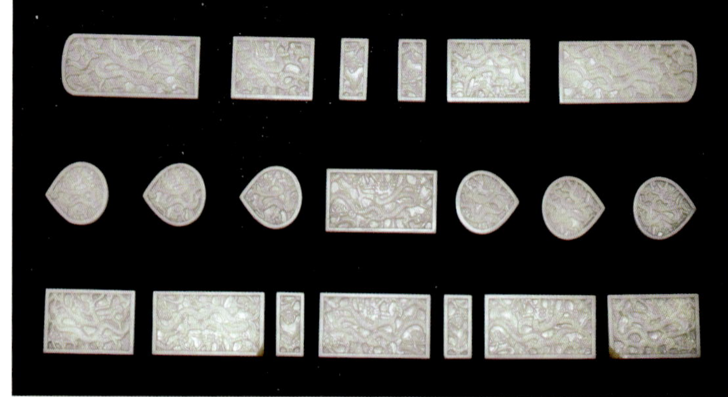

玉雕龙纹带板（一套）
A Set of Jade Carved "Dragon" Belt Plates
明 Ming GD 中国嘉德
2012-10-29 Lot4073 尺寸不一
估价：RMB 220,000-320,000
成交价：RMB345,000

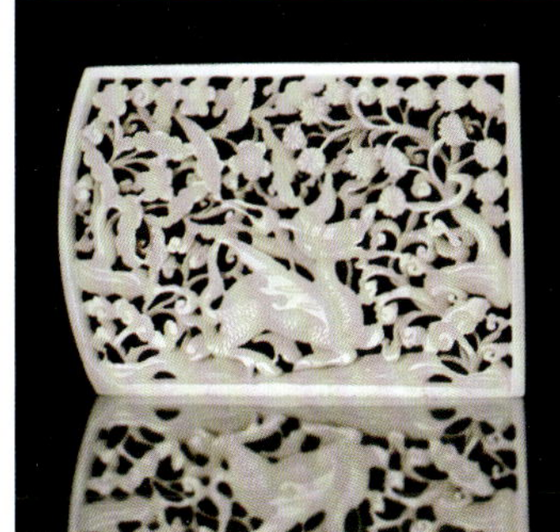

青白玉瑞兽纹带板
A Celadon Jade Belt Plaque
明 Ming GD 中国嘉德
2012-6-16 Lot3223 L 9.4cm
估价：RMB 3,000-5,000
成交价：RMB36,800

白玉云龙纹带饰
明或更早 Ming or Earlier BP 北京保利
2012-10-24 Lot701 L 7.5cm
估价：无底价
成交价：RMB195,500

白玉巧色犀牛望月纹带饰
明或更早 Ming or Earlier BP 北京保利
2012-10-24 Lot702 L 6.5cm
估价：无底价
成交价：RMB138,000

白玉樱桃獬豸纹带饰
明或更早 Ming or Earlier BP 北京保利
2012-10-24 Lot703 D 6.5cm
估价：无底价
成交价：RMB276,000

白玉龙凤祥云纹饰
明或更早 Ming or Earlier BP 北京保利
2012-10-24 Lot704 L 5cm
估价：无底价
成交价：RMB161,000

白玉鳜鱼莲花流水纹饰
明或更早 Ming or Earlier BP 北京保利
2012-10-24 Lot706 L 7cm
估价：无底价
成交价：RMB161,000

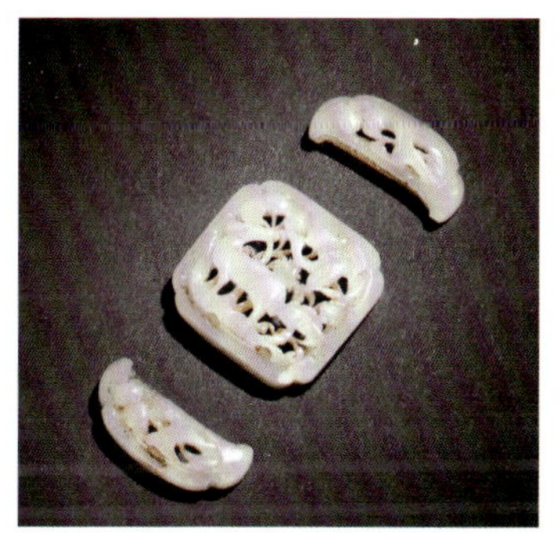

白玉松鹤鹿灵芝纹带饰（三件）
明或更早 Ming or Earlier BP 北京保利
2012-10-24 Lot707 尺寸不一
估价：无底价
成交价：RMB74,750

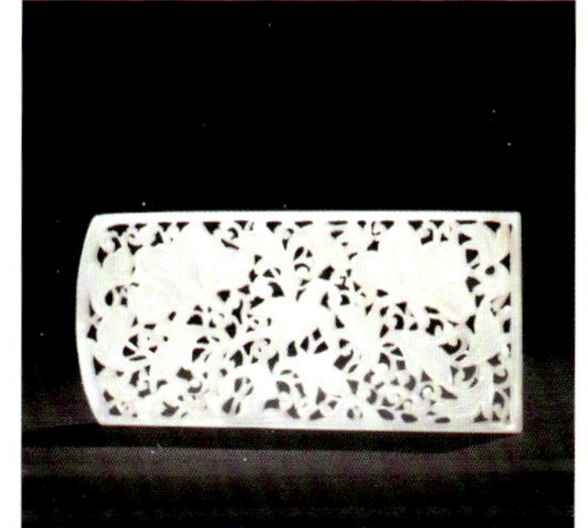

白玉牡丹绶带鸟纹带板
明或更早 Ming or Earlier BP 北京保利
2012-10-24 Lot708 L 9cm
估价：无底价
成交价：RMB92,000

白玉鹰熊纹带饰
明或更早 Ming or Earlier BP 北京保利
2012-10-24 Lot711 L 6cm
估价：无底价
成交价：RMB161,000

白玉褐皮螭纹嵌饰
明或更早 Ming or Earlier BP 北京保利
2012-10-24 Lot718 L 5.5cm
估价：无底价
成交价：RMB138,000

白玉狮戏球纹鎏金铜带饰
明或更早 Ming or Earlier BP 北京保利
2012-10-24 Lot721 L 6cm
估价：无底价
成交价：RMB161,000

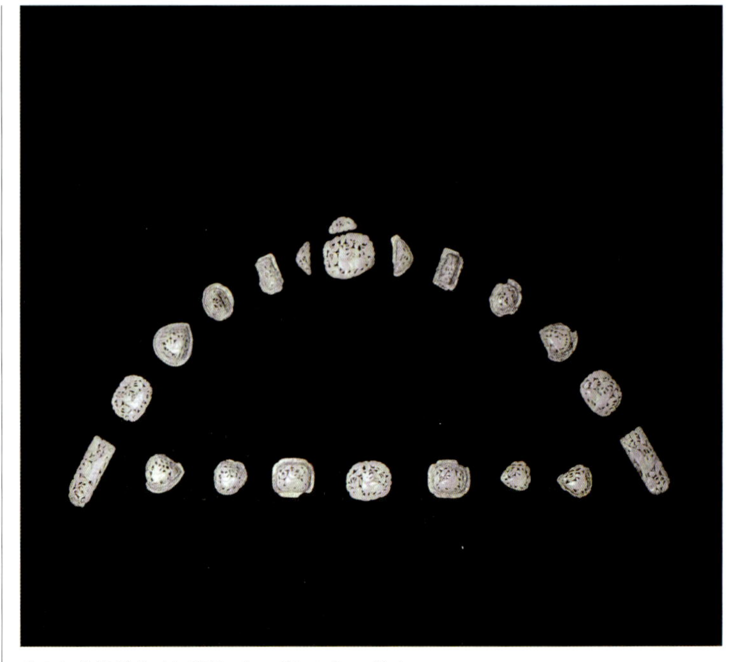

白玉“英雄”纹带饰（一组二十一件）
明或更早 Ming or Earlier BP 北京保利
2012-10-24 Lot723 尺寸不一
估价：无底价
成交价：RMB460,000

白玉胡人戏狮纹带饰
明或更早 Ming or Earlier BP 北京保利
2012-10-24 Lot722 L 6.5cm
估价：无底价
成交价：RMB115,000

白玉云形应龙纹嵌饰
明 Ming BP 北京保利
2012-10-24 Lot727 L 6.5cm
估价：无底价
成交价：RMB115,000

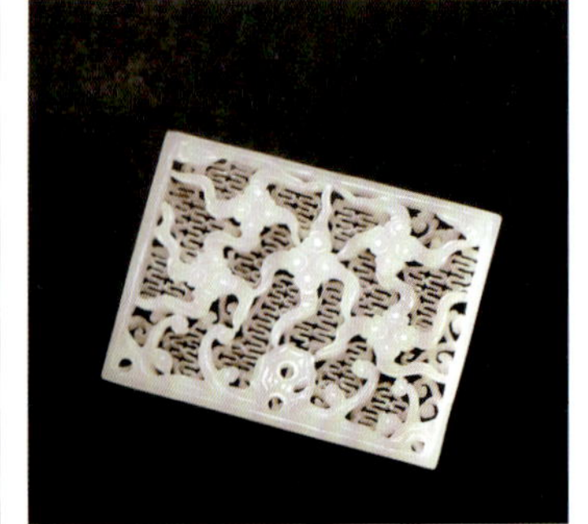

白玉流云纹带板
明 Ming BP 北京保利
2012-10-24 Lot728 L 6.5cm
估价：无底价
成交价：RMB109,250

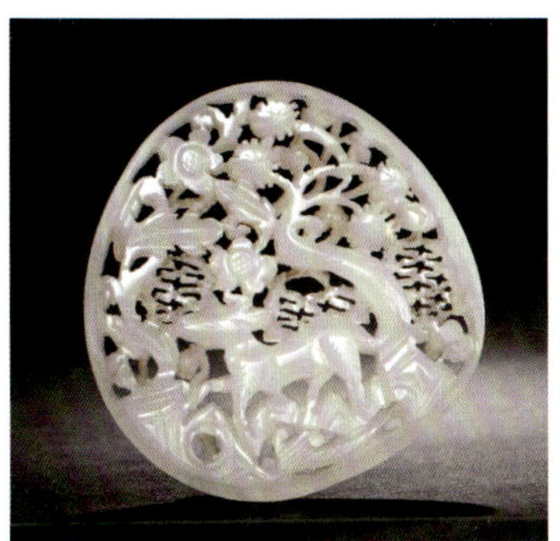

白玉松梅鹿纹桃形带板
明 Ming BP 北京保利
2012-10-24 Lot729 L 5cm
估价：无底价
成交价：RMB34,500

白玉松竹梅双鹿纹带板
明 Ming BP 北京保利
2012-10-24 Lot730 L 6cm
估价：无底价
成交价：RMB322,000

白玉麒麟松梅灵芝纹带板
明 Ming BP 北京保利
2012-10-24 Lot731 L 7cm
估价：无底价
成交价：RMB138,000

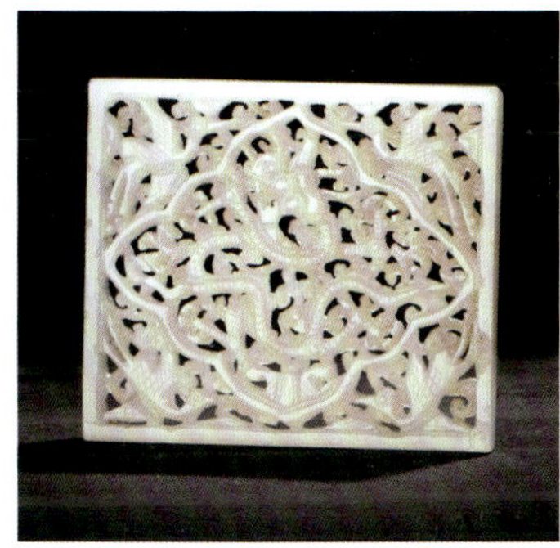

白玉云龙鹤纹带板
明 Ming BP 北京保利
2012-10-24 Lot732 L 6.5cm
估价：无底价
成交价：RMB46,000

白玉福寿喜云龙纹带板
明 Ming BP 北京保利
2012-10-24 Lot733 L 7.5cm
估价：无底价
成交价：RMB149,500

白玉正面云龙纹带板
明 Ming BP 北京保利
2012-10-24 Lot734 L 7.5cm
估价：无底价
成交价：RMB63,250

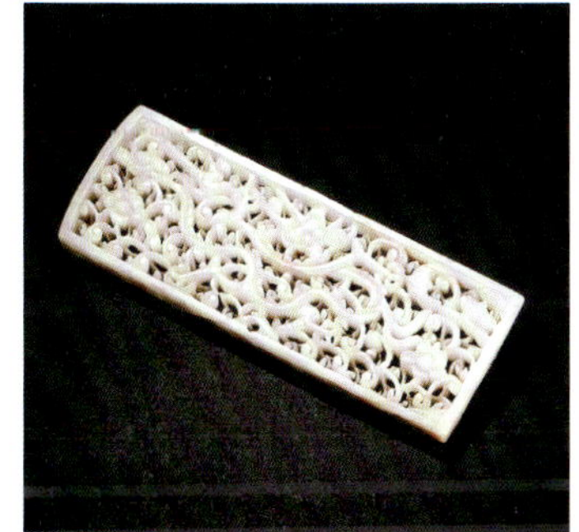

白玉花鸟云龙纹铊尾
明 Ming BP 北京保利
2012-10-24 Lot735 L 12.5cm
估价：无底价
成交价：RMB149,500

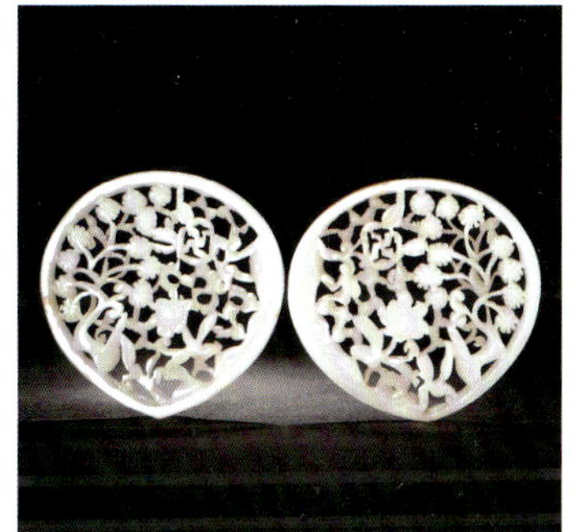

白玉松竹牡丹纹桃形带板（一对）
明 Ming BP 北京保利
2012-10-24 Lot736 L 5.5cm
估价：无底价
成交价：RMB57,500

白玉双龙抢珠纹带板
明 Ming BP 北京保利
2012-10-24 Lot737 L 5.5cm
估价：无底价
成交价：RMB97,750

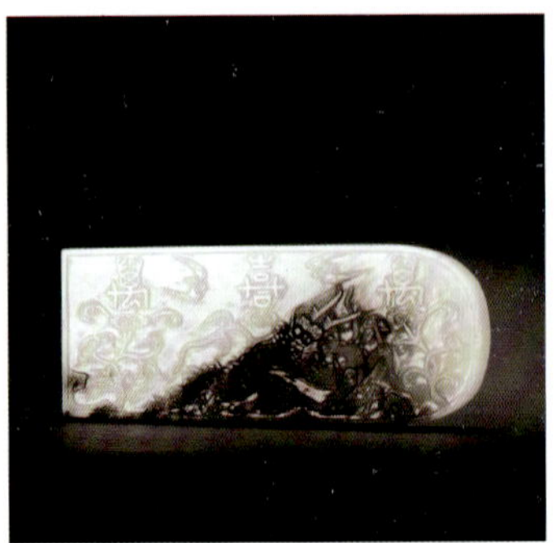

白玉巧色万喜灵芝龙纹铊尾
明 Ming BP 北京保利
2012-10-24 Lot738 L 13cm
估价：无底价
成交价：RMB276,000

白玉花卉纹饰片
明 Ming BP 北京保利
2012-10-24 Lot740 L 5cm
估价：无底价
成交价：RMB23,000

白玉松鹿鹤寿星纹饰
明 Ming BP 北京保利
2012-10-24 Lot750 L 6cm
估价：无底价
成交价：RMB63,250

白玉仕读龟吐祥云鹤纹嵌饰
明或更早 Ming or Earlier BP 北京保利
2012-10-24 Lot757 L 6.5cm
估价：无底价
成交价：RMB109,250

白玉行龙流云纹饰
明或更早 Ming or Earlier BP 北京保利
2012-10-24 Lot758 L 4cm
估价：无底价
成交价：RMB299,000

白玉云龙纹嵌饰
明或更早 Ming or Earlier BP 北京保利
2012-10-24 Lot760 L 8cm
估价：无底价
成交价：RMB126,500

白玉花龙纹饰
清 Qing BP 北京保利
2012-10-24 Lot765 L 4.5cm
估价：无底价
成交价：RMB57,500

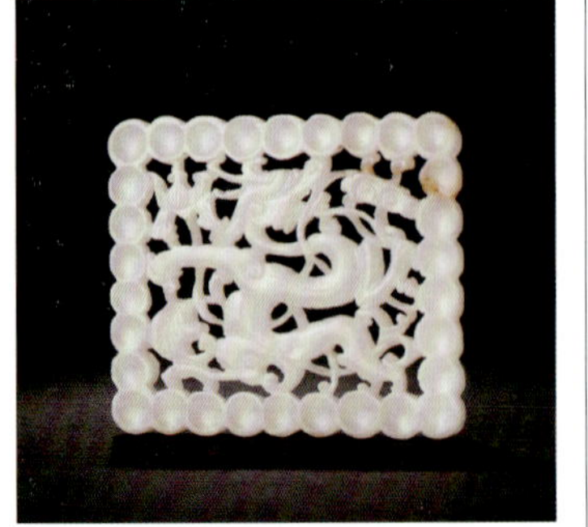

白玉连珠草龙纹饰
清 Qing BP 北京保利
2012-10-24 Lot766 L 5.5cm
估价：无底价
成交价：RMB34,500

白玉草龙纹嵌饰
清 Qing BP 北京保利
2012-10-24 Lot767 L 6.5cm
估价：无底价
成交价：RMB172,500

白玉螭龙衔灵芝纹嵌饰
清 Qing BP 北京保利
2012-10-24 Lot769 L 6cm
估价：无底价
成交价：RMB253,000

白玉穿花螭纹饰
清 Qing BP 北京保利
2012-10-24 Lot770 L 6cm
估价：无底价
成交价：RMB17,250

白玉蝠鹿鹤纹嵌饰
清 Qing BP 北京保利
2012-10-24 Lot771 L 6cm
估价：无底价
成交价：RMB69,000

白玉花鸟纹嵌饰
清 Qing BP 北京保利
2012-10-24 Lot772 L 8cm
估价：无底价
成交价：RMB46,000

白玉双天鹅荷塘嬉戏图嵌饰
清 Qing BP 北京保利
2012-10-24 Lot774 L 10cm
估价：无底价
成交价：RMB115,000

白玉菊花纹嵌饰
清 Qing BP 北京保利
2012-10-24 Lot775 L 5cm
估价：无底价
成交价：RMB23,000

白玉云龙纹鎏金带饰
清 Qing BP 北京保利
2012-10-24 Lot777 L 6cm
估价：无底价
成交价：RMB195,500

白玉双螭穿云方胜纹带饰
清 Qing BP 北京保利
2012-10-24 Lot778 L 8cm
估价：无底价
成交价：RMB253,000

白玉梅树纹锁片
清 Qing BP 北京保利
2012-10-24 Lot779 L 8.5cm
估价：无底价
成交价：RMB46,000

白玉荷塘双鹅纹嵌饰
明或更早 Ming or Earlier BP 北京保利
2012-10-24 Lot793 L 4cm
估价：无底价
成交价：RMB46,000

白玉双燕纹饰
明或更早 Ming or Earlier BP 北京保利
2012-10-24 Lot794 L 3.5cm
估价：无底价
成交价：RMB28,750

白玉髓羊纹带饰
明或更早 Ming or Earlier BP 北京保利
2012-10-24 Lot795 L 4.5cm
估价：无底价
成交价：RMB63,250

白玉虎形带饰
明或更早 Ming or Earlier BP 北京保利
2012-10-24 Lot797 L 5cm
估价：无底价
成交价：RMB207,000

白玉洒金一路连科饰件
A Carved White Jade Pendant with Bittern and Lotus Design
清中期 Mid Qing BH 北京翰海
2012-5-27 Lot2033 L 9.3cm
估价：RMB 40,000-60,000
成交价：RMB55,200

白玉洒金透雕人物饰件
A Carved White Jade Pendant with Figuer Design
清 Qing BH 北京翰海
2012-5-27 Lot2032 L 10.3cm
估价：RMB 30,000-50,000
成交价：RMB34,500

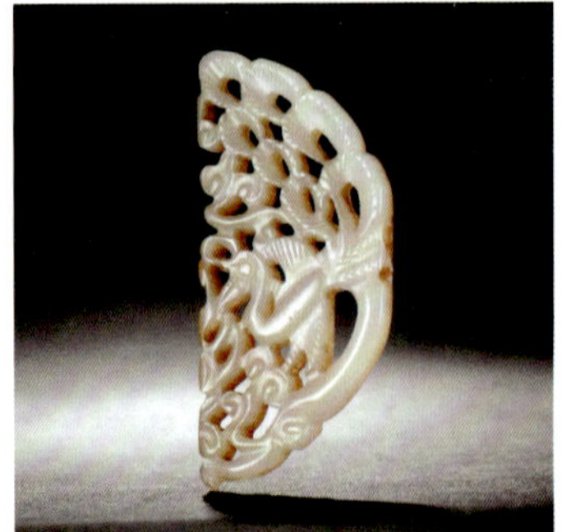

白玉孔雀云纹饰
明或更早 Ming or Earlier BP 北京保利
2012-10-24 Lot801 L 5cm
估价：无底价
成交价：RMB57,500

青白玉穿花天鹅纹饰
明 Ming BP 北京保利
2012-10-24 Lot741 L 5cm
估价：无底价
成交价：RMB46,000

青白玉仙人骑鹤纹饰
明 Ming BP 北京保利
2012-10-24 Lot742 L 5.5cm
估价：无底价
成交价：RMB103,500

青白玉莲塘双鹭鸶图嵌饰
清 Qing BP 北京保利
2012-10-24 Lot773 L 9cm
估价：无底价
成交价：RMB28,750

青玉牡丹绶带鸟纹带饰
明或更早 Ming or Earlier BP 北京保利
2012-10-24 Lot709 L 4cm
估价：无底价
成交价：RMB28,750

玉洒金御题诗文带饰
A Carved Jade Belt Buckle with Chinese Character Design
清中期 Mid Qing BH 北京翰海
2012-12-8 Lot2101 L 8.2cm
估价：RMB 180,000-200,000
成交价：RMB207,000

旧玉海兽饰件
A Carved Old Jade Pendant
清 Qing BH 北京翰海
2012-5-27 Lot2031 L 7.6cm
估价：RMB 25,000-35,000
成交价：RMB28,750

灰玉鹰熊纹带饰
明或更早 Ming or Earlier BP 北京保利
2012-10-24 Lot705 L 8cm
估价：无底价
成交价：RMB138,000

灰玉福寿行龙纹铊尾
明 Ming BP 北京保利
2012-10-24 Lot739 L 11.5cm
估价：无底价
成交价：RMB92,000

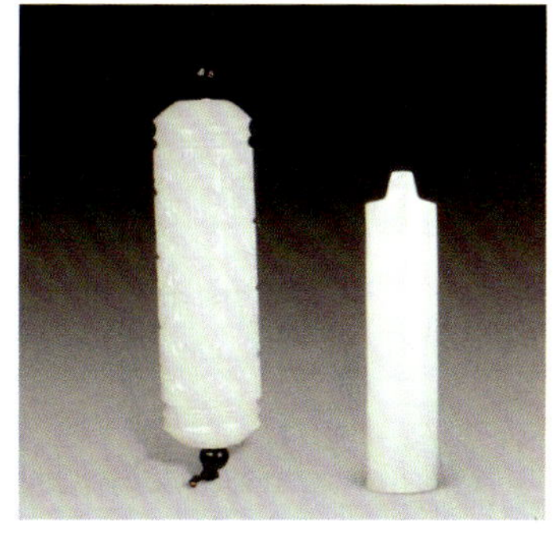

白玉翎管、勒子各一件
Two White Jade Pendants
年代不详 Unknown GD 中国嘉德
2012-9-16 Lot3068 L 5.6cm；L6.1cm
估价：无底价
成交价：RMB3,450

白玉螭龙纹勒子
A White Jade Pendant
年代不详 Unknown GD 中国嘉德
2012-9-16 Lot3075 L 6cm
估价：无底价
成交价：RMB4,600

玉雕勾连纹勒子
A Jade Pendant
明 Ming GD 中国嘉德
2012-6-16 Lot3242 L 4.7cm
估价：RMB 10,000-20,000
成交价：RMB13,800

丰登玉勒

年代不详 Unknown RB 北京荣宝

2012-8-26 Lot814 31×15mm

估价：RMB 10,000-20,000

成交价：RMB16,800

碧玉螭龙纹别子

乾隆 Qianlong BP 北京保利

2012-4-23 Lot2221 L 13cm

估价：RMB 10,000-20,000

成交价：RMB 48,300

宣和款白玉“赏心乐事”圆勒

A Fine and Nice White Jade Pendant

乾隆 Qianlong BP 北京保利

2012-6-5 Lot6103 H 5.4cm

估价：RMB 550,000-850,000

成交价：RMB667,000

玉弦纹勒（二件）

A Pair of Carved Jade Lezi

明 Ming BH 北京翰海

2012-12-8 Lot2091 H 3.3cm

估价：RMB 30,000-40,000

成交价：RMB34,500

白玉浅刻经文勒

A Carved White Jade Lezi With Lection Design

弘治 Hongzhi BH 北京翰海

2012-5-27 Lot2077 H 6.1cm

估价：RMB 100,000-200,000

成交价：RMB115,000

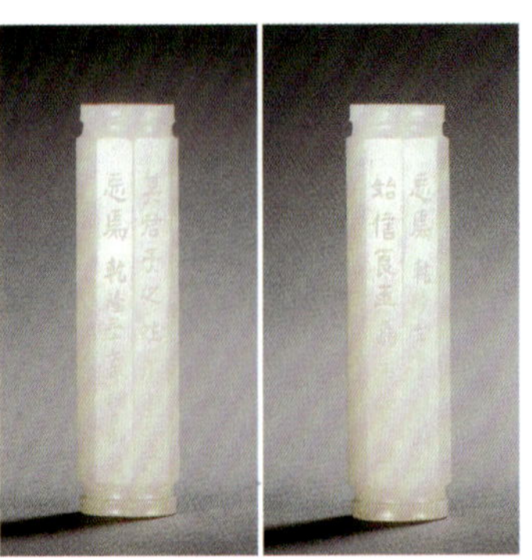

白玉御题诗文勒子

A Carved White Jade Ornament with Incised Imperial Poem Inscription

乾隆 Qianlong BP 北京保利

2012-12-7 Lot7643 H 6cm

估价：RMB 200,000-300,000

成交价：RMB230,000

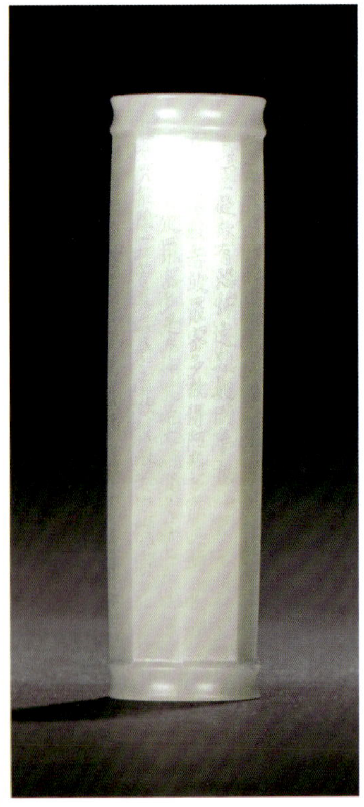

宣和二年款白玉“心经”勒子

A Fine and Nice White Jade Pendant

明或更早 Ming or Earlier BP 北京保利

2012-6-5 Lot6108 H 7cm

估价：RMB 600,000-800,000

成交价：RMB782,000

青白玉刻诗文花卉翎管
A Carved Celadon Jade Dnament
嘉庆 Jiaqing BP 北京保利
2012-12-7 Lot7582 L 6.5cm
估价：RMB 60,000-80,000
成交价：RMB69,000

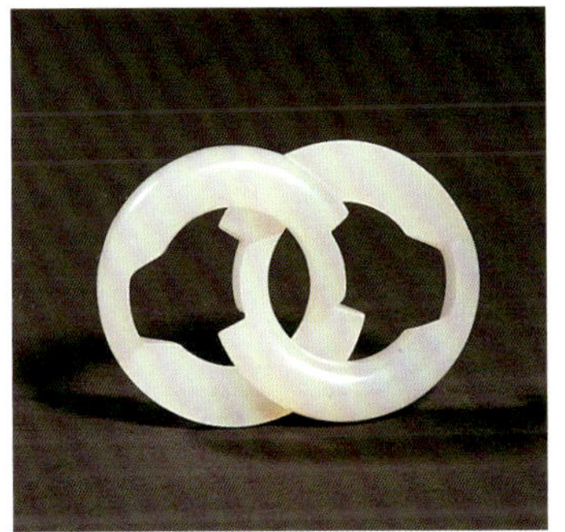

白玉雕蚩尤环
A With Jade Carving Loop
年代不详 Unknown HC 北京华辰
2012-10-30 Lot206 D 3.5cm
估价：RMB 60,000-80,000
成交价：RMB69,000

白玉仿古螭龙兽面纹环
An Important And Very Fine White Jade Dragon Ring
乾隆 Qianlong BP 北京保利
2012-6-5 Lot6193 L 12.7cm
估价：RMB 2,000,000-3,000,000
成交价：RMB2,990,000

2012 Chinese Art Auction TOP10 中国玉器拍卖配饰类十大排行榜 Top 5

青玉雕仿汉环
A Carved Celadon Jade Han-Type Ring
乾隆 Qianlong BD 北京东正
2012-10-31 Lot542 D 12 cm
估价：RMB 120,000-150,000
成交价：RMB172,500

玉雕虎形勒子
A Jade Pendant
元 Yuan GD 中国嘉德
2012-6-16 Lot3243 L 4.4cm
估价：RMB 10,000-20,000
成交价：RMB23,000

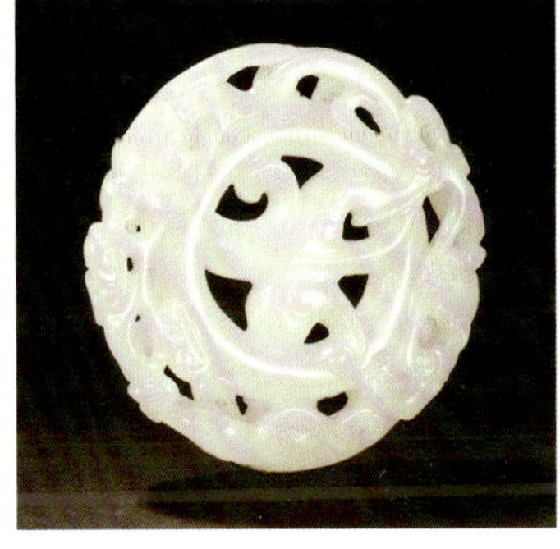

白玉螭龙环
清中期 Mid Qing BP 北京保利
2012-4-23 Lot1896 L 5cm
估价：RMB 30,000-50,000
成交价：RMB 115,000

白玉龙凤纹环
乾隆 Qianlong BP 北京保利
2012-4-23 Lot2210 D 9cm
估价：RMB 50,000-80,000
成交价：RMB 57,500

白玉双螭纹环
明或更早 Ming or Earlier BP 北京保利
2012-10-24 Lot724 D 7cm
估价：无底价
成交价：RMB172,500

白玉五蝠纹环
清 Qing BP 北京保利
2012-10-24 Lot782 D 6.5cm
估价：无底价
成交价：RMB51,750

白玉子辰环
清 Qing BP 北京保利
2012-10-24 Lot870 D 3.5cm
估价：RMB 20,000-30,000
成交价：RMB57,500

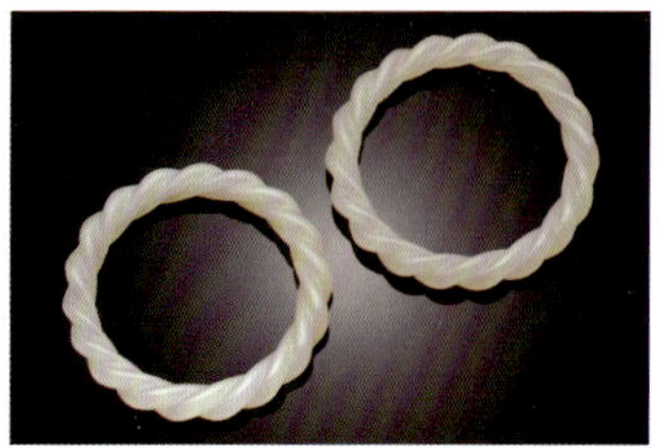

青白玉绞丝纹环一对
A Pair of Pale Celadon Jade Bracelets
清 18 世纪 Qing,18th Century C 佳士得
2012-11-6 Lot325 D 8cm × 2
估价：GBP 6,000-8,000
成交价：GBP9,375

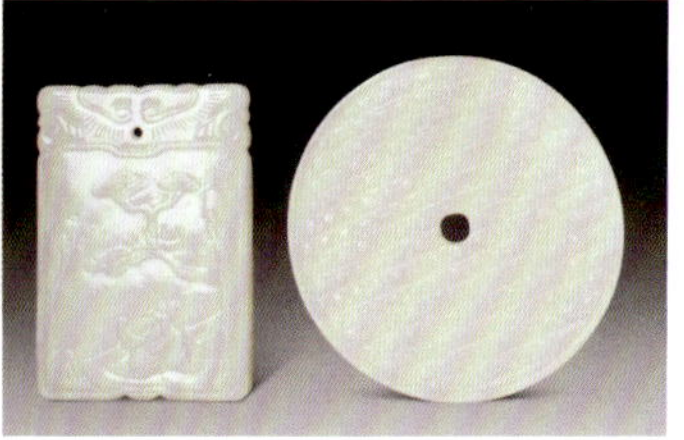

白玉牌、白玉璧各一件
A White Jade Pendant and A White Jade Bi
清 Qing GD 中国嘉德
2012-6-16 Lot3607 D 5.5cm ; L 5cm
估价：无底价
成交价：RMB4,600

玉雕一组四件
Four Jade Carvings
明末清初 Late MingEarly Qing C 佳士得
2012-11-9 Lot1003 L 13cm
估价：GBP 2,000-3,000
成交价：GBP27,500

黄玉瑞兽纹环
A Rare Yellow Jade Archaistic Disc，Huan
元 - 明 14 世纪 Yuan-Ming 14th Century C 佳士得
2012-11-6 Lot81 D 10.5cm
估价：GBP 30,000-40,000
成交价：GBP121,250

黄玉雕三蝉环
A Fine Carved Yellow Jade Ring
乾隆 Qianlong BD 北京东正
2012-10-31 Lot218 L 6.2cm
估价：RMB 800,000-900,000
成交价：RMB920,000

白玉谷纹璧、白玉叶形笔舔各一件
A White Jade Bi and A White Jade Inkpallet
年代不详 Unknown GD 中国嘉德
2012-9-16 Lot3285 D 5.4cm；L 7.7cm
估价：无底价
成交价：RMB6,900

青玉饕餮纹小环
A Small White and Russet Jade Archaistic Ring
宋 - 明 Song-Ming C 佳士得
2012-9-13 Lot1010 D 4cm
估价：USD 10,000-15,000
成交价：USD11,250

白玉雕螭龙纹璧
A Fine and Rare White Jade Carved Plate
乾隆 Qianlong KS 北京匡时
2012-12-5 Lot2125 D 6cm
估价：RMB 100,000-120,000
成交价：RMB57,500

白玉浮雕螭龙纹璧
A Fine White Jade Carved Nephrite Disk
乾隆 Qianlong KS 北京匡时
2012-6-4 Lot1302 D 5.5cm
估价：RMB 50,000-60,000
成交价：RMB92,000

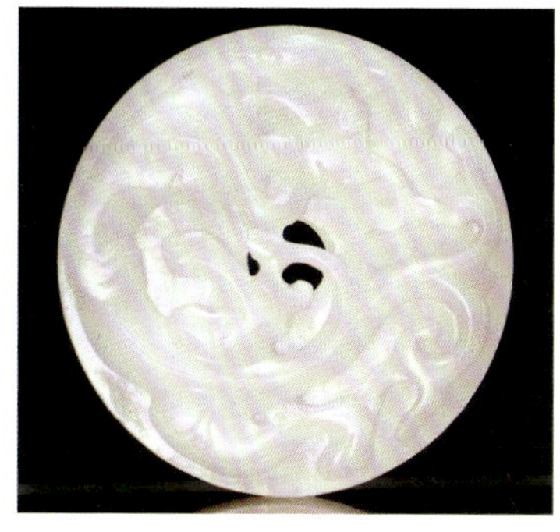

白玉团龙纹璧
A Carved "Dragon" White Jade Pendant,Bi
清 Qing GD 中国嘉德
2012-5-14 Lot3497 D 5.8cm
估价：RMB 35,000-55,000
成交价：RMB40,250

白玉雕螭龙纹乳钉璧
A Carved White Jade Bi
明 Ming BD 北京东正
2012-10-31 Lot351 L 10 cm
估价：RMB 160,000-200,000
成交价：RMB207,000

玉刀
A Carved Jade Knife
清中期 Mid Qing BH 北京翰海
2012-5-27 Lot2024 L 23.5cm
估价：RMB 60,000-90,000
成交价：RMB69,000

玉蒲纹璧
A Carved Jade Belt Hook with Dragon Design
清中期 Mid Qing BH 北京翰海
2012-5-27 Lot2026 D 9.5cm
估价：RMB 30,000-50,000
成交价：RMB57,500

白玉螭龙衔灵芝出廓璧
A Carved White Jade "Bi" with Dragon Design
清中期 Mid Qing BH 北京翰海
2012-5-27 Lot2030 L 7.8cm
估价：RMB 80,000-100,000
成交价：RMB94,300

白玉浮雕教子成龙谷纹璧
A Carved Whzte Jade Jade "Bi"
明初 Early Ming BH 北京翰海
2012-5-27 Lot2079 D 9.5cm
估价：RMB 100,000-200,000
成交价：RMB920,000

白玉八卦螭龙纹璧
A Carved White Jade "Bi" with Dragon Design
清中期 Mid Qing BH 北京翰海
2012-12-8 Lot2094 D 6.3cm
估价：RMB 15,000-20,000
成交价：RMB17,250

白玉螭龙纹璧
A Carved White Jade "Bi" with Dragon Design
清中期 Mid Qing BH 北京翰海
2012-12-8 Lot2095 D 6.6cm
估价：RMB 25,000-30,000
成交价：RMB28,750

白玉螭龙纹璧
A Carved White Jade "Bi" with Dragon Design
清中期 Mid Qing BH 北京翰海
2012-12-8 Lot2097 D 5.8cm
估价：RMB 20,000-30,000
成交价：RMB23,000

白玉螭纹璧
清 Qing BP 北京保利
2012-10-24 Lot781 D 5.5cm
估价：无底价
成交价：RMB40,250

白玉狮纹璧
A Carved White Jade "Bi" with Lion Design
清 Qing BH 北京翰海
2012-12-8 Lot2099 D 5.7cm
估价：RMB 40,000-50,000
成交价：RMB46,000

白玉螭龙出廓璧
清 Qing BP 北京保利
2012-4-23 Lot2056 W 11cm
估价：无底价
成交价：RMB 17,250

各式玉饰（一组六件）
清 Qing BP 北京保利
2012-10-24 Lot836 尺寸不一
估价：无底价
成交价：RMB55,200

白玉云雷纹璧
清 Qing BP 北京保利
2012-10-24 Lot869 D 5.5cm
估价：无底价
成交价：RMB13,800

白玉龙凤纹璧
A Carved White Jade Archaistic Bi Disc
清 18-19 世纪 Qing,18th-19th Century C 佳士得
2012-3-22 Lot1799 D 5.1cm
估价：USD 4,000-6,000
成交价：USD9,375

白玉带皮雕螭龙纹玉璧
A White and Russet Jade Carved Jade Disc, Bi
明末清初 Late MingEarly Qing C 佳士得
2012-5-15 Lot63 D 17.5cm
估价：GBP 6,000-8,000
成交价：GBP8,125

白玉带皮螭龙纹璧
A White and Russet Jade Bi Disc
20 世纪 20th Century C 佳士得
2012-11-9 Lot1148 D 14.5cm
估价：GBP 8,000-12,000
成交价：GBP18,750

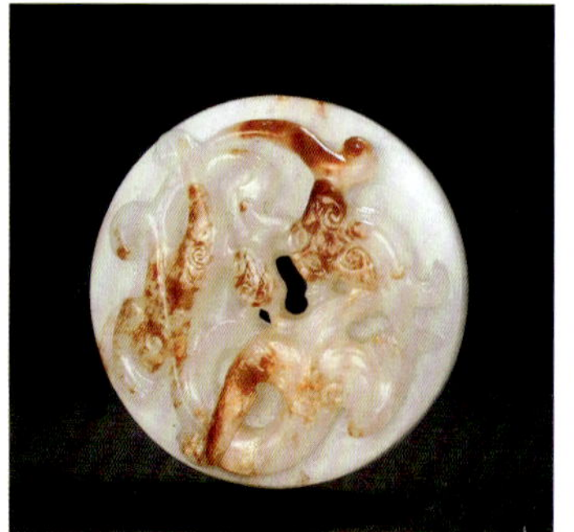

白玉留皮龙纹璧
清 Qing BP 北京保利
2012-10-24 Lot867 D 6cm
估价：RMB 20,000-30,000
成交价：RMB172,500

玉雕如意纹璧
清 Qing BP 北京保利
2012-8-11 Lot737 D 3.5cm
估价：RMB 5,000-8,000
成交价：RMB17,250

玉雕双螭璧（三件）
清早期 Early Qing BP 北京保利
2012-10-24 Lot837 尺寸不一
估价：RMB 18,000-30,000
成交价：RMB80,500

白玉螭龙鼓丁纹璧
年代不详 Unknown JG 北京九歌
2012-6-29 Lot2550 D 5.5cm
估价：RMB 14,000-18,000
成交价：RMB16,100

白玉螭龙璧（一对）
A Pair of White Jade Bis
年代不详 Unknown GD 中国嘉德
2012-6-16 Lot3934 L 6.3cm
估价：无底价
成交价：RMB3,450

白玉螭龙璧
A Fine White Jade "Chi-Dragon" Bi
乾隆 Qianlong BP 北京保利
2012-6-7 Lot7519 D 8cm
估价：RMB 100,000-150,000
成交价：RMB 161,000

白玉双螭出廓璧
A Fine White Jade "Chi-Dragon" Bi
元 Yuan BP 北京保利
2012-6-7 Lot7549 L 6.8cm
估价：RMB 100,000-150,000
成交价：RMB 115,000

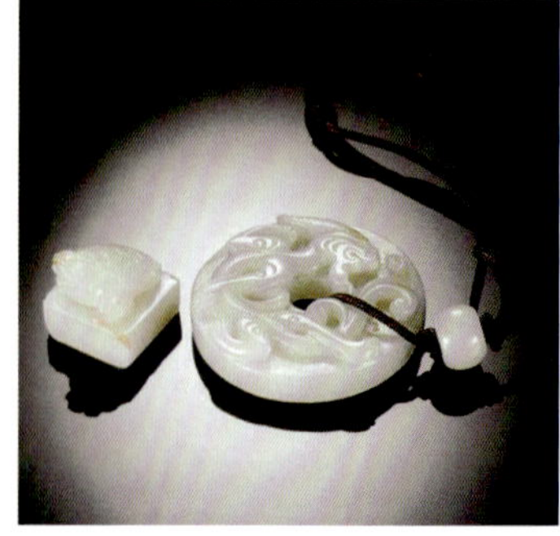

白玉兽钮章 白玉龙纹璧（两件）
A White Jade Seal and A White Jade Bi
清早期 Early Qing BP 北京保利
2012-6-7 Lot7697 H 2.5cm；D 5.9cm
估价：RMB 30,000-50,000
成交价：RMB 74,750

白玉螭龙双联璧

清 Qing BP 北京保利
2012-10-25 Lot1430 L 8.5cm
估价：无底价
成交价：RMB 4,600

白玉乳钉纹璧（三件）

清 Qing BP 北京保利
2012-4-22 Lot1101 尺寸不一
估价：无底价
成交价：RMB40,250

白玉螭龙璧

清中期 Mid Qing BP 北京保利
2012-4-22 Lot1108 L 5cm
估价：无底价
成交价：RMB28,750

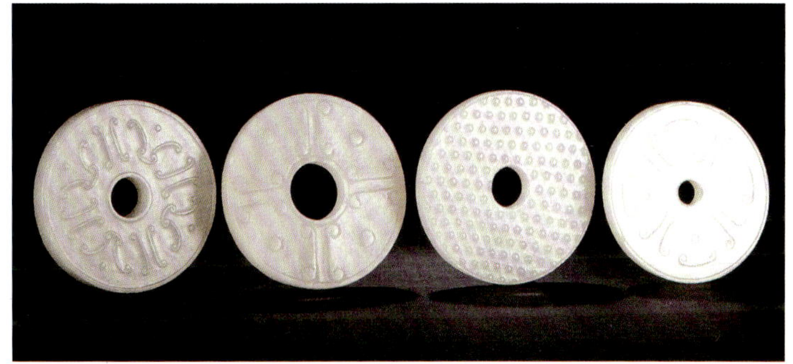

白玉璧（四件）

清 Qing BP 北京保利
2012-4-22 Lot1102 尺寸不一
估价：无底价
成交价：RMB51,750

白玉螭龙纹璧

清中期 Mid Qing BP 北京保利
2012-4-22 Lot1109 L 5cm
估价：无底价
成交价：RMB46,000

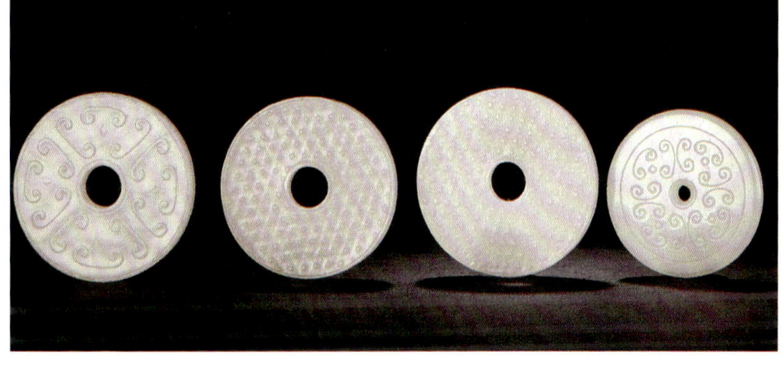

白玉璧（四件）

清 Qing BP 北京保利
2012-4-22 Lot1103 尺寸不一
估价：无底价
成交价：RMB40,250

白玉龙纹璧
清 Qing BP 北京保利
2012-4-22 Lot1111 L 7cm
估价：无底价
成交价：RMB43,700

白玉龙凤夔凤玉璧（三件）
清 Qing BP 北京保利
2012-4-22 Lot1107 尺寸不一
估价：无底价
成交价：RMB97,750

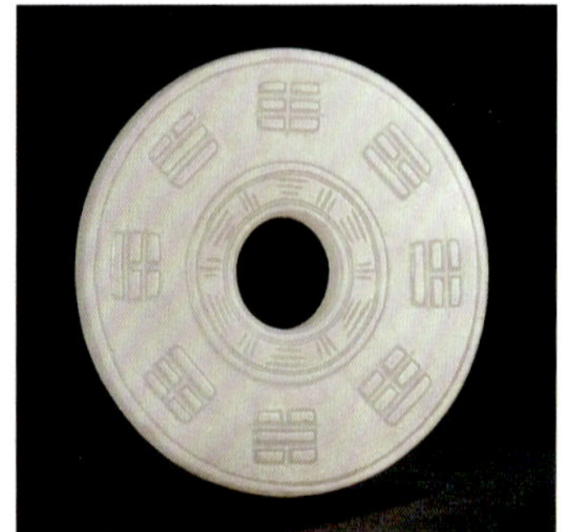

白玉八卦纹璧
清 Qing BP 北京保利
2012-4-22 Lot1113 L 5.5cm
估价：无底价
成交价：RMB9,200

白玉留皮雕螭龙纹璧
A Fine and Rare White Jade Carved Plate
乾隆 Qianlong KS 北京匡时
2012-12-5 Lot2171 D 5.9cm
估价：RMB 20,000-30,000
成交价：RMB28,750

御制碧玉璧
A Massive Imperial Spinach-Green Jade Disc,Bi
乾隆 Qianlong C 佳士得
2012-5-15 Lot88 D 40.7cm
估价：GBP 400,000-600,000
成交价：GBP541,250

2012 Chinese Art Auction TOP10 中国玉器拍卖配饰类十大排行榜 Top 1

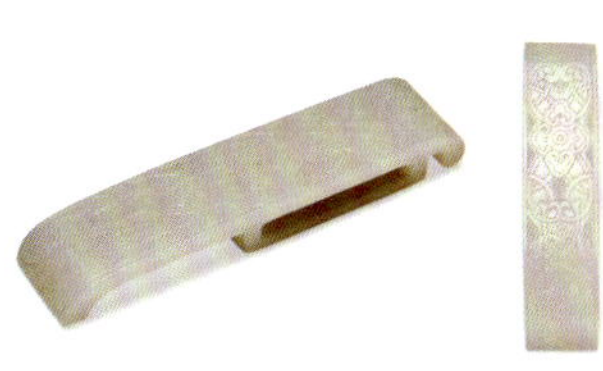

白玉仿古纹剑彘
A White Jade Sword Slide
年代不详 Unknow C 佳士得
2012-11-9 Lot1073 L 10cm
估价：GBP 1,500-2,500
成交价：GBP1,875

青白玉螭龙璧
A Celadon Jade Bi
清 Qing GD 中国嘉德
2012-6-16 Lot3276 D 10cm
估价：RMB 30,000-50,000
成交价：RMB63,250

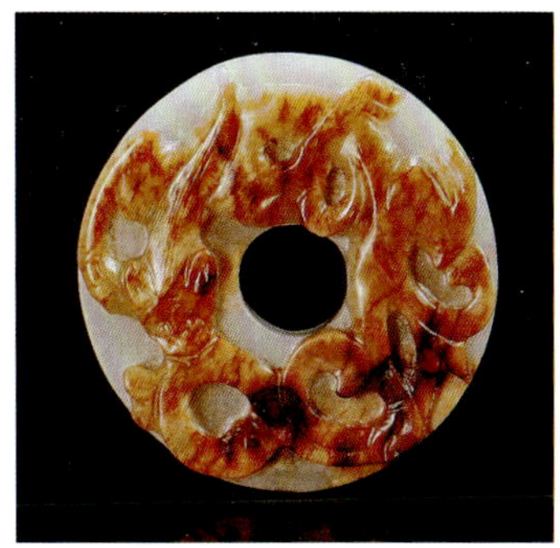

青玉留皮螭龙璧
A Celadon Jade Bi
明 Ming GD 中国嘉德
2012-6-16 Lot3259 D 6cm
估价：RMB 32,000-52,000
成交价：RMB36,800

旧玉螭龙璧
A Carved Yellow Jade "Bi" with Dragon Design
清中期 Mid Qing BH 北京翰海
2012-12-8 Lot2098 D 5.9cm
估价：RMB 20,000-30,000
成交价：RMB34,500

白玉双龙十二章圭璧
An Impressive White Jade "Two Dragons" carving, Guibi
清中期 Mid Qing BP 北京保利
2012-12-5 Lot5774 L 20.7cm
估价：RMB 800,000-1,200,000
成交价：RMB1,207,500

黄玉璧
A Yellow Jade Bi
年代不详 Unknown GD 中国嘉德
2012-9-16 Lot3022 D 6cm
估价：RMB 6,000-9,000
成交价：RMB10,350

碧玉籽料兽面纹龙凤璧
年代不详 Unknown RB 北京荣宝
2012-6-24 Lot1726 W 88g
估价：RMB 20,000-30,000
成交价：RMB33,600

玉雕龙纹璧
清 Qing BP 北京保利
2012-8-11 Lot739 D 2.5cm
估价：RMB 5,000-8,000
成交价：RMB20,700

黄玉籽料龙凤呈祥玉璧
年代不详 Unknown RB 北京荣宝
2012-6-24 Lot1751 W 779g
估价：RMB 400,000-600,000
成交价：RMB560,000

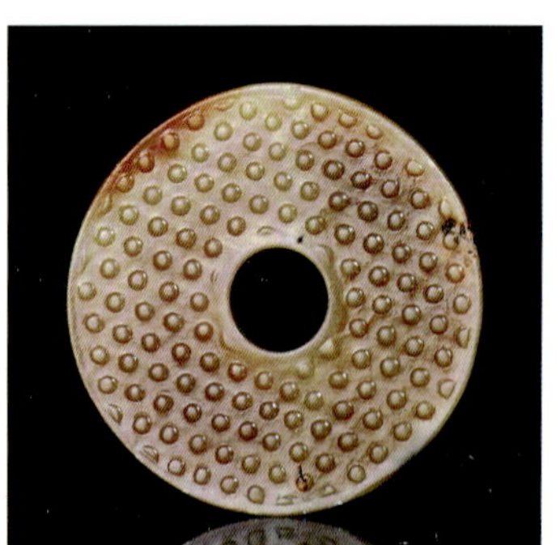

玉雕谷纹璧
A Jade Bi
明 Ming GD 中国嘉德
2012-9-17 Lot4133 D 8cm
估价：RMB 10,000-20,000
成交价：RMB28,750

玉螭龙璧（三件）
清 Qing BP 北京保利
2012-4-22 Lot1106 尺寸不一
估价：无底价
成交价：RMB17,250

黄玉盘螭璧
A Fine And Nice Yellow Jade Bi
乾隆 Qianlong BP 北京保利
2012-6-7 Lot7698 D 6cm
估价：RMB 200,000-300,000
成交价：RMB 230,000

青白玉八宝纹磬
A Celadon Jade Pendant
清 Qing GD 中国嘉德
2012-6-16 Lot3231 L 13.8cm
估价：RMB 12,000-22,000
成交价：RMB17,250

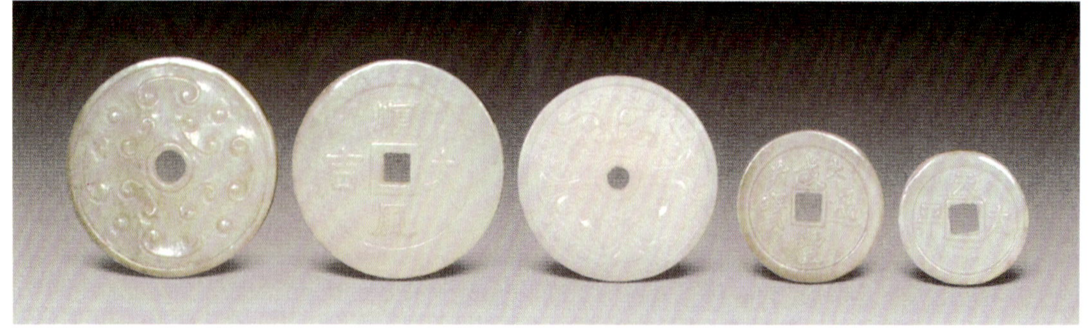

玉钱、玉璧（五件）
Five Jade Objects
年代不详 Unknown GD 中国嘉德
2012-9-16 Lot3268 尺寸不一
估价：无底价
成交价：RMB1,150

玉雕兽纹瑗
A Celadon and Russet Jade Carving with "Beast" pattern, Yuan
清 Qing XLA 西泠印社
2012-7-9 Lot2668 D 7.7cm
估价：RMB 100,000-150,000
成交价：RMB115,000

白玉花卉纹刀柄
A White Jade Knife-Shank
清 Qing GD 中国嘉德
2012-6-16 Lot3769 L 14.8cm
估价：无底价
成交价：RMB6,900

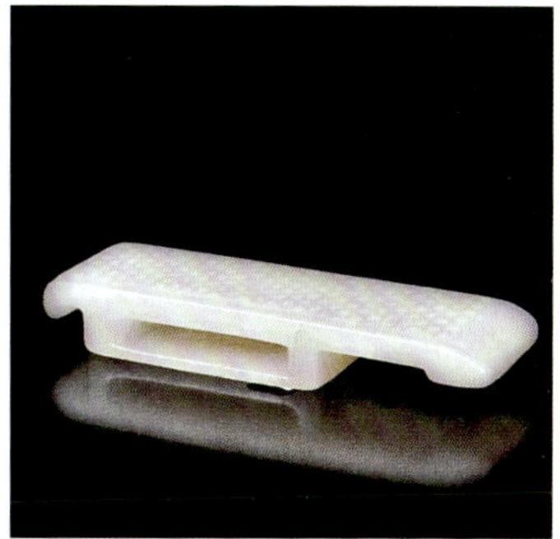

白玉剑珌
A White Jade Pendant
清 Qing GD 中国嘉德
2012-6-16 Lot3286 L 7.5cm
估价：无底价
成交价：RMB4,600

白玉雕螭纹剑饰
A White Jade "Dragon" Jianzhi
清中期 Mid Qing BD 北京东正
2012-5-11 Lot283 L 10.2 cm
估价：RMB 20,000-30,000
成交价：RMB80,500

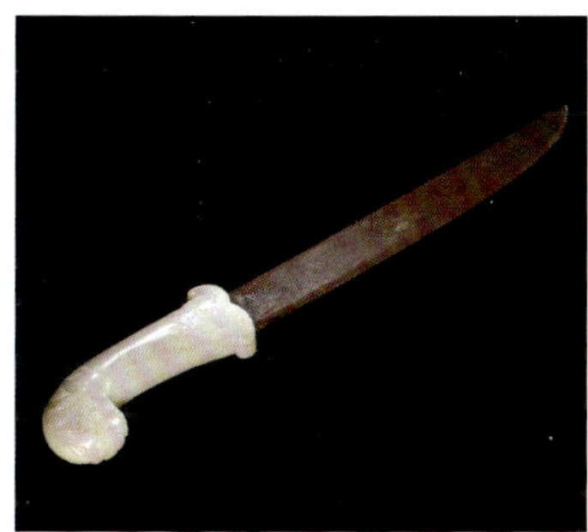

白玉柄刀
A Knife with White Jade Hilt
明 Ming BH 北京翰海
2012-5-27 Lot2023 L 13.5cm
估价：RMB 80,000-100,000
成交价：RMB103,500

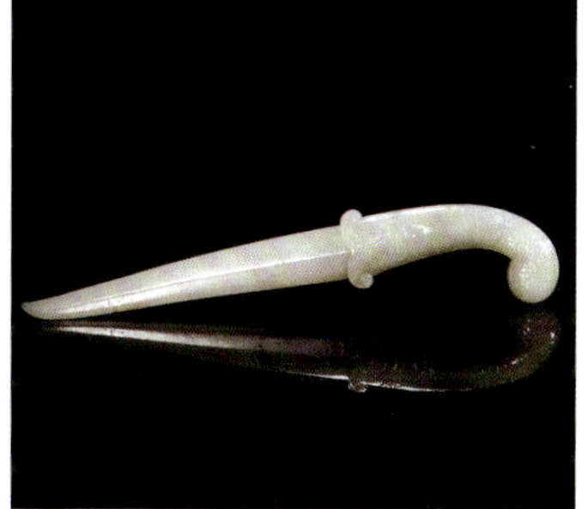

玉刀
A Carved Jade Knife
清中期 Mid Qing BH 北京翰海
2012-5-27 Lot2024 L 23.5cm
估价：RMB 60,000-90,000
成交价：RMB69,000

白玉剑饰（一组三件）
明 Ming BP 北京保利
2012-10-24 Lot807 尺寸不一
估价：RMB 8,000-12,000
成交价：RMB17,250

白玉剑饰
清 Qing BP 北京保利
2012-10-24 Lot1011 L 9.5cm
估价：无底价
成交价：RMB17,250

青白玉螭龙纹璧
A Celadon Jade Bi
清 Qing GD 中国嘉德
2012-9-16 Lot3186 H 6.6cm
估价：无底价
成交价：RMB4,600

青玉巧雕螭龙云纹玉璏
A Grey and Russet Jade Scabbard Slide
明 Ming C 佳士得
2012-3-22 Lot1873 L 15.1cm
估价：USD 6,000-8,000
成交价：USD15,000

玉雕花片（四件）
清 Qing BP 北京保利
2012-4-22 Lot1105 尺寸不一
估价：无底价
成交价：RMB57,500

古玉螭龙出廓剑珌
An Ancient Jade "Chi-Dragon" Carving
年代不详 BP 北京保利
2012-6-7 Lot7509 W 5cm
估价：RMB 60,000-80,000
成交价：RMB 86,250

旧玉剑饰（一组三件）
年代不详 Unknown BP 北京保利
2012-10-24 Lot806 尺寸不一
估价：无底价
成交价：RMB20,700

白玉马首刀柄
乾隆 Qianlong BP 北京保利
2012-4-22 Lot1462 L 10cm
估价：RMB 20,000-30,000
成交价：RMB115,000

古玉龙首觿
A Carved Jade，Xi
年代不详 BP 北京保利
2012-6-7 Lot7590 L 7.8cm
估价：RMB 200,000-300,000
成交价：RMB 230,000

旧玉螭龙纹剑珌
A Jade Pendant
年代不详 Unknown GD 中国嘉德
2012-6-16 Lot3226 L 5.5cm
估价：RMB 10,000-20,000
成交价：RMB32,200

古玉剑饰
A Black-Colored Jade Ornament of Sword
明 Ming XLA 西泠印社
2012-7-9 Lot2651 H 1.8cm；L 7.0cm
估价：RMB 20,000-30,000
成交价：RMB36,800

PART 4

摆件
Decorated Jade Carving

白玉雕人物山子
A White Jade Carved "Figures" Carving,ShanZi
清中期 Mid Qing GD 中国嘉德
2012-10-29 Lot4003 H 10cm
估价：RMB 100,000-200,000
成交价：RMB115,000

白玉雕婴戏纹山子
A Fine Carved White Jade "Children" Boulder
乾隆 Qianlong BD 北京东正
2012-10-31 Lot229 H 18cm
估价：RMB 1,200,000-1,500,000
成交价：RMB1,380,000

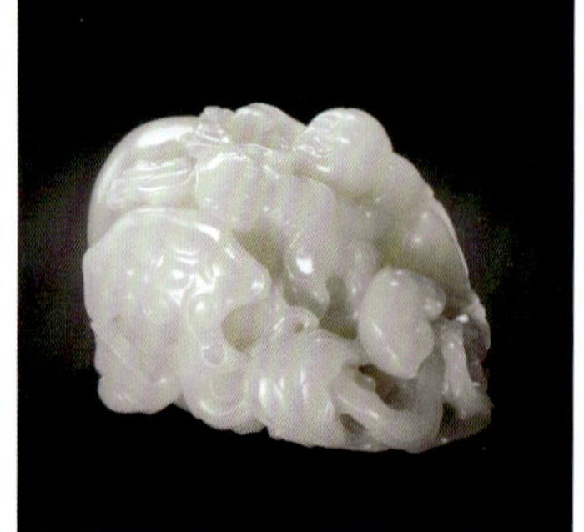

白玉童子仙桃灵芝摆件
A White Jade "Kid, Beach and Ganoderma Lucidum" Carving
清中期 Mid Qing GD 中国嘉德
2012-10-29 Lot4078 L 10.5cm
估价：RMB 180,000-280,000
成交价：RMB241,500

白玉瑞兽纹山子
A White Jade Carving
清 Qing GD 中国嘉德
2012-9-17 Lot4136 H 12.3cm
估价：RMB 80,000-120,000
成交价：RMB109,250

白玉高士山子
A White Jade Carving
清 Qing GD 中国嘉德
2012-9-16 Lot3047 L 9.8cm
估价：无底价
成交价：RMB6,900

青白玉五子闹弥勒摆件
A Celadon Jade Carving
年代不详 Unknown GD 中国嘉德
2012-6-16 Lot3546 L 16.5cm
估价：无底价
成交价：RMB17,250

白玉山子
A White Jade Carving
清 Qing GD 中国嘉德
2012-9-17 Lot4143 L 10cm
估价：无底价
成交价：RMB8,050

白玉山水人物山子
A White Jade Carving
年代不详 Unknown GD 中国嘉德
2012-9-16 Lot3061 H 8cm
估价：RMB 8,000-12,000
成交价：RMB13,800

白玉山子
A White Jade Carving
年代不详 Unknown GD 中国嘉德
2012-6-16 Lot3548 H 36cm
估价：无底价
成交价：RMB11,500

白玉雕玉兰摆件
A White Jade Magnolia
清中期 Mid Qing GD 中国嘉德
2012-5-14 Lot3427 W 9cm
估价：RMB 18,000-28,000
成交价：RMB55,200

白玉留皮人物山子
A White Jade Carving
清 Qing GD 中国嘉德
2012-6-16 Lot3547 H 12cm
估价：RMB 10,000-20,000
成交价：RMB13,800

白玉访友图山子
A White Jade Carving
清 Qing GD 中国嘉德
2012-6-16 Lot3469 H 14.7cm
估价：无底价
成交价：RMB8,050

白玉白菜
A White Jade Carving
年代不详 Unknown GD 中国嘉德
2012-6-16 Lot3591 L 10cm
估价：无底价
成交价：RMB3,450

白玉鹿衔灵芝山子
A White Jade Carving
清 Qing GD 中国嘉德
2012-6-16 Lot3892 L 8.8cm
估价：无底价
成交价：RMB3,450

白玉、黄玉摆件各一件
A White Jade Carving and A Yellow Jade Carving
年代不详 Unknown GD 中国嘉德
2012-6-16 Lot3875 L 16cm；L 18cm
估价：无底价
成交价：RMB6,900

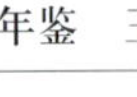

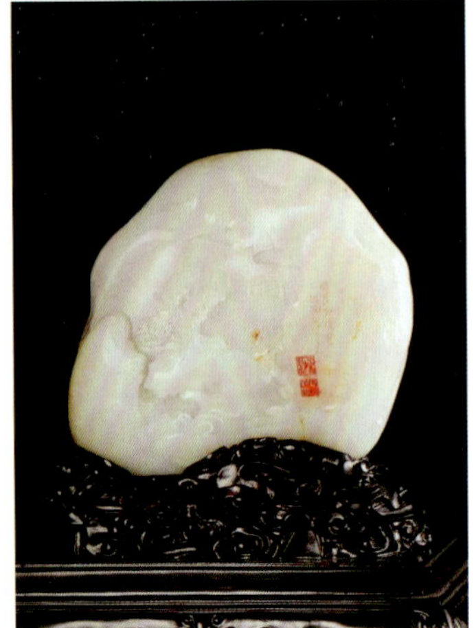

顾永骏 把酒问青天 白玉山子
Gu Yongjun A White Jade Carving of Landscape and Figure
年代不详 Unknown XLA 西泠印社
2012-7-7 Lot1991 160×190×50mm；2139g
估价：RMB 700,000-1,000,000
成交价：RMB920,000

白玉雕庆寿图山子
A Fine Carved White Jade Boulder
乾隆 Qianlong BD 北京东正
2012-10-31 Lot222 L 22cm
估价：RMB 3,000,000-3,500,000
成交价：RMB4,600,000

宋世义 觅仙图 白玉山子
Song Shiyi A White Jade Carving of Landscape
年代不详 Unknown XLA 西泠印社
2012-7-7 Lot1988 带座 H 190mm；W 387.3g
估价：RMB 80,000-120,000
成交价：RMB126,500

白玉雕松山狩猎纹山子
A White Jade Boulder
乾隆 Qianlong BD 北京东正
2012-10-31 Lot358 H 19 cm
估价：RMB 700,000-800,000
成交价：RMB805,000

白玉仿太湖石摆件
A Carved White Jade "Taihu Stone" Decoration
清中期 Mid Qing BD 北京东正
2012-10-31 Lot367 H 18 cm；H 6.7 cm
估价：RMB 200,000-220,000
成交价：RMB253,000

顾铭 一路连科 白玉山子
Gu Ming A White Jade Carving Landscape
年代不详 Unknown XLA 西泠印社
2012-7-7 Lot1996 115×75×25mm；W 372g
估价：RMB 150,000-200,000
成交价：RMB172,500

顾铭 悟道 白玉山子
Gu Ming A White Jade Carving of Landscape Pattern
年代不详 Unknown XLA 西泠印社
2012-7-7 Lot1997 110×73×25mm；W 329g
估价：RMB 120,000-180,000
成交价：RMB161,000

吴德升 相拥 白玉摆件
Wu Desheng A White Jade Ornament,Embrace
年代不详 Unknown XLA 西泠印社
2012-7-7 Lot2001 145×57×36mm；W 432g
估价：RMB 2,800,000-3,500,000
成交价：RMB3,220,000

白玉童子洗象山子
清中期 Mid Qing BP 保利香港
2012-11-25 Lot862 L 17cm
HKD 800,000-1,200,000
HKD2,070,000

白玉春水
A Nice White Jade Carving
明 Ming BP 北京保利
2012-6-7 Lot7580 L 10cm
RMB 30,000-50,000
RMB 36,800

白玉雕渔樵耕读小山子
A Nice White Jade Boulder
清中期 Mid Qing BP 北京保利
2012-6-7 Lot7681 L 7.8cm
RMB 180,000-280,000
RMB 391,000

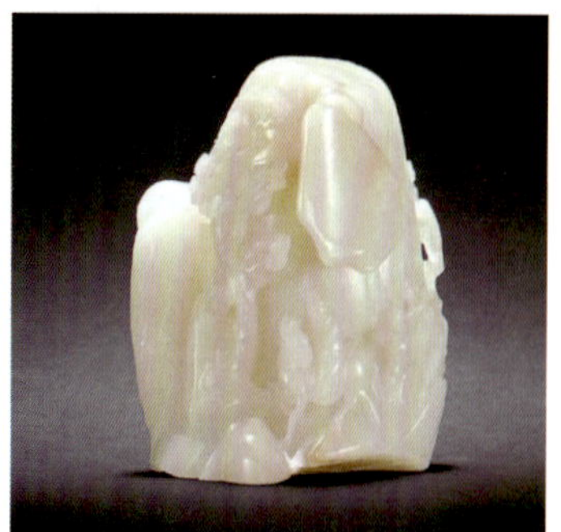

白玉雕携琴访友纹山子
A Carved White Jade Mountain
清中期 Mid Qing BD 北京东正
2012-5-11 Lot35 H 11.3 cm
估价：RMB 80,000-100,000
成交价：RMB517,500

白玉雕罗汉纹山子
A Carved White Jade Arhat Boulder
明 Ming BD 北京东正
2012-5-11 Lot122 H 11.5 cm
估价：RMB 250,000-300,000
成交价：RMB287,500

白玉雕福寿双全纹摆件
A Carved White Jade Decoration
清中期 Mid Qing BD 北京东正
2012-5-11 Lot292 L 7.8 cm
估价：RMB 150,000-160,000
成交价：RMB172,500

白玉双骏山子
年代不详 Unknown BP 北京保利
2012-10-25 Lot1441 L 18.5cm
RMB 100,000-200,000
RMB 276,000

白玉福禄寿三星山子摆件
乾隆 Qianlong BP 北京保利
2012-4-22 Lot1191 H 16.5cm
RMB 1,100,000-1,500,000
RMB1,552,500

白玉松下人物山子摆件
年代不详 Unknown BP 北京保利
2012-10-25 Lot1447 H 17.5cm
无底价
RMB 32,200

侯庆军 畅游 独山玉摆件
Hou Qingjun A Dushan Jade Ornament with Landscape Patterns
年代不详 Unknown XLA 西泠印社
2012-10-21 Lot187 147×144×57mm；W 1677g
估价：无底价
成交价：RMB20,700

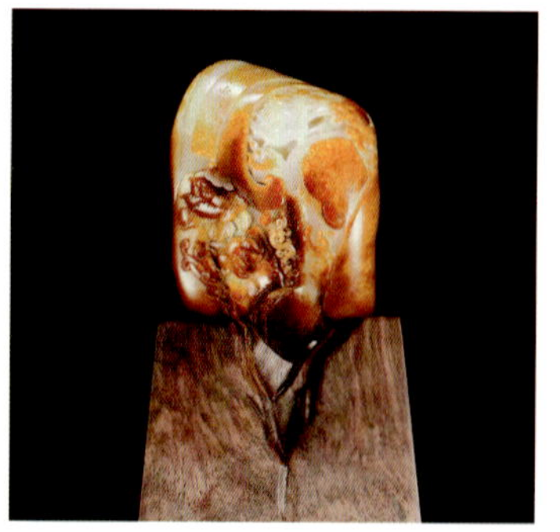

崔磊 大富贵 白玉摆件
Cui Lei A White Jade Ornament,Wealth and Nobility
年代不详 Unknown XLA 西泠印社
2012-7-7 Lot1961 105×70×45mm；W 518g
估价：RMB 1,200,000-1,500,000
成交价：RMB1,437,500

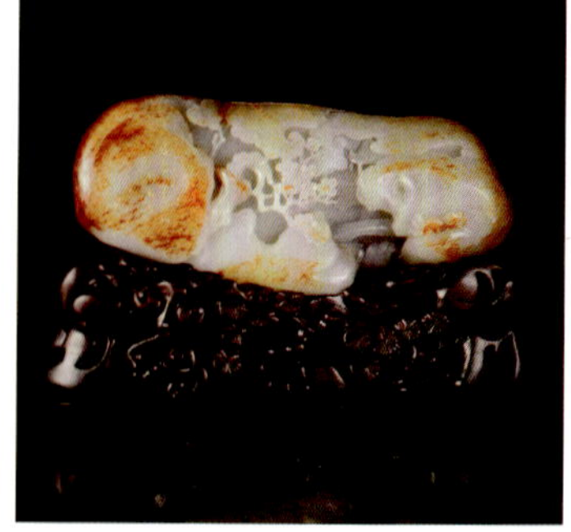

顾永骏 孤山韵事 白玉山子
Gu Yongjun A White and Russet Jade Carving of Landscape
年代不详 Unknown XLA 西泠印社
2012-7-7 Lot1990 210×90×53mm；W 1237g
估价：RMB 320,000-400,000
成交价：RMB368,000

白玉童子牧牛山子
A Carved White Jade Ornament with Buffalo Boy Design
清中期 Mid Qing BH 北京翰海
2012-12-8 Lot2171 L 9cm
估价：RMB 35,000-45,000
成交价：RMB40,250

白玉雕鹤鹿同春山子
A Carved White Jade Mountain
清 Qing S 苏富比
2012-3-20 Lot221 H 8.2cm
估价：USD 6,000-8,000
成交价：USD56,250

白玉留皮童子献寿山子
An Extremely Rare and Fine White Jade Boulder
乾隆 Qianlong BP 北京保利
2012-6-5 Lot6189 H 21cm
估价：RMB 1,500,000-2,500,000
成交价：RMB1,955,000

白玉鹿鹤庆寿山子及青玉鹿鹤同春山子
Two Small Jade Mountains
清 18 世纪 Qing,18th Century C 佳士得
2012-3-22 Lot1886 H 14cm；H 17.8cm
估价：USD 7,000-9,000
成交价：USD17,500

白玉透雕和合二仙小山子
A Fine and Nicely Carved White Jade Boulder
乾隆 Qianlong BP 北京保利
2012-6-5 Lot6188 H 8.5cm
估价：RMB 300,000-500,000
成交价：RMB345,000

白玉海上升明月摆件
A White and Brown Jade Carving of The Moon or Sun
清 18-19 世纪 Qing,18th-19th Century C 佳士得
2012-3-22 Lot1872 W 9.2cm
估价：USD 7,000-9,000
成交价：USD15,000

白玉松鹿鹤纹山子
清 Qing BP 北京保利
2012-10-24 Lot784 L 10.5cm
估价：无底价
成交价：RMB253,000

白玉麒麟送子山子
清早期 Early Qing BP 北京保利
2012-10-24 Lot845 L 16cm
估价：RMB 80,000-120,000
成交价：RMB230,000

白玉双喜摆件
清 Qing BP 北京保利
2012-10-24 Lot959 L 7.5cm
估价：RMB 10,000-20,000
成交价：RMB46,000

白玉巧色凤凰竹纹摆件
清 Qing BP 北京保利
2012-10-24 Lot975 H 5.8cm
估价：RMB 12,000-22,000
成交价：RMB17,250

白玉松树山子
清 Qing BP 北京保利
2012-10-24 Lot978 H 13cm
估价：RMB 50,000-80,000
成交价：RMB103,500

白玉仙人图山子
乾隆 Qianlong BP 北京保利
2012-8-11 Lot701 H 8.5cm
估价：RMB 800,000-1,200,000
成交价：RMB1,552,500

白玉人物山子摆件
清 Qing BP 北京保利
2012-8-11 Lot836 W 22cm
估价：RMB 10,000-20,000
成交价：RMB32,200

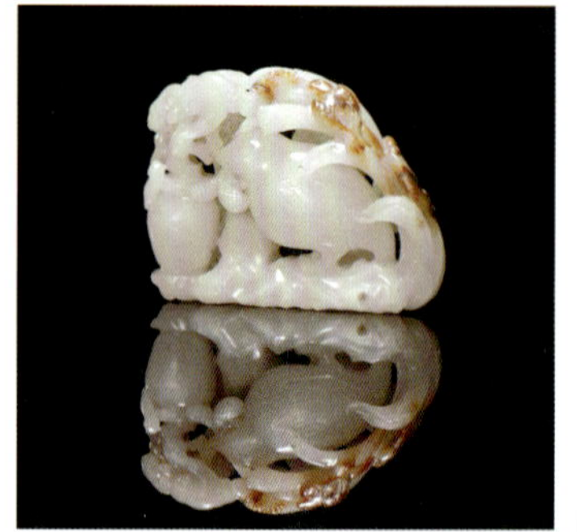

白玉岁岁平安摆件
A Carved White Jade Ornament with Quail Design
清 Qing BH 北京翰海
2012-12-8 Lot2198 L 7cm
估价：RMB 120,000-150,000
成交价：RMB138,000

玉透雕春水摆件
A Carved Jade Pendant with Lotus Design
清 Qing BH 北京翰海
2012-12-8 Lot2276 L 5cm
估价：RMB 10,000-20,000
成交价：RMB11,500

白玉狩猎图小山子
清 Qing BP 北京保利
2012-4-23 Lot1872 L 6cm
估价：无底价
成交价：RMB 11,500

白玉雕双寿摆件
清 Qing BP 北京保利
2012-4-23 Lot2141 L 7cm
估价：RMB 8,000-12,000
成交价：RMB 43,700

白玉“松下高士图”山子
A White Jade “Landscape” Boulder
清 18 世纪 Qing, 18th Century S 苏富比
2012-4-4 Lot3265 L 12.1cm
估价：HKD 300,000-400,000
成交价：HKD560,000

和田玉官上加官雕件
年代不详 Unknown JG 北京九歌
2012-6-29 Lot2585 26×37cm
估价：RMB 620,000-800,000
成交价：RMB667,000

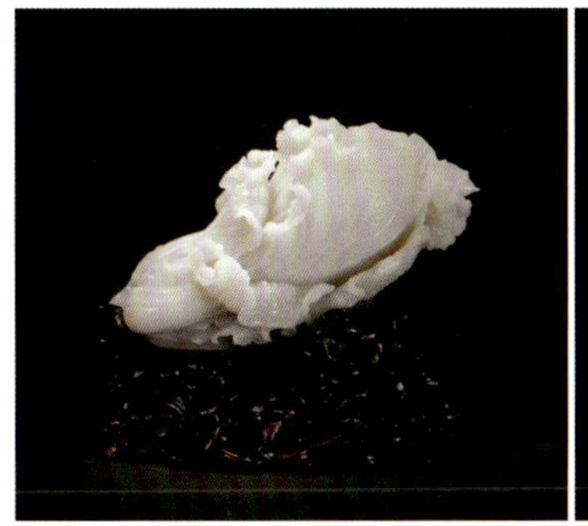

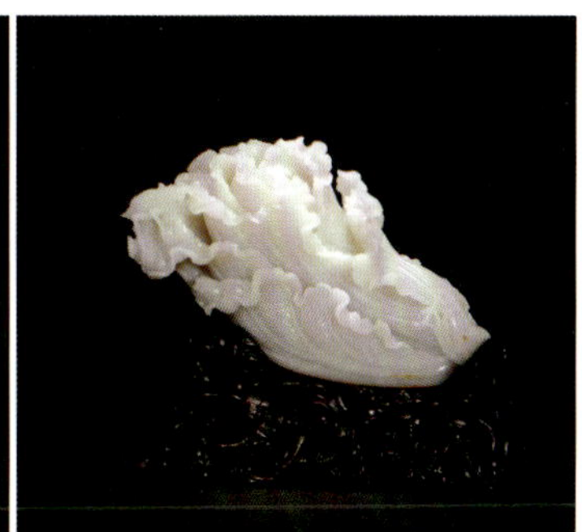

遇百财
年代不详 Unknown RB 北京荣宝
2012-11-25 Lot1736 L 195mm，1420g
估价：RMB 330,000-380,000
成交价：RMB392,000

白玉籽料九歌摆件
年代不详 Unknown RB 北京荣宝
2012-6-24 Lot1774 9×19cm
估价：RMB 400,000-600,000
成交价：RMB616,000

白玉籽料福禄寿摆件
年代不详 Unknown RB 北京荣宝
2012-3-10 Lot237 H 13cm
估价：RMB 500,000-700,000
成交价：RMB761,600

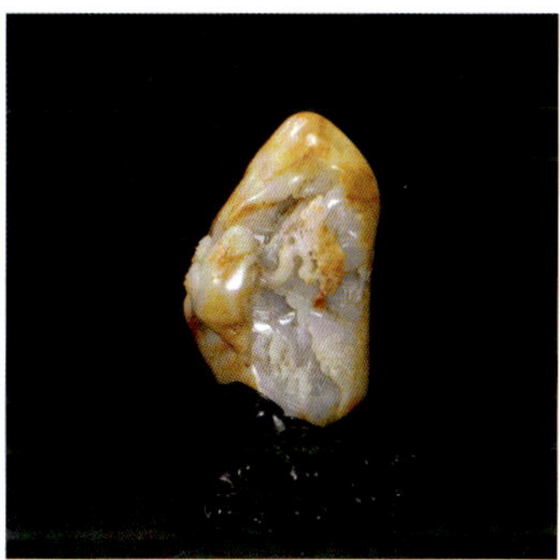

指日高升
年代不详 Unknown RB 北京荣宝
2012-11-25 Lot1723 135×75×72mm；W 778g
估价：RMB 50,000-70,000
成交价：RMB67,200

白玉籽料雕山水人物玉摆件
年代不详 Unknown JG 北京九歌
2012-6-29 Lot2581 9×14cm
估价：RMB 45,000-60,000
成交价：RMB48,300

白玉夜游赤壁诗文山子
A White Jade "Mountain"
清 Qing TT 北京传是
2012-7-8 Lot1366 L 14.5cm；H 9.5cm
估价：RMB 350,000-380,000
成交价：RMB460,000

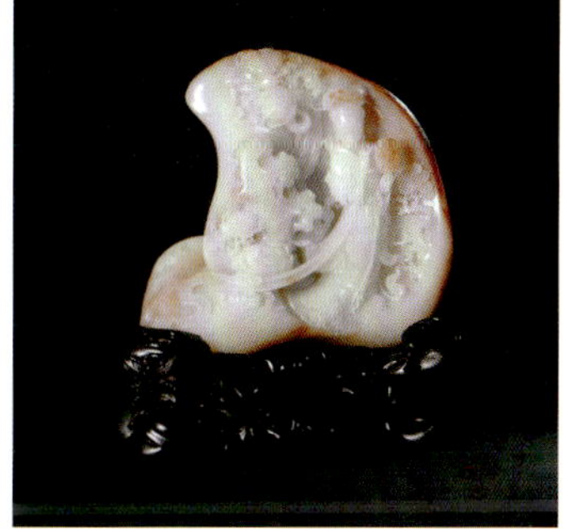

国色天香白玉籽料摆件
年代不详 Unknown RB 北京荣宝
2012-3-10 Lot265 H 18cm
估价：RMB 400,000-600,000
成交价：RMB537,600

福禄寿（孙有庚作）
年代不详 Unknown RB 北京荣宝
2012-11-25 Lot1733 H 13cm
估价：RMB 600,000-900,000
成交价：RMB840,000

玉雕人物山子
清 Qing BP 北京保利
2012-4-23 Lot1929 H 10cm
估价：RMB 10,000-20,000
成交价：RMB 11,500

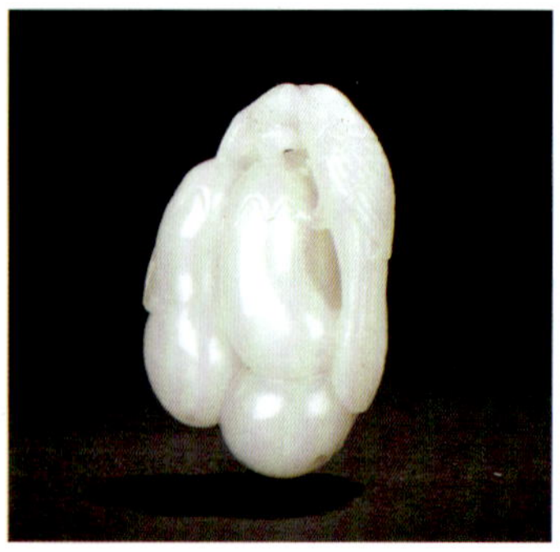

白玉喜报三元
清 Qing BP 北京保利
2012-10-24 Lot953 L 4.8cm
估价：RMB 25,000-35,000
成交价：RMB80,500

玉透雕螭龙山子
A Carved White Jade Ornament with Dragon Design
明 Ming BH 北京翰海
2012-12-8 Lot2170 H 8.5cm
估价：RMB 30,000-40,000
成交价：RMB34,500

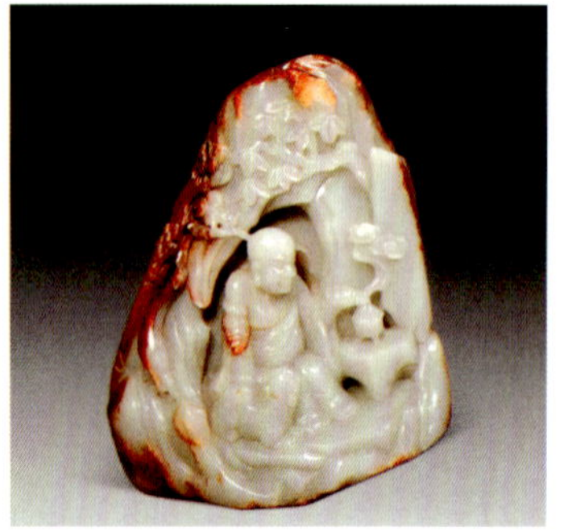

青白玉罗汉山子
A Celadon Jade Carving
民国 Republic Period GD 中国嘉德
2012-9-16 Lot2974 L 13cm
估价：无底价
成交价：RMB6,900

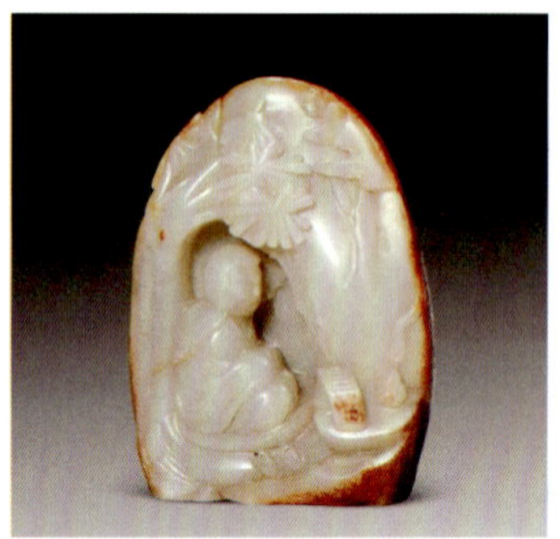

青白玉达摩图山子
A Celadon Jade Carving
清 Qing GD 中国嘉德
2012-9-16 Lot3017 H 10.5cm
估价：无底价
成交价：RMB5,750

玉山子摆件
A Jade Carving
年代不详 Unknown GD 中国嘉德
2012-9-16 Lot3024 H 22cm
估价：无底价
成交价：RMB13,800

青白玉三多摆件
A Celadon Jade Carving
年代不详 Unknown GD 中国嘉德
2012-9-16 Lot3171 L 7cm
估价：RMB 4,000-6,000
成交价：RMB6,900

青白玉松下高士山子
A Celadon Jade Carving
年代不详 Unknown GD 中国嘉德
2012-6-16 Lot3503 L 25.5cm
估价：无底价
成交价：RMB3,450

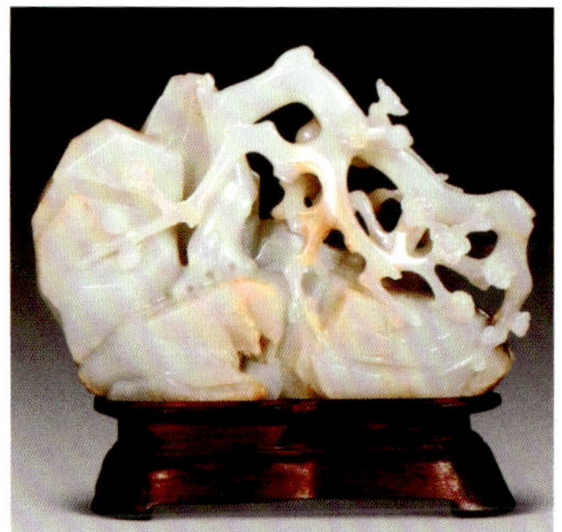

青白玉梅花山子
A Celadon Jade Carving
清 Qing GD 中国嘉德
2012-6-16 Lot3516 L 14.2cm
估价：RMB 75,000-100,000
成交价：RMB86,250

青白玉俏色雕丹凤朝阳小山子
A Carved Jade Mountain
清中期 Mid Qing BC 北京诚轩
2012-10-28 Lot914 9.1 × 2.1 × 7cm
估价：RMB 80,000-100,000
成交价：RMB103,500

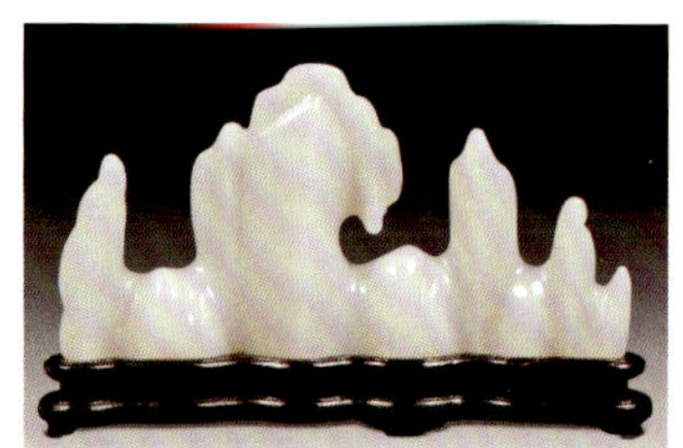

青白玉山子
A Celadon Jade Carving
清 Qing GD 中国嘉德
2012-6-16 Lot3590 L 12.5cm
估价：无底价
成交价：RMB5,750

御制青白玉雕诗文黄山三十六峰纹山子
An Imperial Inscribed Pale Celadon Jade Boulder with Poems
乾隆 Qianlong BD 北京东正
2012-5-11 Lot71 H 44 cm
估价：RMB 6,000,000-8,000,000
成交价：RMB6,900,000

2012 Chinese Art Auction TOP10 中国玉器拍卖摆件类十大排行榜 Top 4

青白玉雕笔架山子
A Pale Celadon Jade Brush Holder
清 Qing XLA 西泠印社
2012-7-9 Lot2652 H 5.7cm；L 14.6cm
估价：RMB 10,000-30,000
成交价：RMB36,800

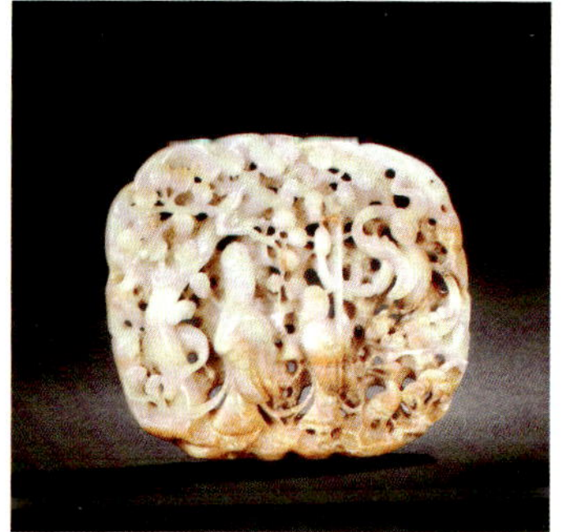

青白玉带皮瑶池献寿摆件
A Celadon Jade Carving In" Longevity" Motif
元 / 明 Yuan/Ming BP 北京保利
2012-12-7 Lot7414 L 9.5cm
估价：RMB 150,000-200,000
成交价：RMB172,500

青白玉寿星山子
A Rare and Nicely Carved Greenish-White Jade Boulder
乾隆 Qianlong BP 北京保利
2012-6-7 Lot7569 H 20.5cm
估价：RMB 300,000-500,000
成交价：RMB 345,000

青白玉透雕事事如意摆件
年代不详 Unknown BP 北京保利
2012-10-25 Lot1452 L 32cm
估价：无底价
成交价：RMB 1,150

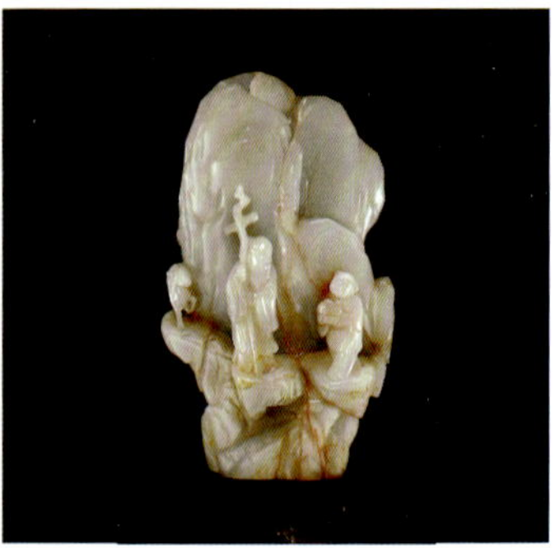

青玉鹿鹤庆寿图山子
A Small Greyish-Green Jade Mountain
清 18-19 世纪 Qing,18th-19th Century C 佳士得
2012-3-22 Lot1954 H 16.3cm
估价：USD 8,000-12,000
成交价：USD16,250

青玉侯禄摆件
A Celadon Jade Carving
年代不详 Unknown GD 中国嘉德
2012-9-16 Lot3005 H 7.3cm
估价：无底价
成交价：RMB1,150

玛瑙高士图山子、青玉马上封侯摆件、青玉灵芝花插各一件
An Agate Carving、A Celadon Jade Carving and A Celadon Jade Flowersupport
年代不详 Unknown GD 中国嘉德
2012-9-16 Lot3043 尺寸不一
估价：无底价
成交价：RMB10,350

碧玉嵌白玉仙山图诗文山子
A Jasper Carving
年代不详 Unknown GD 中国嘉德
2012-9-16 Lot3146 H 41.5cm
估价：无底价
成交价：RMB17,250

玉小件（三件）
Three Jade Pendants
明 - 清 Ming-Qing GD 中国嘉德
2012-6-16 Lot3938 L 6.8cm；L 7.3cm；H 6.4cm
估价：RMB 3,000-5,000
成交价：RMB10,350

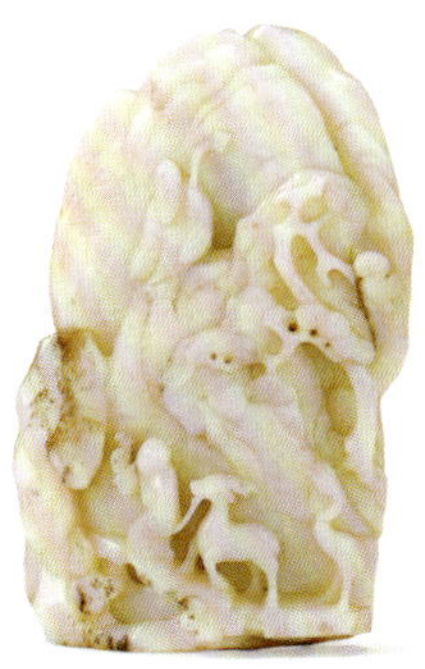

灰白玉"仙山寿老"图山子
A White and Grey Jade Mountain
清 18 世纪 Qing,18th Century S 苏富比
2012-11-7 Lot478 14cm
估价：GBP 8,000-10,000
成交价：GBP10,625

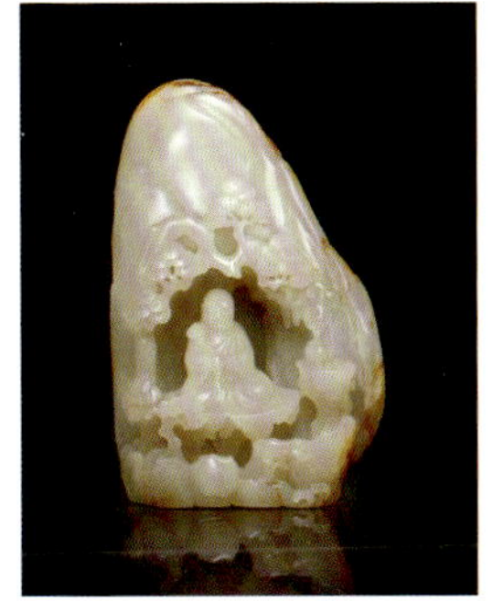

青白玉雕罗汉修行图山子
A Pale Celadon Jade "Luohan and Grotto" Group
乾隆 Qianlong C 佳士得
2012-5-15 Lot152 H 13cm
估价：GBP 10,000-15,000
成交价：GBP12,500

青白玉云林洗桐山子
A Pale Greenish-White Jade Mountain
清 18-19 世纪 Qing,18th-19th Century C 佳士得
2012-3-22 Lot1839 H 24.5cm
估价：USD 8,000-12,000
成交价：USD80,500

青白玉御题诗采芝图山子
An Imperial Carved and Inscribed Celadon Jade Mountain Boulder
乾隆 Qianlong C 佳士得
2012-5-30 Lot4009 W 21cm
估价：HKD 3,000,000-4,000,000
成交价：HKD5,780,000
2012 Chinese Art Auction TOP10 中国玉器拍卖摆件类十大排行榜 Top 9

青白玉人物图山子
A Large Finely Carved Pale Celadon Jade Boulder
乾隆 Qianlong C 佳士得
2012-11-6 Lot4 W 19cm
估价：GBP 50,000-80,000
成交价：GBP49,250

青白玉山水人物松鹿山子
乾隆 Qianlong BP 北京保利
2012-4-23 Lot1932 L 16cm
估价：无底价
成交价：RMB 126,500

青白玉渔人得利摆件
A Pale Celadon Jade "Fisherman and Boys" Group
清 18 世纪 Qing,18th Century C 佳士得
2012-5-15 Lot4 W 16cm
估价：GBP 40,000-60,000
成交价：GBP79,250

青白玉雕寿星童子山子
A Pale Celadon Jade Carving of A Mountain
清 18 世纪 Qing, 18th Century S 苏富比
2012-9-12 Lot308 H 14cm
估价：USD 25,000-35,000
成交价：USD31,250

青白玉"山水人物"图山子
A Pale Celadon Jade "Landscape" boulder
清 19 世纪 Qing,19th century S 苏富比
2012-10-9 Lot3147 W 19.5cm
估价：HKD 150,000-250,000
成交价：HKD375,000

青白玉人物图山子
A Large Finely-Carved Pale Celadon Jade Boulder
清 18 世纪 Qing,18th Century C 佳士得
2012-11-6 Lot114 H 16.5cm
估价：GBP 150,000-200,000
成交价：GBP181,250

青白玉山水人物小山子
年代不详 Unknown BP 北京保利
2012-4-23 Lot2159 W 11cm
估价：RMB 18,000-25,000
成交价：RMB 20,700

青白玉雕“兰亭序”摆件一件
A Pale Celadon Jade and Gilt Rectangular Plaque
19 世纪 19th Century C 佳士得
2012-5-18 Lot1172 W 15.6cm
估价：GBP 5,000-8,000
成交价：GBP68,450

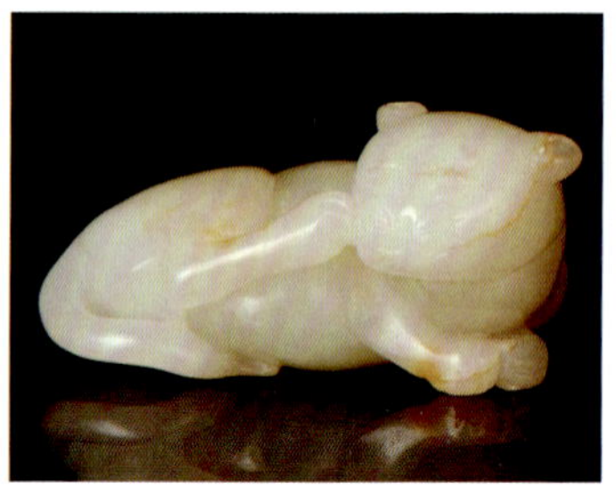

青白玉雕兽形摆件一件
A Pale Celadon Jade Cat
乾隆 Qianlong C 佳士得
2012-5-18 Lot1132 L 6.3cm
估价：GBP 3,000-5,000
成交价：GBP10,000

青玉海屋添筹图山子
A Large Pale Greyish-Green and Russet Jade Mountain
明末 - 清 18 世纪 17/18th Century C 佳士得
2012-9-13 Lot1019 H 22.8cm
估价：USD 50,000-70,000
成交价：USD62,500

青玉象耕图山子
A Mottled Pale Celadon and Brown Jade Mountain
清 18 世纪 Qing,18th Century C 佳士得
2012-9-13 Lot1030 H 18.5cm
估价：USD 15,000-20,000
成交价：USD60,000

青玉留皮观音山子
A Celadon Jade Carving
年代不详 Unknown GD 中国嘉德
2012-6-16 Lot3470 H 22cm
估价：无底价
成交价：RMB3,450

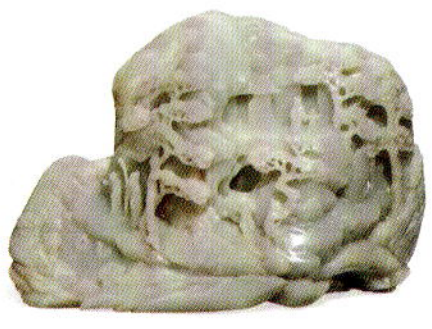

青玉人物故事山子
A Celadon Jade Mountain Group
清 18 世纪 Qing,18th Century C 佳士得
2012-11-9 Lot1282 D 19cm
估价：GBP 30,000-50,000
成交价：GBP63,650

青玉五老雅集图山子
A Carved Greyish-Green Jade Boulder
清 18-19 世纪 Qing,18th-19th Century C 佳士得
2012-3-22 Lot1840 L 28cm
估价：USD 30,000-50,000
成交价：USD37,500

青玉大山子摆件
年代不详 Unknown BP 北京保利
2012-8-11 Lot1045 L 47cm
估价：无底价
成交价：RMB17,250

碧玉山水人物山子
A Carved Celadon Jade Ornament with Landscape Design
清 Qing BH 北京翰海
2012-12-8 Lot2162 H 17.5cm
估价：RMB 150,000-180,000
成交价：RMB172,500

青玉带皮“鹤鹿同春”山子
A Celadon and Russet Jade Mountain
清 18 世纪 Qing,18th Century C 佳士得
2012-11-9 Lot1149 H 18.3cm
估价：GBP 4,000-6,000
成交价：GBP5,250

飞黄腾达碧玉籽料摆件
年代不详 Unknown RB 北京荣宝
2012-3-10 Lot238 H 15cm
估价：RMB 70,000-100,000
成交价：RMB112,000

飞黄腾达
年代不详 Unknown RB 北京荣宝
2012-8-26 Lot808 H 120mm，W 70mm
估价：RMB 30,000-50,000
成交价：RMB33,600

花好月圆和田碧玉摆件
年代不详 Unknown RB 北京荣宝
2012-6-24 Lot1775 H 20cm
估价：RMB 100,000-150,000
成交价：RMB235,200

碧玉兰花盆景
清 Qing BP 北京保利
2012-10-25 Lot1646 W 27cm
估价：无底价
成交价：RMB 63,250

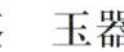

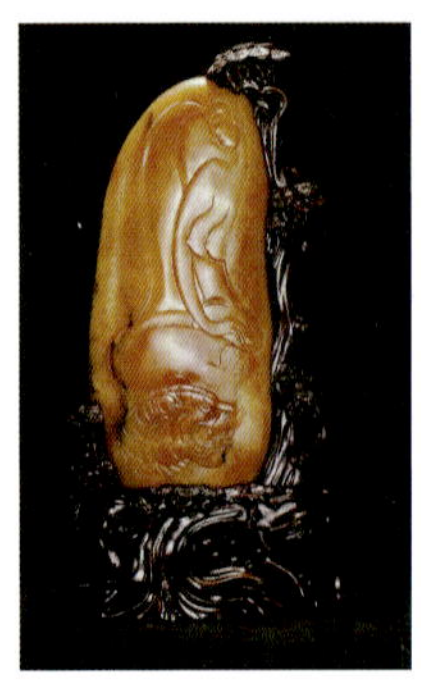

黄玉籽料和谐摆件
年代不详 Unknown RB 北京荣宝
2012-6-24 Lot1714 H 17cm
估价：RMB 200,000-300,000
成交价：RMB313,600

和田籽料紫罗兰玉福寿万代葫芦摆件
年代不详 Unknown RB 北京荣宝
2012-6-24 Lot1740 H 15cm
估价：RMB 150,000-300,000
成交价：RMB280,000

黄玉题诗山子
A Yellow Jade "Mountain" Carving
清 18 世纪 Qing,18th Century C 佳士得
2012-5-15 Lot166 W 16cm
估价：GBP 120,000-150,000
成交价：GBP181,250

玉雕太狮少狮山子
清 Qing BP 北京保利
2012-4-23 Lot2143 H 10.5cm
估价：RMB 120,000-150,000
成交价：RMB 138,000

黑白玉瑞兽山子
A Black and White Jade Carving
年代不详 Unknown GD 中国嘉德
2012-9-16 Lot2940 H 8cm
估价：RMB 4,000-6,000
成交价：RMB8,050

顾铭 夜游赤壁 青玉山子
Gu Ming A Celadon Jade Carving of Red Cliff
年代不详 Unknown XLA 西泠印社
2012-7-7 Lot1998 22×100×55mm；2089g
估价：RMB 150,000-300,000
成交价：RMB241,500

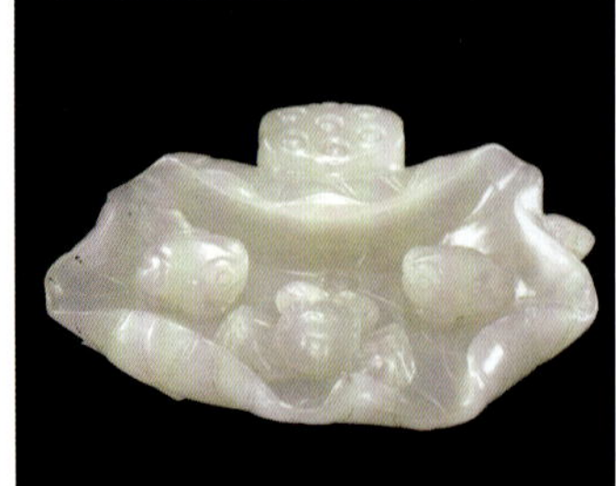

白玉荷蟹摆件
A White Jade "Lotus and Crab" Carving
清 Qing GD 中国嘉德
2012-10-29 Lot3979 W 4.5cm
估价：RMB 10,000-20,000
成交价：RMB25,300

墨玉山水人物山子
A Carved Black Jade Ornament with Landscape Design
清 Qing BH 北京翰海
2012-12-8 Lot2164 H 8.5cm
估价：RMB 120,000-150,000
成交价：RMB138,000

黑白玉巧雕风云际会山子
A Carved Black and White Jade Mountain
清中期 Mid Qing BH 北京翰海
2012-5-27 Lot2101 L 15.7cm
估价：RMB 40,000-60,000
成交价：RMB57,500

玉仿灵璧雅石山子摆件
A Very Rare Jade Imitated Lingbi Stone Boulder
宋 - 明 Song to Ming KS 北京匡时
2012-6-4 Lot1254 L 15.5cm
估价：RMB 800,000-1,000,000
成交价：RMB800,000

黑白玉对弈图山子
A Black and White Jade Carving
年代不详 Unknown GD 中国嘉德
2012-6-16 Lot3388 H 11.8cm
估价：无底价
成交价：RMB4,600

侯庆军 溪山清远 独山玉摆件
Hou Qingjun A Dushan Jade Ornament with Landscape Patterns
年代不详 Unknown XLA 西泠印社
2012-10-21 Lot188 147 × 144 × 57mm；W 1798g
估价：无底价
成交价：RMB25,300

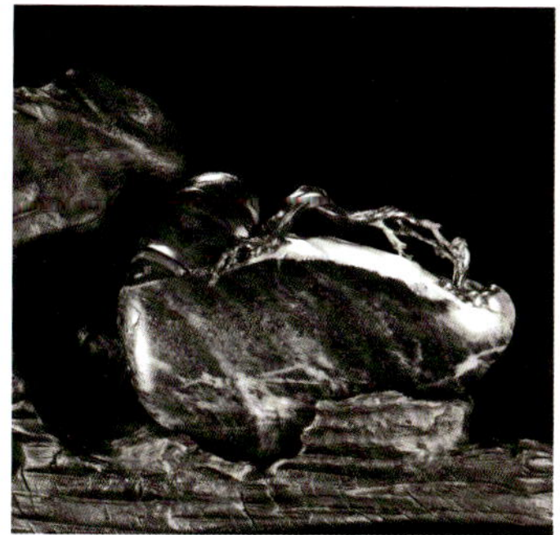

邱启敬 寻枝 青花山子
Qiu Qijing A “Qing Hua” j ade Carving of Landscape
年代不详 Unknown XLA 西泠印社
2012-7-7 Lot1975 155 × 120 × 33mm；1041g
估价：RMB 500,000-700,000
成交价：RMB690,000

顾铭 月明松间 青花山子
Gu Ming A “Qing Hua” jade Carving of Landscape
年代不详 Unknown XLA 西泠印社
2012-7-7 Lot1993 75 × 57 × 22mm；W 188g
估价：无底价
成交价：RMB48,300

碧玉八宝凌波仙子盆景摆件
A Fine and Rare Jasper Carved Miniature Garden
清 Qing KS 北京匡时
2012-12-5 Lot1993 H 37cm
估价：RMB 700,000-800,000
成交价：RMB805,000

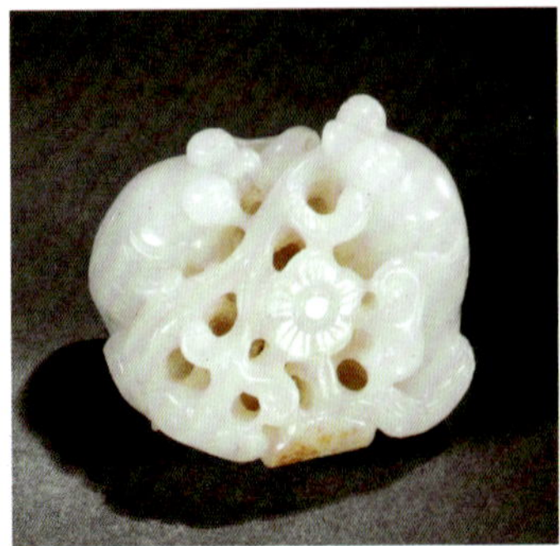

白玉金玉满堂
A Carved White Jade Goldfish
清 Qing BH 北京翰海
2012-5-27 Lot2136 L 4.2cm
估价：RMB 15,000-26,000
成交价：RMB17,250

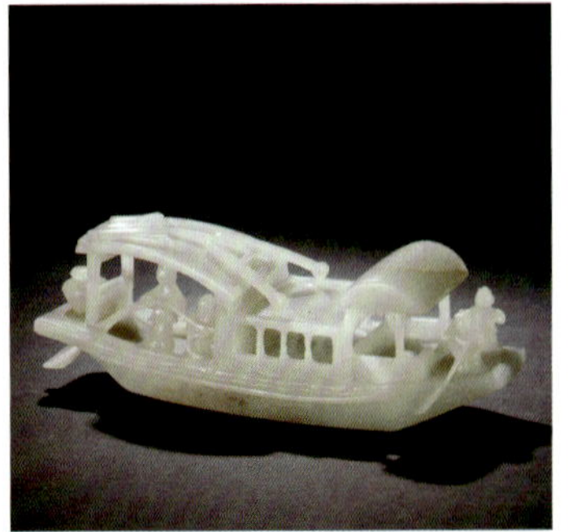

白玉渔家乐摆件
清 Qing BP 北京保利
2012-4-22 Lot1265 L 15.5cm
估价：RMB 50,000-80,000
成交价：RMB115,000

白玉葫芦万代摆件
清 Qing BP 北京保利
2012-4-22 Lot1190 L 5.5cm
估价：RMB 70,000-100,000
成交价：RMB80,500

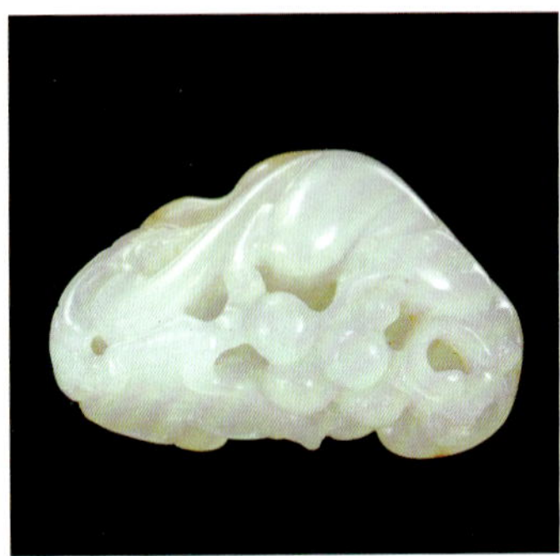

白玉留皮松鼠葡萄
A White Jade "Squirrel and Grapes" Carving
清 Qing GD 中国嘉德
2012-10-29 Lot4050 L 5.3cm
估价：RMB 80,000-120,000
成交价：RMB92,000

白玉玉兰花
清 Qing BP 北京保利
2012-10-24 Lot862 L 6cm
估价：无底价
成交价：RMB103,500

白玉镂雕荷莲纹摆件一件
A Celadon and Russet Carved Jade Finial
元 - 明 Yuan-Ming C 佳士得
2012-5-18 Lot1001 H 4.3cm
估价：GBP 4,000-6,000
成交价：GBP16,250

白玉莲藕
A Carved White Jade Lotus Root
明 Ming BH 北京翰海
2012-5-27 Lot2102 L 12.3cm
估价：RMB 20,000-30,000
成交价：RMB23,000

白玉花卉摆件
A White Jade Carving
GD 中国嘉德
2012-6-16 Lot3628 L 11.6cm
估价：无底价
成交价：RMB1,150

白玉莲藕摆件
A Carved White Jade Lotus Root
清中期 Mid Qing BH 北京翰海
2012-12-8 Lot2188 L 14cm
估价：RMB 80,000-100,000
成交价：RMB92,000

白玉莲藕
A Carved White Jade Lotus Seedpod
清中期 Mid Qing BH 北京翰海
2012-12-8 Lot2269 L 5.1cm
估价：RMB 20,000-30,000
成交价：RMB36,800

白玉蝠纹莲藕
清 Qing BP 北京保利
2012-4-23 Lot1899 L 4cm
估价：无底价
成交价：RMB 10,350

白玉留皮榴开百子摆件
清 Qing BP 北京保利
2012-10-24 Lot863 L 7cm
估价：RMB 50,000-80,000
成交价：RMB138,000

福禄寿葫芦
年代不详 Unknown RB 北京荣宝
2012-8-26 Lot832 H 30mm
估价：无底价
成交价：RMB11,200

白玉双喜寿桃摆件
A White and Russet Jade Carving of Magpies and Peaches
清 18 世纪 Qing,18th Century C 佳士得
2012-5-15 Lot18 W 7.7cm
估价：GBP 20,000-40,000
成交价：GBP46,850

白玉带糖白菜摆件
年代不详 Unknown BP 北京保利
2012-4-23 Lot2162 L 19cm
估价：无底价
成交价：RMB 25,300

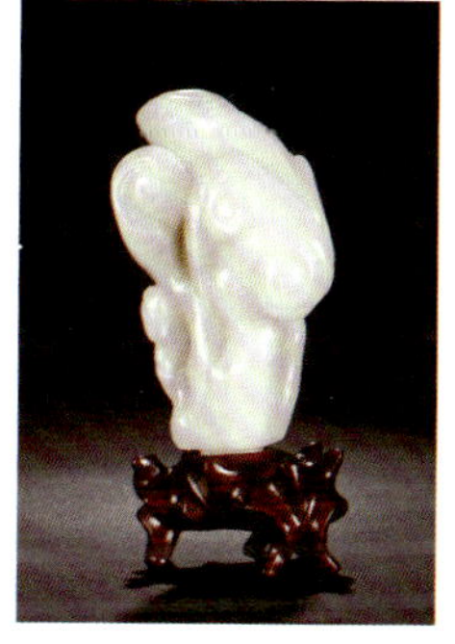

白玉灵芝摆件
清 Qing BP 北京保利
2012-4-23 Lot1913 H 7.5cm
估价：RMB 10,000-20,000
成交价：RMB 11,500

白玉葫芦万代
A Carved White Jade Gourd
清中期 Mid Qing BH 北京翰海
2012-5-27 Lot2126 H 8.5cm
估价：RMB 25,000-35,000
成交价：RMB32,200

白玉兰
年代不详 Unknown RB 北京荣宝
2012-8-26 Lot806 54×20cm
估价：RMB 15,000-20,000
成交价：RMB22,400

白玉松鼠瓜形摆件
乾隆 Qianlong BP 北京保利
2012-10-24 Lot949 W 9cm
估价：RMB 50,000-80,000
成交价：RMB115,000

白玉镂雕摆件一件
A Celadon and Russet Carved Jade Finial
元－明 Yuan-Ming C 佳士得
2012-5-18 Lot1002 H 5.1cm
估价：GBP 4,000-6,000
成交价：GBP22,500

青白玉雕年年相逢摆件
A Pale Celadon Jade Lotus Pod Carving
清 18 世纪 Qing, 18th Century S 苏富比
2012-9-12 Lot297 L 11.5cm
估价：USD 20,000-30,000
成交价：USD62,500

青白玉雕灵芝纹摆件一件
A Pale Celadon and Russet Jade Boulder
乾隆 Qianlong C 佳士得
2012-5-18 Lot1116 W 12cm
估价：GBP 3,000-5,000
成交价：GBP15,000

翠玉雕叶形摆件
An Unusual Small Jadeite Carving of A Leaf with Silkworms
年代不详 Unknown C 佳士得
2012-9-13 Lot1077 W 8.9cm
估价：USD 7,000-9,000
成交价：USD8,125

青玉雕寿桃摆件
A Celadon Jade Carving of Peaches
清 Qing S 苏富比
2012-3-20 Lot222 L 6.7cm
估价：USD 6,000-8,000
成交价：USD12,500

青玉雕福寿双全桃摆件
A Jade "Peach and Bat" Carving
清早期 Early Qing BO 邦瀚斯
2012-12-11 Lot219 W 16.4cm
估价：HKD 100,000-150,000
成交价：HKD118,750

白玉寿桃
A White Jade Peach
乾隆 Qianlong BP 北京保利
2012-6-7 Lot7722 L 5.5cm
估价：RMB 15,000-25,000
成交价：RMB 48,300

白玉雕白菜
A Carved White Jade Chinese Cabbage
明代以前 Before Ming BSA 古天一
2012-12-2 Lot1003 H 8cm
估价：RMB 600,000-900,000
成交价：RMB690,000

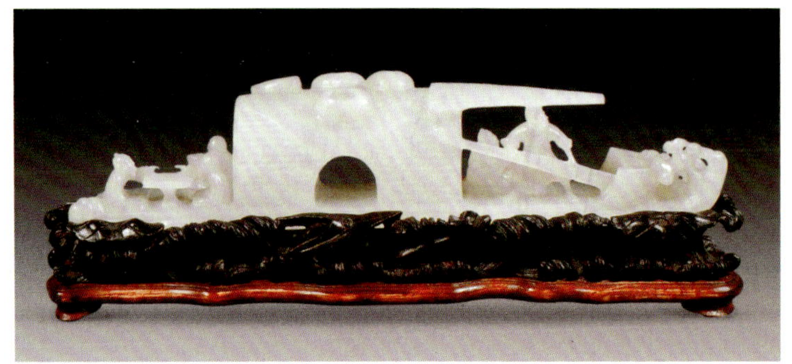

白玉渔家乐摆件
A White Jade Carving
年代不详 Unknown GD 中国嘉德
2012-6-16 Lot3515 L 22cm
估价：无底价
成交价：RMB17,250

白玉雕福寿纹插屏
A Fine and Rare White Jade "Landscape And Figure" Tablescreen
乾隆 Qianlong BD 北京东正
2012-5-11 Lot69 L 21.7 cm
估价：RMB 4,000,000-5,000,000
成交价：RMB4,600,000

碧玉、白玉象棋（一副）
A Set of Jade Chinese Chess
年代不详 Unknown GD 中国嘉德
2012-9-16 Lot3053 D 4.1cm
估价：无底价
成交价：RMB34,500

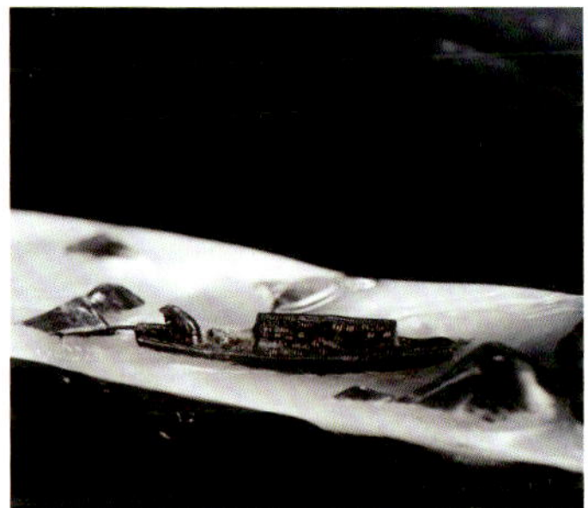

邱启敬 禅·镜 青花摆件
Qiu Qijing A "Qing Hua" jade Ornament,Meditation and Mirror
年代不详 Unknown XLA 西泠印社
2012-7-7 Lot1977 H 176mm；W 992g
估价：RMB 900,000-1,500,000
成交价：RMB1,265,000

白玉雕兽面蕉叶纹钟
A Fine and Rare White Jade Carved Bell
清 Qing KS 北京匡时
2012-6-4 Lot1422 L 8.5cm
估价：RMB 30,000-40,000
成交价：RMB34,500

许馨互 顶顶吉祥 白玉摆件
Xu Xinhu A White and Russet Jade Ornament of Roof
年代不详 Unknown XLA 西泠印社
2012-7-7 Lot1970 135×100×75mm；W 1340g
估价：无底价
成交价：RMB20,700

白玉嵌百宝麻姑献寿诗文插屏
A White Jade Table Screen
年代不详 Unknown GD 中国嘉德
2012-6-16 Lot3376 H 32.2cm
估价：无底价
成交价：RMB28,750

邱启敬 九宫格之山水 青花玉装置
Qiu Qijing A "Qing Hua" jade Ornaments with Landscape Pattern
年代不详 Unknown XLA 西泠印社
2012-7-7 Lot1976 尺寸不一
估价：RMB 550,000-700,000
成交价：RMB632,500

白玉雕杯渡禅师纹插屏
A Finely Carved White Jade Table Screen
乾隆 Qianlong BD 北京东正
2012-5-11 Lot85 L 15 cm
估价：RMB 1,200,000-1,500,000
成交价：RMB1,725,000

白玉山水人物圆插屏
A Very Rare White Jade "Landscape and Figure" circular Table Screen
乾隆 Qianlong BP 北京保利
2012-12-5 Lot5768 D 21.5cm
估价：RMB 10,000,000-15,000,000
成交价：RMB12,650,000

2012 Chinese Art Auction TOP10 中国玉器拍卖十大排行榜 Top 7
2012 Chinese Art Auction TOP10 中国玉器拍卖摆件类十大排行榜 Top 1

张良 花好月圆 白玉插牌
Zhang Liang A White Jade Plaque of Landscape and Figure
年代不详 Unknown XLA 西泠印社
2012-7-7 Lot2050 133×64×15mm；313g
估价：RMB 700,000-900,000
成交价：RMB977,500

白玉雕山水人物图插屏（一对）
A Pair of Carved "Landscape and Persons" Table Screens
乾隆 Qianlong GD 中国嘉德
2012-5-14 Lot3442 21.5 × 15.5cm
估价：RMB 650,000-850,000
成交价：RMB2,357,500

玉百宝嵌花鸟座屏
清 Qing BP 北京保利
2012-4-22 Lot1467 D 33cm
估价：无底价
成交价：RMB43,700

白玉嵌宝麻姑献寿诗文插屏
清 Qing BP 北京保利
2012-8-11 Lot932 D 20.5cm
估价：无底价
成交价：RMB69,000

白玉雕龙纹砚屏
A Whtie Jade Dragon Square Plaque
清初 Early Qing BD 北京东正
2012-5-11 Lot415 L 8.1 cm
估价：RMB 8,000-10,000
成交价：RMB9,200

紫檀嵌明白玉春水带饰砚屏
A Zitan Wood Table Screen
明 Ming BP 北京保利
2012-12-7 Lot7597 H 23.5cm
RMB 40,000-60,000
RMB48,300

白玉玉版"兰亭图序"
A Very Rare and Finely Carved White Jade Penal
乾隆 Qianlong BP 北京保利
2012-12-5 Lot5660 L 15.5cm
估价：RMB 700,000-1,000,000
成交价：RMB828,000

张良 金陵十二钗 白玉插牌
Zhang Liang A Pair of White Plaques,Twelve Beauties
年代不详 Unknown XLA 西泠印社
2012-7-7 Lot2051 200 × 82 × 15mm × 2 ; W 621g ; W 633g
估价：RMB 900,000-1,200,000
成交价：RMB1,035,000

木嵌青白玉龙纹插屏（一对）
A Pair of Celadon Jade Table Screens
民国 Republic Period GD 中国嘉德
2012-9-16 Lot3019 H 66cm
估价：RMB 450,000-650,000
成交价：RMB552,000

白玉秋山小插屏
A White Jade Table Screen
明 Ming BP 北京保利
2012-6-7 Lot7581 H 20.3cm
估价：RMB 20,000-30,000
成交价：RMB 28,750

白玉山水人物御题诗文插屏
A Carved White Jade Table Screen with Figure Design
清中期 Mid Qing BH 北京翰海
2012-5-27 Lot2050 19.2 × 13.7cm
估价：RMB 300,000-400,000
成交价：RMB368,000

白玉镂雕插屏一件
A Circular White Jade Plaque
18-19 世纪 18/19th Century C 佳士得
2012-5-18 Lot1221 D 8.3cm
估价：GBP 3,000-5,000
成交价：GBP6,875

白玉雕庆丰收图砚屏一对
A Magnificent Pair of White Jade "Boys" Table Screens
乾隆 Qianlong C 佳士得
2012-5-30 Lot3960 W 24.7cm × 2
估价：咨询价
成交价：HKD15,220,000

2012 Chinese Art Auction TOP10 中国玉器拍卖十大排行榜 Top 9
2012 Chinese Art Auction TOP10 中国玉器拍卖摆件类十大排行榜 Top 2

白玉留皮瑞兽紫檀插屏
年代不详 Unknown BP 北京保利
2012-8-11 Lot1051 H 10cm
估价：无底价
成交价：RMB13,800

白玉农耕图御题诗文插屏
A White Jade Table Screen with Poem
清 Qing BH 北京翰海
2012-5-27 Lot2418 H 16.5cm
估价：RMB 1,000,000-1,600,000
成交价：RMB1,667,500

白玉松下人物诗文砚屏
A Carved White Jade Table Screen with Figure Design
清 Qing BH 北京翰海
2012-12-8 Lot2158 D 13cm
估价：RMB 200,000-230,000
成交价：RMB230,000

青白玉人物图圆插屏
A Pale Celadon Jade Circular Table Screen
乾隆 Qianlong C 佳士得
2012-5-15 Lot10 H 24cm
估价：GBP 80,000-120,000
成交价：GBP97,250

白玉长方牌制座屏风一件
A White Jade Rectangular Plaque Mounted as A Table Screen
18 世纪 /19 世纪 18/19th Century C 佳士得
2012-5-18 Lot1111 H 18.4cm
估价：GBP 5,000-8,000
成交价：GBP20,000

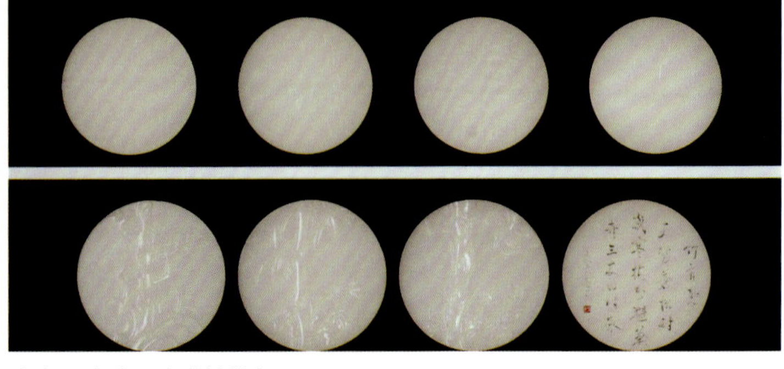

岁寒三友白玉籽料插屏
年代不详 Unknown RB 北京荣宝
2012-3-10 Lot250 D 12cm
估价：RMB 180,000-220,000
成交价：RMB246,400

嵌百宝花卉插屏
清 Qing BP 北京保利
2012-4-23 Lot2163 H 17cm
估价：RMB 20,000-30,000
成交价：RMB 36,800

玉雕连年有余插屏
年代不详 Unknown BP 北京保利
2012-8-11 Lot1050 41 × 36cm
估价：无底价
成交价：RMB11,500

紫檀嵌白玉和合二仙插屏
清 Qing BP 北京保利
2012-8-11 Lot933 H 30cm
估价：无底价
成交价：RMB43,700

青白玉双面山水人物图插屏
A Pale Greenish-White Jade Rectangular Plaque
清 18-19 世纪 Qing,18th-19th Century C 佳士得
2012-3-22 Lot1953 10.8 × 13.9cm
估价：USD 10,000-15,000
成交价：USD74,500

青白玉山水庭廓图题诗插屏
A Finely Carved and Inscribed Pale Celadon Jade Table Screen
乾隆 Qianlong C 佳士得
2012-11-6 Lot124 W 19.4cm
估价：GBP 30,000-50,000
成交价：GBP181,250

青白玉雕和合二仙插屏
清 Qing BP 北京保利
2012-10-24 Lot921 D 13.5cm
估价：RMB 20,000-30,000
成交价：RMB138,000

青白玉花鸟砚屏
清 Qing BP 北京保利
2012-8-11 Lot875 H 13cm
估价：RMB 40,000-60,000
成交价：RMB46,000

嵌玉如意纹挂屏
A Jade Hanging Panel
清 Qing GD 中国嘉德
2012-9-16 Lot2922 L 54.6cm
估价：RMB 50,000-80,000
成交价：RMB57,500

青白玉雕太平有象小座屏
A Celadon Jade Carving of "Auspicious Elephant" Table Screen
清 Qing BP 北京保利
2012-12-7 Lot7598 H 21cm
估价：RMB 15,000-20,000
成交价：RMB17,250

白玉御题诗仙人采芝插屏
A Very Rare White Jade Table Screen with Imperial Inscription
乾隆 Qianlong BP 北京保利
2012-12-5 Lot5661 H 35.5cm
估价：RMB 1,200,000-2,200,000
成交价：RMB2,185,000

青白玉"八仙图"暗刻御制诗插屏"御制题绵
An Inscribed "Eight Immortals" Celadon Jade
乾隆 Qianlong S 苏富比
2012-4-4 Lot3028 23.6cm
估价：HKD 300,000-400,000
成交价：HKD300,000

玉雕婴戏图插屏
A Jade Table Screen
清 Qing GD 中国嘉德
2012-6-16 Lot3468 H 22.7cm
估价：无底价
成交价：RMB4,600

青白玉雕仙人高士松鹤图双面圆屏
A Rare Double-Side Celadon Jade Circular Table Screen
清中期 Mid Qing BP 北京保利
2012-12-5 Lot5701 D 18cm
估价：RMB 200,000-300,000
成交价：RMB1,265,000

翠玉插屏（一对）
A Pair of Old Dark Green Nephrite Table Screens
清中期 Mid Qing HC 北京华辰
2012-5-12 Lot1366 H 16.5cm
估价：RMB 100,000-150,000
成交价：RMB115,000

青玉高士图插屏、青玉人物像、黄玉信筒各一件
A Celadon Jade Table Screen、A Celadon Jade Figure and A Yellow Jade Letter Box
年代不详 Unknown GD 中国嘉德
2012-9-16 Lot3023 尺寸不一
估价：无底价
成交价：RMB13,800

碧玉嵌百宝花卉诗文插屏
A Jasper Table Screen
年代不详 Unknown GD 中国嘉德
2012-9-16 Lot3154 H 36.3cm
估价：无底价
成交价：RMB13,800

碧玉嵌白玉山水人物纹插屏
A Jasper Table Screen
年代不详 Unknown GD 中国嘉德
2012-9-16 Lot3155 H 42.1cm
估价：无底价
成交价：RMB13,800

碧玉嵌百宝婴戏图插屏
A Jasper Table Screen
年代不详 Unknown GD 中国嘉德
2012-9-16 Lot3147 H 46.3cm
估价：无底价
成交价：RMB25,300

碧玉描金四君子图插屏（一对）
A Pair of Table Screens
清 Qing GD 中国嘉德
2012-9-16 Lot3162 H 34.3cm
估价：无底价
成交价：RMB74,750

碧玉山水人物纹插屏
A Jasper Table Screen
年代不详 Unknown GD 中国嘉德
2012-9-16 Lot3161 H 47.8cm
估价：无底价
成交价：RMB13,800

碧玉嵌百宝花卉诗文插屏
A Jasper Table Screen
年代不详 Unknown GD 中国嘉德
2012-6-16 Lot3654 H 42.5cm
估价：无底价
成交价：RMB51,750

碧玉雕山水人物插屏
清 Qing PAC 太平洋
2012-6-16 Lot516 H 46cm
估价：RMB 40,000
成交价：RMB51,750

御题“拔达山八骏歌”玉插屏
乾隆 Qianlong BSA 古天一
2012-12-2 Lot1011 H 28.4cm；L 32.2cm
估价：RMB 4,000,000-6,000,000
成交价：RMB4,025,000

碧玉描金龙纹罄
年代不详 Unknown BP 北京保利
2012-10-25 Lot1456 H 77cm
估价：无底价
成交价：RMB 23,000

仿古玉璧座屏
年代不详 Unknown PAC 太平洋
2012-6-16 Lot512 H 57.5cm
估价：RMB 35,000
成交价：RMB48,300

碧玉雕仙人故事座屏（一对）
年代不详 Unknown BP 北京保利
2012-4-23 Lot2231 D 26cm
估价：无底价
成交价：RMB 36,800

铜雕龙纹架碧玉磬
A Carved "Dragon" Jasper Music Instrument,Qing
清 Qing GD 中国嘉德
2012-5-14 Lot3532 H 78cm
估价：RMB 20,000-40,000
成交价：RMB92,000

碧玉寿字插屏
A Spinach-Green Jade with Carved "Longevity Character" Screen
清 Qing BP 北京保利
2012-12-7 Lot7599 37.8×22.6cm
估价：RMB 60,000-90,000
成交价：RMB97,750

白玉芭蕉人物诗文砚屏
A Carved White Jade Table Screen with Landscape Design
清 Qing BH 北京翰海
2012-12-8 Lot2152 H 11.3cm
估价：RMB 300,000-320,000
成交价：RMB621,000

碧玉福禄寿插屏（一对）
清晚期 Late Qing BP 北京保利
2012-4-23 Lot2232 H 30cm
估价：RMB 20,000-30,000
成交价：RMB 103,500

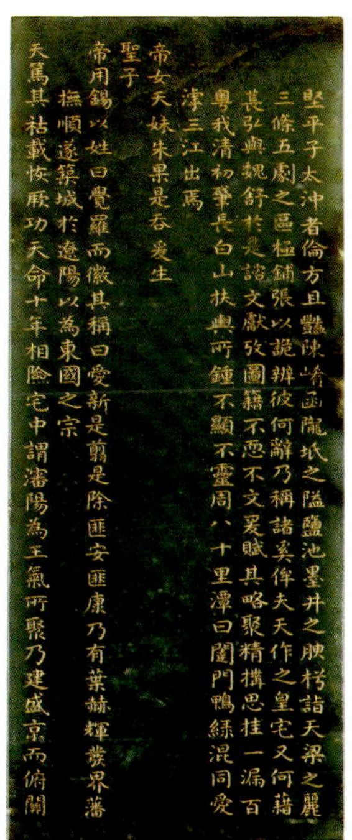

暗刻填金《清朝通志》碧玉板一块识《清朝通志 - 御制盛京赋》（部分）

An Incised and Gilt Spinach Jade Plaque

清 18-19 世纪 Qing,18th-19th Century S 苏富比

2012-5-16 Lot140 21.5cm

估价：GBP 3,000-5,000

成交价：GBP22,500

玉阴刻填金题诗尊者插牌

乾隆 Qianlong RB 北京荣宝

2012-3-10 Lot368 H 29cm

估价：RMB 1,000,000-1,500,000

成交价：RMB1,288,000

张建时 蓬莱仙风 碧玉插屏

Zhang Jianshi A Spinach Green Jade Screen with Double-Side Landscape Patterns

年代不详 Unknown XLA 西泠印社

2012-10-21 Lot217 274 × 197 × 13mm；W 699g

估价：无底价

成交价：RMB17,250

碧玉描金山水插屏

A Gilt-Painted Spinach Jade Table Screen

民国 Republican Period S 苏富比

2012-3-20 Lot265 H 22.2cm；W 12.4cm

估价：USD 5,000-7,000

成交价：USD5,000

碧玉描金九老图插屏

A Spinach Green Jade Gilt-Decorated Table Screen

清 19 世纪 Qing, 19th Century S 苏富比

2012-3-20 Lot266 W 28cm

估价：USD 5,000-7,000

成交价：USD7,500

碧玉雕猎虎图插屏
An Imperial Spinach Green Jade 'Tiger Hunt' Circular Screen
乾隆 Qianlong BO 邦瀚斯
2012-11-27 Lot204 D 25.8cm
估价：HKD 2,000,000-3,000,000
成交价：HKD5,780,000
2012 Chinese Art Auction TOP10 中国玉器拍卖摆件类十大排行榜 Top 10

白玉吉庆有余海屋添筹诗文磬（一对）
A Rare Pair of White Jade Plaques with Inscriptions
乾隆 Qianlong BP 北京保利
2012-12-5 Lot5705 L 14cm
估价：RMB 600,000-800,000
成交价：RMB747,500

紫玉插屏
An Unusual Rectangular Mottled Lavender Jadeite Table Screen
年代不详 Unknown C 佳士得
2012-3-22 Lot1923 H 41.9cm
估价：USD 12,000-18,000
成交价：USD23,750

三镶玉山水人物纹如意
A Jade Ruyi
清晚期 Late Qing GD 中国嘉德
2012-6-16 Lot3604 L 56.5cm
估价：RMB 40,000-60,000
成交价：RMB155,250

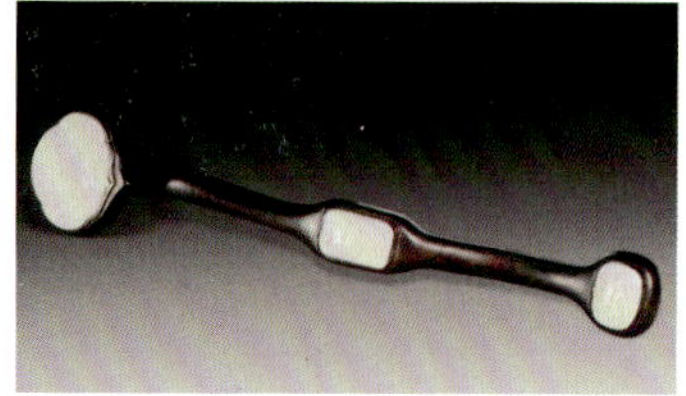

三镶玉龙纹如意
A Jade Ruyi
年代不详 Unknown GD 中国嘉德
2012-9-16 Lot3064 L 49.8cm
估价：RMB 5,000-8,000
成交价：RMB11,500

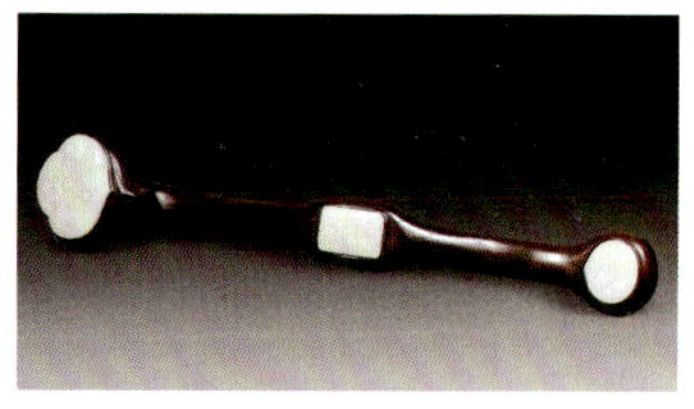

三镶玉松鹤纹如意
A Jade Ruyi
年代不详 Unknown GD 中国嘉德
2012-6-16 Lot3502 L 50.7cm
估价：无底价
成交价：RMB8,050

三镶玉太平有象图如意
A Jade Ruyi
清 Qing GD 中国嘉德
2012-6-16 Lot3428 L 57.5cm
估价：RMB 50,000-80,000
成交价：RMB115,000

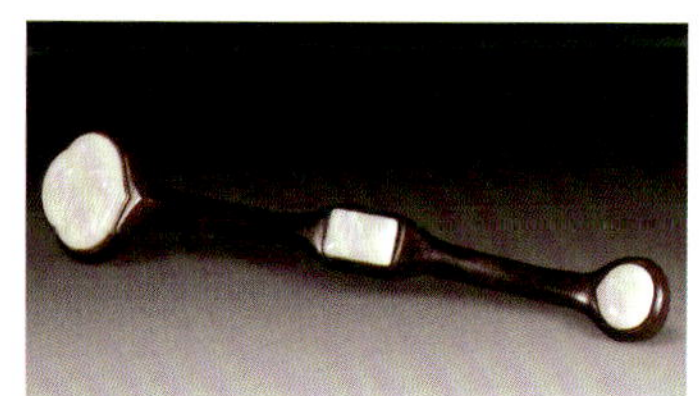

红木三镶玉如意
A Mahogany Ruyi
年代不详 Unknown GD 中国嘉德
2012-6-16 Lot3504 L 50cm
估价：无底价
成交价：RMB6,900

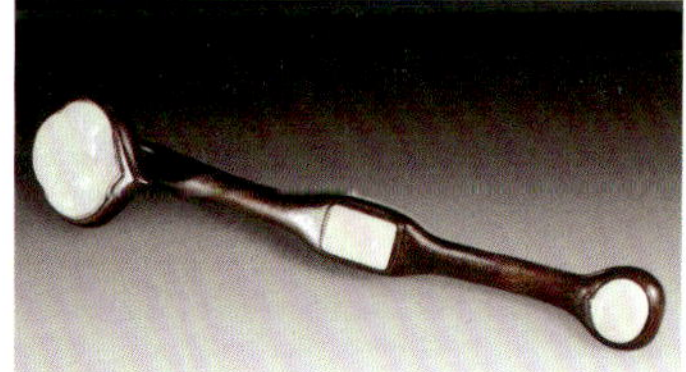

三镶玉如意
A Jade Ruyi
年代不详 Unknown GD 中国嘉德
2012-9-16 Lot3035 L 51cm
估价：RMB 5,000-8,000
成交价：RMB20,700

白玉镂雕松鹤延年如意
清 Qing PAC 太平洋
2012-6-16 Lot506 L 50cm
估价：RMB 180,000-180,000
成交价：RMB241,500

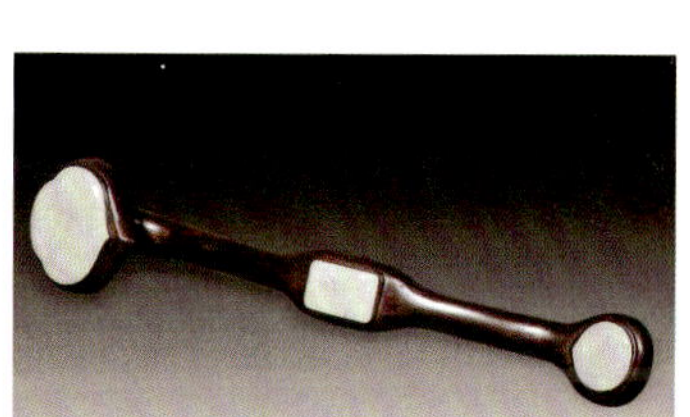

三镶玉松鹤纹如意
A Jade Ruyi
年代不详 Unknown GD 中国嘉德
2012-6-16 Lot3627 L 49cm
估价：无底价
成交价：RMB6,900

青白玉太平有象图如意
A Celadon Jade Ruyi
年代不详 Unknown GD 中国嘉德
2012-9-16 Lot2888 L 35.4cm
估价：无底价
成交价：RMB34,500

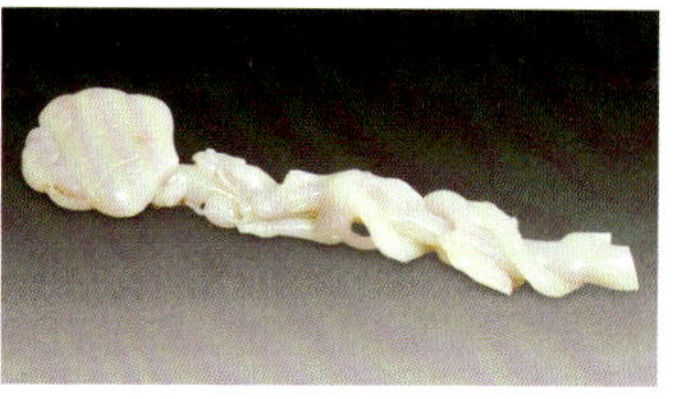

青白玉龙纹如意
A Celadon Jade Ruyi
清 Qing GD 中国嘉德
2012-6-16 Lot3430 L 22.6cm
估价：RMB 20,000-30,000
成交价：RMB43,700

紫檀浮雕灵仙祝寿白玉三镶如意
A Fine Zitan Inlaid Jade Carved Ruyi
乾隆 Qianlong KS 北京匡时
2012-12-5 Lot1987 L 42cm
估价：RMB 600,000-700,000
成交价：RMB690,000

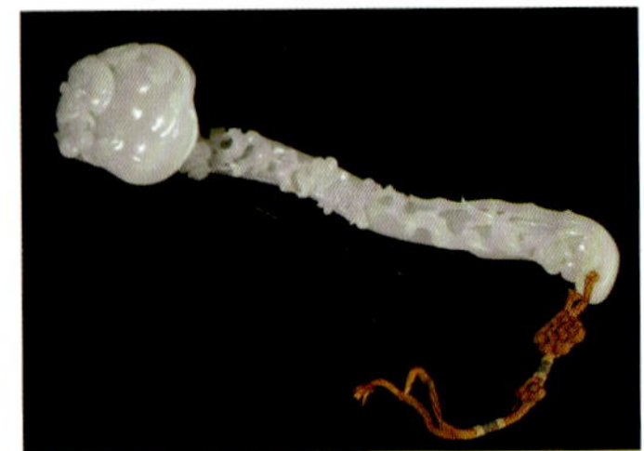

白玉凤纹梅花如意
雍正 - 乾隆 Yongzheng-Qianlong BP 保利香港
2012-11-25 Lot717 L 24.7cm
估价：HKD 1,500,000-2,500,000
成交价：HKD1,955,000

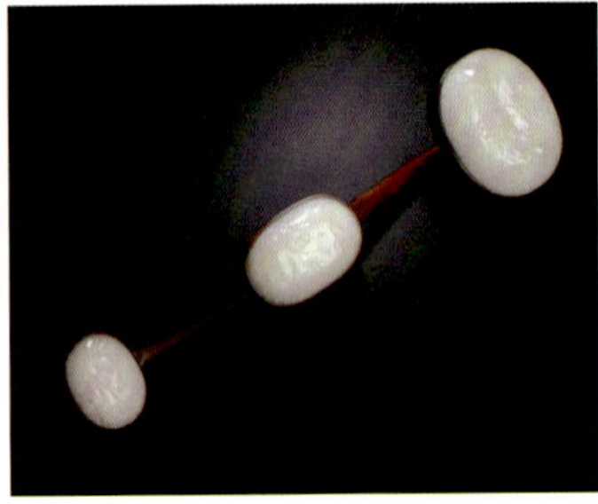

白玉雕携琴访友纹三镶如意
A Carved White Jade" Landscape and Figure" Ruyi Sceptre
清中期 Mid Qing BD 北京东正
2012-5-11 Lot188 L 56 cm
估价：RMB 200,000-220,000
成交价：RMB230,000

白玉雕龙纹如意
A Carved White Jade "Dragon" Ruyi Sceptre
乾隆 Qianlong BD 北京东正
2012-5-11 Lot65 L 45.2 cm
估价：RMB 6,500,000-7,500,000
成交价：RMB7,475,000

2012 Chinese Art Auction TOP10 中国玉器拍卖摆件类十大排行榜 Top 3

白玉雕寿字纹如意
A Fine And Rare White Jade Ruyi Scepter
乾隆 Qianlong BD 北京东正
2012-10-31 Lot232 L 47cm
估价：RMB 3,800,000-4,200,000
成交价：RMB4,715,000

2012 Chinese Art Auction TOP10 中国玉器拍卖摆件类十大排行榜 Top 8

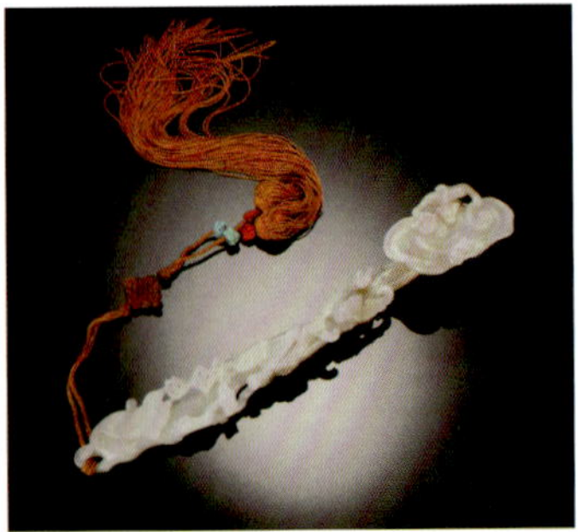

白玉灵芝盘螭福寿如意
A Fine White Jade "Lingzhi" Ruyi
乾隆 Qianlong BP 北京保利
2012-6-7 Lot7657 L 28cm
估价：RMB 250,000-350,000
成交价：RMB 287,500

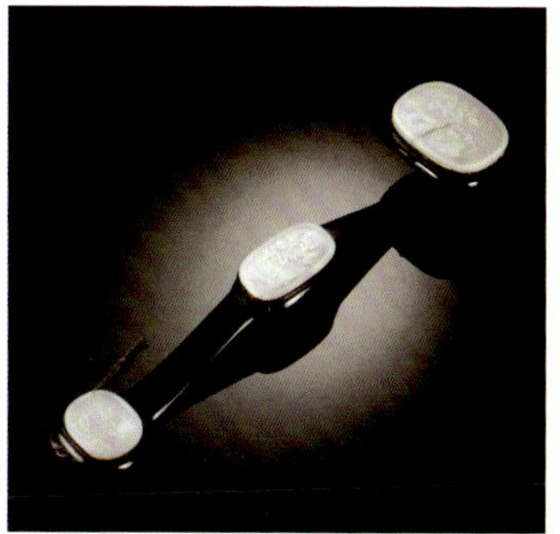

红木三镶白玉如意
A Nice White Jade Inlaid Hardwood Ruyi
清中期 Mid Qing BP 北京保利
2012-6-7 Lot7656 L 45cm
估价：RMB 250,000-350,000
成交价：RMB 483,000

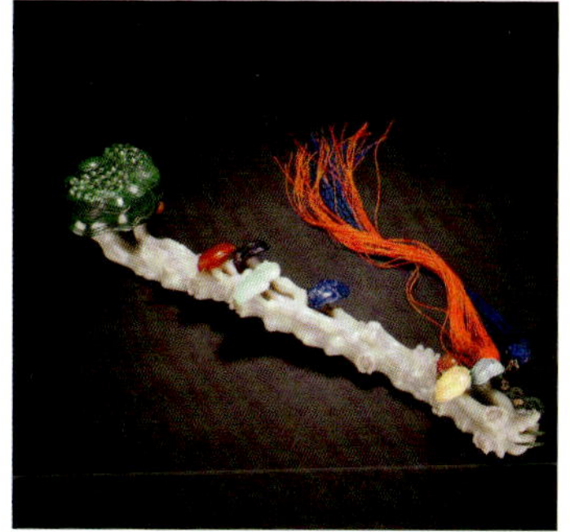

玉嵌百宝如意
年代不详 Unknown BP 北京保利
2012-10-25 Lot1445 L 34cm
估价：无底价
成交价：RMB 17,250

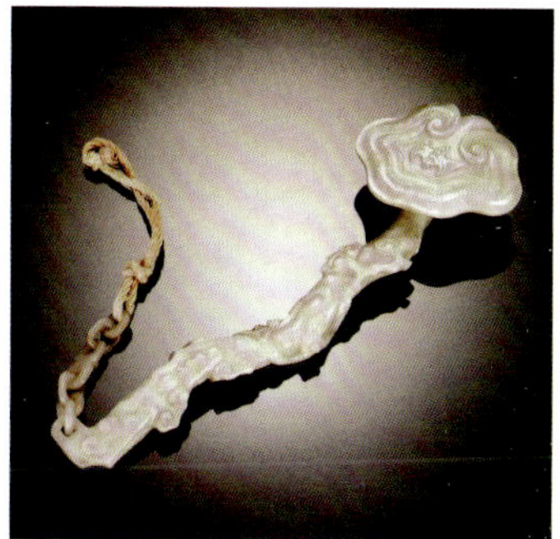

白玉如意
明 Ming BP 北京保利
2012-4-22 Lot1463 L 22.5cm
估价：无底价
成交价：RMB138,000

白玉雕双龙穿花如意
乾隆 Qianlong BP 保利香港
2012-11-25 Lot713 L 41cm
估价：HKD 1,500,000-2,000,000
成交价：HKD3,795,000

青白玉九芝如意
A Celadon Jade Ruyi
清 Qing GD 中国嘉德
2012-9-16 Lot2886 L 32cm
估价：RMB 20,000-30,000
成交价：RMB48,300

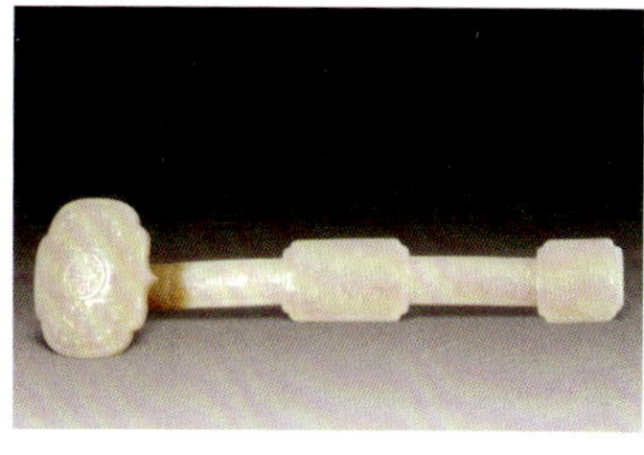

青白玉福寿纹如意
A Celadon Jade Ruyi
年代不详 Unknown GD 中国嘉德
2012-6-16 Lot3474 L 34.9cm
估价：无底价
成交价：RMB34,500

青白玉嵌百宝如意
A Celadon Jade Ruyi
年代不详 Unknown GD 中国嘉德
2012-6-16 Lot3602 L 34.8cm
估价：无底价
成交价：RMB28,750

青白玉菊花如意
A Fine and Nice Greenish-White Jade "Chrysanthemum" Ruyi
清中期 Mid Qing BP 北京保利
2012-6-7 Lot7652 L 38cm
估价：RMB 400,000-600,000
成交价：RMB 460,000

青白玉雕三多如意
A Celadon Jade "Sanduo" Ruyi
清 Qing BP 北京保利
2012-12-7 Lot7608 L 38cm
估价：RMB 50,000-80,000
成交价：RMB57,500

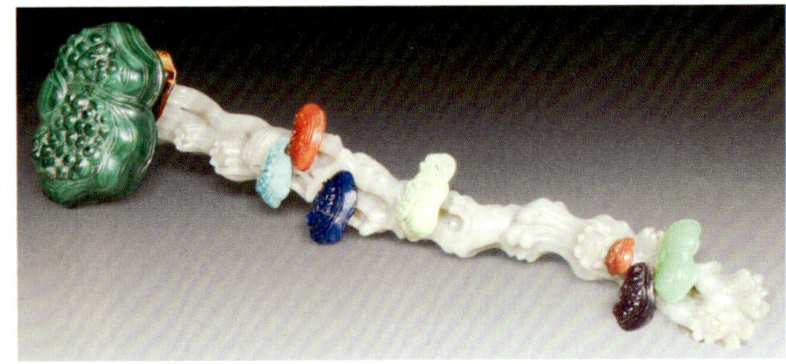

青玉嵌百宝灵芝如意
A Celadon Jade Ruyi
年代不详 Unknown GD 中国嘉德
2012-9-16 Lot2887 L 35cm
估价：无底价
成交价：RMB25,300

青玉如意
A Celadon Jade Ruyi
年代不详 Unknown GD 中国嘉德
2012-6-16 Lot3550 L 27.1cm
估价：无底价
成交价：RMB3,450

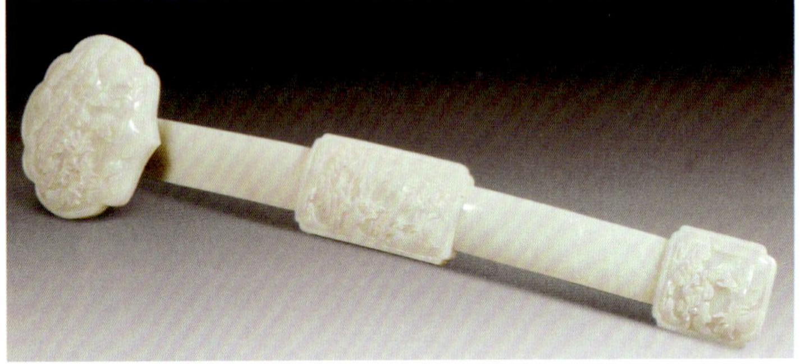

青玉高士图如意
A Celadon Jade Ruyi
年代不详 Unknown GD 中国嘉德
2012-9-16 Lot3036 L 48cm
估价：无底价
成交价：RMB20,700

青玉嵌百宝花卉纹如意
A Celadon Jade Ruyi
年代不详 Unknown GD 中国嘉德
2012-6-16 Lot3603 L 42cm
估价：无底价
成交价：RMB40,250

青玉嵌百宝花鸟纹如意
A Celadon Jade Ruyi
清 Qing GD 中国嘉德
2012-9-16 Lot3037 L 36cm
估价：无底价
成交价：RMB23,000

碧玉八宝纹如意
A Jasper Ruyi
清 Qing GD 中国嘉德
2012-6-16 Lot3671 L 40cm
估价：无底价
成交价：RMB23,000

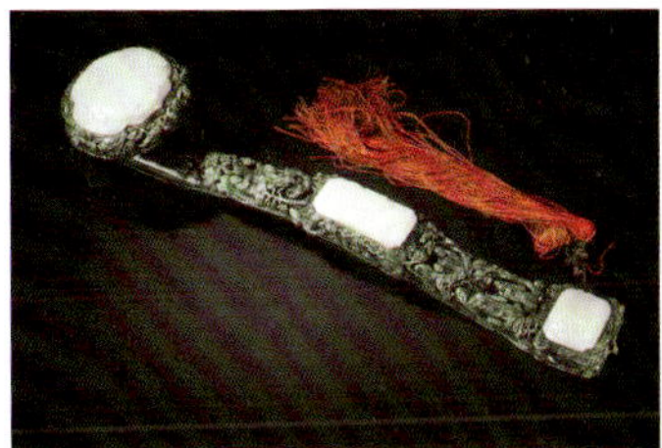

碧玉嵌白玉福寿如意
年代不详 Unknown BP 北京保利
2012-10-25 Lot1444 L 53cm
估价：无底价
成交价：RMB 55,200

碧玉花鸟纹如意
A Carved Spinach-Green Jade Ruyi-Sceptre
清 18-19 世纪 Qing,18th-19th Century C 佳士得
2012-11-6 Lot66 L 41cm
估价：GBP 10,000-15,000
成交价：GBP10,000

碧玉万字纹如意
清 Qing BP 北京保利
2012-4-21 Lot64 L 23cm
估价：无底价
成交价：RMB 172,500

鎏金铜嵌翠玉三多纹如意
A Jadeite-Mounted Gilt-Metal Ruyi Scepter
晚清 Late Qing C 佳士得
2012-9-13 Lot1103 L 49.5cm
估价：USD 40,000-60,000
成交价：USD50,000

象牙嵌黄玉如意摆件一件
A Carved Ivory Ruyi Sceptre
18 世纪 18th Century C 佳士得
2012-5-18 Lot1191 L 50.8cm
估价：GBP 10,000-15,000
成交价：GBP181,250

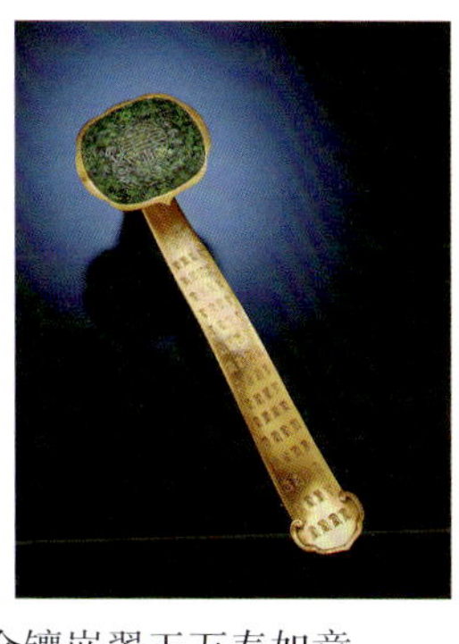

鎏金镶嵌翠玉万寿如意
A Gold-Plated Jadeite-Inset Ruyi
晚清 Late Qing C 佳士得
2012-11-28 Lot2360 L 43.2cm
估价：HKD 80,000-120,000
成交价：HKD524,000

黄玉浮雕“螭龙逐珠”图如意
A Yellow Jade “Chilong'ruyi Sceptre
乾隆 Qianlong S 苏富比
2012-10-9 Lot3033 32cm
估价：HKD 800,000-1,200,000
成交价：HKD1,820,000

青玉螭龙纹如意
A Celadon Jade Ruyi
年代不详 Unknown GD 中国嘉德
2012-6-16 Lot3626 L 31cm
估价：RMB 3,000-5,000
成交价：RMB3,450

碧玉螭龙兽面纹如意
A Jasper Ruyi
清 Qing GD 中国嘉德
2012-9-16 Lot3140 L 28.5cm
估价：无底价
成交价：RMB10,350

碧玉龙纹如意
A Jasper Ruyi
清 Qing GD 中国嘉德
2012-9-16 Lot3141 L 35cm
估价：无底价
成交价：RMB20,700

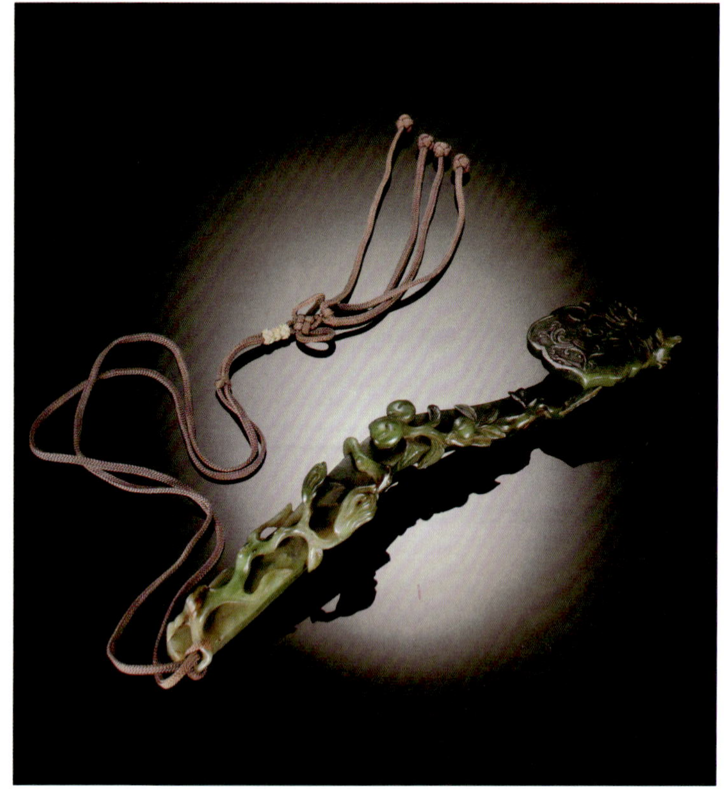

碧玉雕三多凤竹如意
A Nice Spinach-Green Jade Ruyi
清中期 Mid Qing BP 北京保利
2012-6-7 Lot7655 L 27.5cm
RMB 200,000-300,000
RMB 345,000

碧玉嵌白玉人物纹如意
A Jasper Ruyi
清 Qing GD 中国嘉德
2012-9-16 Lot3142 L 47cm
估价：无底价
成交价：RMB32,200

碧玉如意
A Jasper Ruyi
年代不详 Unknown GD 中国嘉德
2012-6-16 Lot3549 L 29.7cm
估价：无底价
成交价：RMB5,750

碧玉如意
A Jasper Ruyi
年代不详 Unknown GD 中国嘉德
2012-6-16 Lot3551 L 33.5cm
估价：无底价
成交价：RMB9,200

红木嵌白玉灵芝祝寿图如意

A Jade-Inset and Silver-Wire-Inlaid Hongmu Ruyi Scepter
清 19 世纪 19th Century C 佳士得
2012-9-13 Lot1069 L 48.3cm
估价：USD 8,000-12,000
成交价：USD15,000

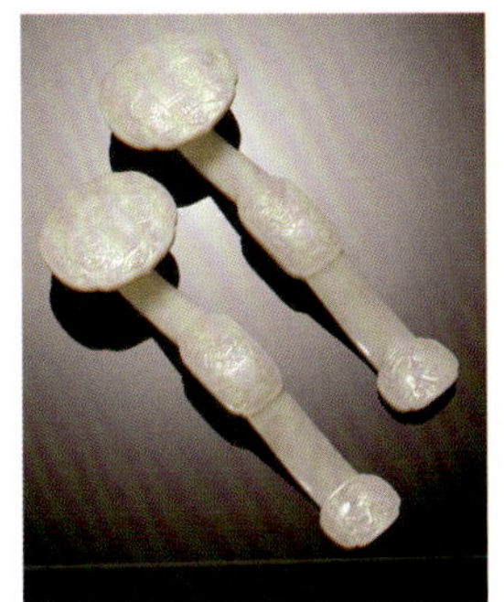

白玉雕太平有像如意（一对）

A Pair of Large White Jade Ruyi Sceptres
清 Qing Dynasty BO 邦瀚斯
2012-12-16 Lot225 L 42.4cm × 2
估价：HKD 100,000-200,000
成交价：HKD1,160,000

白玉三镶松下人物如意

A Carved White Jade Ruyi Scepter
清中期 Mid Qing BH 北京翰海
2012-5-27 Lot2058 L 55.5cm
估价：RMB 300,000-400,000
成交价：RMB460,000

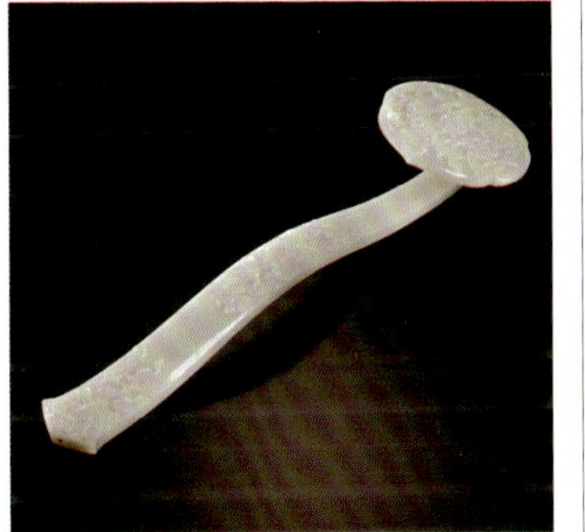

白玉雕福寿双全如意

A Large White Jade Ruyi Scepter
清 18 世纪 18th Century S 苏富比
2012-3-20 Lot213 L 46.4cm
估价：USD 150,000-200,000
成交价：USD542,500

硬木三镶白玉福寿双全如意

A White Jade Inlaid Ruyi Scepter
清 18-19 世纪 18-19th Century S 苏富比
2012-3-20 Lot271 L 48.9cm
估价：USD 8,000-10,000
成交价：USD23,750

木三镶白玉如意配丝绸流苏一件

A Wood Ruyi Sceptre Inset with Three Carved Pale Celadon Jade Plaques
19-20 世纪 19-20th Century C 佳士得
2012-5-18 Lot1315 L 58.5cm
估价：GBP 3,000-5,000
成交价：GBP8,750

玉雕花卉如意

年代不详 Unknown BH 北京翰海
2012-9-28 Lot1673 L 30cm
估价：RMB 60,000-60,000
成交价：RMB69,000

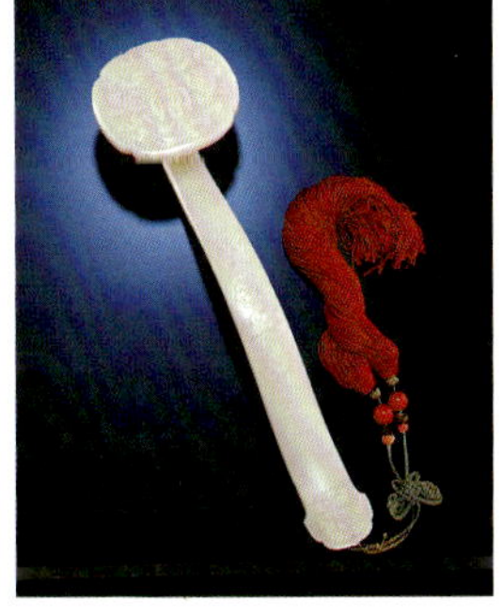

白玉雕八吉祥寿字如意

A Fine White Jade Ruyi
乾隆 Qianlong C 佳士得
2012-5-30 Lot4115 L 44.7cm
估价：HKD 2,800,000-3,500,000
成交价：HKD3,380,000

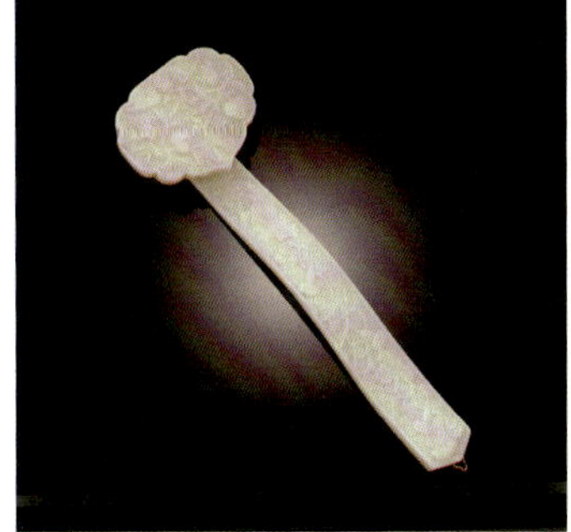

白玉雕三多纹如意

A White Jade Ruyi Sceptre
清末 Late Qing C 佳士得
2012-5-15 Lot59 L 34.4cm
估价：GBP 80,000-120,000
成交价：GBP91,250

白玉仙人祝寿如意
A Very Rare and Nicely Carved White Jade Ruyi
乾隆 Qianlong BP 北京保利
2012-6-5 Lot6200 L 42cm
估价：RMB 2,600,000-3,600,000
成交价：RMB2,990,000

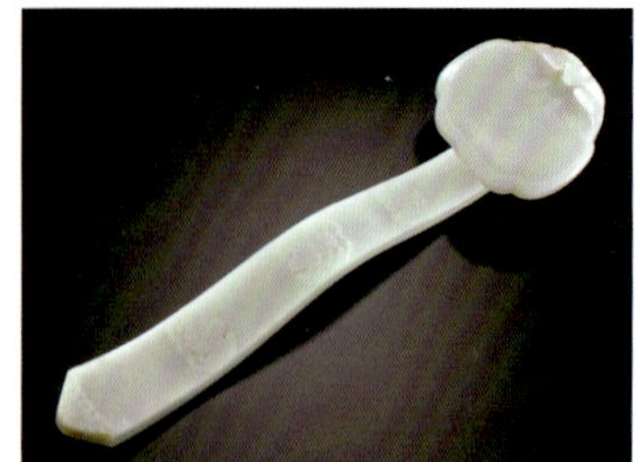

青白玉“万福”图如意
A Large Pale Celadon Jade Ruyi Sceptre
清 18 世纪 Qing,18th century S 苏富比
2012-10-9 Lot3001 42cm
估价：HKD 120,000-150,000
成交价：HKD860,000

白玉御题诗蟠桃纹如意
An Extremely Rare Imperially Inscribed White Jade Ruyi Sceptre
1759 年 1759 S 苏富比
2012-11-7 Lot102 43cm
估价：GBP 80,000 - 120,000
成交价：GBP193,250

白玉镂空浮雕“菊花”图如意
A White Jade “Chrysanthemum” Ruyi Sceptre
清 18 世纪 Qing,18th century S 苏富比
2012-10-9 Lot3013 36cm
估价：HKD 120,000-150,000
成交价：HKD2,180,000

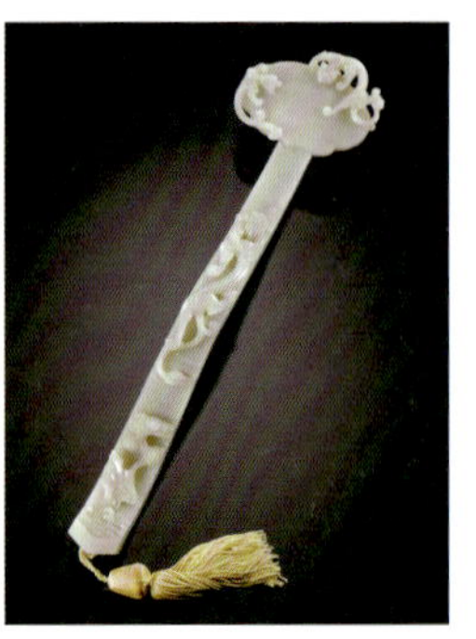

青白玉浮雕“螭龙瑞芝”图如意
A Celadon Jade “Chilong” Ruyi Sceptre
清 18 世纪 Qing,18th century S 苏富比
2012-10-9 Lot3011 40cm
估价：HKD 150,000-200,000
成交价：HKD860,000

青白玉福寿如意
A Greenish-White Jade Ruyi Scepter
清 18-19 世纪 Qing,18th-19th Century C 佳士得
2012-3-22 Lot1229 L 30.5cm
估价：USD 80,000-120,000
成交价：USD110,500

紫檀雕暗八仙嵌青白玉龙纹大如意
清 Qing BP 北京保利
2012-8-11 Lot920 L 64cm
估价：RMB 30,000-50,000
成交价：RMB34,500

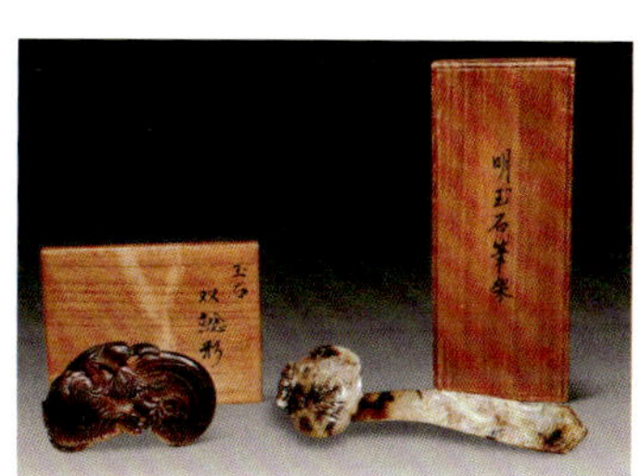

玉雕年年有余珮、旧玉梅花如意各一件
A Jade Pendant and A Jade Ruyi
年代不详 Unknown GD 中国嘉德
2012-6-16 Lot3947 L 10.8cm；L 20cm
估价：无底价
成交价：RMB218,500

白玉金刚杵
年代不详 Unknown BP 北京保利
2012-10-25 Lot1435 L 6cm
估价：RMB 6,000-10,000
成交价：RMB 14,950

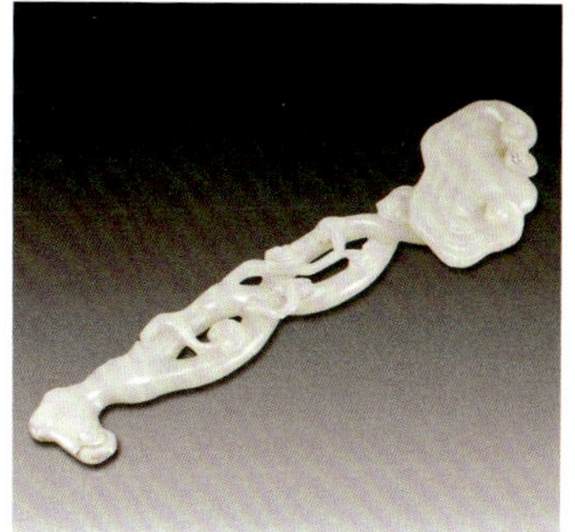

青白玉九如如意
清 Qing BP 北京保利
2012-8-11 Lot918 L 14cm
估价：RMB 20,000-30,000
成交价：RMB23,000

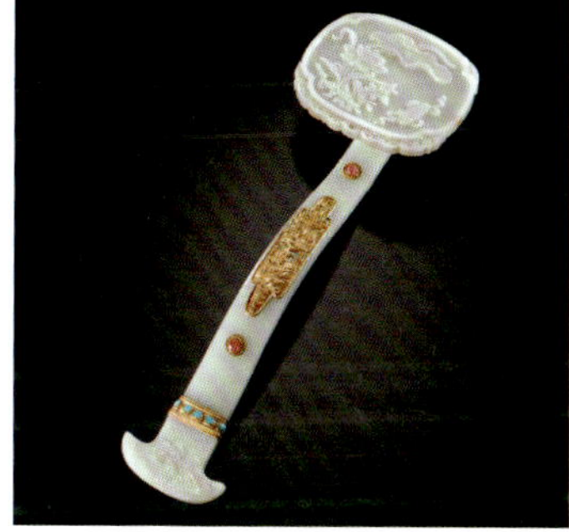

白玉浅浮雕“莲花图”贴龙纹金饰如意
An Embellished White Jade Ruyi Sceptre
清 18 世纪 Qing,18th century S 苏富比
2012-10-9 Lot3145 36.5cm
估价：HKD 80,000-120,000
成交价：HKD400,000

青白玉铃、金刚杵各一件
Two Celadon Jade Carvings
民国 Republic Period GD 中国嘉德
2012-9-16 Lot3262 L 25cm；L 15cm
估价：无底价
成交价：RMB9,200

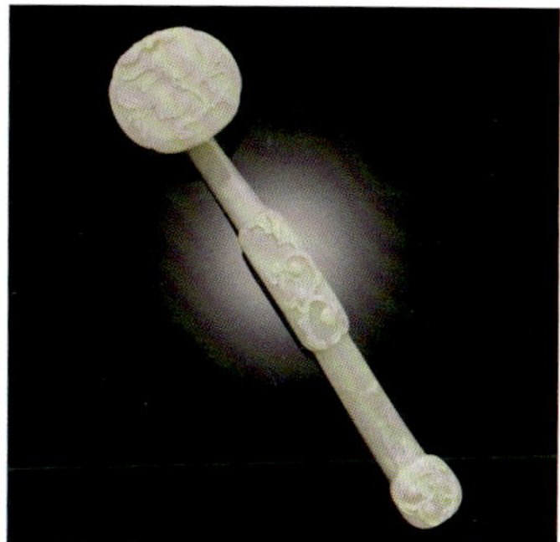

青白玉福寿双全纹如意
A Pale Celadon Jade Ruyi Sceptre
嘉庆 JiaQing C 佳士得
2012-5-15 Lot62 L 47.3cm
估价：GBP 80,000-120,000
成交价：GBP91,250

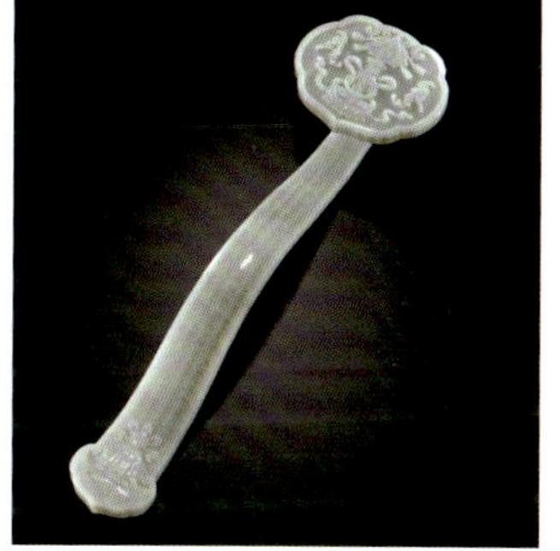

青白玉浅浮雕“祥佛坐莲”图万寿如意
A Large Celadon Jade Ruyi Sceptre
清 18 世纪 Qing,18th century S 苏富比
2012-10-9 Lot3034 45cm
估价：HKD 100,000-120,000
成交价：HKD2,060,000

青玉铃、青玉金刚杵各一件
A Celadon Jade Bell and A Celadon Jade Pestle
年代不详 Unknown GD 中国嘉德
2012-6-16 Lot3655 H 23.5cm；L 14.3cm
估价：无底价
成交价：RMB23,000

白玉佛手
A White Jade Pendant
年代不详 Unknown GD 中国嘉德
2012-6-16 Lot3479 H 6cm
估价：无底价
成交价：RMB5,750

玉雕渔家乐摆件、白玉佛手各一件
Two Jade Carvings
年代不详 Unknown GD 中国嘉德
2012-6-16 Lot3592 L 14cm ; L 11.5cm
估价：无底价
成交价：RMB17,250

白玉雕佛手
A White Jade "BuddhA" S Hand
清 Qing GD 中国嘉德
2012-5-14 Lot3508 W 8.4cm
估价：RMB 150,000-250,000
成交价：RMB172,500

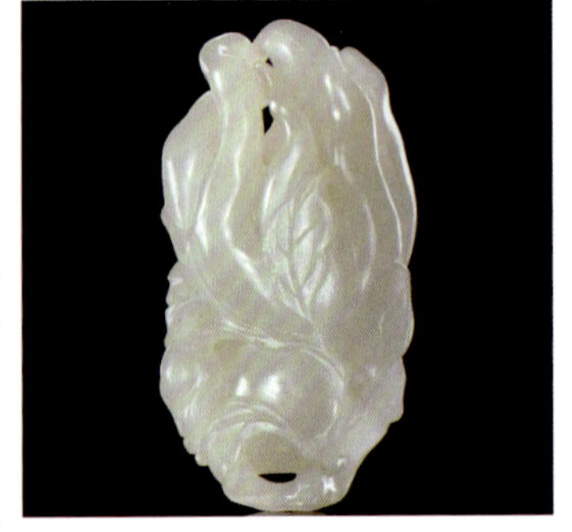

白玉小佛手
A Small White Jade Buddhist-Hand-Form Pendant
清 Qing GD 中国嘉德
2012-10-29 Lot4013 H 6.3cm
估价：RMB 30,000-50,000
成交价：RMB103,500

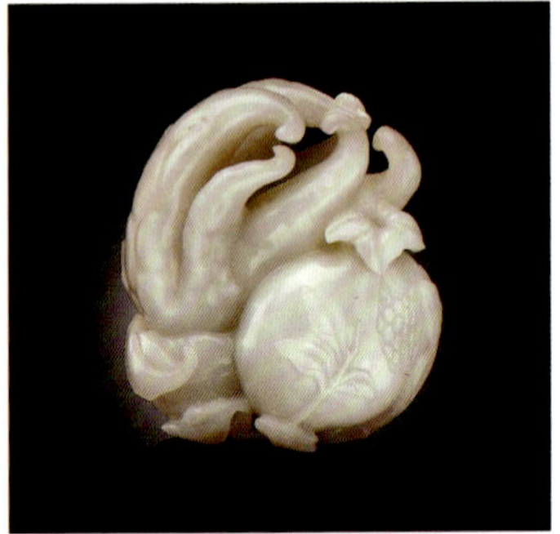

青白玉佛手石榴摆件
A Pale Greenish-White Jade Carving of A Finger Citron and A Pomegranate
清 18 世纪 Qing,18th Century C 佳士得
2012-3-22 Lot1878 H 11cm
估价：USD 30,000-50,000
成交价：USD37,500

白玉雕佛手
A White Jade Carving Of A Finger Citron
乾隆 Qianlong BD 北京东正
2012-10-31 Lot368 L 9.5 cm
估价：RMB 550,000-600,000
成交价：RMB632,500

白玉佛手
清 Qing BP 北京保利
2012-4-22 Lot1151 L 7cm
估价：无底价
成交价：RMB46,000

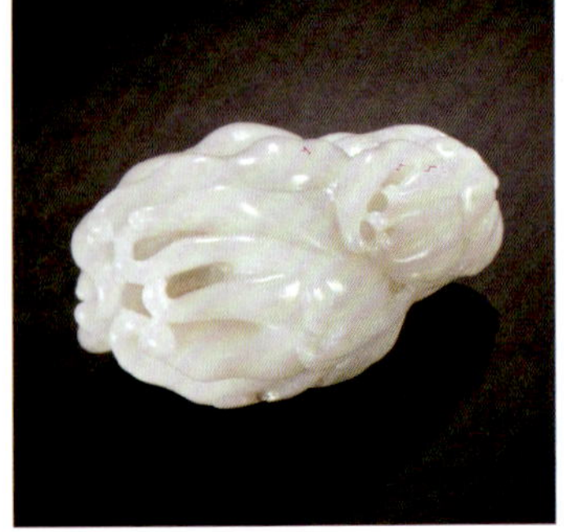

白玉佛手
A Fine White Jade Carving
清 Qing BP 北京保利
2012-6-7 Lot7732 L 11.5cm
估价：RMB 150,000-200,000
成交价：RMB 172,500

白玉佛手
A Carved White Jade Finger Citron
清中期 Mid Qing BH 北京翰海
2012-5-27 Lot2034 H 9.5cm
估价：RMB 80,000-100,000
成交价：RMB94,300

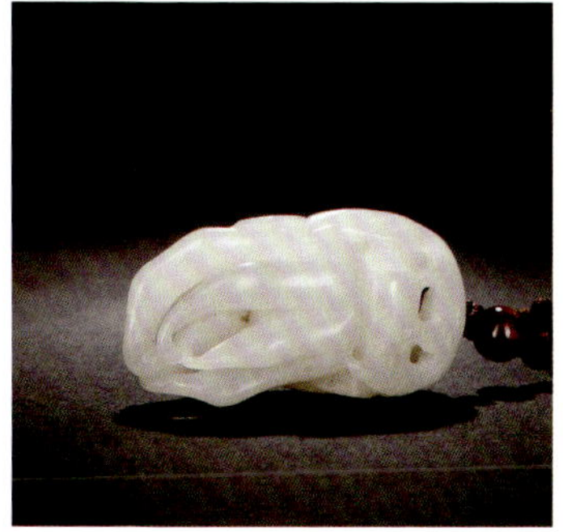

白玉雕佛手
清 Qing BP 北京保利
2012-4-22 Lot1152 L 5cm
估价：无底价
成交价：RMB40,250

玉雕双连佛手瓜摆件
A Large Jade Double Finger Citron
清初 Early Qing BO 邦瀚斯
2012-5-27 Lot391 L 26.7cm
估价：HKD 100,000-150,000
成交价：HKD 125,000

白玉雕佛手摆件
民国 Republic Period BP 北京保利
2012-4-23 Lot1877 H 16cm
估价：无底价
成交价：RMB 20,700

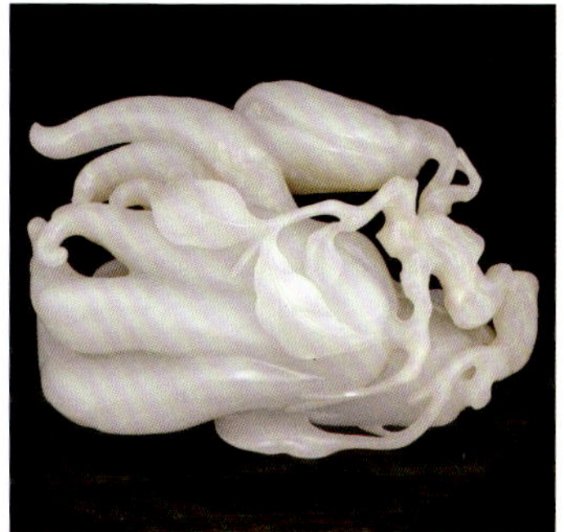

青白玉佛手
A Pale Celadon Jade Carving of A Finger Citron
乾隆 Qianlong S 苏富比
2012-5-16 Lot10 13cm
估价：GBP 4,000-6,000
成交价：GBP16,250

黄玉佛手
A Yellow Jade Carving
清 Qing GD 中国嘉德
2012-6-16 Lot3373 H 8.7cm
估价：无底价
成交价：RMB8,050

青白玉佛手
A Pale Celadon Jade Carving of A Finger Citron
清 19 世纪 Qing,19th Century S 苏富比
2012-11-7 Lot392 13.6cm
估价：GBP 3,000-5,000
成交价：GBP6,250

青白玉佛手、青玉龟各一件
Two Celadon Jade Pendants
年代不详 Unknown GD 中国嘉德
2012-6-16 Lot3614 L 9cm；L 5.5cm
估价：无底价
成交价：RMB3,450

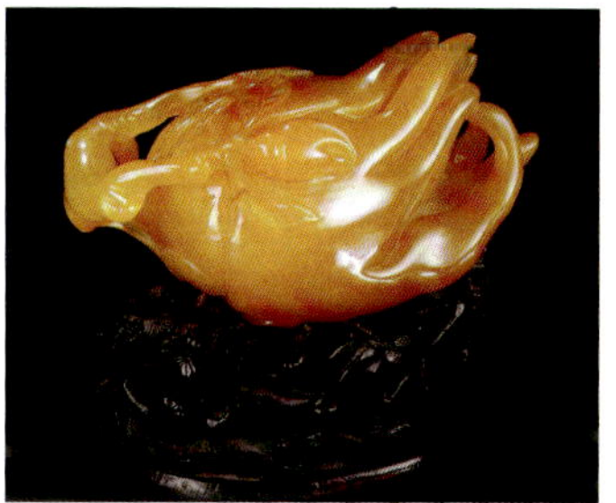

黄玉髓佛手摆件
雍正 - 乾隆 Yongzheng-Qianlong BP 保利香港
2012-11-25 Lot707 L 14.5cm
估价：HKD 200,000-300,000
成交价：HKD368,000

黄玉佛手摆件
清 Qing BP 保利香港
2012-11-25 Lot718 L 14cm
估价：HKD 800,000-1,200,000
成交价：HKD1,150,000

鹅如意
年代不详 Unknown RB 北京荣宝
2012-3-10 Lot246 H 6.7cm
估价：RMB 1,200,000-1,500,000
成交价：RMB1,590,400

白玉如意万年宫钱
A Carved White Jade Pendant In Shape of Coin
清 Qing BP 北京保利
2012-12-7 Lot7378 D 5.3cm
估价：RMB 20,000-50,000
成交价：RMB43,700

白玉籽料鹅如意
年代不详 Unknown RB 北京荣宝
2012-6-24 Lot1754 163g
估价：RMB 800,000-1,200,000
成交价：RMB1,176,000

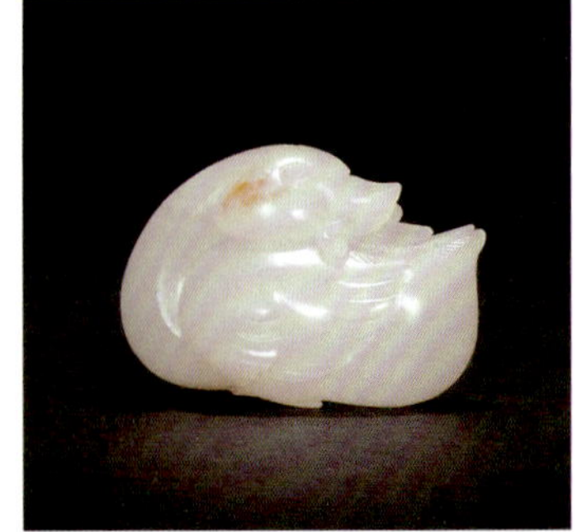

鹅如意
年代不详 Unknown RB 北京荣宝
2012-8-26 Lot803 35×20cm
估价：RMB 10,000-15,000
成交价：RMB11,200

白玉双鸟把件
A White Jade Bird Group
年代不详 Unknow C 佳士得
2012-11-9 Lot1190 L 5.8cm
估价：GBP 4,000-6,000
成交价：GBP5,000

白玉洒金事事如意
A Carved White Pendant with Persimmon Design
清中期 Mid Qing BH 北京翰海
2012-5-27 Lot2135 L 5.4cm
估价：RMB 25,000-36,000
成交价：RMB28,750

白玉雕太平有象瓦子及秋葵图瓦子
Two Carved Jade Accessories in Ru Yi
清中期 Mid Qing GD 中国嘉德
2012-5-14 Lot3425 W 12.8cm；W 10.5cm
估价：RMB 10,000-20,000
成交价：RMB40,250

白玉穿花龙纹瓦子
A White Jade Pendant
年代不详 Unknown GD 中国嘉德
2012-6-16 Lot3848 L 9.2cm
估价：无底价
成交价：RMB2,300

白玉三老太极图瓦子
A Carved White Jade Pendant
清中期 Mid Qing BH 北京翰海
2012-5-27 Lot2056 L 13.9cm
估价：RMB 60,000-90,000
成交价：RMB69,000

白玉福寿纹瓦子
A Carved White Jade Pendant
清中期 Mid Qing BH 北京翰海
2012-5-27 Lot2057 L 13.2cm
估价：RMB 60,000-90,000
成交价：RMB69,000

白玉八宝瓦子
清 Qing BP 北京保利
2012-4-23 Lot2139 宽 9cm
估价：无底价
成交价：RMB 20,700

白玉春水瓦子
明 Ming BP 北京保利
2012-10-24 Lot819 L 8cm
估价：RMB 25,000-40,000
成交价：RMB28,750

青白玉福寿瓦子
清 Qing BP 北京保利
2012-4-23 Lot2100 L 13cm
估价：RMB 25,000-35,000
成交价：RMB 28,750

白玉仙人祝寿瓦子
A Carved White Jade "Longevity" Ornament
清中期 Mid Qing BP 北京保利
2012-12-7 Lot7601 D 14cm
估价：RMB 20,000-50,000
成交价：RMB43,700

白玉螭龙纸镇
清 Qing BP 北京保利
2012-4-22 Lot1438 L 8.3cm
估价：无底价
成交价：RMB40,250

白玉俏色雕福寿镇
A Carved Jade Pendant
清中期 Mid Qing BC 北京诚轩
2012-10-28 Lot918 4.6×3.4×6.3cm
估价：RMB 120,000-150,000
成交价：RMB138,000

白玉雕卧马纹纸镇
A White Jade Crouching Horse
元-明 Yuan-Ming BD 北京东正
2012-12-31 Lot124 L 12.8 cm
估价：RMB 600,000-700,000
成交价：RMB2,990,000

白玉雕麒麟负书纹纸镇
A Carved White Jade Kylin
清初 Early Qing BD 北京东正
2012-12-31 Lot131 L 9.5 cm
估价：RMB 180,000-200,000
成交价：RMB345,000

白玉雕金蟾纹纸镇
A White Jade Carving of A Toad
清初 Early Qing BD 北京东正
2012-12-31 Lot132 L 8 cm
估价：RMB 250,000-300,000
成交价：RMB437,000

白玉雕金蟾纹纸镇
A Carved White Jade Toad-Shaped Paperweight
乾隆 Qianlong BD 北京东正
2012-12-31 Lot133 L 6.7 cm
估价：RMB 250,000-300,000
成交价：RMB345,000

白玉雕猪纹纸镇
A White Jade Pig
元-明 Yuan-Ming BD 北京东正
2012-12-31 Lot134 L 7.8 cm
估价：RMB 150,000-180,000
成交价：RMB172,500

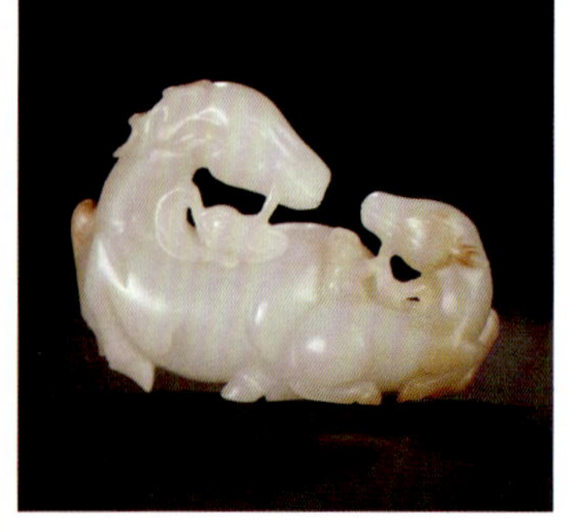

白玉雕灵鹿献寿纹纸镇
A Carved White Jade Double Deer
明末 Late Ming BD 北京东正
2012-12-31 Lot142 L 9 cm
估价：RMB 150,000-180,000
成交价：RMB172,500

白玉雕狮纹纸镇
A White Jade Lion
明 Ming BD 北京东正
2012-12-31 Lot153 L 8.5 cm
估价：RMB 50,000-60,000
成交价：RMB57,500

白玉雕金蟾纹镇纸
A Carved White Jade Spittor Paperweight
乾隆 Qianlong BD 北京东正
2012-5-11 Lot127 L 6 cm
估价：RMB 300,000-350,000
成交价：RMB402,500

白玉雕鸿运当头纹纸镇
A White Jade Buffalo-Shaped Paperweight
乾隆 Qianlong BD 北京东正
2012-5-11 Lot129 L 6.5 cm
估价：RMB 150,000-200,000
成交价：RMB172,500

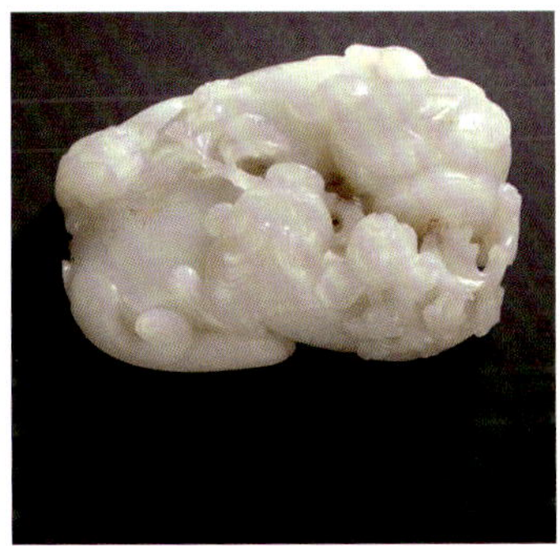

白玉雕子母瑞兽纹纸镇
A Finely Carved White Jade Mythical Beast
乾隆 Qianlong BD 北京东正
2012-5-11 Lot185 L 12.5 cm
估价：RMB 800,000-900,000
成交价：RMB1,380,000

黄罕勇 龙镇 白玉摆件
Huang Hanyong A White Jade Ornament,Dragon
年代不详 Unknown XLA 西泠印社
2012-7-7 Lot1922 58×24×13mm；W 53g
估价：RMB 80,000-100,000
成交价：RMB103,500

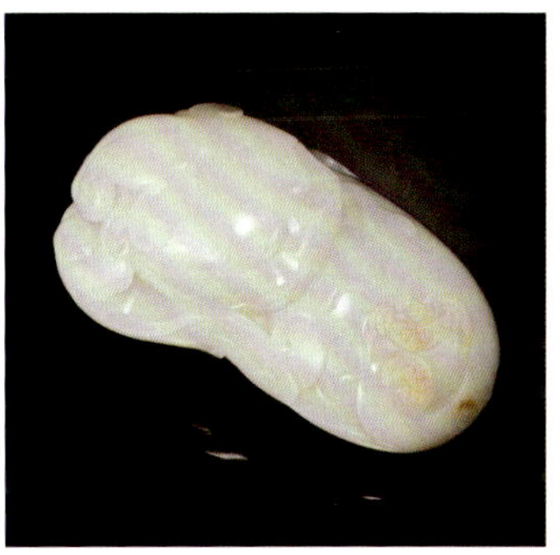

郭万龙 白玉貔貅镇纸
Guo Wanlong A White Jade Paperweight of "Pi Xiu" ,A Mythical Beast
年代不详 Unknown XLA 西泠印社
2012-7-7 Lot1982 135×75×60mm；W 892g
估价：RMB 800,000-1,200,000
成交价：RMB1,058,000

白玉蘑菇蜻蜓纸镇
A Nice White Jade Paper Weight
清中期 Mid Qing BP 北京保利
2012-6-7 Lot7565 L 6.4cm
估价：RMB 20,000-30,000
成交价：RMB 48,300

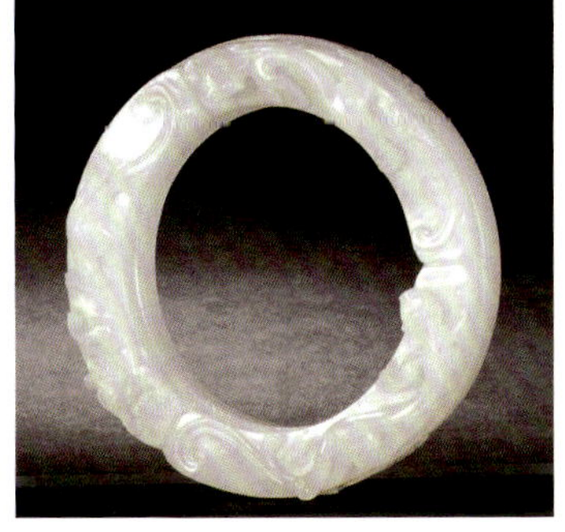

白玉三螭环形镇
A White Jade "Chi-Dragon" Paper Weight
清中期 Mid Qing BP 北京保利
2012-6-7 Lot7597 D 7cm
估价：RMB 60,000-80,000
成交价：RMB 287,500

白玉瓜瓞绵绵镇
乾隆 Qianlong BP 北京保利
2012-4-22 Lot1189 L 7cm
估价：RMB 60,000-80,000
成交价：RMB109,250

白玉留皮灵芝纸镇
A Nice White Jade Paper Weight
清中期 Mid Qing BP 北京保利
2012-6-7 Lot7717 L 5.7cm
估价：RMB 50,000-80,000
成交价：RMB 230,000

玉雕荷叶镇
明 Ming BP 北京保利
2012-4-22 Lot1280 L 8.5cm
估价：无底价
成交价：RMB92,000

白玉双蝠镇纸
清 Qing BP 北京保利
2012-4-22 Lot1365 L 7cm
估价：RMB 10,000-20,000
成交价：RMB184,000

黄罕勇 龙行天下 白玉镇纸
Huang Hanyong A White Jade Paperweight with Dragon Patterns
年代不详 Unknown XLA 西泠印社
2012-10-21 Lot69 157×37×13mm；W 191.8g
估价：无底价
成交价：RMB48,300

玉瓦子（两件）
Two Jade Pendants
清 Qing GD 中国嘉德
2012-6-16 Lot3885 L 5.8cm；L 9.4cm
估价：无底价
成交价：RMB10,350

白玉留皮松鼠葡萄纸镇
A White Jade Carved" Squirrel and Grapes" Paperweight
清 Qing GD 中国嘉德
2012-10-29 Lot4014 L 8.3cm
估价：RMB 28,000-38,000
成交价：RMB69,000

黄罕勇 龙凤镇 白玉摆件
Huang Hanyong A White Jade Ornament
年代不详 Unknown XLA 西泠印社
2012-7-7 Lot1918 44×23×16mm；W 51.5g
估价：无底价
成交价：RMB28,750

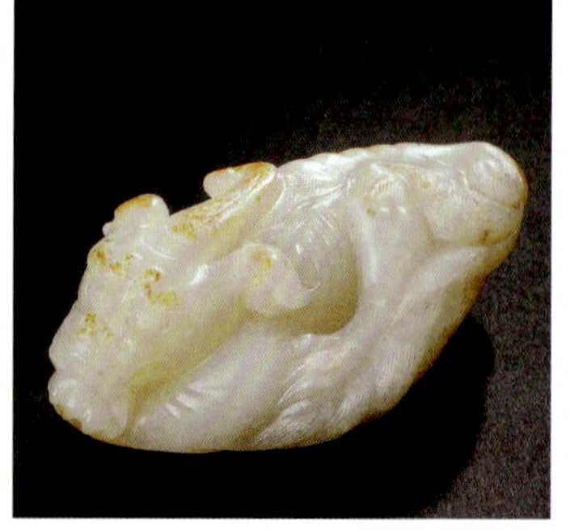

白玉留皮辟邪纸镇
A Rare White Jade Bixie-Shaped Paper Weight
清中期 Mid Qing BP 北京保利
2012-12-5 Lot5765 L 9.5cm
估价：RMB 400,000-600,000
成交价：RMB483,000

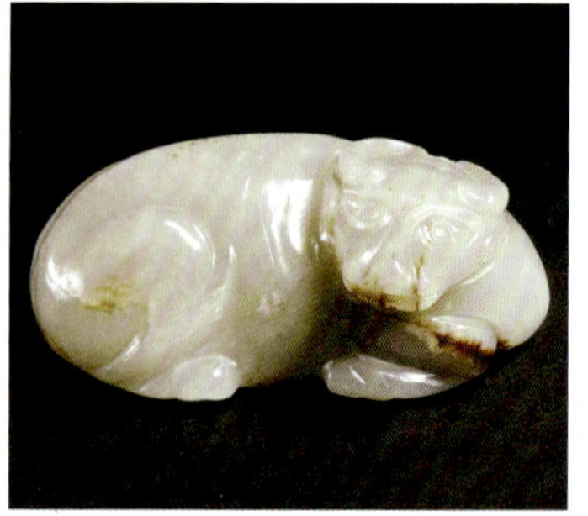

玉雕卧牛镇
A Carved Jade Figure of Ox
明 Ming BC 北京诚轩
2012-10-28 Lot921 7.8×5×3.4cm
估价：RMB 20,000-30,000
成交价：RMB23,000

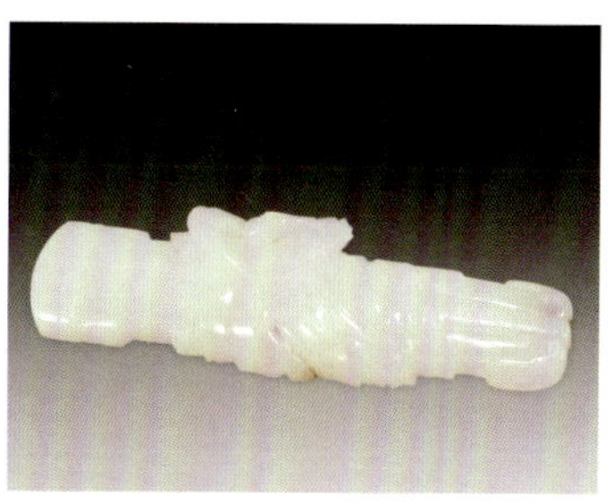

白玉琴形纸镇
A White Jade Paperweight
清 Qing GD 中国嘉德
2012-9-16 Lot3069 L 9.1cm
估价：RMB 12,000-22,000
成交价：RMB13,800

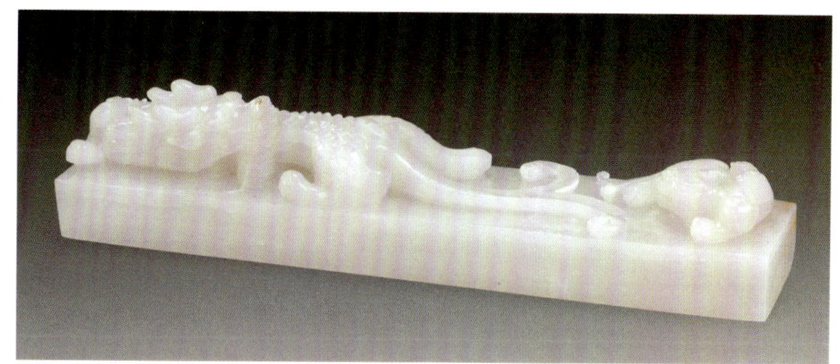

白玉雕带子上朝镇纸
A White Jade Paper Weight with Design of Animal
清中期 Mid Qing SUN 中贸圣佳
2012-7-22 Lot1714 L 15.8cm
估价：RMB 350,000-400,000
成交价：RMB667,000

白玉雕锦书式纸镇
A White Jade Rectangular Book-Form Paperweight
清晚期 Late Qing C 佳士得
2012-11-28 Lot2407 L 5.6cm
估价：HKD 40,000-60,000
成交价：HKD81,250

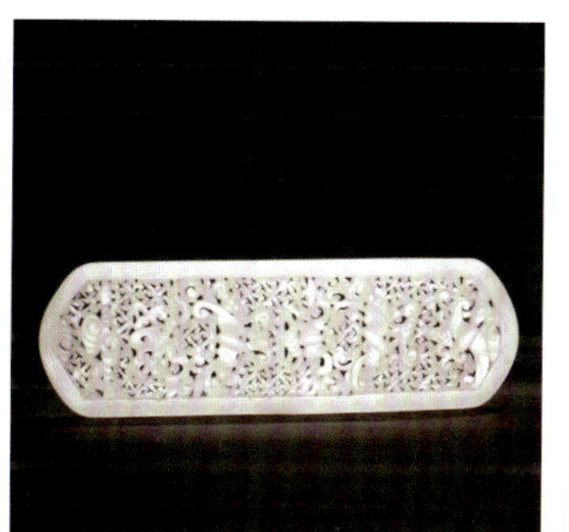

白玉镂雕五蝠飞翔镇尺
清 Qing BP 北京保利
2012-10-24 Lot780 L 16cm
估价：无底价
成交价：RMB230,000

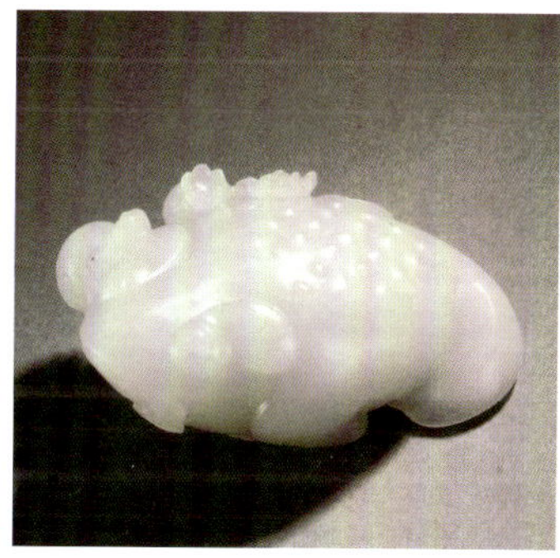

青白玉雕金蟾百子镇
A Greenish-White Jade Paper Weight
清 Qing BP 北京保利
2012-6-7 Lot7734 L 7.5cm
RMB 50,000-80,000
RMB 57,500

白玉狮形镇
明 Ming BP 北京保利
2012-10-24 Lot828 L 7.5cm
估价：RMB 60,000-80,000
成交价：RMB69,000

白玉浮雕螭纹镇
清早期 Early Qing BP 北京保利
2012-10-24 Lot835 L 10.5cm
估价：RMB 3,000-5,000
成交价：RMB11,500

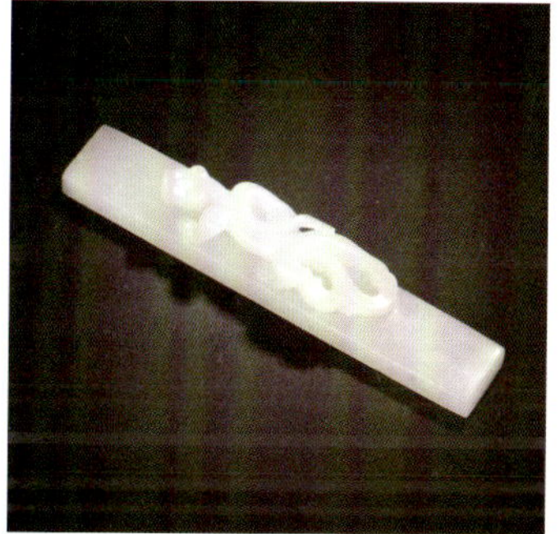

白玉龙纹镇
清 Qing BP 北京保利
2012-10-24 Lot994 L 11.8cm
估价：RMB 10,000-20,000
成交价：RMB69,000

白玉双狮镇
清中期 Mid Qing BP 北京保利
2012-8-11 Lot668 W 10.5cm
估价：RMB 200,000-300,000
成交价：RMB230,000

白玉瓜瓞绵绵
乾隆 Qianlong BP 北京保利
2012-8-11 Lot685 L 4.5cm
估价：RMB 22,000-32,000
成交价：RMB55,200

玉洒金竹节灵芝纸镇
A Carved Jade Bamboo Shaped Paper Weight
清 Qing BH 北京翰海
2012-5-27 Lot2053 H 10.8cm
估价：RMB 50,000-70,000
成交价：RMB101,200

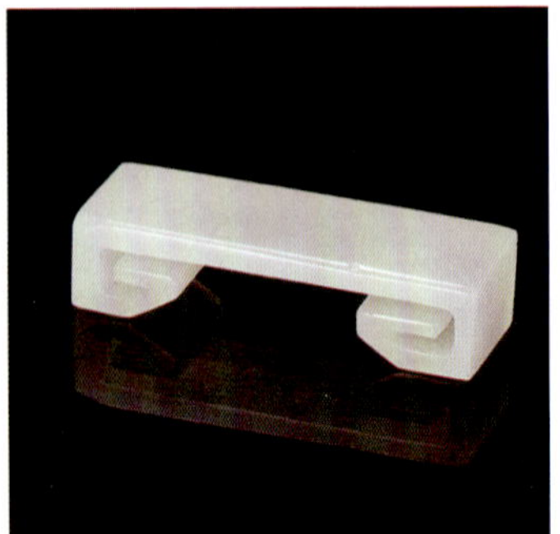

白玉小墨床
A Carved White Jade Ink Stand
清中期 Mid Qing BH 北京翰海
2012-12-8 Lot2135 L 5.5cm
估价：RMB 10,000-15,000
成交价：RMB11,500

白玉洪福齐天纸镇
A Carved White Jade Paper Weight with Bat Design
清中期 Mid Qing BH 北京翰海
2012-12-8 Lot2137 L 8cm
估价：RMB 40,000-50,000
成交价：RMB48,300

白玉望子成龙纸镇
A Carved White Jade Paper Weight with Dragon Design
清中期 Mid Qing BH 北京翰海
2012-12-8 Lot2138 L 15.7cm
估价：RMB 60,000-80,000
成交价：RMB69,000

白玉“太师少师”镇纸
清 Qing BP 北京保利
2012-4-23 Lot1910 L 7cm
估价：无底价
成交价：RMB 13,800

白玉书卷镇纸
清 Qing BP 北京保利
2012-4-23 Lot1936 L 6.5cm
估价：RMB 20,000-30,000
成交价：RMB 69,000

青白玉仿古纹仿圈
A Circular Pale Celadon Jade Weight
清 Qing C 佳士得
2012-5-30 Lot4303 W 5.4cm
估价：HKD 60,000-80,000
成交价：HKD37,500

青白玉雕耄耋镇

清 Qing BP 北京保利
2012-8-11 Lot602 L 6cm
估价：RMB 40,000-60,000
成交价：RMB46,000

玉髓雕祥云地卧龙镇纸或笔搁

An Unusual Two-Color Agate Weight or Brush Rest
明末 - 清中期 Late Ming-Mid Qing C 佳士得
2012-3-22 Lot1207 L 9.7cm
估价：USD 6,000-8,000
成交价：USD13,750

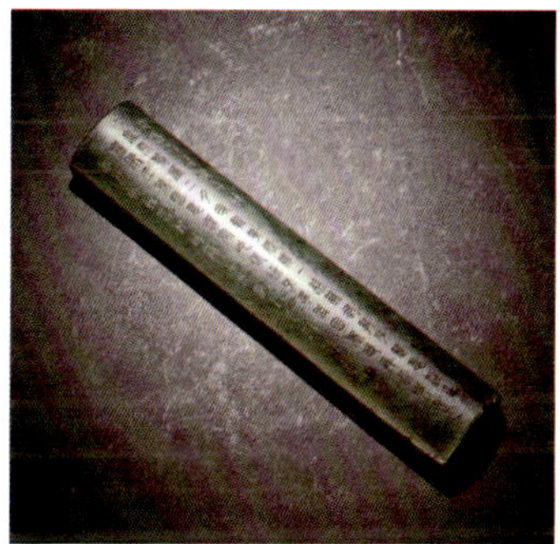

“乾隆御赏”款御制诗文碧玉镇尺

乾隆 Qianlong BP 北京保利
2012-4-21 Lot63 H 16.5cm
估价：无底价
成交价：RMB 25,300

黄玉雕卧羊镇

A Finely Carved Jade Paperweight
明末清初 Late MingEarly Qing BC 北京诚轩
2012-10-28 Lot916 9.4×6×4cm
估价：RMB 200,000-280,000
成交价：RMB471,500

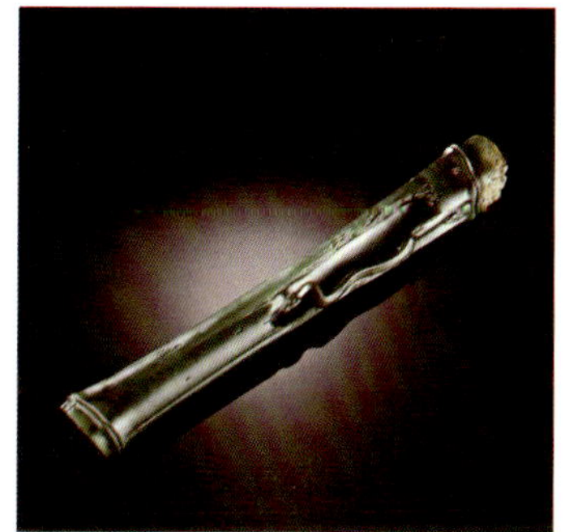

邱启敬 碧玉竹蛇镇纸

Qiu Qijing A Spinach-Green Jade Paperweight with Snake Pattern
年代不详 Unknown XLA 西泠印社
2012-7-7 Lot1973 258×33×23mm；W 369g
估价：RMB 80,000-120,000
成交价：RMB92,000

玉雕荸荠纸镇

A Jade Paperweight
年代不详 Unknown GD 中国嘉德
2012-6-16 Lot3853 L 5cm
估价：RMB 10,000-20,000
成交价：RMB11,500

黄玉螭龙纸镇、白玉人物纹牌各一件

A Yellow Jade Paperweight and A White Jade Pendant
年代不详 Unknown GD 中国嘉德
2012-6-16 Lot3886 L 5.9cm；L 6.3cm
估价：无底价
成交价：RMB2,300

黄玉书卷梅花镇
年代不详 Unknown BP 北京保利
2012-10-25 Lot1437 L 6cm
估价：RMB 15,000-25,000
成交价：RMB 20,700

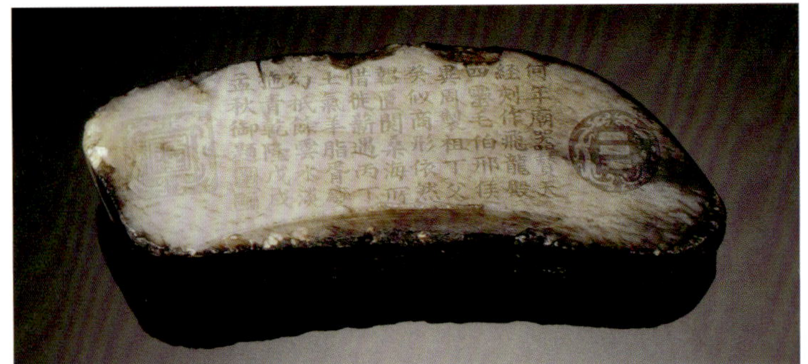

古玉乾隆御题诗镇纸
A Rare and Fine Inscribed Ancient Jade Paper Weight
乾隆 Qianlong BP 北京保利
2012-6-5 Lot6191 L 12cm
估价：RMB 1,000,000-1,500,000
成交价：RMB2,070,000

张晓玲 天禄 糖玉镇纸
Zhang Xiaoling A Jade Ornament with Mythical Beast Patterns
年代不详 Unknown XLA 西泠印社
2012-10-21 Lot45 94×33×56mm；W 180.1g
估价：无底价
成交价：RMB11500

墨玉螭龙纹文带式纸镇
A Carved Black Jade Paper Weight with Dragon Design
清中期 Mid Qing BH 北京翰海
2012-5-27 Lot2054 L 28.1cm
估价：RMB 40,000-60,000
成交价：RMB46,000

黄玉节节高纸镇
A Carved Yellow Jade Bamboo Shoots Shaped Paper Weight
清 Qing BH 北京翰海
2012-12-8 Lot2134 L 10.5cm
估价：RMB 25,000-30,000
成交价：RMB28,750

黄玉留皮龙纹书卷形诗文镇
乾隆 Qianlong BP 北京保利
2012-10-24 Lot993 L 8cm
估价：RMB 350,000-450,000
成交价：RMB598,000

玉雕苍龙教子镇
A Rare and Finely Carved Jade Paperweight
乾隆 Qianlong BC 北京诚轩
2012-5-13 Lot226 6.9×5.8×3cm
估价：RMB 250,000-300,000
成交价：RMB287,500

黄玉雕凤纹纸镇
A Carved Yellow Jade Phoenix Paperweight
元 - 明 Yuan-Ming BD 北京东正
2012-12-31 Lot111 L 7.5 cm
估价：RMB 600,000-800,000
成交价：RMB782,000

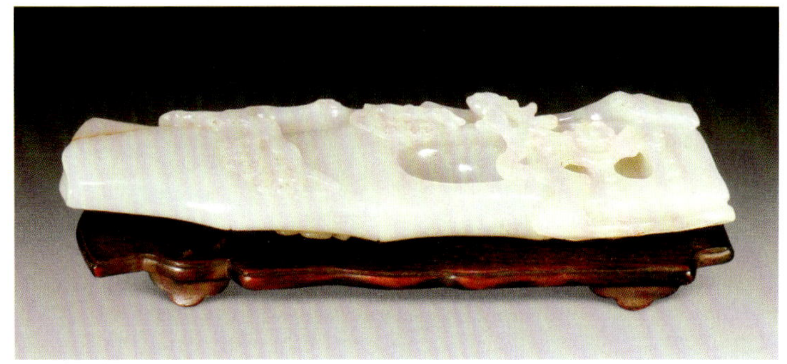

白玉松竹梅纹臂搁
A White Jade Arm Rest
年代不详 Unknown GD 中国嘉德
2012-9-16 Lot3009 L 16cm
估价：RMB 10,000-20,000
成交价：RMB11,500

旧玉太白醉酒纸镇
An Old Jade "Drunken Libai" Paperweight
明 Ming GD 中国嘉德
2012-10-29 Lot4022 L 6.8cm
估价：RMB 20,000-30,000
成交价：RMB195,500

墨玉雕双兽纹纸镇
A Carved Dark Jade Double Animals Paperweight
明 Ming BD 北京东正
2012-5-11 Lot26 L 7.8 cm
估价：RMB 180,000-200,000
成交价：RMB299,000

白玉浮雕山水人物云蝠臂搁
A Fine and Nicely Carved White Jade "Landscape" Wristrest
明 Ming BP 北京保利
2012-6-7 Lot7559 L 17cm
估价：RMB 250,000-350,000
成交价：RMB 345,000

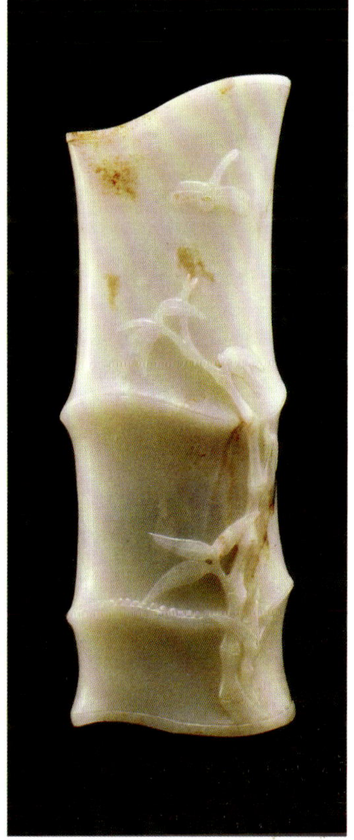

白玉雕"节节高升"臂搁
A Fine White Jade Carved Bamboo-Shape Armrest
乾隆 Qianlong KS 北京匡时
2012-6-4 Lot1356 L 17.7cm
估价：RMB 200,000-220,000
成交价：RMB258,750

白玉雕竹节臂搁

A White Jade Carving Arm Rest with Bamboo Joint Motif
清 Qing HC 北京华辰
2012-10-30 Lot198 L 15.5cm
估价：RMB 70,000-80,000
成交价：RMB80,500

白玉花鸟题诗臂搁

A Carved White Jade Flower and Birds Armrest with Poem Insceription
乾隆 Qianlong BP 北京保利
2012-12-6 Lot6224 L 15cm
RMB 150,000-200,000
RMB195,500

白玉福寿双全笔搁

A White Jade Rectangular Brush Rest
清 18-19 世纪 Qing,18th-19th Century C 佳士得
2012-3-22 Lot1915 L 18.2cm
估价：USD 4,000-6,000
成交价：USD5,000

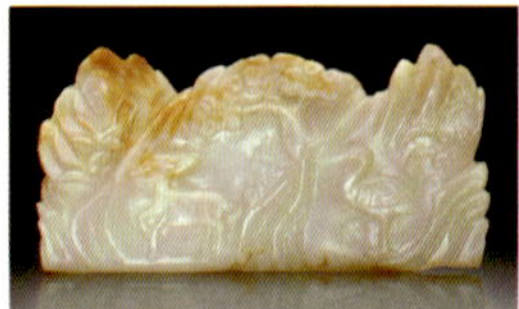

青白玉鹿鹤同春山子形笔搁

A Pale Greenish-White and Russet Jade Mountain-Form Brush Rest
清 19 世纪 19th Century C 佳士得
2012-9-13 Lot1080 L 10.5cm
估价：USD 6,000-8,000
成交价：USD7,500

青玉母子螭纹臂搁

明末清初 Late MingEarly Qing BP 北京保利
2012-10-24 Lot745 L 15.5cm
估价：无底价
成交价：RMB92,000

青白玉雕“后赤壁赋”图臂搁

A Pale Celadon Jade Wrist Rest
清 18-19 世纪 Qing, 18-19th Century S 苏富比
2012-9-12 Lot384 L 13.6cm
估价：USD 7,000-9,000
成交价：USD15,000

邱启敬 虚心高节 青玉摆件

Qiu Qijing A Celadon Jade Ornament of Bamboo
年代不详 Unknown XLA 西泠印社
2012-7-7 Lot1972 207×28mm；W 70g
估价：无底价
成交价：RMB57,500

青白玉刻诗文砚

清 Qing PAC 太平洋
2012-6-16 Lot509 L 18.5cm
估价：RMB 20,000-20,000
成交价：RMB27,600

白玉“太平有象”图墨砚

A Carved White Jade Inkstone
清 18 世纪 Qing , 18th Century S 苏富比
2012-5-16 Lot8 16.5cm
估价：GBP 20,000-30,000
成交价：GBP67,250

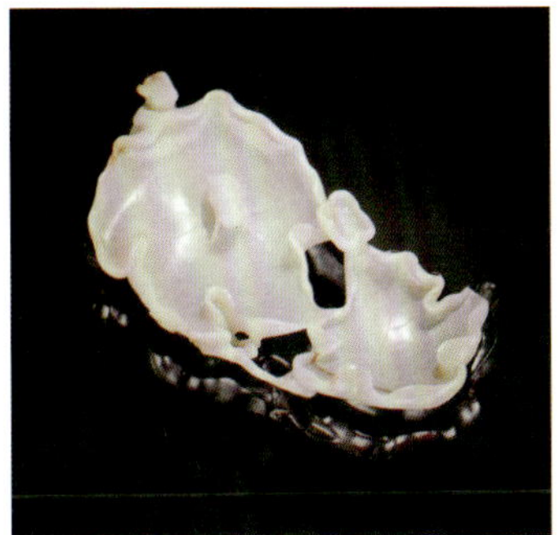

白玉叶形笔舔
年代不详 Unknown BP 北京保利
2012-10-25 Lot1438 L 17cm
估价：无底价
成交价：RMB 20,700

白玉笔舔
明 Ming BP 北京保利
2012-4-22 Lot1456 L 6.3cm
估价：无底价
成交价：RMB13,800

古玉鼓形铭文圆砚
A Fine and Nice Drum-Shaped Ancient Jade Inkstone
明 Ming BP 北京保利
2012-6-6 Lot7102 D 17.2cm
估价：RMB 100,000-200,000
成交价：RMB184,000

碧玉虎形砚
A Jasper Inkstone
年代不详 Unknown GD 中国嘉德
2012-9-16 Lot3165 L 12cm
估价：无底价
成交价：RMB13,800

白玉砚
A White Jade Inkstone
年代不详 Unknown GD 中国嘉德
2012-9-16 Lot3013 L 14.5cm
估价：无底价
成交价：RMB32,200

白玉荷蟹砚
清 Qing BP 北京保利
2012-8-11 Lot901 L 16cm
估价：RMB 50,000-80,000
成交价：RMB57,500

青白玉仿古钟形砚
An Archaistic Celadon Jade "Bell" Inkstone
清 17-18 世纪 Qing,17-18th Century S 苏富比
2012-4-4 Lot3021 15cm
估价：HKD 300,000-400,000
成交价：HKD300,000

墨玉鹅形砚
A Carved Black Jade Goose Shaped Inkstone
清中期 Mid Qing BH 北京翰海
2012-5-27 Lot2044 L 14.8cm
估价：RMB 50,000-70,000
成交价：RMB57,500

墨玉巧雕漪澜堂山水图小砚
An Imperial Black Jade Carved Ink Stone
乾隆 Qianlong BC 北京诚轩
2012-10-28 Lot886 8.1 × 8.6 × 2.2cm
估价：RMB 30,000-50,000
成交价：RMB264,500

白玉龙纹笔添
A Fine Carved White Jade Dragon Ink Pallet
清 Qing BP 北京保利
2012-12-6 Lot6169 L 6.6cm
估价：RMB 10,000-20,000
成交价：RMB34,500

玉雕狮瑞兽笔舔（三件）
清 Qing BP 北京保利
2012-4-22 Lot1302 尺寸不一
估价：无底价
成交价：RMB9,200

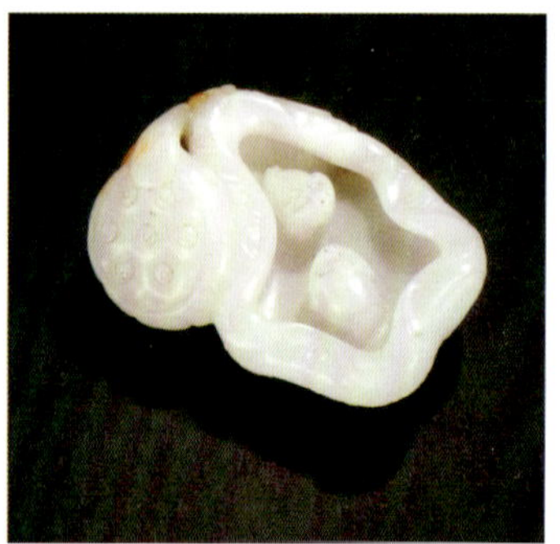

白玉双蛙小笔舔
清 Qing BP 北京保利
2012-10-24 Lot983 L 4.5cm
估价：RMB 25,000-35,000
成交价：RMB34,500

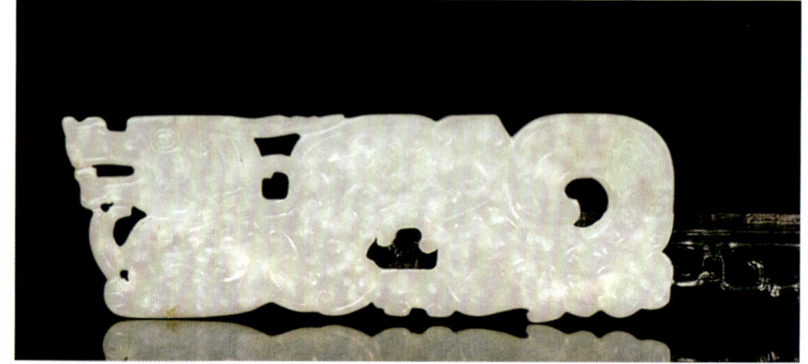

青白玉龙纹墨床
A Greenish-White Jade Ink Rest
清 Qing GD 中国嘉德
2012-9-17 Lot4122 L 14cm
估价：无底价
成交价：RMB17,250

玉笔架
A Jade Penholder
明 Ming GD 中国嘉德
2012-5-17 Lot3409 9.8×4.6×8.8cm
估价：RMB 10,000-50,000
成交价：RMB34,500

黑白玉巧雕梅花墨床
清中期 Mid Qing BP 保利香港
2012-11-25 Lot847 L 9cm
HKD 120,000-150,000
HKD138,000

白玉墨床
清 Qing BP 北京保利
2012-4-23 Lot2367 L 5.5cm
估价：RMB 2,000-5,000
成交价：RMB 20,700

白玉花鸟云龙纹铊尾
明 Ming BP 北京保利
2012-10-24 Lot746 L 17cm
估价：无底价
成交价：RMB230,000

白玉龙形墨床
A Carved White Jade Dragon Ink Stand
清中期 Mid Qing BH 北京翰海
2012-5-27 Lot2402 L 14.2cm
估价：RMB 50,000-80,000
成交价：RMB69,000

白玉喜鹊登梅诗文墨床
A Carved White Jade Ink Stand with Magpie Design
清中期 Mid Qing BH 北京翰海
2012-5-27 Lot2052 H 14.9cm
估价：RMB 40,000-60,000
成交价：RMB103,500

玉雕诗文墨床
A Jade Ink Rest
清 Qing GD 中国嘉德
2012-9-16 Lot2969 L 12.6cm
估价：无底价
成交价：RMB4,600

白玉松树桩形墨床
A White Jade Ink Cake Rest
清 18 世纪 Qing,18th Century C 佳士得
2012-5-30 Lot4206 L 7.9cm
估价：HKD 400,000-600,000
成交价：HKD475,000

白玉梅花墨床
清 Qing BP 北京保利
2012-4-23 Lot1935 L 9cm
估价：RMB 30,000-50,000
成交价：RMB 63,250

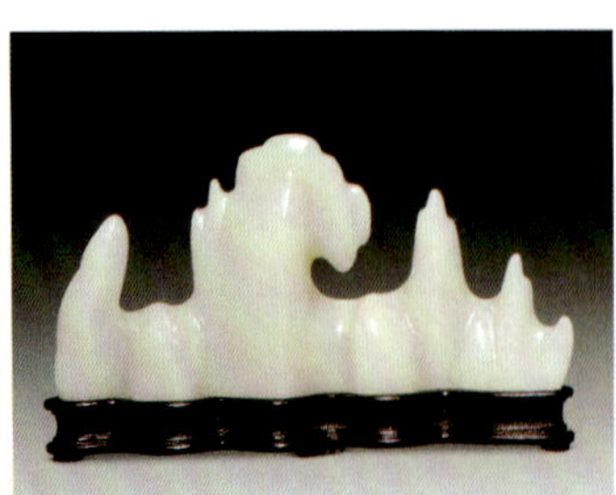

白玉笔山
A White Jade Brushholder
年代不详 Unknown GD 中国嘉德
2012-9-16 Lot2975 L 13cm
估价：无底价
成交价：RMB9,200

白玉圆雕荷叶笔架连原装座
A Very Rare and Fine White Jade Carved Penholder with Original Box
乾隆 Qianlong KS 北京匡时
2012-12-5 Lot1957 L 24.5cm
估价：RMB 400,000-450,000
成交价：RMB460,000

白玉雕卧马纹笔架
A White Jade Crouching Horse Brushrest
明 Ming BD 北京东正
2012-12-31 Lot116 L 6.5 cm
估价：RMB 80,000-100,000
成交价：RMB92,000

白玉荷塘鹭鸶笔架
A Nice White Jade Brush Stand
清 Qing BP 北京保利
2012-6-7 Lot7735 L 24.5cm
估价：RMB 50,000-80,000
成交价：RMB 253,000

白玉渔乐图笔架
A Nice White Jade “Fishing” Brush Stand
清 Qing BP 北京保利
2012-6-7 Lot7491 L 9.8cm
估价：RMB 40,000-60,000
成交价：RMB 46,000

白玉雕刘海戏蟾纹笔架
A White Jade Brushrest
明 Ming BD 北京东正
2012-5-11 Lot230 L 5.5 cm
估价：RMB 300,000-350,000
成交价：RMB368,000

白玉雕菱角
清 Qing BSA 古天一
2012-12-2 Lot1102 L 6.5cm
估价：RMB 260,000-320,000
成交价：RMB322,000

黄玉梅花诗文笔架
A Carved Yellow Jade Brush Holder with Plum Blossom Design
清 Qing BH 北京翰海
2012-12-8 Lot2166 L 15.5cm
估价：RMB 120,000-150,000
成交价：RMB138,000

白玉螭龙纹笔架
A Carved White Jade Brush Rest
清 Qing BH 北京翰海
2012-5-27 Lot2407 L 15.3cm
估价：RMB 120,000-160,000
成交价：RMB138,000

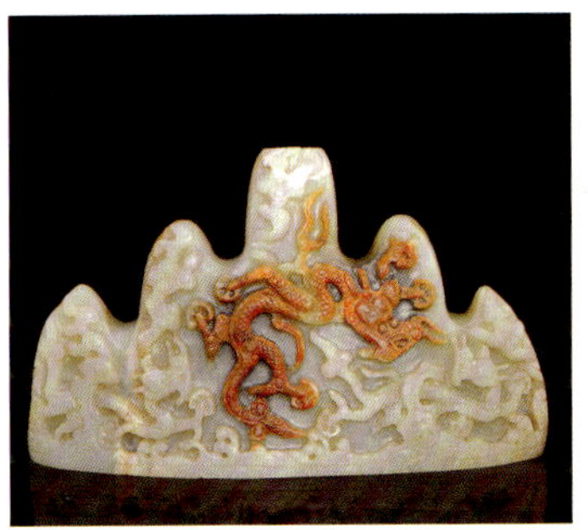

褐皮浅青玉水波游龙“鱼跃龙门”图笔搁
A Celadon Jade "Dragon" Brushrest
明 16 世纪 Ming , 16th Century S 苏富比
2012-5-16 Lot22 19cm
估价：GBP 3,000-5,000
成交价：GBP67,250

青白玉笔架山
明或更早 Ming or Earlier BP 北京保利
2012-10-24 Lot800 L 10cm
估价：无底价
成交价：RMB184,000

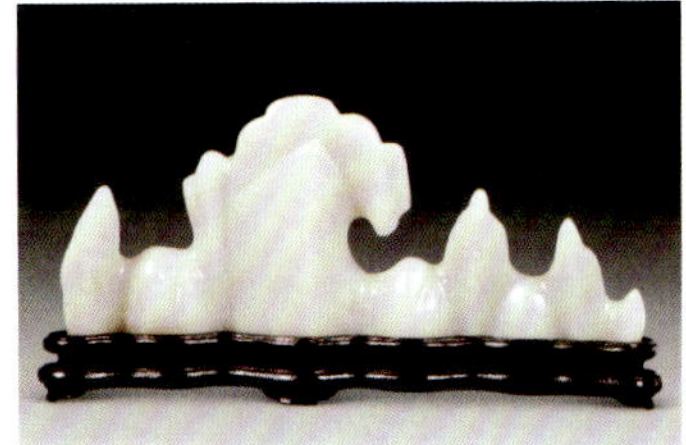

青白玉笔山
A Celadon Jade Brushholder
清 Qing GD 中国嘉德
2012-9-16 Lot3187 L 13.2cm
估价：无底价
成交价：RMB8,050

青玉笔架
A Celadon Jade Brushholder
年代不详 Unknown GD 中国嘉德
2012-9-16 Lot3247 L 8.9cm
估价：无底价
成交价：RMB2,300

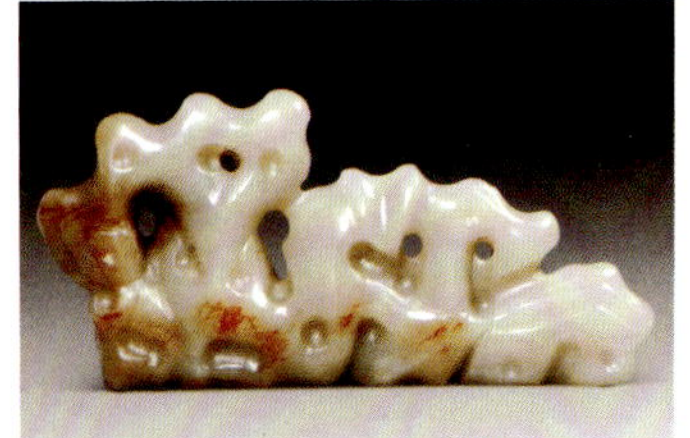

青玉留皮笔山
A Celadon Jade Brushholder
清 Qing GD 中国嘉德
2012-6-16 Lot3874 L 12.2cm
估价：RMB 3,000-5,000
成交价：RMB5,750

碧玉笔山
A Jasper Brushholder
清 Qing GD 中国嘉德
2012-9-16 Lot3137 L 12.5cm
估价：无底价
成交价：RMB3,450

碧玉笔山
A Jasper Brushholder
年代不详 Unknown GD 中国嘉德
2012-9-16 Lot3166 L 12cm
估价：无底价
成交价：RMB1,150

碧玉笔山
A Jasper Brushholder
清 Qing GD 中国嘉德
2012-6-16 Lot3657 L 12.5cm
估价：无底价
成交价：RMB4,600

玉雕卧马笔架
A Carved Jade Figure Horse
明早期 Early Ming GD 中国嘉德
2012-5-16 Lot3340 9.3×4.2×7.9cm
估价：RMB 280,000-500,000
成交价：RMB805,000

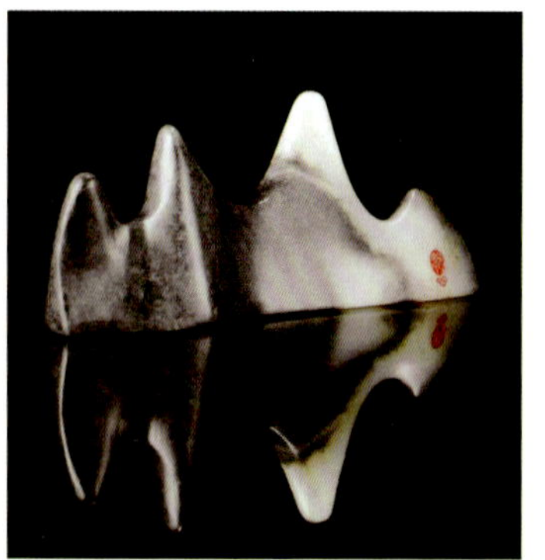

邹作志 墨染群山 青花笔架
Zou Zuozhi A "Qing Hua" Jade Brush Holder
年代不详 Unknown XLA 西泠印社
2012-7-7 Lot2078 95×45×20mm；W 90g
估价：无底价
成交价：RMB36,800

白玉描金云龙诗文帽架（一对）
A Pair of White Jade Hatholders
年代不详 Unknown GD 中国嘉德
2012-6-16 Lot3377 H 26cm
估价：无底价
成交价：RMB9,200

白玉嵌碧玉双龙戏珠纹冠架
A Very Rare White Jade Inlaid Jasper "Doulbe Dragon" Hallstand
乾隆 Qianlong KS 北京匡时
2012-12-5 Lot1955 H 31cm
估价：RMB 1,300,000-1,500,000
成交价：RMB1,495,000

碧玉河清海宴烛台（一对）
A Pair of Green Jade Bird-Form Pricket Candlesticks
清 18-19 世纪 Qing,18th-19th Century C 佳士得
2012-3-22 Lot1820 H 22.9cm × 2
估价：USD 10,000-15,000
成交价：USD20,000

碧玉宝鸭式烛台一对
A Pair of Spinach-Green Jade "Duck" Candlesticks
清 19 世纪 Qing,19th Century C 佳士得
2012-11-6 Lot203 H 22.6cm × 2
估价：GBP 10,000-15,000
成交价：GBP12,500

碧玉配白玉灯台一对
A Pair of Green and White Jade Pricket Candlestickslate
清 Qing S 苏富比
2012-3-20 Lot272 H 15cm
估价：USD 8,000-12,000
成交价：USD25,000

鎏金铜嵌翠玉双凤和鸣钟
A Jadeite and Gilt-Bronze Clock the Mounts Stamped
年代不详 Unknown C 佳士得
2012-9-13 Lot1049 H 28.8cm
估价：USD 60,000-80,000
成交价：USD74,500

白玉扳指镶银纹制餐具（两件）
清 Qing BP 北京保利
2012-4-23 Lot2138 H 5.5cm；H 5cm
估价：RMB 20,000-30,000
成交价：RMB 23,000

翠玉烛台（一对）
Two Mottled Green Jadeite Candlesticks
年代不详 Unknow C 佳士得
2012-3-22 Lot1922 H 27.3cm × 2
估价：USD 10,000-15,000
成交价：USD12,500

白玉龙柄放大镜
清 Qing BP 北京保利
2012-8-11 Lot659 H 20cm
估价：无底价
成交价：RMB13,800

白玉龙纹银嵌宝石手镜
清 Qing BP 北京保利
2012-4-23 Lot2097 L 21.5cm
估价：RMB 25,000-35,000
成交价：RMB 28,750

碧玉花卉纹烛台
A Jasper Candlestick
年代不详 Unknown GD 中国嘉德
2012-9-16 Lot3148 H 25.5cm
估价：无底价
成交价：RMB20,700

碧玉烛台（一对）
A Pair of Jasper Candlesticks
清 Qing GD 中国嘉德
2012-9-16 Lot3139 H 33.7cm
估价：无底价
成交价：RMB11,500

碧玉仿隋唐“炼形神冶”铭瑞兽葡萄镜
A Carved Celadon Jade Minor with Mythical Beast Design
清中期 Mid Qing BH 北京翰海
2012-12-8 Lot2300 D 9.8cm
估价：RMB 200,000-250,000
成交价：RMB1,207,500

碧玉“海晏清安”烛台（一对）
A Couple of Extremely Rare and Fine Jasper Carved Candleholder
乾隆 Qianlong KS 北京匡时
2012-12-5 Lot1996 H 25cm × 2
估价：RMB 800,000-1,000,000
成交价：RMB920,000

碧玉诗文烛台（一对）
A Pair of Jasper Candlesticks
清 Qing GD 中国嘉德
2012-6-16 Lot3666 H 17cm
估价：无底价
成交价：RMB32,200

白玉杆碧玉毛笔
清 Qing BP 北京保利
2012-4-21 Lot58 L 22cm
估价：无底价
成交价：RMB 11,500

白玉雕穿花龙纹毫笔（两枝）
Two Pale Greenish-White Jade Brushes
清中期 Mid Qing C 佳士得
2012-5-30 Lot4207 L 18.7cm;L 14.6cm
估价：HKD 150,000-200,000
成交价：HKD500,000

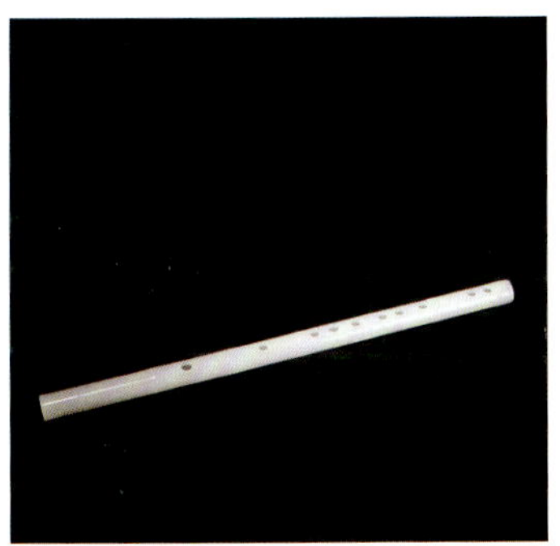

白玉笛
年代不详 Unknown BP 北京保利
2012-10-25 Lot1450 L 48cm
估价：无底价
成交价：RMB 11,500

白玉雕笔
A Carved White Jade Brush
清中期 Mid Qing BD 北京东正
2012-10-31 Lot525 L 24.8 cm
估价：RMB 50,000-60,000
成交价：RMB57,500

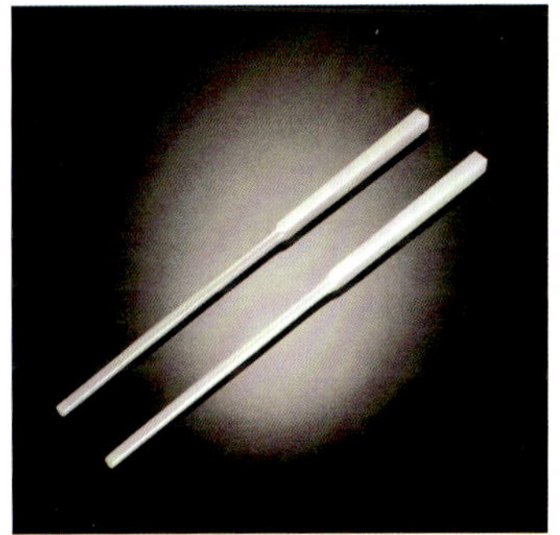

青白玉筷子
A Pair of Greenish-White Jade Chopstick
清 Qing BP 北京保利
2012-6-7 Lot7586 L 27.8cm
估价：RMB 30,000-50,000
成交价：RMB 74,750

玉雕云龙纹福寿烟管
A Carved Jade Opium Pipe
清 Qing BC 北京诚轩
2012-10-28 Lot926 L 44cm
估价：RMB 30,000-50,000
成交价：RMB34,500

白玉螭龙毛笔
A Chinese Brush
清 Qing TT 北京传是
2012-7-8 Lot1412 L 26cm
估价：RMB 20,000-25,000
成交价：RMB28,750

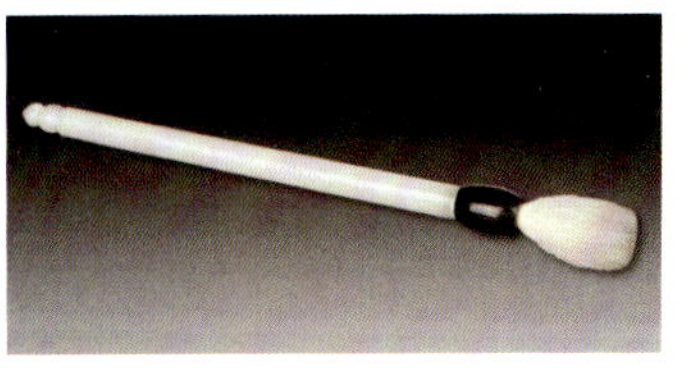

白玉笔
A White Jade Writing Brush
年代不详 Unknown GD 中国嘉德
2012-9-16 Lot3208 L 24.2cm
估价：无底价
成交价：RMB3,450

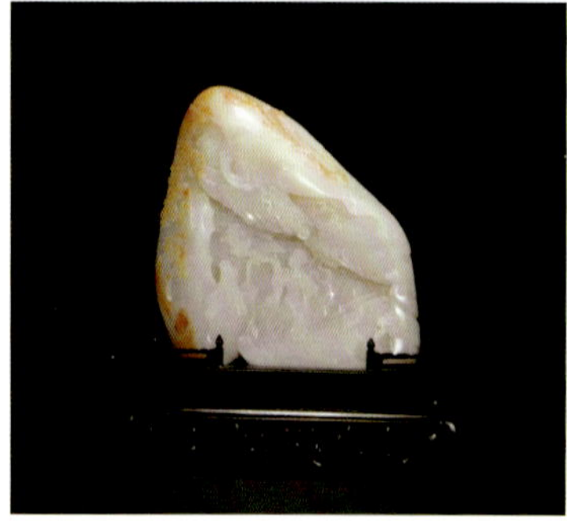
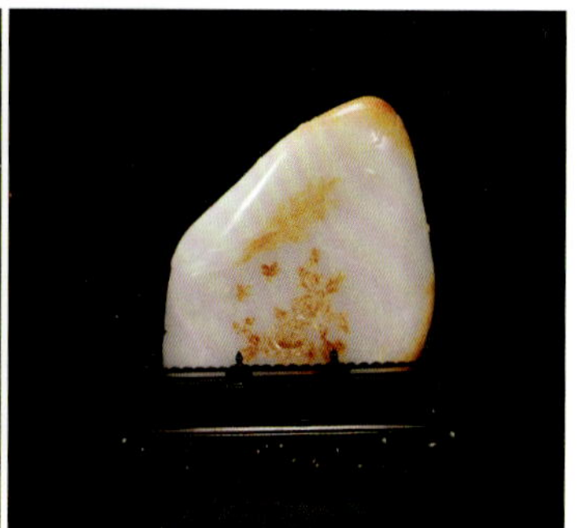

吹箫引凤
年代不详 Unknown RB 北京荣宝
2012-11-25 Lot1798 138×140×50mm，W 1351g
估价：RMB 420,000-480,000
成交价：RMB504,000

碧玉毛笔两只
Two Spinach Jade Brushes
清 19 世纪 19th Century S 苏富比
2012-3-20 Lot209 L 19.1cm
估价：USD 6,000-8,000
成交价：USD7,500

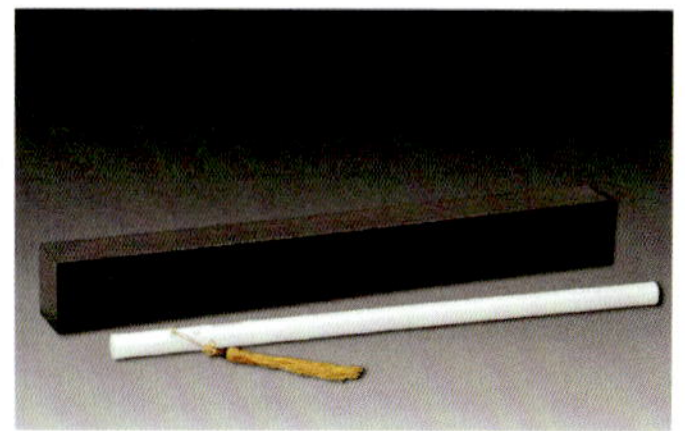

白玉箫
清 Qing BP 北京保利
2012-4-23 Lot2179 L 62.5cm
估价：无底价
成交价：RMB 34,500

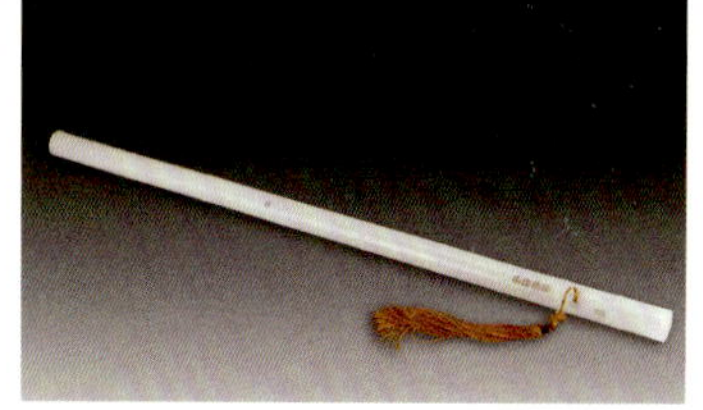

白玉箫
清 Qing BP 北京保利
2012-8-11 Lot921 L 67cm
估价：无底价
成交价：RMB69,000

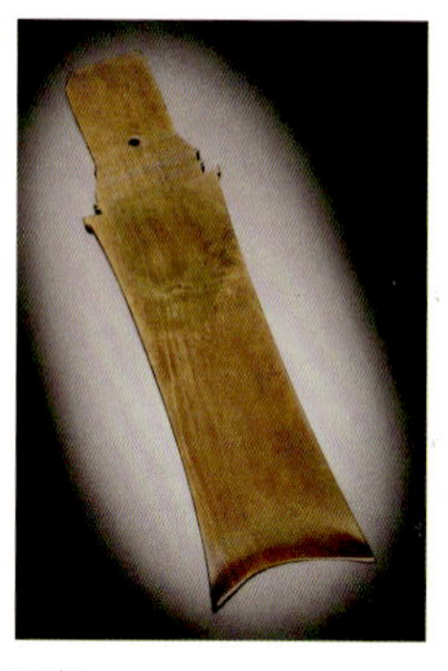

青玉牙璋
A Brownish-Olive Jade Ceremonial Blade, Yazhang
年代不详 Unknown C 佳士得
2012-9-13 Lot1002 L 30.5cm
估价：USD 6,000-8,000
成交价：USD74,500

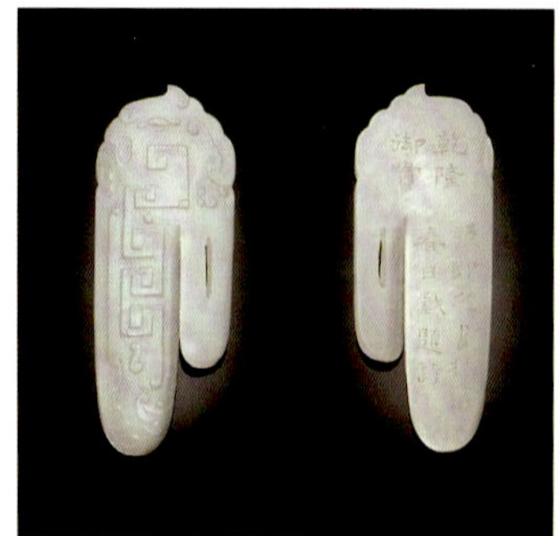

白玉凤首签子 刻《乾隆御賞》、《張既之書杜甫春日戲題詩》字
A Rare Imperial Inscribed White Jade Scroll Clasp
乾隆 Qianlong C 佳士得
2012-3-22 Lot1876 L 7cm
估价：USD 20,000-30,000
成交价：USD56,250

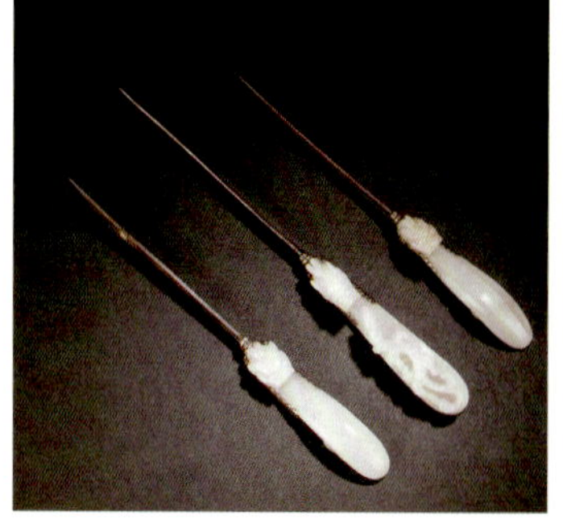

玉龙柄裁纸刀（三件）
清 Qing BP 北京保利
2012-8-11 Lot648 尺寸不一
估价：无底价
成交价：RMB17,250

白玉一帆风顺摆件
年代不详 Unknown BP 北京保利
2012-8-11 Lot849 H 11cm
估价：无底价
成交价：RMB11,500

白玉路路通摆件

年代不详 Unknown BP 北京保利
2012-8-11 Lot1046 H 15cm
估价：无底价
成交价：RMB11,500

白玉八吉祥纹法铃

A Carved White Jade Bell with "Babao" Pattern
清 Qing BH 北京翰海
2012-5-27 Lot2417 L 11.8cm
估价：RMB 800,000-1,200,000
成交价：RMB897,000

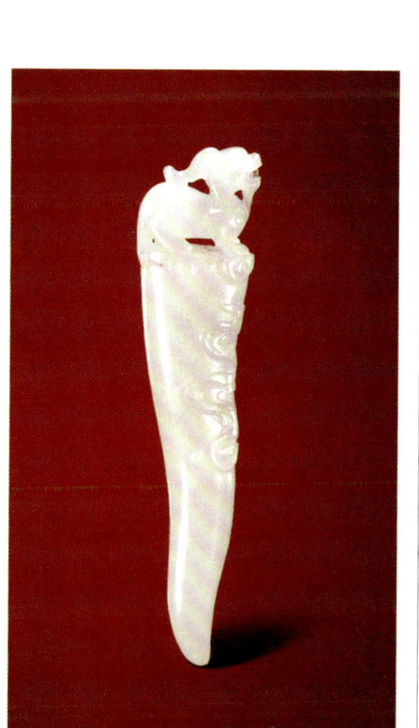

白玉兽钮觽

A Carved White Jade "Xi" with Dragon Design
清中期 Mid Qing BH 北京翰海
2012-12-8 Lot2089 H 8.8cm
估价：RMB 20,000-30,000
成交价：RMB23,000

白玉琴棋书画

A Carved White Jade Pendant with Book and Guqin Design
清中期 Mid Qing BH 北京翰海
2012-12-8 Lot2281 L 5.8cm
估价：RMB 30,000-40,000
成交价：RMB46,000

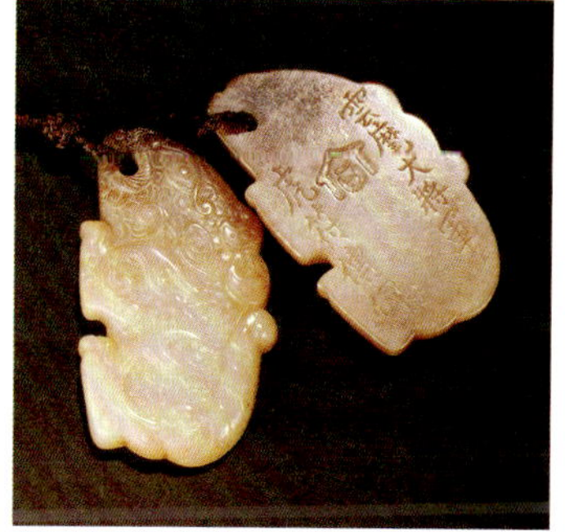

玉雕虎符

明 Ming BP 北京保利
2012-8-11 Lot727 L 5.5cm
估价：RMB 5,000-8,000
成交价：RMB11,500

玉雕虎符
清 Qing BP 北京保利
2012-8-11 Lot743 L 4cm
估价：RMB 5,000-8,000
成交价：RMB17,250

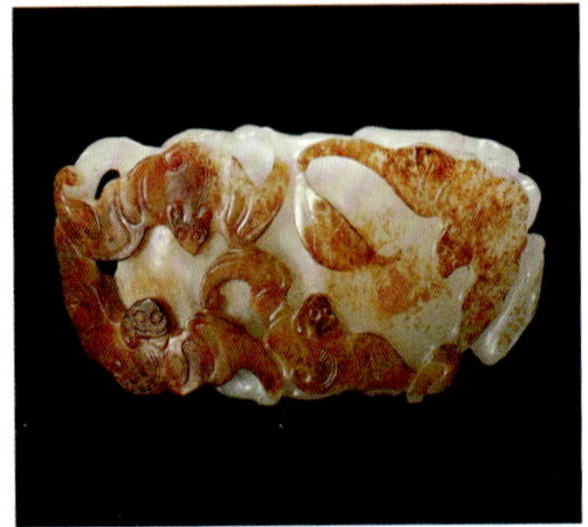

白玉洒金五蝠捧寿
A Carved White Jade Pendant with Squirrel Design
清 Qing BH 北京翰海
2012-12-8 Lot2074 L 7cm
估价：RMB 80,000-100,000
成交价：RMB92,000

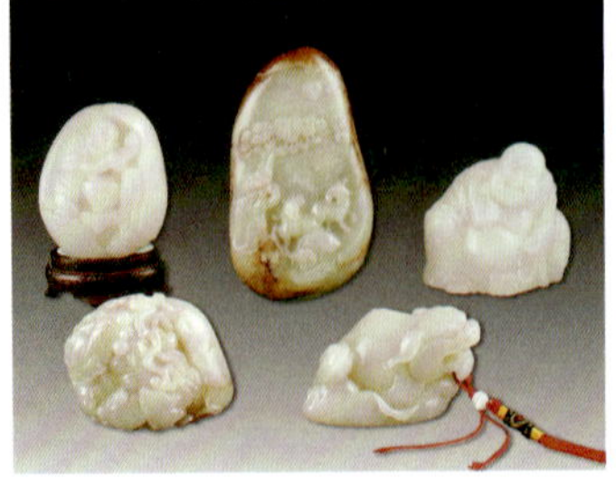

青玉（五件）
年代不详 Unknown BP 北京保利
2012-8-11 Lot945 尺寸不一
估价：无底价
成交价：RMB28,750

青白玉填金“御制石舫记”玉册
An Imperial Inscribed Greenish-White Jade Book with Original Cover
乾隆 Qianlong BP 北京保利
2012-6-5 Lot6185 L 10 ; W 7cm
估价：RMB 800,000-1,200,000
成交价：RMB1,495,000

玉谥册
A Rare Incised and Gilt-Decorated Jade Ten-Tablet Book
清 Qing C 佳士得
2012-3-22 Lot1805 28.3 × 12.6 × 1cm
估价：USD 70,000-90,000
成交价：USD104,500

白玉镂雕“一路连科”纹帽顶
A Carved White Jade Hat Finial
元 - 明 Yuan-Ming S 苏富比
2012-11-7 Lot394 6.7cm
估价：GBP 4,000-6,000
成交价：GBP16,250

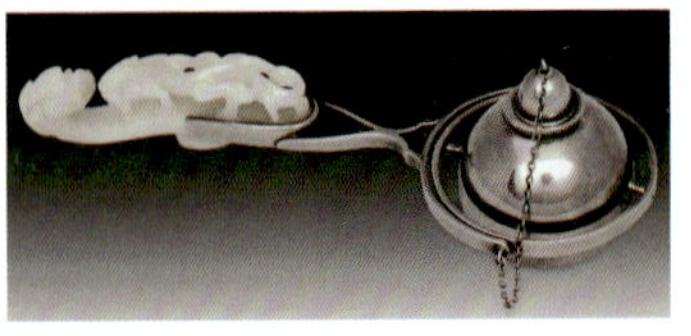

白玉雕龙纹带钩柄嵌银提灯
清 Qing RB 北京荣宝
2012-3-10 Lot372 L 20cm
估价：RMB 30,000-60,000
成交价：RMB33,600

白玉龙钩柄裁纸刀
A White Jade Dragon Head Paper Knife
清 Qing BP 北京保利
2012-6-7 Lot7464 L 21cm
估价：RMB 40,000-60,000
成交价：RMB 48,300

杨万发、林文苑 药师琉璃光如来 白玉摆件
Yang Wanfa and Lin Wenyuan A White Jade Ornament of Medicine Buddha
年代不详 Unknown XLA 西泠印社
2012-7-7 Lot2073 145 × 115 × 50mm ；W 1017g
估价：RMB 600,000-900,000
成交价：RMB805,000

碧玉算盘
A Jasper Abacus
年代不详 Unknown GD 中国嘉德
2012-9-16 Lot3159 32.2 × 14.6cm
估价：RMB 3,000-5,000
成交价：RMB32,200

玉雕释迦像
清中期 Mig Qing BP 北京保利
2012-10-25 Lot1404 H 14cm
估价：无底价
成交价：RMB 92,000

青玉释迦像
清 Qing BP 北京保利
2012-4-22 Lot1264 H 14cm
估价：RMB 80,000-100,000
成交价：RMB92,000

玉雕佛像
A Jade Figure of Buddha
年代不详 Unknown GD 中国嘉德
2012-9-16 Lot2914 H 6.1cm
估价：无底价
成交价：RMB8,050

白玉佛像
A White Jade Figure of Buddha
年代不详 Unknown GD 中国嘉德
2012-6-16 Lot3566 H 23cm
估价：无底价
成交价：RMB11,500

白玉雕释迦牟尼佛像
A Fine White Jade Figure of Sakyamuni
乾隆 Qianlong BD 北京东正
2012-10-31 Lot228 H 20.3cm
估价：RMB 1,300,000-1,500,000
成交价：RMB1,955,000

白玉圆雕十六应真坐像
A Fine and Rare White Jade Carved Buddha Figure
乾隆 Qianlong KS 北京匡时
2012-12-5 Lot2006 H 8cm
估价：RMB 200,000-250,000
成交价：RMB230,000

白玉佛像
A White Jade Figure of Buddha
年代不详 Unknown GD 中国嘉德
2012-6-16 Lot3449 H 8.2cm
估价：无底价
成交价：RMB16,100

白玉佛像
A White Jade Figure of Buddha
年代不详 Unknown GD 中国嘉德
2012-6-16 Lot3455 H 21cm
估价：无底价
成交价：RMB25,300

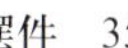

白玉雕无量寿佛坐像
A Very Rare and Nicely Carved White Jade Figure of Amitayus
乾隆 Qianlong BP 北京保利
2012-6-7 Lot7666 H 21.5cm
估价：RMB 500,000-800,000
成交价：RMB 782,000

白玉配碧玉座佛（一尊）
年代不详 Unknown BP 北京保利
2012-10-25 Lot1446 H 20cm
估价：无底价
成交价：RMB 23,000

白玉弥勒
明 Ming BP 北京保利
2012-4-22 Lot1248 L 5.5cm
估价：无底价
成交价：RMB57,500

白玉罗汉像
A White Jade Figure of Buddist Arhat
民国 Republic Period GD 中国嘉德
2012-6-16 Lot3450 H 7cm
估价：RMB 30,000-50,000
成交价：RMB34,500

袖珍型白玉佛坐像（两件）
Two Miniature White Jade Buddhist Figures
清 18-19 世纪 Qing,18th-19th Century C 佳士得
2012-3-22 Lot1928 H 5.1cm；H 5.7cm
估价：USD 6,000-8,000
成交价：USD60,000

白玉无量寿佛
明 Ming BP 北京保利
2012-10-24 Lot832 H 7.5cm
估价：RMB 80,000-100,000
成交价：RMB115,000

白玉罗汉摆件
A Carved White Jade Arhat Ornament
清 Qing BH 北京翰海
2012-5-27 Lot2410 H 13.2cm
估价：RMB 250,000-350,000
成交价：RMB287,500

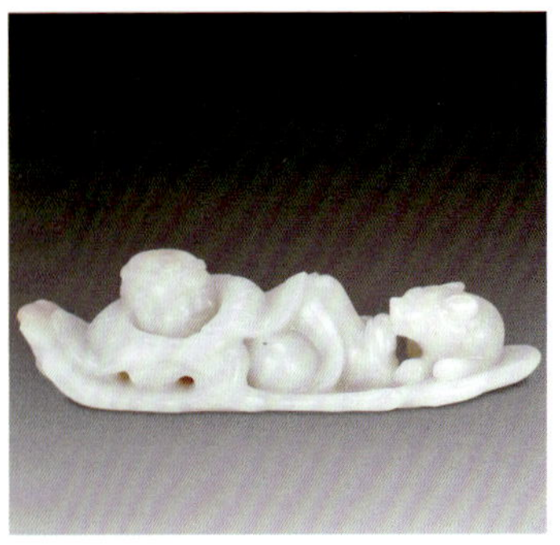

白玉伏虎罗汉摆件
清 Qing BP 北京保利
2012-4-23 Lot2072 L 17.5cm
估价：RMB 10,000-20,000
成交价：RMB 11,500

白玉雕三宝佛
年代不详 Unknown BP 北京保利
2012-4-23 Lot2090 H 27cm
估价：无底价
成交价：RMB 48,300

碧玉雕罗汉座像
清 Qing BP 北京保利
2012-4-23 Lot2225 H 33cm
估价：无底价
成交价：RMB 13,800

青白玉佛像
A Celadon Jade Figure of Buddha
年代不详 Unknown GD 中国嘉德
2012-6-16 Lot3552 H 27cm
估价：无底价
成交价：RMB8,050

青白玉佛像
A Celadon Jade Figure of Buddha
年代不详 Unknown GD 中国嘉德
2012-9-16 Lot2967 H 12.3cm
估价：无底价
成交价：RMB9,200

青白玉佛像
A Celadon Jade Figure of Buddha
清 Qing GD 中国嘉德
2012-6-16 Lot3596 H 5.9cm
估价：无底价
成交价：RMB4,600

白玉雕阿弥陀佛座像
A Rare White Jade Figure of Amitabha
乾隆 Qianlong BP 北京保利
2012-12-5 Lot5704 H 11.7cm
估价：RMB 550,000-850,000
成交价：RMB632,500

青白玉释迦像
清 Qing BP 北京保利
2012-8-11 Lot862 H 19cm
估价：无底价
成交价：RMB74,750

青白玉佛坐像
A Pale Celadon Jade Figure of Buddha
清 19 世纪 Qing , 19th Century S 苏富比
2012-5-16 Lot200 20cm
估价：GBP 6,000-8,000
成交价：GBP115,250

灰青玉佛坐像
A Pale Greenish-Grey Jade Figure of Buddha
清 18-19 世纪 Qing,18th-19th Century C 佳士得
2012-3-22 Lot1803 H 17.8cm
估价：USD 15,000-25,000
成交价：USD242,500

玉雕释迦牟尼佛像
Jade Carved Statuary of Sakyamuni Buddha(Jade from Hetian of Sinkiang)
永乐 Yongle MCS 澳门中信
2012-6-3 Lot249 H 15.5cm
估价：HKD 3,000,000-3,000,000
成交价：HKD3,450,000

青玉雕释迦摩尼坐像
Celadon Jade Buddha Mounted on A Gilt Bronze Stand
清 18 世纪 Qing,18th Century C 佳士得
2012-11-9 Lot1281 H 24.2cm
估价：GBP 10,000-15,000
成交价：GBP70,850

青白玉佛坐像
A Celadon Jade Figure of Buddha
清 18 世纪 Qing, 181th Century S 苏富比
2012-11-7 Lot231 15.9cm
估价：GBP 8,000-12,000
成交价：GBP70,850

灰玉真武大帝坐像
A Grey Jade Model of Zhen Wu
明 Ming C 佳士得
2012-11-9 Lot1151 H 13.7cm
估价：GBP 10,000-15,000
成交价：GBP16,250

灰玉真武大帝坐像
An Unusual Dated Grey Jade Figure of Zhenwu
明 - 清初 Ming-Early Qing C 佳士得
2012-3-22 Lot1804 H 19.7cm
估价：USD 30,000-50,000
成交价：USD194,500

碧玉佛像
A Jasper Figure of Buddha
清 Qing GD 中国嘉德
2012-9-16 Lot3151 H 13.6cm
估价：无底价
成交价：RMB25,300

碧玉佛像
A Jasper Figure of Buddha
民国 Republic Period GD 中国嘉德
2012-9-16 Lot3168 H 21.4cm
估价：无底价
成交价：RMB8,050

碧玉佛龛连无量寿佛像
A Jasper Figure of Buddha of Boundless Life
年代不详 Unknown GD 中国嘉德
2012-9-16 Lot3152 H 17.5cm
估价：无底价
成交价：RMB11,500

碧玉佛像
A Jasper Figure of Buddha
年代不详 Unknown GD 中国嘉德
2012-9-16 Lot3167 H 19.2cm
估价：无底价
成交价：RMB6,900

黄玉佛
明 Ming BP 北京保利
2012-10-24 Lot833 H 7.7cm
估价：RMB 80,000-100,000
成交价：RMB92,000

黄玉佛像、青玉渔翁像各一件
A Yellow Jade Figure of Buddha and A Celadon Jade Figure
年代不详 Unknown GD 中国嘉德
2012-9-16 Lot3301 H 14.8cm；H 18cm
估价：无底价
成交价：RMB5,750

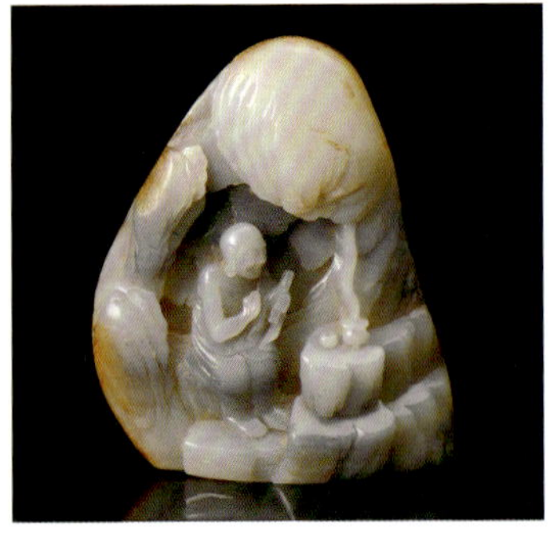

褐斑灰玉“石窟诵经罗汉”
A Grey and Celadon Jade “Luohan in Grotto”
清 18 世纪 Qing , 18th Century S 苏富比
2012-5-16 Lot35 15.8cm
估价：GBP 20,000-30,000
成交价：GBP25,000

黑白玉罗汉摆件
A Black and White Jade “Luohan” Group
清 18 世纪 Qing , 18th Century S 苏富比
2012-5-16 Lot202 15cm
估价：GBP 7,000-9,000
成交价：GBP8,750

一团和气白玉籽料弥勒佛
年代不详 Unknown RB 北京荣宝
2012-3-10 Lot212 W 57g
估价：RMB 50,000-70,000
成交价：RMB72,800

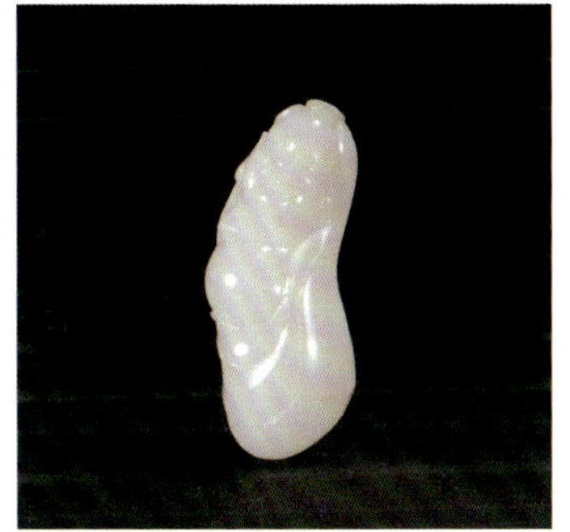

白玉籽料弥勒佛
年代不详 Unknown RB 北京荣宝
2012-3-10 Lot217 W 38.6g
估价：RMB 30,000-50,000
成交价：RMB53,760

白玉籽料弥勒佛摆件
年代不详 Unknown RB 北京荣宝
2012-3-10 Lot275 H 11cm
估价：RMB 300,000-400,000
成交价：RMB470,400

笑口常开白玉籽料弥勒
年代不详 Unknown RB 北京荣宝
2012-3-10 Lot243 W 25g
估价：RMB 20,000-30,000
成交价：RMB31,360

一团和气白玉籽料弥勒佛
年代不详 Unknown RB 北京荣宝
2012-6-24 Lot1701 W 72g
估价：RMB 50,000-70,000
成交价：RMB100,800

白玉籽料弥勒佛摆件
年代不详 Unknown RB 北京荣宝
2012-6-24 Lot1715 H 8cm
估价：RMB 230,000-280,000
成交价：RMB280,000

白玉籽料弥勒佛
年代不详 Unknown RB 北京荣宝
2012-6-24 Lot1763 D 5cm
估价：RMB 40,000-60,000
成交价：RMB67,200

白玉籽料布袋弥勒
年代不详 Unknown RB 北京荣宝
2012-6-24 Lot1764 W 61g
估价：RMB 60,000-90,000
成交价：RMB76,160

白玉观音像
A White Jade Figure of Kwan-Yin
年代不详 Unknown GD 中国嘉德
2012-6-16 Lot3601 H 8.8cm
估价：无底价
成交价：RMB10,350

白玉莲花菩萨像
A White Jade Figure of Bodhisattva
明 Ming BP 北京保利
2012-6-7 Lot7474 H 6.5cm
估价：RMB 20,000-30,000
成交价：RMB 55,200

白玉观音摆件
A White Jade Carving
年代不详 Unknown GD 中国嘉德
2012-9-16 Lot3042 H 21.2cm
估价：RMB 6,000-9,000
成交价：RMB51,750

白玉观音像
A White Jade Figure of Kwan-Yin
年代不详 Unknown GD 中国嘉德
2012-6-16 Lot3598 H 17.5cm
估价：无底价
成交价：RMB8,050

唐玉弥勒立像
年代不详 Unknown BP 北京保利
2012-8-11 Lot997 H 16cm
估价：无底价
成交价：RMB20,700

白玉雕净瓶观音像
A Carved Figure of Guanyin
民国 Republic Period BD 北京东正
2012-5-11 Lot279 H 13.2 cm
估价：RMB 150,000-200,000
成交价：RMB241,500

青玉观音像
A Celadon Jade Figure of Kwan-Yin
年代不详 Unknown GD 中国嘉德
2012-6-16 Lot3366 H 18.5cm
估价：无底价
成交价：RMB12,650

白玉籽料自在观音摆件
年代不详 Unknown RB 北京荣宝
2012-3-10 Lot278 H 15cm
估价：RMB 300,000-500,000
成交价：RMB537,600

洪新华 童子拜观音 白玉摆件
Hong Xinhua A White Jade Ornament With Guanyin and Disciple Patterns
年代不详 Unknown XLA 西泠印社
2012-10-21 Lot67 148 × 50 × 40mm ; W 321.6g
估价：RMB220,000 – 280,000
成交价：RMB253,000

白玉雕观音像
A Carved White Jade Figure of Avalokitesvara
清中期 Mid Qing BD 北京东正
2012-5-11 Lot31 H 10.8 cm
估价：RMB 700,000-800,000
成交价：RMB805,000

白玉雕观音送子摆件
年代不详 Unknown JG 北京九歌
2012-6-29 Lot2587 H 24cm
估价：RMB 120,000-160,000
成交价：RMB138,000

白玉籽料千手观音摆件
年代不详 Unknown RB 北京荣宝
2012-3-10 Lot211 H 9cm
估价：RMB 200,000-250,000
成交价：RMB392,000

白玉观音送子
年代不详 Unknown BP 北京保利
2012-10-25 Lot1442 H 13.5cm
估价：无底价
成交价：RMB 63,250

白玉籽料净瓶观音摆件
年代不详 Unknown RB 北京荣宝
2012-6-24 Lot1782 H 7.5cm
估价：RMB 180,000-250,000
成交价：RMB246,400

玉雕观音座像
清 Qing BP 北京保利
2012-4-23 Lot2075 H 26cm
估价：无底价
成交价：RMB 34,500

和田玉雕如意观音佛像
Statuary of Kwan-Yin Carved by Jade from Hetian
乾隆 Qianlong MCS 澳门中信
2012-6-3 Lot248 H 20.5cm,L 16cm,W 3000g
估价：HKD 2,000,000-2,000,000
成交价：HKD2,300,000

白玉如意观音
清 Qing BP 北京保利
2012-4-23 Lot2086 H 25.5cm
估价：无底价
成交价：RMB 80,500

白玉观音
年代不详 Unknown BP 北京保利
2012-8-11 Lot993 H 22cm
估价：无底价
成交价：RMB25,300

白玉观音立像
年代不详 Unknown BP 北京保利
2012-8-11 Lot994 H 33cm
估价：无底价
成交价：RMB23,000

青白玉菩萨立像
A Pale Greenish-White Jade Figure of A Bodhisattva
清 Qing（1644-1911） C 佳士得
2012-9-13 Lot1055 H 18.4cm
估价：USD 10,000-15,000
成交价：USD35,000

青白玉观世音菩萨坐像
A White Jade Figure of Guanyin
晚清 Late Qing C 佳士得
2012-11-6 Lot89 H 19.5cm
估价：GBP 30,000-50,000
成交价：GBP37,250

翠玉观音立像
A Jadeite Figure of Guanyin
年代不详 Unknow C 佳士得
2012-11-28 Lot2412 H 21.9cm
估价：HKD 30,000-50,000
成交价：HKD20,000

翠玉雕观音立像
A Large Mottled Pale Green Jadeite Figure of Guanyin
年代不详 Unknow C 佳士得
2012-3-22 Lot1825 H 49.5cm
估价：USD 50,000-70,000
成交价：USD56,250

翠玉观音立像
A Blue Jadeite Figure of Guanyin
年代不详 Unknow C 佳士得
2012-3-22 Lot1829 H 29.9cm
估价：USD 8,000-12,000
成交价：USD8,125

翠玉观音坐像
A Pale Greenish-White Jadeite Figure of Guanyin
年代不详 Unknow C 佳士得
2012-3-22 Lot1901 H 13.1cm
估价：USD 6,000-8,000
成交价：USD17,500

青玉雕西王母像
A Pale Green Jade Figure of Xiwangmu and Deer
清中期 Mid Qing BO 邦瀚斯
2012-5-27 Lot389 H 10.5cm
估价：HKD 75,000-90,000
成交价：HKD 87,500

白玉和合二仙摆件
年代不详 Unknown BP 北京保利
2012-8-11 Lot996 H 8cm
估价：无底价
成交价：RMB17,250

玉雕观音头像
清 Qing BP 北京保利
2012-4-23 Lot2091 H 32cm
估价：无底价
成交价：RMB 17,250

白玉巧作和合二仙
An Old Jade Carving of “He He Er Xian”
清中期 Mid Qing BH 北京翰海
2012-12-8 Lot2206 H 6.4cm
估价：RMB 40,000-50,000
成交价：RMB46,000

白玉和合二仙摆件
清中期 Mid Qing BP 北京保利
2012-10-24 Lot877 L 15cm
估价：RMB 180,000-250,000
成交价：RMB483,000

白玉籽料寿星雕件
年代不详 Unknown RB 北京荣宝
2012-3-10 Lot234 34.7g
估价：RMB 30,000-50,000
成交价：RMB47,040

白玉坐鹿寿星像
明 Ming BP 北京保利
2012-10-24 Lot749 H 6.5cm
估价：无底价
成交价：RMB63,250

白玉寿翁乘槎进桃贺寿摆件
清 Qing BP 北京保利
2012-10-24 Lot783 L 10cm
估价：无底价
成交价：RMB195,500

白玉寿星立像（三件）
年代不详 Unknown BP 北京保利
2012-4-23 Lot2081 H 10cm
估价：RMB 15,000-25,000
成交价：RMB 17,250

青白玉雕寿老像
A Pale Celadon Jade Figure of Shoulao
乾隆 Qianlong C 佳士得
2012-11-6 Lot21 H 14cm
估价：GBP 20,000-30,000
成交价：GBP27,500

王平 观音 白玉摆件
Wang Ping A White Jade Ornament of the Reclining "Gunan Yin"
年代不详 Unknown XLA 西泠印社
2012-7-7 Lot1916 110×170×65mm；W 797g
估价：RMB 200,000-300,000
成交价：RMB379,500

倪伟滨 麻姑献寿 白玉摆件
Ni Weibin A White Jade Ornament of "Ma Gu" the Goddess
年代不详 Unknown XLA 西泠印社
2012-7-7 Lot1912 145×94×45mm；W 429g
估价：RMB 100,000-150,000
成交价：RMB207,000

白玉福禄寿
清 Qing BP 北京保利
2012-10-24 Lot937 L 5.5cm
估价：无底价
成交价：RMB92,000

白玉福禄万代摆件
清 Qing BP 北京保利
2012-8-11 Lot833 H 10.5cm
估价：RMB 20,000-30,000
成交价：RMB32,200

白玉福寿双全摆件
清 Qing BP 北京保利
2012-8-11 Lot834 W 8cm
估价：RMB 10,000-20,000
成交价：RMB28,750

青玉观音坐像
A Celadon Jade Figure of Guanyin
清 Qing BP 北京保利
2012-6-7 Lot7663 H 15cm
估价：RMB 80,000-120,000
成交价：RMB 126,500

翠玉麻姑立像
A Large Finely Carved Jadeite Figure of Magu
晚清 Late Qing C 佳士得
2012-11-28 Lot2361 H 30.2cm
估价：HKD 600,000-800,000
成交价：HKD920,000

翠玉巧色雕观音善财立像
A White and Green Mottled Jadeite Figure of Guanyin and Shancai Late
清末 Late Qing S 苏富比
2012-9-12 Lot386 H 25.4cm
估价：USD 8,000-12,000
成交价：USD8,125

白玉麻姑献寿立像
清 Qing BP 北京保利
2012-4-22 Lot1259 H 12.5cm
估价：RMB 60,000-80,000
成交价：RMB92,000

白玉麻姑献寿摆件
清中期 Mid Qing BP 北京保利
2012-10-24 Lot855 H 10.5cm
估价：RMB 60,000-80,000
成交价：RMB172,500

白玉麻姑献寿
An Old Jade Carving of "Magu"
清 Qing BH 北京翰海
2012-12-8 Lot2205 H 6.4cm
估价：RMB 25,000-35,000
成交价：RMB28,750

青白玉麻姑献寿摆件
民国 Republic Period JG 北京九歌
2012-6-29 Lot2578 H 14cm
估价：RMB 18,000-24,000
成交价：RMB27,600

白玉雕麻姑献寿摆件
A White Jade Decration with Design of Figure
清中期 Mid Qing SUN 中贸圣佳
2012-7-22 Lot1703 L 15.4cm
估价：RMB 500,000-550,000
成交价：RMB632,500

青白玉麻姑献寿摆件
清 Qing BP 北京保利
2012-8-11 Lot856 H 26cm
估价：RMB 20,000-30,000
成交价：RMB43,700

白玉麻姑献寿摆件
清 Qing BP 北京保利
2012-10-25 Lot1405 H 14cm
估价：无底价
成交价：RMB 80,500

青白玉刘海戏蟾
A Pale Green Jade Figure of Liu Hai
清 18 世纪 Qing,18th Century S 苏富比
2012-11-7 Lot228 10cm
估价：GBP 5,000-7,000
成交价：GBP6,250

白玉刘海戏金蟾
清 Qing BP 北京保利
2012-10-24 Lot843 L 5.5cm
估价：无底价
成交价：RMB74,750

白玉刘海戏蟾把件
A Small White Jade Figure of Liuhai and His Toad
清 18-19 世纪 18/19th Century C 佳士得
2012-9-13 Lot1073 H 5.7cm
估价：USD 6,000-8,000
成交价：USD18,750

白玉刘海戏金蟾
清中期 Mid Qing BP 北京保利
2012-10-24 Lot844 H 9cm
估价：RMB 80,000-100,000
成交价：RMB287,500

白玉籽料刘海戏金蟾
年代不详 Unknown RB 北京荣宝
2012-6-24 Lot1765 H 9cm
估价：RMB 230,000-300,000
成交价：RMB257,600

白玉刘海戏金蟾
清 Qing BP 北京保利
2012-4-22 Lot1222 H 7cm
估价：无底价
成交价：RMB57,500

白玉雕刘海戏金蟾纹摆件
A White Jade Decoration
乾隆 Qianlong BD 北京东正
2012-5-11 Lot119 H 8.6 cm
估价：RMB 350,000-400,000
成交价：RMB517,500

白玉刘海戏金蟾
清 Qing BP 北京保利
2012-4-22 Lot1192 L 6cm
估价：无底价
成交价：RMB57,500

白玉雕老子出关山子
年代不详 Unknown RB 北京荣宝
2012-6-24 Lot1635 H 13.5cm
估价：RMB 250,000-350,000
成交价：RMB280,000

白玉仙女像
清 Qing BP 北京保利
2012-10-24 Lot789 H 6cm
估价：无底价
成交价：RMB51,750

霞姝仙子
年代不详 Unknown RB 北京荣宝
2012-8-26 Lot842 H 160mm
估价：RMB 500,000-800,000
成交价：RMB638,400

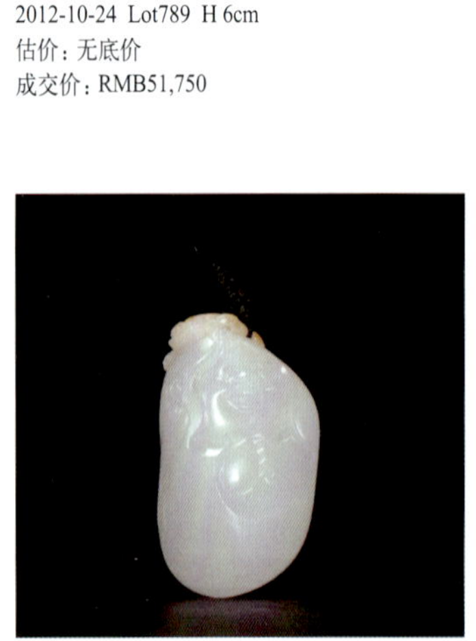

刘海戏金蟾
年代不详 Unknown RB 北京荣宝
2012-11-25 Lot1777 48×30×18mm；W 42.5g
估价：RMB 100,000-130,000
成交价：RMB123,200

白玉铁拐李像
清 Qing BP 北京保利
2012-8-11 Lot860 H 6cm
估价：无底价
成交价：RMB23,000

和阗白玉雕财神摆件
年代不详 Unknown RB 北京荣宝
2012-6-24 Lot1626 H 6.5cm
估价：RMB 40,000-60,000
成交价：RMB44,800

白玉带皮雕仙子
A White and Russet Jade Carving of A Lady
清末／民初 Late Qing-Early Republic Period C 佳士得
2012-11-9 Lot1192 H 6.9cm
估价：GBP 3,000-5,000
成交价：GBP4,375

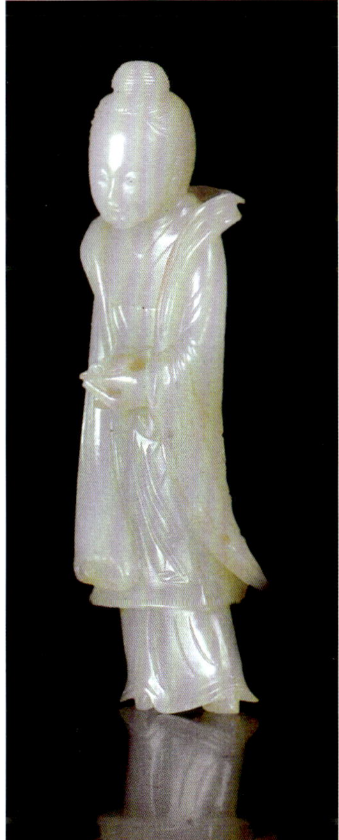

白玉仙人像
A White Jade of Figure
清 Qing GD 中国嘉德
2012-9-17 Lot4117 H 9.4cm
估价：无底价
成交价：RMB36,800

白玉仙人坐像
A White Jade Model of A Seated Deity
清末 Late Qing C 佳士得
2012-5-15 Lot154 H 12.5cm
估价：GBP 10,000-15,000
成交价：GBP21,250

白玉巧雕魁星点斗纹摆件
A Carved White Jade Kuei Hsing Decoration
明 Ming BD 北京东正
2012-5-11 Lot118 H 10 cm
估价：RMB 600,000-700,000
成交价：RMB862,500

白玉和合二仙
清 Qing BP 北京保利
2012-4-22 Lot1234 H 5.5cm
估价：无底价
成交价：RMB109,250

白玉铁拐李
A White Jade Figure of Immortal
清 Qing BP 北京保利
2012-6-7 Lot7471 H 5.7cm
估价：RMB 15,000-25,000
成交价：RMB 34,500

白玉雕仙人像
A Nice White Jade Figure of Immortal
明 Ming BP 北京保利
2012-6-7 Lot7660 H 6.6cm
估价：RMB 100,000-150,000
成交价：RMB 115,000

白玉铁拐李
清 Qing BP 北京保利
2012-4-22 Lot1233 H 4cm
估价：无底价
成交价：RMB23,000

白玉“得令还朝”童子
A Fine and Nice White Jade Figure of Boy
乾隆 Qianlong BP 北京保利
2012-6-7 Lot7661 H 6.5cm
估价：RMB 250,000-350,000
成交价：RMB 402,500

青白玉寿老立像
A Pale Celadon Figure of Shoulao
清 19 世纪 Qing,19th Century S 苏富比
2012-11-7 Lot477 12.8cm
估价：GBP 6,000-8,000
成交价：GBP37,250

青白玉执莲仙人像
A Pale Celadon Jade Figure of An Immortal
清 19 世纪 Qing, 19th Century S 苏富比
2012-11-7 Lot229 15.5cm
估价：GBP 6,000-8,000
成交价：GBP34,850

白玉童子
清 Qing BP 北京保利
2012-4-22 Lot1217 H 6.5cm
估价：无底价
成交价：RMB11,500

青白玉仙人摆件
A Celadon Jade Carving of A Sage and Boys
清 19 世纪 Qing, 19th Century S 苏富比
2012-9-12 Lot382 H 13.7cm
估价：USD 8,000-12,000
成交价：USD17,500

白玉“提篮仙女”
A White Jade Figure of A Female Immortal
清 18 世纪 Qing , 18th Century S 苏富比
2012-5-16 Lot34 14cm
估价：GBP 4,000-6,000
成交价：GBP15,000

白玉童子（四件）
A White Jade “Kids” Carvings
清 Qing GD 中国嘉德
2012-10-29 Lot3974 尺寸不一
估价：RMB 18,000-28,000
成交价：RMB94,300

白玉击鼓童子
A White Jade “Kid Playing Durm” Carving
清中期 Mid Qing GD 中国嘉德
2012-10-29 Lot3971 L 5.5cm
估价：RMB 20,000-40,000
成交价：RMB86,250

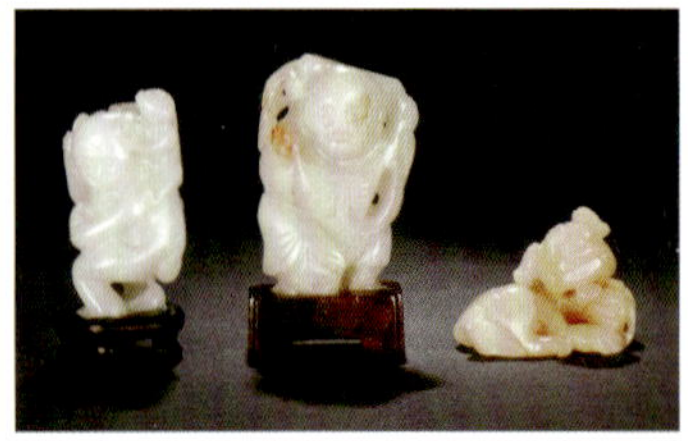

白玉童子狮子猴（三件）
清 Qing BP 北京保利
2012-4-22 Lot1193 尺寸不一
估价：无底价
成交价：RMB11,500

青白玉仙人贺寿仙槎
An Extremely Rare and Finely Carved Greenish-White Jade Group
明末清初 Late MingEarly Qing BP 北京保利
2012-6-7 Lot7570 L 29cm
成交价：RMB 1,300,000-2,300,000
成交价：RMB 1,840,000

白玉童子（二件）
Two White Jade Figure of Boys
清 Qing BP 北京保利
2012-6-7 Lot7470 H 6.5cm；H 5cm
估价：RMB 20,000-30,000
成交价：RMB 23,000

白玉童子
A Fine White Jade Figure of Boy
明或更早 Ming or Earlier BP 北京保利
2012-6-7 Lot7659 L 5.5cm
估价：RMB 100,000-150,000
成交价：RMB 115,000

玉雕童子像
A Jade Figure
年代不详 Unknown GD 中国嘉德
2012-6-16 Lot3445 L 8.4cm
估价：无底价
成交价：RMB4,600

白玉童子
民国 Republic Period BP 北京保利
2012-4-22 Lot1215 L 5.5cm
估价：无底价
成交价：RMB6,900

白玉如意童子
清 Qing BP 北京保利
2012-10-25 Lot1414 L 8.5cm
估价：RMB 60,000-80,000
成交价：RMB 69,000

白玉鹿乳奉亲摆件
清 Qing BP 北京保利
2012-4-22 Lot1218 H 5cm
估价：无底价
成交价：RMB28,750

白玉童子摆件
清 Qing BP 北京保利
2012-4-22 Lot1219 H 7cm
估价：无底价
成交价：RMB138,000

白玉童子
明 Ming BP 北京保利
2012-4-22 Lot1220 L 6cm
估价：无底价
成交价：RMB69,000

白玉如意童子
明 Ming BP 北京保利
2012-4-22 Lot1221 L 7cm
估价：无底价
成交价：RMB43,700

白玉童子
清 Qing BP 北京保利
2012-4-22 Lot1223 H 6cm
估价：无底价
成交价：RMB17,250

白玉童子
清 Qing BP 北京保利
2012-4-22 Lot1227 H 2.5cm
估价：无底价
成交价：RMB11,500

白玉持荷童子
清 Qing BP 北京保利
2012-4-22 Lot1228 H 3.5cm
估价：无底价
成交价：RMB40,250

白玉童子
清 Qing BP 北京保利
2012-4-22 Lot1235 L 2cm
估价：无底价
成交价：RMB8,050

白玉童子
明 Ming BP 北京保利
2012-4-22 Lot1241 H 3.5cm
估价：无底价
成交价：RMB40,250

白玉童子
清 Qing BP 北京保利
2012-4-22 Lot1242 H 3.5cm
估价：无底价
成交价：RMB17,250

白玉击鼓童子
清 Qing BP 北京保利
2012-4-22 Lot1244 H 4cm
估价：无底价
成交价：RMB28,750

白玉持荷童子
清 Qing BP 北京保利
2012-4-22 Lot1246 H 5cm
估价：无底价
成交价：RMB10,350

白玉戏獾童子
A White Jade Carving of Boy Playing with Badger
乾隆 Qianlong BP 北京保利
2012-12-5 Lot5714 L 6.5cm
估价：RMB 200,000-300,000
成交价：RMB230,000

白玉击鼓童子
清中期 Mid Qing BP 北京保利
2012-4-22 Lot1255 L 5cm
估价：RMB 5,000-10,000
成交价：RMB356,500

白玉持荷童子
清中期 Mid Qing BP 北京保利
2012-4-22 Lot1257 H 5.5cm
估价：RMB 5,000-10,000
成交价：RMB40,250

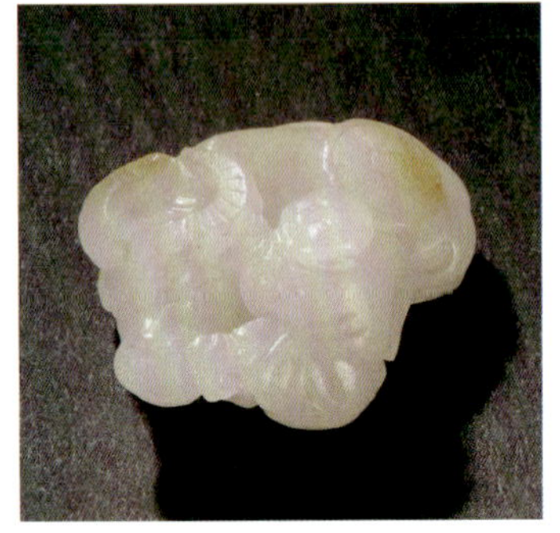

白玉牧牛童子挂件
年代不详 Unknown BP 北京保利
2012-4-22 Lot1262 L 2.5cm
估价：RMB 5,000-10,000
成交价：RMB17,250

白玉独占鳌头（二件）
A Nice White Jade Carving
清 Qing BP 北京保利
2012-6-7 Lot7493 L 10cm
估价：RMB 20,000-30,000
成交价：RMB 34,500

白玉瓜瓞童子摆件
A White Jade Carving
清 Qing BP 北京保利
2012-12-7 Lot7607 L 10.5cm
估价：RMB 600,000-900,000
成交价：RMB690,000

白玉持荷童子挂件
清中期 Mid Qing BP 北京保利
2012-4-22 Lot1261 L 7.5cm
估价：RMB 60,000-80,000
成交价：RMB69,000

白玉留皮童子
A White Jade "Kids" Carving
明 Ming GD 中国嘉德
2012-10-29 Lot4042 H 4.2cm
估价：RMB 15,000-25,000
成交价：RMB82,800

白玉执芝童子
A White Jade Carving of Two Boys
清 18 世纪 Qing,18th Century S 苏富比
2012-11-7 Lot382 5cm
估价：GBP 4,000-6,000
成交价：GBP5,000

白玉童子
A White Jade Carving of A Boy
20 世纪 20th Century C 佳士得
2012-11-9 Lot1191 W 4.5cm
估价：GBP 2,000-3,000
成交价：GBP23,750

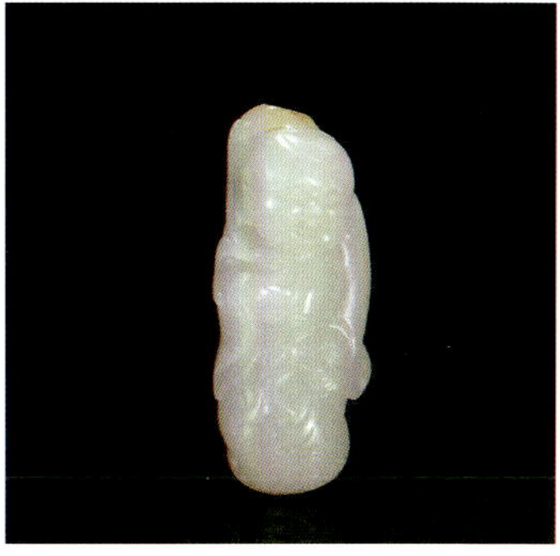

白玉籽料持荷童子
年代不详 Unknown RB 北京荣宝
2012-3-10 Lot273 W 24g
估价：RMB 30,000-50,000
成交价：RMB42,560

青白玉童子像（两件）
Two Celadon Jade Figures
年代不详 Unknown GD 中国嘉德
2012-9-16 Lot3269 L 4.5cm；L 7.1cm
估价：RMB 4,000-6,000
成交价：RMB4,600

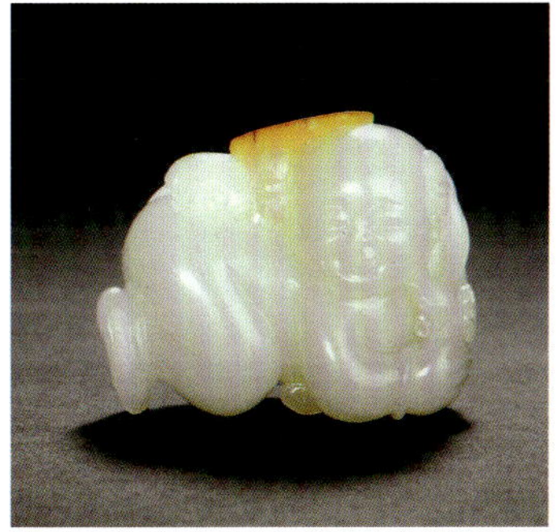

白玉洒金皮巧雕如意童子
A Nice White Jade Figure of Boy
乾隆 Qianlong BP 北京保利
2012-6-5 Lot6206 L 5.5cm
估价：RMB 200,000-300,000
成交价：RMB747,500

白玉持莲童子
明或更早 Ming or Earlier BP 北京保利
2012-10-24 Lot717 L 4.5cm
估价：无底价
成交价：RMB40,250

白玉坐莲花童子像
明 Ming BP 北京保利
2012-10-24 Lot751 L 5.5cm
估价：无底价
成交价：RMB40,250

白玉持莲花童子
清 Qing BP 北京保利
2012-10-24 Lot788 H 5.5cm
估价：无底价
成交价：RMB86,250

白玉持莲童子
清 Qing BP 北京保利
2012-10-24 Lot841 H 7cm
估价：无底价
成交价：RMB40,250

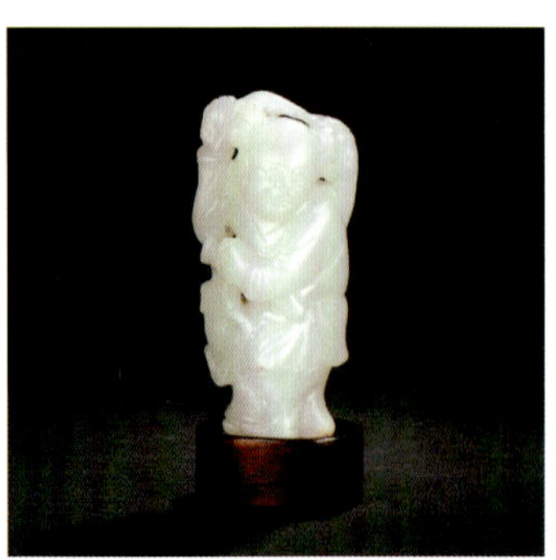

白玉提篮童子
清 Qing BP 北京保利
2012-10-24 Lot842 H 6.5cm
估价：无底价
成交价：RMB28,750

白玉童子（四件）
年代不详 Unknown BP 北京保利
2012-8-11 Lot1001 尺寸不一
估价：无底价
成交价：RMB11,500

白玉留皮招财童子
清 Qing BP 北京保利
2012-10-24 Lot847 H 3.5cm
估价：无底价
成交价：RMB23,000

白玉童子（五件）
年代不详 Unknown BP 北京保利
2012-8-11 Lot1002 尺寸不一
估价：无底价
成交价：RMB11,500

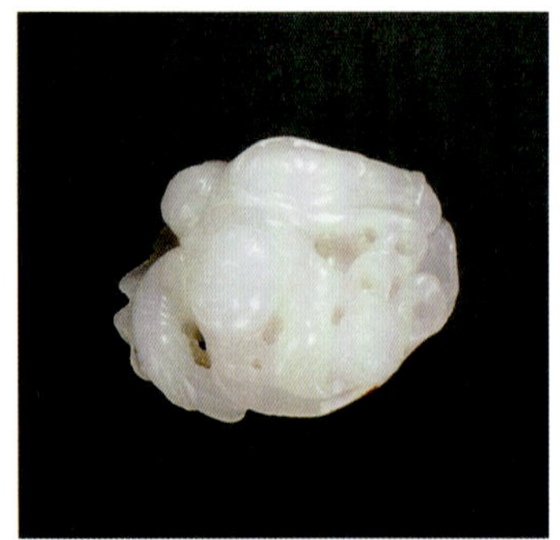

白玉荷花童子
清 Qing BP 北京保利
2012-10-24 Lot969 L 4.5cm
估价：无底价
成交价：RMB63,250

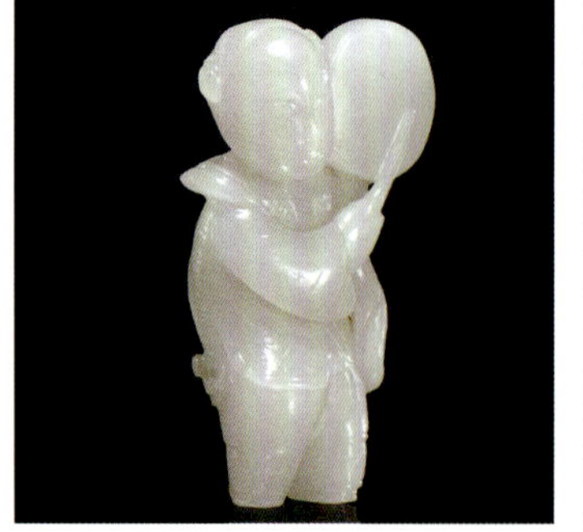

白玉童子击鼓
A White Jade Carving of Figure
清 Qing BH 北京翰海
2012-12-8 Lot2200 H 6.7cm
估价：RMB 20,000-30,000
成交价：RMB23,000

白玉洒金鹿乳奉母
A White Jade Carving of Figure
清中期 Mid Qing BH 北京翰海
2012-5-27 Lot1992 H 5.7cm
估价：RMB 30,000-40,000
成交价：RMB34,500

白玉留皮童子献宝
清 Qing BP 北京保利
2012-8-11 Lot627 L 7cm
估价：RMB 22,000-30,000
成交价：RMB36,800

玉童子献寿
A Carved White Jade Boy Servant of An Immortal
明 Ming BH 北京翰海
2012-5-27 Lot1994 H 5.1cm
估价：RMB 25,000-35,000
成交价：RMB28,750

旧玉持荷童子
An Old Jade Carving of Figure
明 Ming BH 北京翰海
2012-12-8 Lot2203 H 6.5cm
估价：RMB 15,000-25,000
成交价：RMB18,400

青白玉童子
A Pale Celadon Jade Carving of A Boy
清 18 世纪 Qing,18th Century C 佳士得
2012-5-15 Lot109 L 5.5cm
估价：GBP 2,000-3,000
成交价：GBP27,500

黄玉雕持莲童子
清 Qing DP 北京保利
2012-10-24 Lot840 H 6cm
估价：无底价
成交价：RMB17,250

旧玉童子戏兽
An Old Jade Carving of Figure
明 Ming BH 北京翰海
2012-12-8 Lot2202 H 5.2cm
估价：RMB 30,000-40,000
成交价：RMB36,800

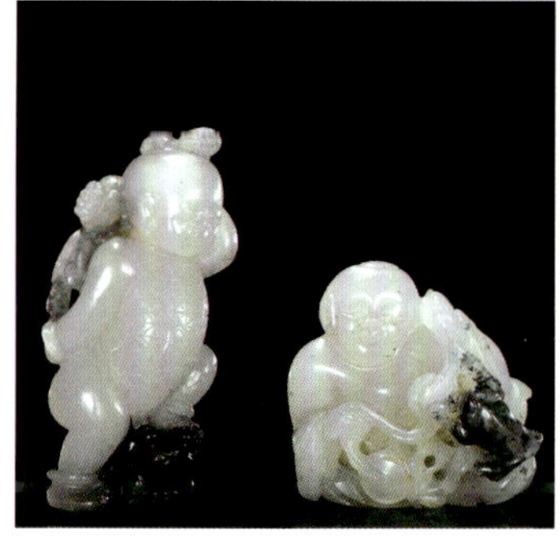

黑白玉童子（两件）
Two Black and White Jade Pendants
清中期 Mid Qing GD 中国嘉德
2012-10-29 Lot3975 H 5cm；H 3.5cm
估价：RMB 35,000-55,000
成交价：RMB94,300

黄玉沁色戏鼓童子
A Yellow Jade Young Drummers
明 Ming Z 北京中汉
2012-10-30 Lot564 L 5.7cm
估价：RMB 350,000-400,000
成交价：RMB494,500

邹作志 童趣 青花摆件
Zou Zuozhi A "Qing Hua" Jade Ornament
年代不详 Unknown XLA 西泠印社
2012-10-21 Lot128 83 × 34 × 25mm；W 72.4g
估价：无底价
成交价：RMB11,500

旧玉持莲童子
A White Jade "Kid" Carving
明 Ming GD 中国嘉德
2012-10-29 Lot4043 H 6.2cm
估价：RMB 58,000-88,000
成交价：RMB89,700

白玉婴戏摆件
A White Jade Carving
年代不详 Unknown GD 中国嘉德
2012-9-16 Lot2932 H 15.4cm
估价：无底价
成交价：RMB36,800

白玉婴戏摆件
A White Jade Carving
清 Qing GD 中国嘉德
2012-9-16 Lot3029 L 7.4cm
估价：RMB 50,000-80,000
成交价：RMB57,500

白玉雕童子骑木马
明或更早 Ming or Earlier BSA 古天一
2012-12-2 Lot1115 H 6.5cm
估价：RMB 120,000-150,000
成交价：RMB138,000

白玉松下人物摆件
年代不详 Unknown BP 北京保利
2012-10-25 Lot1443 H 15cm
估价：无底价
成交价：RMB 23,000

白玉童子戏鹅
明 Ming BP 北京保利
2012-4-22 Lot1213 H 5cm
估价：无底价
成交价：RMB17,250

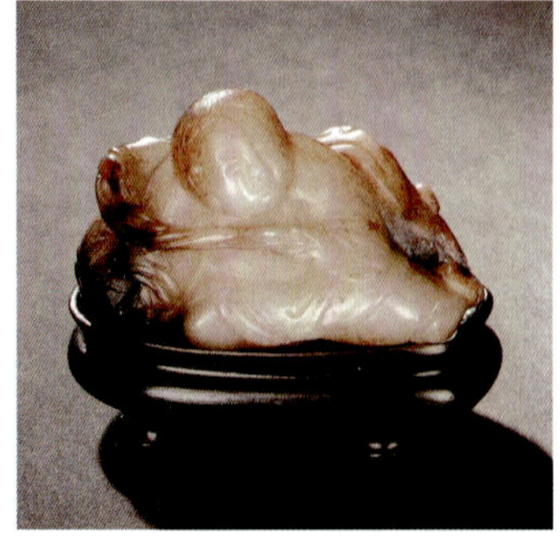

白玉童子戏狮
明 Ming BP 北京保利
2012-4-22 Lot1214 L 5cm
估价：无底价
成交价：RMB69,000

白玉骑鹅童子
清 Qing BP 北京保利
2012-4-22 Lot1216 H 9cm
估价：无底价
成交价：RMB25,300

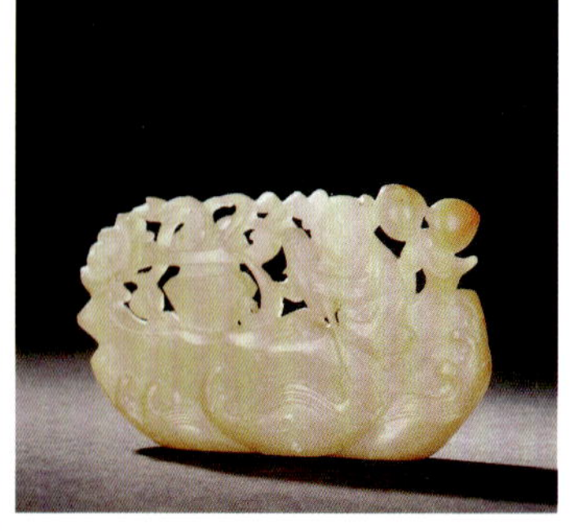

玉雕童子泛舟
清 Qing BP 北京保利
2012-4-22 Lot1212 L 7.5cm
估价：无底价
成交价：RMB57,500

青白玉童子骑牛
A Pale Celadon Jade "Boy and Buffalo" group
清 19 世纪 Qing,19th Century S 苏富比
2012-11-7 Lot476 7.7cm
估价：GBP 5,000-7,000
成交价：GBP17,500

灰青玉"童子洗象"
A Celadon Jade "Boy and Elephant" group
清 19 世纪 Qing,19th Century S 苏富比
2012-11-7 Lot241 11cm
估价：GBP 3,000-5,000
成交价：GBP3,750

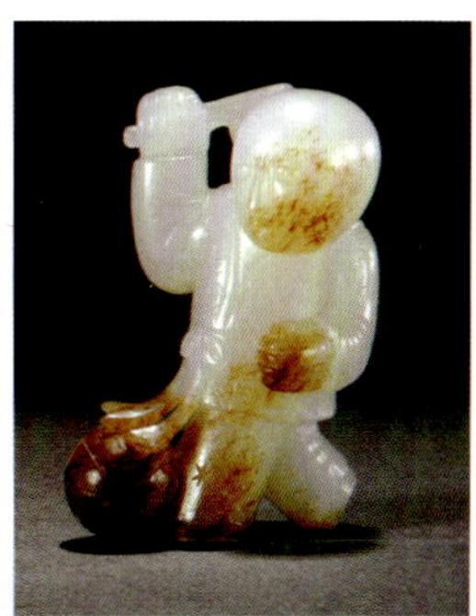

白玉童子蹴鞠
A White Jade Carving of Boy Playing Football
清 Qing BH 北京翰海
2012-5-27 Lot1990 H 4.9cm
估价：RMB 50,000-80,000
成交价：RMB57,500

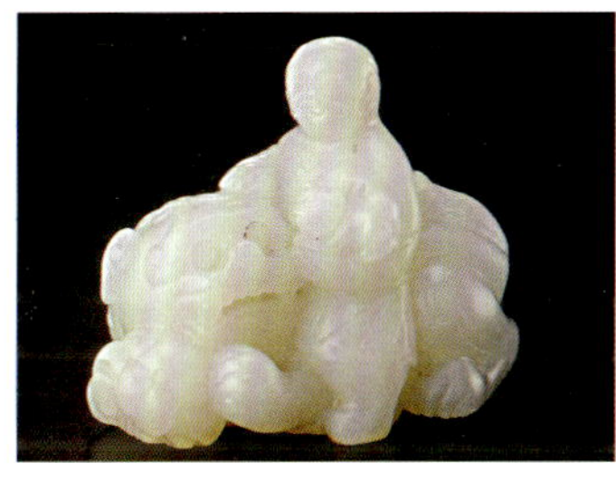

白玉雕胡人狮子摆件
A White Jade Carving of A Foreigner and Lions
年代不详 Unknown S 苏富比
2012-9-12 Lot315 L 6.7cm
估价：USD 6,000-8,000
成交价：USD7,500

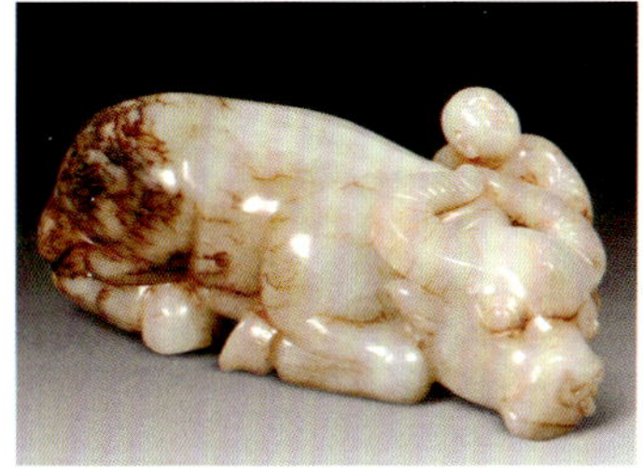

玉雕童子牧牛摆件
A Jade Carving
清 Qing GD 中国嘉德
2012-6-16 Lot3543 L 13.5cm
估价：RMB 10,000-20,000
成交价：RMB11,500

浅青玉"张骞乘槎"
A Jade Carving of Zhang Qian on A Raft
清 18-19 世纪 Qing , 18th-19th Century
S 苏富比
2012-5-16 Lot25 10.2cm
估价：GBP 2,000-3,000
成交价：GBP6,000

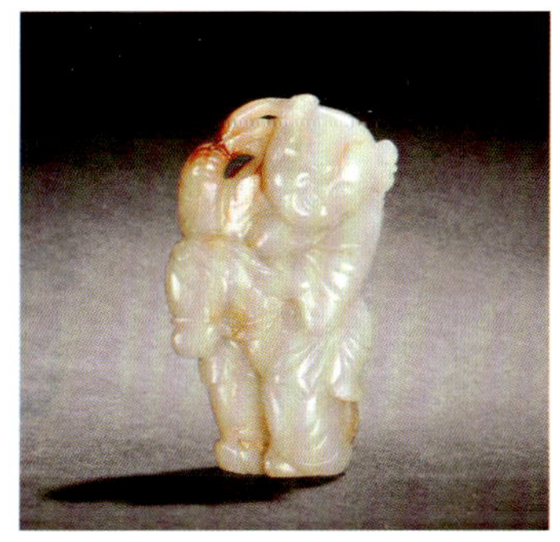

青白玉婴戏摆件
A White Jade Decoration of Children Playing
清 Qing BP 北京保利
2012-6-7 Lot7472 H 6.5cm
估价：RMB 15,000-25,000
成交价：RMB 23,000

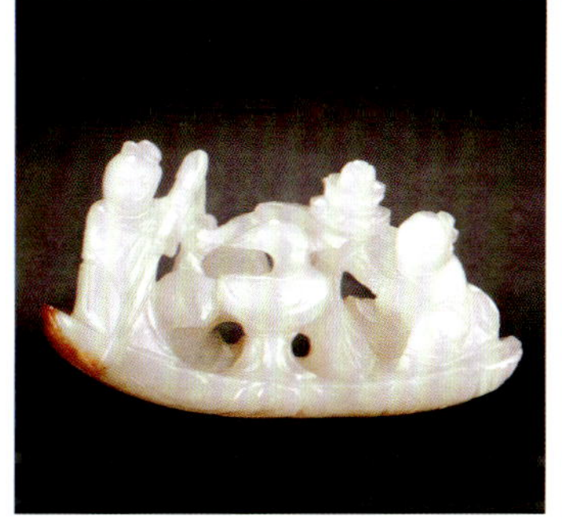

白玉双童乘槎进宝图
清 Qing BP 北京保利
2012-10-24 Lot785 L 6cm
估价：无底价
成交价：RMB57,500

白玉持荷骑鹅童子
清 Qing BP 北京保利
2012-10-24 Lot790 L 4.5cm
估价：无底价
成交价：RMB11,500

玉雕双子爬象
A Rare Jade Figure of An Elephant
清中期 Mid Qing BO 邦瀚斯
2012-5-27 Lot378 L 6.3cm
估价：HKD 40,000-60,000
成交价：HKD 47,500

白玉雕婴戏图摆件
A White Jade "Twins" Group
清 18 世纪 Qing,18th Century C 佳士得
2012-11-6 Lot118 L 17.8cm
估价：GBP 10,000-15,000
成交价：GBP37,250

青白玉童子骑鲤把件
A Small Pale Greenish-White Jade Carving of A Boy Riding A Dragon-Carp
清 18 世纪 18th Century C 佳士得
2012-9-13 Lot1074 L 8.3cm
估价：USD 4,000-6,000
成交价：USD5,250

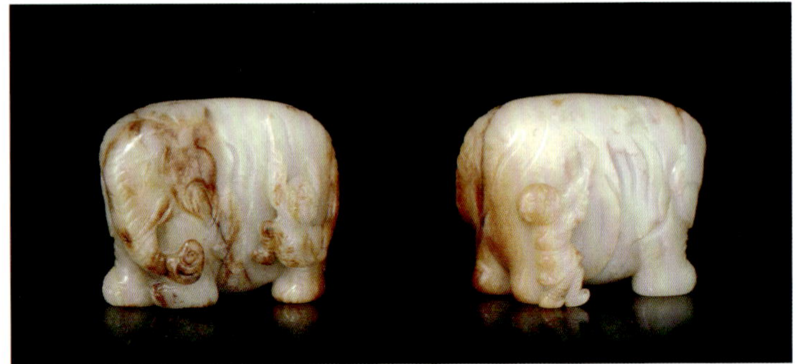

青玉带皮"童子戏象"
A Celadon and Russet Jade Elephant
明 Ming C 佳士得
2012-11-9 Lot1275 D 7.7cm
估价：GBP 1,000-1,500
成交价：GBP12,500

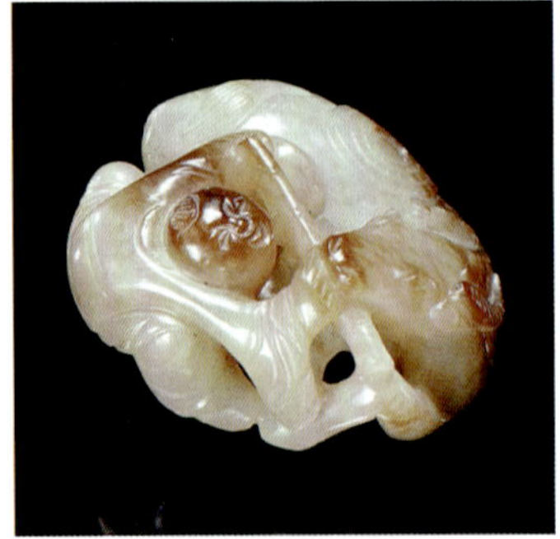

玉童子牧牛
A Carved Jade Buffalo Boy
清 Qing BH 北京翰海
2012-12-8 Lot2254 L 5.1cm
估价：RMB 25,000-35,000
成交价：RMB28,750

青白玉太白醉酒像
A Celadon Jade Figure
年代不详 Unknown GD 中国嘉德
2012-9-16 Lot2918 H 11.3cm
估价：无底价
成交价：RMB20,700

白玉胡人献宝摆件
A White Jade Carving
年代不详 Unknown GD 中国嘉德
2012-6-16 Lot3369 H 7.6cm
估价：RMB 10,000-20,000
成交价：RMB11,500

玉雕“童子戏猫”及“童子戏鹅”摆件一组两件
Two Jade Carvings of Boys
明 Ming C 佳士得
2012-11-9 Lot1212 最长 7cm
估价：GBP 4,000-6,000
成交价：GBP5,000

黄玉童子戏鱼摆件
A Yellow Jade Carving
清 Qing GD 中国嘉德
2012-9-16 Lot2912 L 7.3cm
估价：无底价
成交价：RMB5,750

黄玉童子戏鹅
清 Qing BP 北京保利
2012-4-22 Lot1209 L 4.5cm
估价：无底价
成交价：RMB97,750

白玉胡人洋洋得意摆件
A White Jade “Sheet and Person” Carving
乾隆 Qianglong GD 中国嘉德
2012-10-29 Lot3978 H 5.8cm
估价：RMB 100,000-150,000
成交价：RMB161,000

旧玉胡人戏狮
An Old Jade Carving of Figure
明 Ming BH 北京翰海
2012-12-8 Lot2204 H 9cm
估价：RMB 20,000-30,000
成交价：RMB23,000

青白玉“李白醉酒”摆件
A Pale Celadon Jade “Li Bai” Group
清 18 世纪 Qing, 18th Century S 苏富比
2012-5-16 Lot33 9cm
估价：GBP 6,000-8,000
成交价：GBP7,500

旧玉牧童骑牛
A Carved Old Jade Boy Servant of An Immortal
清中期 Mid Qing BH 北京翰海
2012-5-27 Lot1993 L 7.3cm
估价：RMB 15,000-22,000
成交价：RMB17,250

褐斑青白玉高士
A Pale Celadon Jade Figure of A Scholar
清 18 世纪 Qing,18th Century S 苏富比
2012-11-7 Lot378 6.4cm
估价：GBP 4,000-6,000
成交价：GBP5,000

青白玉胡人摆件
A Pale Celadon Jade “Foreigner and Ram” group
清 18 世纪 Qing,18th Century S 苏富比
2012-11-7 Lot377 8cm
估价：GBP 8,000-12,000
成交价：GBP10,000

白玉雕论经纹摆件
A Carved White Jade Figure Decration
乾隆 Qianlong BD 北京东正
2012-5-11 Lot182 H 12 cm
估价：RMB 120,000-150,000
成交价：RMB172,500

顾永骏 三酸 白玉摆件
Gu Yongjun A White Jade Ornament
年代不详 Unknown XLA 西泠印社
2012-7-7 Lot1992 90 × 60 × 34mm；W 348g
估价：RMB 250,000-350,000
成交价：RMB322,000

白玉关公
清 Qing BP 北京保利
2012-4-23 Lot2076 H 8.5cm
估价：RMB 50,000-80,000
成交价：RMB 57,500

白玉仕女立像
清 Qing BP 北京保利
2012-4-23 Lot2074 H 12.5cm
估价：RMB 35,000-50,000
成交价：RMB 40,250

白玉高士立像
A White Jade Carving of A Scholar
清 18-19 世纪 Qing,18th-19th Century C 佳士得
2012-11-28 Lot2356 H 17.8cm
估价：HKD 350,000-450,000
成交价：HKD437,500

白玉人物
乾隆 Qianlong BP 北京保利
2012-8-11 Lot852 H 5.5cm
估价：RMB 10,000-20,000
成交价：RMB25,300

青玉雕骑狮仕女
清晚期 Late Qing BP 北京保利
2012-4-23 Lot2087 H 17cm
估价：RMB 30,000-50,000
成交价：RMB 34,500

玉雕人物摆件
年代不详 Unknown BH 北京翰海
2012-9-28 Lot1606 H 11cm
估价：RMB 40,000-40,000
成交价：RMB46,000

白玉李白醉酒
A White Jade Carving of "Li Bai"
清中期 Mid Qing BH 北京翰海
2012-5-27 Lot1991 H 8cm
估价：RMB 20,000-30,000
成交价：RMB25,300

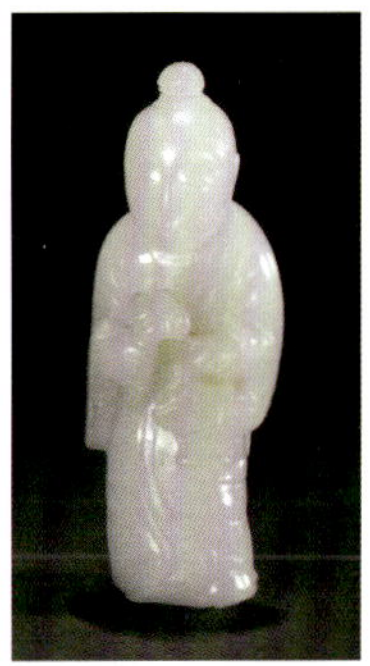

白玉人物
A White Jade Carving of Figure
清中期 Mid Qing BH 北京翰海
2012-5-27 Lot1989 H 6.6cm
估价：RMB 40,000-60,000
成交价：RMB57,500

白玉人物
A White Jade Carving of Figure
明 Ming BH 北京翰海
2012-5-27 Lot1988 H 6.7cm
估价：RMB 50,000-80,000
成交价：RMB57,500

白玉汾阳妇
A White Jade Carving of Figure
清中期 Mid Qing BH 北京翰海
2012-5-27 Lot1987 H 7.4cm
估价：RMB 40,000-60,000
成交价：RMB57,500

玉雕三件
A Group of Jade Carvings
清 19 世纪 Qing,19th Century S 苏富比
2012-3-20 Lot259 尺寸不一
估价：USD 5,000-7,000
成交价：USD28,125

黄白玉道教人物摆件
An Unusual Jade Carving of A Scholar
17 世纪 17th Century C 佳士得
2012-5-18 Lot1276 H 16cm
估价：GBP 3,000-5,000
成交价：GBP5,000

青白玉人物摆件
A Pale Celadon Jade Carving of A Lady
18-19 世纪 18-19th Century C 佳士得
2012-5-18 Lot1110 木架 H 11cm
估价：GBP 3,000-5,000
成交价：GBP9,375

青白玉雕吉庆如意母女摆件
A Pale Celadon Jade Mother and Child Group
清 19 世纪 19th Century S 苏富比
2012-3-20 Lot276 H 14cm
估价：USD 6,000-8,000
成交价：USD22,500

黄玉翁仲
明 Ming BP 北京保利
2012-10-24 Lot830 H 4cm
估价：RMB 8,000-12,000
成交价：RMB63,250

玉雕人物
年代不详 Unknown BH 北京翰海
2012-9-28 Lot1610 H 5.2cm
估价：RMB 40,000-40,000
成交价：RMB46,000

白玉人物
明 Ming BP 北京保利
2012-4-22 Lot1236 H 3cm
估价：无底价
成交价：RMB6,900

白玉“仕女”立像
A White Jade Figure of A Lady
清 18 世纪 Qing,18th century S 苏富比
2012-10-9 Lot3133 13.7cm
估价：HKD 150,000-200,000
成交价：HKD150,000

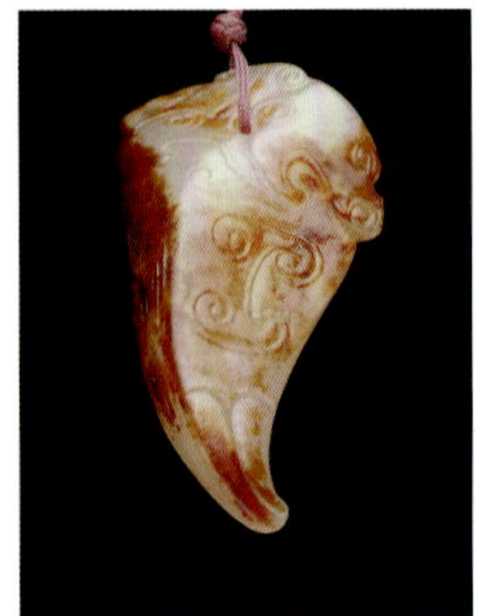

白玉带皮仿古龙
A White and Russet Jade Dragon Pendant，Xi
明 Ming C 佳士得
2012-11-9 Lot1216 L 5.3cm
估价：GBP 2,000-3,000
成交价：GBP32,450

白玉秋叶美人
A White Jade Figure of Beauty
清 Qing BP 北京保利
2012-6-7 Lot7492 L 7.5cm
估价：RMB 15,000-25,000
成交价：RMB63,250

白玉仕女
清 Qing BP 北京保利
2012-10-25 Lot1400 H 6.5cm
估价：RMB 4,000-8,000
成交价：RMB4,600

白玉人物摆件（两件）
清 Qing BP 北京保利
2012-4-22 Lot1194 L 7cm；L 4cm
估价：无底价
成交价：RMB23,000

白玉雕花木兰摆件
A Carved White Jade Figure of Knight
民国 Republic of Period BD 北京东正
2012-5-11 Lot280 H 15.4 cm
估价：RMB 250,000-300,000
成交价：RMB402,500

于雪涛 母慈子孝 白玉摆件
Yu Xuetao A White Jade Ornament With Figure Patterns
年代不详 Unknown XLA 西泠印社
2012-10-21 Lot162 尺寸不一
估价：RMB1,800,000 – 2,200,000
成交价：RMB2070000

白玉四喜人物
清中期 Mid Qing BP 北京保利
2012-4-22 Lot1254 L 3.5cm
估价：RMB 5,000-10,000
成交价：RMB34,500

白玉仕女麒麟送子摆件
清中期 Mid Qing BP 北京保利
2012-4-22 Lot1263 H 19.5cm
估价：RMB 150,000-200,000
成交价：RMB172,500

玉龙及玉鱼一组二件
Two Mottled Celadon Jade Carvings
明 Ming C 佳士得
2012-11-6 Lot75 最长 H 22cm
估价：GBP 10,000-15,000
成交价：GBP10,000

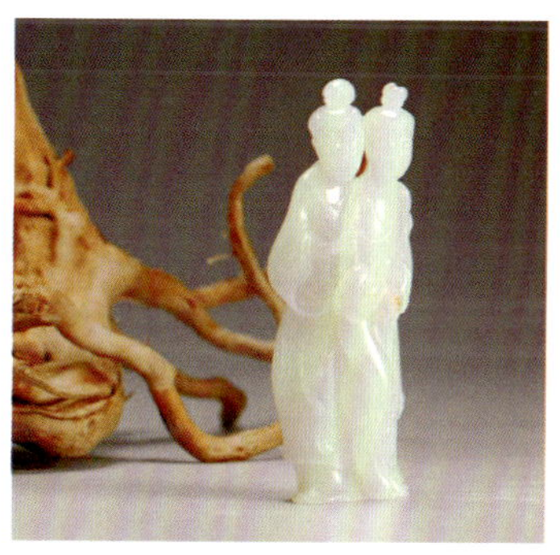

徐志浩 双娇 白玉摆件
Xu Zhihao A White Jade Ornament With Lady Patterns
年代不详 Unknown XLA 西泠印社
2012-10-21 Lot65 90 × 32 × 21mm；W 76.0g
估价 RMB 180,000 – 250,000
成交价：RMB253000

白玉凤凰
清 Qing BP 北京保利
2012-4-22 Lot1329 L 6cm
估价：无底价
成交价：RMB11,500

白工龙
A Carved White Jade Dragon
清 Qing BH 北京翰海
2012-12-8 Lot2001 L 5.1cm
估价：RMB 8,000-12,000
成交价：RMB10,350

旧玉龙
A Carved Old Jade Dragon
明 Ming BH 北京翰海
2012-5-27 Lot2008 H 7.2cm
估价：RMB 25,000-35,000
成交价：RMB28,750

白玉凤
A Pair of White Jade Phoenixs Carved
清 Qing BH 北京翰海
2012-5-27 Lot2073 H 19cm
估价：RMB 120,000-180,000
成交价：RMB138,000

白玉凤
A Carved White Jade Phoenix
清中期 Mid Qing BH 北京翰海
2012-12-8 Lot2265 L 9.5cm
估价：RMB 25,000-35,000
成交价：RMB28,750

白玉衔莲麒麟连象牙座
A White Jade Qilin
清 18 世纪 Qing,18th Century C 佳士得
2012-5-15 Lot69 L 5.7cm
估价：GBP 10,000-15,000
成交价：GBP12,500

玉凤凰
A Jade Recumbent Phoenix
明 Ming S 苏富比
2012-5-16 Lot217 7cm
估价：GBP 4,000-6,000
成交价：GBP3,750

白玉麒麟负书
A White Jade Carving of "Qilin Bears Books"
清早期 Early Qing BP 北京保利
2012-12-7 Lot7588 L 13cm
估价：RMB 450,000-650,000
成交价：RMB529,000

玉雕麒麟
A Jade Carving
清 Qing GD 中国嘉德
2012-9-16 Lot2933 H 9.8cm
估价：无底价
成交价：RMB20,700

白玉圆雕麒麟送书摆件连座
A Fine and Rare White Jade Carved Boulder
清 Qing KS 北京匡时
2012-6-4 Lot1414 L 8.5cm
估价：RMB 100,000-120,000
成交价：RMB115,000

白玉雕麒麟背书摆件
A Carved White Jade Kylin
乾隆 Qianlong BD 北京东正
2012-12-31 Lot101 L 8 cm
估价：RMB 700,000-800,000
成交价：RMB1,380,000

白玉雕双麟纹摆件
A Carved White Jade Group of Kylin
乾隆 Qianlong BD 北京东正
2012-12-31 Lot117 L 13.5 cm
估价：RMB 1,000,000-1,200,000
成交价：RMB1,150,000

白玉麒麟
清 Qing BP 北京保利
2012-4-22 Lot1295 L 5cm
估价：无底价
成交价：RMB74,750

白玉麒麟
清 Qing BP 北京保利
2012-4-22 Lot1304 H 6cm
估价：无底价
成交价：RMB207,000

褐斑青玉凤凰
A Green and Russet Jade Phoenix
宋 - 明 Song to Ming S 苏富比
2012-11-7 Lot236 7.5cm
估价：GBP 5,000-7,000
成交价：GBP6,250

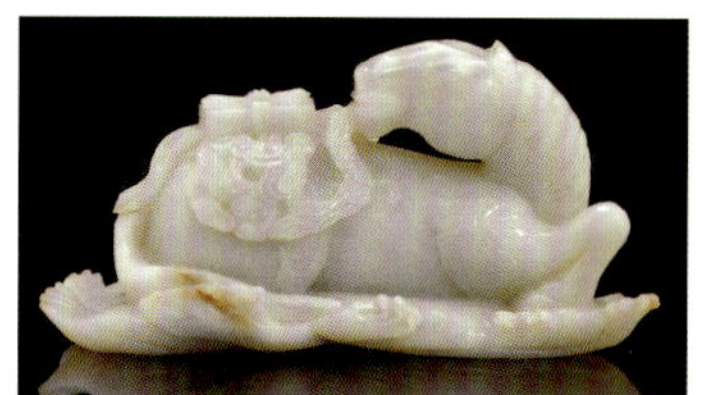

白玉“麒麟吐书”
A Large White Jade “Qilin” Group
清 18 世纪 Qing,18th Century S 苏富比
2012-5-16 Lot216 18.2cm
估价：GBP 10,000-12,000
成交价：GBP27,500

青白玉麒麟
A Celadon Jade Beast
清 Qing GD 中国嘉德
2012-6-16 Lot3453 L 13.2cm
估价：无底价
成交价：RMB18,400

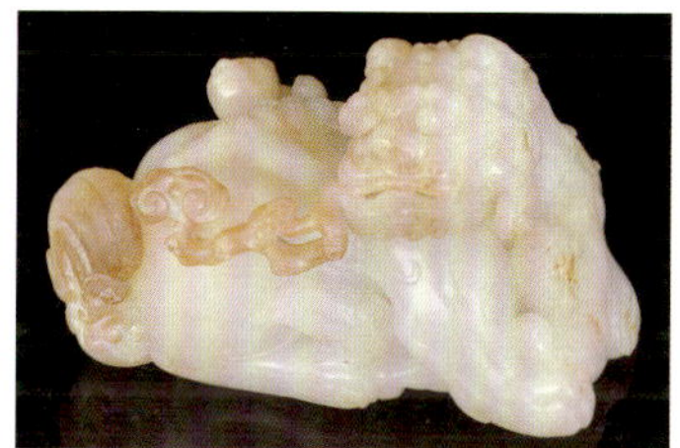

巧色白玉麒麟摆件
A White Jade Qilin Group
清 18-19 世纪 Qing,18th-19th Century S 苏富比
2012-5-16 Lot23 13cm
估价：GBP 6,000-8,000
成交价：GBP145,250

青白玉 “麒麟吐书”
A Celadon Jade “Qilin” Group
清 18 世纪 Qing,18th Century S 苏富比
2012-5-16 Lot41 10cm
估价：GBP 18,000-20,000
成交价：GBP22,500

青白玉镂雕仙凤衔桃摆件
A Pale Celadon Jade “Phoenix” Carving
清 19 世纪 Qing,19th Century S 苏富比
2012-9-12 Lot361 H 17.7cm
估价：USD 40,000-60,000
成交价：USD80,500

白玉麒麟负书
清 Qing BP 北京保利
2012-8-11 Lot662 W 10cm
估价：RMB 10,000-20,000
成交价：RMB17,250

白玉麒麟负书摆件
清 Qing BP 北京保利
2012-8-11 Lot811 W 16cm
估价：RMB 250,000-350,000
成交价：RMB287,500

白玉麒麟送子
A Carved White Jade Kylin
清 Qing BH 北京翰海
2012-12-8 Lot2212 L 9.5cm
估价：RMB 40,000-50,000
成交价：RMB46,000

黄玉麒麟
清 Qing BP 北京保利
2012-10-24 Lot968 L 4cm
估价：RMB 10,000-20,000
成交价：RMB74,750

黑白玉巧雕麒麟负书
清 Qing BP 北京保利
2012-8-11 Lot624 L 4.5cm
估价：RMB 10,000-20,000
成交价：RMB17,250

白玉留皮辟邪摆件
乾隆 Qianlong BP 北京保利
2012-4-23 Lot1927 L 7.5cm
估价：RMB 800,000-1,200,000
成交价：RMB 920,000

黑白玉麒麟负书
清 18 世纪 Qing,18th Century BP 保利香港
2012-11-25 Lot850 L 5cm
估价：HKD 150,000-200,000
成交价：HKD172,500

碧玉麒麟
A Finely Carved Spinach-Green Jade of "Qilin Bears Books" whth Wood Base
乾隆 Qianlong BP 北京保利
2012-12-7 Lot7618 L 18.5cm
估价：RMB 600,000-800,000
成交价：RMB690,000

白玉雕天禄纹摆件
A Carved White Jade Mythical Beast
清初 Early Qing BD 北京东正
2012-12-31 Lot104 L 11 cm
估价：RMB 800,000-900,000
成交价：RMB1,495,000

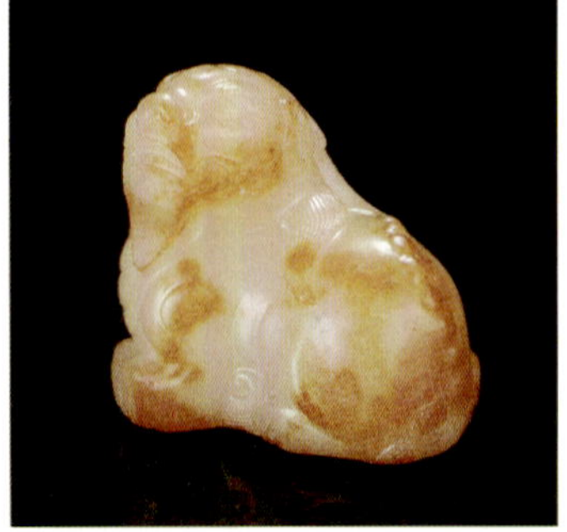

白玉沁色辟邪
A Rare White Jade Carving of Bixie
明 Ming BP 北京保利
2012-12-5 Lot5719 L 4.5cm
估价：RMB 400,000-500,000
成交价：RMB483,000

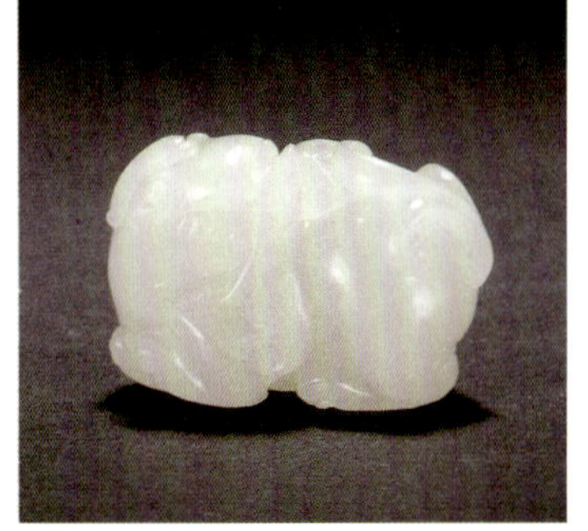

白玉辟邪
清 Qing BP 北京保利
2012-4-22 Lot1376 L 4cm
估价：RMB 5,000-8,000
成交价：RMB132,250

白玉辟邪
A Very Rare White Jade Carving of Bixie
明或更早 Early Ming or Earlier BP 北京保利
2012-12-7 Lot7624 L 10.4cm
估价：RMB 1,300,000-2,300,000
成交价：RMB1,495,000

青白玉辟邪
清早期 Early Qing BP 北京保利
2012-4-22 Lot1298 L 5cm
估价：无底价
成交价：RMB11,500

玉雕辟邪
明 Ming BP 北京保利
2012-4-22 Lot1292 L 5.5cm
估价：无底价
成交价：RMB17,250

褐斑白玉辟邪
An Exceptional White and Black Jade Bixie
元 / 明 Yuan/Ming S 苏富比
2012-10-9 Lot3036 8.3cm
估价：HKD 1,200,000-1,500,000
成交价：HKD1,580,000

青白玉麒麟
A Pale Celadon Jade Carving of A Qilin
明末清初 Late MingEarly Qing C 佳士得
2012-11-9 Lot1150 L 7.5cm
估价：GBP 5,000-8,000
成交价：GBP21,250

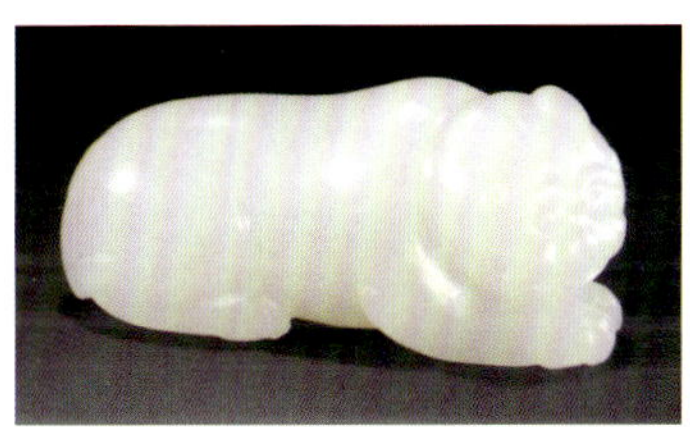

白玉虎
A Carved White Jade Tiger
清中期 Mid Qing BH 北京翰海
2012-5-27 Lot2006 L 5.2cm
估价：RMB 35,000-55,000
成交价：RMB43,700

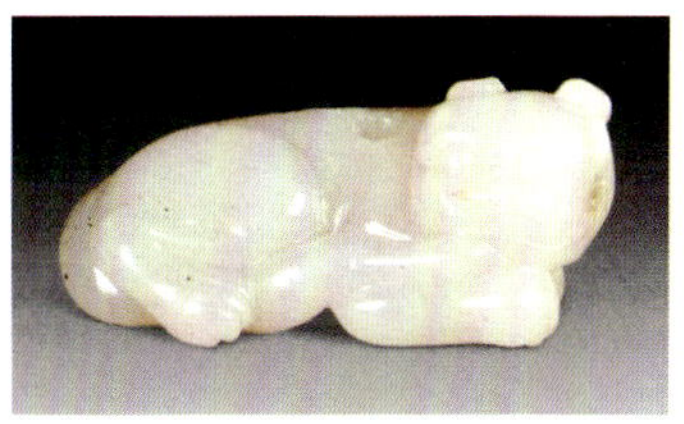

白玉虎
A White Jade Pendant
清 Qing GD 中国嘉德
2012-9-16 Lot2863 L 5.5cm
估价：RMB 5,000-8,000
成交价：RMB5,750

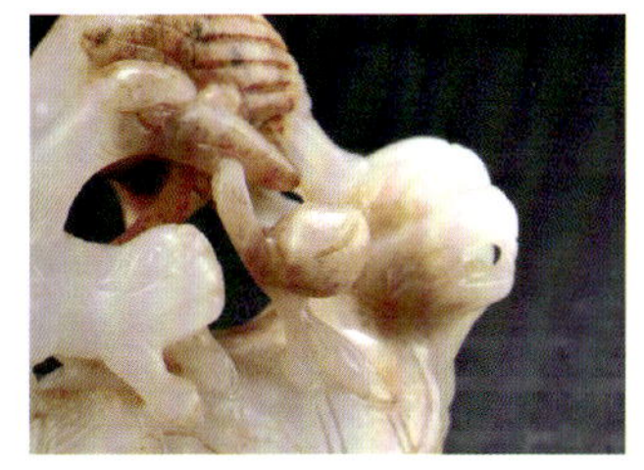

玉雕招财进宝摆件
明 Ming BSA 古天一
2012-12-2 Lot1100 H 3cm
估价：RMB 150,000-220,000
成交价：RMB172,500

辟邪衔灵芝及蟾蜍白玉雕一组两件
Two White Jade Carvings
乾隆 Qianlong C 佳士得
2012-11-9 Lot1217 最大 L 3.5cm
估价：GBP 4,000-6,000
成交价：GBP9,375

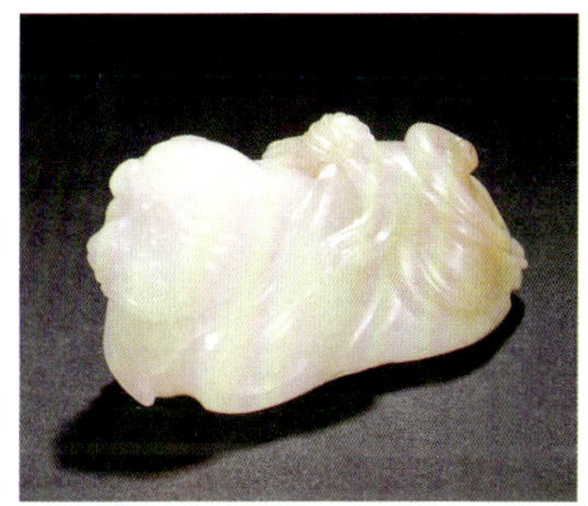

玉雕包袱虎形摆件
清 Qing BP 北京保利
2012-8-11 Lot681 W 8cm
估价：RMB 10,000-20,000
成交价：RMB11,500

青白玉辟邪
A Pale Celadon Jade Mythical Beast,Bixie
17 世纪 17th Century S 苏富比
2012-5-16 Lot4 7.2cm
估价：GBP 4,000-6,000
成交价：GBP14,375

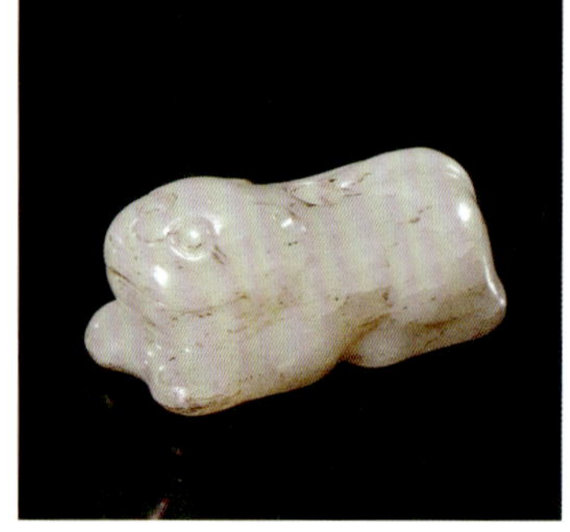

玉虎
A Carved Jade Tiger
明 Ming BH 北京翰海
2012-12-8 Lot2011 L 5.2cm
估价：RMB 15,000-20,000
成交价：RMB17,250

白玉留皮卧虎
乾隆 Qianlong BP 北京保利
2012-10-24 Lot952 L 7cm
估价：RMB 100,000-200,000
成交价：RMB322,000

白玉红皮卧虎
清 Qing BP 北京保利
2012-10-24 Lot964 L 3.8cm
估价：RMB 20,000-30,000
成交价：RMB40,250

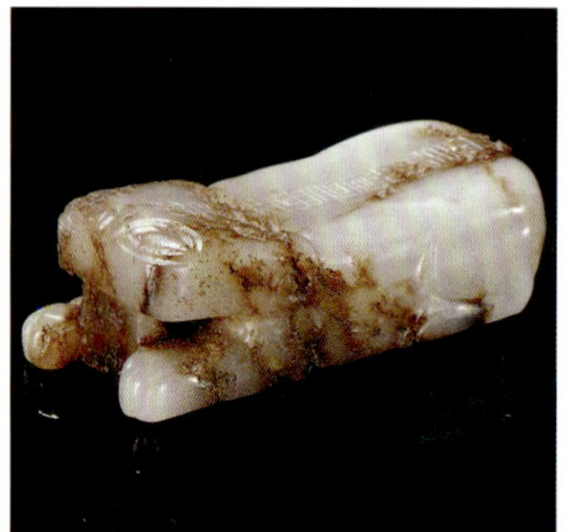

旧玉虎
A Carved Old Jade Tiger
明 Ming BH 北京翰海
2012-12-8 Lot2010 L 6.7cm
估价：RMB 100,000-120,000
成交价：RMB115,000

青白玉留皮卧虎
明 Ming BP 北京保利
2012-10-24 Lot965 L 5.5cm
估价：无底价
成交价：RMB69,000

玉雕卧虎
明 Ming BP 北京保利
2012-10-24 Lot812 L 4.7cm
估价：无底价
成交价：RMB25,300

青玉虎
A Celadon Jade Tiger
明 Ming GD 中国嘉德
2012-6-16 Lot3271 L 10.5cm
估价：RMB 55,000-85,000
成交价：RMB92,000

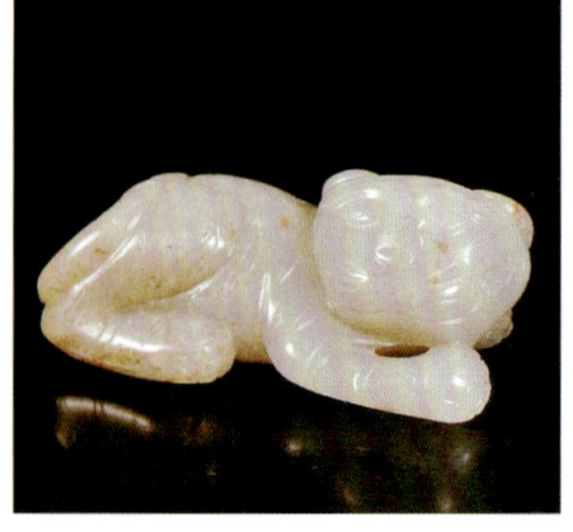

青玉虎
A Celadon Jade Tiger
明 Ming GD 中国嘉德
2012-6-16 Lot3293 L 5.7cm
估价：RMB 6,000-9,000
成交价：RMB6,900

翠玉螭虎
年代不详 Unknown BP 北京保利
2012-10-25 Lot1475 L 9cm
估价：无底价
成交价：RMB 1,150

玉雕伏虎
A Jade Carving of Tiger
明 Ming XLA 西泠印社
2012-7-9 Lot2666 6.3cm × 3cm × 1.5cm
估价：RMB 150,000-180,000
成交价：RMB172,500

白玉瑞兽
A White Jade "Beast" Carving
清 Qing GD 中国嘉德
2012-10-29 Lot4015 L 4.8cm
估价：RMB 20,000-30,000
成交价：RMB28,750

白玉衔灵芝瑞兽
A White Jade "Beast" Carving
清 Qing GD 中国嘉德
2012-10-29 Lot4068 W 8cm
估价：RMB 60,000-80,000
成交价：RMB69,000

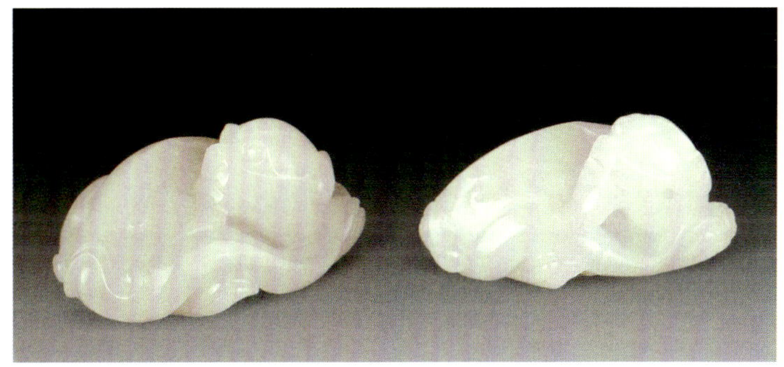

白玉瑞兽（两件）
Two White Jade Beasts
年代不详 Unknown GD 中国嘉德
2012-9-16 Lot3050 L 5cm；L 4.8cm
估价：无底价
成交价：RMB1,150

白玉圆雕仿青铜瑞兽摆件
A Fine and Rare White Jade Auspiciou Boulder
清 Qing KS 北京匡时
2012-6-4 Lot1413 L 8.5cm
估价：RMB 80,000-100,000
成交价：RMB103,500

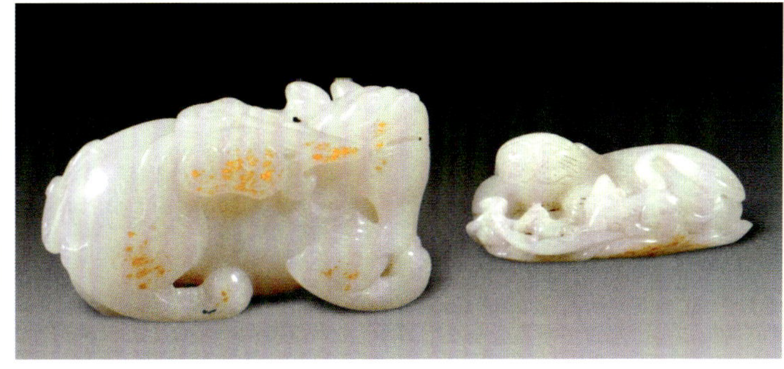

白玉留皮瑞兽（两件）
Two White Jade Beasts
GD 中国嘉德
2012-6-16 Lot3554 L 9cm；L 6.7cm
估价：无底价
成交价：RMB4,600

白玉雕瑞兽纹摆件
A Carved White Jade Beast
乾隆 Qianlong BD 北京东正
2012-12-31 Lot118 L 12 cm
估价：RMB 600,000-800,000
成交价：RMB977,500

白玉瑞兽
明代以前 Before Ming BSA 古天一
2012-12-2 Lot1014 L 6.5cm
估价：RMB 1,000,000-1,200,000
成交价：RMB1,380,000

玉瑞兽
A Recumbent Jade Mythical Beast
明 Ming S 苏富比
2012-4-4 Lot3060 8cm
估价：HKD 80,000-120,000
成交价：HKD81,250

白玉瑞兽
清 Qing BP 北京保利
2012-4-22 Lot1303 H 5.5cm
估价：无底价
成交价：RMB264,500

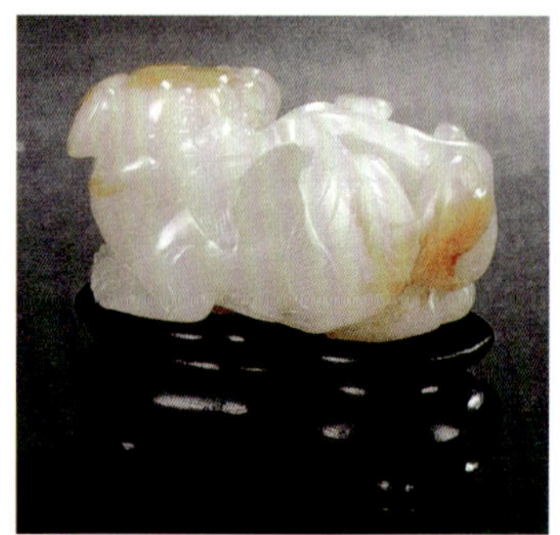

白玉留皮瑞兽
清 Qing BP 北京保利
2012-4-22 Lot1356 L 4.5cm
估价：无底价
成交价：RMB149,500

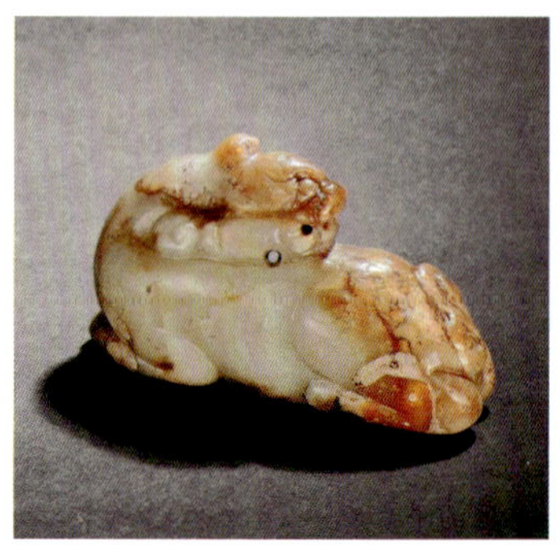

白玉瑞兽
A White Jade Carving
明 Ming BP 北京保利
2012-6-7 Lot7484 L 8cm
估价：RMB 15,000-25,000
成交价：RMB 17,250

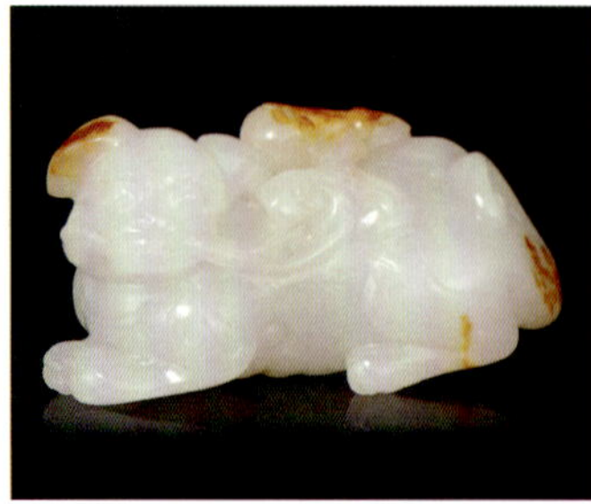

白玉带皮雕瑞兽衔灵芝
A White and Russet Jade Carving of A Mythical Beast
乾隆 Qianlong C 佳士得
2012-11-9 Lot1218 L 4.7cm
估价：GBP 4,000-6,000
成交价：GBP30,000

白玉瑞兽
清 Qing BP 北京保利
2012-8-11 Lot800 L 4.5cm
估价：RMB 10,000-20,000
成交价：RMB28,750

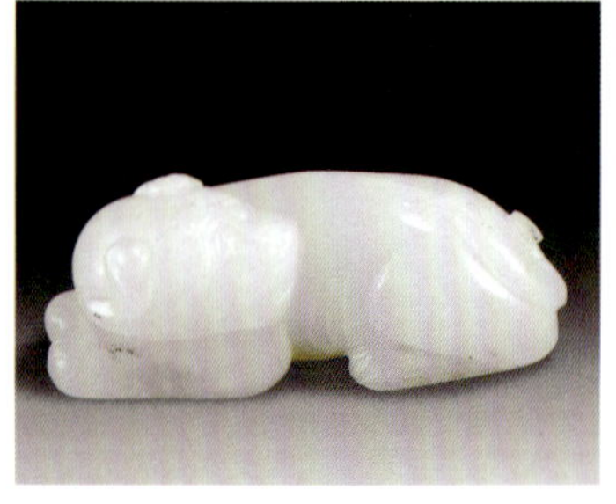

玉雕兽
年代不详 Unknown BH 北京翰海
2012-9-28 Lot1560 L 5.5cm
估价：RMB 20,000-20,000
成交价：RMB23,000

白玉瑞兽
A Carved White Jade Mythical Beast
清 Qing BH 北京翰海
2012-5-27 Lot2132 L 5.5cm
估价：RMB 20,000-30,000
成交价：RMB32,200

白玉瑞兽
A Carved White Jade Mythical Beast
清 Qing BH 北京翰海
2012-5-27 Lot2133 L 6.2cm
估价：RMB 40,000-60,000
成交价：RMB51,750

白玉年年有余
A Carved White Jade Fish
清 Qing BH 北京翰海
2012-12-8 Lot2061 L 7cm
估价：RMB 30,000-40,000
成交价：RMB34,500

白玉瑞兽
A Carved White Jade Mythical Beast
清 Qing B H 北京翰海
2012-12-8 Lot2063 L 5.6cm
估价：RMB 30,000-40,000
成交价：RMB34,500

白玉瑞兽
A Carved White Jade Mythical Beast
清 Qing BH 北京翰海
2012-12-8 Lot2186 L 8cm
估价：RMB 40,000-50,000
成交价：RMB46,000

白玉瑞兽
A Carved White Jade Mythical Beast
清中期 Mid Qing BH 北京翰海
2012-12-8 Lot2259 L 6cm
估价：RMB 30,000-40,000
成交价：RMB34,500

白玉瑞兽
A Carved Jade Mythical Beast
明 Ming BH 北京翰海
2012-5-27 Lot2115 L 5cm
估价：RMB 40,000-60,000
成交价：RMB46,000

白玉瑞兽衔枝
A Carved White Jade Mythical Beast
清中期 Mid Qing BH 北京翰海
2012-12-8 Lot2267 L 5.1cm
估价：RMB 20,000-30,000
成交价：RMB25,300

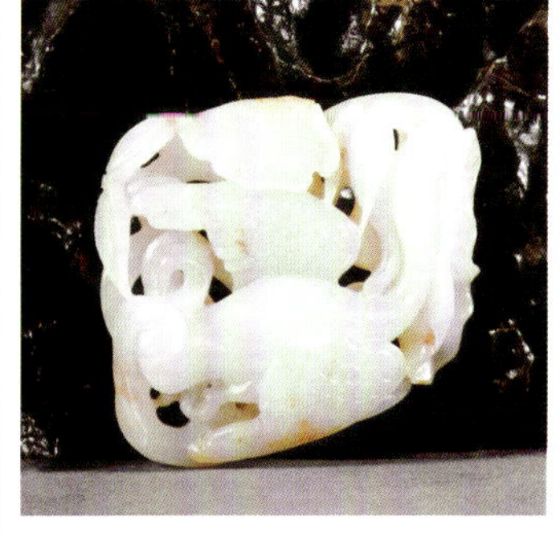

玉雕海东青
年代不详 Unknown BH 北京翰海
2012-9-28 Lot1597 L 5.8cm
估价：RMB 50,000-50,000
成交价：RMB57,500

玉瑞兽
A Carved White Jade Mythical Beast
明 Ming BH 北京翰海
2012-5-27 Lot2131 L 6.5cm
估价：RMB 15,000-36,000
成交价：RMB17,250

青白玉雕母子情深摆件
清 Qing BP 北京保利
2012-4-23 Lot1851 L 17cm
估价：无底价
成交价：RMB 17,250

青灰玉瑞兽
明或更早 Ming or Earlier BP 北京保利
2012-10-24 Lot714 L 6.5cm
估价：无底价
成交价：RMB40,250

青玉雕瑞兽
清 Qing BP 北京保利
2012-4-23 Lot1865 L 11.5cm
估价：无底价
成交价：RMB 10,350

白玉留皮瑞兽
A White Jade Beast
年代不详 Unknown GD 中国嘉德
2012-9-16 Lot2851 L 5.1cm
估价：无底价
成交价：RMB10,350

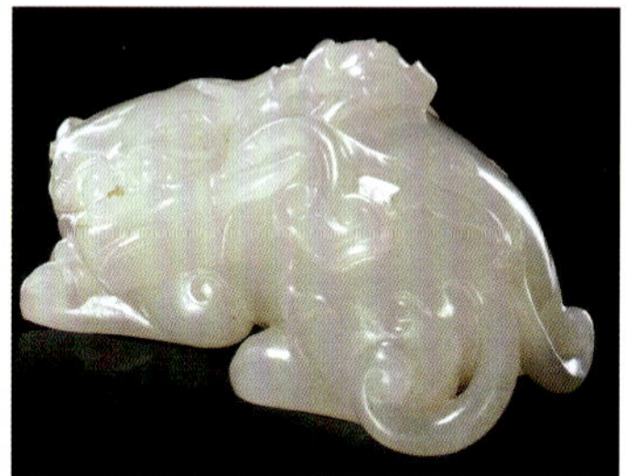

白玉留皮衔灵芝莲花瑞兽
A White Jade "Beast" Carving
乾隆 Qianglong GD 中国嘉德
2012-10-29 Lot3977 L 5.8cm
估价：RMB 80,000-120,000
成交价：RMB149,500

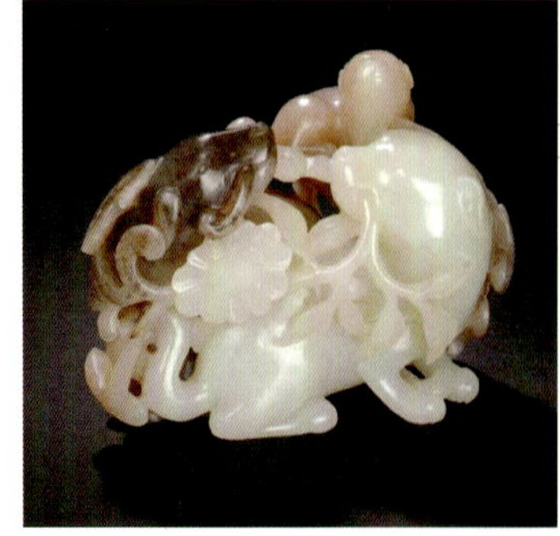

白玉四色巧雕瑞兽同欢纹摆件
A Carved White Jade Group of Deers
清初 Early Qing BD 北京东正
2012-12-31 Lot137 L 10.5 cm
估价：RMB 850,000-1,000,000
成交价：RMB977,500

青白玉瑞兽
A Celadon Jade Beast
清 Qing GD 中国嘉德
2012-9-16 Lot2854 L 15.5cm
估价：无底价
成交价：RMB25,300

玉瑞兽
A Carved Jade Mythical Beast
明 Ming S 苏富比
2012-5-16 Lot36 6.4cm
估价：GBP 5,000-7,000
成交价：GBP6,875

玉雕瑞兽
明 Ming BP 北京保利
2012-4-22 Lot1296 L 5.5cm
估价：无底价
成交价：RMB11,500

玉雕瑞兽
民国 Republic Period BP 北京保利
2012-4-22 Lot1291 L 7cm
估价：无底价
成交价：RMB25,300

玉雕瑞兽
明 Ming BP 北京保利
2012-4-22 Lot1294 L 4.5cm
估价：无底价
成交价：RMB55,200

青白玉瑞兽摆件
A Greenish-White Jade Auspicious Animal
清 Qing GD 中国嘉德
2012-5-14 Lot3445 L 13.7cm
估价：RMB 180,000-280,000
成交价：RMB230,000

青白玉沁色瑞兽
A Celadon Jade Beast
清 Qing GD 中国嘉德
2012-9-16 Lot2880 L 6.5cm
估价：无底价
成交价：RMB5,750

青白玉瑞兽
A Celadon Jade Beast
清 Qing GD 中国嘉德
2012-6-16 Lot3393 H 4.8cm
估价：无底价
成交价：RMB6,900

青白玉瑞兽（四件）
Four Celadon Jade Beasts
年代不详 Unknown GD 中国嘉德
2012-9-16 Lot3249 尺寸不一
估价：RMB 20,000-30,000
成交价：RMB34,500

青白玉瑞兽
A Celadon Jade Beast
清 Qing GD 中国嘉德
2012-6-16 Lot3416 L 5.5cm
估价：无底价
成交价：RMB21,850

青白玉瑞兽（两件）
Two Celadon Jade Beasts
年代不详 Unknown GD 中国嘉德
2012-6-16 Lot3452 L 7cm；L 7.4cm
估价：无底价
成交价：RMB14,950

玉雕瑞兽
A Jade Beast
清 Qing GD 中国嘉德
2012-6-16 Lot3435 L 11cm
估价：无底价
成交价：RMB4,600

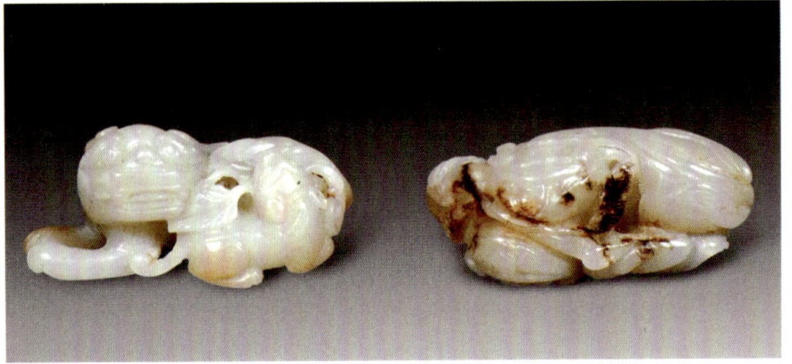

青白玉兽（两件）
Two Celadon Jade Beasts
GD 中国嘉德
2012-6-16 Lot3556 L 6.2cm；L 6.3cm
估价：无底价
成交价：RMB3,450

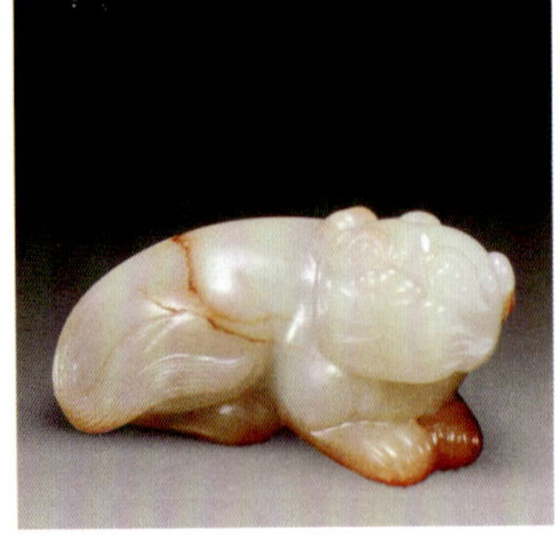

青白玉瑞兽
A Celadon Jade Beast
清 Qing GD 中国嘉德
2012-6-16 Lot3486 L 6.2cm
估价：无底价
成交价：RMB4,600

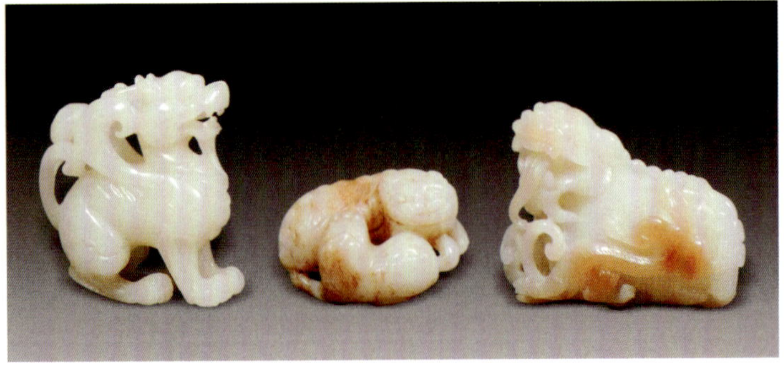

青白玉瑞兽（三件）
Three Celadon Jade Beasts
年代不详 Unknown GD 中国嘉德
2012-6-16 Lot3574 H 5.9cm；L 6.6cm；L 5.1cm
估价：无底价
成交价：RMB8,050

青白玉瑞兽（四件）
Four Celadon Jade Beasts
GD 中国嘉德
2012-6-16 Lot3902 尺寸不一
估价：无底价
成交价：RMB1,150

青白玉圆雕瑞兽摆件
A Fine and Rare Gery Jade Carved Boulder
明早期 Early Ming KS 北京匡时
2012-6-4 Lot1304 L 3.7cm
估价：RMB 40,000-50,000
成交价：RMB46,000

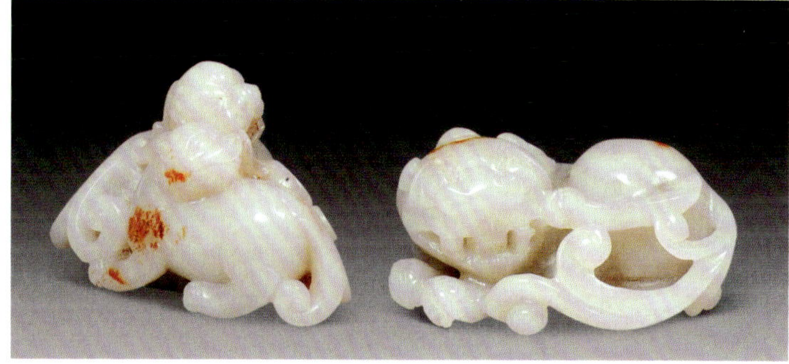

青玉瑞兽（两件）
Two Celadon Jade Beasts
年代不详 Unknown GD 中国嘉德
2012-9-16 Lot3217 L 7.5cm；L 6cm
估价：无底价
成交价：RMB11,500

青玉瑞兽
A Celadon Jade Beast
清 Qing GD 中国嘉德
2012-6-16 Lot3371 L 6.7cm
估价：无底价
成交价：RMB6,900

青玉瑞兽（三件）
Three Celadon Jade Beasts
年代不详 Unknown GD 中国嘉德
2012-6-16 Lot3906 L 7.6cm；L 9.1cm；L 7.5cm
估价：无底价
成交价：RMB4,600

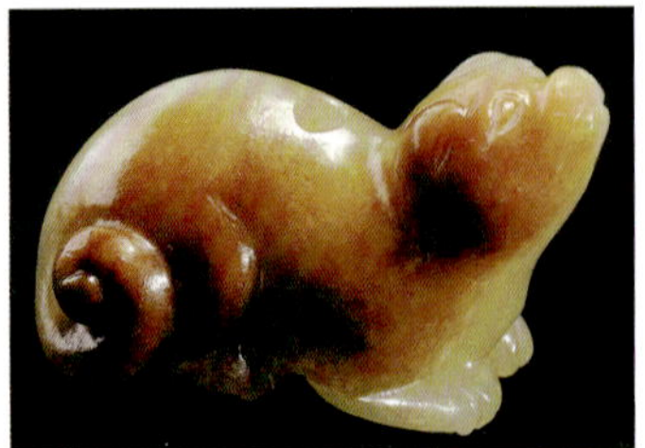

黄玉小瑞兽
A Yellow Jade "Beast" Carving
清 Qing GD 中国嘉德
2012-10-29 Lot3996 L 4cm
估价：RMB 20,000-30,000
成交价：RMB36,800

旧玉瑞兽
A Carved Old Jade Mythical Beast
明 Ming BH 北京翰海
2012-5-27 Lot2001 L 6cm
估价：RMB 200,000-300,000
成交价：RMB287,500

褐斑黄玉瑞兽
A Yellow Jade "Mythical Beast" Boulder
17 世纪 17th Century S 苏富比
2012-5-16 Lot43 12cm
估价：GBP 6,000-8,000
成交价：GBP16,250

黄玉瑞兽
A Yellow Jade Mythical Beast
17 世纪 17th century S 苏富比
2012-10-9 Lot3132 9cm
估价：HKD 200,000-300,000
成交价：HKD524,000

黄玉熊、黄玉羊、黄玉蟾及白玉瑞兽一组四件
A Group of Four Jade Animal Carvings
清 Qing C 佳士得
2012-5-15 Lot33 L 7.1cm（最长）
估价：GBP 6,000-8,000
成交价：GBP7,500

黄玉瑞兽
A Carved Yellow Jade Mythical Beast
清中期 Mid Qing BH 北京翰海
2012-5-27 Lot1999 H 5cm
估价：RMB 300,000-400,000
成交价：RMB402,500

黄玉瑞兽摆件
A Carved Yellow Jade Mythical Beast
清 Qing BH 北京翰海
2012-12-8 Lot2167 L 10.5cm
估价：RMB 120,000-150,000
成交价：RMB138,000

玉独占鳌头
A Carved Jade Mythical Beast
清 Qing BH 北京翰海
2012-12-8 Lot2209 L 7.7cm
估价：RMB 10,000-20,000
成交价：RMB11,500

黄玉雕瑞兽摆件
A Fine Yellow Jade Ornament of An Auspicious Beast
清 Qing XLA 西泠印社
2012-7-9 Lot2696 H 2.8cm；L 6.5cm
估价：RMB 350,000-400,000
成交价：RMB402,500

旧玉独角兽
A Carved Old Jade Unicorn
明 Ming BH 北京翰海
2012-12-8 Lot2058 L 8cm
估价：RMB 50,000-60,000
成交价：RMB57,500

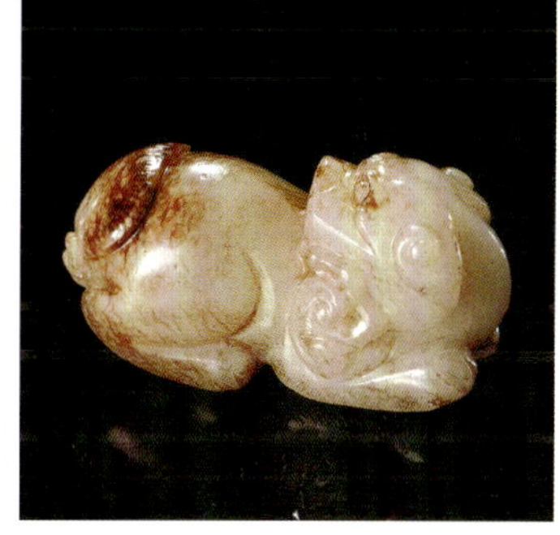

旧玉瑞兽
A Carved Old Jade Mythical Beast
明 Ming BH 北京翰海
2012-12-8 Lot2106 L 8.7cm
估价：RMB 180,000-220,000
成交价：RMB207,000

玉雕瑞兽摆件
清 Qing BP 北京保利
2012-4-23 Lot1923 L 18cm
估价：RMB 10,000-20,000
成交价：RMB 55,200

黑白玉独占鳌头
A Carved White and Black Jade Mythical Beast
清 Qing BH 北京翰海
2012-12-8 Lot2210 H 7.6cm
估价：RMB 80,000-100,000
成交价：RMB92,000

墨玉瑞兽
明或更早 Ming or Earlier BP 北京保利
2012-10-24 Lot713 L 4cm
估价：无底价
成交价：RMB23,000

黄玉雕瑞兽
A Carved Yellow Jade Figure
明末清初 Late MingEarly Qing BC 北京诚轩
2012-5-13 Lot213 6.5×2.1×2.5cm
估价：RMB 50,000-70,000
成交价：RMB138,000

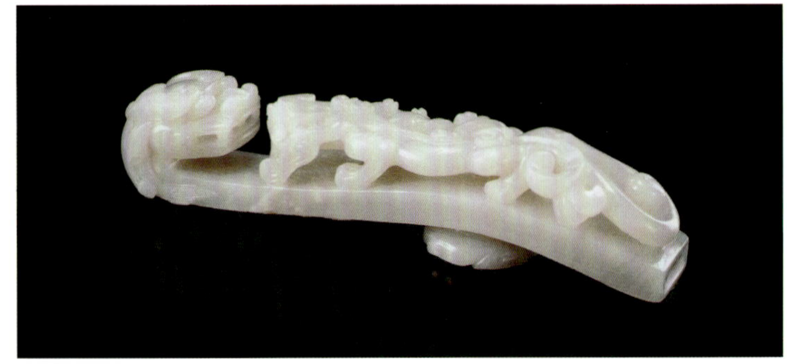

白玉三狮
A Carved "Three Lions" White Jade Ornament
明 Ming GD 中国嘉德
2012-5-14 Lot3504 L 11.7cm
估价：RMB 80,000-120,000
成交价：RMB230,000

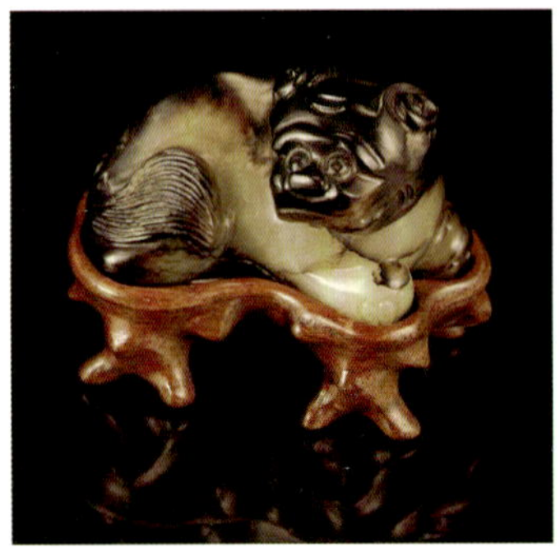

玉雕瑞兽摆件
A Jade Ornament of An Auspicious Beast and Wood Stand
明 Ming XLA 西泠印社
2012-7-9 Lot2656 H 5.1cm；L 5.9cm
估价：RMB 80,000-120,000
成交价：RMB92,000

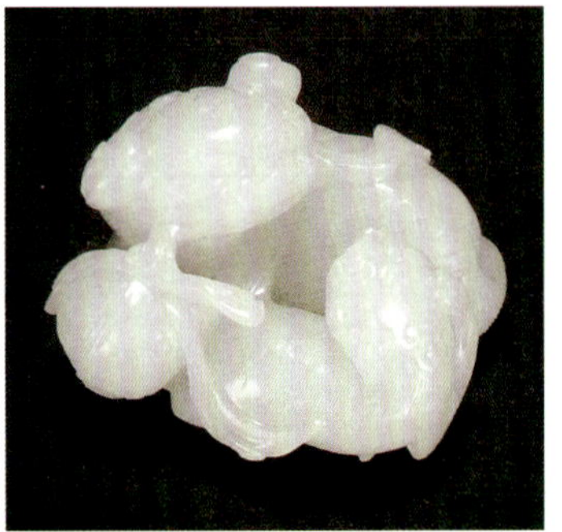

白玉太狮少狮
清中期 Mid Qing BP 北京保利
2012-4-22 Lot1375 L 5cm
估价：RMB 5,000-8,000
成交价：RMB138,000

白玉太狮少狮摆件
清中期 Mid Qing BP 北京保利
2012-4-22 Lot1377 L 5cm
估价：RMB 5,000-8,000
成交价：RMB51,750

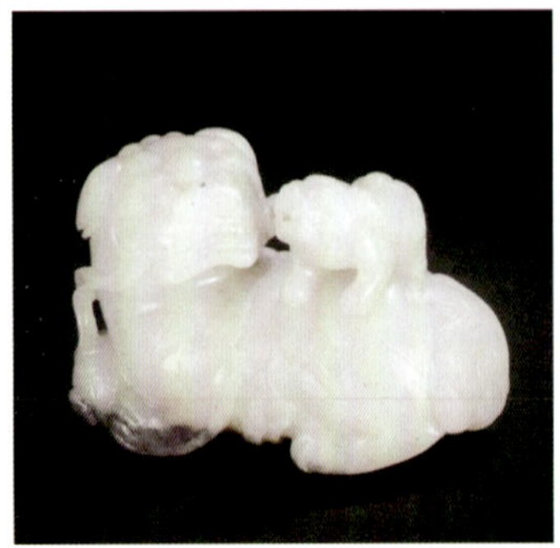

白玉太狮少狮摆件
清 Qing BP 北京保利
2012-10-25 Lot1411 L 10cm
估价：无底价
成交价：RMB 17,250

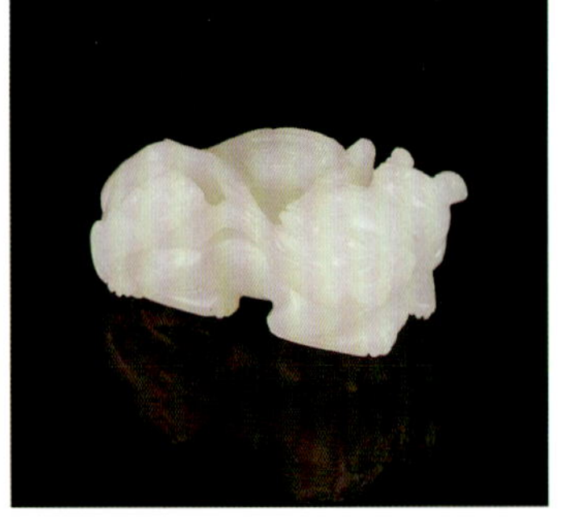

白玉雕三狮滚绣球摆件
A White Jade Ornament of Three Lions
清 Qing XLA 西泠印社
2012-7-9 Lot2693 H 2.4cm；L 5.5cm
估价：RMB 65,000-80,000
成交价：RMB74,750

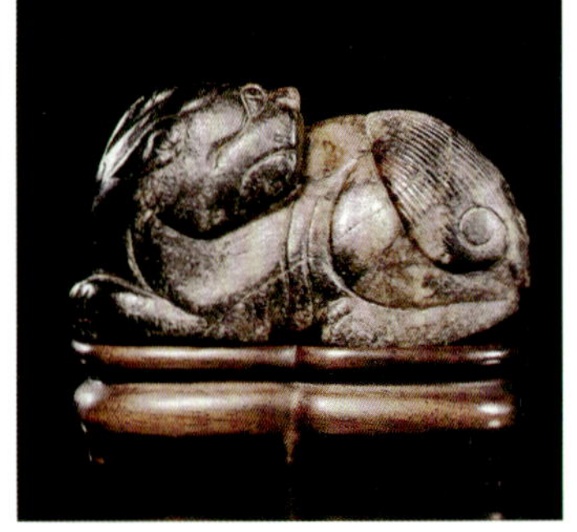

玉雕瑞兽
A Jade Beast
明 Ming GD 中国嘉德
2012-6-16 Lot3292 L 7.7cm
估价：RMB 3,000-5,000
成交价：RMB10,350

青白玉太狮少狮摆件
清中期 Mid Qing BP 北京保利
2012-4-22 Lot1381 L 10cm
估价：RMB 5,000-8,000
成交价：RMB103,500

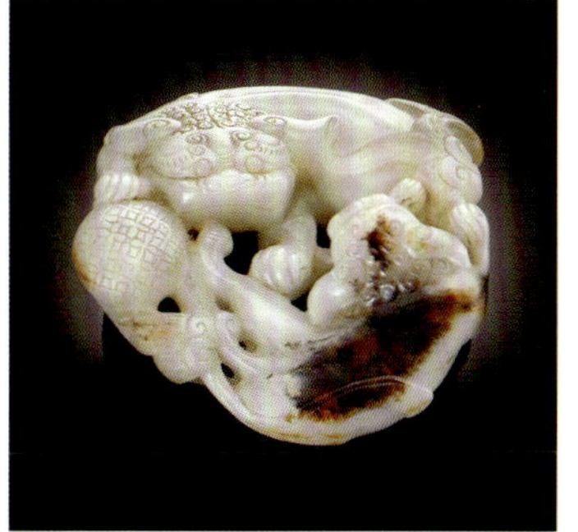

白玉少狮太狮摆件
A White and Brown Jade Carving of Two Buddhistic Lions
明末-清中期 Late Ming-Mid Qing C 佳士得
2012-3-22 Lot1871 W 10.2cm
估价：USD 12,000-18,000
成交价：USD27,500

白玉雕太狮少狮摆件
清 Qing RB 北京荣宝
2012-3-10 Lot362 L 6cm
估价：RMB 15,000-25,000
成交价：RMB16,800

褐斑白玉佛狮
A White and Russet Jade Recumbent Buddhist Lion
17 18 世纪 17th 18th Century S 苏富比
2012-5-16 Lot192 8cm
估价：GBP 8,000-12,000
成交价：GBP15,000

青白玉雕太狮少狮摆件
A Pale Celadon Jade "Lion and Cub" Carving
明 Ming S 苏富比
2012-9-12 Lot360 L 17.8cm
估价：USD 35,000-50,000
成交价：USD80,500

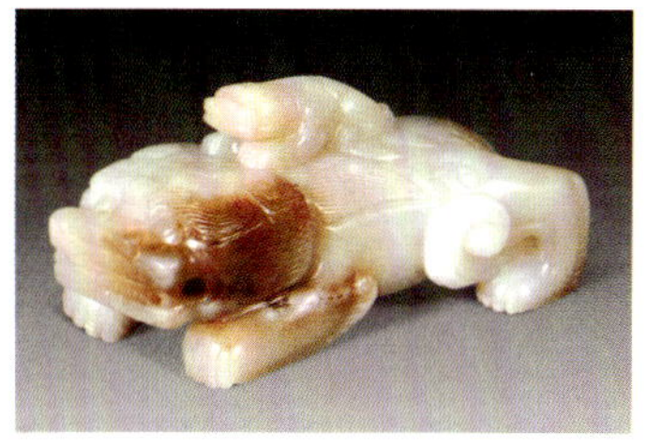

玉雕子母狮摆件
A Jade Carving
清 Qing GD 中国嘉德
2012-6-16 Lot3459 L 8.4cm
估价：无底价
成交价：RMB3,450

白玉圆雕太狮少狮摆件
A Fine White Jade Carved Lions Boulder
清 Qing KS 北京匡时
2012-6-4 Lot1418 L 8.7cm
估价：RMB 70,000-80,000
成交价：RMB80,500

白玉俏色太狮少狮
A Jade "Two Lions" Carving
清 Qing BP 北京保利
2012-6-7 Lot7756 L 7.5cm
估价：RMB 30,000-50,000
RMB 34,500

青白玉太狮少狮
A Greenish-White Jade "Two Lions" Carving
清 Qing GD 中国嘉德
2012-10-29 Lot4076 W 10.5cm
估价：RMB 60,000-100,000
成交价：RMB149,500

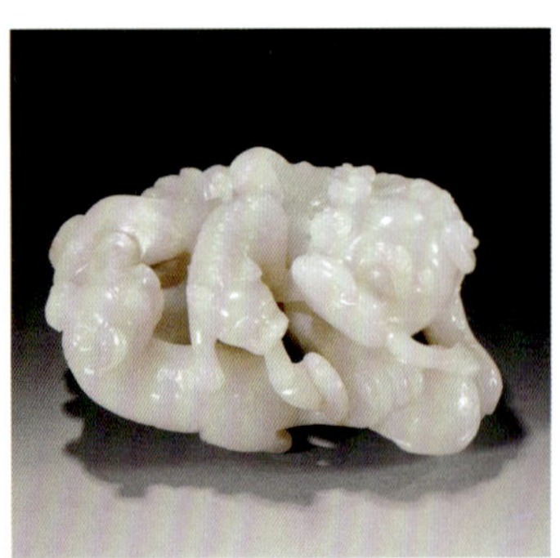

白玉喜狮摆件
A Carved White Jade Lion Ornament
清 Qing BH 北京翰海
2012-5-27 Lot2411 L 12cm
估价：RMB 300,000-400,000
成交价：RMB345,000

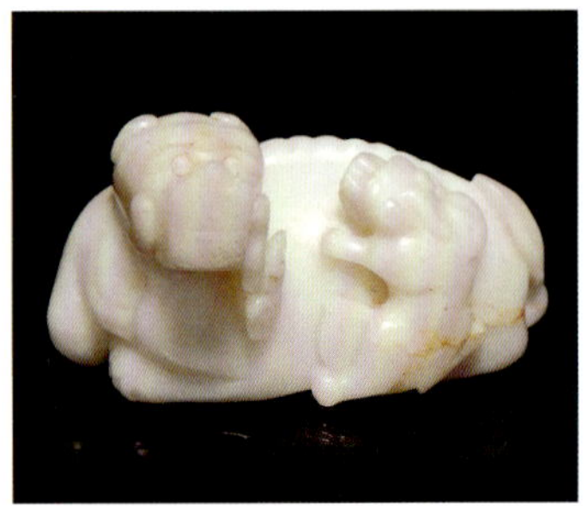

白玉太狮少狮摆件
A White Jade Buddhist Lion Group
元 - 明 Yuan-Ming C 佳士得
2012-11-9 Lot1007 L 10.2cm
估价：GBP 2,000-3,000
成交价：GBP5,625

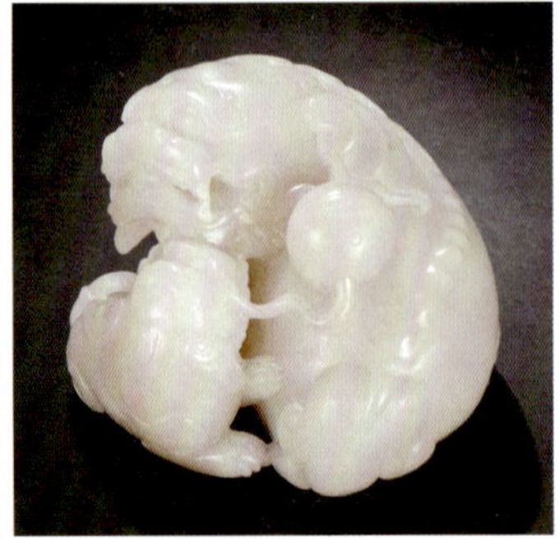

白玉太狮少狮摆件
年代不详 Unknown BP 北京保利
2012-4-23 Lot1912 L 12cm
估价：RMB 10,000-20,000
成交价：RMB 17,250

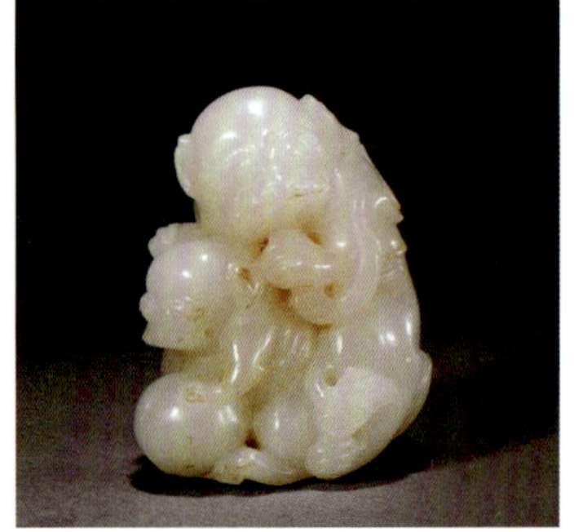

白玉太狮少狮
A Carved White Jade Double Lions
清 Qing BH 北京翰海
2012-5-27 Lot2013 H 5.5cm
估价：RMB 40,000-60,000
成交价：RMB46,000

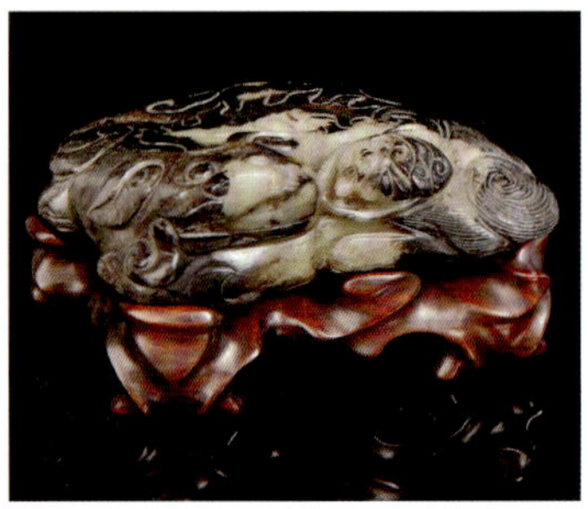

灰白玉佛教狮子摆件一件
A Celadon and Dark Brown Jade Carving of A Buddhist Lion
明 Ming C 佳士得
2012-5-18 Lot1034 木架 L 11.1cm
估价：GBP 1,000-1,500
成交价：GBP5,625

玉雕太狮少狮摆件
清早期 Early Qing BP 北京保利
2012-4-23 Lot1924 H 12cm
估价：RMB 10,000-20,000
成交价：RMB 345,000

青玉雕太师少师摆件
A Celadon Jade Lion Group
清 18-19 世纪 Qing,18-19th Century S 苏富比
2012-3-20 Lot255 L 9.1cm
估价：USD 8,000-10,000
成交价：USD18,750

白玉卧狮
A Carved White Jade Lion
清 Qing BH 北京翰海
2012-5-27 Lot2104 L 9.3cm
估价：RMB 60,000-80,000
成交价：RMB69,000

白玉洒金太狮少狮
A Carved Jade Double Lions
清中期 Mid Qing BH 北京翰海
2012-5-27 Lot2012 L 5cm
估价：RMB 40,000-60,000
成交价：RMB46,000

白玉雕太狮少狮摆件
A Carved White Jade Lions Ornament with Wooden Base
清 Qing BH 北京翰海
2012-5-27 Lot2412 L 17.8cm
估价：RMB 220,000-260,000
成交价：RMB241,500

青玉带皮雕卧狮
A Large Pale Celadon and Russet Jade Buddhist Lion
明 Ming C 佳士得
2012-11-9 Lot1069 L 13.5cm
估价：GBP 3,000-5,000
成交价：GBP23,750

青玉带皮少狮太狮摆件
A Celadon and Russet Jade Mythical Beast and Cub Group
明 17 世纪 Ming,17th Century C 佳士得
2012-11-9 Lot1066 L 9.2cm
估价：GBP 4,000-6,000
成交价：GBP30,000

黄玉双狮摆件
A Carved Yellow Jade Lion
清 Qing BH 北京翰海
2012-12-8 Lot2102 L 14cm
估价：RMB 180,000-200,000
成交价：RMB207,000

玉雕留皮卧狮
清 Qing BP 北京保利
2012-4-23 Lot1836 L 6.5cm
估价：RMB 5,000-10,000
成交价：RMB 17,250

旧玉狮子戏球
A Carved Old Jade Lion
明 Ming BH 北京翰海
2012-12-8 Lot2260 L 6.2cm
估价：RMB 20,000-30,000
成交价：RMB23,000

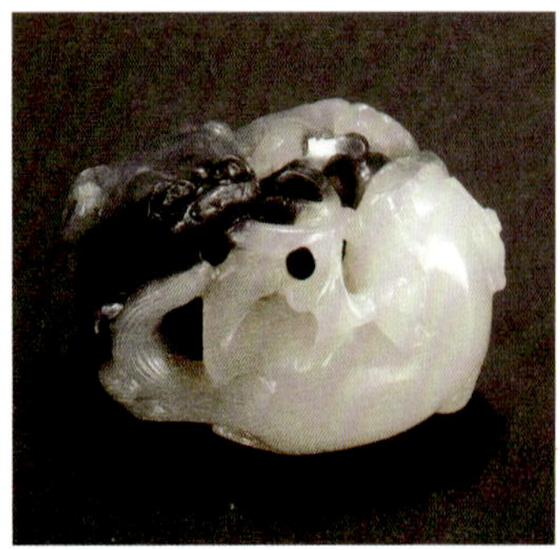

黑白玉双狮
清 Qing BP 北京保利
2012-4-22 Lot1372 L 4.5cm
估价：RMB 5,000-8,000
成交价：RMB74,750

玉雕卧狮
明 Ming BP 北京保利
2012-4-22 Lot1293 L 6.5cm
估价：无底价
成交价：RMB80,500

白玉圆雕“天禄”摆件
A Fine and Rare White Jade Carved Deer-Shape Boulder
明 Ming KS 北京匡时
2012-6-4 Lot1296 L 4cm
估价：RMB 50,000-60,000
成交价：RMB57,500

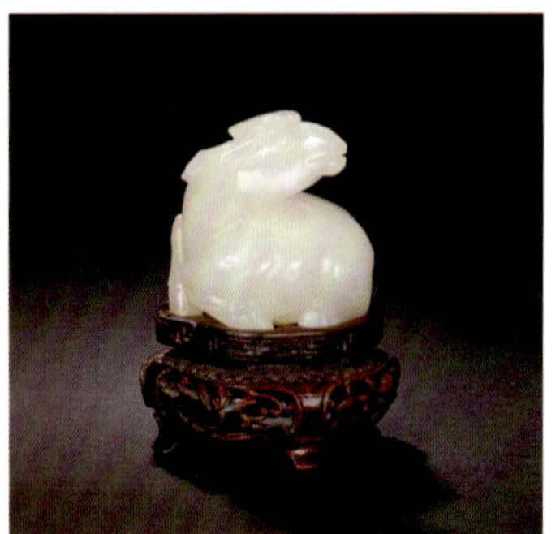

白玉雕冠芝鹿纹摆件
A White Jade Deer
元 - 明 Yuan-Ming BD 北京东正
2012-12-31 Lot120 L 4 cm
估价：RMB 150,000-180,000
成交价：RMB230,000

白玉雕灵鹿纹摆件
A White Jade Deer
清中期 Mid Qing BD 北京东正
2012-12-31 Lot122 L 21 cm
估价：RMB 600,000-700,000
成交价：RMB920,000

白玉雕父子同禄纹摆件
A Carved White Jade Group of Deers
乾隆 Qianlong BD 北京东正
2012-12-31 Lot136 L 16.5 cm
估价：RMB 350,000-400,000
成交价：RMB575,000

白玉雕卧鹿摆件
A Fine White Jade Deer
明 Ming BD 北京东正
2012-5-11 Lot226 L 7.5 cm
估价：RMB 80,000-100,000
成交价：RMB97,750

白玉瑞鹿摆件
A Fine and Nice White Jade “Deers” Statue
清早期 Early Qing BP 北京保利
2012-6-7 Lot7751 L 14.5cm
估价：RMB 300,000-500,000
成交价：RMB 437,000

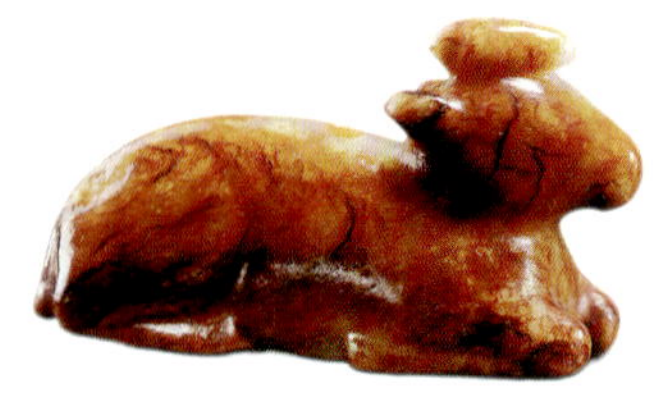

白玉留皮卧鹿
A White Jade “Deer” Carving
明 Ming GD 中国嘉德
2012-10-29 Lot3985 L 5.5cm
估价：RMB 60,000-80,000
成交价：RMB89,700

林文苑 天禄 白玉摆件
Lin Wenyuan A White Jade Ornament of A Mythical Beast
年代不详 Unknown XLA 西泠印社
2012-7-7 Lot2074 115 × 160 × 87mm ; W 1609g
估价：RMB 800,000-1,200,000
成交价：RMB920,000

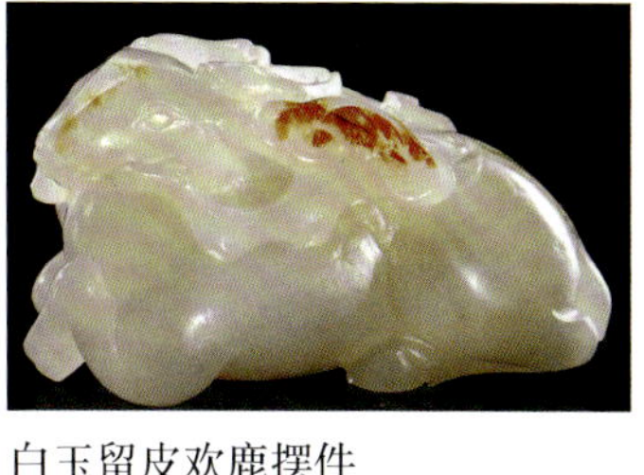

白玉留皮欢鹿摆件
A White Jade "Deer and Badger" Carving
清中期 Mid Qing GD 中国嘉德
2012-10-29 Lot3988 L 6cm
估价：RMB 150,000-250,000
成交价：RMB230,000

白玉留皮巧雕天鹿献瑞纹摆件
A White Jade and Russet Deer
乾隆 Qianlong BD 北京东正
2012-12-31 Lot127 L 14.5 cm
估价：RMB 800,000-1,000,000
成交价：RMB1,035,000

白玉鹿衔灵芝摆件
明 Ming BP 北京保利
2012-10-24 Lot825 L 6.5cm
估价：RMB 70,000-100,000
成交价：RMB80,500

白玉雕鹿摆件
年代不详 Unknown BP 北京保利
2012-4-23 Lot1853 H 22cm
估价：无底价
成交价：RMB 32,200

白玉鹤鹿同春
A Carved White Jade Spotted Deer
清 Qing BH 北京翰海
2012-12-8 Lot2279 L 6.4cm
估价：RMB 40,000-50,000
成交价：RMB48,300

青白玉鹿衔灵芝摆件
A Celadon and Russet Jade Deer
18 世纪 18th Century C 佳士得
2012-5-18 Lot1173 L 10.2cm
估价：GBP 20,000-30,000
成交价：GBP39,650

青白玉镶嵌双鹿灵芝摆件
An Embellished Greenish-White Jade Deer Group
清 18 世纪 Qing,18th Century C 佳士得
2012-9-13 Lot1031 L 9.5cm
估价：USD 20,000-30,000
成交价：USD110,500

白玉鹿衔灵芝摆件
A Greenish-White Jade Carving of A Stag
清 18-19 世纪 Qing,18-19th Century C 佳士得
2012-9-13 Lot1087 L 11.4cm
估价：USD 30,000-50,000
成交价：USD37,500

青白玉跪鹿
清 Qing BP 北京保利
2012-10-24 Lot791 L 5cm
估价：无底价
成交价：RMB310,500

旧玉鹿
A Carved Old Jade Spotted Deer
明 Ming BH 北京翰海
2012-12-8 Lot2268 L 4.7cm
估价：RMB 15,000-25,000
成交价：RMB17,250

黄玉鹿
A Yellow Jade Pendant
明 Ming GD 中国嘉德
2012-9-16 Lot2913 H 4.8cm
估价：RMB 3,000-5,000
成交价：RMB23,000

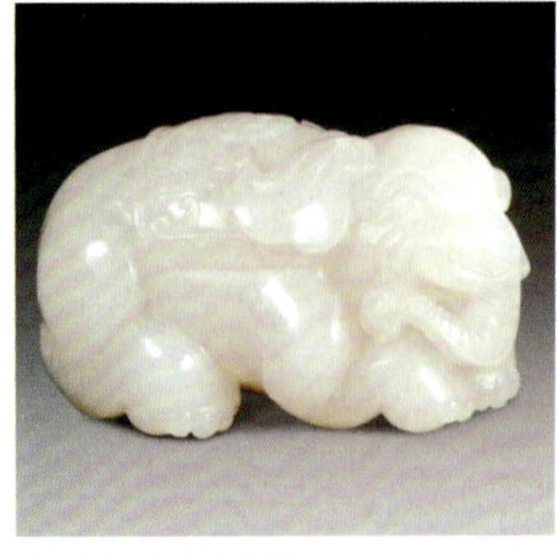

白玉太平有象摆件
A White Jade Carving
年代不详 Unknown GD 中国嘉德
2012-9-16 Lot2852 L 6.7cm
估价：无底价
成交价：RMB13,800

白玉雕象纹摆件
A White Jade Elephant
清初 Early Qing BD 北京东正
2012-12-31 Lot121 L 6.5 cm
估价：RMB 150,000-180,000
成交价：RMB172,500

白玉如意吉祥摆件
A White Jade Elephant
清 Qing C 佳士得
2012-11-28 Lot2179 L 8.2cm
估价：HKD 300,000-500,000
成交价：HKD680,000

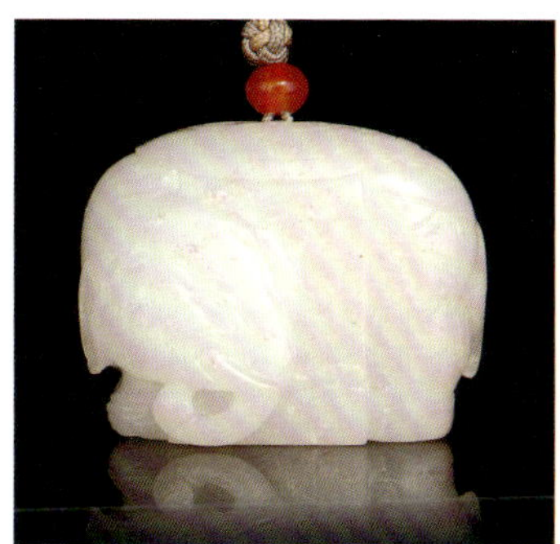

白玉瑞象
A White Jade Elephant
清末民初 Late QingEarly Republic Period C 佳士得
2012-11-9 Lot1078 W 4.1cm
估价：GBP 1,000-1,500
成交价：GBP10,625

白玉雕大象摆件
A White Jade "Recumbent Elephant" Carving
晚明清初 Late MingEarly Qing BO 邦瀚斯
2012-5-27 Lot385 L 4.1cm
估价：HKD 60,000-80,000
成交价：HKD 75,000

褐斑青白玉"万象更新"
A Fine Celadon and Russet Jade "Boy and Elephant" Group
18-19 世纪 18-19th century S 苏富比
2012-11-7 Lot109 14cm
估价：GBP 40,000 - 60,000
成交价：GBP49,250

黄玉太平有象
A Yellow Jade Elephant Carving
清 Qing GD 中国嘉德
2012-5-14 Lot3446 H 12.8cm
估价：RMB 380,000-480,000
成交价：RMB437,000

碧玉象
A Jasper Elephant
清 Qing GD 中国嘉德
2012-6-16 Lot3664 L 14.5cm
估价：无底价
成交价：RMB5,750

碧玉象
A Jasper Carving
年代不详 Unknown GD 中国嘉德
2012-9-16 Lot3153 L 15.2cm
估价：无底价
成交价：RMB6,900

碧玉象
A Jasper Elephant
清 Qing GD 中国嘉德
2012-6-16 Lot3659 L 22cm
估价：无底价
成交价：RMB40,250

碧玉嵌珐琅太平有象摆件
清 Qing BP 北京保利
2012-4-23 Lot2233 H 74cm
估价：无底价
成交价：RMB 103,500

玉雕沁色象
清 Qing BP 北京保利
2012-4-23 Lot1847 L 9.5cm
估价：RMB 20,000-30,000
成交价：RMB 28,750

青玉留皮童子洗象摆件
A Celadon Jade Carving
GD 中国嘉德
2012-6-16 Lot3895 L 7.8cm
估价：无底价
成交价：RMB1,150

墨玉象
清 Qing BP 北京保利
2012-10-25 Lot1454 L 21cm
无底价
成交价：RMB 2,300

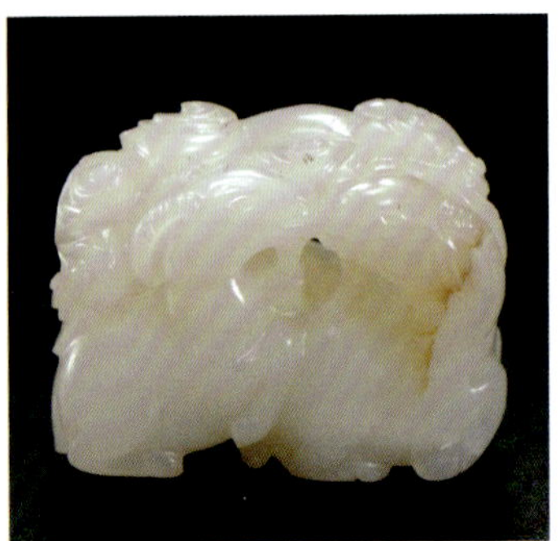

白玉镂雕“三阳开泰”
A White Jade “Three Rams” Group
清 19 世纪 Qing,19th Century S 苏富比
2012-4-4 Lot3258 L 5cm
估价：HKD 120,000-180,000
成交价：HKD475,000

白玉三阳开泰摆件
A White Jade Carving
年代不详 Unknown GD 中国嘉德
2012-9-16 Lot3014 L 17.5cm
估价：RMB 6,000-9,000
成交价：RMB74,750

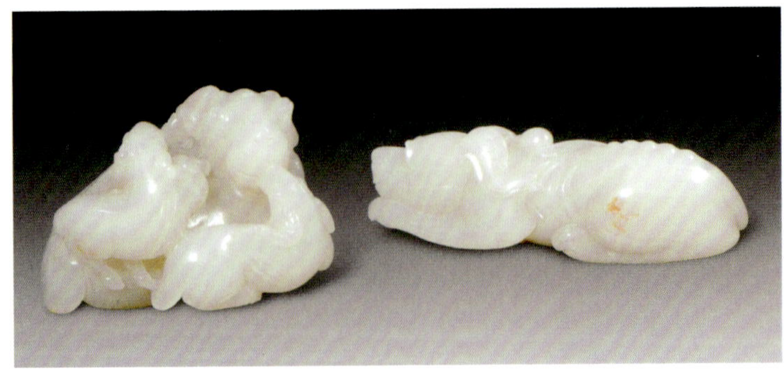

白玉狗、白玉三羊开泰摆件各一件
Two White Jade Pendants
年代不详 Unknown GD 中国嘉德
2012-6-16 Lot3538 L 11；L 6.4cm
估价：无底价
成交价：RMB6,900

白玉羊
A White Jade Sheep
清 Qing GD 中国嘉德
2012-6-16 Lot3372 L 4.5cm
估价：无底价
成交价：RMB6,900

白玉羊
A White Jade Pendant
清 Qing GD 中国嘉德
2012-9-17 Lot4148 L 4cm
估价：RMB 35,000-55,000
成交价：RMB40,250

白玉雕羊神像
A Carved White Jade Zodiac Ram Figure
乾隆 Qianlong BD 北京东正
2012-10-31 Lot526 H 4.8 cm
估价：RMB 60,000-70,000
成交价：RMB69,000

白玉雕三阳开泰纹摆件
A Carved White Jade Group of Rams
乾隆 Qianlong BD 北京东正
2012-12-31 Lot126 L 10 cm
估价：RMB 400,000-450,000
成交价：RMB575,000

白玉“三羊开泰”
清中期 Mid Qing BP 保利香港
2012-11-25 Lot858 L 7.3cm
估价：HKD 500,000-800,000
成交价：HKD690,000

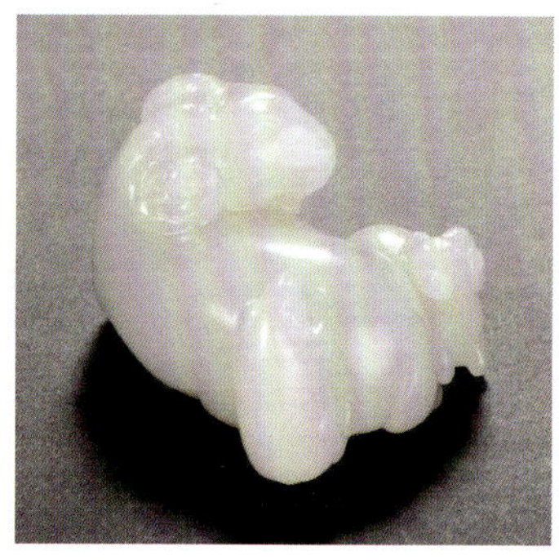

白玉三羊开泰
A Nice White Jade “Three Goats” Carving
清早期 Early Qing BP 北京保利
2012-6-7 Lot7741 L 6cm
估价：RMB 250,000-350,000
成交价：RMB 287,500

白玉雕“三阳启泰”
A Carved White Jade “Sanyang” Group
清 18 世纪 Qing,18th Century S 苏富比
2012-5-16 Lot195 10cm
估价：GBP 40,000-60,000
成交价：GBP49,250

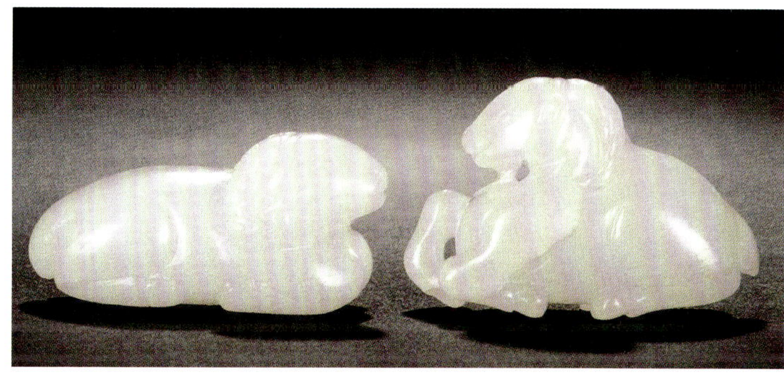

白玉羊（两件）
清 Qing BP 北京保利
2012-4-22 Lot1359 尺寸不一
估价：无底价
成交价：RMB63,250

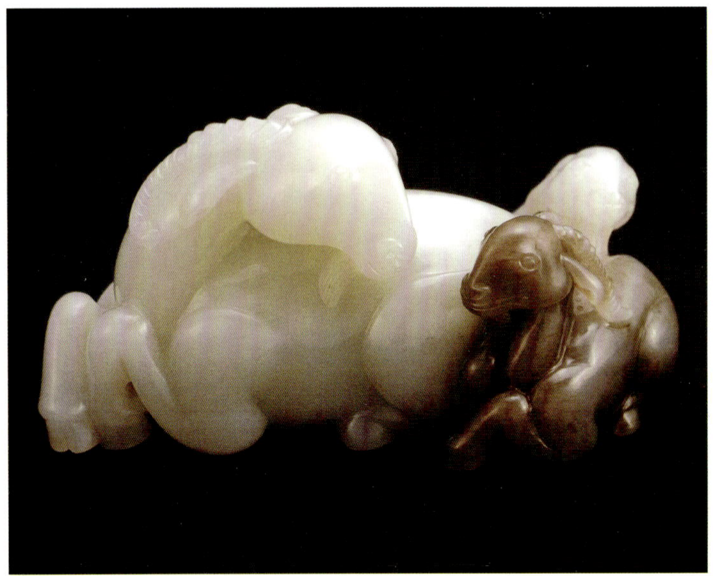

白玉俏色三阳开泰摆件
A Very Rare and Fine Black and White Jade Carved Boulder
乾隆 Qianlong KS 北京匡时
2012-6-4 Lot1361 L 13cm
估价：RMB 3,800,000-4,800,000
成交价：RMB5,520,000

2012 Chinese Art Auction TOP10 中国玉器拍卖摆件类 | 人排行榜 Top 5

白玉留皮鸿运当头卧羊摆件
A Finely Carved White Jade Goat
乾隆 Qianlong BP 北京保利
2012-12-5 Lot5766 L 4.8cm
估价：RMB 1,000,000-1,500,000
成交价：RMB1,265,000

青白玉雕卧羊一件
A Pale Celadon Jade Ram
乾隆 Qianlong C 佳士得
2012-5-18 Lot1335 L 5.1cm
估价：GBP 4,000-6,000
成交价：GBP25,000

白玉子母羊
A White Jade “Rams” Group
清 18 世纪 Qing,18th Century C 佳士得
2012-5-15 Lot200 W 8.9cm
估价：GBP 30,000-50,000
成交价：GBP43,250

白玉三羊开泰
A Carved White Jade Goat
清中期 Mid Qing BH 北京翰海
2012-12-8 Lot2076 L 8.3cm
估价：RMB 80,000-90,000
成交价：RMB94,300

玉羊
A Carved Jade Goat
明 Ming BH 北京翰海
2012-12-8 Lot2019 L 5.5cm
估价：RMB 15,000-20,000
成交价：RMB17,250

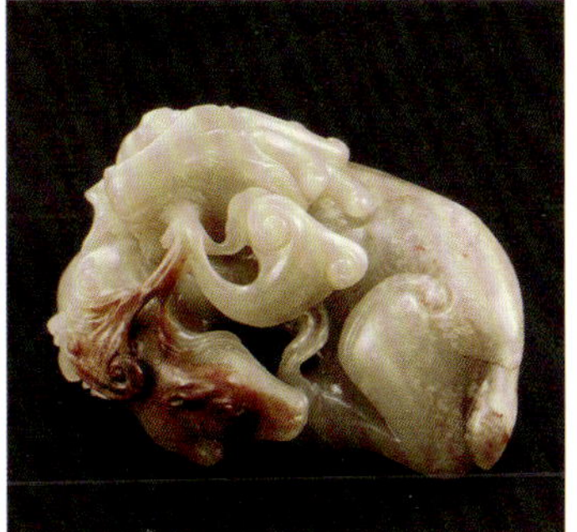

黄玉圆雕羊羊如意摆件
A Fine and Rare Yellow-Jade Carved Sheep-Shape Boulder
清 Qing KS 北京匡时
2012-6-4 Lot1426 L 10cm
估价：RMB 60,000-70,000
成交价：RMB82,800

白玉留皮马
A White Jade Horse
清 Qing GD 中国嘉德
2012-6-16 Lot3434 L 7.3cm
估价：无底价
成交价：RMB8,050

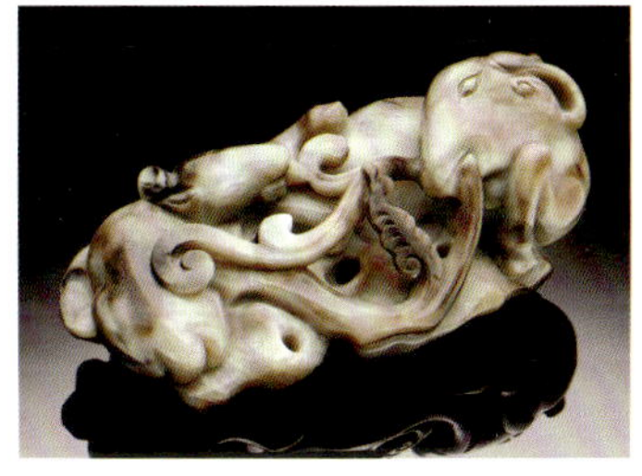

青玉雕双羊衔灵芝摆件
A Greenish-Grey and Dark Brown Jade Carving of Two Rams
清 Qing C 佳士得
2012-9-13 Lot1042 L 12.1cm
估价：USD 4,000-6,000
成交价：USD21,250

白玉褐皮三羊开泰
明 Ming BP 北京保利
2012-8-11 Lot654 L 5cm
估价：RMB 10,000-20,000
成交价：RMB25,300

青白玉雕卧羊
清 Qing PAC 太平洋
2012-6-16 Lot508 L 18cm
估价：RMB 15,000-15,000
成交价：RMB17,250

青白玉羊（两件）
Two Celadon Jade Sheep
年代不详 Unknown GD 中国嘉德
2012-6-16 Lot3555 L 6cm
估价：无底价
成交价：RMB6,900

白玉卧马
明或更早 Ming or Earlier BSA 古天一
2012-12-2 Lot1013 L 6.5cm
估价：RMB 800,000-1,000,000
成交价：RMB920,000

佚名 双骏 白玉摆件
Anonymous A White Jade Ornament With Two-Horse Patterns
年代不详 Unknown XLA 西泠印社
2012-10-21 Lot235 110×81×48mm；W 377.1g
估价：RMB50,000 – 80,000
成交价：RMB57,500

白玉卧马
A White Jade Figure Of Horse
清 Qing BP 北京保利
2012-6-7 Lot7747 L 5.5cm
估价：RMB 25,000-35,000
成交价：RMB 40,250

白玉龙马负书
A Fine and Nice White Jade Carving
清早期 Early Qing BP 北京保利
2012-6-7 Lot7760 L 15cm
估价：RMB 300,000-500,000
成交价：RMB 345,000

白玉卧马
清 Qing BP 北京保利
2012-4-22 Lot1362 L 6cm
估价：无底价
成交价：RMB230,000

白玉洒金马
A Carved White Jade Horse
清中期 Mid Qing BH 北京翰海
2012-5-27 Lot2009 L 5.5cm
估价：RMB 40,000-60,000
成交价：RMB46,000

白玉龙马献书摆件
A Carved White Jade Ornament In Horse Shape
明末 Late Ming BH 北京翰海
2012-5-27 Lot2404 L 13cm
估价：RMB 100,000-120,000
成交价：RMB138,000

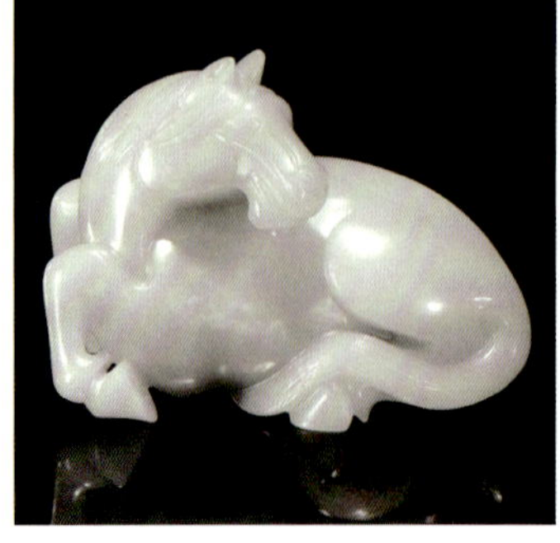

白玉卧马
A Carved White Jade Horse
清 Qing BH 北京翰海
2012-12-8 Lot2025 L 10.5cm
估价：RMB 90,000-110,000
成交价：RMB103,500

白玉卧马
清 Qing BP 北京保利
2012-10-24 Lot966 L 4cm
估价：无底价
成交价：RMB13,800

白玉卧马
清 Qing BP 北京保利
2012-4-23 Lot1819 L 7cm
估价：无底价
成交价：RMB 28,750

白玉雕双马摆件
清 Qing BP 北京保利
2012-4-23 Lot1857 W 12cm
估价：无底价
成交价：RMB 11,500

白玉卧马
乾隆 Qianlong BP 北京保利
2012-4-23 Lot1916 L 6.5cm
估价：无底价
成交价：RMB 40,250

青白玉卧马摆件
A Pale Green Jade Figure of A Horse
清 Qing（1644-1911） C 佳士得
2012-9-13 Lot1043 L 18.4cm
估价：USD 5,000-7,000
成交价：USD6,250

青白玉卧马
A Large Pale Celadon Jade Model of A Recumbent Horse
清 18 世纪 Qing,18th Century C 佳士得
2012-11-6 Lot128 L 19cm
估价：GBP 150,000-200,000
成交价：GBP157,250

青玉马
A Mottled Jade Model of A Horse
晚明 - 清初 17 世纪 Late Ming,17th Century C 佳士得
2012-11-6 Lot319 L 9cm
估价：GBP 4,000-6,000
成交价：GBP5,250

青玉洛河图书摆件
A Carved Sapphire Mythical Beast
清 Qing BH 北京翰海
2012-12-8 Lot2190 L 9cm
估价：RMB 80,000-100,000
成交价：RMB92,000

白玉留皮马
A White Jade Figure of Horse
乾隆 Qianlong GD 中国嘉德
2012-10-29 Lot4065 L 5.7cm
估价：RMB 60,000-80,000
成交价：RMB69,000

玉雕瑞兽、玉雕佛手、玉雕马上封侯摆件各一件
Three Jade Objects
年代不详 Unknown GD 中国嘉德
2012-6-16 Lot3901 L 8.2cm；L 10.4cm；L 8cm
估价：无底价
成交价：RMB6,900

白玉留皮卧马摆件
A White Jade" Horse" Carving
民国 Republic Period GD 中国嘉德
2012-10-29 Lot4091 W 7.7cm
估价：RMB 5,000-8,000
成交价：RMB51,750

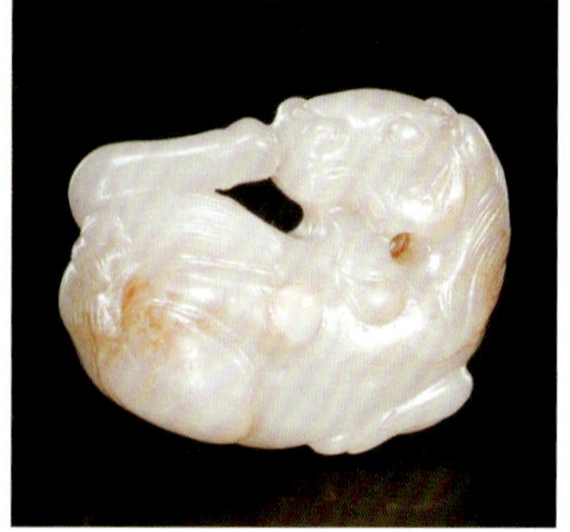

玉雕滚马摆件
A Jade Horse
明 Ming GD 中国嘉德
2012-5-14 Lot3422 W 5cm
估价：RMB 20,000-40,000
成交价：RMB23,000

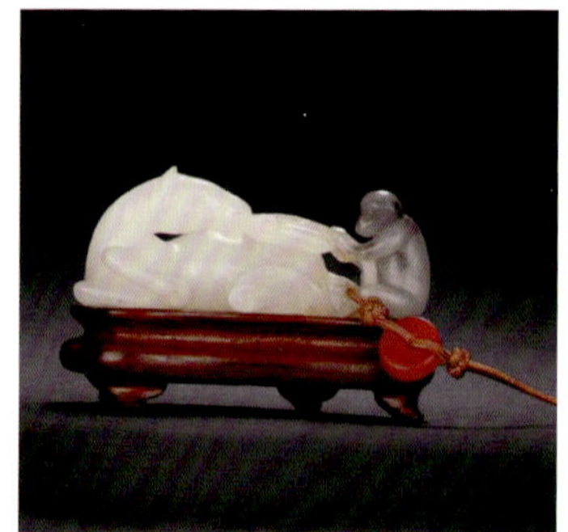

白玉巧色雕马上封侯纹摆件
A White Jade "Horse And Monkey" Group
乾隆 Qianlong BD 北京东正
2012-5-11 Lot27 L 7 cm
估价：RMB 350,000-400,000
成交价：RMB494,500

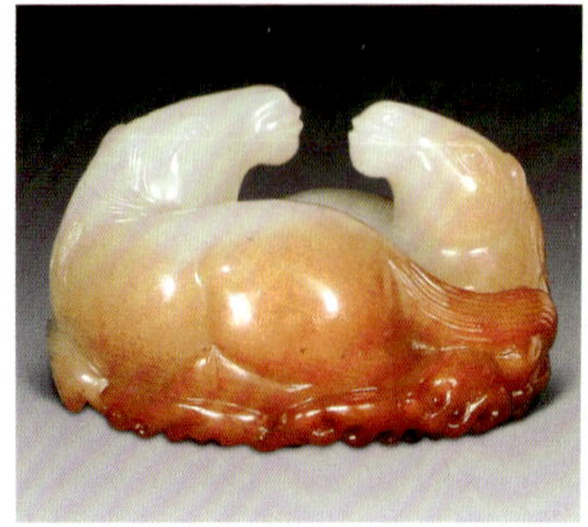

青白玉双马摆件
A Celadon Jade Carving
清 Qing GD 中国嘉德
2012-9-16 Lot3073 L 6.4cm
估价：无底价
成交价：RMB23,000

青白玉马衔灵芝摆件
A Celadon Jade Carving
清 Qing GD 中国嘉德
2012-6-16 Lot3359 L 8.1cm
估价：无底价
成交价：RMB1,150

青白玉马上封侯
A Celadon Jade Decoration
清 Qing HC 北京华辰
2012-5-12 Lot1357 L 5.5cm
估价：RMB 30,000-50,000
成交价：RMB34,500

玉巧雕卧马
清 Qing BP 北京保利
2012-4-22 Lot1390 L 6cm
估价：RMB 8,000-12,000
成交价：RMB9,200

浅青玉卧马
A Large Green Jade Figure of A Horse
清 Qing S 苏富比
2012-11-7 Lot470 33cm
估价：GBP 20,000-30,000
成交价：GBP42,050

玉雕卧马
A Jade Horse
清 Qing GD 中国嘉德
2012-6-16 Lot3539 L 10cm
估价：RMB 30,000-50,000
成交价：RMB34,500

旧玉兽、青玉马上封侯摆件各一件
A Jade Beast and A Celadon Jade Carving
年代不详 Unknown GD 中国嘉德
2012-6-16 Lot3900 L 8.9cm；H 8cm
估价：无底价
成交价：RMB3,450

玉卧马
A Carved Jade Horse
明 Ming BH 北京翰海
2012-12-8 Lot2024 L 7cm
估价：RMB 70,000-90,000
成交价：RMB80,500

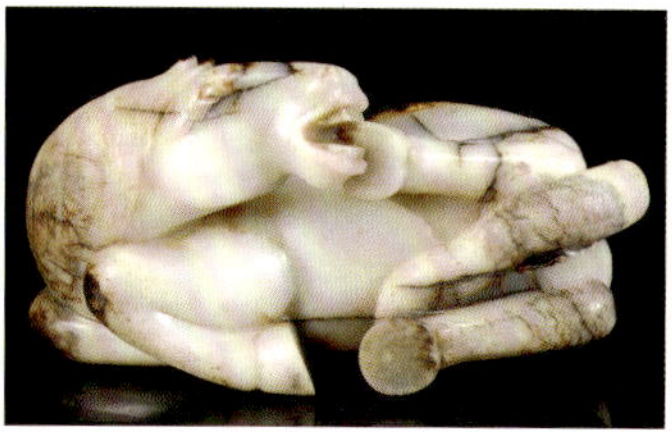

玉卧马
A Large Jade Carving of A Horse
17 世纪或以后 17th Century Or Later S 苏富比
2012-5-16 Lot28 28cm
估价：GBP 100,000-200,000
成交价：GBP205,250

玉雕双骏摆件
明 Ming BP 北京保利
2012-4-22 Lot1361 L 6.5cm
估价：无底价
成交价：RMB86,250

黄玉河洛图书摆件
A Carved Yellow Jade Horse
清 Qing BH 北京翰海
2012-12-8 Lot2105 L 10.1cm
估价：RMB 250,000-280,000
成交价：RMB287,500

黄玉雕卧马
A Carved Yellow Jade Horse
清中期 Mid Qing BP 北京保利
2012-12-7 Lot7383 L 5.3cm
估价：RMB 100,000-150,000
成交价：RMB161,000

墨玉卧马（一对）
清 Qing BP 北京保利
2012-4-23 Lot1867 L 24cm
估价：RMB 50,000-80,000
成交价：RMB 57,500

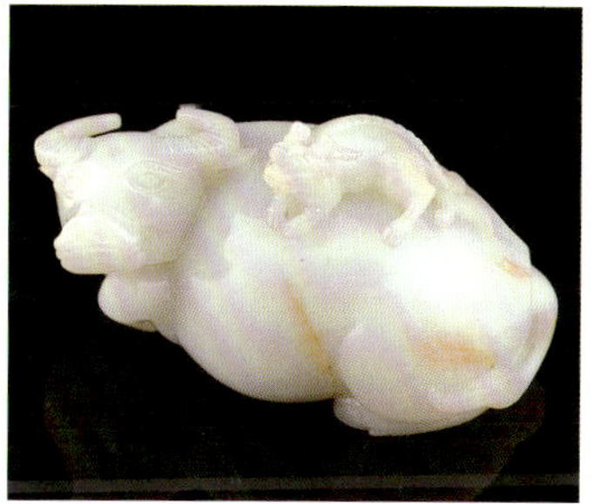

白玉“麒麟骑牛”
A Fine White Jade “Buffalo” Group
清 18 世纪 Qing,18th Century S 苏富比
2012-5-16 Lot18 16.5cm
估价：GBP 150,000-250,000
成交价：GBP668,450

2012 Chinese Art Auction TOP10 中国玉器拍卖摆件类十大排行榜 Top 4

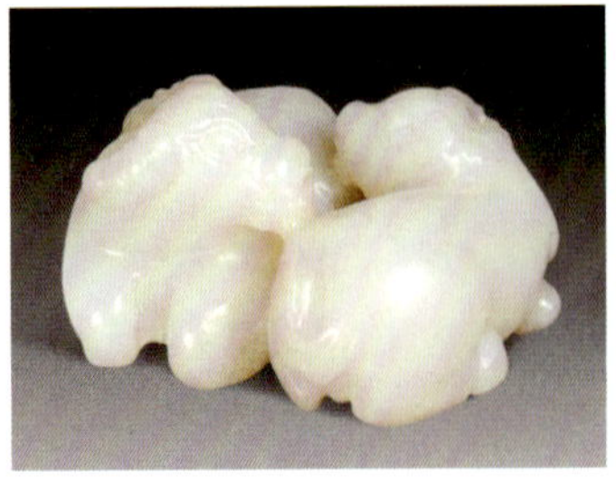

白玉双牛
A White Jade Pendant
清 Qing GD 中国嘉德
2012-6-16 Lot3360 L 4.3cm
估价：无底价
成交价：RMB3,450

白玉衔穗卧牛
A Carved White Jade Buffalo
清 18 世纪 Qing,18th Century S 苏富比
2012-5-16 Lot189 11cm
估价：GBP 6,000-8,000
成交价：GBP13,750

白玉牛
清 Qing BP 北京保利
2012-4-22 Lot1360 L 5.5cm
估价：无底价
成交价：RMB46,000

玉雕牛
A Jade Ox
清 Qing GD 中国嘉德
2012-6-16 Lot3460 L 13cm
估价：无底价
成交价：RMB25,300

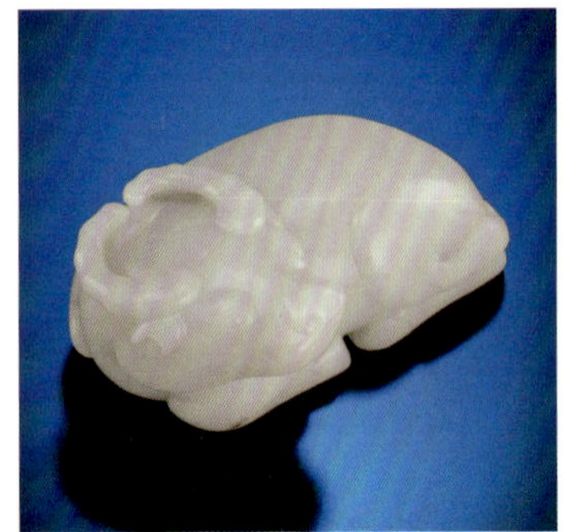

白玉卧牛摆件
A Fine Large White Jade Recumbent Buffalo
乾隆 Qianlong C 佳士得
2012-5-30 Lot3951 L 16.5cm
估价：HKD 900,000-1,500,000
成交价：HKD6,020,000
2012 Chinese Art Auction TOP10 中国玉器拍卖摆件类十大排行榜 Top 6

青白玉雕卧牛童子
A Pale Celadon Jade “Buffalo and Boy” Group
清 18 世纪 Qing,18th Century C 佳士得
2012-11-6 Lot10 L 12.4cm
估价：GBP 30,000-50,000
成交价：GBP37,250

旧玉勾云纹牛
A Carved Old Jade Water Buffalo
明 Ming BH 北京翰海
2012-5-27 Lot1998 L 10.5cm
估价：RMB 400,000-600,000
成交价：RMB575,000

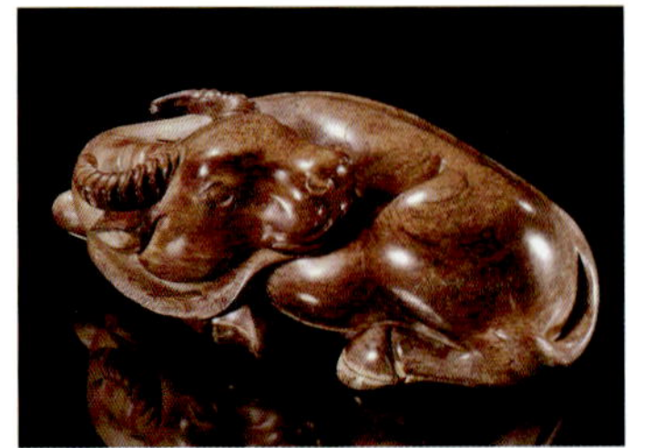

旧玉卧牛
A Carved Old Jade Buffalo
清 Qing BH 北京翰海
2012-12-8 Lot2012 L 17cm
估价：RMB 80,000-100,000
成交价：RMB94,300

青玉卧牛
A Carved Sapphire Cow Ornament
清中期 Mid Qing BH 北京翰海
2012-5-27 Lot2408 L 18.8cm
估价：RMB 160,000-200,000
成交价：RMB184,000

玉雕卧牛

清 Qing BP 北京保利
2012-8-11 Lot717 W 14cm
估价：RMB 20,000-30,000
成交价：RMB23,000

玉卧牛

A Carved Jade Buffalo
清中期 Mid Qing BH 北京翰海
2012-12-8 Lot2013 L 23cm
估价：RMB 250,000-300,000
成交价：RMB299,000

碧玉圆雕卧牛摆件

A Very Rare and Fine Jasper Carved Crouch-Cow
乾隆 Qianlong KS 北京匡时
2012-12-5 Lot1991 L 28cm
估价：RMB 500,000-600,000
成交价：RMB920,000

白玉狗

A White Jade Dog
年代不详 Unknown GD 中国嘉德
2012-9-16 Lot2904 L 11cm
估价：无底价
成交价：RMB36,800

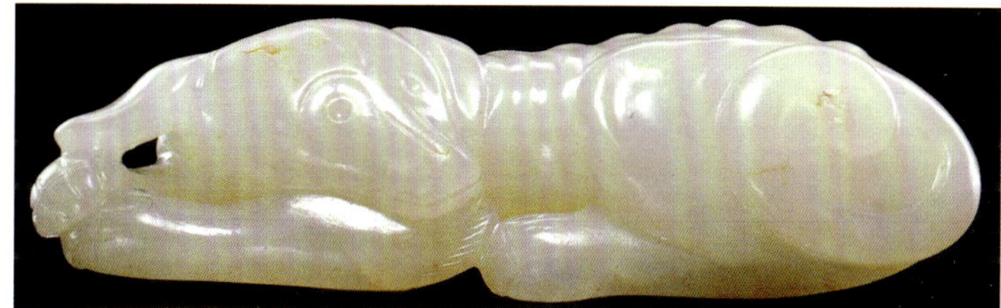

白玉卧犬

A White Jade "Dog" Carving
乾隆 Qianglong GD 中国嘉德
2012-10-29 Lot3989 L 7.8cm
估价：RMB 150,000-250,000
成交价：RMB322,000

白玉卧狗

A White Jade Dog
年代不详 Unknown GD 中国嘉德
2012-9-16 Lot3012 L 11cm
估价：无底价
成交价：RMB32,200

白玉狗

A White Jade Dog
清 Qing GD 中国嘉德
2012-6-16 Lot3380 L 10cm
估价：无底价
成交价：RMB8,050

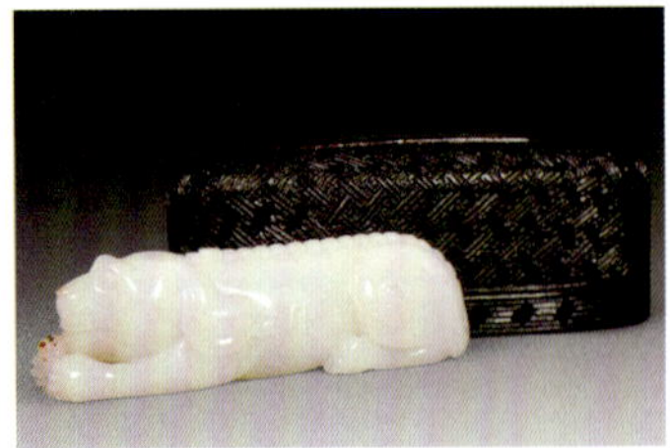

白玉狗
A White Jade Dog
年代不详 Unknown GD 中国嘉德
2012-6-16 Lot3392 L 10.5cm
估价：无底价
成交价：RMB12,650

白玉狗、白玉鸳鸯各一件
Two White Jade Carvings
年代不详 Unknown GD 中国嘉德
2012-6-16 Lot3433 L 10cm；L 9.9cm
估价：无底价
成交价：RMB11,500

白玉犬
A White Jade Figure of Dog
清 Qing BP 北京保利
2012-6-7 Lot7553 L 8cm
估价：RMB 30,000-50,000
成交价：RMB 80,500

白玉狗
A White Jade Dog
清 Qing GD 中国嘉德
2012-9-16 Lot2943 L 8cm
估价：RMB 12,000-22,000
成交价：RMB36,800

白玉卧犬
清中期 Mid Qing BP 北京保利
2012-4-22 Lot1374 L 5.5cm
估价：RMB 5,000-8,000
成交价：RMB13,800

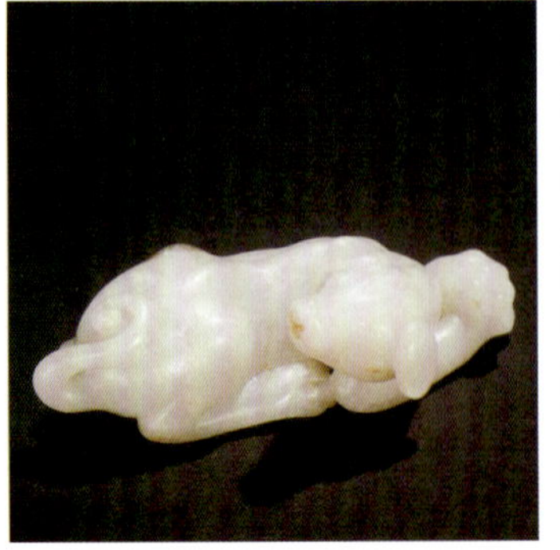

白玉卧犬
清 Qing BP 北京保利
2012-10-25 Lot1412 L 6.5cm
估价：无底价
成交价：RMB 2,300

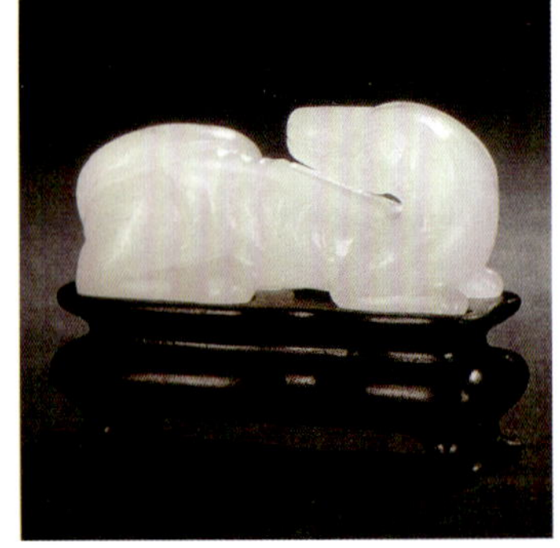

白玉卧狗
清 Qing BP 北京保利
2012-4-22 Lot1357 L 4cm
估价：无底价
成交价：RMB28,750

玉雕卧犬
明代以前 Before Ming BSA 古天一
2012-12-2 Lot1109 L 7cm
估价：RMB 50,000-80,000
成交价：RMB63,250

旧玉狗
A Jade Dog
清 Qing GD 中国嘉德
2012-6-16 Lot3414 L 6.1cm
估价：RMB 3,000-5,000
成交价：RMB10,350

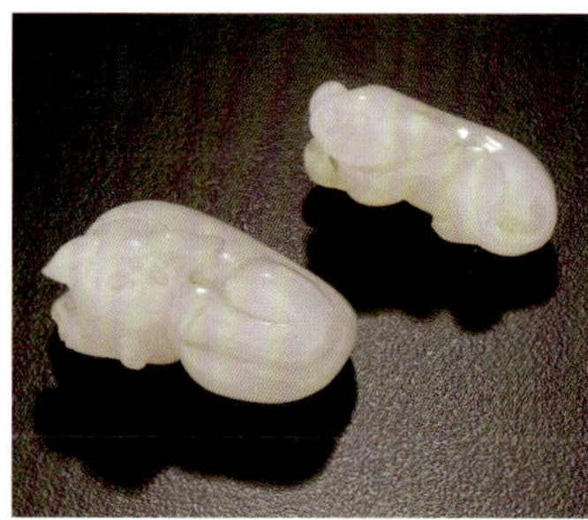

白玉雕卧犬两件
Two Small White Jade Carvings of Dogs
清 18-19 世纪 Qing,18-19th Century S 苏富比
2012-3-20 Lot223 3.3cm
估价：USD 5,000-7,000
成交价：USD7,500

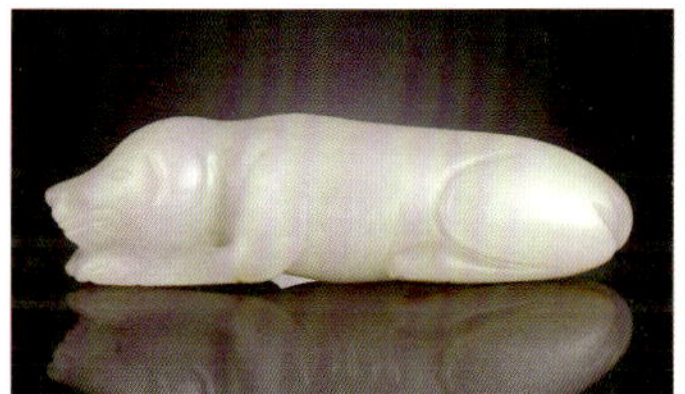

白玉卧犬
A Small White Jade Carving of A Dog
清 18 世纪 Qing,18th Century C 佳士得
2012-5-15 Lot42 L 5.8cm
估价：GBP 20,000-30,000
成交价：GBP18,750

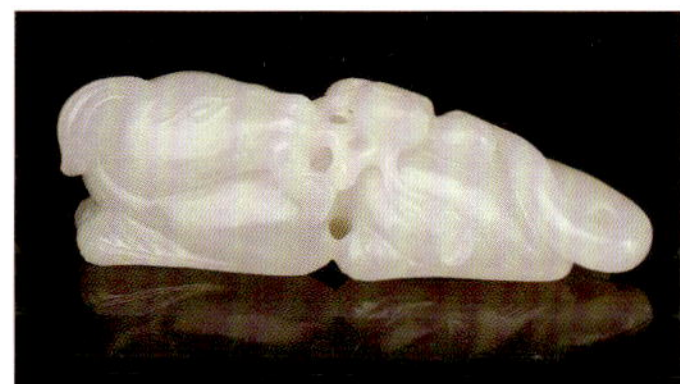

白玉犬一件
A White Jade Dog
乾隆 Qianlong C 佳士得
2012-5-18 Lot1026 L 5.6cm
估价：GBP 2,000-3,000
成交价：GBP2,500

青白玉卧犬
A Celadon Jade Dog
明 Ming S 苏富比
2012-5-16 Lot42 8cm
估价：GBP 12,000-18,000
成交价：GBP22,500

旺财
年代不详 Unknown RB 北京荣宝
2012-8-26 Lot821 45×20cm
估价：RMB 15,000-25,000
成交价：RMB22,400

籽料青玉旺财灵犬
年代不详 Unknown RB 北京荣宝
2012-6-24 Lot1728 H 8cm
估价：RMB 30,000-50,000
成交价：RMB42,560

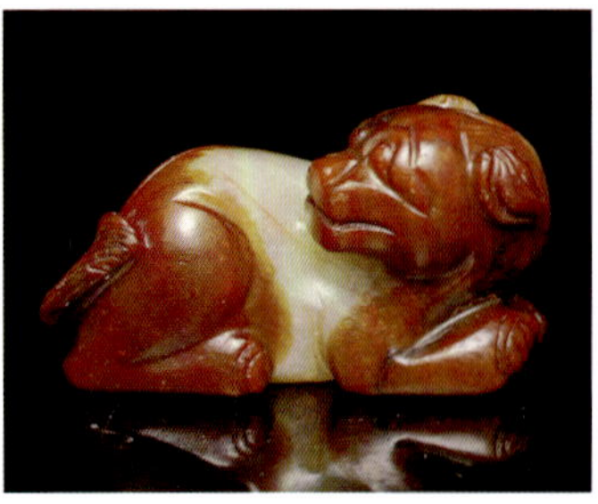

黄玉带皮雕卧犬
A Yellow and Russet Jade Carving of A Dog
清 18 世纪初 Qing,Early 18th Century C 佳士得
2012-5-15 Lot37 L 5cm
估价：GBP 5,000-8,000
成交价：GBP10,625

青玉、白玉狗各一件
A Celadon Jade Dog and A White Jade Dog
年代不详 Unknown GD 中国嘉德
2012-6-16 Lot3907 L 8.5cm；H 7cm
估价：无底价
成交价：RMB2,300

青玉狗
A Celadon Jade Dog
清 Qing GD 中国嘉德
2012-6-16 Lot3412 L 7cm
估价：无底价
成交价：RMB8,050

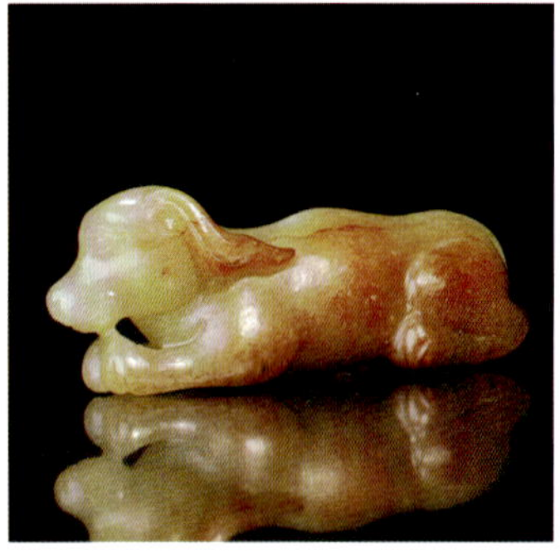

黄玉狗
A Yellow Jade Pendant
明 Ming GD 中国嘉德
2012-9-17 Lot4130 L 4.8cm
估价：无底价
成交价：RMB13,800

白玉双獾
A White Jade Pendant
年代不详 Unknown GD 中国嘉德
2012-9-16 Lot2960 L 5.2cm
估价：无底价
成交价：RMB2,300

白玉双獾
A White Jade Pendant
清 Qing GD 中国嘉德
2012-9-16 Lot2963 L 4.8cm
估价：无底价
成交价：RMB2,300

白玉雕双獾摆件
A Fine White Jade Ornament of Two Badgers
清 Qing XLA 西泠印社
2012-7-9 Lot2694 H 2.6cm；L 5.3cm
估价：RMB 20,000-30,000
成交价：RMB25,300

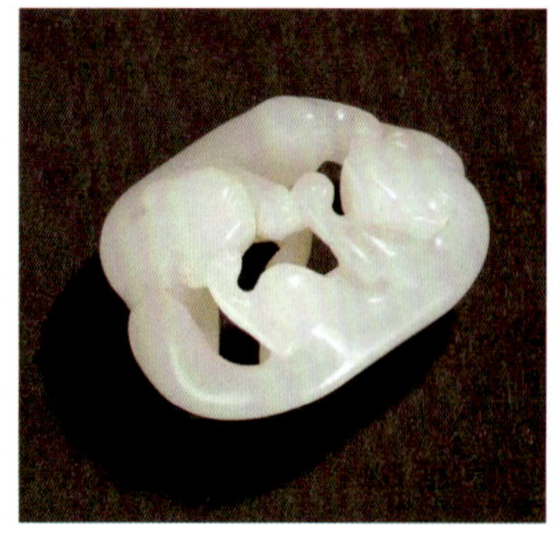

白玉双欢
A White Jade Carving
清 Qing BP 北京保利
2012-6-7 Lot7482 L 4cm
估价：RMB 20,000-30,000
成交价：RMB 86,250

白玉欢摆件
A White Jade Decoration
清中期 Mid Qing BP 北京保利
2012-6-7 Lot7532 L 7.3cm
估价：RMB 40,000-60,000
成交价：RMB 51,750

白玉双欢摆件
清 Qing BP 北京保利
2012-10-25 Lot1399 L 5cm
估价：RMB 8,000-12,000
成交价：RMB 9,200

白玉双欢
清 Qing BP 北京保利
2012-10-25 Lot1428 L 4cm
估价：RMB 3,000-5,000
成交价：RMB 10,350

白玉双欢
乾隆 Qianlong BP 北京保利
2012-4-22 Lot1300 L 5cm
估价：无底价
成交价：RMB86,250

白玉双欢
清 Qing BP 北京保利
2012-4-22 Lot1358 L 5cm
估价：无底价
成交价：RMB46,000

白玉双欢
清中期 Mid Qing BP 北京保利
2012-4-22 Lot1369 L 4cm
估价：RMB 5,000-8,000
成交价：RMB86,250

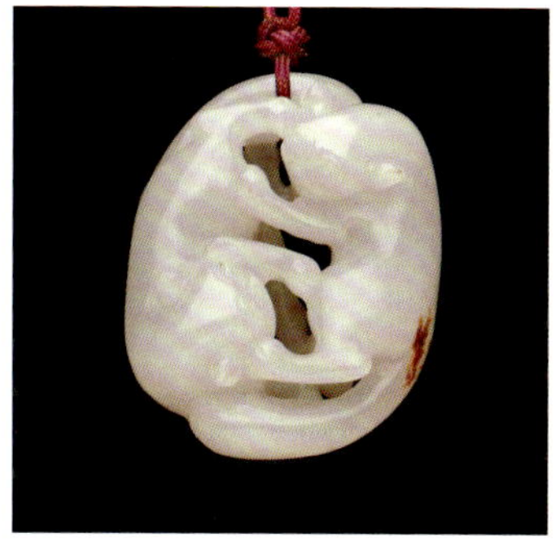

白玉雕双獾
A White Jade Cat Group
19-20 世纪 19-20th Century C 佳士得
2012-11-9 Lot1277 D 4.5cm
估价：GBP 2,000-3,000
成交价：GBP3,000

白玉双欢
清 Qing BP 北京保利
2012-10-24 Lot960 L 5.3cm
估价：RMB 28,000-35,000
成交价：RMB32,200

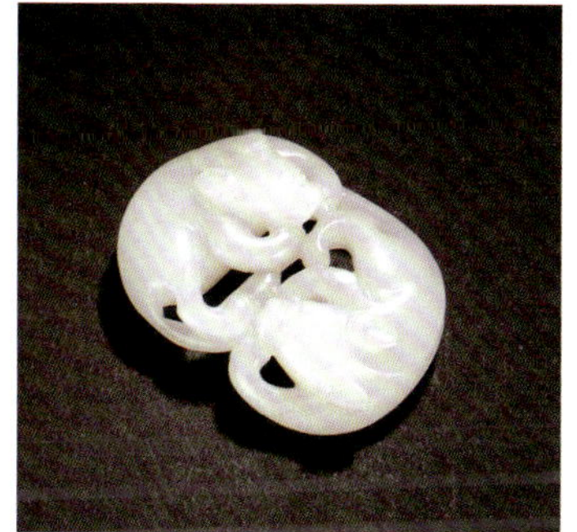

白玉双欢
清 Qing BP 北京保利
2012-10-24 Lot961 L 5cm
估价：RMB 28,000-35,000
成交价：RMB32,200

白玉双欢
清 Qing BP 北京保利
2012-10-24 Lot962 W 5cm
估价：无底价
成交价：RMB57,500

白玉双欢
A Carved White Jade Twin Badge
清中期 Mid Qing BH 北京翰海
2012-5-27 Lot2010 L 4.8cm
估价：RMB 25,000-35,000
成交价：RMB28,750

白玉巧雕獾
A White and Russet Jade Figure of A Badger(Huan)
清 18-19 世纪 Qing,18/19th Century C 佳士得
2012-9-13 Lot1059 L 6.1cm
估价：USD 3,000-5,000
成交价：USD11,250

白玉双猴摆件
清 Qing BP 北京保利
2012-10-24 Lot933 L 5cm
估价：RMB 50,000-60,000
成交价：RMB207,000

青白玉獾
A Celadon Jade Pendant
清 Qing GD 中国嘉德
2012-9-16 Lot2957 L 4.3cm
估价：RMB 3,000-5,000
成交价：RMB3,450

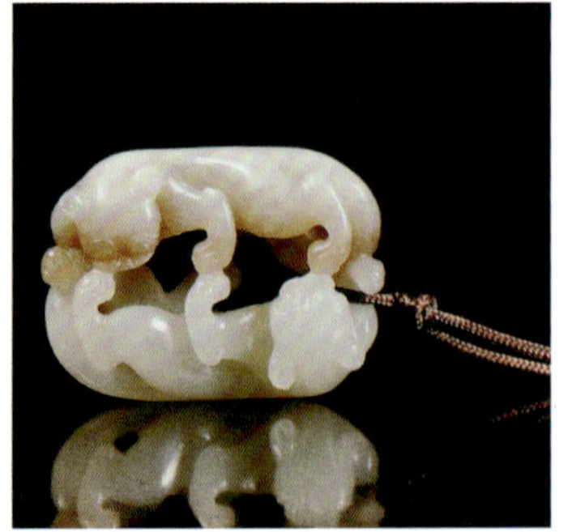

青白玉俏色双獾
A Celadon Jade Pendant
清 Qing GD 中国嘉德
2012-6-16 Lot3239 L 4.2cm
估价：RMB 20,000-30,000
成交价：RMB25,300

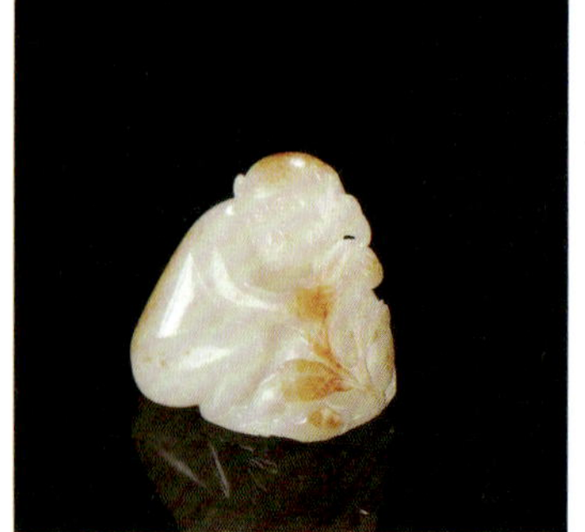

白玉留皮灵猴献寿
A White Jade "Monkey and Peach" carving
乾隆 Qianlong BP 北京保利
2012-12-5 Lot5715 H 3.5cm
估价：RMB 400,000-600,000
成交价：RMB460,000

白玉雕猴形摆件一件
A Chinese Jade Monkey Group
乾隆 Qianlong C 佳士得
2012-5-18 Lot1333 L 5cm
估价：GBP 1,500-2,500
成交价：GBP2,125

白玉马上封侯
A Carved White Jade Horse
清中期 Mid Qing BH 北京翰海
2012-12-8 Lot2023 L 6.7cm
估价：RMB 25,000-35,000
成交价：RMB28,750

黑白玉巧雕辈辈封侯
清 Qing BP 北京保利
2012-4-22 Lot1386 L 4.5cm
估价：RMB 40,000-60,000
成交价：RMB69,000

白玉雕猴形摆件一件
A White Jade Monkey Group
乾隆 Qianlong C 佳士得
2012-5-18 Lot1334 W 4.2cm
估价：GBP 3,000-5,000
成交价：GBP15,000

白玉巧雕双猴
清 Qing BP 北京保利
2012-10-24 Lot931 L 5.5cm
估价：RMB 30,000-50,000
成交价：RMB34,500

白玉双猴
清 Qing BP 北京保利
2012-10-24 Lot932 L 5cm
估价：RMB 60,000-80,000
成交价：RMB149,500

白玉双猴
清 Qing BP 北京保利
2012-4-22 Lot1371 L 3.5cm
估价：RMB 5,000-8,000
成交价：RMB28,750

白玉马上封侯
清 Qing BP 北京保利
2012-10-24 Lot934 L 6.5cm
估价：无底价
成交价：RMB63,250

白玉马上封侯
清 Qing BP 北京保利
2012-10-24 Lot935 L 6cm
估价：RMB 80,000-100,000
成交价：RMB92,000

白玉马上封侯
清 Qing BP 北京保利
2012-10-24 Lot936 L 5.5cm
估价：无底价
成交价：RMB40,250

白玉万代猴
清 Qing BP 北京保利
2012-10-24 Lot938 L 6.5cm
估价：无底价
成交价：RMB69,000

白玉马上封侯摆件
清中期 Mid Qing BP 北京保利
2012-4-23 Lot1915 L 7cm
估价：RMB 80,000-100,000
成交价：RMB 92,000

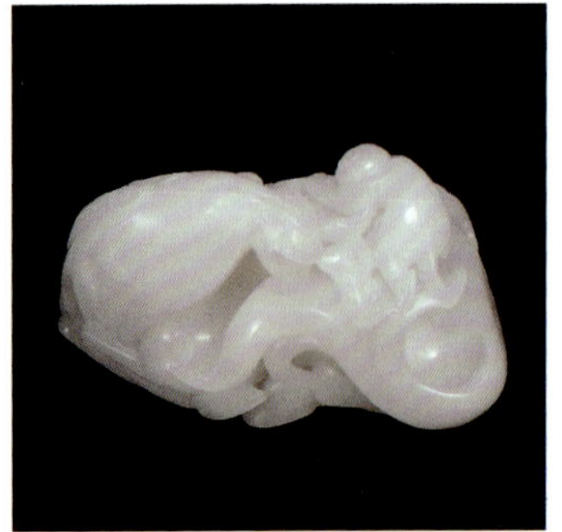

白玉籽料马上封侯
年代不详 Unknown RB 北京荣宝
2012-3-10 Lot222 W 330g
估价：RMB 200,000-300,000
成交价：RMB313,600

白玉籽料灵猴献寿
年代不详 Unknown RB 北京荣宝
2012-3-10 Lot272 W 25g
估价：RMB 40,000-60,000
成交价：RMB56,000

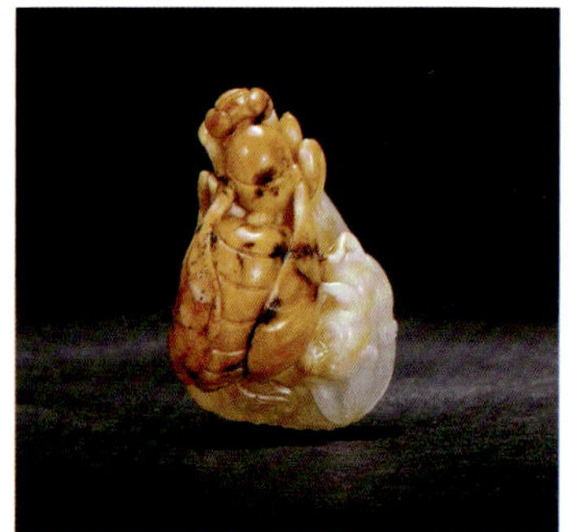

白玉籽料巧雕辈辈封侯
年代不详 Unknown RB 北京荣宝
2012-6-24 Lot1741 W 23g
估价：RMB 20,000-30,000
成交价：RMB38,080

诸侯门第
年代不详 Unknown RB 北京荣宝
2012-11-25 Lot1745 102×44×30mm；W 216g
估价：RMB 230,000-270,000
成交价：RMB280,000

黑白玉马上封侯
A Carved Black and White Jade Horse and Monkey
清中期 Mid Qing BH 北京翰海
2012-5-27 Lot2130 L 4.8cm
估价：RMB 20,000-30,000
成交价：RMB23,000

黄玉雕猴子坐像
明代以前 Before Ming BSA 古天一
2012-12-2 Lot1117 H 5cm
估价：RMB 1,000,000-1,200,000
成交价：RMB1,380,000

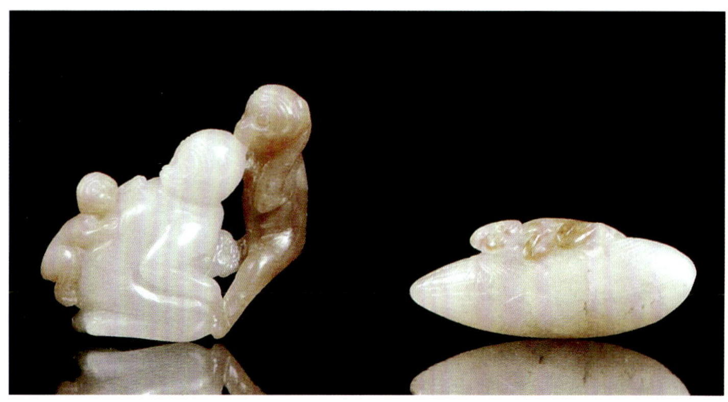

青白玉玉米坠、俏色玉雕猴（各一件）
A Celadon Jade Pendant and A Jade Pendant
清 Qing GD 中国嘉德
2012-6-16 Lot3288 H 4.4cm ；L 5cm
估价：无底价
成交价：RMB2,300

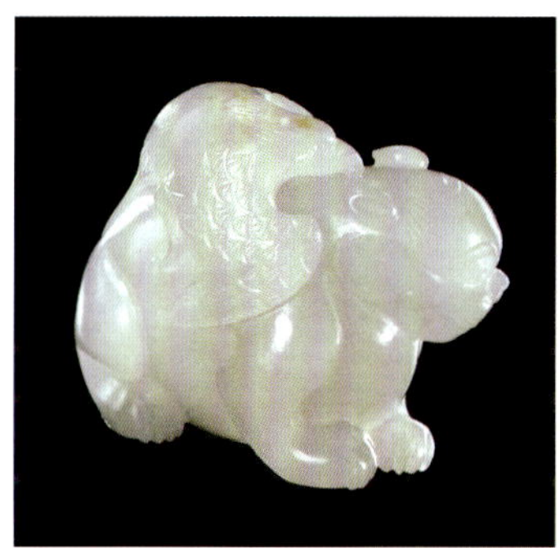

白玉英雄摆件
A White Jade "Eagle And Bear" Carving
乾隆 Qianglong GD 中国嘉德
2012-10-29 Lot4066 L 5.8cm
估价：RMB 60,000-80,000
成交价：RMB82,800

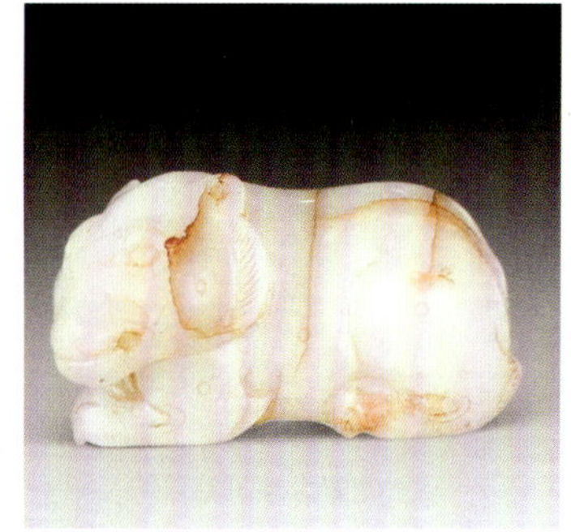

白玉熊
A White Jade Bear
年代不详 Unknown GD 中国嘉德
2012-9-16 Lot3026 L 5.5cm
估价：无底价
成交价：RMB1,150

白玉卧熊
A White Jade Figure of A Seated Bear
17 世纪 17th Century S 苏富比
2012-4-4 Lot117 L 6.1cm
估价：HKD 350,000-450,000
成交价：HKD620,000

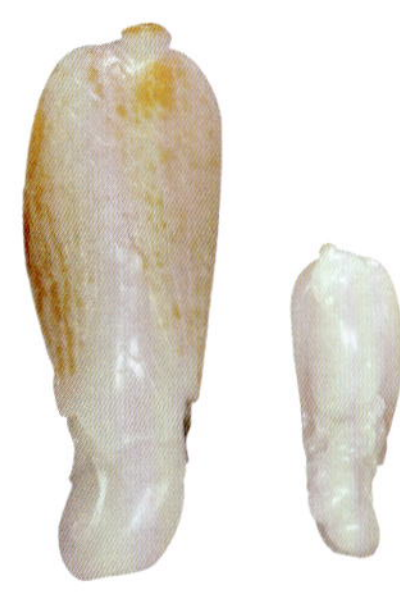

一世英名
年代不详 Unknown RB 北京荣宝
2012-8-26 Lot834 H 55mm，W 20mm
估价：RMB 25,000-35,000
成交价：RMB28,000

黄白玉兔摆件一件
A Small Two-Colour Jade Carving of A Rabbit
18-19 世纪 18/19th Century C 佳士得
2012-5-18 Lot1029 L 5.1cm
估价：GBP 3,000-5,000
成交价：GBP12,500

黄玉兔
A Flinder Diamond Rabbit
清 Qing TT 北京传是
2012-7-8 Lot1459 L 3.5cm
估价：RMB 8,000-12,000
成交价：RMB11,500

碧玉雕雄鹰摆件
年代不详 Unknown BP 北京保利
2012-4-23 Lot2230 L 83cm
估价：无底价
成交价：RMB 25,300

白玉圆雕瑞兔摆件
A Fine and Rare White Jade Carved Rabbit-Shape Boulder
明 Ming KS 北京匡时
2012-6-4 Lot1298 L 5.8cm
估价：RMB 180,000-200,000
成交价：RMB207,000

白玉兔
A White Jade Pendant
清 Qing GD 中国嘉德
2012-9-16 Lot2909 L 5.2cm
估价：RMB 6,000-9,000
成交价：RMB11,500

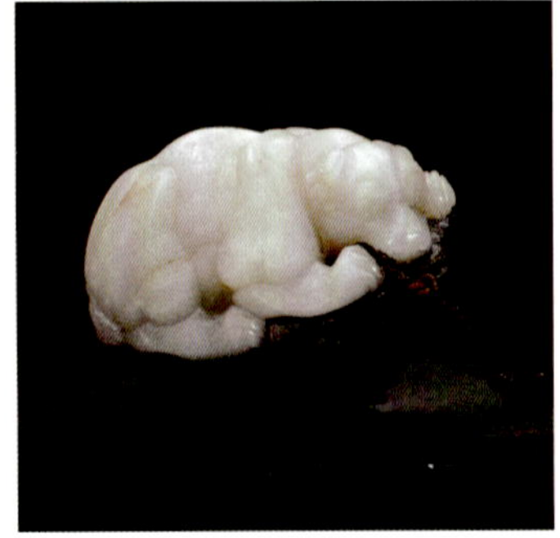

青花籽料黑白双雄
年代不详 Unknown RB 北京荣宝
2012-6-24 Lot1752 298g
估价：RMB 50,000-70,000
成交价：RMB71,680

玉雕卧兔
明 Ming BP 北京保利
2012-4-23 Lot1815 L 4.5cm
估价：无底价
成交价：RMB 23,000

白玉籽料兔儿爷
年代不详 Unknown RB 北京荣宝
2012-6-24 Lot1743 78g
估价：RMB 30,000-50,000
成交价：RMB44,800

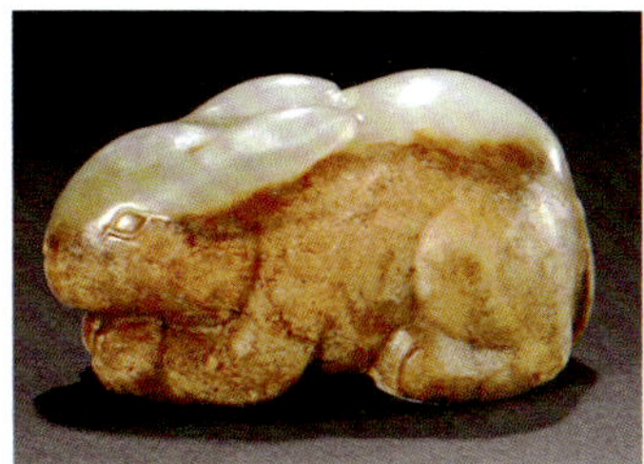

旧玉兔
A Carved Jade Rabbit
明 Ming BH 北京翰海
2012-5-27 Lot2005 L 4.3cm
估价：RMB 10,000-20,000
成交价：RMB11,500

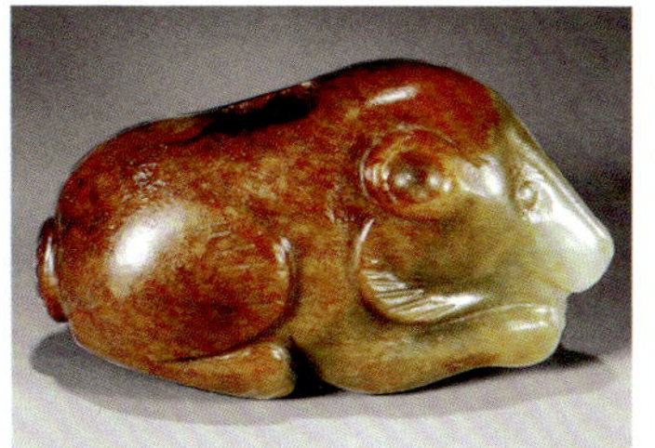

旧玉熊
A Carved White Jade Gourd
明 Ming BH 北京翰海
2012-5-27 Lot2113 L 5.2cm
估价：RMB 40,000-60,000
成交价：RMB46,000

白玉雕卧兔
明 Ming BSA 古天一
2012-12-2 Lot1118 L 5.5cm；H 2.8cm
估价：RMB 400,000-500,000
成交价：RMB483,000

青玉带皮骆驼摆件
清 Qing BP 北京保利
2012-4-23 Lot1854 H 32cm
估价：无底价
成交价：RMB 23,000

白玉猫蝶
清中期 Mid Qing BP 北京保利
2012-4-23 Lot1903 L 4.5cm
估价：RMB 5,000-10,000
成交价：RMB 86,250

白玉猫戏蝶
A Carved White Jade Cat
清 Qing BH 北京翰海
2012-12-8 Lot2280 L 7cm
估价：RMB 30,000-40,000
成交价：RMB34,500

五子运财
年代不详 Unknown RB 北京荣宝
2012-8-26 Lot804 50 × 30cm
估价：RMB 40,000-50,000
成交价：RMB44,800

旧玉鼠
A Carved Old Jade Mouse
明 Ming BH 北京翰海
2012-12-8 Lot2014 L 6.5cm
估价：RMB 15,000-20,000
成交价：RMB17,250

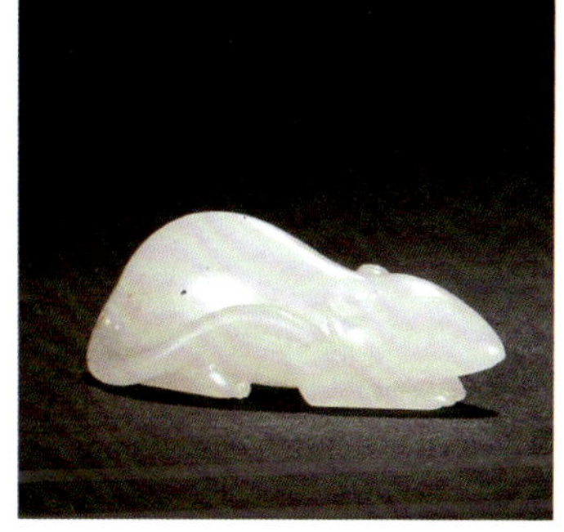

白玉鼠
清 Qing BP 北京保利
2012-10-24 Lot943 L 4cm
估价：无底价
成交价：RMB17,250

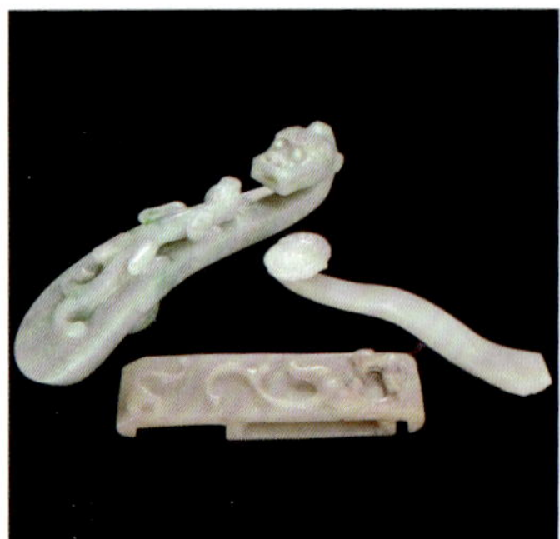

白玉、青白玉、黄白玉雕摆件各一
Three Jade and Jadeite Carvings
19 世纪 19th Century C 佳士得
2012-5-18 Lot1040 L 14cm
估价：GBP 2,000-3,000
成交价：GBP2,500

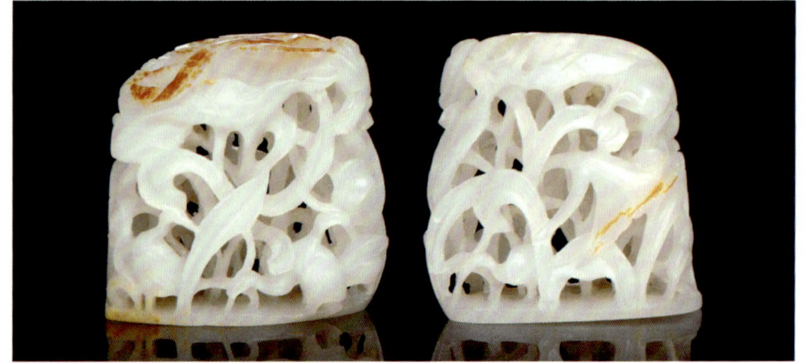

白玉镂雕摆件两件
A Large Pale Celadon and Russet Jade Carved and Pierced Hat Finial
明晚期 16-17 世纪 Late Ming,16-17th Century C 佳士得
2012-5-18 Lot1117 H 6.3cm
估价：GBP 6,000-10,000
成交价：GBP23,750

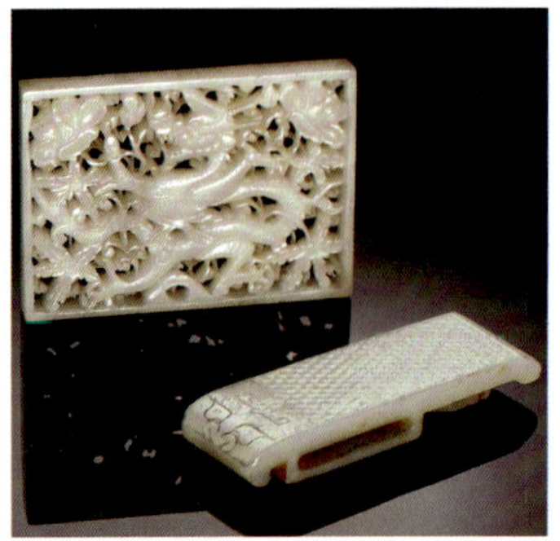

白玉镂雕龙纹牌连同白玉璏一件
A White Jade Openwork Rectangular Plaque
明 Ming C 佳士得
2012-9-13 Lot1015 L 7.7cm;L 8.2cm
估价：USD 4,000-6,000
成交价：USD8,125

玉雕马、犬与瓜摆件（三件）
A Group of Three Jades
清 Qing BO 邦瀚斯
2012-5-27 Lot337 尺寸不一
估价：咨询价
成交价：HKD 15,000

玉带皮雕水牛与兽摆件
A Jade Recumbent "Buffalo and Mythical Beast" Carving
宋 - 明 Song-Ming BO 邦瀚斯
2012-5-27 Lot373 L 10.4cm
估价：HKD 80,000-120,000
成交价：HKD 175,000

青白玉雕摆件一对
A Small Pair of Mughal-Style Pale Celadon Jade Lobed Dishes
乾隆 Qianlong C 佳士得
2012-5-18 Lot1124 W 9cm
估价：GBP 2,000-3,000
成交价：GBP18,750

青白玉雕摆件两件
Two Celadon Jade Carvings
19 世纪 19th Century C 佳士得
2012-5-18 Lot1331 5.8cm
估价：GBP 2,000-3,000
成交价：GBP4,750

米黄玉雕骆驼松鼠摆件
A Beige Jade "Camel and Squirrel" Group
元 - 明 Yuan-Ming S 苏富比
2012-3-20 Lot218 L 6cm
估价：USD 5,000-7,000
成交价：USD9,375

青白玉穿山甲、青玉海冬青各一件
Two Celadon Jade Pendants
年代不详 Unknown GD 中国嘉德
2012-9-16 Lot3304 L 7cm ; L 6.6cm
估价：无底价
成交价：RMB2,300

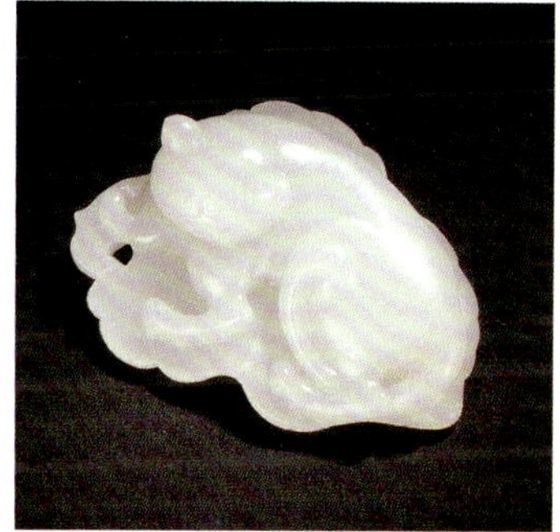

白玉卧猫
A White Jade Carving of Cat
清 Qing BP 北京保利
2012-12-7 Lot7390 L 6.6cm
估价：RMB 10,000-20,000
成交价：RMB57,500

青白玉耄耋
A Celadon Jade "Cat and Butterfly" group
清 18 世纪 Qing,18th Century S 苏富比
2012-11-7 Lot370 8.2cm
估价：GBP 3,000-5,000
成交价：GBP16,250

青白玉雕两件
Two Small Pale Celadon Jade Carvings
清 Qing S 苏富比
2012-9-12 Lot305 尺寸不一
估价：USD 6,000-8,000
成交价：USD7,500

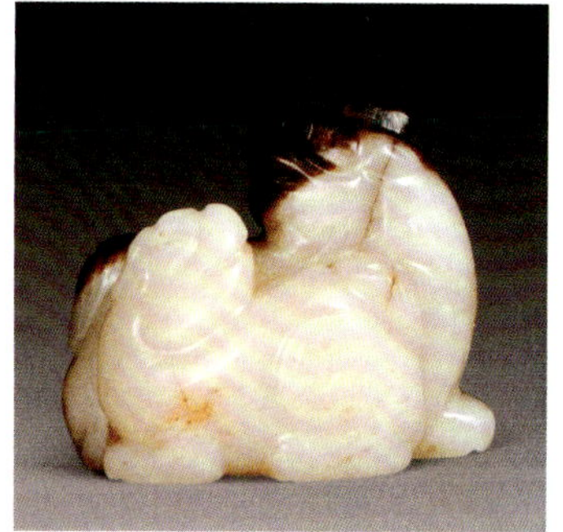

青白玉沁色子母兽
A Celadon Jade Pendant
清 Qing GD 中国嘉德
2012-6-16 Lot3365 L 5.5cm
估价：无底价
成交价：RMB1,150

青玉雕河马载天书摆件
A Rare Celadon Jade Carving of A Mythical Horse
清 18 世纪 Qing,18th Century S 苏富比
2012-9-12 Lot294 L 21.6cm
估价：USD 60,000-80,000
成交价：USD68,500

白玉双鹤摆件
清 Qing BP 北京保利
2012-4-22 Lot1337 L 14cm
估价：无底价
成交价：RMB103,500

白玉鸳鸯衔莲摆件
A White Jade "Mandarin Ducks" Carving
清中期 Mid Qing GD 中国嘉德
2012-10-29 Lot4071 W 7.5cm
估价：RMB 80,000-120,000
成交价：RMB207,000

白玉雕鸳鸯纹摆件
A White Jade Mandarin Duck Decoration
清初 Early Qing BD 北京东正
2012-12-31 Lot138 L 16.2 cm
估价：RMB 350,000-400,000
成交价：RMB460,000

白玉鸳鸯
清 Qing BP 北京保利
2012-4-22 Lot1315 L 3cm
估价：无底价
成交价：RMB32,200

白玉鸳鸯
清 Qing BP 北京保利
2012-4-22 Lot1333 L 6cm
估价：无底价
成交价：RMB34,500

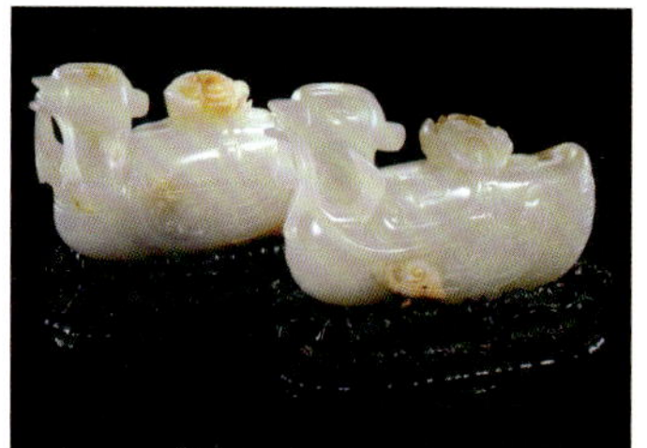

白玉留皮戏荷鸳鸯（一对）
A Pair of White Jade "Mandarin Ducks" Carvings
清 Qing GD 中国嘉德
2012-10-29 Lot4039 L 9.5cm
估价：RMB 150,000-180,000
成交价：RMB230,000

白玉巧雕鸳鸯衔莲摆件
A Small White and Pale Brown Jade Duck Carving
明末 - 清 Late Ming-Qing C 佳士得
2012-9-13 Lot1014 L 9cm
估价：USD 10,000-15,000
成交价：USD27,500

青玉雕鸳鸯衔禾摆件
A Celadon Jade Carving of Two Ducks
清 18 世纪 Qing, 18th Century S 苏富比
2012-3-20 Lot219 L 8.9cm
估价：USD 5,000-7,000
成交价：USD9,375

青白玉鸳鸯摆件
A Carved "Two Mandarin Ducks Carrying Lotuses on Their Mouths" Greenish-White Jade Ornament
清 Qing GD 中国嘉德
2012-5-14 Lot3502 W 15cm
估价：RMB 40,000-60,000
成交价：RMB46,000

白玉鸳鸯
A White Jade Carving of Ducks
清 18 世纪 Qing,18th Century C 佳士得
2012-5-15 Lot67 L 12.4cm
估价：GBP 20,000-30,000
成交价：GBP22,500

玉雕鸳鸯摆件两件
Two Jade Carvings of Mandarin Ducks
元 - 明 Yuan-Ming C 佳士得
2012-5-18 Lot1218 L 8cm
估价：GBP 1,500-2,000
成交价：GBP2,000

白玉鸳鸯
清 Qing BP 北京保利
2012-4-22 Lot1336 L 3.5cm
估价：无底价
成交价：RMB32,200

玉雕鸳鸯
明 Ming BP 北京保利
2012-4-22 Lot1314 L 4cm
估价：无底价
成交价：RMB32,200

青玉莲塘鸳鸯摆件
A Celadon Jade Carving of Ducks
清 18-19 世纪 Qing,18-19th Century C 佳士得
2012-11-6 Lot31 W 15.2cm
估价：GBP 15,000-25,000
成交价：GBP18,750

黄玉雕“鸳鸯衔莲”摆件
A Yellow Jade Carving of A Duck
18 世纪或更晚 18th Century or Later C 佳士得
2012-11-9 Lot1070 L 10.2cm
估价：GBP 10,000-15,000
成交价：GBP44,450

白玉扳指、白玉鹅各一件
A White Jade Ring and A White Jade Pendant
年代不详 Unknown GD 中国嘉德
2012-9-16 Lot3302 D 3.5cm；L 6cm
估价：无底价
成交价：RMB28,750

白玉鹅
A White Jade Pendant
清 Qing GD 中国嘉德
2012-9-17 Lot4146 L 4.7cm
估价：RMB 26,000-36,000
成交价：RMB29,900

白玉雕双鹅摆件
A White Jade Double-Geese Decoration
乾隆 Qianlong BD 北京东正
2012-10-31 Lot518 L 7.8 cm
估价：RMB 120,000-150,000
成交价：RMB138,000

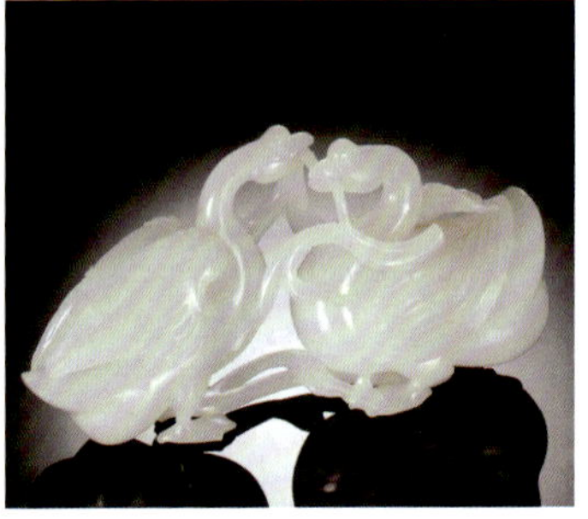

白玉双鹅摆件
A Nice White Jade “Gooses” Decoration
年代不详 Unknown BP 北京保利
2012-6-7 Lot7739 L 17cm
估价：RMB 80,000-120,000
成交价：RMB 92,000

白玉鹅
清 Qing BP 北京保利
2012-4-22 Lot1313 L 5.5cm
估价：无底价
成交价：RMB103,500

白玉鹅
清 Qing BP 北京保利
2012-4-22 Lot1316 L 5cm
估价：无底价
成交价：RMB40,250

白玉鹅
清 Qing BP 北京保利
2012-4-22 Lot1322 L 5cm
估价：无底价
成交价：RMB97,750

白玉鹅
明 Ming BP 北京保利
2012-4-22 Lot1320 L 4cm
估价：无底价
成交价：RMB23,000

白玉鹅
清 Qing BP 北京保利
2012-4-22 Lot1321 L 3cm
估价：无底价
成交价：RMB17,250

白玉鹅
清 Qing BP 北京保利
2012-4-22 Lot1323 L 3cm
估价：无底价
成交价：RMB40,250

白玉鹅
清 Qing BP 北京保利
2012-4-22 Lot1325 L 4.5cm
估价：无底价
成交价：RMB28,750

白玉童子戏鹅
清 Qing BP 北京保利
2012-4-22 Lot1326 L 3.5cm
估价：无底价
成交价：RMB23,000

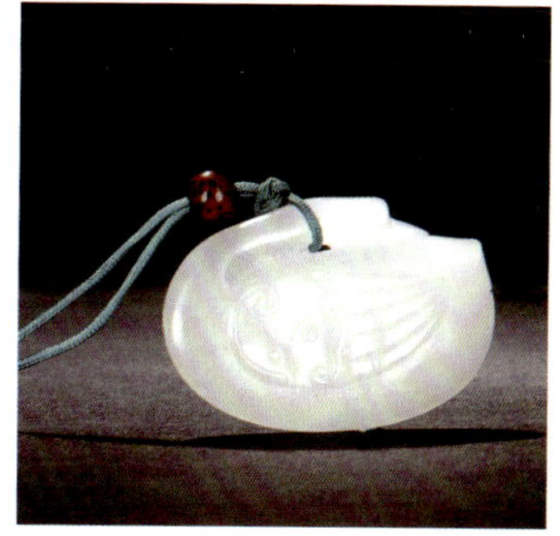

白玉鹅
清 Qing BP 北京保利
2012-4-22 Lot1327 L 3cm
估价：无底价
成交价：RMB40,250

白玉鹅
清 Qing BP 北京保利
2012-4-22 Lot1330 L 6cm
估价：无底价
成交价：RMB13,800

白玉鹅
清 Qing BP 北京保利
2012-4-22 Lot1331 L 4.5cm
估价：无底价
成交价：RMB23,000

白玉鹅
清 Qing BP 北京保利
2012-4-22 Lot1332 L 3cm
估价：无底价
成交价：RMB36,800

白玉鹅
清 Qing BP 北京保利
2012-4-22 Lot1334 L 4.5cm
估价：无底价
成交价：RMB11,500

白玉仿古"衔芝宝鹅"
A White Jade "Goose" Paperweight
清 18 世纪初 Qing,Early 18th Century S 苏富比
2012-4-4 Lot151 L 12.3cm
估价：HKD 2,500,000-3,500,000
成交价：HKD3,020,000

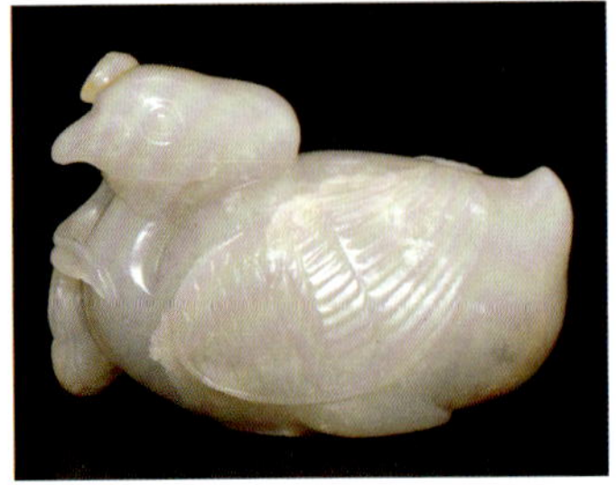

玉衔穗宝鹅
A Jade Recumbent Goose
17-18 世纪 17th-18th Century S 苏富比
2012-5-16 Lot191 7.5cm
估价：GBP 4,000-6,000
成交价：GBP5,250

玉雕鹅
明 Ming BP 北京保利
2012-4-22 Lot1318 L 4cm
估价：无底价
成交价：RMB25,300

青白玉鹅衔灵芝摆件
A Celadon Jade Carving
年代不详 Unknown GD 中国嘉德
2012-9-16 Lot3172 L 7.5cm
估价：RMB 4,000-6,000
成交价：RMB8,050

白玉鹅
清 Qing BP 北京保利
2012-4-22 Lot1335 L 4cm
估价：无底价
成交价：RMB126,500

周雁明 我如意 黄玉摆件
Zhou Yanming A Yellow Jade Ornament,Geese
年代不详 Unknown XLA 西泠印社
2012-7-7 Lot2077 78 × 57 × 46mm ; W 261.5g
估价：RMB 250,000-350,000
成交价：RMB322,000

白玉宝鹅
A White Jade Goose
清 18 世纪 Qing,18th Century S 苏富比
2012-11-7 Lot373 7cm
估价：GBP 5,000-7,000
成交价：GBP6,250

白玉宝鹅
A White Jade Goose
清 18 世纪 Qing,18th Century S 苏富比
2012-11-7 Lot468 6cm
估价：GBP 3,000-4,000
成交价：GBP3,750

白玉雕宝鸭穿莲纹摆件
A Fine White Jade Duck
乾隆 Qianlong BD 北京东正
2012-12-31 Lot112 L 16.8 cm
估价：RMB 1,500,000-1,800,000
成交价：RMB1,725,000
2012 Chinese Art Auction TOP10 中国玉器拍卖配饰类十大排行榜 Top 9

白玉合家欢宝鸭
A White Jade Carving of Ducks
清 Qing BP 北京保利
2012-6-7 Lot7479 H 6.5cm
估价：RMB 15,000-25,000
成交价：RMB 17,250

青白玉衔莲宝鹅
A Pale Celadon Jade Goose
清 18-19 世纪 Qing,18-19th Century S 苏富比
2012-11-7 Lot238 6.5cm
估价：GBP 15,000-20,000
成交价：GBP15,000

白玉鹅衔灵芝
清 Qing BP 北京保利
2012-10-24 Lot967 W 7cm
估价：无底价
成交价：RMB13,800

白玉鹅
A Carved White Jade Goose
清 Qing BH 北京翰海
2012-5-27 Lot2141 L 7.1cm
估价：RMB 160,000-180,000
成交价：RMB184,000

白玉洒金鹅莲摆件
A Carved White Jade Ornament In Goose and Lotus Shape
清 Qing BH 北京翰海
2012-5-27 Lot2403 L 6.1cm
估价：RMB 80,000-100,000
成交价：RMB103,500

白玉鹅衔枝摆件
A Carved White Jade Goose
清中期 Mid Qing BH 北京翰海
2012-12-8 Lot2070 L 9.5cm
估价：RMB 120,000-150,000
成交价：RMB195,500

白玉洒金鹅衔枝摆件
A Carved White Jade Goose Shaped Ornament
清中期 Mid Qing BH 北京翰海
2012-12-8 Lot2154 L 13cm
估价：RMB 1,200,000-1,500,000
成交价：RMB1,380,000

白玉鹅衔枝摆件
A Carved White Jade Goose
清中期 Mid Qing BH 北京翰海
2012-12-8 Lot2189 L 10.5cm
估价：RMB 40,000-50,000
成交价：RMB46,000

白玉凤衔枝摆件
A Carved White Jade Phoenix
清 Qing BH 北京翰海
2012-12-8 Lot2195 L 8.5cm
估价：RMB 200,000-220,000
成交价：RMB230,000

白玉鹅衔枝
A Carved White Jade Goose
清中期 Mid Qing BH 北京翰海
2012-12-8 Lot2261 L 6.1cm
估价：RMB 25,000-35,000
成交价：RMB46,000

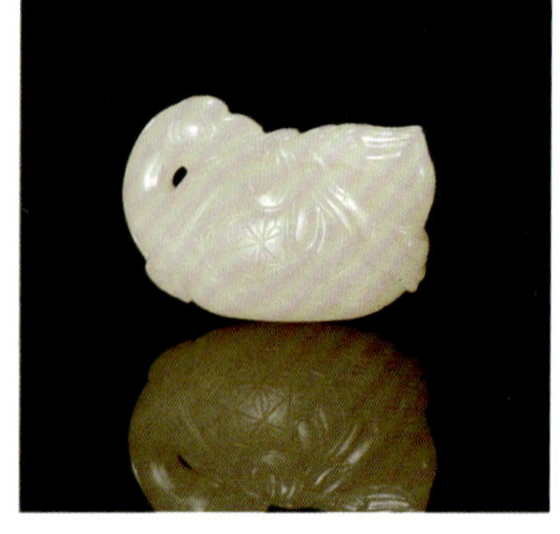

白玉鹅
A Carved White Jade Goose
清中期 Mid Qing BH 北京翰海
2012-12-8 Lot2272 L 4.2cm
估价：RMB 10,000-15,000
成交价：RMB12,650

青白玉双鹅摆件
清 Qing JG 北京九歌
2012-6-29 Lot2579 L 12cm
估价：RMB 34,000-45,000
成交价：RMB51,750

黄玉巧雕鹅摆件
A Yellow and Russet Jade Goose
清 18 世纪 Qing,18th Century C 佳士得
2012-11-28 Lot2190 L 6.4cm
估价：HKD 60,000-80,000
成交价：HKD93,750

黄玉留皮鹅
明 Ming BP 北京保利
2012-4-23 Lot1921 L 5.5cm
估价：RMB 20,000-30,000
成交价：RMB 23,000

白玉宝鸭衔莲
清 Qing BP 北京保利
2012-4-22 Lot1319 L 3cm
估价：无底价
成交价：RMB20,700

白玉鸭形摆件
乾隆 Qianlong BP 北京保利
2012-4-22 Lot1339 L 8.5cm
估价：无底价
成交价：RMB63,250

玉雕双鸭
清 Qing BP 北京保利
2012-4-22 Lot1311 L 4.5cm
估价：无底价
成交价：RMB23,000

白玉留皮双鸭
清 Qing BP 北京保利
2012-4-22 Lot1373 L 4.5cm
估价：RMB 5,000-8,000
成交价：RMB40,250

白玉宝鸭穿莲摆件
清 Qing BP 北京保利
2012-4-22 Lot1380 L 10cm
估价：RMB 10,000-20,000
成交价：RMB126,500

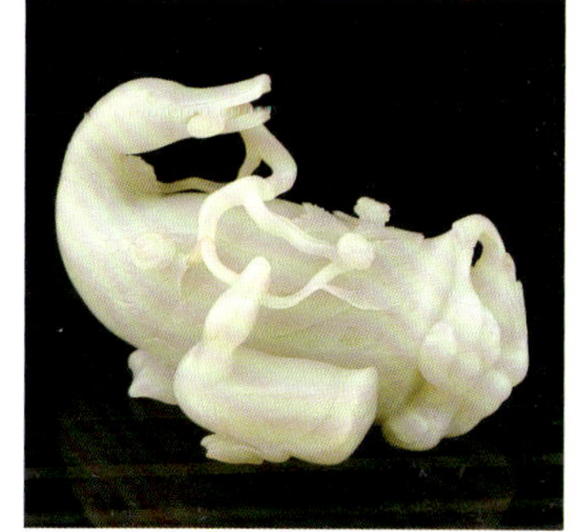

青白玉“衔菊宝鸭”摆件
A Carved Pale Celadon Jade Duck Group
乾隆 Qianlong S 苏富比
2012-5-16 Lot16 16.5cm
估价：GBP 60,000-80,000
成交价：GBP97,250

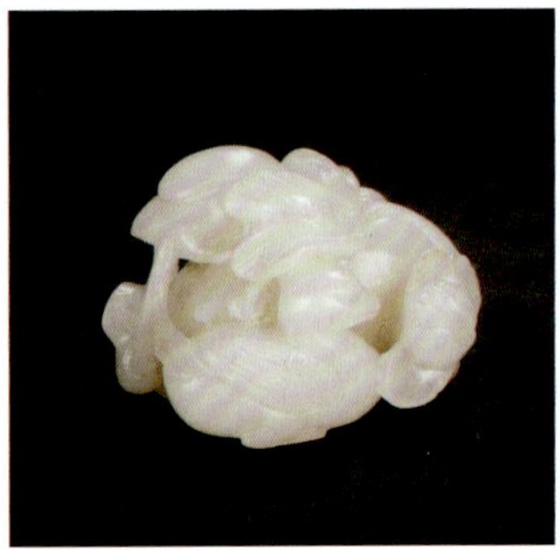

白玉双鸭
清 Qing BP 北京保利
2012-10-24 Lot955 L 5.5cm
估价：RMB 30,000-50,000
成交价：RMB126,500

白玉鸭
清 Qing BP 北京保利
2012-8-11 Lot798 H 6cm
估价：无底价
成交价：RMB20,700

白玉玄武
A Carved White Jade Turtle
清中期 Mid Qing BH 北京翰海
2012-12-8 Lot2187 L 5.7cm
估价：RMB 40,000-50,000
成交价：RMB46,000

青玉雕卧鸭摆件
A Large Celadon Jade Model of A Duck
明 Ming C 佳士得
2012-11-9 Lot1068 L 13cm
估价：GBP 3,000-5,000
成交价：GBP5,250

白玉天鸡摆件
A White Jade Figure of A Hen
年代不详 Unknow C 佳士得
2012-3-22 Lot1835 10.2cm
估价：USD 10,000-15,000
成交价：USD86,500

白玉鸡
A Carved White Jade Cock
清 Qing BH 北京翰海
2012-5-27 Lot2004 L 4.5cm
估价：RMB 35,000-55,000
成交价：RMB43,700

白玉鸡
A Carved White Jade Cock
清中期 Mid Qing BH 北京翰海
2012-12-8 Lot2016 L 4.5cm
估价：RMB 10,000-15,000
成交价：RMB25,300

白玉鸡
A Carved White Jade Cock
清中期 Mid Qing BH 北京翰海
2012-12-8 Lot2017 L 4.5cm
估价：RMB 15,000-20,000
成交价：RMB25,300

黄玉鸭
A Yellow Jade Figure of Duck
明末清初 Late MingEarly Qing BC 北京诚轩
2012-10-28 Lot919 6.9×3×5.2cm
估价：RMB 60,000-80,000
成交价：RMB71,300

青白玉雕鹦鹉衔桃摆件
A White and Russet Pebble-Form Jade Carving of A Parrot
清 Qing S 苏富比
2012-3-20 Lot220 L 10.2cm
估价：USD 5,000-7,000
成交价：USD12,500

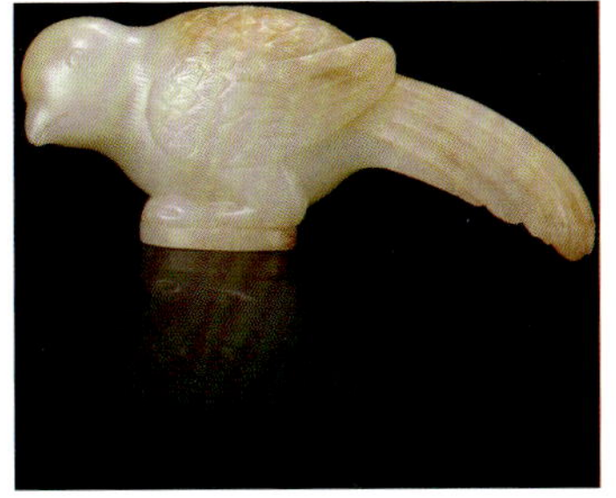

青玉喜鹊形杖首
A Jade "Magpie" Finial
明 Ming Dynasty BO 邦瀚斯
2012-12-12 Lot220 L 9cm
估价：HKD 50,000-100,000
成交价：HKD212,500

青白玉喜中三元
清 Qing BP 北京保利
2012-8-11 Lot607 L 5cm
估价：RMB 15,000-25,000
成交价：RMB25,300

旧玉双喜临门
年代不详 Unknown RB 北京荣宝
2012-11-25 Lot1730 80×62×40mm，180g
估价：RMB 20,000-24,000
成交价：RMB24,640

黄玉鸡
A Carved Yellow Jade Cock
清中期 Mid Qing BH 北京翰海
2012-5-27 Lot2003 L 5.4cm
估价：RMB 30,000-40,000
成交价：RMB57,500

白玉鸟杖首
A Carved White Jade Bird Shaped Crutch Handle
清中期 Mid Qing BH 北京翰海
2012-5-27 Lot2002 L 13.5cm
估价：RMB 100,000-200,000
成交价：RMB126,500

旧玉鸭（一对）
A Pair of Old Jade Ducks
明 Ming GD 中国嘉德
2012-5-14 Lot3447 W 8.5cm
估价：RMB 60,000-80,000
成交价：RMB69,000

碧玉喜鹊登梅摆件（一对）
清 Qing BP 北京保利
2012-10-25 Lot1455 H 18.5cm
估价：RMB 35,000-45,000
成交价：RMB 40,250

黄玉鸟
A Yellow Jade Carving of Bird
明 Ming BP 北京保利
2012-12-7 Lot7617 L 6.5cm
估价：RMB 400,000-600,000
成交价：RMB494,500

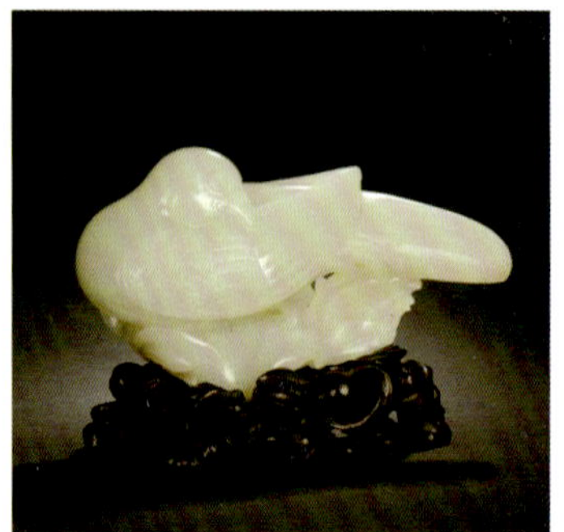

白玉雕长寿鸟纹摆件
A White Jade Parrot
乾隆 Qianlong BD 北京东正
2012-12-31 Lot135 L 14 cm
估价：RMB 350,000-400,000
成交价：RMB632,500

玉雕天鸡摆件
清 Qing BP 北京保利
2012-4-22 Lot1465 H 21.5cm
估价：RMB 35,000-50,000
成交价：RMB40,250

青黄玉雕大吉暖手
A Rare Carved Greenish-Yellow Jade Hand Warmer
清中期 Mid Qing BP 北京保利
2012-12-5 Lot5720 L 8cm
估价：RMB 800,000-1,200,000
成交价：RMB920,000

玉雕鱼化龙摆件
清 Qing BP 北京保利
2012-10-25 Lot1402 H 11cm
估价：无底价
成交价：RMB 9,200

白玉雕连年有余纹摆件
A Carved White Jade Mandarin Fish
清初 Early Qing BD 北京东正
2012-12-31 Lot123 L 20 cm
估价：RMB 500,000-600,000
成交价：RMB862,500

玉蟹一组两件
Two Pale Celadon Jade Crabs
20 世纪 20th Century C 佳士得
2012-11-9 Lot1209 最大 D 5.4cm
估价：GBP 1,000-1,500
成交价：GBP2,750

白玉鱼形摆件
清中期 Mid Qing BP 北京保利
2012-4-23 Lot1914 L 9cm
估价：RMB 10,000-20,000
成交价：RMB 11,500

和田籽料白玉鱼化龙
年代不详 Unknown RB 北京荣宝
2012-6-24 Lot1789 39g
估价：RMB 20,000-30,000
成交价：RMB33,600

白玉年年有余
A Carved White Jade Fish
清中期 Mid Qing BH 北京翰海
2012-12-8 Lot2256 L 7cm
估价：RMB 25,000-35,000
成交价：RMB28,750

白玉连年有余
A Carved White Jade Pendant with Fish Design
清中期 Mid Qing BH 北京翰海
2012-5-27 Lot2106 L 9.2cm
估价：RMB 25,000-35,000
成交价：RMB28,750

白玉双鱼摆件一尊
A Pale Celadon Jade Fish Group
17-18 世纪 17-18th Century C 佳士得
2012-5-18 Lot1036 L 13.9cm
估价：GBP 4,000-6,000
成交价：GBP5,000

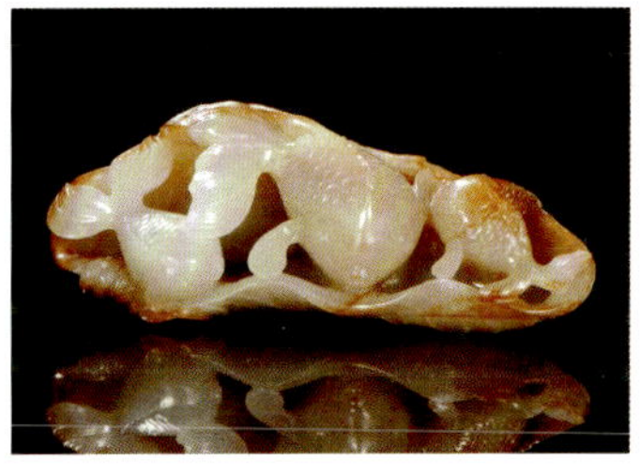

白玉连年有余
A Carved White Jade Fish
清 Qing BH 北京翰海
2012-12-8 Lot2060 L 11cm
估价：RMB 50,000-60,000
成交价：RMB59,800

白玉吉祥有余摆件
A Carved "Two Fishes" White Jade Ornament
乾隆 Qianlong GD 中国嘉德
2012-5-14 Lot3515 W 10.2cm
估价：RMB 1,200,000-1,800,000
成交价：RMB1,380,000

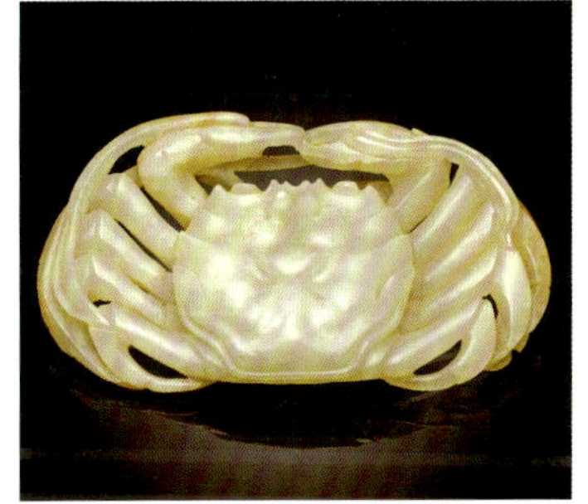

青玉蟹
A Celadon Jade Carving of A Crab
清 18 世纪 Qing,18th Century C 佳士得
2012-5-15 Lot41 L 9cm
估价：GBP 8,000-12,000
成交价：GBP10,000

黑白玉鱼
A Black and White Jade Fish
年代不详 Unknown GD 中国嘉德
2012-6-16 Lot3889 L 8.5cm
估价：无底价
成交价：RMB2,300

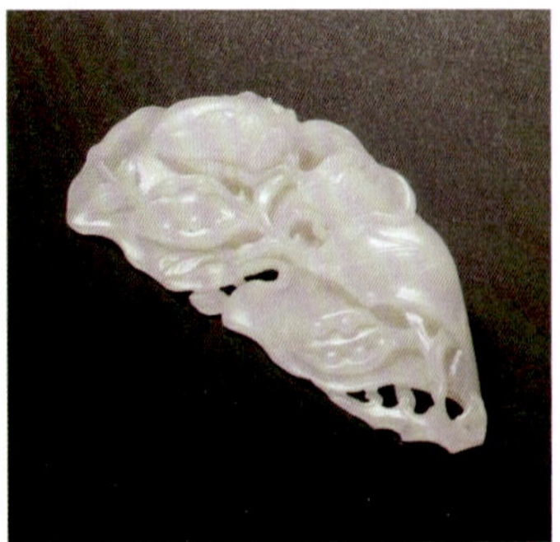

白玉秋叶双蝉摆件
A Nice White Jade "CicadA" Decoration
乾隆 Qianlong BP 北京保利
2012-6-7 Lot7544 L 9.5cm
估价：RMB 80,000-120,000
成交价：RMB 92,000

白玉蝙蝠
清 Qing BP 北京保利
2012-4-22 Lot1344 L 5cm
估价：无底价
成交价：RMB20,700

白玉荷叶青蛙
清 Qing BP 北京保利
2012-4-22 Lot1345 L 3cm
估价：无底价
成交价：RMB6,900

玉雕荷塘鲶鱼螭龙摆件
明 Ming BP 北京保利
2012-4-22 Lot1354 L 17.5cm
估价：RMB 200,000-300,000
成交价：RMB230,000

白玉螳螂
A White Jade Carving of Mantis
清 Qing BP 北京保利
2012-12-7 Lot7381 L 5.3cm
估价：RMB 30,000-50,000
成交价：RMB97,750

巧色白玉蛙
A White and Russet Jade Toad
清 18-19 世纪 Qing,18-19th Century S 苏富比
2012-4-4 Lot182 L 8cm
估价：HKD 150,000-200,000
成交价：HKD325,000

黄玉鱼
A Yellow Jade "Fish" Carving
清晚期 Late Qing GD 中国嘉德
2012-10-29 Lot4021 L 27.7cm
估价：RMB 20,000-30,000
成交价：RMB43,700

玉雕动物一组两件
A Celadon and Russet Jade Boar and A Brown Jade Animal-Form Handle
17 世纪或更晚 17th Century and Later C 佳士得
2012-11-9 Lot1280 尺寸不一
估价：GBP 1,000-1,500
成交价：GBP10,000

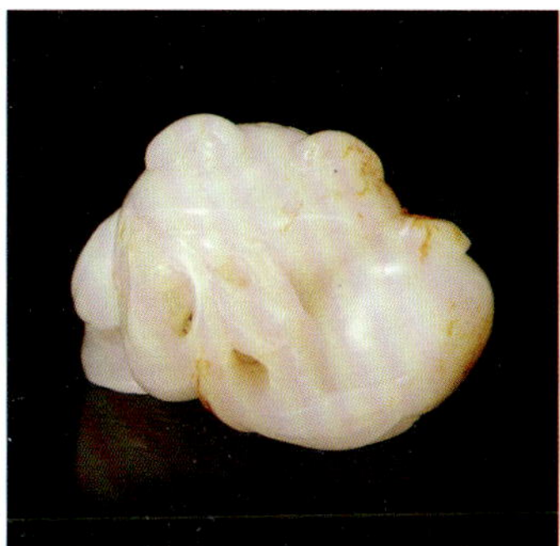

白玉青蛙石榴摆件一件
A White Jade 'Toad and Pomegranate' Group
18 世纪 18th Century C 佳士得
2012-5-18 Lot1220 L 4cm
估价：GBP 2,000-3,000
成交价：GBP17,500

白玉籽料金蟾
年代不详 Unknown RB 北京荣宝
2012-6-24 Lot1731 W 32g
估价：RMB 20,000-30,000
成交价：RMB28,000

白菜螳螂白玉籽料摆件
年代不详 Unknown RB 北京荣宝
2012-3-10 Lot254 L 28cm
估价：RMB 700,000-1,000,000
成交价：RMB1,041,600

玉雕蟾
明 Ming BP 北京保利
2012-8-11 Lot656 L 7cm
估价：RMB 10,000-20,000
成交价：RMB28,750

青玉蛇
A Small Mottled Yellowish-Green Jade Model of A Snake
明晚期 17 世纪 Late Ming,17th Century C 佳士得
2012-11-6 Lot8 H 4.8cm
估价：GBP 10,000-15,000
成交价：GBP10,000

玉雕动物一组三件
Three Jade Animal Carvings
明 Ming C 佳士得
2012-11-9 Lot1081 尺寸不一
估价：GBP 3,000-5,000
成交价：GBP6,000

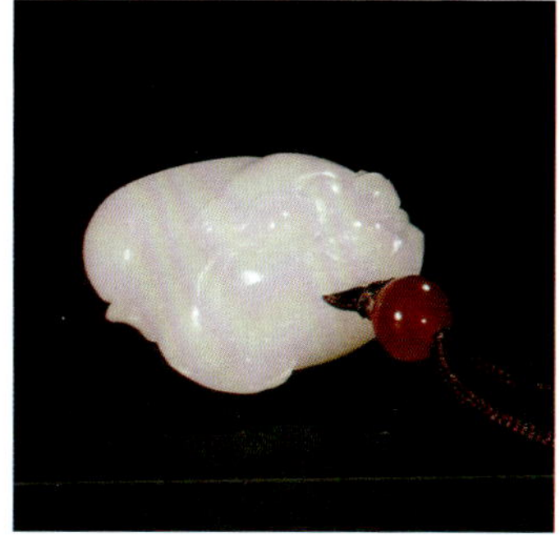

白玉籽料金蟾
年代不详 Unknown RB 北京荣宝
2012-3-10 Lot277 30.9g
估价：RMB 30,000-50,000
成交价：RMB53,760

白玉合家欢
A Carved White Jade Double Badgers
清中期 Mid Qing BH 北京翰海
2012-12-8 Lot2067 L 5.8cm
估价：RMB 15,000-20,000
成交价：RMB17,250

旧玉蝉
A Jade Cicada
年代不详 Unknown GD 中国嘉德
2012-6-16 Lot3324 L 7.5cm
估价：RMB 10,000-20,000
成交价：RMB36,800

祝福
年代不详 Unknown RB 北京荣宝
2012-8-26 Lot833 H 68mm，W 28mm
估价：RMB 20,000-30,000
成交价：RMB24,640

一鸣惊人
年代不详 Unknown RB 北京荣宝
2012-8-26 Lot831 H 55mm
估价：无底价
成交价：RMB11,200

碧玉蟾（一对）
A Pair of Jasper Three-Legged Toad
年代不详 Unknown GD 中国嘉德
2012-6-16 Lot3661 L 6.6cm；L 6.2cm
估价：无底价
成交价：RMB2,300

玉雕蟾蜍
A Large Carved Jade Figure of Frog
明晚期 Late Ming BC 北京诚轩
2012-5-13 Lot212 12.6 × 10.2 × 5cm
估价：RMB 150,000-200,000
成交价：RMB345,000

青玉和谐摆件
A Celadon Jade Carving of A Crab
清 Qing S 苏富比
2012-9-12 Lot367 L 9cm
估价：USD 6,000-8,000
成交价：USD7,500

旧玉蟾
A Jade Toad
明 Ming BP 北京保利
2012-6-7 Lot7552 L 6cm
估价：RMB 20,000-30,000
成交价：RMB 92,000

PART 5

器皿
Utensil

白玉雕瑞兽尊
A Fine Carved White Jade Beast-Shaped Vase
乾隆 Qianlong BD 北京东正
2012-5-11 Lot83 H 22 cm
估价：RMB 3,000,000-3,500,000
成交价：RMB3,450,000

白玉天鸡尊
A Nice White Jade Vase，Zun
清 Qing BP 北京保利
2012-6-7 Lot7617 H 33cm
估价：RMB 150,000-250,000
成交价：RMB 253,000

白玉雕凤尊摆件
清 Qing BP 北京保利
2012-8-11 Lot851 H 20cm
估价：无底价
成交价：RMB20,700

青白玉熊形尊
A Pale Celadon Jade “Bear” Receptacle
明或更早 Ming or Earlier C 佳士得
2012-5-15 Lot194 H 6.8cm
估价：GBP 8,000-12,000
成交价：GBP22,500

青白玉雕兽面出戟双耳方尊
A Celadon Jade Square Formed Vase with Carved Beast Mask with Handles
民国 Republic Period BP 北京保利
2012-12-7 Lot7443 H 14.4cm
估价：RMB 40,000-60,000
成交价：RMB46,000

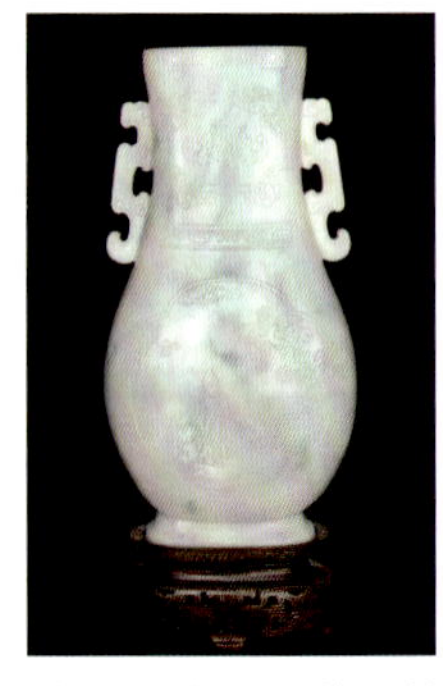

翠玉双螭耳开光人物尊一件
A Jadeite Flattened Pear-Shape Vase
年代不详 Unknown C 佳士得
2012-5-18 Lot1305 H 20.2cm
估价：GBP 5,000-7,000
成交价：GBP6,250

青白玉雕兽面出戟双耳方尊
A Celadon Jade Square Formed Vase with Carved Beast Mask with Handles
民国 Republic Period BP 北京保利
2012-12-7 Lot7443 H 14.4cm
估价：RMB 40,000-60,000
成交价：RMB46,000

玉雕螭龙尊
明 Ming BP 北京保利
2012-10-25 Lot1418 H 9cm
估价：无底价
成交价：RMB 4,600

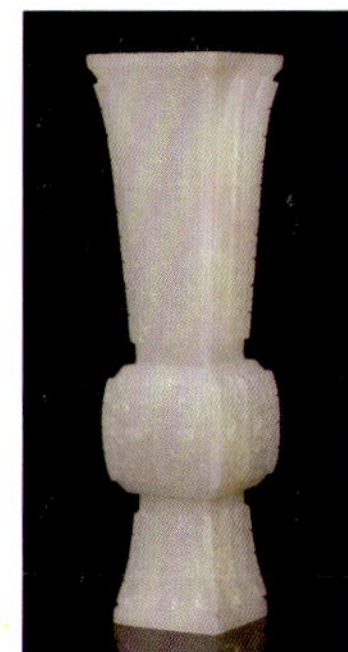

仿古白玉出戟“兽面图”方觚
An Archaistic White Jade Beaker Vase, Fang Gu
清 19 世纪 Qing,19th Century S 苏富比
2012-5-16 Lot12 26.7cm
估价：GBP 4,000-6,000
成交价：GBP49,250

白玉螭龙纹方觚
A White Jade "Chilong" Beaker Vase, Fanggu
清 20 世纪初 Qing,Early 20th Century S 苏富比
2012-11-7 Lot364 19.2cm
估价：GBP 15,000-25,000
成交价：GBP85,250

玉仿古“兽面图”出戟方觚
An Archaistic Jade Beaker Vase, Fang Gu
清初 Early Qing S 苏富比
2012-5-16 Lot14 26.7cm
估价：GBP 5,000-7,000
成交价：GBP16,250

白玉饕餮纹小方觚
A Small White Jade Archaistic Faceted Vase,Fanggu
清 19 世纪 Qing,19th Century C 佳士得
2012-3-22 Lot1846 H 9.8cm
估价：USD 4,000-6,000
成交价：USD10,625

青白玉兽面纹四方花觚
A Carved Celadon Jade Gu
乾隆 Qianlong BP 北京保利
2012-12-7 Lot7442 H 16.2cm
估价：RMB 180,000-250,000
成交价：RMB207,000

白玉出戟觚
明 Ming BP 北京保利
2012-8-11 Lot634 H 11cm
估价：RMB 10,000-20,000
成交价：RMB23,000

玉雕兽面纹出脊花觚
An Archaistic Jade Vase
乾隆 Qianlong BC 北京诚轩
2012-5-13 Lot221 18.6cm
估价：RMB 80,000-100,000
成交价：RMB92,000

青白玉出戟六方觚
A Pale Greenish-White Jade Faceted Gu-form Vase
年代不详 Unknow C 佳士得
2012-3-22 Lot1939 H 19.8cm
估价：USD 20,000-30,000
成交价：USD506,500

青玉龙戏珠纹花觚及鎏金铜花觚（一套）
A Carved Green Jade Archaistic Beaker Vase,Gu, and A Matching Gilt-Bronze Beaker Vase
乾隆 Qianlong C 佳士得
2012-11-28 Lot2255 H 26.4cm × 2
估价：HKD 1,800,000-2,500,000
成交价：HKD3,020,000

碧玉夔凤纹出戟花觚
A Carved Green Jade Wine Vessel
清 Qing BH 北京翰海
2012-5-27 Lot2406 H 11cm
估价：RMB 70,000-90,000
成交价：RMB80,500

瞿利军 碧玉花觚
Qu Lijun A Spinach Green Jade Vessel with Cloud Patterns,Gu
年代不详 Unknown XLA 西泠印社
2012-10-21 Lot19 80mm × 110mm ; W 135.1g
估价：RMB120,000-180,000
成交价：RMB172,500

碧玉雕螭龙纹葵口觚《乾隆御制》款
A Fine Mottled Green Jade Archaistic Gu-Form Vase
年代不详 Unknown S 苏富比
2012-3-20 Lot260 H 27.5cm
估价：USD 80,000-120,000
成交价：USD98,500

白玉兽面凤耳盖瓶
A White Jade Carved “Beast Mask” Vase and Cover
清中期 Mid Qing GD 中国嘉德
2012-10-29 Lot4063 H 20.3cm
估价：RMB 220,000-320,000
成交价：RMB368,000

白玉凤纹盖瓶
A White Jade Carved “Phoenix” Vase and Cover
民国 Republic Period GD 中国嘉德
2012-10-29 Lot4075 H 21.3cm
估价：RMB 180,000-280,000
成交价：RMB345,000

白玉蝠耳瓶
A White Jade Vase
清 Qing GD 中国嘉德
2012-9-16 Lot2947 H 26.7cm
估价：RMB 30,000-50,000
成交价：RMB34,500

白玉链瓶

A White Jade Vase
清 Qing GD 中国嘉德
2012-9-16 Lot2921 H 28.9cm
估价：无底价
成交价：RMB126,500

高毅进 金玉满堂 白玉链瓶

Gao Yijin A White Jade Bottle Stringed by Chains
年代不详 Unknown XLA 西泠印社
2012-7-7 Lot2019 H 360mm；W 256g
估价：RMB 400,000-500,000
成交价：RMB460,000

白玉兽面纹瓶

A White Jade Vase
清中期 MiD Qing GD 中国嘉德
2012-9-17 Lot4139 H 12.3cm
估价：无底价
成交价：RMB40,250

白玉莲瓣瓶

A White Jade Vase
年代不详 Unknown GD 中国嘉德
2012-9-16 Lot2966 H 16.5cm
估价：无底价
成交价：RMB17,250

白玉双耳瓶

A White Jade Vase
民国 Republic Period GD 中国嘉德
2012-6-16 Lot3490 H 18cm
估价：无底价
成交价：RMB25,300

白玉小方瓶

A Small White Jade Square Vase and Cover
乾隆 Qianlong GD 中国嘉德
2012-5-14 Lot3431 H 8.8cm
估价：RMB 150,000-250,000
成交价：RMB172,500

青白玉缠枝花卉纹瓶

A Celadon Jade Vase
年代不详 Unknown GD 中国嘉德
2012-6-16 Lot3489 H 14.9cm
估价：无底价
成交价：RMB28,750

白玉山水人物诗文龙钮瓶

A White Jade Vase
清 Qing GD 中国嘉德
2012-6-16 Lot3505 H 34cm
估价：RMB 120,000-220,000
成交价：RMB138,000

白玉八仙瓶
A White Jade Vase
年代不详 Unknown GD 中国嘉德
2012-6-16 Lot3553 H 28.6cm
估价：无底价
成交价：RMB9,200

白玉雕兽面纹双耳衔环瓶
A Very Rare White Jade Carved Double-Ear Vase
清 Qing KS 北京匡时
2012-6-4 Lot1416 H 23cm
估价：RMB 160,000-180,000
成交价：RMB184,000

白玉雕缠枝莲纹双耳壁瓶
A Rare and Fine White Jade Carved Wall Vase
乾隆 Qianlong KS 北京匡时
2012-12-5 Lot1973 L 19cm
估价：RMB 180,000-200,000
成交价：RMB207,000

白玉高浮雕“一路连科”盖瓶连座紫檀座
A Very Rare and Fine White Jade Carved Vase with Stand
乾隆 Qianlong KS 北京匡时
2012-12-5 Lot2008 H 24.2cm
估价：RMB 250,000-280,000
成交价：RMB287,500

玉雕三螭纹盖瓶
A Finely Carved Jade Vase
清中期 Mid Qing BC 北京诚轩
2012-10-28 Lot923 H17.5cm
估价：RMB 200,000-280,000
成交价：RMB345,000

白玉雕飞天图活环盖瓶
A Carved White Jade Vase and Cover
清 Qing FC 北京永乐
2012-12-15 Lot834 8.8×6.3×19cm
估价：RMB 300,000-350,000
成交价：RMB345,000

白玉雕龙凤纹双联瓶
A Carved White Jade Vase
乾隆 Qianlong BD 北京东正
2012-10-31 Lot357 L 13 cm
估价：RMB 500,000-600,000
成交价：RMB667,000

高毅进 蕙质兰心 白玉瓶
Gao Yijin A White Jade Bottle of Orchid
年代不详 Unknown XLA 西泠印社
2012-7-7 Lot2017 H 140mm；202g
估价：RMB 500,000-650,000
成交价：RMB747,500

白玉雕瑞兽纹瓶
A Carved White Jade Beast-Shaped Vase
乾隆 Qianlong BD 北京东正
2012-10-31 Lot221 H 16.5cm
估价：RMB 1,200,000-1,300,000
成交价：RMB1,725,000

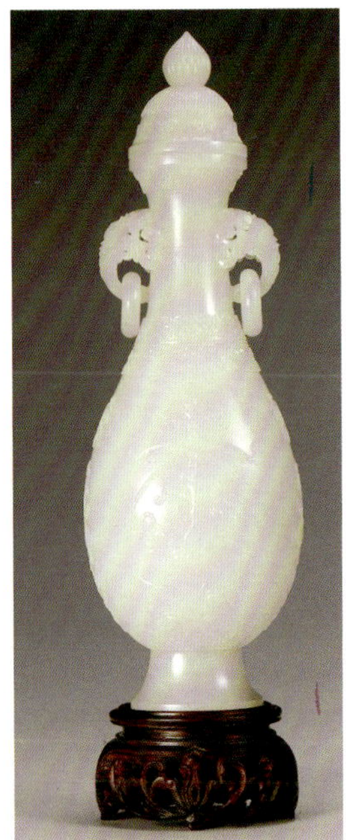

朱玉峰 俞艇 双环耳香草纹白玉瓶
Zhu Yufeng A Two-Ear White Jade Vase with Vanilla Patterns
年代不详 Unknown XLA 西泠印社
2012-10-21 Lot178 69×61×270mm；W 220.0g
估价：RMB600,000-800,000
成交价：RMB805,000

御制白玉松鹤延年扁瓶
乾隆 Qianlong BP 保利香港
2012-11-25 Lot863 H 16cm
估价：HKD 5,000,000-8,000,000
成交价：HKD8,970,000

2012 Chinese Art Auction TOP10 中国玉器拍卖器皿类十大排行榜 Top 9

白玉双兽耳莲花纹瓶
A Rare and Fine White Jade "Lotus" Vase
清中期 Mid Qing BP 北京保利
2012-6-7 Lot7612 H 20.2cm
估价：RMB 550,000-850,000
成交价：RMB 632,500

御制白玉盘龙纹六方小瓶
An Imperial White Jade "Dragon" Vase
乾隆 Qianlong BP 北京保利
2012-6-7 Lot7613 H 14.2cm
估价：RMB 300,000-500,000
成交价：RMB 345,000

白玉喜上眉梢盖瓶
A Nice White Jade Vase and Cover
清 Qing BP 北京保利
2012-6-7 Lot7489 H 12.7cm
估价：RMB 150,000-250,000
成交价：RMB 184,000

白玉云蝠双耳小瓶
A Nice White Jade Vase
乾隆 Qianlong BP 北京保利
2012-6-7 Lot7615 H 10.8cm
估价：RMB 80,000-150,000
成交价：RMB161,000

青白玉象耳瓶
A Celadon Jade Vase
清 Qing GD 中国嘉德
2012-9-16 Lot2946 H 24cm
估价：RMB 40,000-60,000
成交价：RMB46,000

白玉“富贵万福”图兽耳盖瓶
A Fine White Jade Vase and Cover
清 18 世纪 Qing , 18th Century S 苏富比
2012-5-16 Lot9 H21cm
估价：GBP 20,000-30,000
成交价：GBP43,250

白玉兽面纹瓶
年代不详 Unknown BP 北京保利
2012-10-25 Lot1439 H 13cm
估价：RMB 20,000-30,000
成交价：RMB48,300

白玉夔龙纹双联瓶
A Rare and Finely Carved White Jade “Kui-Dragon” double Vase
清中期 Mid Qing BP 北京保利
2012-12-5 Lot5773 L 24cm
估价：RMB 1,000,000-1,500,000
成交价：RMB1,150,000

白玉番莲纹象耳活环盖瓶
A Small White Jade Vase and Cover
清 18-19 世纪 Qing, 18-19th Century S 苏富比
2012-9-12 Lot302 H 15.6cm
估价：USD 8,000-12,000
成交价：USD17,500

白玉双兽耳游环寿字瓶
清中期 Mid Qing BP 北京保利
2012-4-22 Lot1267 H 17.5cm
估价：RMB 600,000-800,000
成交价：RMB2,875,000

白玉岁寒三友纹凤耳扁瓶
A White Jade Baluster Vase and Cover
清 18-19 世纪 18-19th Century C 佳士得
2012-9-13 Lot1102 H 15.5cm
估价：USD 20,000-30,000
成交价：USD52,500

仿古玉兽面纹方瓶
乾隆 Qianlong BP 保利香港
2012-11-25 Lot709 H 21cm
估价：HKD 500,000-800,000
成交价：HKD575,000

白玉仿古鹅首“苍松图”盖瓶
A Fine and Rare White and Russet Jade Archaistic Flat-Backed Vase and Cover
清乾隆 Qianlong S 苏富比
2012-4-4 Lot3014 H 13.5cm
估价：HKD 600,000-800,000
成交价：HKD620,000

白玉饕餮纹双龙耳瓶
A White Jade Bottle Vase
清 18-19 世纪 Qing,18-19th Century S 苏富比
2012-11-7 Lot471 14.3cm
估价：GBP 8,000-12,000
成交价：GBP13,750

白玉“有凤来仪”图盖瓶
A White Jade "Phoenix and Peony" Baluster Vase and Cover
清 19 世纪 Qing,19th Century S 苏富比
2012-11-7 Lot474 25.7cm
估价：GBP 12,000-18,000
成交价：GBP27,500

双耳宝相花抱月瓶
年代不详 Unknown RB 北京荣宝
2012-3-10 Lot245 H 22cm
估价：RMB 400,000-600,000
成交价：RMB616,000

白玉活环双兽耳狮钮盖瓶
A White Jade Tripod Censer and Cover
清 19 世纪 Qing,19th Century S 苏富比
2012-4-4 Lot3276 H 18.5cm
估价：HKD 1,000,000-1,500,000
成交价：HKD2,660,000

青白玉瓶
A Greenish-WhiteJade Vase
清中期 MiD Qing GD 中国嘉德
2012-9-17 Lot4154 H 9.1cm
估价：无底价
成交价：RMB23,000

白玉“瑞兽争珠”双耳八方盖瓶
A Faceted White Jade "Chilong and Qilin" Vase and Cover
乾隆 - 嘉庆 Qianlong-Jiaqing S 苏富比
2012-10-9 Lot3129 16.5cm
估价：HKD 400,000-600,000
成交价：HKD500,000

白玉夔龙纹双联瓶
A Rare and Finely Carved White Jade "Kui-Dragon" double Vase
清中期 Mid Qing BP 北京保利
2012-12-5 Lot5773 L 24cm
估价：RMB 1,000,000-1,500,000
成交价：RMB1,150,000

白玉雕饕餮纹狮耳瓶
An Archaistic White Jade Vase
年代不详 Unknown S 苏富比
2012-3-20 Lot273 H 14cm
估价：USD 10,000-15,000
成交价：USD37,500

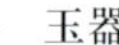

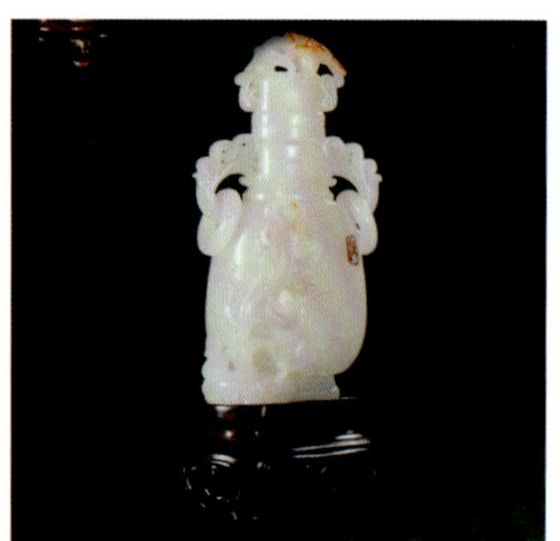

高毅进白玉籽料兰花瓶
年代不详 Unknown RB 北京荣宝
2012-3-10 Lot258 H 13cm
估价：RMB 400,000-600,000
成交价：RMB627,200

白玉鹤鹿同春图兽耳活环盖瓶
A White Jade "Deer and Crane" Vase and Cover
年代不详 unknown BO 邦瀚斯
2012-12-22 Lot232 H 25.8cm
估价：HKD 400,000-600,000
成交价：HKD1,340,000

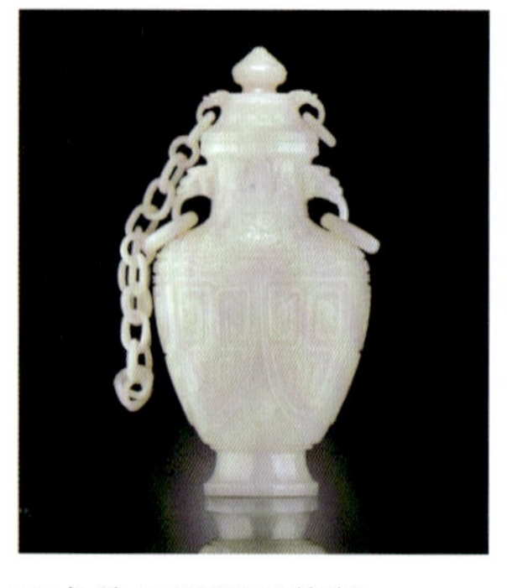

白玉龙纹四活环耳盖瓶
A White Jade Archaistic Vase and Cover
清 18/19 世纪 Qing,18th/19th Century C 佳士得
2012-5-15 Lot32 H 25.4cm
估价：GBP 80,000-120,000
成交价：GBP85,250

龙首双环如意瓶
年代不详 Unknown RB 北京荣宝
2012-8-26 Lot825 H 165mm
估价：RMB 120,000-150,000
成交价：RMB145,600

白玉锦地双如意耳盖瓶
A Pale White Jade Slender Archaistic Vase and Cover
清 18 世纪 Qing,18th Century C 佳士得
2012-3-22 Lot1929 H 19cm
估价：USD 20,000-30,000
成交价：USD50,000

龙首双环如意瓶
年代不详 Unknown RB 北京荣宝
2012-11-25 Lot1759 H 145mm，W266g
估价：RMB 300,000-350,000
成交价：RMB358,400

白玉籽料仿古纹链条瓶
年代不详 Unknown RB 北京荣宝
2012-3-10 Lot266 H 29cm
估价：RMB 300,000-400,000
成交价：RMB470,400

白玉籽料如意链条扁瓶
年代不详 Unknown RB 北京荣宝
2012-6-24 Lot1716 H 23cm
估价：RMB 180,000-250,000
成交价：RMB280,000

白玉籽料富贵牡丹瓶
年代不详 Unknown RB 北京荣宝
2012-6-24 Lot1738 H 21cm
估价：RMB 900,000-1,200,000
成交价：RMB1,176,000

白玉雕菊钮寿星仙鹤瓶
A White Jade Vase and Cover
乾隆 Qianlong SUN 中贸圣佳
2012-7-22 Lot1709 H 22.5cm
估价：RMB 900,000-1,000,000
成交价：RMB1,035,000

白玉兽面活环耳菱口瓶
A Fine and Rare White Jade Fluted Vase
乾隆 Qianlong C 佳士得
2012-5-30 Lot4109 W 9.6cm
估价：HKD 600,000-800,000
成交价：HKD920,000

白玉饕餮纹双龙耳菱形盖瓶
A White Jade Vase and Cover
清 18 世纪 Qing,18th Century C 佳士得
2012-5-15 Lot29 H 24.2cm
估价：GBP 80,000-120,000
成交价：GBP97,250

白玉镂雕烹茶洗砚图小方瓶
A Carved and Pierced White Jade Miniature Tool Vase
乾隆 Qianglong C 佳士得
2012-5-30 Lot4208 H 8.9cm
估价：HKD 400,000-600,000
成交价：HKD1,460,000

平安是福白玉籽料如意环耳瓶
年代不详 Unknown RB 北京荣宝
2012-6-24 Lot1713 H 17cm
估价：RMB 280,000-350,000
成交价：RMB392,000

白玉龙纹双耳方瓶
清 Qing BP 北京保利
2012-8-11 Lot837 H 18cm
估价：RMB 100,000-200,000
成交价：RMB126,500

白玉梅兰竹菊方瓶
乾隆 Qianlong BP 北京保利
2012-10-24 Lot874 H 18.5cm
估价：RMB 750,000-850,000
成交价：RMB862,500

御制白玉云龙戏珠纹双耳瓶
A Superb White Jade Imperial "Dragon" Vase
乾隆 Qianlong C 佳士得
2012-5-15 Lot80 H 18.1cm
估价：GBP 60,000-80,000
成交价：GBP505,250

白玉缠枝莲花卉瓶
年代不详 Unknown BP 北京保利
2012-8-11 Lot1034 H 19cm
估价：无底价
成交价：RMB23,000

白玉安居乐业瓶
清 Qing BP 北京保利
2012-10-24 Lot981 H 22cm
估价：RMB 100,000-200,000
成交价：RMB184,000

白玉小瓶
清 Qing BP 北京保利
2012-10-24 Lot998 H 8.3cm
估价：无底价
成交价：RMB51,750

白玉竹纹瓶
年代不详 Unknown BP 北京保利
2012-8-11 Lot1035 H 15cm
估价：无底价
成交价：RMB20,700

白玉仿古饕餮纹螭龙钮双耳吊瓶
A White Jade Hanging Vase and Cover
清 19 世纪 Qing,19th Century C 佳士得
2012-11-6 Lot20 瓶 H 17.1cm，H 41cm
估价：GBP 40,000-60,000
成交价：GBP51,650

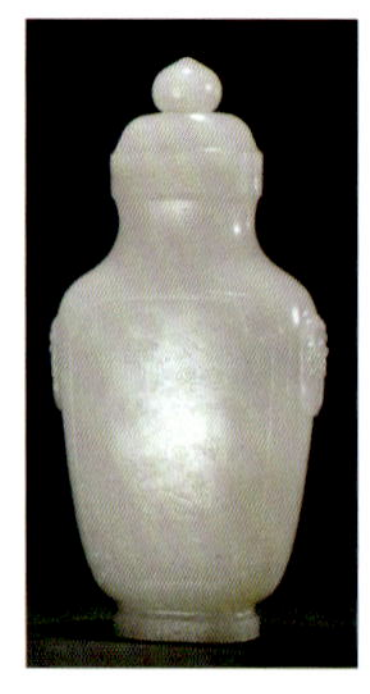

白玉鹤鹿同春诗文兽耳盖瓶
A Carved White Jade Vase and Cover with Red-Crowned Crane Design
清中期 Mid Qing BH 北京翰海
2012-5-27 Lot2067 H 15.6cm
估价：RMB 200,000-300,000
成交价：RMB287,500

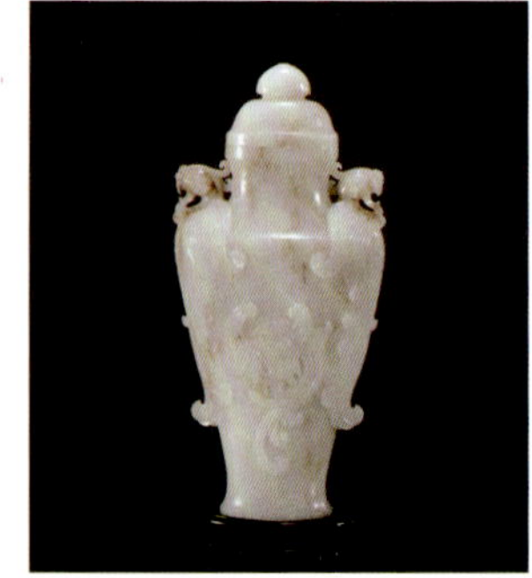

白玉双凤耳盖瓶
A Carved White Jade Phoenix Vase with Lid
清中期 Mid Qing BH 北京翰海
2012-5-27 Lot2416 H 25.6cm
估价：RMB 600,000-900,000
成交价：RMB713,000

白玉雕双耳瓶
年代不详 Unknown BP 北京保利
2012-8-11 Lot840 H 16cm
估价：RMB 60,000-80,000
成交价：RMB74,750

白玉海水螭龙诗文双耳盖瓶
A Carved White Jade Vase with Drgon and Seawater Design
清中期 Mid Qing BH 北京翰海
2012-12-8 Lot2183 H 17.8cm
估价：RMB 80,000-100,000
成交价：RMB94,300

白玉雕八吉祥正面龙云纹双兽衔环耳盖瓶
An Exceptionally Rare and Finely Carved White Jade "Eight Immortals" Vase and Cover
清中期 Mid Qing BP 北京保利
2012-6-5 Lot6195 H 23cm
估价：RMB 2,200,000-3,200,000
成交价：RMB3,565,000

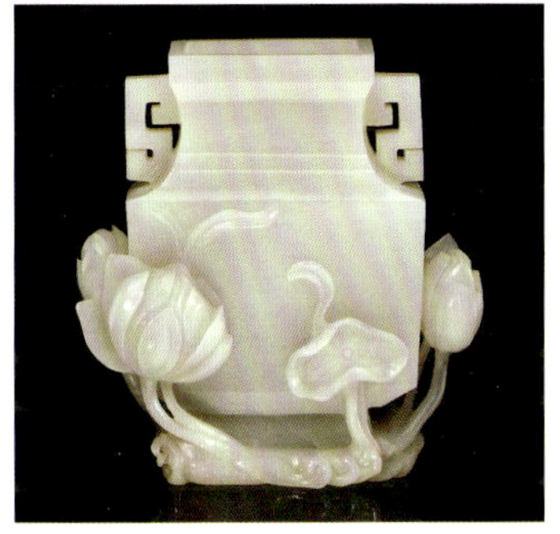

青白玉荷花纹双耳小瓶
A Small Pale Greenish-White Jade Faceted Vase
清 18-19 世纪 Qing,18th-19th Century C 佳士得
2012-3-22 Lot1941 H 12.5cm
估价：USD 10,000-15,000
成交价：USD43,750

玉雕双龙耳盖瓶
清 Qing BP 北京保利
2012-4-23 Lot2169 H 15cm
估价：无底价
成交价：RMB 25,300

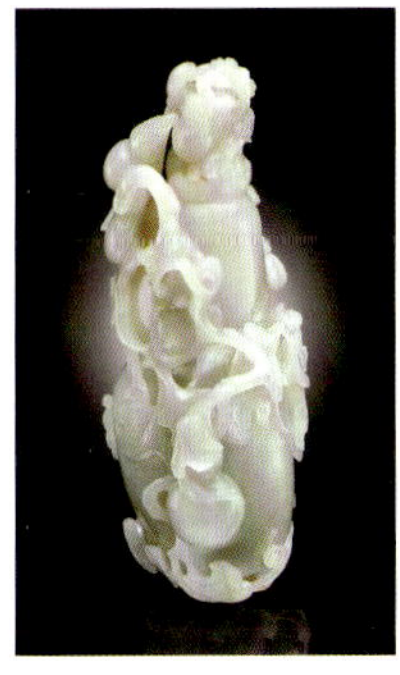

青白玉子孙万代盖瓶
A Greenish-Grey Jade Double-Gourd-Form Vase and A Cover
清 Qing C 佳士得
2012-3-22 Lot1838 H 17.8cm
估价：USD 15,000-20,000
成交价：USD40,000

青白玉梅纹双耳扁瓶
A Small Pale Greenish-White Jade Flattened Baluster Vase
清 18-19 世纪 Qing,18th-19th Century C 佳士得
2012-3-22 Lot1919 H 11.5cm
估价：USD 7,000-9,000
成交价：USD11,875

骨白玉花卉纹四活环耳盖瓶
A Finely Carved Chicken Bone Jade Vase and Wood Cover
乾隆 Qianlong C 佳士得
2012-5-15 Lot21 H 21.9cm
估价：GBP 15,000-25,000
成交价：GBP55,250

青白玉子孙万代葫芦瓶
A Pale Celadon Jade Double-Gourd Vase and Cover
清 18 世纪 Qing,18th Century C 佳士得
2012-5-15 Lot159 H 19.5cm
估价：GBP 80,000-120,000
成交价：GBP85,250

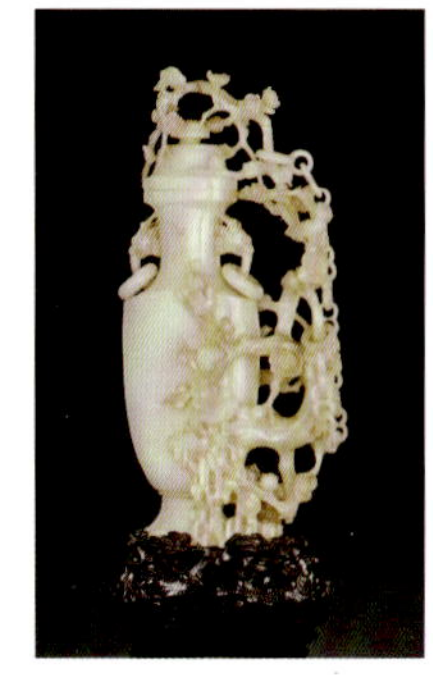

青白玉梅花纹活环双龙耳盖瓶
A Pale Celadon Jade "Prunus" Vase and Cover
清 18-19 世纪 Qing,18th-19th Century C 佳士得
2012-11-6 Lot2 H 30cm
估价：GBP 30,000-50,000
成交价：GBP115,250

青白玉鲤跃龙门瓶
A Celadon Jade "Dragon-Carp" Vase
清 19 世纪 Qing,19th Century C 佳士得
2012-11-6 Lot121 H 20cm
估价：GBP 8,000-12,000
成交价：GBP15,000

青白玉饕餮纹小瓶
A Pale Celadon Jade Archaistic Vase
清 18 世纪 Qing,18th Century C 佳士得
2012-11-9 Lot1188 H 10.6cm
估价：GBP 2,000-3,000
成交价：GBP3,750

青白玉俏色巧雕喜鹊登梅盖瓶
清中期 Mid Qing BP 北京保利
2012-8-11 Lot835 W 12cm
估价：RMB 30,000-50,000
成交价：RMB46,000

青白玉兽面纹盘龙盖瓶
乾隆 Qianlong BP 北京保利
2012-10-24 Lot873 H 16.5cm
估价：RMB 50,000-80,000
成交价：RMB207,000

青白玉出戟扁瓶
A Small White Jade Vase
清中期 Mid Qing BO 邦瀚斯
2012-11-25 Lot202 H 11.8cm
估价：HKD 60,000-80,000
成交价：HKD118,750

青白玉带皮雕双活环耳六方瓶
A Pale Celadon and Russet Jade Hexagonal Vase
清 18 世纪 Qing,18th Century C 佳士得
2012-5-15 Lot28 H 22.4cm
估价：GBP 10,000-15,000
成交价：GBP32,450

青白玉镂雕花瓶一件
A Small Pale Celadon Jade Carved Vase
18 世纪 18th Century C 佳士得
2012-5-18 Lot1115 H 12cm
估价：GBP 5,000-8,000
成交价：GBP11,250

青白玉兽面纹瓶
A Celadon Jade Vase
年代不详 Unknown GD 中国嘉德
2012-9-16 Lot3011 H 24.6cm
估价：RMB 28,000-38,000
成交价：RMB40,250

青白玉岁寒三友纹瓶
A Small Pale Greenish-White Jade Pear-Shaped Vase
清 18-19 世纪 18-19th Century C 佳士得
2012-9-13 Lot1058 H 11.5cm
估价：USD 6,000-8,000
成交价：USD15,000

青白玉福禄寿瓶
A Greyish-Green and Russet Jade Double-Gourd-Form Vase
18 世纪 18th Century C 佳士得
2012-9-13 Lot1113 H 16.5cm
估价：USD 5,000-7,000
成交价：USD9,375

白玉留皮英雄双联瓶
A Rare and Finely Carved White Jade "Hero" Double Vase
乾隆 Qianlong BP 北京保利
2012-12-5 Lot5772 H 8cm
估价：RMB 1,000,000-1,500,000
成交价：RMB1,495,000

青白玉山水人物纹瓶
A Celadon Jade Vase
年代不详 Unknown GD 中国嘉德
2012-9-16 Lot3018 H 18.5cm
估价：无底价
成交价：RMB46,000

青白玉瓶（两件）
Two Celadon Jade Vases
年代不详 Unknown GD 中国嘉德
2012-9-16 Lot3044 H 16.6cm；H 13.7cm
估价：无底价
成交价：RMB43,700

青白玉兽面纹瓶
A Celadon Jade Vase
清中期 Mid Qing GD 中国嘉德
2012-6-16 Lot3297 H 13.4cm
估价：RMB 20,000-30,000
成交价：RMB23,000

青白玉兽面纹环耳盖瓶
A Rare and Nicely Carved Greenish-White Jade Vase and Cover
乾隆 Qianlong BP 北京保利
2012-6-7 Lot7614 H 28cm
估价：RMB 800,000-1,200,000
成交价：RMB 1,150,000

青白玉"岁寒三友"图盖瓶
A Celadon Jade "Three Friends" Vase and Cover
清 18-19 世纪 Qing, 18-19th Century S 苏富比
2012-11-7 Lot243 H 25.4cm
估价：GBP 6,000-10,000
成交价：GBP13,750

青白玉饕餮纹双耳盖瓶
A Pale Celadon Jade Vase and Cover
清 18-19 世纪 Qing,18-19th Century S 苏富比
2012-11-7 Lot244 H 23cm
估价：GBP 8,000-12,000
成交价：GBP12,500

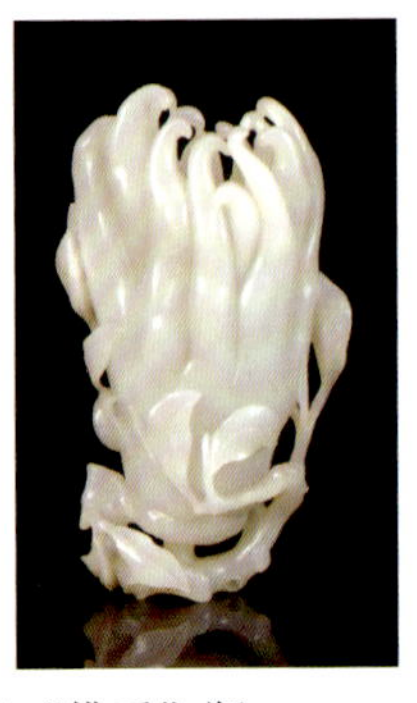

青白玉“佛手”瓶
A Pale Celadon Jade “BuddhA “s Hand” Vase
清 18 世纪 Qing,18th Century S 苏富比
2012-5-16 Lot7 H 20cm
估价：GBP 15,000-25,000
成交价：GBP34,850

青玉缠枝莲纹玉瓶
清 Qing BP 北京保利
2012-10-25 Lot1440 H 24cm
估价：无底价
成交价：RMB 17,250

青白玉“水波游龙”纹象耳盖瓶
A Pale Celadon Jade “Dragon” Vase and Cover
明末 Late Ming S 苏富比
2012-11-7 Lot247 H 10cm
估价：GBP 10,000-15,000
成交价：GBP12,500

青白玉“交锁夔龙”纹双耳活环出戟盖瓶
A Pale Celadon Jade Vase and Cover
清 19 世纪 Qing,19th Century S 苏富比
2012-5-16 Lot30 H 15.5cm
估价：GBP 6,000-10,000
成交价：GBP10,000

青玉“鱼跃龙门”瓶
A Green Jade “Dragon Carp” Vase
清 18 世纪 Qing , 18th Century S 苏富比
2012-5-16 Lot196 H 13.6cm
估价：GBP 8,000-10,000
成交价：GBP12,500

青白玉“佛手”瓶
A Pale Celadon Jade “BuddhA “s Hand” Vase
清 18-19 世纪 Qing,18-19th Century S 苏富比
2012-11-7 Lot383 H 14cm
估价：GBP 5,000-7,000
成交价：GBP13,750

青白玉“万寿”花卉图瓶
A Pale Celadon Jade Vase
清 18-19 世纪 Qing , 18th-19th Century S 苏富比
2012-5-16 Lot204 H 21cm
估价：GBP 15,000-20,000
成交价：GBP37,250

青玉仿古饕餮纹象耳盖瓶
A Celadon Jade Archaistic Vase and Cover
清 19 世纪 Qing,19th Century S 苏富比
2012-9-12 Lot299 H 21.3cm
估价：USD 7,000-9,000
成交价：USD6,875

碧玉双凤牡丹象耳衔环盖瓶
A Jasper Carved "Phoenix and Peony" Vase and Cover
清 Qing GD 中国嘉德
2012-10-29 Lot4053 H 31.8cm
估价：RMB 160,000-260,000
成交价：RMB184,000

青玉束莲盖瓶
A Celadon Jade "Lotus" Vase Group and Cover
清 18 世纪 Qing,18th Century S 苏富比
2012-9-12 Lot321 L 22.8cm
估价：USD 15,000-20,000
成交价：USD27,500

青玉雕凤持宝瓶龙耳盖瓶
A Celadon Jade "Phoenix" Vase and Cover
清 Qing S 苏富比
2012-9-12 Lot301 H 19.1cm
估价：USD 10,000-15,000
成交价：USD11,250

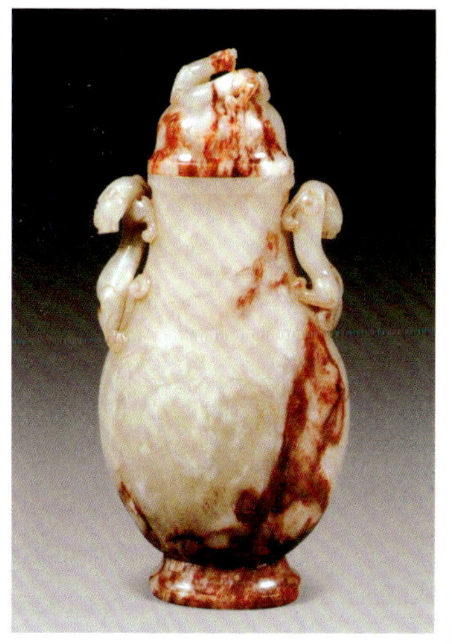

玉雕螭耳瓶
A Jade Vase
年代不详 Unknown GD 中国嘉德
2012-6-16 Lot3542 H 22.4cm
估价：无底价
成交价：RMB3,450

碧玉双耳兽面纹瓶
A Fine and Rare Jasper Carved Vase
清中期 Mid Qing KS 北京匡时
2012-12-5 Lot2164 H 22.3cm
估价：RMB 100,000-120,000
成交价：RMB115,000

碧玉龙纹云蝠盖瓶
乾隆 Qianlong BP 保利香港
2012-11-25 Lot866 H 25cm
估价：HKD 1,300,000-1,800,000
成交价：HKD1,725,000

翠玉象首衔环耳盖瓶
A Small Mottled Pale Greenish-White and Dark Green Jadeite Vase and Cover
年代不详 Unknown C 佳士得
2012-9-13 Lot1052 H 16.5cm
估价：USD 6,000-8,000
成交价：USD7,500

翠玉镂雕鹿形瓶一件
A Jadeite "Deer" Vase
年代不详 Unknown C 佳士得
2012-5-18 Lot1009 H 9.5cm
估价：GBP 5,000-7,000
成交价：GBP7,750

碧玉双耳小瓶
A Spinach-Green Jade Vase
清中期 Mid Qing BP 北京保利
2012-6-7 Lot7616 H 11.9cm
估价：RMB 40,000-60,000
成交价：RMB 46,000

翠青玉花瓶一件
A Spinach Green Jade Vase of Quatrelobed Section
18-19 世纪 18-19th Century C 佳士得
2012-5-18 Lot1043 H 12.4cm
估价：GBP 2,000-3,000
成交价：GBP39,650

翠玉双兽耳活环狮钮扁盖瓶一件
A Jadeite Flattened Baluster Vase and Cover
年代不详 Unknown C 佳士得
2012-5-18 Lot1306 H 27.9cm
估价：GBP 2,000-3,000
成交价：GBP20,000

青玉兽耳活环螭虎纹扁瓶
A Small White Jade Vase and Cover
清中期 Mid Qing BO 邦瀚斯
2012-11-24 Lot201 H 12.4cm
估价：HKD 40,000-60,000
成交价：HKD200,000

青玉雕梅花瓶一件
A Sage-Green Jadeite 'Prunus' Tree Vase
18 世纪 18th Century C 佳士得
2012-5-18 Lot1123 H 21cm
估价：GBP 5,000-8,000
成交价：GBP9,375

翠玉雕夔龙纹双耳活环盖瓶
A Mottled Green and White Jadeite Baluster Vase and Coverlate
清 Qing S 苏富比
2012-3-20 Lot231 H 14cm
估价：USD 6,000-8,000
成交价：USD25,000

翠玉雕荷塘青蛙钮紫菀纹吊瓶
A Finely Carved Mottled White and Green Jadeite Hanging Vase
年代不详 Unknow C 佳士得
2012-3-22 Lot1952 H 25.6cm
估价：USD 20,000-40,000
成交价：USD74,500

青玉雕喜鹊登梅赏瓶摆件
清 Qing BP 北京保利
2012-4-23 Lot2174 H 15cm
估价：无底价
成交价：RMB 25,300

翠玉“岁岁安居”盖瓶
A Jadeite Vase and Cover
年代不详 Unknow C 佳士得
2012-11-28 Lot2358 H 17.1cm
估价：HKD 150,000-200,000
成交价：HKD350,000

青玉松树花瓶一件
A Moss Agate “Pine Trunk” Vase
18-19 世纪 18-19th Century C 佳士得
2012-5-18 Lot1119 H 12.5cm
估价：GBP 3,000-5,000
成交价：GBP18,750

翠玉凤形盖瓶（一对）
A Pair of Jadeite Bird-Form Vessels and Covers
年代不详 Unknow C 佳士得
2012-11-28 Lot2413 H 10.8cm × 2
估价：HKD 40,000-60,000
成交价：HKD106,250

碧玉寿纹棱瓶
A Spinach Green Jade Arrow Head Vase of Quatrefoil Section
清 19 世纪 Qing,19th Century C 佳士得
2012-11-9 Lot1186 H 15.3cm
估价：GBP 3,000-5,000
成交价：GBP3,750

碧玉兽面纹盖瓶（一对）
民国 Republic Period BP 北京保利
2012-8-11 Lot751 H 13cm
估价：无底价
成交价：RMB17,250

碧玉如意象耳瓶
年代不详 Unknown BH 北京翰海
2012-9-28 Lot1631 H 27cm
估价：RMB 60,000-60,000
成交价：RMB69,000

碧玉夔凤纹双耳盖瓶
乾隆 Qianlong BP 北京保利
2012-4-23 Lot2227 L 20.5cm
估价：RMB 150,000-200,000
成交价：RMB 172,500

黄玉雕兽面纹盖瓶
清 Qing BP 北京保利
2012-4-23 Lot2170 H 13cm
估价：无底价
成交价：RMB 40,250

青花籽料福寿链条瓶
年代不详 Unknown RB 北京荣宝
2012-6-24 Lot1739 H 26cm
估价：RMB 150,000-200,000
成交价：RMB179,200

碧玉薄胎缠枝花灯笼瓶（一对）
年代不详 Unknown RB 北京荣宝
2012-6-24 Lot1712 H 8cm
估价：RMB 60,000-90,000
成交价：RMB95,200

缠枝莲纹富贵灯笼玉瓶
年代不详 Unknown RB 北京荣宝
2012-11-25 Lot1709 80×53mm，W 148g
估价：RMB 40,000-48,000
成交价：RMB44,800

墨玉籽料链条瓶
年代不详 Unknown RB 北京荣宝
2012-3-10 Lot256 H 14cm
估价：RMB 100,000-150,000
成交价：RMB156,800

黄玉九龙戏珠象耳盖瓶
A Finely Carved Yellow Jade Archaistic "Dragon" Vase and Cover
乾隆 - 嘉庆 Qianlong-Jiaqing C 佳士得
2012-11-28 Lot2189 H 17.7cm
估价：HKD 600,000-1,000,000
成交价：HKD1,460,000

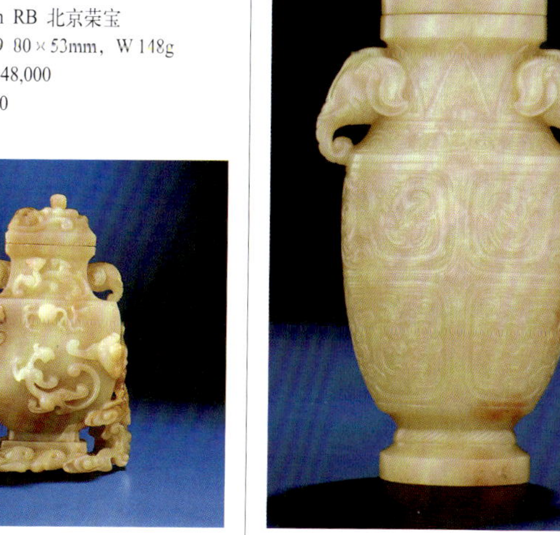

黄玉仿古夔龙纹象耳盖瓶
A Fine and Very Rare Archaistic Yellow Jade Covered Vase
乾隆 Qianlong C 佳士得
2012-5-30 Lot3956 H 20.2cm
估价：HKD 2,800,000-4,000,000
成交价：HKD15,220,000
2012 Chinese Art Auction TOP10 中国玉器拍卖十大排行榜 Top 10
2012 Chinese Art Auction TOP10 中国玉器拍卖器皿类十大排行榜 Top 4

灰玉“三阳开泰”双龙耳盖瓶
A Mottled Grey and Black Jade Vase and Cover
清 17 世纪 Qing,17th Century C 佳士得
2012-11-9 Lot1185 H 17cm
估价：GBP 2,000-3,000
成交价：GBP15,000

玉雕折枝西番莲纹盖瓶
A Carved Jade Vase and Cover
清中期 Mid Qing FC 北京永乐
2012-12-15 Lot644 H 22.8cm
估价：RMB 100,000-120,000
成交价：RMB115,000

玉雕螭龙纹水呈、方瓶各一件
A Jade Water Container and A Jade Vase
明 Ming GD 中国嘉德
2012-6-16 Lot3937 D 5.8cm；H 11cm
估价：RMB 3,000-5,000
成交价：RMB10,350

黄玉“三螭”瓶
A Carved Yellow Jade “Chilong” Vase
清 18 世纪 Qing,18th Century S 苏富比
2012-4-4 Lot3205 H 14.3cm
估价：HKD 1,200,000-1,800,000
成交价：HKD5,060,000

黄玉雕龙凤纹双联瓶
An Extremely Rare and Finely Carved Yellow Jade Vase
乾隆 Qianlong BP 北京保利
2012-6-7 Lot7571 H 15.4cm；W 12.5cm
估价：RMB 1,700,000-2,700,000
成交价：RMB 1,955,000

白玉雕螭龙纹壶
A White Jade “Dragon” Jar with Cover
嘉庆 / 道光 Jiaqing-Daoguang Z 北京中汉
2012-10-30 Lot565 15.8×10.1cm
估价：RMB 600,000-650,000
成交价：RMB690,000

顾铭 君子之交 白玉壶
Gu Ming A White Jade Teapot,Purity
年代不详 Unknown XLA 西泠印社
2012-7-7 Lot1995 68×38×35mm；W 78.4g
估价：RMB 85,000-120,000
成交价：RMB97,750

宋鸣放 白玉瓜棱壶
Song Mingfang A White Jade Teapot and Cover
年代不详 Unknown XLA 西泠印社
2012-7-7 Lot2016 H 65mm；W 196g
估价：RMB 450,000-650,000
成交价：RMB690,000

李 剑 静思一泓 白玉壶一套
Li Jian A Set Of Delicate Jade Pots and Cups
年代不详 Unknown XLA 西泠印社
2012-10-21 Lot141 尺寸不一
估价：无底价
成交价：RMB43,700

白玉梅花盘龙钮壶
A Rare and Fine White Jade Pot with Plum Blossom Pattern
明 Ming XLA 西泠印社
2012-7-9 Lot2654 H 13.3cm；L 17.8cm
估价：RMB 1,000,000-1,200,000
成交价：RMB805,000

张晓玲 希逸 白玉壶
Zhang Xiaoling A White Jade Pot
年代不详 Unknown XLA 西泠印社
2012-10-21 Lot38 48×32×29mm；W 22.7g
估价：无底价
成交价：RMB43,700

玉雕莲花寿字执壶
A Jade Finely Carved Lutos and "Longevity" Pot
明 Ming BP 北京保利
2012-12-7 Lot7426 L 11.5cm
估价：RMB 15,000-20,000
成交价：RMB25,300

玉仿古双螭龙耳壶
A Celadon and Russet Jade Archaistic Vase
元 - 明 Yuan-Ming S 苏富比
2012-4-4 Lot3062 13.8cm
估价：HKD 500,000-700,000
成交价：HKD500,000

青白玉花篮
A Celadon Jade Carving
年代不详 Unknown GD 中国嘉德
2012-9-16 Lot3065 H 11.5cm
估价：无底价
成交价：RMB25,300

青白玉雕花卉寿字执壶
A Fine Greenish-White Jade "Floral" Wine Ewer
明晚期 Late Ming BP 北京保利
2012-6-7 Lot7677 H 20.5cm
估价：RMB 20,000-30,000
成交价：RMB 80,500

青白玉开光饕餮纹方流执壶
A Rare Greenish-White Jade Wine Ewer
明 Ming BP 北京保利
2012-6-7 Lot7620 H 19.5cm
估价：RMB 800,000-1,200,000
成交价：RMB 920,000

白玉仿古龙纹双活环象耳带盖扁壶
A White Jade "Archaistic Dragon" Vase with Elephant Handles
嘉庆 Jiaqing S 苏富比
2012-10-9 Lot3003 25.1cm
估价：HKD 1,000,000-1,500,000
成交价：HKD1,340,000

白玉籽料提梁壶
年代不详 Unknown RB 北京荣宝
2012-3-10 Lot255 H 11cm
估价：RMB 400,000-500,000
成交价：RMB548,800

缠枝莲花纹玉壶
年代不详 Unknown RB 北京荣宝
2012-3-10 Lot253 H 6.5cm
估价：RMB 80,000-120,000
成交价：RMB123,200

白玉雕李白醉酒纹壶
清 Qing RB 北京荣宝
2012-3-10 Lot369 L 14cm
估价：RMB 5,000-10,000
成交价：RMB44,800

白玉雕龙柄茶壶
A Fine Pale Celadon Jade Teapot and Cover
清 18 世纪 18th Century S 苏富比
2012-3-20 Lot227 W 20.9cm
估价：USD 30,000-40,000
成交价：USD572,500

白玉籽料把玩壶
年代不详 Unknown RB 北京荣宝
2012-6-24 Lot1773 W 185g
估价：RMB 400,000-600,000
成交价：RMB560,000

白玉龙把注壶
An Imperial White Jade Ewer
乾隆 Qianglong C 佳士得
2012-5-30 Lot4204 H 15.3cm
估价：HKD 500,000-700,000
成交价：HKD1,220,000

白玉执壶
A White Jade Faceted Ewer and Cover
清 18-19 世纪 Qing,18-19th Century C 佳士得
2012-3-22 Lot1940 W 17.5cm
估价：USD 40,000-60,000
成交价：USD242,500

白玉花卉耳龙纹执壶
清早期 Early Qing BP 北京保利
2012-10-24 Lot875 H 17cm
估价：RMB 150,000-200,000
成交价：RMB575,000

白玉执壶一件
A Mughal-Style White Jade Ewer with A Cover
19-20 世纪 19-20th Century C 佳士得
2012-5-18 Lot1114 H 14cm
估价：GBP 3,000-5,000
成交价：GBP12,500

如意提梁壶
年代不详 Unknown RB 北京荣宝
2012-8-26 Lot809 H 105mm
估价：RMB 250,000-350,000
成交价：RMB313,600

青玉瓜楞壶
年代不详 Unknown RB 北京荣宝
2012-6-24 Lot1756 H 10cm
估价：RMB 20,000-30,000
成交价：RMB39,200

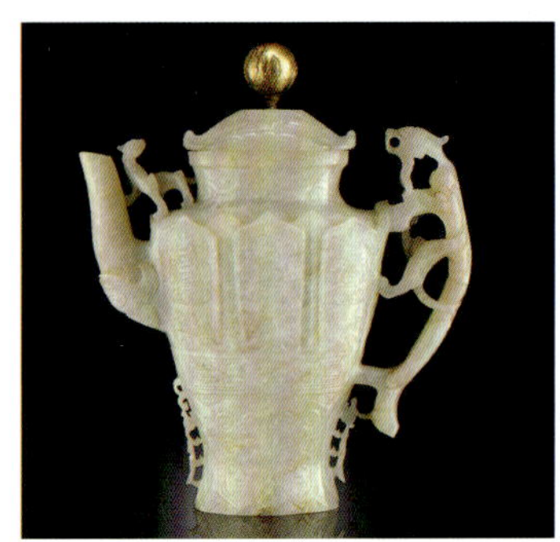

青白玉“寿”字螭龙花卉纹题诗执壶
A Pale Celadon Jade Ewer and Cover
明 17 世纪 Ming,17th Century C 佳士得
2012-5-15 Lot20 H 23.3cm
估价：GBP 15,000-20,000
成交价：GBP18,750

青白玉茶壶
A Pale Celadon Jade Teapot and Cover
清 19 世纪 Qing,19th Century C 佳士得
2012-5-15 Lot170 W 12.5cm
估价：GBP 10,000-15,000
成交价：GBP12,500

青白玉螭龙纹题诗执壶
An Inscribed Pale Celadon Jade Ewer
明 17 世纪 Ming,17th Century C 佳士得
2012-5-15 Lot199 H 26cm
估价：GBP 20,000-30,000
成交价：GBP37,250

青白玉茶壶
A Greenish-White Jade Teapot and Cover
年代不详 Unknown C 佳士得
2012-3-22 Lot1884 D 17.9cm
估价：USD 30,000-50,000
成交价：USD110,500

青白玉龙纹象首活环耳扁壶
A Pale Greyish-Green Jade Archaistic Vase
年代不详 Unknown C 佳士得
2012-9-13 Lot1086 H 21.9cm
估价：USD 8,000-10,000
成交价：USD10,625

青玉饕餮纹提梁卣
A Pale Greenish-White Jade Archaistic Vessel and Cover, You
清 19 世纪 Qing,19th Century C 佳士得
2012-3-22 Lot1891 H 18.2cm
估价：USD 7,000-9,000
成交价：USD9,375

仿古玉瑞兽纹出戟壶
An Archaistic Jade Vase
明 Ming S 苏富比
2012-5-16 Lot13 14cm
估价：GBP 6,000-8,000
成交价：GBP12,500

玉壶春执壶
年代不详 Unknown RB 北京荣宝
2012-8-26 Lot824 H 200mm; H 65mm
估价：RMB 100,000-150,000
成交价：RMB123,200

青玉带皮雕龙凤提梁壶
年代不详 Unknown BP 北京保利
2012-8-11 Lot926 H 12cm
估价：无底价
成交价：RMB17,250

青白玉饕餮纹壶
A Carved Pale Celadon Jade Vase，Hu
清 18 世纪 Qing,18th Century C 佳士得
2012-11-9 Lot1187 H 17cm
估价：GBP 1,500-2,500
成交价：GBP37,250

青玉籽料竹节提梁壶
年代不详 Unknown RB 北京荣宝
2012-6-24 Lot1755 H 13cm
估价：RMB 60,000-90,000
成交价：RMB67,200

青白玉“西洋卷草纹”三足带盖执壶
A Celadon Jade Tripod Ewer and Cover
清约 1900 年 Qing,Circa 1900 S 苏富比
2012-11-7 Lot248 19.3cm
估价：GBP 6,000-8,000
成交价：GBP15,000

青白玉浅浮雕仿古“饕餮”双凤耳壶
A Celadon Jade Archaistic Vase
17 世纪 17th century S 苏富比
2012-10-9 Lot3143 14.2cm
估价：HKD 70,000-90,000
成交价：HKD75,000

俞 艇 碧波无痕 青玉薄胎壶
Yu Ting A Celadon Jade Pot
年代不详 Unknown XLA 西泠印社
2012-10-21 Lot170 115×79×60mm；W 89.5g
估价：RMB80,000-120,000
成交价：RMB138,000

倪伟滨 知己者明 青玉壶
Ni Weibin A Celadon Jade Pot with Incised Calligraphy
年代不详 Unknown XLA 西泠印社
2012-7-7 Lot1911 140×94×53mm；W 232g
估价：RMB 20,000-30,000
成交价：RMB103,500

浅青玉锦纹竹耳小壶
A Celadon Jade Vase
清 17 世纪末 Qing,Late 17th Century S 苏富比
2012-5-16 Lot15 10.7cm
估价：GBP 3,000-5,000
成交价：GBP3,750

碧玉仿古饕餮纹双兽首耳方盖壶
A Green Jade Archaistic Faceted Vase and Cover
清 18-19 世纪 Qing,18th-19th Century C 佳士得
2012-3-22 Lot1842 H 30.5cm
估价：USD 30,000-50,000
成交价：USD146,500

碧玉壶
A Jasper Pot
年代不详 Unknown GD 中国嘉德
2012-6-16 Lot3669 L 12.7cm
估价：无底价
成交价：RMB5,750

朱玉峰 青玉薄胎香草纹壶
Zhu Yufeng A Jade Pot with Vanilla Patterns
年代不详 Unknown XLA 西泠印社
2012-10-21 Lot174 120×76×65mm；W 101.2g
估价：RMB80,000-120,000
成交价：RMB92,000

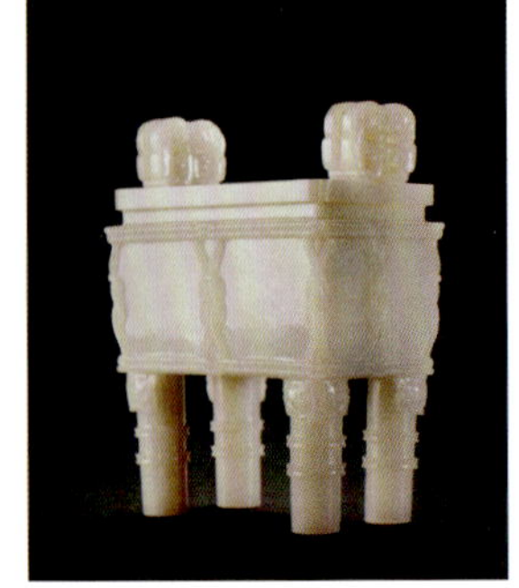

青白玉钮绳纹方鼎
A Celadon Jade Square Vessel,Ding
清中期 Mid Qing BP 北京保利
2012-12-5 Lot5703 H 16cm
估价：RMB 400,000-600,000
成交价：RMB632,500

黄玉铺首衔环耳方壶
A Finely Carved Yellow Jade Fanghu
清 18 世纪 Qing,18th Century C 佳士得
2012-11-28 Lot2188 H 10.2cm
估价：HKD 600,000-800,000
成交价：HKD920,000

碧玉兽面纹鼎
A Jasper Censer
清 Qing TT 北京传是
2012-7-8 Lot1487 H 23cm
估价：RMB 150,000-250,000
成交价：RMB172,500

翠玉饕餮纹狮钮活环耳方鼎
A Fine Emerald-Green Jadeite Archaistic Vessel and Cover，Fangding
晚清 Late Qing C 佳士得
2012-5-30 Lot4275 H 18.5cm
估价：HKD 3,000,000-4,000,000
成交价：HKD16,900,000

2012 TOP10 中国玉器拍卖十大排行榜 Top 5
2012 TOP10 中国玉器拍卖器皿类十大排行榜 Top 2

碧玉仿古饕餮纹双龙耳扁壶
A Dark Green Jade Archaistic Baluster-Form Vase and A Cover
清 18 世纪 Qing,18th Century C 佳士得
2012-3-22 Lot1821 H 33.3cm
估价：USD 7,000-10,000
成交价：USD11,250

白玉饕餮纹方鼎
A White Jade Rectangular Censer and Cover，Fangding
乾隆 Qianlong C 佳士得
2012-5-15 Lot31 H 18cm
估价：GBP 60,000-80,000
成交价：GBP73,250

白玉浮雕兽面纹仿青铜香熏
乾隆 Qianlong KS 北京匡时
2012-12-5 Lot1853 H 33.8
估价：RMB 1,800,000-2,000,000
成交价：RMB2,070,000

白玉仿古“饕餮”纹龙钮盖方鼎
An Impressive White Jade Archaistic Censer and Cover
清 18/19 世纪 Qing,18/19th century S 苏富比
2012-10-9 Lot3140 24.2cm
估价：HKD 2,000,000-2,500,000
成交价：HKD4,340,000

白玉曲耳鼎式炉
A White Jade Archaistic Ding-Form Censer
民国 Republic Period GD 中国嘉德
2012-10-29 Lot4089 W 13.3cm
估价：RMB 60,000-80,000
成交价：RMB92,000

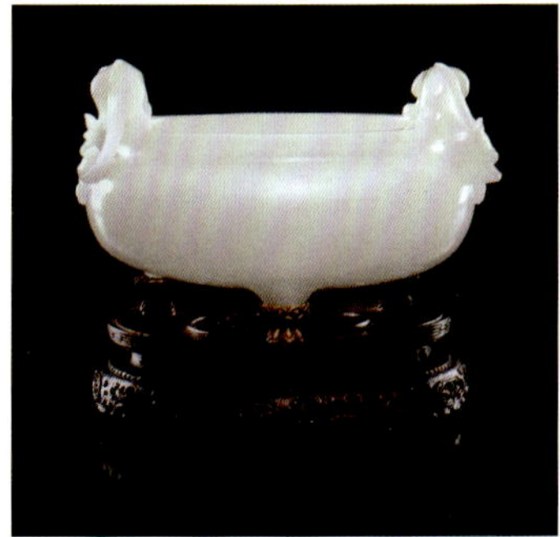

白玉螭龙耳香炉
A Carved “Dragon” White Jade Censer
清 Qing GD 中国嘉德
2012-5-14 Lot3517 W 17.5cm
估价：RMB 50,000-80,000
成交价：RMB425,500

白玉桃耳炉
A White Jade Censer
清 Qing GD 中国嘉德
2012-9-16 Lot2971 L 15.5cm
估价：无底价
成交价：RMB86,250

白玉兽面纹炉
A White Jade Censer
清 Qing GD 中国嘉德
2012-9-16 Lot3016 L 11.8cm
估价：无底价
成交价：RMB172,500

白玉蝶耳衔环炉
A White Jade Censer
年代不详 Unknown GD 中国嘉德
2012-6-16 Lot3432 L 13.9cm
估价：无底价
成交价：RMB28,750

白玉云蝠纹炉
A White Jade Censer
清 Qing GD 中国嘉德
2012-6-16 Lot3485 H 11.2cm
估价：RMB 40,000-60,000
成交价：RMB172,500

白玉雕兽面纹双狮钮盖炉
清 Qing KS 北京匡时
2012-12-5 Lot1898 D 6cm；H 9cm
估价：RMB 80,000-100,000
成交价：RMB92,000

白玉缠枝莲纹炉
清 Qing PAC 太平洋
2012-6-16 Lot500 尺寸不详
估价：RMB 12,000-12,000
成交价：RMB13,800

白玉双耳三足炉
年代不详 Unknown PAC 太平洋
2012-6-16 Lot507 D 9cm
估价：RMB 60,000-60,000
成交价：RMB89,700

白玉雕西番莲纹双耳盖炉
年代不详 Unknown PAC 太平洋
2012-6-16 Lot513 D 11cm
估价：RMB 65,000-65,000
成交价：RMB103,500

白玉雕兽纽狮耳衔环炉
A White Jade Censer
19 世纪 19th Century BD 北京东正
2012-10-31 Lot533 L 19.7 cm
估价：RMB 1,200,000-1,500,000
成交价：RMB1,840,000

白玉雕狮钮兽耳衔环炉
A Carved White Jade Lion Knob Censer
清中期 Mid Qing BD 北京东正
2012-5-11 Lot178 L 14 cm
估价：RMB 600,000-700,000
成交价：RMB690,000

白玉雕兽面纹双龙耳三足炉
A Carved White Jade Dragon Tripod Censer
乾隆 Qianlong BD 北京东正
2012-5-11 Lot88 L 16 cm
估价：RMB 700,000-800,000
成交价：RMB1,150,000

白玉螭纹炉
清 Qing BSA 古天一
2012-12-2 Lot1010 H 10.3cm
估价：RMB 800,000-1,000,000
成交价：RMB1,955,000

御制白玉龙纹香炉
乾隆 Qianlong BP 北京保利
2012-4-22 Lot1268 W 16.5cm
估价：RMB 1,000,000-2,000,000
成交价：RMB1,610,000

白玉福寿炉
清 Qing JG 北京九歌
2012-6-29 Lot2583 H 11cm
估价：RMB 230,000-300,000
成交价：RMB241,500

白玉兽耳炉
A White Jade Censer
清 Qing TT 北京传是
2012-7-8 Lot1463 H 12.5cm
估价：RMB 100,000-150,000
成交价：RMB115,000

白玉活环兽钮香炉
年代不详 Unknown GG 北京歌德
2012-12-1 Lot2097 H 26cm
估价：RMB 1,200,000-1,800,000
成交价：RMB1,725,000

双螭三足炉
年代不详 Unknown RB 北京荣宝
2012-3-10 Lot257 W 293g
估价：RMB 200,000-300,000
成交价：RMB302,400

白玉雕灵芝钮盖活环抹角斗形炉
A White Jade Censer and Cover
清 Qing SUN 中贸圣佳
2012-7-22 Lot1708 H 17cm
估价：RMB 800,000-900,000
成交价：RMB920,000

白玉万福如意盖炉
A Finely Carved White Jade Censer and Cover
乾隆 Qianlong C 佳士得
2012-5-30 Lot3958 W 25.4cm
估价：HKD 8,000,000-10,000,000
成交价：HKD9,020,000 2012 TOP10 中国玉器拍卖器皿类十大排行榜 Top 7

白玉饕餮纹双龙耳三足炉
A White Jade Archaistic Tripod Incense Burner
清 18 世纪 Qing,18th Century C 佳士得
2012-3-22 Lot1874 W 15.2cm
估价：USD 12,000-18,000
成交价：USD22,500

白玉仿古饕餮纹双耳方盖炉
A White Jade Archaistic Censer and Cover
清 18 世纪 Qing,18th Century C 佳士得
2012-11-6 Lot56 W 13.5cm
估价：GBP 30,000-50,000
成交价：GBP199,250

玉雕龙纹炉
年代不详 Unknown BP 北京保利
2012-4-23 Lot2113 H 13cm
估价：无底价
成交价：RMB 36,800

白玉雕云龙纹三足炉
清 Qing BP 北京保利
2012-4-23 Lot2115 W 15.5cm
估价：无底价
成交价：RMB 51,750

白玉香炉（一对）
年代不详 Unknown BP 北京保利
2012-4-23 Lot2116 W 12cm
估价：RMB 70,000-90,000
成交价：RMB 80,500

白玉炉瓶三式摆件
清 Qing BP 北京保利
2012-4-23 Lot2198 尺寸不一
估价：无底价
成交价：RMB 23,000

白玉夔龙纹三足炉
清 Qing BP 北京保利
2012-8-11 Lot842 H 14cm
估价：无底价
成交价：RMB11,500

白玉三狮钮盖炉
A Very Rare White Jade "Three Lions" Censer with Cover
清中期 Mid Qing BP 北京保利
2012-6-5 Lot6201 13 × 15cm
估价：RMB 1,000,000-1,500,000
成交价：RMB1,725,000

白玉三足双耳盖炉
清 Qing BP 北京保利
2012-8-11 Lot838 H 24cm
估价：RMB 200,000-300,000
成交价：RMB230,000

白玉雕缠枝牡丹香炉
年代不详 Unknown BP 北京保利
2012-8-11 Lot1036 D 6cm
估价：无底价
成交价：RMB20,700

白玉双龙耳香熏
清 Qing BP 北京保利
2012-4-21 Lot57 W 13cm
估价：无底价
成交价：RMB 34,500

白玉双耳衔环象足炉
A Carved White Jade Incense Burner with Three Feet and Handle
清 Qing BH 北京翰海
2012-5-27 Lot2414 H 10cm
估价：RMB 450,000-650,000
成交价：RMB494,500

白玉铺首衔环耳盖炉
A Greyish-White Jade Censer and Cover
年代不详 Unknown C 佳士得
2012-9-13 Lot1084 H 14.6cm
估价：USD 30,000-50,000
成交价：USD86,500

白玉浮雕兽首衔环"鸳鸯禾穗"盖炉
A White Jade "Quails and Landscape" Incense Burner and Cover
乾隆 Qianlong BO 邦瀚斯
2012-11-28 Lot205 W 19.5cm
估价：HKD 2,000,000-4,000,000
成交价：HKD6,620,000

白玉狮钮缠枝莲纹龙首衔环耳盖炉
A White Jade Tripod Censer and Cover
晚清 Late Qing C 佳士得
2012-9-13 Lot1092 W 17.5cm
估价：USD 25,000-35,000
成交价：USD30,000

白玉菊纹香熏
A Small White Jade Incense Burner and Cover
清 Qing Dynasty BO 邦瀚斯
2012-12-21 Lot231 D 11.6cm
估价：HKD 200,000-300,000
成交价：HKD225,000

白玉双兽耳活环三足香炉一件
A White Jade Tripod Censer and Cover
18/19 世纪 18/19th Century C 佳士得
2012-5-18 Lot1273 H 10.8cm
估价：GBP 4,000-6,000
成交价：GBP15,000

青白玉狮钮龙首活环耳三足炉
A Small Pale Greenish-Grey Jade Tripod Censer and Cover
年代不详 Unknown C 佳士得
2012-9-13 Lot1117 14cm
估价：USD 6,000-8,000
成交价：USD6,250

沁色玉兽面纹仿古盖炉
A "Chicken Bone" Jade Tripod Incense Burner and Cover
乾隆 Qianlong BO 邦瀚斯
2012-12-9 Lot216 20.7cm across handles.
估价：HKD 250,000-500,000
成交价：HKD1,580,000

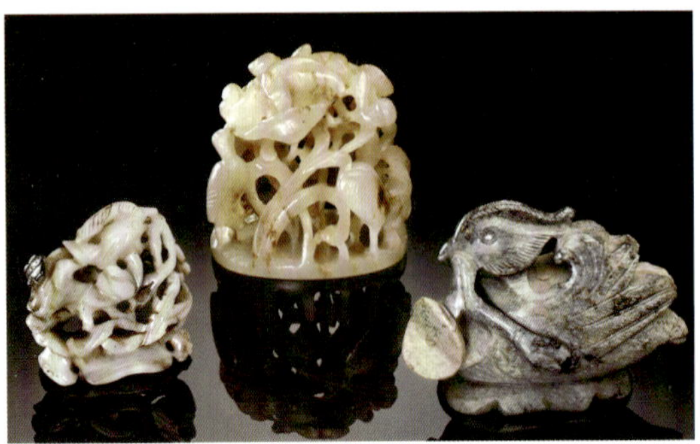

玉炉顶一组三件
Three Jade Finials
金-明 Jin-Ming C 佳士得
2012-9-13 Lot1004 5.5cm；4.5cm；3.5cm
估价：USD 5,000-7,000
成交价：USD12,500

青白玉双耳香盖炉
A Pale Celadon Jade Censer and Cover
清 18 世纪 Qing,18th Century C 佳士得
2012-5-15 Lot176 W 19.5cm
估价：GBP 60,000-80,000
成交价：GBP67,250

翠玉龙钮双龙活环耳三狮足盖炉
A Whitish Jadeite Censer and Cover
年代不详 Unknow C 佳士得
2012-3-22 Lot1830 H 14cm；H 16.5cm
估价：USD 8,000-12,000
成交价：USD8,125

青白玉双兽耳圈足香炉一件
A Pale Celadon Jade Censer
18/19 世纪 18/19th Century C 佳士得
2012-5-18 Lot1274 13.9cm
估价：GBP 8,000-12,000
成交价：GBP10,000

青玉、翠制炉（两件）
年代不详 Unknown BP 北京保利
2012-8-11 Lot1038 W 15cm；W 15cm
估价：无底价
成交价：RMB25,300

青玉仿古兽面纹双龙耳簋
A Celadon Jade Archaistic Censer,Gui
明 17 世纪 Ming,17th Century C 佳士得
2012-11-6 Lot202 W 26.5cm
估价：GBP 10,000-15,000
成交价：GBP34,850

黄白玉雕三足炉
A Celadon and Russet Jade Archaistic Tripod Censer with Wood Cover and Jade
18-19 世纪 18-19th Century C 佳士得
2012-5-18 Lot1127 H 10.9cm
估价：GBP 1,000-1,500
成交价：GBP6,250

青白玉仿古龙纹双活环耳四管式盖炉
A Pale Celadon Jade Archaistic Vessel and Cover,Tulu
乾隆 Qianlong C 佳士得
2012-5-15 Lot198 W 14cm
估价：GBP 80,000-120,000
成交价：GBP193,250

翠玉雕饕餮纹活环耳三足盖炉
A Jadeite Tripod Censer and Cover
晚清 Late Qing C 佳士得
2012-5-30 Lot4323 W 19.2cm
估价：HKD 150,000-350,000
成交价：HKD1,940,000

翠玉雕龙戏珠纹双龙耳三足盖炉
A Magnificent Jadeite Tripod Censer and Cover
清晚期 Late Qing C 佳士得
2012-11-28 Lot2344 W 18.5cm
估价：HKD 4,800,000-6,000,000
成交价：HKD5,540,000

翠玉饕餮纹双龙耳簋式炉
A Mottled Pale Greenish Jadeite Archaistic Censer,Gui
年代不详 Unknow C 佳士得
2012-3-22 Lot1948 H 16.2cm
估价：USD 4,000-6,000
成交价：USD6,875

翠玉饕餮纹双龙活环耳三足盖炉
A Pale Bluish-Green Jadeite Tripod Censer and Cover
年代不详 Unknow C 佳士得
2012-3-22 Lot1850 16.8 × 17.8cm
估价：USD 40,000-60,000
成交价：USD134,500

青玉雕饕餮纹三足盖炉
An Archaistic Celadon Jade Tripod Censer and Coverlate
清 Qing S 苏富比
2012-3-20 Lot261 W 17cm
估价：USD 10,000-15,000
成交价：USD10,000

碧玉雕缠枝牡丹盖炉
A Spinach Jade Incense Burner and Cover
清中期 Mid Qing Dynasty BO 邦瀚斯
2012-12-2 Lot209 W 24.4cm
估价：HKD 300,000-500,000
成交价：HKD524,000

碧玉绳纹龙钮方鼎式盖炉
A Dark Green Jade Rectangular Censer and Cover
年代不详 Unknown C 佳士得
2012-3-22 Lot1822 H 19.7cm
估价：USD 40,000-60,000
成交价：USD50,000

翠玉双耳盖炉一对
A Pair of Miniature Green Jadeite Censers and Covers
清 19 世纪 Qing,19th Century C 佳士得
2012-11-6 Lot150 W 5.7cm × 2
估价：GBP 25,000-35,000
成交价：GBP27,500

碧玉兽面纹簋
清 Qing BP 北京保利
2012-4-23 Lot2229 H 17cm
估价：无底价
成交价：RMB 11,500

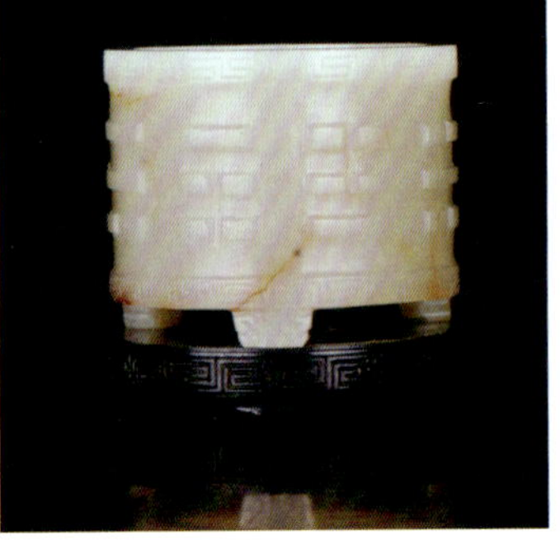

青白玉八卦纹炉
A Greenish-White Jade Censer
清早期 Early Qing GD 中国嘉德
2012-9-17 Lot4153 H 5.5cm
估价：无底价
成交价：RMB63,250

青白玉兽耳炉
A Celadon Jade Censer
清 Qing GD 中国嘉德
2012-9-16 Lot2968 L 17.6cm
估价：RMB 35,000-55,000
成交价：RMB46,000

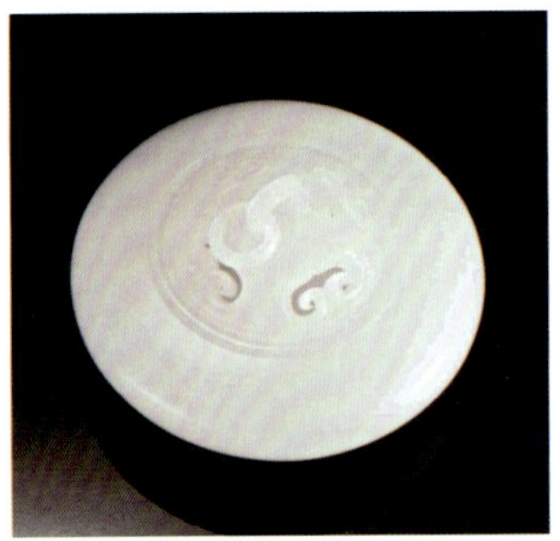

瞿利军 芳韵 白玉香炉
Qu Lijun A White Jade Tripod Censer
年代不详 Unknown XLA 西泠印社
2012-7-7 Lot1940 H 40mm；W 112.5g
估价：RMB 100,000-150,000
成交价：RMB184,000

俞 艇 墨韵 青花香炉
Yu Ting A "Qing Hua" Jade Censer with Delicate Patterns
年代不详 Unknown XLA 西泠印社
2012-10-21 Lot173 55mm × 35mm；W 152.6g
估价：RMB150,000-200,000
成交价：RMB207,000

白玉兽面鼎式炉
A Fine and Nice White Jade Ding-Style Censer
乾隆 Qianlong BP 北京保利
2012-6-7 Lot7631 H 6.5cm
估价：RMB 150,000-200,000
成交价：RMB 172,500

青白玉螭龙纹象耳炉（一对）
A Pair of Celadon Jade Censers
清 Qing GD 中国嘉德
2012-9-16 Lot3034 D 17.3cm
估价：RMB 30,000-50,000
成交价：RMB59,800

青白玉兽耳衔环炉
A Celadon Jade Censer
清 Qing GD 中国嘉德
2012-9-16 Lot3039 H 13.7cm
估价：无底价
成交价：RMB20,700

玉雕兽面纹朝冠耳簋式盖炉
A Finely Carved Jade Cencer
乾隆 Qianlong BC 北京诚轩
2012-5-13 Lot216 15.4×12.1cm
估价：RMB 350,000-400,000
成交价：RMB437,000

青白玉"富贵祥凤"纹三足盖炉
A Celadon Jade "Phoenix and Peony" Censer and Cover
晚清 Late Qing S 苏富比
2012-5-16 Lot20 18cm
估价：GBP 6,000-8,000
成交价：GBP8,750

青白玉饕餮纹三足盖炉
A Pale Celadon Jade Censer and Cover
清 19 世纪 Qing,19th Century S 苏富比
2012-11-7 Lot365 11cm
估价：GBP 4,000-6,000
成交价：GBP6,875

青白玉"赶珠云龙"纹四棱盖炉
A Celadon Jade "Dragon" Censer and Cover
清 18 世纪初 Qing,Early 18th Century S 苏富比
2012-5-16 Lot21 13.3cm
估价：GBP 20,000-30,000
成交价：GBP25,000

青玉雕花卉纹双耳炉
清 Qing PAC 太平洋
2012-6-16 Lot511 L 12.8cm
估价：RMB 15,000-15,000
成交价：RMB17,250

俞 艇 青玉薄胎碟形香炉
Yu Ting A Celadon Jade Censer
年代不详 Unknown XLA 西泠印社
2012-10-21 Lot169 70mm×15mm；W 25.5g
估价：无底价
成交价：RMB17,250

青玉雕勾云纹螭龙灵芝活环耳炉
A Green Jade Censer
清 19 世纪 Qing, 19th Century S 苏富比
2012-9-12 Lot295 L 23.8cm
估价：USD 8,000-12,000
成交价：USD15,000

碧玉双瑞兽活环耳三足麒麟钮盖炉
A Spinach Jade Tripod “Qilin” Censer and Cover
清 19 世纪 Qing,19th century S 苏富比
2012-10-9 Lot3138 W 16.3cm
估价：HKD 350,000-450,000
成交价：HKD200,000

碧玉饕餮纹龙钮香炉
A Rare Jasper Archaistic Carved “Dragon” Censer
乾隆 Qianglong GD 中国嘉德
2012-10-29 Lot4057 H 20.5cm
估价：RMB 1,500,000-2,000,000
成交价：RMB1,725,000

碧玉缠枝莲纹狮钮炉
A Jasper Censer
清 Qing GD 中国嘉德
2012-9-16 Lot3145 H 14.4cm
估价：RMB 18,000-28,000
成交价：RMB28,750

碧玉龙耳炉
A Jasper Censer
清 Qing GD 中国嘉德
2012-6-16 Lot3650 L 13.5cm
估价：无底价
成交价：RMB5,750

碧玉兽耳活环三足盖炉
A Spinach-Green Jade Censer and Cover
清 Qing S 苏富比
2012-5-16 Lot24 14.2cm
估价：GBP 4,000-6,000
成交价：GBP12,500

黄玉龙凤活环耳方炉
清中期 Mid Qing BP 北京保利
2012-4-23 Lot1928 H 14cm
估价：RMB 800,000-1,200,000
成交价：RMB 1,495,000

旧玉兽面纹双耳炉
年代不详 Unknown BH 北京翰海
2012-9-28 Lot1738 H 19.5cm
估价：RMB 580,000-580,000
成交价：RMB667,000

旧玉环耳炉
A Jade Censer
清 Qing GD 中国嘉德
2012-6-16 Lot3651 H 15.8cm
估价：无底价
成交价：RMB3,450

玉雕仿古盖炉
民国 Republic Period BP 北京保利
2012-4-23 Lot2111 H 17cm
估价：无底价
成交价：RMB 63,250

黄玉雕兽面纹螭龙钮方鼎盖炉
A Carved Yellow Jade Quadripod Censer
清中期 Mid Qing BD 北京东正
2012-5-11 Lot130 H 16 cm
估价：RMB 500,000-600,000
成交价：RMB747,500

黄玉仿古盖炉
A Fine and Nice Yellow Jade Censer and Cover
清中期 Mid Qing BP 北京保利
2012-6-7 Lot7629 W 17.5cm
估价：RMB 400,000-600,000
成交价：RMB 529,000

白玉雕云龙纹炉顶
A Fine and Rare White Jade Carved Arch
清 Qing KS 北京匡时
2012-6-4 Lot1293 H 4cm
估价：RMB 120,000-130,000
成交价：RMB138,000

青白玉荷塘炉顶
A Celadon Jade Censer Finial
清 Qing GD 中国嘉德
2012-6-16 Lot3918 L 5.5cm
估价：无底价
成交价：RMB2,300

白玉双螭云纹炉顶
明或更早 Ming or Earlier BP 北京保利
2012-10-24 Lot720 L 4cm
估价：无底价
成交价：RMB34,500

白玉荷塘鹭鸶纹炉顶
明 Ming BP 北京保利
2012-10-24 Lot747 L 4.5cm
估价：无底价
成交价：RMB63,250

白玉透雕“鹿鹤同春”炉顶
清 Qing BP 北京保利
2012-8-11 Lot873 L 4.7cm
估价：RMB 10,000-20,000
成交价：RMB11,500

玉雕风云际会炉顶、夔龙牌（两件）
明或更早 Ming or Earlier BP 北京保利
2012-10-24 Lot831 L 11cm；H 4.5cm
估价：RMB 200,000-300,000
成交价：RMB230,000

白玉兽耳衔环三足炉
A Carved White Jade Tripod Censer with Double Ears
清中期 Mid Qing BH 北京翰海
2012-5-27 Lot2065 H 5.5cm
估价：RMB 40,000-60,000
成交价：RMB63,250

玉洒金鹤鹿同春炉顶
A Carved Jade Burner Cover
清 Qing BH 北京翰海
2012-5-27 Lot2127 L 4.4cm
估价：RMB 20,000-30,000
成交价：RMB23,000

白玉三螭花形杯
A Nice White Jade Flower-Shaped Cup
明 Ming BP 北京保利
2012-6-7 Lot7455 L 12cm
估价：RMB 40,000-60,000
成交价：RMB 46,000

黑白玉雕仙鹤炉顶
A "Mountain"
清 Qing TT 北京传是
2012-7-8 Lot1476 H 11.3cm
估价：RMB 50,000-80,000
成交价：RMB63,250

白玉乳钉梅花双耳杯
A White Jade "Plum-Blossom" Cup
明 Ming BP 北京保利
2012-6-7 Lot7456 L 10.5cm
估价：RMB 30,000-50,000
成交价：RMB 34,500

白玉仿古把杯
A White Jade Ancient-Style Cup
明 Ming BP 北京保利
2012-6-7 Lot7457 L 8.2cm
估价：RMB 20,000-30,000
成交价：RMB 74,750

白玉龙纹杯
清 Qing BP 北京保利
2012-10-25 Lot1394 W 8.5cm
估价：无底价
成交价：RMB 43,700

白玉“双龙捧寿图”双耳方杯
A Small Square Jade Cup with Dragon Handles
清 17-18 世纪 Qing, 17th-18th Century
S 苏富比
2012-4-4 Lot3255 H 9.5cm
估价：HKD 500,000-700,000
成交价：HKD680,000

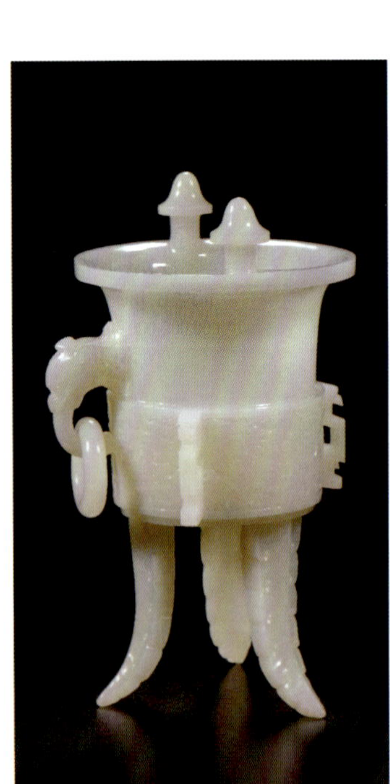

白玉仿古饕餮纹斝
An Impressive White Jade Wine Vessel
乾隆 18th/19th Century S 苏富比
2012-4-4 Lot3275 L 19.7cm
估价：HKD 2,500,000-3,500,000
成交价：HKD8,300,000

白玉杯（一对）
清中期 Mid Qing BP 北京保利
2012-4-22 Lot1448 D 5.5cm
估价：无底价
成交价：RMB57,500

白玉双耳杯
明 Ming BP 北京保利
2012-4-22 Lot1451 W 9cm
估价：无底价
成交价：RMB161,000

白玉杯
A Fine White Jade Cup
清 18 世纪 Qing, 18th Century S 苏富比
2012-9-12 Lot378 D 8.8cm
估价：USD 10,000-15,000
成交价：USD37,500

白玉鼓钉纹杯
明 Ming BP 北京保利
2012-4-22 Lot1450 L 13cm
估价：无底价
成交价：RMB74,750

白玉杯及白玉花棱杯托
A White Jade Cup and “Lotus” Cupstand
乾隆 Qianlong S 苏富比
2012-4-4 Lot3271 L 8.3 cm;L 13.4cm
估价：HKD 300,000-400,000
成交价：HKD375,000

白玉瓣口双耳杯
A White Jade Twin-Handled "Dragon" Libation Cup
晚明 - 清早期 18 世纪 Late Ming-Early Qing C 佳士得
2012-5-30 Lot4307 W 15.8cm
估价：HKD 350,000-450,000
成交价：HKD524,000

白玉雕灵芝纹双龙耳小杯
A White Jade "Chilong" Cup
清 18 世纪 Qing,18th Century C 佳士得
2012-5-30 Lot4308 H 10.6cm
估价：HKD 80,000-120,000
成交价：HKD150,000

白玉杯
A White Jade Cup
清 18 世纪 Qing,18th Century C 佳士得
2012-3-22 Lot1851 D 8.8cm
估价：USD 15,000-20,000
成交价：USD62,500

白玉雕玉兰形小杯
A Small White Jade "Magnolia" Cup
清 18 世纪 Qing,18th Century C 佳士得
2012-5-15 Lot172 W 8.7cm
估价：GBP 5,000-7,000
成交价：GBP6,250

御制白玉团龙纹杯
An Imperial White Jade "Dragon" Cup
乾隆 Qianlong BP 北京保利
2012-6-5 Lot6192 D 8.7cm
估价：RMB 1,200,000-2,200,000
成交价：RMB2,070,000

白玉福寿杯
明 Ming BP 北京保利
2012-10-24 Lot824 W 10.5cm
估价：RMB 65,000-80,000
成交价：RMB74,750

白玉双龙耳杯
明 Ming BP 北京保利
2012-10-24 Lot753 L 13cm
估价：无底价
成交价：RMB195,500

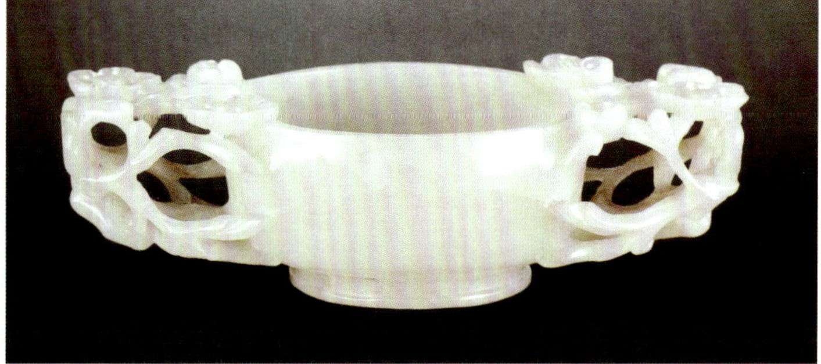

白玉双梅枝耳杯
明 Ming BP 北京保利
2012-10-24 Lot754 L 14.5cm
估价：无底价
成交价：RMB264,500

白玉螭龙双耳杯（二件）
A Pair of Carved White Jade Cup and Saucer with Dragon Shaped Handle
明末 Late Ming BH 北京翰海
2012-5-27 Lot2405 L 9.1cm
估价：RMB 150,000-200,000
成交价：RMB184,000

玉雕仿古纹双童耳杯
A Jade "Boys" Cup
元 / 明 Yuan/Ming BO 邦瀚斯
2012-5-27 Lot380 L 13.8cm
估价：HKD 200,000-250,000
成交价：HKD 250,000

白玉螭龙纹杯一件
A White Jade "Dragon" Rhyton
18 世纪 18th Century C 佳士得
2012-5-18 Lot1004 H 18.3cm
估价：GBP 5,000-7,000
成交价：GBP27,500

白玉雕狮首双耳葵口杯
A Small White Jade Vase
清 19 世纪 19th Century S 苏富比
2012-3-20 Lot275 H 11.8cm
估价：USD 10,000-20,000
成交价：USD13,750

白玉雕莲叶螭龙犀角式杯
A White Jade "Rhinoceros Horn" Libation Cup
清中期 Mid Qing Dynasty BO 邦瀚斯
2012-11-30 Lot207 H 28cm
估价：HKD 400,000-600,000
成交价：HKD500,000

旧玉螭龙纹爵杯
A Carved Old Jade Cup with Dragon Design
清中期 Mid Qing BH 北京翰海
2012-12-8 Lot2150 L 13.5cm
估价：RMB 280,000-300,000
成交价：RMB333,500

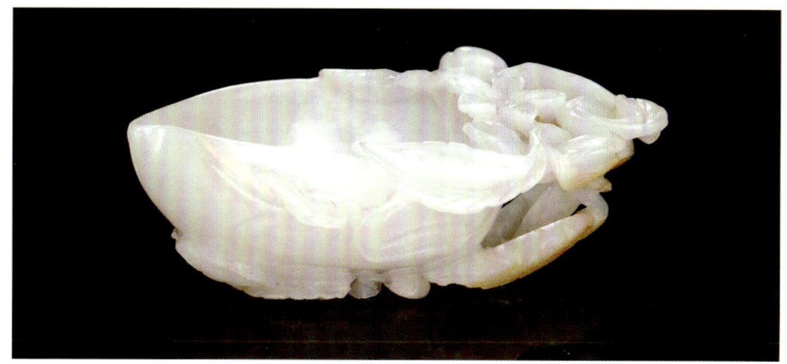

白玉镂雕桃形杯一件
A White Jade Peach Brushwasher
18-19 世纪 18-19th Century C 佳士得
2012-5-18 Lot1035 W 10.2cm
估价：GBP 7,000-9,000
成交价：GBP8,750

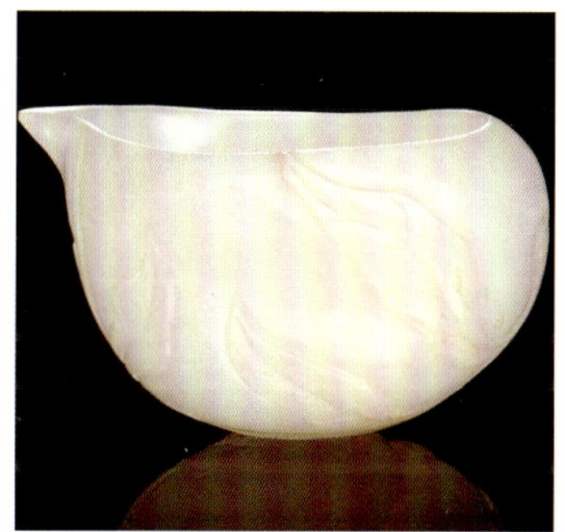

青白玉雕桃形杯一件
A Small Pale Celadon Jade Peach Cup
乾隆 Qianlong C 佳士得
2012-5-18 Lot1125 W 6.5cm
估价：GBP 4,000-6,000
成交价：GBP5,000

黄白玉雕桃形杯一件
A "Chicken-Bone" Jade Peach Form Coupe
17-18 世纪 17-18th Century C 佳士得
2012-5-18 Lot1122 W 14cm
估价：GBP 1,000-1,500
成交价：GBP6,000

青白玉双龙耳杯
A Celadon Jade Twin-Handled Libation Cup
明末 - 清初 Late Ming-Early Qing C 佳士得
2012-5-30 Lot4306 W 14.2cm
估价：HKD 250,000-350,000
成交价：HKD175,000

青白玉荔枝纹杯
A Pale Celadon Jade "Lychee" Cup
清 18 世纪 Qing,18th Century C 佳士得
2012-5-15 Lot195 W 13.3cm
估价：GBP 8,000-12,000
成交价：GBP26,250

青白玉双龙耳乳钉纹杯
明 Ming BP 北京保利
2012-8-11 Lot638 W 11cm
估价：无底价
成交价：RMB11,500

青白玉螭龙三耳杯
A Pale Celadon Jade "Chilong" Cup
晚明 - 清初 Late Ming-Early Qing C 佳士得
2012-11-6 Lot123 W 12.7cm
估价：GBP 5,000-8,000
成交价：GBP8,125

青玉桃形单耳杯
明 Ming BP 北京保利
2012-10-24 Lot755 L 11cm
估价：无底价
成交价：RMB172,500

青玉饕餮纹八方双耳杯
A Celadon Jade Cup
明 Ming S 苏富比
2012-3-20 Lot207 W 14.8cm
估价：USD 15,000-25,000
成交价：USD110,500

青白玉双龙耳杯
年代不详 Unknown BP 北京保利
2012-8-11 Lot914 W 12cm
估价：无底价
成交价：RMB13,800

青白玉螭龙耳杯
A Greenish-White Carved "Dragon" Cup
明 Ming GD 中国嘉德
2012-10-29 Lot4023 W 16.5cm
估价：RMB 180,000-280,000
成交价：RMB310,500

青玉龙凤呈祥鋬耳杯连同明末清初白玉年年和谐水丞一件
An Unusual Greyish-Green Jade Cylindrical Cup
明 Ming C 佳士得
2012-9-13 Lot1013 H 9cm;12cm;L 11.4cm
估价：USD 6,000-8,000
成交价：USD43,750

青玉雕英雄合卺杯
A Celadon Jade Archaistic "Champion" Cup
清 Qing S 苏富比
2012-3-20 Lot206 H 8cm
估价：USD 15,000-20,000
成交价：USD134,500

青白玉英雄合卺杯
A Finely Carved Pale Greenish-White Jade "Champion Vase" and Cover
乾隆 Qianlong C 佳士得
2012-9-13 Lot1032 H 21cm
估价：USD 50,000-70,000
成交价：USD458,500

青白玉杯（两件）
Two Celadon Jade Cups
年代不详 Unknown GD 中国嘉德
2012-6-16 Lot3617 D 5.7cm；D 5.6cm
估价：无底价
成交价：RMB3,450

青白玉螭龙纹杯
A Pale Celadon Jade Chilong Cup
明末 - 清初 Late Ming-Early Qing C 佳士得
2012-11-9 Lot1183 D 11.1cm
估价：GBP 3,000-5,000
成交价：GBP38,450

青白玉雕桃形杯
A Carved Celadon Jade Cup
清中期 Mid Qing BP 北京保利
2012-12-7 Lot7595 W 7.2cm
估价：RMB 10,000-20,000
成交价：RMB11,500

青白玉巧色雕松下高士纹杯
A Russet and Green Jade Cup with the Mark of "Yong Bao"
明 Ming BD 北京东正
2012-5-11 Lot180 L 13.8 cm
估价：RMB 120,000-150,000
成交价：RMB138,000

青白玉双耳杯
A Celadon Jade Cup
清 Qing GD 中国嘉德
2012-6-16 Lot3873 L 11cm
估价：无底价
成交价：RMB9,200

青白玉雕兽面盘螭角形杯
A Fine and Nice Greenish-White Jade Cup
清中期 Mid Qing BP 北京保利
2012-6-7 Lot7573 H 22cm
估价：RMB 200,000-300,000
成交价：RMB 310,500

青白玉螭龙纹灵芝形杯
A Pale Celadon Jade "Lingzhi" Libation Cup
清 18 世纪 Qing,18th Century S 苏富比
2012-11-7 Lot242 19cm
估价：GBP 80,000-120,000
成交价：GBP85,250

青玉雕八方勾云纹兽首足杯
A Celadon Jade Libation Cup
清 18 世纪 18th Century S 苏富比
2012-3-20 Lot274 H 10.1cm
估价：USD 20,000-30,000
成交价：USD25,000

青白玉仿古饕餮纹螭龙柄角杯
An Archaistic Celadon Jade Rhyton
清 19 世纪 Qing , 19th Century S 苏富比
2012-5-16 Lot19 12.8cm
估价：GBP 4,000-6,000
成交价：GBP13,750

青白玉镂雕螭龙灵芝纹杯
A Celadon Jade Libation Cup
清 18 世纪 Qing,18th Century S 苏富比
2012-9-12 Lot370 L 15.9cm
估价：USD 10,000-15,000
成交价：USD18,750

青白玉杯
A Pale Celadon Jade Cup
嘉庆 Jiaqing S 苏富比
2012-9-12 Lot377 D 9.2cm
估价：USD 5,000-7,000
成交价：USD31,250

俞艇 酣畅 青玉茶杯一组
Yu Ting A Group Of Four Celadon Jade Cups
年代不详 Unknown XLA 西泠印社
2012-10-21 Lot171 63mm×35mm；W 45g
估价：无底价
成交价：RMB92,000

碧玉雕仿犀角杯
A Carved Jasper Rhinoceros Horn Cup-Style Cup
清中期 Mid Qing GD 中国嘉德
2012-10-29 Lot4143 W 12.5 cm
估价：RMB 150,000-200,000
成交价：RMB172,500

碧玉荷花吸杯
乾隆 Qianlong BP 保利香港
2012-11-25 Lot704 L 15cm
估价：HKD 200,000-300,000
成交价：HKD230,000

黄玉带沁双螭耳杯
A Nice Yellow Jade “Chi-Dragon” Cup
明或更早 Ming or Earlier BP 北京保利
2012-6-7 Lot7605 W 14cm
估价：RMB 80,000-120,000
成交价：RMB 92,000

邹作志 饮中仙 青花酒杯
Zou Zuozhi A Pair of “Qing HuA” Jade of Libation Cups
年代不详 Unknown XLA 西泠印社
2012-7-7 Lot2079 24mm×2；W 21.9g；W 23.1g
估价：无底价
成交价：RMB32,200

白玉仿青铜瑞兽觥
A Rare and Fine White Jade Carved Vessel,Gong
乾隆 Qianlong KS 北京匡时
2012-6-4 Lot1238 L 14.5cm
估价：RMB 1,200,000-1,500,000
成交价：RMB1,380,000

白玉仿古饕餮纹凤凰式觥
A White Jade Archaistic "Phoenix" Rhyton
清 18/19 世纪 Qing,18th/19th Century C 佳士得
2012-11-6 Lot12 H 14.2cm
估价：GBP 50,000-80,000
成交价：GBP145,250

白玉龙纹觥
A Carved White Jade Dragon Wine Vessel
清 Qing BH 北京翰海
2012-5-27 Lot2409 H 10.2cm
估价：RMB 250,000-350,000
成交价：RMB322,000

青白玉带皮雕瑞兽纹觥
A Pale Celadon and Russet Jade Rhyton
明末 - 清初 Late Ming-Early Qing C 佳士得
2012-11-6 Lot14 L 14cm
估价：GBP 30,000-50,000
成交价：GBP34,850

白玉兽面纹觥
A Carved White Jade "Gong" With Beast Mask Design
清 Qing BH 北京翰海
2012-5-27 Lot2062 H 11.2cm
估价：RMB 120,000-160,000
成交价：RMB138,000

御题诗白玉仿汉龙尾觥
A Rare Imperial Inscribed White Jade Dragon-Tail-Shaped Vase,Gong
乾隆 Qianlong BP 北京保利
2012-6-5 Lot6190 L 17cm
估价：RMB 5,500,000-8,500,000
成交价：RMB6,325,000

青白玉仿古饕餮纹觥
A Small Pale Celadon Jade Pouring Vessel，Guang
晚明 - 清初 Late Ming-Early Qing C 佳士得
2012-11-6 Lot318 W 10.8cm
估价：GBP 4,000-6,000
成交价：GBP5,000

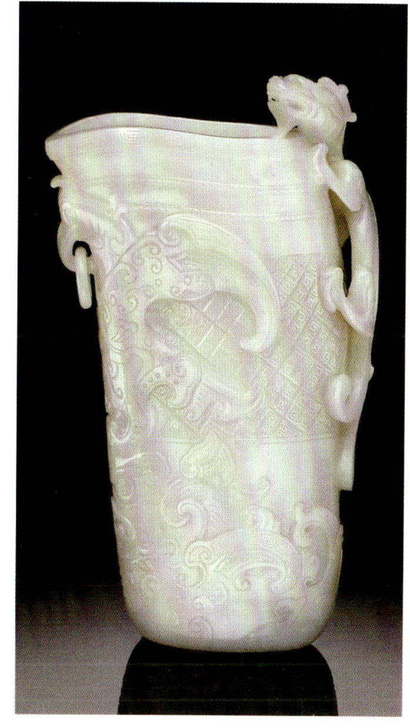

白玉龙凤呈祥纹觥
An Unusual Tall Pale Greenish-White Jade Archaistic Rhyton
清 Qing C 佳士得
2012-9-13 Lot1088 H 20.6cm
估价：USD 70,000-100,000
成交价：USD170,500

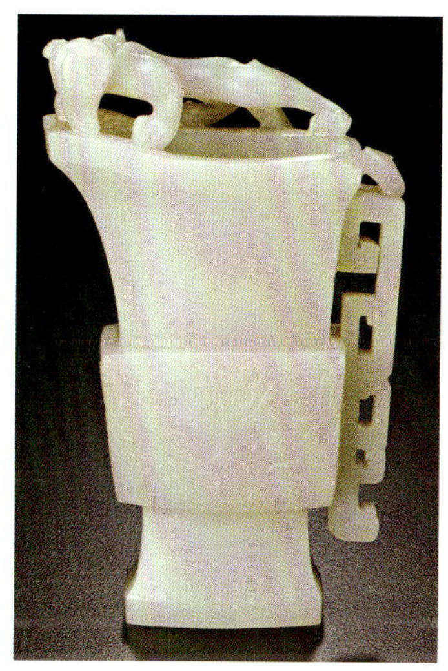

青白玉雕仿古饕餮螭龙纹觥
A Small Pale Celadon Jade Archaistic Rhyton
清 Qing S 苏富比
2012-3-20 Lot203 H 11.1cm
估价：USD 7,000-9,000
成交价：USD28,125

青玉带皮仿古龙纹觥
A Greyish-Green Jade "Archaistic Dragon" Libation Vessel Rhyton
明 Ming Dynasty BO 邦瀚斯
2012-12-4 Lot211 H 12.3cm
估价：HKD 250,000-500,000
成交价：HKD980,000

碧玉雕仿古龙凤纹爵杯（一对）
An Exquisite Pair of Spinach-Jade Archaistic "Dragon and Phoenix" Vessels,Jue
乾隆 Qianlong BP 北京保利
2012-12-5 Lot5775 H 12.5cm
估价：RMB 2,200,000-3,200,000
成交价：RMB3,105,000

青玉俏色螭龙纹觥
民国 Republic Period BP 北京保利
2012-10-24 Lot872 H 12.5cm
估价：RMB 12,000-25,000
成交价：RMB13,800

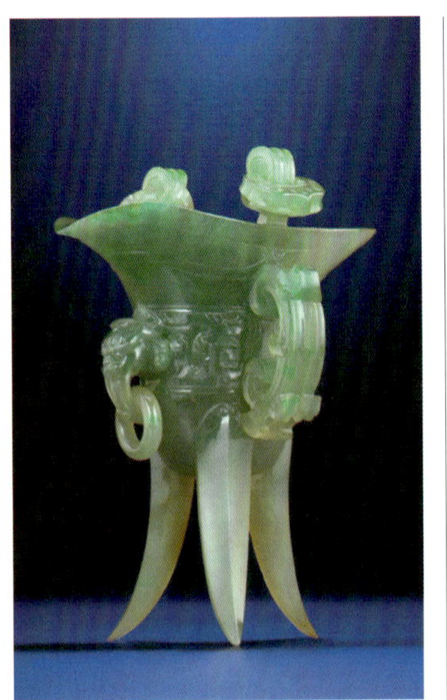

翠玉雕兽面纹爵
A Fine and Rare Carved Jadeite Archaistic Wine Cup,Jue
晚清 Late Qing C 佳士得
2012-5-30 Lot4276 H 16.4cm
估价：HKD 1,800,000-2,200,000
成交价：HKD9,020,000
2012 Chinese Art Auction TOP10 中国玉器拍卖器皿类十大排行榜 Top 8

碧玉英雄合卺杯
A Spinach-Green Jade "Champion" Vase and Cover
乾隆 Qianlong C 佳士得
2012-5-15 Lot186 H 18.5cm
估价：GBP 15,000-20,000
成交价：GBP22,500

玉雕灵芝杯
清 Qing BP 北京保利
2012-4-23 Lot2168 W 10.5cm
估价：无底价
成交价：RMB 28,750

白玉雕“喜鹊登梅”纹花口洗
A Carved “Magpies on Prumus Branches” White Jade Shallow Brushwasher
乾隆 Qianlong GD 中国嘉德
2012-5-14 Lot3450 D 16cm
估价：RMB 1,500,000-2,000,000
成交价：RMB1,725,000

黑白玉仿古兽面纹觥
A Nice Dark-White Jade Vase
明 Ming BP 北京保利
2012-6-7 Lot7619 H 14cm
估价：RMB 200,000-300,000
成交价：RMB 230,000

玉雕布币形水洗
A Jade Bu-Form Brushwasher
清 Qing GD 中国嘉德
2012-10-29 Lot4059 L 12cm
估价：RMB 60,000-80,000
成交价：RMB207,000

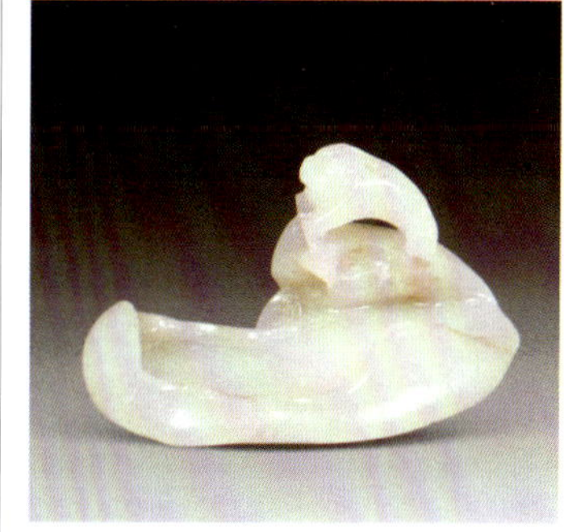

白玉荷塘洗
A White Jade Brushwasher
清 Qing GD 中国嘉德
2012-9-16 Lot2938 L 5.8cm
估价：无底价
成交价：RMB5,750

瞿利军 喜事连至 白玉笔洗
Qu Lijun A White Jade Brush Washer with Lotus Patterns
年代不详 Unknown XLA 西泠印社
2012-10-21 Lot1 105×58×37mm；W 127g
估价：无底价
成交价：RMB40250

白玉浮雕八宝纹洗
A Fine White Jade Relief Carved Waterpot
乾隆 Qianlong KS 北京匡时
2012-6-4 Lot1359 D 20.5cm
估价：RMB 1,200,000-1,500,000
成交价：RMB1,552,500

白玉桃耳洗
A White Jade Brushwasher
清 Qing GD 中国嘉德
2012-6-16 Lot3461 L 17.5cm
估价：RMB 5,000-8,000
成交价：RMB12,650

白玉雕福寿葫芦形笔洗
A Fine and Rare White Jade Carved Gourd-Shape Washer
乾隆 Qianlong KS 北京匡时
2012-12-5 Lot1986 L 12.5cm
估价：RMB 600,000-700,000
成交价：RMB690,000

白玉雕飞龙耳衔环洗
A Fine Carved White Jade Washer
乾隆 Qianlong BD 北京东正
2012-10-31 Lot230 L 25.5cm
估价：RMB 3,500,000-4,500,000
成交价：RMB4,370,000

白玉雕福寿纹龙耳衔环洗
A Carved White Jade Washer with Gragon Ears
清中期 Mid Qing BD 北京东正
2012-5-11 Lot175 L 25 cm
估价：RMB 200,000-300,000
成交价：RMB333,500

白玉雕兽面纹葵口洗
A Carved White Jade Begonia-Shaped Brushwasher
乾隆 Qianlong BD 北京东正
2012-5-11 Lot72 L 12.3 cm
估价：RMB 1,200,000-1,300,000
成交价：RMB1,840,000

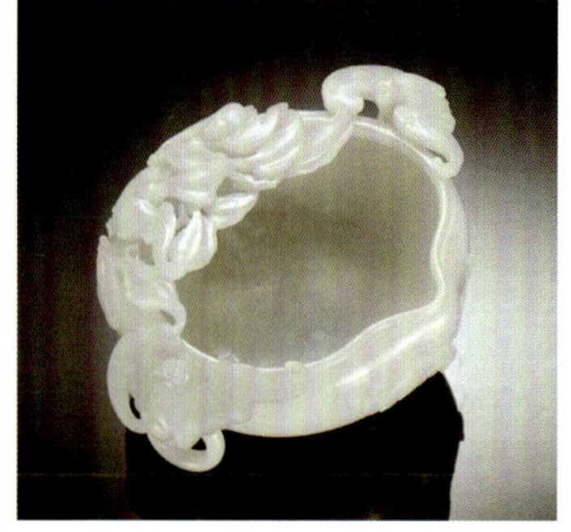

白玉雕五福捧寿纹桃形洗
A Fine White Jade Peach-Shaped Tripodia Brush Washer
乾隆 Qianlong BD 北京东正
2012-5-11 Lot82 L 21.3 cm
估价：RMB 2,500,000-3,000,000
成交价：RMB4,370,000

瞿利军 何等自在 白玉笔洗
Qu Lijun A White Jade Brush Washer,Fish
年代不详 Unknown XLA 西泠印社
2012-7-7 Lot1933 100×58×15mm；W 58g
估价：无底价
成交价：RMB20,700

白玉飞龙耳洗
A Very Rare and Nice White Jade Washer with Dragon Ears
清中期 Mid Qing BP 北京保利
2012-6-7 Lot7611 W 24cm
估价：RMB 1,300,000-2,300,000
成交价：RMB 1,725,000

白玉嵌百宝桃耳洗
A White Jade Brushwasher
年代不详 Unknown GD 中国嘉德
2012-6-16 Lot3431 L 20.5cm
估价：无底价
成交价：RMB25,300

瞿利军 幽栖 白玉笔洗
Qu Lijun A Brush Washer with Flower and Bird Patterns
年代不详 Unknown XLA 西泠印社
2012-10-21 Lot21 95×65×20mm；W 71.9g
估价：无底价
成交价：RMB17250

白玉福寿桃形水洗
A Nice White Jade Peach-Shaped Washer
雍正 Yongzheng BP 北京保利
2012-6-7 Lot7564 L 11.5cm
估价：RMB 100,000-150,000
成交价：RMB 115,000

白玉螭龙花卉洗
A Fine White Jade "Floral" Washer
明 Ming BP 北京保利
2012-6-7 Lot7606 W 17.5cm
估价：RMB 350,000-550,000
成交价：RMB 414,000

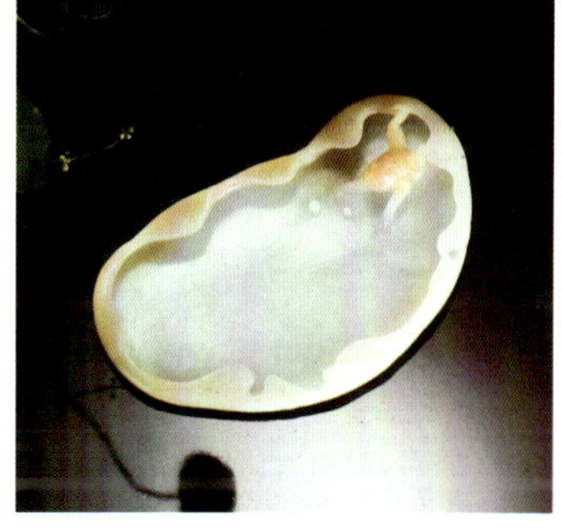

瞿利军 鸣蛙 白玉笔洗
Qu Lijun A White Jade Brush Holder,Frog
年代不详 Unknown XLA 西泠印社
2012-7-7 Lot1934 145×90×15mm；W 114.8g
估价：无底价
成交价：RMB20,700

白玉螭龙仿古方洗
A Fine and Nice White Jade "Chi-Dragon" Square Washer
清中期 Mid Qing　BP 北京保利
2012-6-7 Lot7624 W 12.5cm
估价：RMB 500,000-800,000
成交价：RMB 782,000

白玉花卉耳洗
清 Qing BP 北京保利
2012-10-25 Lot1401 W 11.5cm
估价：RMB 50,000-80,000
成交价：RMB 57,500

白玉带皮活环石榴形洗
A Rare White Jade Pomegranate-Shaped Washer
乾隆 Qianlong BP 北京保利
2012-12-5 Lot5702 L 15cm
估价：RMB 300,000-500,000
成交价：RMB2,817,500

白玉四兽头洗
乾隆 Qianlong BP 北京保利
2012-4-22 Lot1459 W 18cm
估价：RMB 400,000-600,000
成交价：RMB460,000

白玉瓜虫洗
A Fine and Nice White Jade "Gourd" Washer
乾隆 Qianlong BP 北京保利
2012-6-7 Lot7625 L 24.5cm
估价：RMB 450,000-650,000
成交价：RMB 517,500

白玉蟠螭葫芦洗
A Fine White Jade "Chi-Dragon" Washer
乾隆 Qianlong BP 北京保利
2012-6-7 Lot7630 L 16cm
估价：RMB 1,000,000-1,500,000
成交价：RMB 1,150,000

白玉八菱如意洗
A Very Rare White Jade Ruyi-Shaped Washer
乾隆 Qianlong BP 北京保利
2012-12-5 Lot5709 L 18cm
估价：RMB 1,000,000-1,500,000
成交价：RMB2,415,000

白玉单柄素身小洗
A White Jade Brush Washer
清中期 Mid Qing BP 北京保利
2012-12-7 Lot7432 L 9.3cm
估价：RMB 30,000-50,000
成交价：RMB74,750

白玉海螺形洗
A White Jade Brushwasher In The Form of A Conch Shell
清嘉庆 Qing S 苏富比
2012-11-7 Lot249 15.3cm
估价：GBP 40,000-60,000
成交价：GBP43,250

白玉螳螂花形洗
A White Jade “Floral” Brushwasher
清 19 世纪 Qing,19th Century S 苏富比
2012-11-7 Lot385 13cm
估价：GBP 5,000-8,000
成交价：GBP6,250

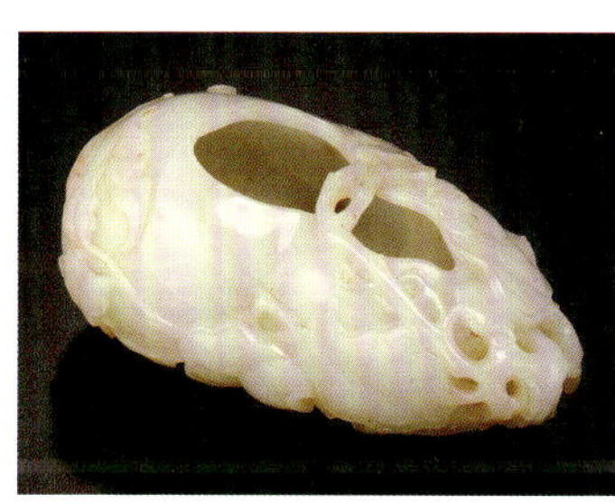

白玉雕福禄寿纹笔洗
A White Jade Brushwasher
清 18 世纪 Qing, 18th Century S 苏富比
2012-9-12 Lot351 L 15.6cm
估价：USD 6,000-8,000
成交价：USD40,000

白玉圆笔洗
A White Jade Brushwasher
清 19 世纪 19th Century S 苏富比
2012-4-4 Lot177 D 13.6cm
估价：HKD 300,000-400,000
成交价：HKD1,820,000

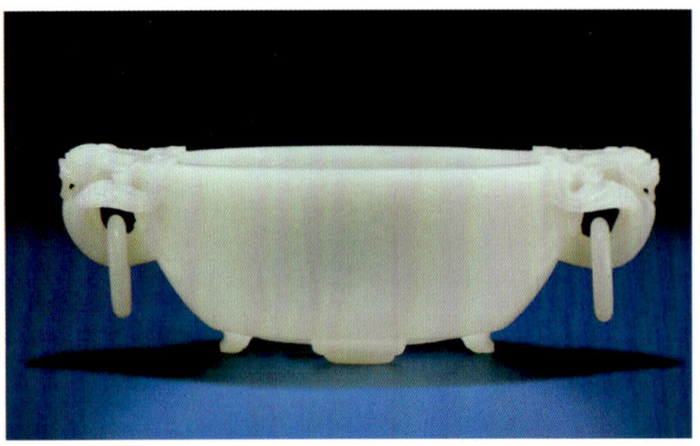

白玉双龙活环耳洗
A Finely Carved White Jade Marriage Bowl
乾隆 Qianlong C 佳士得
2012-5-30 Lot3959 W 25.5cm
估价：HKD 3,000,000-4,000,000
成交价：HKD3,860,000

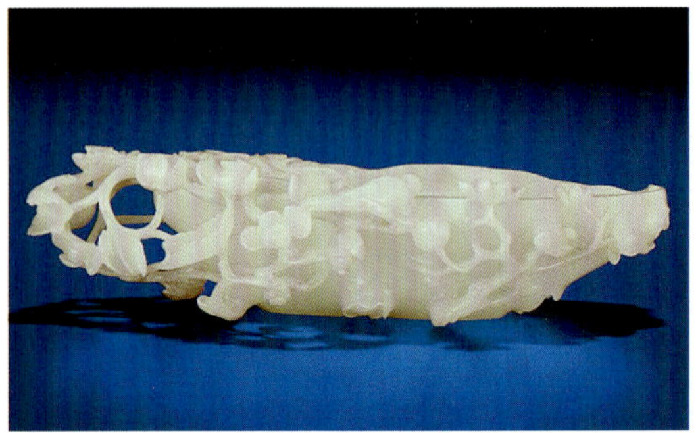

白玉镂雕花鸟纹洗
A Very Rare White Jade Washer
清 18 世纪 Qing,18th Century C 佳士得
2012-5-30 Lot4269 L 17.4cm
估价：HKD 1,200,000-1,500,000
成交价：HKD1,340,000

白玉雕八吉祥洗
A Carved White Jade "Bajixiang" Alms Bowl
清 18 世纪 Qing,18th Century C 佳士得
2012-11-28 Lot2127 D 14.3cm
估价：HKD 800,000-1,200,000
成交价：HKD2,420,000

白玉梅纹双连洗
A White Jade Shallow Brush Washer
清 19 世纪 Qing,19th Century C 佳士得
2012-3-22 Lot1836 L 13cm
估价：USD 7,000-9,000
成交价：USD17,500

白玉葵花式洗
A Small White Jade Lobed Oval Brush Washer
清 18 世纪 Qing,18th Century C 佳士得
2012-3-22 Lot1858 L 6cm
估价：USD 4,000-6,000
成交价：USD18,750

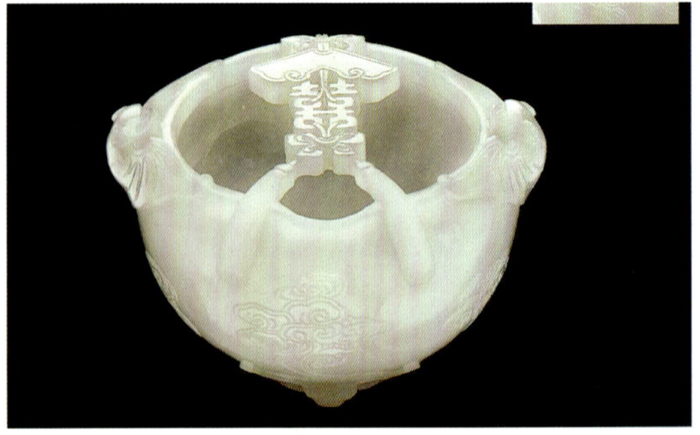

白玉福寿喜庆洗
A Rare Small White Jade Peach-Form Pouring Vessel
清乾隆 Qianlong C 佳士得
2012-3-22 Lot1885 W 9.8cm
估价：USD 60,000-80,000
成交价：USD146,500

白玉葫芦形洗
A Finely Carved White Jade "Double-Gourd" Brush Washer，Xi
乾隆 Qianlong C 佳士得
2012-11-6 Lot23 L 11.8cm
估价：GBP 20,000-30,000
成交价：GBP51,650

白玉海水龙凤呈祥洗
A Small White Jade Brush Washer
清 18-19 世纪 Qing,18th-19th Century C 佳士得
2012-11-6 Lot24 W 8.1cm
估价：GBP 30,000-50,000
成交价：GBP277,250

白玉荷叶形洗
A Large White Jade "Lotus Leaf" Brush Washer,Bixi
乾隆 Qianlong C 佳士得
2012-11-6 Lot27 L 21.2cm
估价：GBP 15,000-25,000
成交价：GBP46,850

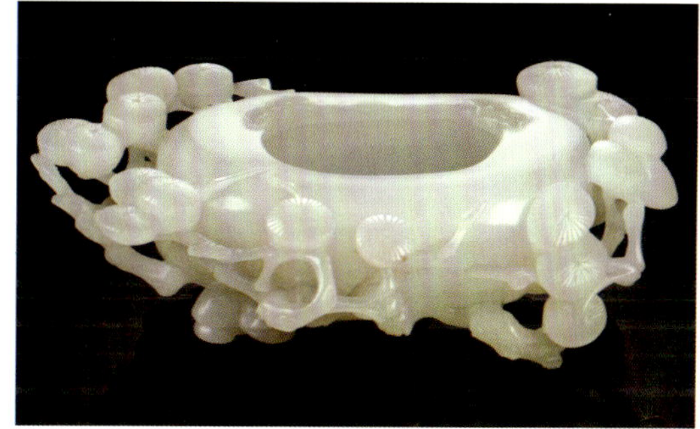

白玉松树纹洗
A White Jade Brush Washer, Xi
乾隆 Qianlong C 佳士得
2012-11-6 Lot28 W 14.5cm
估价：GBP 15,000-25,000
成交价：GBP39,650

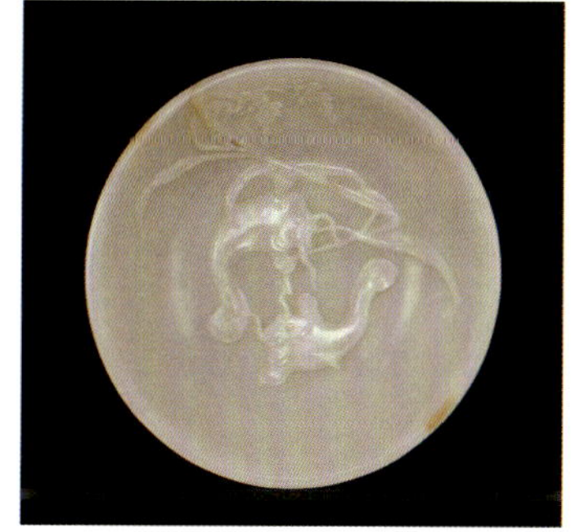

白玉年年有余洗
A White Jade "Twin Fish" Bowl
乾隆 Qianlong C 佳士得
2012-11-6 Lot146 D 13.7cm
估价：GBP 30,000-50,000
成交价：GBP91,250

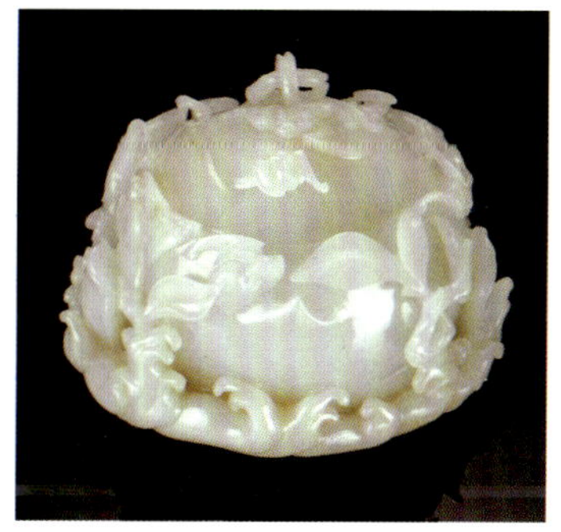

白玉雕年年有余福寿连盖洗
A Very Rare and Finely Carved White Jade Washer and Cover
乾隆 Qianlong BP 北京保利
2012-6-5 Lot6197 L 12cm
估价：RMB 1,200,000-2,200,000
成交价：RMB1,725,000

白玉灵芝瑞鹿洗
An Important and Very Fine White Jade Washer
清中期 Mid Qing BP 北京保利
2012-6-5 Lot6198 L 16cm
估价：RMB 2,200,000-4,200,000
成交价：RMB5,175,000

弦纹玉制笔洗
清早期 Early Qing BP 北京保利
2012-4-21 Lot59 W 7cm
估价：无底价
成交价：RMB 11,500

白玉莲托八宝水洗
嘉庆 Jiaqing BP 北京保利
2012-4-21 Lot62 D 15.5cm
估价：RMB 650,000-800,000
成交价：RMB 977,500

白玉福寿葫芦洗
清 Qing BP 北京保利
2012-4-21 Lot60 L 13cm
估价：无底价
成交价：RMB 69,000

白玉留皮荷花洗
清 Qing BP 北京保利
2012-10-24 Lot982 W 14cm
估价：无底价
成交价：RMB48,300

白玉留皮双寿洗
乾隆 Qianlong BP 北京保利
2012-10-24 Lot984 W 18cm
估价：RMB 400,000-600,000
成交价：RMB943,000

白玉花鸟洗
清 Qing BP 北京保利
2012-10-24 Lot988 W 7.5cm
估价：无底价
成交价：RMB28,750

白玉荷叶形水洗
清 Qing BP 北京保利
2012-4-23 Lot2039 L 9cm
估价：无底价
成交价：RMB 23,000

白玉鹤纹水洗
年代不详 Unknown BP 北京保利
2012-4-23 Lot2157 W 15.5cm
估价：无底价
成交价：RMB 20,700

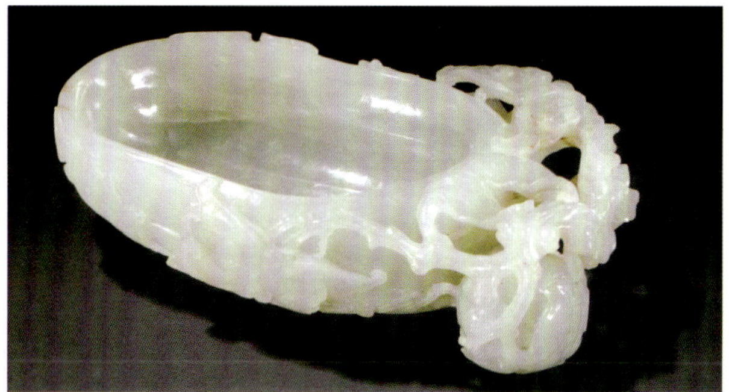

白玉瓜蝶洗
A Carved White Jade Brush Washer with Melon and Butterfly Design
清中期 Mid Qing BH 北京翰海
2012-5-27 Lot2036 L 14cm
估价：RMB 150,000-180,000
成交价：RMB184,000

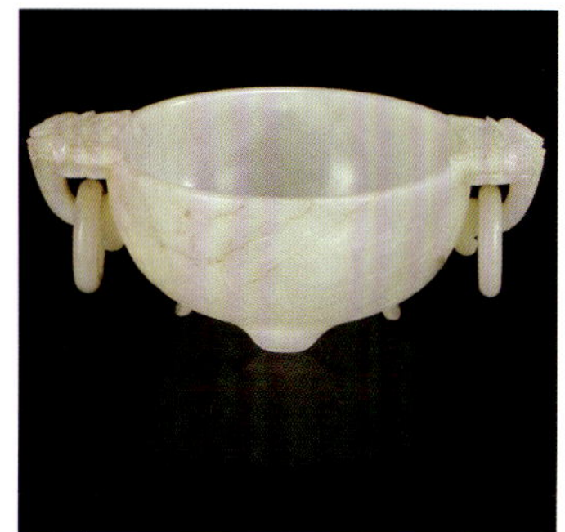

白玉雕荷塘鸳鸯活环洗
A White and Russet Jade "Mandarin Ducks" Brushwasher
明 Ming Dynasty BO 邦瀚斯
2012-12-5 Lot212 W 22.9cm
估价：HKD 250,000-500,000
成交价：HKD437,500

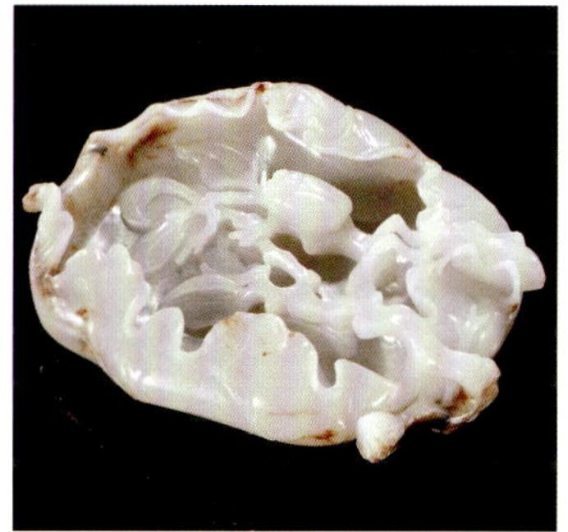

白玉荷叶草虫洗
A Carved White Jade Lotus Leaf Shaped Brush Washer
清 Qing BH 北京翰海
2012-12-8 Lot2145 L 16cm
估价：RMB 80,000-90,000
成交价：RMB97,750

白玉留皮喜上梅梢水洗
清 Qing BP 北京保利
2012-4-23 Lot2144 W 8cm
估价：RMB 10,000-20,000
成交价：RMB 13,800

玉雕桃形笔洗
年代不详 Unknown BH 北京翰海
2012-9-28 Lot1624 L 11cm
估价：RMB 25,000-25,000
成交价：RMB28,750

白玉灵芝洗
A Carved White Jade Brush Washer
清中期 Mid Qing BH 北京翰海
2012-5-27 Lot2038 L 9.3cm
估价：RMB 300,000-400,000
成交价：RMB414,000

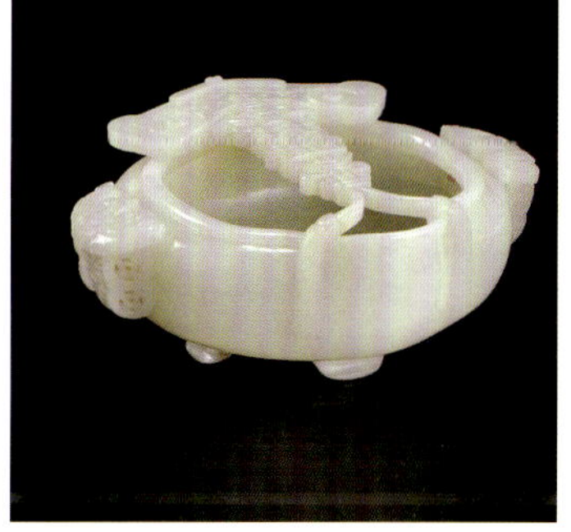

白玉福寿喜庆笔洗
A White Jade "Marriage Bowl"
乾隆 Qianlong BO 邦瀚斯
2012-12-7 Lot214 H 18.6cm
估价：HKD 1,200,000-1,500,000
成交价：HKD2,300,000

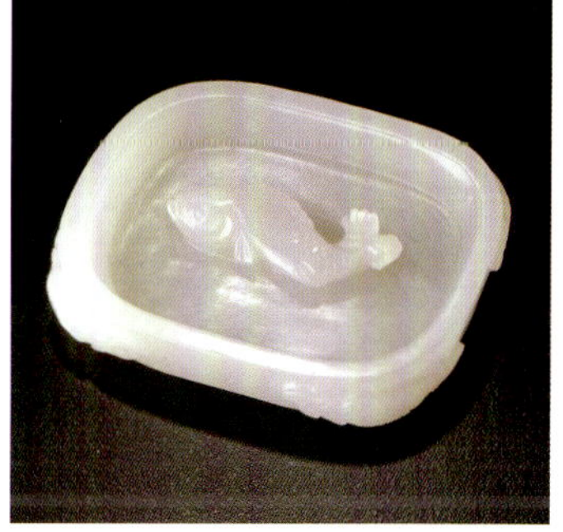

白玉雕年年有余笔洗
A White Jade Brushwasher
清 18 世纪 18th Century S 苏富比
2012-3-20 Lot225 W 6.4cm
估价：USD 6,000-8,000
成交价：USD28,125

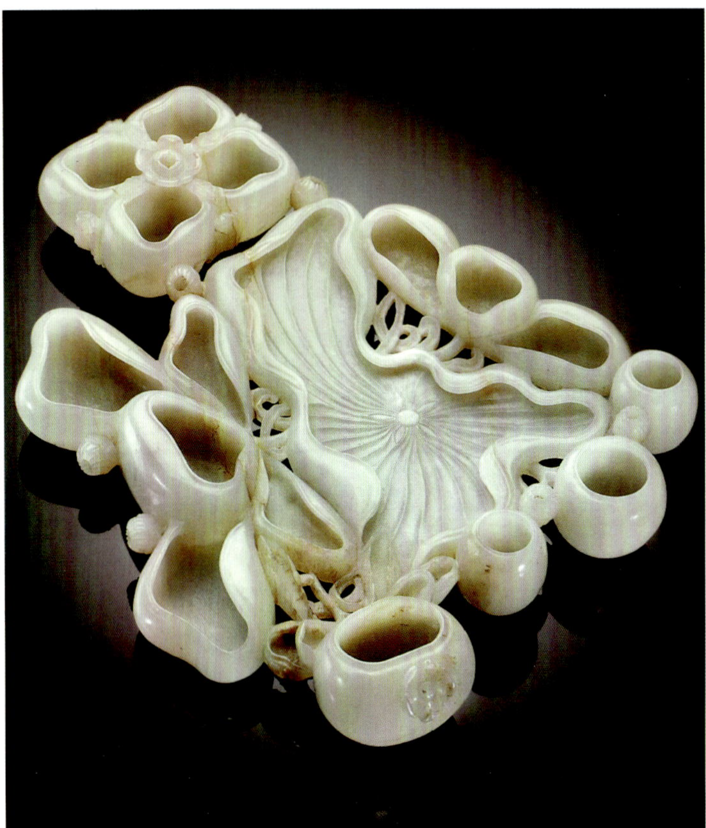

青白玉年年和谐洗
An Unusual Pale Greenish-White Jade Brush Washer
清 19 世纪 Qing,19th Century C 佳士得
2012-3-22 Lot1955 L 25.5cm
估价：USD 20,000-30,000
成交价：USD25,000

青白玉螭龙纹洗一件
A Pale Celadon Jade Brush Washer
18/19 世纪 18/19th Century C 佳士得
2012-5-18 Lot1275 W 14.5cm
估价：GBP 20,000-30,000
成交价：GBP32,450

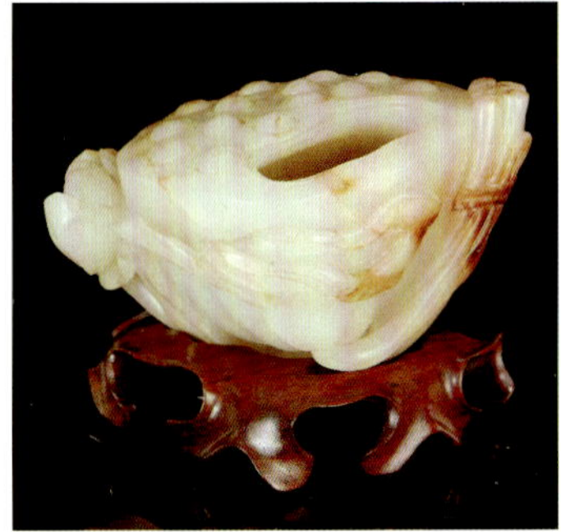

黄白玉雕莲蓬形洗一件
A Pale Celadon and Russet Jade "Lotus Pod" Brush Washer
18-19 世纪 18-19th Century C 佳士得
2012-5-18 Lot1113 W 10.8cm
估价：GBP 5,000-8,000
成交价：GBP32,450

青白玉海水螭龙纹洗
A Pale Greenish-White and Russet Jade Brush Washer
清 18-19 世纪 18-19th Century C 佳士得
2012-9-13 Lot1018 L 10.9cm
估价：USD 6,000-8,000
成交价：USD7,500

青白玉福寿双全洗
A Pale Greenish-White Jade Peach-Form Pouring Vessel
清 18 世纪 Qing,18th Century C 佳士得
2012-3-22 Lot1920 W 12.5cm
估价：USD 20,000-30,000
成交价：USD68,500

青白玉荷叶式洗
A White Jade "Lotus Leaf" Libation Vessel
清中期 Mid Qing Dynasty BO 邦瀚斯
2012-12-6 Lot213 W 17.9cm
估价：HKD 150,000-250,000
成交价：HKD275,000

青白玉仿古瑞兽纹菱形洗
A Pale Celadon Jade "Double Lozenge" Brush Washer,Xi
乾隆 Qianlong C 佳士得
2012-5-15 Lot164 W 15.2cm
估价：GBP 20,000-30,000
成交价：GBP37,250

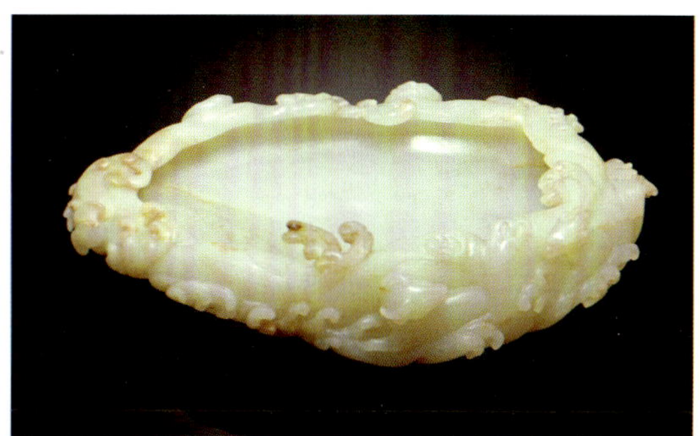

青白玉瑞兽波涛纹洗
A Pale Celadon Jade Brush Washer,Xi
清 18 世纪 Qing,18th Century C 佳士得
2012-5-15 Lot184 L 15.7cm
估价：GBP 15,000-20,000
成交价：GBP91,250

青白玉卧羊式笔洗
A Pale Celadon Jade "Ram" Brush Washer,Bixi
晚明 - 清初 Late Ming-Early Qing C 佳士得
2012-11-6 Lot154 L 15.6cm
估价：GBP 10,000-15,000
成交价：GBP12,500

青白玉雕苍龙教子笔洗
A Pale White Jade Washer with Design of Dragon
明 Ming SUN 中贸圣佳
2012-7-22 Lot1702 L 16cm
估价：RMB 380,000-400,000
成交价：RMB667,000

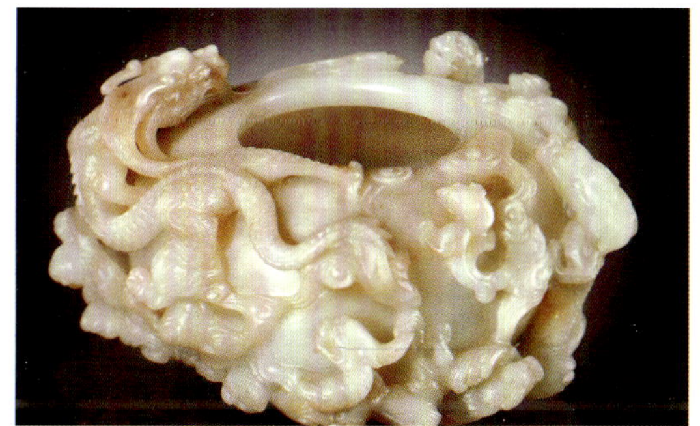

青白玉雕九龙纹洗
A Rare Pale Greenish-White Jade "Nine-Dragon" Brush Washer
清 18 世纪 Qing,18th Century C 佳士得
2012-3-22 Lot1862 W 15.2cm
估价：USD 200,000-300,000
成交价：USD242,500

青玉叶形洗
A Pale Greenish-White and Russet Jade Brush Washer
清 18-19 世纪 Qing,18th-19th Century C 佳士得
2012-3-22 Lot1890 L 20cm
估价：USD 6,000-8,000
成交价：USD17,500

翠玉笔洗两件
Two Jadeite Brushwasherslate
清 Qing S 苏富比
2012-3-20 Lot232 11.4cm
估价：USD 6,000-8,000
成交价：USD7,500

青玉雕荷花洗
A Yellow Jade "Lotus Pod" Washer
清 18 世纪 Qing,18th Century C 佳士得
2012-11-9 Lot1147 W 7.9cm
估价：GBP 8,000-10,000
成交价：GBP61,250

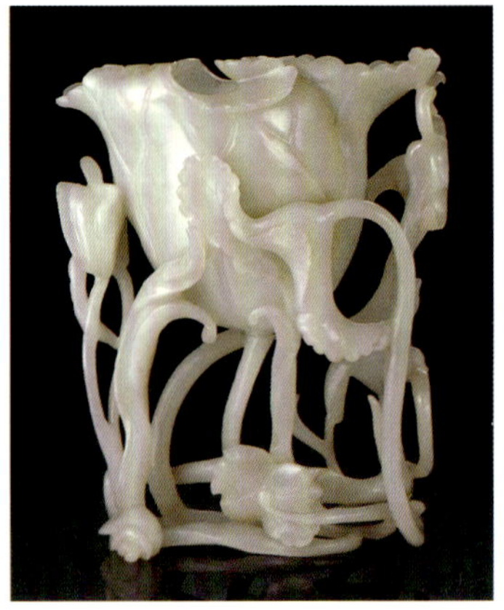

青玉荷叶形洗
A Tall Celadon Jade Lotus Vase
乾隆 Qianlong C 佳士得
2012-11-6 Lot26 H 14.6cm
估价：GBP 50,000-80,000
成交价：GBP85,250

青白玉盘螭洗
清 Qing BP 北京保利
2012-8-11 Lot908 W 13cm
估价：无底价
成交价：RMB103,500

青白玉盘螭洗
清 Qing BP 北京保利
2012-10-24 Lot992 W 14cm
估价：RMB 50,000-80,000
成交价：RMB109,250

青玉镂雕秋荷白鹭洗
A Greenish-Grey Jade Lotus Leaf-form Water Vessel
年代不详 Unknow C 佳士得
2012-3-22 Lot1887 L 19.8cm
估价：USD 4,000-6,000
成交价：USD4,375

青白玉荷叶形洗
A Lotus-Form Greenish-White Jade Washer
清 Qing GD 中国嘉德
2012-5-14 Lot3522 L 16cm
估价：RMB 80,000-120,000
成交价：RMB92,000

青白玉葫芦洗、青白玉螭耳杯各一件
A Celadon Jade Brushwasher and A Celadon Jade Cup
年代不详 Unknown GD 中国嘉德
2012-9-16 Lot3290 L 10.5cm；L 12.8cm
估价：无底价
成交价：RMB36,800

青白玉福山寿海洗
A Celadon Jade Brushwasher
清 Qing GD 中国嘉德
2012-6-16 Lot3620 L 14.5cm
估价：RMB 24,000-34,000
成交价：RMB27,600

青白玉福寿纹水洗
A Delicate Pale Celadon Jade Wash Carved with Auspicious Design
清 Qing XLA 西泠印社
2012-7-9 Lot2653 带座 H 3.8cm；D 14.8cm
估价：RMB 120,000-130,000
成交价：RMB138,000

青白玉螭龙柄蟠桃形洗、“苍龙教子”玉带钩两件及螭龙纹玉佩
A Small Pale Celadon Jade "Chilong" Brushwasher
17-18 世纪 17-18th Century S 苏富比
2012-11-7 Lot384 10.8cm（最大）
估价：GBP 4,000-6,000
成交价：GBP18,750

青白玉雕梅花灵芝洗
A Fine Carved White Jade Brush Washer
清中期 Mid Qing BP 北京保利
2012-12-6 Lot6226 L 13.5cm
估价：RMB 45,000-65,000
成交价：RMB322,000

青白玉雕梅花洗
A Fine Greenish-White Jade Washer
明 Ming BP 北京保利
2012-6-7 Lot7563 L 14.5cm
估价：RMB 80,000-120,000
成交价：RMB 92,000

青白玉荷叶形洗
A Carved Jade "Lotus" Brushwasher
清 18-19 世纪 Qing,18-19th Century S 苏富比
2012-11-7 Lot388 L 17.8cm
估价：GBP 8,000-12,000
成交价：GBP10,000

青白玉雕龟形笔洗
A Pale Celadon Jade Brushwasher
清 18-19 世纪 Qing,18-19th Century S 苏富比
2012-9-12 Lot345 L 15.2cm
估价：USD 8,000-12,000
成交价：USD10,625

青玉洗（两件）
Two Celadon Jade Brushwashers
年代不详 Unknown GD 中国嘉德
2012-6-16 Lot3619 L 11.5cm；D 5.7cm
估价：RMB 3,000-5,000
成交价：RMB3,450

青玉洗
A Celadon Jade Brushwasher
清 Qing GD 中国嘉德
2012-6-16 Lot3528 L 9.7cm
估价：无底价
成交价：RMB4,600

青玉留皮荷叶洗、青玉花鸟纹盒、青白玉瑞兽钮章各一件
A Celadon Jade Brushwasher A Celadon Jade Box and A Celadon Jade Seal
年代不详 Unknown GD 中国嘉德
2012-6-16 Lot3898 L 14.1cm；L 8.4cm；H 10.3cm
估价：无底价
成交价：RMB8,050

青玉螭龙洗
A Celadon Jade Brushwasher
年代不详 Unknown GD 中国嘉德
2012-6-16 Lot3903 L 34.5cm
估价：无底价
成交价：RMB4,600

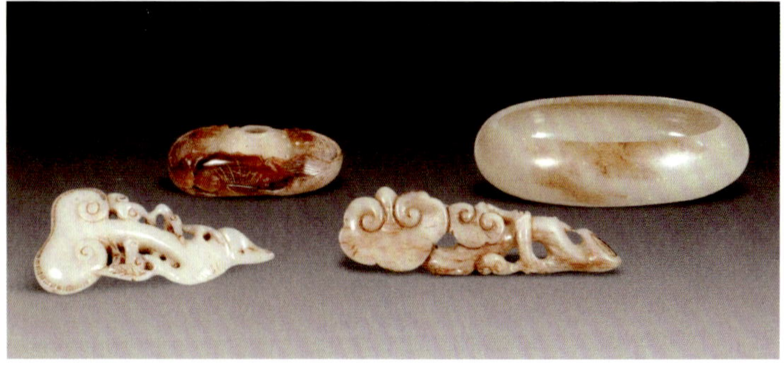

青玉洗、如意各两件
Two Celadon Jade Brushwashers and Two Jade Ruyis
年代不详 Unknown GD 中国嘉德
2012-6-16 Lot3939 尺寸不一
估价：无底价
成交价：RMB1,150

青玉鱼藻纹洗
A Celadon Jade Brushwasher
年代不详 Unknown GD 中国嘉德
2012-6-16 Lot3946 L 17.8cm
估价：无底价
成交价：RMB4,600

青玉束莲笔洗
A Celadon Jade "Lotus" Washer
清 18 世纪 Qing, 18th Century S 苏富比
2012-9-12 Lot319 L 23.5cm
估价：USD 20,000-30,000
成交价：USD20,000

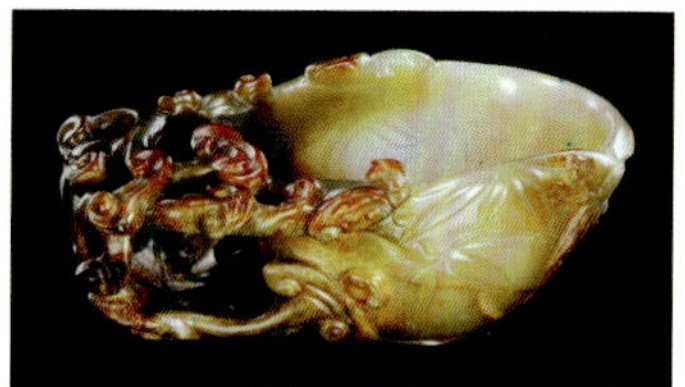

青玉留皮灵芝洗
A Green Jade Brushwasher
清 Qing GD 中国嘉德
2012-10-29 Lot4046 W 13.8cm
估价：RMB 30,000-50,000
成交价：RMB34,500

碧玉海棠式双活环耳洗（一对）
A Pair of Flower-Form Jasper Washers
嘉庆 Jiaqing GD 中国嘉德
2012-5-14 Lot3529 W 22cm
估价：RMB 180,000-280,000
成交价：RMB207,000

碧玉河蟹洗
清早期 Early Qing BP 保利香港
2012-11-25 Lot714 W 17cm
估价：HKD 250,000-350,000
成交价：HKD299,000

碧玉雕松鹤同春洗
A Finely Carved Spinach-Green Jade Water Pot
清 18-19 世纪 Qing,18th-19th Century C 佳士得
2012-11-28 Lot2380 L 13cm
估价：HKD 120,000-180,000
成交价：HKD125,000

碧玉雕八吉祥铺首耳水洗
A Carved Celadon Jade Brush Washer
清 Qing BH 北京翰海
2012-12-8 Lot2151 L 29cm
估价：RMB 280,000-300,000
成交价：RMB322,000

翠玉灵蛙荷叶洗
A Small Mottled Green Jadeite Lotus-Leaf Brush Washer
年代不详 Unknow C 佳士得
2012-3-22 Lot1947 L 10.2cm
估价：USD 6,000-8,000
成交价：USD52,500

褐青玉玉兰形洗
A Celadon and Russet Jade "Magnolia" Brush Washer
明末 - 清初 Late Ming-Early Qing C 佳士得
2012-5-15 Lot12 W 19cm
估价：GBP 10,000-15,000
成交价：GBP27,500

旧玉桃形洗
A Carved Old Jade Peach Shaped Brush Washer
明 Ming BH 北京翰海
2012-5-27 Lot2042 L 14.5cm
估价：RMB 30,000-50,000
成交价：RMB34,500

黄玉双龙戏珠洗
An Extremely Rare And Nicely Carved Yellow Jade "Two Dragon Chasing Pearl" Washer
乾隆 Qianlong BP 北京保利
2012-6-5 Lot6187 L 14.5cm
估价：RMB 2,200,000-3,200,000
成交价：RMB4,715,000

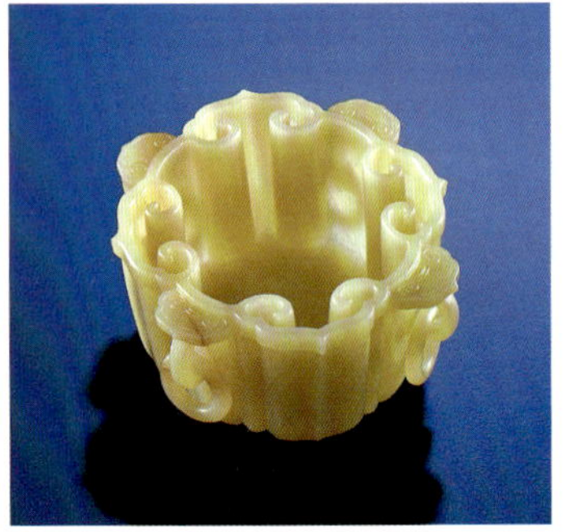

黄玉如意活环耳洗
A Rare and Finely Carved Yellow Jade Lobed Washer
乾隆 Qianlong C 佳士得
2012-11-28 Lot2187 W 11.8cm
估价：HKD 1,000,000-1,500,000
成交价：HKD2,300,000

墨玉花卉纹水洗
A Carved Black Jade Brush Washer with Flower Design
清中期 Mid Qing BH 北京翰海
2012-12-8 Lot2148 D 13cm
估价：RMB 120,000-130,000
成交价：RMB138,000

卢开飞 荷塘清趣 黄玉笔洗
Lu Kaifei A Yellow Jade Brush Washer,Lotus Pond
年代不详 Unknown XLA 西泠印社
2012-7-7 Lot2039 120×105×37mm；W 255g
估价：RMB 320,000-380,000
成交价：RMB368,000

白玉花形寿字杯托
清中期 Mid Qing BP 北京保利
2012-4-22 Lot1461 W 15cm
估价：RMB 50,000-80,000
成交价：RMB86,250

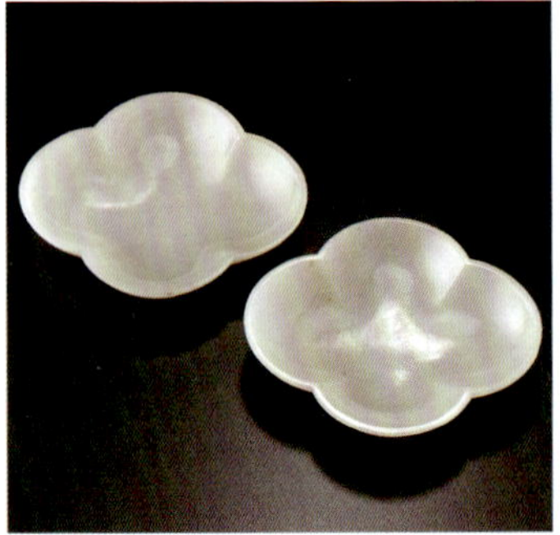

白玉海棠式碟（一对）
A Pair of Small Lobed White Jade Dishes
清 18 世纪 Qing, 18th Century S 苏富比
2012-9-12 Lot320 L 8.9cm
估价：USD 5,000-7,000
成交价：USD8,125

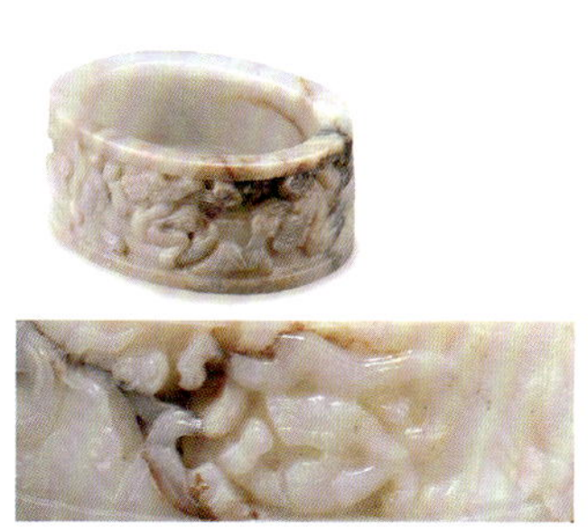

玉雕四龙洗
明代以前 Before Ming BSA 古天一
2012-12-2 Lot1106 H 3.6cm；L 9.5cm
估价：RMB 200,000-300,000
成交价：RMB230,000

白玉“年年丰余”图盘（一对）
A Pair of White Jade “Catfish” Dishes
清 18 世纪 Qing,18th Century S 苏富比
2012-5-16 Lot1 D16.7cm × 2
估价：GBP 30,000-50,000
成交价：GBP43,250

俞艇 青玉薄胎香草纹小碟（一对）
Yu Ting A Pair of Celadon Jade Dishes with Vanilla Pattern
年代不详 Unknown XLA 西泠印社
2012-7-7 Lot2007 71mm × 21mm × 2
估价：RMB 80,000-120,000
成交价：RMB149,500

白玉盘
A White Jade Dish
清 Qing GD 中国嘉德
2012-5-14 Lot3429 D 14.3cm
估价：RMB 15,000-25,000
成交价：RMB36,800

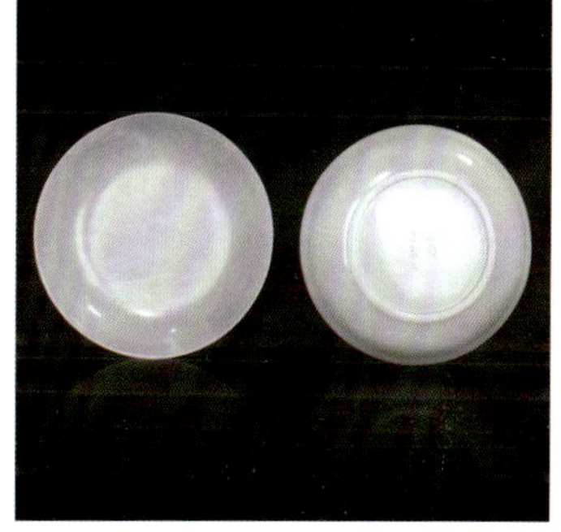

白玉盘（一对）
A Pair of White Jade Dishes
嘉庆 Jiaqing GD 中国嘉德
2012-10-29 Lot4056 D 14.2cm × 2
估价：RMB 600,000-800,000
成交价：RMB943,000

白玉素香盘
乾隆 Qianlong KS 北京匡时
2012-12-5 Lot1854 D 13.3cm
估价：RMB 380,000-450,000
成交价：RMB437,000

白玉雕香缘盘
A Pair of White Jade Bowls
乾隆 Qianlong BD 北京东正
2012-5-11 Lot89 D 10.8 cm
估价：RMB 800,000-1,000,000
成交价：RMB1,058,000

青白玉龙纹盘
A Celadon Jade Dish
清 Qing GD 中国嘉德
2012-6-16 Lot3463 D 13.8cm
估价：RMB 5,000-8,000
成交价：RMB8,050

青白玉盘
A Nice Greenish-White Jade Dish
清中期 Mid Qing BP 北京保利
2012-6-7 Lot7610 D 23.2cm
估价：RMB 150,000-200,000
成交价：RMB 276,000

青白玉葵瓣盘
A Carved Pale Celadon Jade "Mallow" Dish
清 19 世纪 Qing , 19th Centyry S 苏富比
2012-5-16 Lot215 17cm
估价：GBP 5,000-7,000
成交价：GBP8,750

白玉三多纹盘
A Small White Jade "Sanduo" Footed Dish
乾隆 Qianlong C 佳士得
2012-11-6 Lot29 D 12.2cm
估价：GBP 20,000-30,000
成交价：GBP39,650

白玉"寿"字花口盏托
A Pale Greenish-White Jade Bracket-Lobed Cup Stand
乾隆 - 嘉庆 Qianlong-Jiaqing C 佳士得
2012-9-13 Lot1068 12.2cm
估价：USD 12,000-18,000
成交价：USD18,750

白玉碗
A White Jade Bowl
乾隆 Qianlong GD 中国嘉德
2012-5-14 Lot3438 D 11.3cm
估价：RMB 150,000-250,000
成交价：RMB172,500

翠玉雕菊瓣纹盘
A Large Jadeite "Chrysanthemum" Dishlate
清 Qing S 苏富比
2012-3-20 Lot217 D 29.5cm
估价：USD 15,000-25,000
成交价：USD28,750

碧玉大盘
A Large Spinach Green Jade Dish
乾隆 Qianlong C 佳士得
2012-5-15 Lot135 D 38.5cm
估价：GBP 30,000-50,000
成交价：GBP37,250

碧玉雕岁寒三友盘
A Jasper Carved" Bamboo, Prunus and Pine" Dish
清 Qing GD 中国嘉德
2012-10-29 Lot4047 D 17cm
估价：RMB 60,000-80,000
成交价：RMB92,000

碧玉描金宫苑仕女折沿盘
A Gilt-Spinach-Green Jade Dish
乾隆 Qianlong BP 北京保利
2012-12-7 Lot7433 D 17.8cm
估价：RMB 100,000-200,000
成交价：RMB460,000

青白玉花蝶纹三龙耳盘（一对）
A Pair of Pale Greenish-White Jade Dishes
清 18 世纪 Qing,18th Century C 佳士得
2012-3-22 Lot1827 W 16.3cm × 2
估价：USD 60,000-80,000
成交价：USD206,500

青白玉盘（一对）
A Pair of Pale Greenish-White Jade Shallow Bowls
清 18/19 世纪 Qing,18th/19th Century C 佳士得
2012-3-22 Lot1904 D 15cm × 2
估价：USD 20,000-30,000
成交价：USD60,000

碧玉盘一对
A Pair of Spinach-Green Jade Dishes
乾隆 Qianlong C 佳士得
2012-11-6 Lot129 D 17cm × 2
估价：GBP 10,000-15,000
成交价：GBP12,500

玉缠枝纹倭角浅盘
A Carved Jade Dish
清中期 Mid Qing BH 北京翰海
2012-5-27 Lot2100 L 19cm
估价：RMB 40,000-60,000
成交价：RMB46,000

玉雕饕餮盖碗（一对）
A Pair of Jade Bowls and Covers
清 Qing GD 中国嘉德
2012-10-29 Lot4058 D 11.5cm × 2
估价：RMB 80,000-100,000
成交价：RMB109,250

白玉宫碗（一对）
A Rare Pair of White Jade Bowls
乾隆 Qianlong BC 北京诚轩
2012-10-28 Lot917 D 15cm × 2
估价：RMB 450,000-550,000
成交价：RMB943,000

白玉龙钮八宝纹盖碗
A Fine White Jade "Eight Immortals" Bowl and Cover
乾隆 Qianlong BP 北京保利
2012-6-7 Lot7633 H 8.5cm；D 11.7cm
估价：RMB 1,300,000-2,300,000
成交价：RMB 1,495,000

青玉花卉诗文碗
A Celadon Jade Bowl
年代不详 Unknown GD 中国嘉德
2012-9-16 Lot2931 D 22cm
估价：无底价
成交价：RMB10,350

白玉碗
A Fine White Jade Bowl
清 18 世纪 Qing,18th Century S 苏富比
2012-5-16 Lot32 11.7cm
估价：GBP 60,000-80,000
成交价：GBP73,250

白玉雕十二月花神碗
A Fine White Jade Carved Bowl
乾隆 Qianlong KS 北京匡时
2012-12-5 Lot1997 D 14.3cm
估价：RMB 400,000-450,000
成交价：RMB460,000

白玉菊瓣碗
A White Jade Bowl
年代不详 Unknown GD 中国嘉德
2012-6-16 Lot3624 D 11.5cm
估价：RMB 28,000-38,000
成交价：RMB32,200

白玉盌
A Fine Imperial White Jade Bowl
嘉庆 Jiaqing C 佳士得
2012-5-30 Lot3953 D 14.7cm
估价：HKD 500,000-700,000
成交价：HKD1,160,000

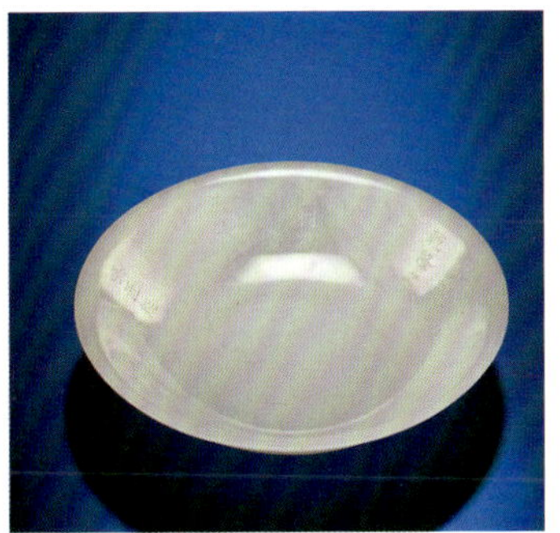

白玉刻御题诗盌
A Fine White Jade Bowl
乾隆 Qianglong C 佳士得
2012-5-30 Lot4203 D 14.4cm
估价：HKD 1,000,000-1,500,000
成交价：HKD860,000

白玉雕天伦图盌（一对）
A Magnificent Pair of Carved White Jade 'Chicken' Bowls
清 18 世纪 Qing,18th Century C 佳士得
2012-11-28 Lot2126 D 16.8cm × 2
估价：HKD 1,600,000-2,400,000
成交价：HKD12,420,000

2012 Chinese Art Auction TOP10 中国玉器拍卖器皿类十大排行榜 Top 5

白玉碗
当代 Modern GG 北京歌德
2012-12-1 Lot1136 D 13.5cm
估价：RMB 200,000-300,000
成交价：RMB575,000

白玉莲花纹盌
A White Jade Lotus Bowl
年代不详 Unknow C 佳士得
2012-5-15 Lot26 D 13.3cm
估价：GBP 25,000-30,000
成交价：GBP27,500

白玉碗
乾隆 Qianlong BP 北京保利
2012-10-24 Lot997 D 14.5cm
估价：RMB 30,000-40,000
成交价：RMB63,250

莲纹碗
An Unusual Mughal White Jade Circular Bowl
18-19 世纪 18-19th Century C 佳士得
2012-9-13 Lot1029 11.3cm
估价：USD 8,000-12,000
成交价：USD11,250

白玉碗
A White Jade Bowl
清 18-19 世纪 18-19th Century C 佳士得
2012-9-13 Lot1078 D 14.7cm
估价：USD 15,000-20,000
成交价：USD32,500

白玉蝶耳四方盖碗
A White Jade Square Bowl and Cover
乾隆 Qianlong BO 邦瀚斯
2012-12-8 Lot215 H 11.7cm
估价：HKD 600,000-900,000
成交价：HKD2,660,000

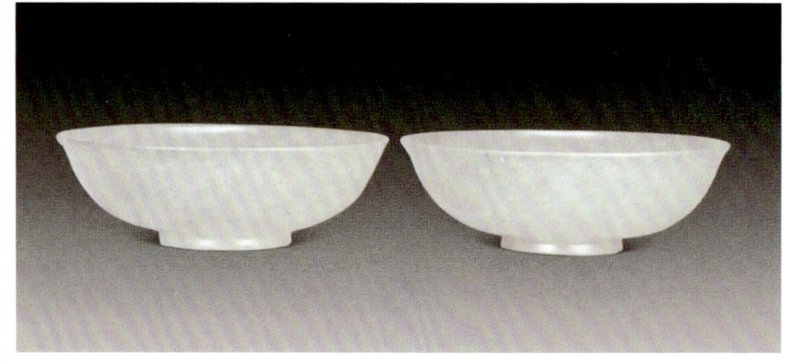

玉雕碗（一对）
清 Qing BP 北京保利
2012-4-23 Lot2121 D 10cm × 2
估价：无底价
成交价：RMB 17,250

青白玉描金穿花龙纹小盌
A Rare Gilt-Decorated Celadon Jade "Dragon" Bowl
乾隆 Qianlong C 佳士得
2012-5-30 Lot4314 D 9.4cm
估价：HKD 60,000-80,000
成交价：HKD162,500

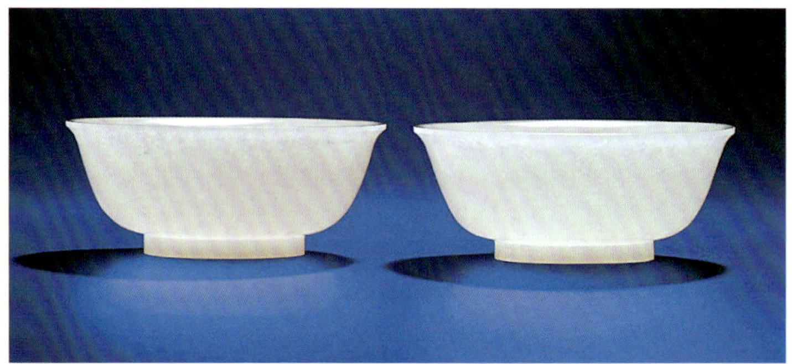

青白玉盌（一对）
A Pair of Pale Celadon Jade Bowls
清 18 世纪 Qing,18th Century C 佳士得
2012-11-28 Lot2349 D 11.2cm × 2
估价：HKD 200,000-300,000
成交价：HKD375,000

青白玉碗（一对）
乾隆 Qianlong BP 北京保利
2012-4-23 Lot2119 D 17.5cm × 2
估价：RMB 15,000-25,000
成交价：RMB 17,250

青白玉雕石榴纹题诗盌一对
A Pair of Inscribed and Gilt-Decorated Pale Celadon Jade Bowls
清 18 世纪 Qing,18th Century C 佳士得
2012-11-6 Lot143 D 15.2cm × 2
估价：GBP 10,000-15,000
成交价：GBP27,500

青玉诗文碗
A Celadon Jade Bowl
年代不详 Unknown GD 中国嘉德
2012-6-16 Lot3871 D 18cm
估价：无底价
成交价：RMB1,150

青玉八宝纹碗
A Celadon Jade Bowl
年代不详 Unknown GD 中国嘉德
2012-9-16 Lot3041 D 26.5cm
估价：无底价
成交价：RMB20,700

青白玉碗
A Celadon Jade Bowl
年代不详 Unknown GD 中国嘉德
2012-6-16 Lot3623 D 17.5cm
估价：RMB 30,000-50,000
成交价：RMB66,700

青白玉雕莲花碗
清中期 Mid Qing BP 保利香港
2012-11-25 Lot708 D 16cm
估价：HKD 360,000-560,000
成交价：HKD437,000

俞艇 青玉薄胎香草纹碗十件套
Yu Ting A Set of Celadon Jade Dinnerware,Ten Pieces
年代不详 Unknown XLA 西泠印社
2012-7-7 Lot2010 D 120mm
估价：RMB 2,500,000-3,200,000
成交价：RMB2,875,000

青玉莲式座托莲蓬式盌
An Unusual Pale Brownish-Yellow Jade Lotus Blossom-form Stem Bowl
清 18-19 世纪 Qing,18th-19th Century C 佳士得
2012-3-22 Lot1857 H 14cm
估价：USD 8,000-12,000
成交价：USD13,750

翠玉碗（一对）
A Pair of Jadeite Bowls
清 18 世纪 18th Century S 苏富比
2012-3-20 Lot278 D 11.4cm × 2
估价：USD 8,000-12,000
成交价：USD43,750

青玉饕餮纹方觚连同翠玉盖碗一件
A Pale Greyish-Green Jade Archaistic Faceted Vase，Fanggu
明 Ming C 佳士得
2012-9-13 Lot1034 H 20.6cm；D 12.1cm
估价：USD 5,000-7,000
成交价：USD15,000

翠玉盖盌（一对）
A Pair of Semi-Translucent Greyish-White Jadeite Bowls and Covers
年代不详 Unknow C 佳士得
2012-3-22 Lot1848 D 11.2cm×2
估价：USD 6,000-8,000
成交价：USD5,000

翠玉盌（一对）
A Pair of Transparent Mottled Pale Blue-Green Jadeite Bowls
年代不详 Unknow C 佳士得
2012-3-22 Lot1849 D 15cm×2
估价：USD 4,000-6,000
成交价：USD20,000

碧玉梅竹双青纹碗
A Translucent Green Jade Bowl
清 18-19 世纪 Qing,18-19th Century C 佳士得
2012-9-13 Lot1033 D 21cm
估价：USD 4,000-6,000
成交价：USD5,000

青玉碗“大清乾隆年制”篆书刻款
A Pale Green Jade Bowl Qianlong Six-Character Seal Mark
清 Qing BO 邦瀚斯
2012-5-27 Lot387 D 12.8cm
估价：HKD 72,000-120,000
成交价：HKD 118,750

碧玉双耳碗
清早期 Early Qing BP 北京保利
2012-10-24 Lot1026 W 16cm
估价：无底价
成交价：RMB23,000

碧玉螭龙纹钵
An Unusual Large Sea-Green Jade Bowl
清 18 世纪 Qing,18th Century C 佳士得
2012-3-22 Lot1811 W 23.5cm
估价：USD 20,000-30,000
成交价：USD25,000

碧玉盌（一对）
A Pair of Spinach Green Jade Bowls
晚清 Late Qing C 佳士得
2012-5-30 Lot4315 D 19.8cm×2
估价：HKD 80,000-120,000
成交价：HKD81,250

碧玉八宝纹盖碗
A Jasper Bowl
清 Qing GD 中国嘉德
2012-9-17 Lot4161 H 12.4cm
估价：RMB 20,000-30,000
成交价：RMB28,750

碧玉夔龙灵芝纹双活环耳六足大盌
A Large Spinach Green Footed Bowl
清末约 1900 年 Late Qing,Circa 1900 C 佳士得
2012-5-15 Lot24 W 47cm
估价：GBP 20,000-30,000
成交价：GBP25,000

碧玉莲花钵
清 Qing JG 北京九歌
2012-6-29 Lot2588 9×17cm
估价：RMB 180,000-250,000
成交价：RMB207,000

碧玉碗（一对）
A Pair of Jasper Bowls
清 Qing GD 中国嘉德
2012-9-16 Lot3150 D 17cm×2
估价：RMB 8,000-12,000
成交价：RMB17,250

碧玉花卉纹碗
A Jasper Bowl
年代不详 Unknown GD 中国嘉德
2012-9-16 Lot3143 D 22cm
估价：无底价
成交价：RMB9,200

碧玉碗（一对）
乾隆 Qianlong BP 北京保利
2012-4-22 Lot1449 D 12cm × 2
估价：RMB 10,000-20,000
成交价：RMB40,250

碧玉碗（一对）
A Pair of Spinach-Green Jade Bowls
乾隆 Qianlong S 苏富比
2012-11-7 Lot233 15.7cm × 2
估价：GBP 8,000-12,000
成交价：GBP10,000

灰玉"争珠云龙"图碗
A Grey Jade "Dragon" Bowl
清 18/19 世纪 Qing,18th/19th Century S 苏富比
2012-5-16 Lot6 18.5cm
估价：GBP 8,000-12,000
成交价：GBP27,500

碧玉缠枝花卉纹碗
A Jasper Bowl
清 Qing GD 中国嘉德
2012-6-16 Lot3670 D 20cm
估价：无底价
成交价：RMB20,700

黄玉描金宫苑仕女图碗
A Yellow Jade with Gilt-Decorated Bowl
乾隆 Qianlong BP 北京保利
2012-12-7 Lot7434 D 14cm
估价：RMB 600,000-800,000
成交价：RMB747,500

仿古浅浮雕"连云纹"玉碗
A Carved Jade Archaistic Bowl
乾隆 Qianlong S 苏富比
2012-4-4 Lot140 D 10.2cm
估价：HKD 400,000-500,000
成交价：HKD680,000

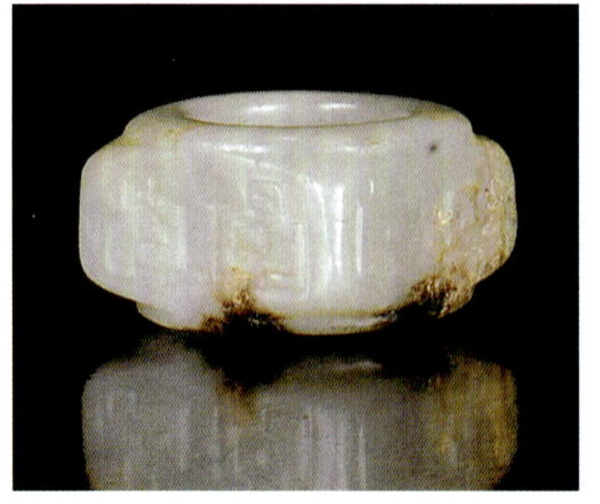

玉雕琮
A Jade Cong
明 Ming GD 中国嘉德
2012-9-17 Lot4119 D 4.3cm
估价：无底价
成交价：RMB4,600

白玉籽料琮
年代不详 Unknown RB 北京荣宝
2012-3-10 Lot213 W 47g
估价：RMB 50,000-70,000
成交价：RMB67,200

徐凯 和田白玉雕兽面纹琮
年代不详 Unknown RB 北京荣宝
2012-6-24 Lot1613 L 4.5cm
估价：RMB 50,000-80,000
成交价：RMB61,600

青白玉双耳活环盖罐一件
A Mughal-Style Pale Celadon Jade Bowl and Cover
18 世纪 18th Century C 佳士得
2012-5-18 Lot1077 17cm
估价：GBP 6,000-10,000
成交价：GBP11,250

青白玉儿何花纹盖罐
A Small Greenish-White Jade Ottoman Jar and A Cover
18-19 世纪 18-19th Century C 佳士得
2012-9-13 Lot1085 H 8.9cm
估价：USD 6,000-8,000
成交价：USD16,250

白玉小盖罐
明 Ming BP 北京保利
2012-8-11 Lot611 H 5.5cm
估价：RMB 5,000-8,000
成交价：RMB17,250

旧玉琮
A Carved Old Jade "Cong"
明 Ming BH 北京翰海
2012-12-8 Lot2093 H 3cm
估价：RMB 20,000-30,000
成交价：RMB55,200

青白玉饕餮纹渣斗
A Pale Celadon Jade Zhadou and Cover
清 18 世纪 Qing,18th Century C 佳士得
2012-5-15 Lot1 H 12.7cm
估价：GBP 15,000-20,000
成交价：GBP18,750

玉雕云纹匜
清 Qing BP 北京保利
2012-8-11 Lot902 L 14cm
估价：无底价
成交价：RMB24,150

白玉雕锦地"夔龙"纹羽觞
乾隆 Qianlong RB 北京荣宝
2012-3-10 Lot370 L 11cm
估价：RMB 80,000-120,000
成交价：RMB89,600

白玉饕餮纹双兽首活环耳奁
A White Jade Archaistic Bowl and A Cover
清 18/19 世纪 Qing,18th/19th Century C 佳士得
2012-3-22 Lot1847 W 19.3cm
估价：USD 40,000-60,000
成交价：USD92,500

碧玉八吉祥富贵福寿活环耳奁
A Rare and Large Spinach-Green Jade Marriage Bowl
清 18 世纪 Qing,18th Century C 佳士得
2012-5-30 Lot3957 W 34cm
估价：HKD 700,000-900,000
成交价：HKD1,580,000

黄玉琮
明代以前 Before Ming BSA 古天一
2012-12-2 Lot1105 H 3cm
估价：RMB 180,000-250,000
成交价：RMB195,500

古玉神人琮
A Rare Ancient Jade Cong
年代不详 Unknown BP 北京保利
2012-6-7 Lot7511 L 14cm
估价：RMB 350,000-550,000
成交价：RMB 437,000

朱玉峰 致虚者 白玉摆件
Zhu Yufeng A White Jade Ornament
年代不详 Unknown XLA 西泠印社
2012-10-21 Lot177 H 28mm；W 41.9g
估价：无底价
成交价：RMB17,250

朱玉峰 有容 青玉摆件
Zhu Yufeng A Celadon Jade Ornament
年代不详 Unknown XLA 西泠印社
2012-10-21 Lot175 H 36 mm；W 24.6g
估价：无底价
成交价：RMB6,900

朱玉峰 德乃为大 青玉摆件
Zhu Yufeng A Celadon Jade Ornament
年代不详 Unknown XLA 西泠印社
2012-10-21 Lot176 H 35mm；W 24.3g
估价：无底价
成交价：RMB9,200

白玉浮雕对凤纹渣斗
A Rare and Fine White Jade Carved Spittoon
乾隆 Qianlong KS 北京匡时
2012-12-5 Lot1998 D 17cm
估价：RMB 1,600,000-1,800,000
成交价：RMB1,840,000

碧玉仿古夔凤渣斗
嘉庆 Jiaqing BP 保利香港
2012-11-25 Lot865 D 11cm
估价：HKD 450,000-650,000
成交价：HKD598,000

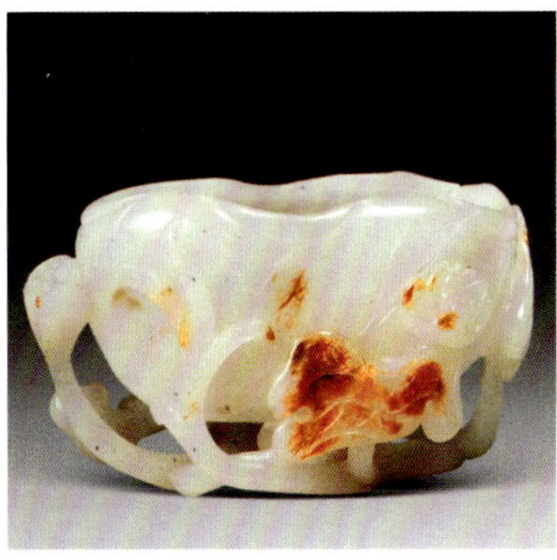

白玉荷塘水呈
A White Jade Water Container
年代不详 Unknown GD 中国嘉德
2012-9-16 Lot2939 L 9cm
估价：无底价
成交价：RMB8,050

白玉雕富贵喜庆纹水注
A Fine and Rare White Jade Water Coupe
乾隆 Qianlong BD 北京东正
2012-5-11 Lot68 L 10.5 cm
估价：RMB 1,200,000-1,500,000
成交价：RMB2,415,000

白玉雕牡丹花式水盂
A Carved White Jade Peony-Shaped Waterpot and Spoon
乾隆 Qianlong BD 北京东正
2012-5-11 Lot81 L 6.8 cm
估价：RMB 400,000-500,000
成交价：RMB690,000

白玉龙首匜
A White Jade Dragon Head Carving of Cup
明 Ming BP 北京保利
2012-6-7 Lot/459 L 11cm
估价：RMB 30,000-50,000
成交价：RMB 69,000

碧玉雕龙纹大缸
清 Qing PAC 太平洋
2012-6-16 Lot514 尺寸不详
估价：RMB 150,000-150,000
成交价：RMB172,500

青白玉雕方形花盆一对
A Pair of Pale Celadon Jade Jardinieres
清 18 世纪 Qing,18th Century S 苏富比
2012 9-12 Lot346 H 2.9cm
估价：USD 20,000-30,000
成交价：USD110,500

白玉留粉红皮巧雕鱼虾蟹蚌水盂
乾隆 Qianlong BP 保利香港
2012-11-25 Lot716 L 10cm
估价：HKD 1,800,000-2,800,000
成交价：HKD2,760,000

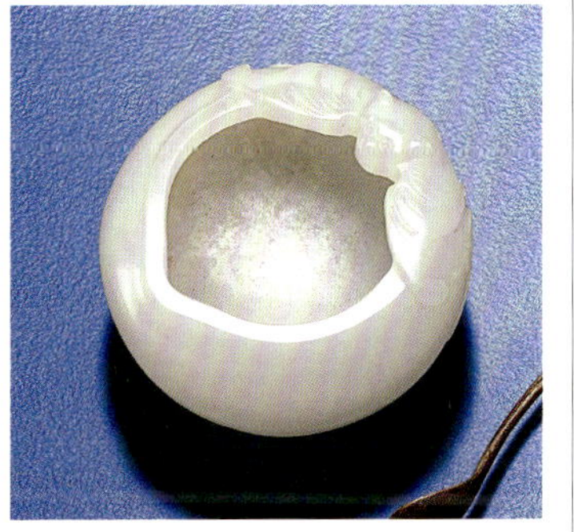

白玉雕蝠纹桃形水丞及金属龙首勺
A Carved White Jade Water Pot and Metal Spoon
清 18 世纪 Qing,18th Century C 佳士得
2012-11-28 Lot2403 D 5.2cm
估价：HKD 80,000-120,000
成交价：HKD400,000

白玉瑞兽带盖水丞
A White Jade "Mythical Beast" Water Vessel and Cover
明 Ming S 苏富比
2012-4-4 Lot3023 10cm
估价：HKD 100,000-150,000
成交价：HKD106,250

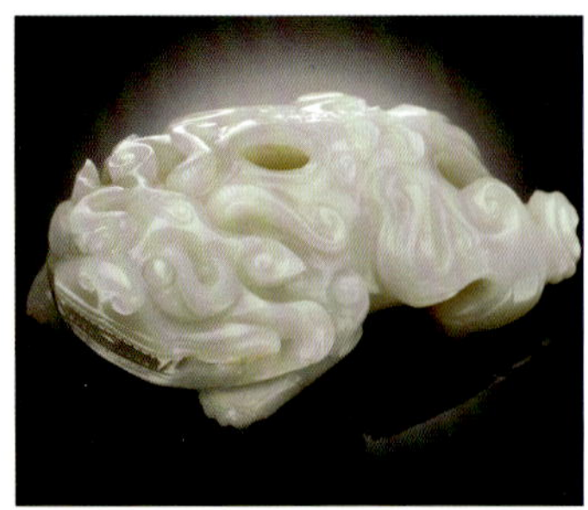

白玉瑞兽水丞
A Greenish-White Jade Bixi-Form Water Pot
明末 - 清中期 Late Ming-Mid Qing C 佳士得
2012-3-22 Lot1896 W 11.5cm
估价：USD 12,000-14,000
成交价：USD21,250

玉荷莲水呈
A Carved White Jade Lotus Leaf Shaped Ink Well
清 Qing BH 北京翰海
2012-12-8 Lot2142 L 12cm
估价：RMB 30,000-40,000
成交价：RMB34,500

白玉瑞兽水盂
清 Qing BP 北京保利
2012-4-23 Lot1834 L 8cm
估价：无底价
成交价：RMB 36,800

白玉雕玉兰花文房摆件
清 Qing BP 北京保利
2012-4-23 Lot2042 L 8cm
估价：无底价
成交价：RMB 69,000

玉雕梅花水盂
清 Qing BP 北京保利
2012-8-11 Lot906 W 10cm
估价：无底价
成交价：RMB17,250

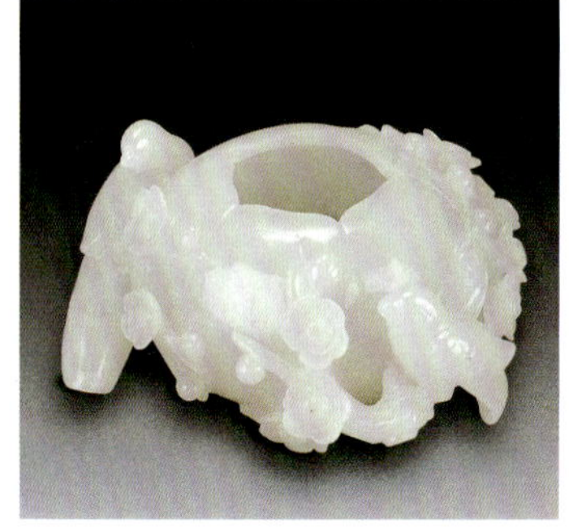

白玉花鸟水盂
年代不详 Unknown BP 北京保利
2012-8-11 Lot1040 W 9cm
估价：无底价
成交价：RMB11,500

白玉螭龙包袱式水盂
A Carved White Jade Bundle Shaped Ink Well
清 Qing BH 北京翰海
2012-5-27 Lot2128 H 7.3cm
估价：RMB 30,000-50,000
成交价：RMB57,500

白玉梅花水呈
A Carved White Jade Flower Shaped Ink Well
清中期 Mid Qing BH 北京翰海
2012-12-8 Lot2141 L 8cm
估价：RMB 18,000-25,000
成交价：RMB20,700

白玉雕瓜瓞绵绵水盂
A White Jade Washer
乾隆 Qianlong SUN 中贸圣佳
2012-7-22 Lot1701 L 11.5cm
估价：RMB 180,000-250,000
成交价：RMB322,000

白玉花鸟纹水丞
A Small White Jade Flower-Form Water Pot
清 18/19 世纪 18/19th Century C 佳士得
2012-9-13 Lot1100 5cm
估价：USD 8,000-12,000
成交价：USD11,250

青白玉卧羊形水丞
A Greyish-Green Jade Ram-Form Water Pot
年代不详 Unknown C 佳士得
2012-9-13 Lot1116 L 10.5cm
估价：USD 3,000-5,000
成交价：USD3,750

青白玉雕凤鸟摆件连水丞
A Greenish-White Jade Carving of A Phoenix with Water Pot
清 18/19 世纪 18/19th Century C 佳士得
2012-9-13 Lot1083 H 15.6cm
估价：USD 10,000-15,000
成交价：USD27,500

青白玉雕鹅形水丞
A Pale Celadon Jade "Goose-Form" Water Coupe
清 18 世纪 18th Century S 苏富比
2012-3-20 Lot228 H 9.2cm
估价：USD 10,000-15,000
成交价：USD74,500

青白玉海水螭龙纹水盛
A Pale Celadon Jade "Chilong" Water Pot
清 18 世纪 Qing,18th Century C 佳士得
2012-5-15 Lot27 W 10.5cm
估价：GBP 10,000-15,000
成交价：GBP18,750

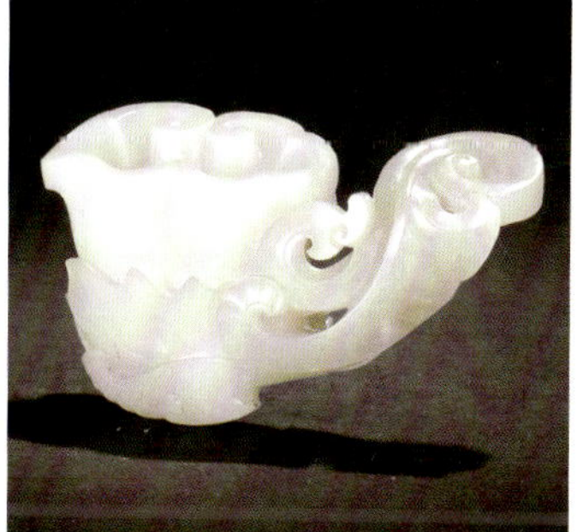

青白玉花卉小水盂
清中期 Mid Qing BP 北京保利
2012-10-24 Lot989 W 7cm
估价：RMB 20,000-30,000
成交价：RMB51,750

青白玉雕荷叶形水盂
A Carved Jade Water Coupe
明末 / 清初 Late Ming/Early Qing FC 北京永乐
2012-12-15 Lot647 H 7.6cm
估价：RMB 30,000-50,000
成交价：RMB34,500

玉雕水呈
A Jade Water Container
清 Qing GD 中国嘉德
2012-9-16 Lot2898 L 8cm
估价：RMB 6,000-9,000
成交价：RMB6,900

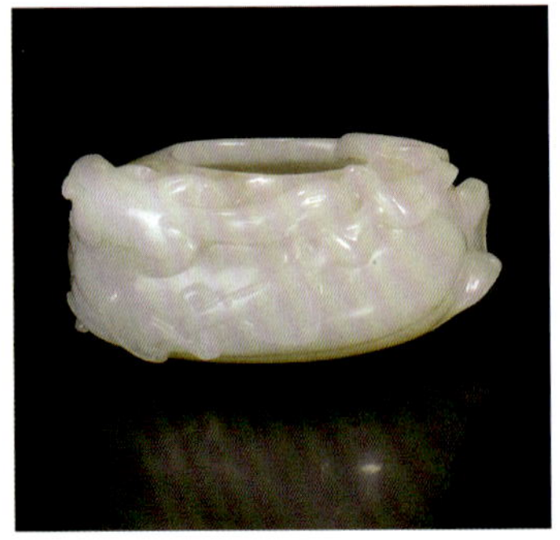

青白玉鼠财水呈
A Greenish-WhiteJade Water Container
清中期 MiD Qing GD 中国嘉德
2012-9-17 Lot4132 L 6.8cm
估价：RMB 120,000-220,000
成交价：RMB138,000

玉"凤凰"水盂
A Jade "Phoenix" Waterpot and Cover
17 世纪 17th Century S 苏富比
2012-11-7 Lot240 8.3cm
估价：GBP 3,000-4,000
成交价：GBP2,500

青白玉"太平有象"带盖水丞
A Pale Celadon Jade "Elephant" Vessel and Cover
乾隆 Qianlong S 苏富比
2012-10-9 Lot3134 10.5cm
估价：HKD 250,000-300,000
成交价：HKD400,000

俞 艇 青玉薄胎水盂
Yu Ting A Celadon Jade Water Container
年代不详 Unknown XLA 西泠印社
2012-10-21 Lot168 D 63mm；H 15mm；W 27.2g
估价：无底价
成交价：RMB17250

青白玉三龙云纹水丞
A Greenish-White Jade Globular Water Pot
清 18 世纪 Qing,18th Century C 佳士得
2012-3-22 Lot1865 W 13cm
估价：USD 30,000-50,000
成交价：USD35,000

玉童子莲藕水呈
年代不详 Unknown BH 北京翰海
2012-9-28 Lot1623 L 12.5cm
估价：无底价
成交价：RMB2,875

黄玉水盂
An Extremely Rare Yellow Jade Waterpot
乾隆 Qianlong BP 北京保利
2012-6-5 Lot6186 L 7.7cm
估价：RMB 1,800,000-2,800,000
成交价：RMB2,530,000

白玉兽面螭龙水注
A Carved White Jade Water Jropper with Dragon Design
清 Qing BH 北京翰海
2012-5-27 Lot2413 L 12.5cm
估价：RMB 360,000-460,000
成交价：RMB414,000

白玉瑞兽砚滴
A Carved White Jade Mythical Beast Shaped Dropper
明 Ming BH 北京翰海
2012-5-27 Lot2043 L 11.7cm
估价：RMB 50,000-70,000
成交价：RMB69,000

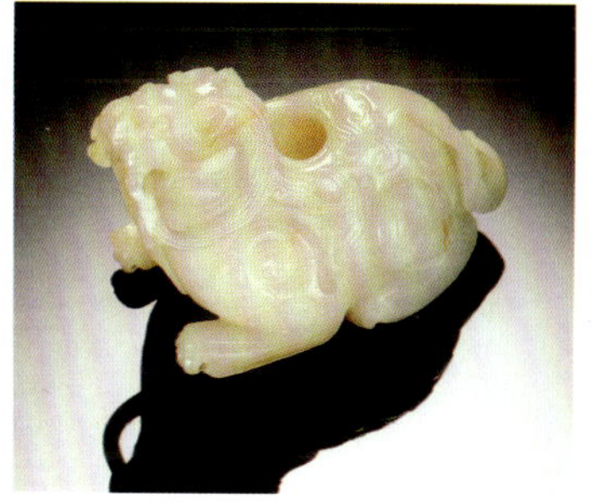

白玉瑞兽水注
An Extremely Rare and Nicely Carved White Jade Pouring Vessel
明或更早 Ming or Earlier BP 北京保利
2012-6-5 Lot6183 L 9cm
估价：RMB 1,800,000-2,800,000
成交价：RMB2,990,000

白玉龙首水滴
民国 Republic Period BP 北京保利
2012-4-23 Lot2195 W 13cm
估价：RMB 10,000-20,000
成交价：RMB 17,250

白玉螭龙鋬水滴
A Small White and Brown Jade Archaistic Pouring Vessel
宋 - 明 Song-Ming，C 佳士得
2012-9-13 Lot1008 H 8.6cm
估价：USD 6,000-8,000
成交价：USD8,750

旧玉雕四象水盂
A Carved Jade Elephants Water Container
清 Qing BP 北京保利
2012-12-6 Lot6224 H 4.2cm
估价：RMB 120,000-150,000
成交价：RMB138,000

白玉夔凤纹水注
A White Jade Phoenix Water-Dropper
清中期 Mid Qing GD 中国嘉德
2012-5-15 Lot3332 L 10.6cm；H 8.6cm
估价：RMB 250,000-350,000
成交价：RMB345,000

白玉菱式水注
A White Jade Washer
乾隆 Qianglong C 佳士得
2012-5-30 Lot4205 L 8cm
估价：HKD 250,000-350,000
成交价：HKD225,000

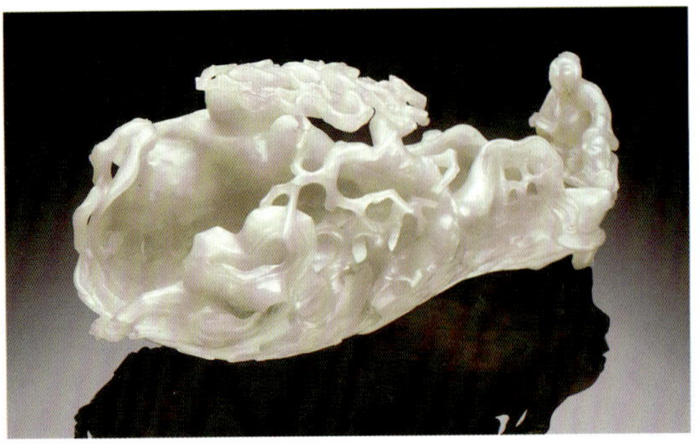

白玉张骞乘槎水注
A Rare White Jade Raft-Form Pouring Vessel
清 18 世纪 Qing,20th Century C 佳士得
2012-9-13 Lot1024 L 17.1cm
估价：USD 30,000-50,000
成交价：USD68,500

灰白玉雕麒麟水注一件
A Pale Celadon and Grey Jade Qilin Waterpot
17-18 世纪 17-18th Century C 佳士得
2012-5-18 Lot1128 L 12cm
估价：GBP 4,000-6,000
成交价：GBP5,000

白玉雕蚣蝮砚滴
A Delicately-Carved White Jade Ink-Water Container with Russet
明 Ming XLA 西泠印社
2012-7-9 Lot2623 H 5.5cm；L 11.5cm
估价：RMB 300,000-400,000
成交价：RMB402,500

白玉水牛水滴
A Pale Celadon Jade "Buffalo" Water Dropper
清 18-19 世纪 18-19th Century S 苏富比
2012-3-20 Lot226 L 7.9cm
估价：USD 12,000-15,000
成交价：USD15,000

白玉雕辟邪纹水滴
A White Jade "Mythical Beast" Water Coupe
明 Ming BD 北京东正
2012-5-11 Lot231 L 10 cm
估价：RMB 500,000-600,000
成交价：RMB575,000

青玉瑞兽水滴
A Celadon Jade Pot
清 Qing GD 中国嘉德
2012-9-17 Lot4123 L 9.2cm
估价：无底价
成交价：RMB40,250

碧玉嵌宝瓜棱形水注
A Fine Green Jade Water Pot
乾隆 Qianlong BP 北京保利
2012-6-7 Lot7608 L 13cm
估价：RMB 200,000-300,000
成交价：RMB 230,000

玉雕山水人物纹笔筒
A Jade Brushpot
清 Qing GD 中国嘉德
2012-9-16 Lot3048 H 11.5cm
估价：无底价
成交价：RMB28,750

白玉人物纹笔筒
A White Jade Brushpot
年代不详 Unknown GD 中国嘉德
2012-6-16 Lot3382 H 8.3cm
估价：无底价
成交价：RMB11,500

白玉山水人物纹笔筒
A White Jade Brushpot
清 Qing GD 中国嘉德
2012-6-16 Lot3540 H 7.9cm
估价：无底价
成交价：RMB10,350

白玉山水人物笔筒
乾隆 Qianlong BP 北京保利
2012-10-24 Lot985 H 9cm
估价：RMB 300,000-400,000
成交价：RMB575,000

白玉镂雕竹林七贤纹笔筒
A White Jade Piercing Square Brushpot
乾隆 Qianlong BD 北京东正
2012-5-11 Lot84 H 13.5 cm
估价：RMB 800,000-1,000,000
成交价：RMB2,070,000

白玉云龙纹小笔筒
清 Qing BP 北京保利
2012-4-22 Lot1445 H 6.5cm
估价：RMB 22,000-30,000
成交价：RMB25,300

玉雕马上封侯笔筒
清 Qing BP 北京保利
2012-10-25 Lot1417 H 9.2cm
估价：无底价
成交价：RMB 2,300

褐斑白玉“瑶池仙侣”图笔筒
A White and Russet Jade "Immortals" Brushpot
乾隆 Qianlong S 苏富比
2012-5-16 Lot29 16.9cm
估价：GBP 250,000-350,000
成交价：GBP1,553,250

2012 Chinese Art Auction TOP10 中国玉器拍卖十大排行榜 Top 4
2012 Chinese Art Auction TOP10 中国玉器拍卖器皿类十大排行榜 Top 1

青白玉小诗筒
A Pale Celadon-White Jade Pot
清中期 Mid Qing GD 中国嘉德
2012-5-14 Lot3307 3.7×3.7×6.1cm
估价：RMB 10,000-30,000
成交价：RMB109,250

白玉“仙山寿老”图笔筒
A Small White Jade "Shoulao" Brushpot
清 18-19 世纪 Qing,18-19th Century S 苏富比
2012-11-7 Lot366 8cm
估价：GBP 15,000-25,000
成交价：GBP15,000

青白玉“高士赏游”图委角方笔筒
A Celadon Jade "Landscape" Brushpot
乾隆 Qianlong S 苏富比
2012-5-16 Lot11 14.5cm
估价：GBP 80,000-120,000
成交价：GBP553,250

白玉雕松干纹诗筒
A Russet and White Jade Brushpot
乾隆 Qianlong BD 北京东正
2012-5-11 Lot177 H 10.3 cm
估价：RMB 400,000-450,000
成交价：RMB460,000

白玉山水纹笔筒
年代不详 Unknown BP 北京保利
2012-4-23 Lot2183 H 8.5cm
估价：RMB 12,000-25,000
成交价：RMB 13,800

白玉雕松竹梅笔筒
年代不详 Unknown BP 北京保利
2012-8-11 Lot1006 H 9cm
估价：无底价
成交价：RMB20,700

白玉笔筒
A Small Pale Greenish-White Jade Cylindrical Brush Pot
清 18-19 世纪 18-19th Century C 佳士得
2012-9-13 Lot1066 H 8cm
估价：USD 12,000-18,000
成交价：USD80,500

青白玉笔筒一件
A Pale Celadon Jade Cylindrical Brushpot
19 世纪 19th Century C 佳士得
2012-5-18 Lot1223 H 7.9cm
估价：GBP 3,000-5,000
成交价：GBP5,000

青白玉笔筒
A Small Pale Celadon Jade Brush Pot
清 19 世纪 Qing,19th Century C 佳士得
2012-11-6 Lot145 H 9.6cm
估价：GBP 20,000-30,000
成交价：GBP25,000

青玉素笔筒
A Carved Celadon Jade Brushpot
清初 Early Qing BH 北京翰海
2012-5-27 Lot2046 H 15.6cm
估价：RMB 60,000-90,000
成交价：RMB103,500

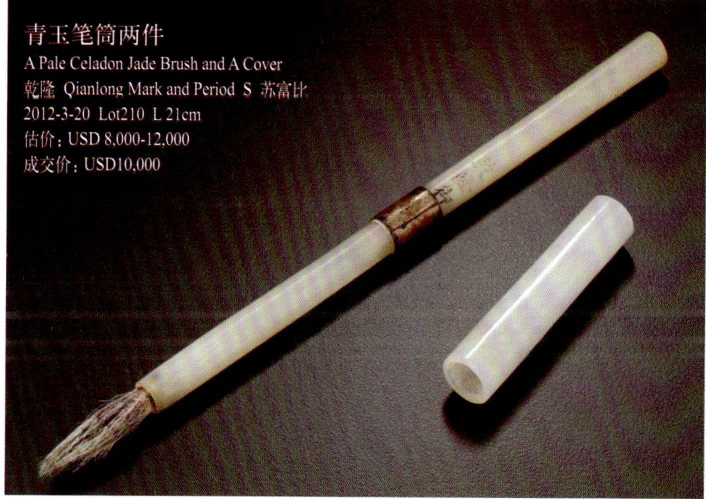

青玉笔筒两件
A Pale Celadon Jade Brush and A Cover
乾隆 Qianlong Mark and Period S 苏富比
2012-3-20 Lot210 L 21cm
估价：USD 8,000-12,000
成交价：USD10,000

青玉十六应真大笔筒
A Large and Finely Carved Celadon Jade Brush Pot
清中期 Mid Qing BP 北京保利
2012-12-7 Lot7596 D 20cm
估价：RMB 2,500,000-3,500,000
成交价：RMB3,450,000

青玉雕童子放牛竹形笔筒
A Celadon Jade Brushpot
清 19 世纪 Qing,19th Century S 苏富比
2012-9-12 Lot368 H 18.1cm
估价：USD 8,000-12,000
成交价：USD8,125

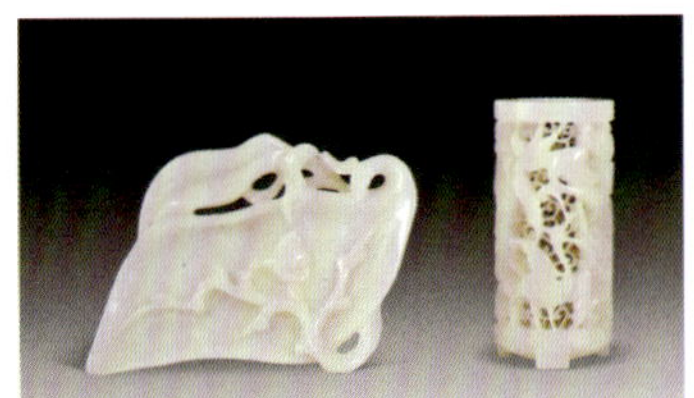

白玉叶形笔舔、白玉花卉纹香筒各一件
A White Jade Ink Pallet and A White Jade Tube
年代不详 Unknown GD 中国嘉德
2012-6-16 Lot3618 L 11cm；H 7.6cm
估价：RMB 3,000-5,000
成交价：RMB3,450

碧玉诗文笔筒
A Jasper Brushpot
年代不详 Unknown GD 中国嘉德
2012-9-16 Lot3144 H 17.2cm
估价：无底价
成交价：RMB4,600

碧玉雅集图笔筒
A Jasper Brushpot
清 Qing GD 中国嘉德
2012-9-16 Lot3149 H 15.4cm
估价：RMB 25,000-35,000
成交价：RMB34,500

碧玉高士图笔筒
A Jasper Brushpot
清 Qing GD 中国嘉德
2012-6-16 Lot3653 H 14.1cm
估价：无底价
成交价：RMB11,500

碧玉素面大笔筒
A Large Jasper Brush Pot
清中期 Mid Qing HC 北京华辰
2012-10-30 Lot203 H 16cm
估价：RMB 50,000-80,000
成交价：RMB1,023,500

碧玉描金亭台楼阁笔筒
清 Qing PAC 太平洋
2012-6-16 Lot515 H 16.5cm
估价：RMB 30,000-30,000
成交价：RMB40,250

碧玉松下高仕笔筒
民国 Republic Period PAC 太平洋
2012-6-16 Lot518 H 16.5cm
估价：RMB 15,000-15,000
成交价：RMB17,250

碧玉诗文笔筒
A Jasper Brushpot
年代不详 Unknown GD 中国嘉德
2012-9-16 Lot3138 H 20.7cm
估价：无底价
成交价：RMB20,700

碧玉雕鸣凤在竹纹笔筒
A Carved Jasper Bamboo-Shaped Brushpot
乾隆 Qianlong BD 北京东正
2012-5-11 Lot29 H 12 cm
估价：RMB 150,000-200,000
成交价：RMB172,500

碧玉雕山水人物笔筒
A Rare Spinach Green Jade Brush Pot with Landscape Pattern
清 Qing XLA 西泠印社
2012-7-9 Lot2661 H 11.3cm；D 10.8cm
估价：RMB 200,000-350,000
成交价：RMB230,000

灰白玉“梅花凤凰”图笔筒
A White and Grey Jade Brushpot
清 18 世纪 Qing,18th Century S 苏富比
2012-5-16 Lot197 14.5cm
估价：GBP 8,000-10,000
成交价：GBP20,000

白玉山水人物纹香筒
A White Jade Tube
清 Qing GD 中国嘉德
2012-6-16 Lot3378 H 11.5cm
估价：无底价
成交价：RMB23,000

碧玉“山中放牧”图笔筒
A Spinach-Green Jade “Landscape” Brushpot
乾隆 Qing S 苏富比
2012-11-7 Lot235 14.5cm
估价：GBP 100,000-150,000
成交价：GBP133,250

碧玉雕祝寿图笔筒

A Small Finely Carved Spinach Jade Cylindrical Brush Pot,Bitong

清 18 世纪 Qing,18th Century C 佳士得

2012-5-30 Lot3961 H 12.2cm

估价：HKD 1,200,000-1,800,000

成交价：HKD1,700,000

御制碧玉雕云龙四足笔筒

An Exceptionally Rare and Finely Carved Green Jade “Dragon-And-Cloud” Brush Pot

乾隆 Qianlong BP 北京保利

2012-6-5 Lot6194 H 16.5cm

估价：RMB 3,500,000-5,500,000

成交价：RMB4,140,000

碧玉笔筒

A Carved Celadon Jade Brush Pot

清中期 Mid Qing BH 北京翰海

2012-12-8 Lot2143 H 17.6cm

估价：RMB 40,000-50,000

成交价：RMB98,900

碧玉御题诗云瀑飞棂图笔筒

An Inscribed Spinach Jade 'Xianglu Feng' Brushpot

Qianlong, Incised Inscription

乾隆 Dated to Summer of 1795 BO 邦瀚斯

2012-12-1 Lot208 D 17cm

估价：HKD 3,500,000-5,000,000

成交价：HKD8,060,000

碧玉松下高士图笔筒

A Small Green Jade Brush Pot

清 19 世纪 Qing,19th Century C 佳士得

2012-3-22 Lot1946 H 11.3cm

估价：USD 7,000-9,000

成交价：USD11,875

碧玉山水人物笔筒

年代不详 Unknown BH 北京翰海

2012-9-28 Lot1628 H 12.5cm

估价：RMB 30,000-30,000

成交价：RMB34,500

御题碧玉雕“云瀑飞棂”笔筒

An Imperially Inscribed Finely Carved Spinach Jade Brushpot

清 Qing S 苏富比

2012-3-20 Lot208 H 15.2cm

估价：USD 200,000-300,000

成交价：USD1,426,500

2012 Chinese Art Auction TOP10 中国玉器拍卖器皿类十大排行榜 Top 6

碧玉雕竹溪六逸图笔筒

A Superb Green Jade Brush Pot，Bitong

乾隆 Qianlong（1736-1795）C 佳士得

2012-9-13 Lot1035 H 16.3cm；D 17.5cm

估价：USD 500,000-800,000

成交价：USD482,500

黄玉提浆人物福禄寿笔筒

清 Qing BP 北京保利

2012-4-23 Lot2186 H 9.2cm

估价：无底价

成交价：RMB 11,500

玉雕垂钓耕读图香筒
清早期 Early Qing BSA 古天一
2012-12-2 Lot1005 H 21cm
估价：RMB 600,000-800,000
成交价：RMB1,495,000

白玉八骏图香筒
A Carved White Jade Incense Cylinder with Horse Design
清 Qing BH 北京翰海
2012-12-8 Lot2175 H 16.3cm
估价：RMB 80,000-100,000
成交价：RMB92,000

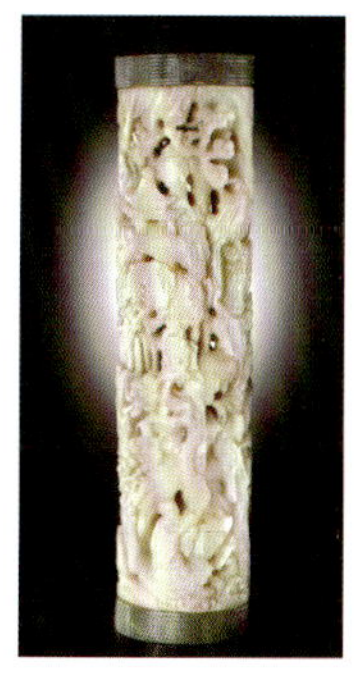

青白玉贺寿图香筒
A Pale Greenish-White Jade Cylindrical Parfumier
清 18 世纪 Qing,18th Century C 佳士得
2012-3-22 Lot1949 H 21.6cm
估价：USD 20,000-30,000
成交价：USD32,500

青白玉镂雕五老图香筒
A Large Reticulated Celadon Jade Parfumier with Spinach Jade Stopper
清 18 世纪 Qing,18th Century C 佳士得
2012-5-30 Lot4210 H 25cm
估价：HKD 600,000-800,000
成交价：HKD1,820,000

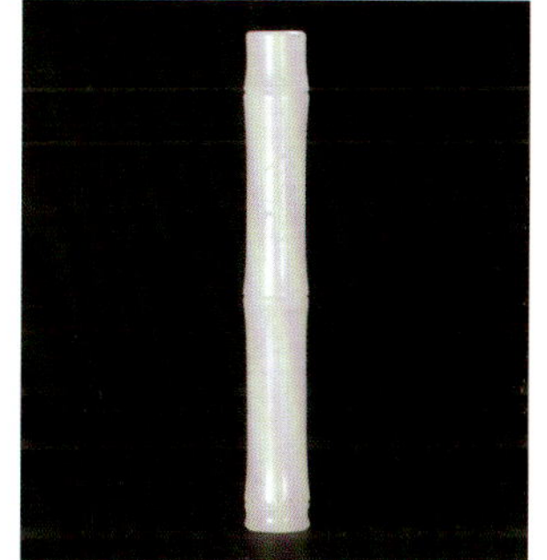

白玉籽料竹节香筒
年代不详 Unknown RB 北京荣宝
2012-3-10 Lot228 W 31g
估价：RMB 50,000-70,000
成交价：RMB72,800

翠玉镂雕仙鹤纹香筒
A Finely Reticulated Jadeite Cylindrical "Cranes" Parfumier
晚清 Late Qing C 佳士得
2012-5-30 Lot4209 H 23.1cm
估价：HKD 400,000-600,000
成交价：HKD596,000

白玉镂雕锦纹香筒
A Finely Carved White Jade Incense Holder
清 Qing BP 北京保利
2012-6-7 Lot7486 H 19cm
估价：RMB 80,000-120,000
成交价：RMB 103,500

黄玉雕松下人物笔筒
年代不详
BP 北京保利
2012-8-11 Lot1037 H 8.5cm
估价：无底价
成交价：RMB17,250

青白玉透雕人物香盒
A Finely Carved Greenish-White Jade Incense Box
清中期 Mid Qing BP 北京保利
2012-6-7 Lot7556 D 5.5cm
估价：RMB 20,000-30,000
成交价：RMB 40,250

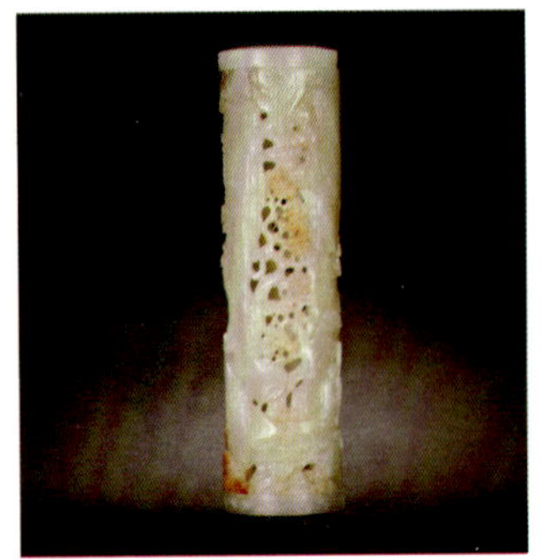

青白玉雕山水人物香筒
A Fine Greenish-White Jade "Landscape" Incense Holder or Earlier
乾隆 Qianlong BP 北京保利
2012-6-7 Lot7601 L 17.5cm
估价：RMB 250,000-350,000
成交价：RMB 287,500

碧玉松下高士诗文香筒
A Jasper Tube
清 Qing GD 中国嘉德
2012-6-16 Lot3665 H 28.7cm
估价：无底价
成交价：RMB13,800

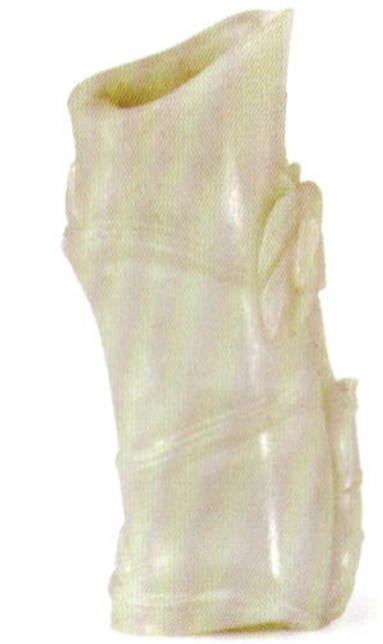

青白玉竹节形香筒
A Pale Celadon Jade "Bamboo" incense Holder
清 18 世纪 Qing,18th Century S 苏富比
2012-11-7 Lot389 10.4cm
估价：GBP 4,000-6,000
成交价：GBP6,875

白玉花卉花插
清 Qing PAC 太平洋
2012-6-16 Lot501 H 20.5cm
估价：RMB 8,000-8,000
成交价：RMB13,800

青白玉荷叶式花插
A Pale Celadon Jade Lotus Leaf-form Vase
清 18 世纪 Qing,18th Century S 苏富比
2012-9-12 Lot298 H 10.2cm
估价：USD 5,000-7,000
成交价：USD17,500

白玉巧雕梅树桩形花插
A White and Russet Jade "Prunus Trunk" Vase
清 18 世纪 Qing,18th Century C 佳士得
2012-11-28 Lot2180 H 12.5cm
估价：HKD 280,000-350,000
成交价：HKD1,100,000

白玉凤衔灵芝纹双连花插
A White Jade Double Vase Group
清 18/19 世纪 Qing,18th/19th Century C 佳士得
2012-3-22 Lot1905 H 14.6cm
估价：USD 15,000-25,000
成交价：USD68,500

白玉松兰万年青花插
清早期 Early Qing BP 北京保利
2012-10-24 Lot977 H 23.5cm
估价：RMB 200,000-300,000
成交价：RMB368,000

白玉菊花花插
乾隆 Qianlong BP 北京保利
2012-10-24 Lot980 H 11.5cm
估价：RMB 60,000-80,000
成交价：RMB149,500

玉雕如意花插
清 Qing BP 北京保利
2012-4-23 Lot2166 H 17cm
估价：RMB 25,000-50,000
成交价：RMB 28,750

白玉凤纹花插
明 Ming BP 北京保利
2012-8-11 Lot848 W 12cm
估价：RMB 30,000-50,000
成交价：RMB34,500

白玉佛手式花插
A White Jade Double Finger Citron
清 Qing Dynasty BO 邦瀚斯
2012-12-15 Lot223 H 20.5cm
估价：HKD 200,000-300,000
成交价：HKD400,000

青白玉佛手花插
A Pale Greenish-White Jade Finger Citron-Form Vase
清 18/19 世纪 18/19th Century C 佳士得
2012-9-13 Lot1090 H 12.1cm
估价：USD 6,000-8,000
成交价：USD7,500

青白玉梅花寿石花插
A Pale Celadon JadePrunus and Rockwork Vase
清 18 世纪 Qing,18th Century C 佳士得
2012-5-15 Lot3 H 12.4cm
估价：GBP 12,000-18,000
成交价：GBP15,000

青白玉雕玉兰形花插
A Pale Celadon Jade "Magnolia" Vase
清 18-19 世纪 Qing,18th-19th Century C 佳士得
2012-5-15 Lot16 H 17.5cm
估价：GBP 10,000-15,000
成交价：GBP15,000

青玉童子摩伽鱼花插
A Pale Greenish-Grey Jade Makara-Form Vase
清 18-19 世纪 Qing,18th-19th Century C 佳士得
2012-3-22 Lot1956 H 17.6cm
估价：USD 40,000-60,000
成交价：USD86,500

青玉福至心灵花插
A Large Pale Greenish-Grey Jade Lingzhi-Form Vase
清 18-19 世纪 Qing,18th-19th Century C 佳士得
2012-3-22 Lot1888 H 24.2cm
估价：USD 12,000-18,000
成交价：USD37,500

青白玉鲤跃龙门花插
A Pale Celadon Jade "Dragon-Carp" Vase
乾隆 Qianlong C 佳士得
2012-11-6 Lot152 W 17.8cm
估价：GBP 30,000-50,000
成交价：GBP32,450

青玉树椿形凤凰花插
A Yellowish-Celadon Jade "Spill" Vase
乾隆 Qianlong C 佳士得
2012-11-6 Lot30 H 15.2cm
估价：GBP 30,000-50,000
成交价：GBP37,250

碧玉白菜花插
民国 Republic Period BP 北京保利
2012-8-11 Lot750 H 17cm
估价：无底价
成交价：RMB11,500

翠玉雕凤螭纹双活环耳盖瓶连竹形花插及翠玉佛手花插
Two Carved Green Jadeite Vases
清 19 世纪 Qing,19th Century C 佳士得
2012-3-22 Lot1833 H 13cm；H 13.9cm
估价：USD 12,000-18,000
成交价：USD30,000

翠玉雕喜鹊登梅玉兰花插
A Jadeite Magnolia and Lingzhi Vase
清晚期 Late Qing C 佳士得
2012-5-30 Lot4324 H 16.5cm
估价：HKD 250,000-350,000
成交价：HKD250,000

青玉龙凤纹觚形花插
A Celadon Jade Flaring Vase,Gu
清 18 世纪 Qing,18th Century C 佳士得
2012-11-6 Lot317 H 17cm
估价：GBP 6,000-8,000
成交价：GBP7,500

玉雕玉兰花插
年代不详 Unknown BH 北京翰海
2012-9-28 Lot1640 H 19cm
估价：RMB 40,000-40,000
成交价：RMB46,000

黄玉双鱼花插
A Yellow Jade "Dragon-Fish" Vase
清 18/19 世纪 Qing,18th/19th Century C 佳士得
2012-5-30 Lot4212 W 12cm
估价：HKD 800,000-1,000,000
成交价：HKD980,000

黄玉三羊开泰花插
清 Qing BP 北京保利
2012-4-23 Lot2199 L 25cm
估价：无底价
成交价：RMB 20,700

青玉双鱼花插
A Celadon Jade Flower Receptacle
清 Qing GD 中国嘉德
2012-6-16 Lot3436 H 19.4cm
估价：RMB 70,000-100,000
成交价：RMB80,500

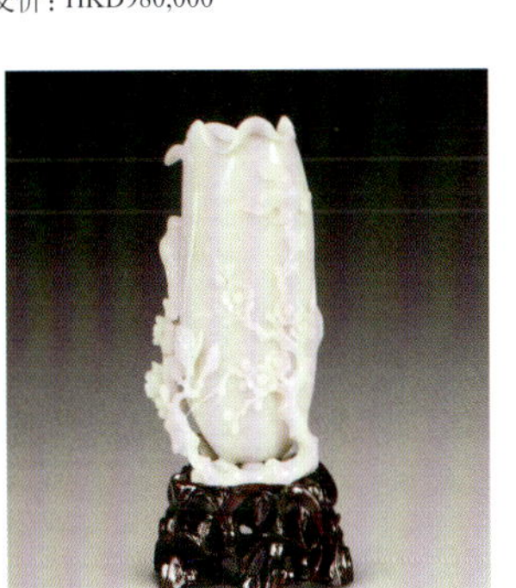

青玉玉兰花插
A Celadon Jade Flower Receptacle
清 Qing GD 中国嘉德
2012-6-16 Lot3441 H 25cm
估价：无底价
成交价：RMB25,300

杨曦 等闲书字满芭蕉 白玉香插
Yang Xi A White Jade Incense Holder of Musa Basjoo Leaves
年代不详 Unknown XLA 西泠印社
2012-7-7 Lot1925 56×32×8mm；W 22.7g
估价：RMB 25,000-40,000
成交价：RMB43,700

黄玉雕凤出岐山纹花插
A Carved Yellow Jade Phoenix Vase
乾隆 Qianlong BD 北京东正
2012-5-11 Lot34 H 12.5 cm
估价：RMB 450,000-500,000
成交价：RMB862,500

黄玉雕鳌鱼花插
A Carved Yellow Jade Makara Vase
清中期 Mid Qing BD 北京东正
2012-5-11 Lot87 H 20.3 cm
估价：RMB 1,200,000-1,500,000
成交价：RMB1,840,000

碧玉巧雕松竹梅花插
A Nicely Carved Spinach-Green Jade Vase
清 Qing BP 北京保利
2012-6-7 Lot7487 H 14.5cm
估价：RMB 60,000-80,000
成交价：RMB 69,000

白玉鹌鹑盖盒（一对）
A Fine Pair of White Jade Quail-Form Boxes and Covers
乾隆 Qianlong C 佳士得
2012-5-30 Lot4110 L 10.5cm×2
估价：HKD 600,000-800,000
成交价：HKD2,180,000

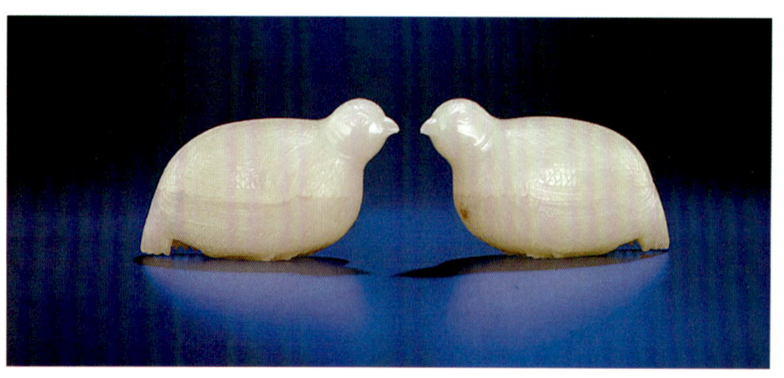

白玉鹌鹑盖盒（一对）
A Pair of White Jade Quail-Form Boxes and Covers
乾隆 Qianlong C 佳士得
2012-11-28 Lot2182 L 11.8cm × 2
估价：HKD 800,000-1,200,000
成交价：HKD2,540,000

白玉镂雕蝴蝶纹香盒
A White Jade Pierced Pomander
清 18-19 世纪 Qing,18th-19th Century C 佳士得
2012-11-28 Lot2410 L 5cm
估价：HKD 50,000-70,000
成交价：HKD162,500

白玉佛手形盖盒
A White Jade Finger Citron-Form Box and A Cover
清 18-19 世纪 Qing,18th-19th Century C 佳士得
2012-3-22 Lot1943 L 12.7cm
估价：USD 15,000-25,000
成交价：USD35,000

白玉莲花形圆盖盒
A Small White Jade "Lotus" Circular Box and Cover
清 18 世纪 Qing,18th Century C 佳士得
2012-5-15 Lot174 D 5.2cm
估价：GBP 15,000-20,000
成交价：GBP18,750

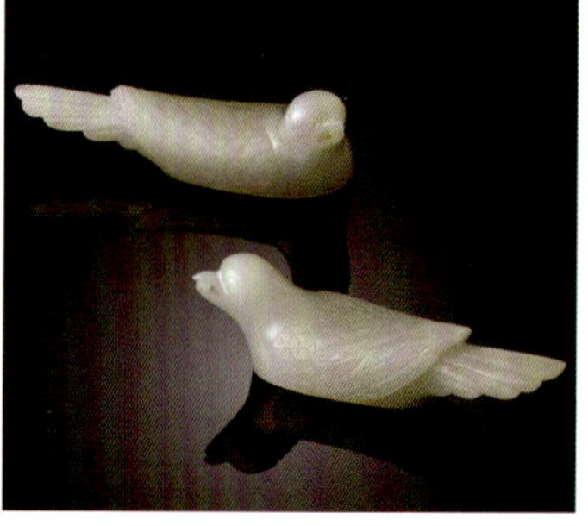

白玉喜鹊形盖一对
A Pair of White Jade "Magpie" Box Covers
乾隆 Qianlong C 佳士得
2012-11-6 Lot11 L 13.2cm × 2
估价：GBP 10,000-15,000
成交价：GBP27,500

白玉“五云多处是三台”盖盒
A Small Inscribed White Jade Circular Tiered Box and Cover
清 18 世纪 Qing,18th Century C 佳士得
2012-11-6 Lot324 D 4.3cm
估价：GBP 6,000-8,000
成交价：GBP25,000

白玉莲瓣纹花卉盒
A Carved White Jade Box with Flower Design
清 Qing BH 北京翰海
2012-12-8 Lot2298 D 8cm
估价：RMB 12,000-16,000
成交价：RMB13,800

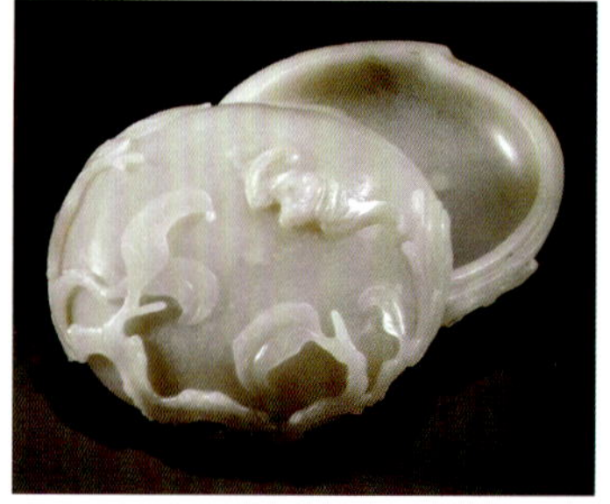

白玉福寿桃形盒
A Carved White Jade Peach Shaped Box and Cover with Bat Design
清中期 Mid Qing BH 北京翰海
2012-5-27 Lot2061 L 11.5cm
估价：RMB 100,000-150,000
成交价：RMB230,000

白玉螭龙纹印盒
明 Ming BP 北京保利
2012-10-24 Lot744 L 6cm
估价：无底价
成交价：RMB437,000

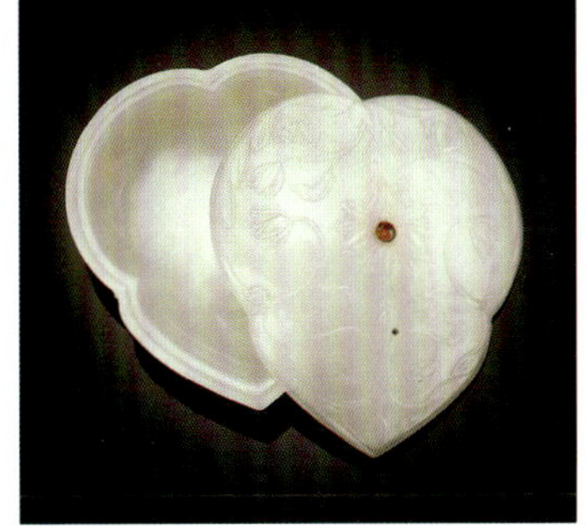

三瓣叶形盖盒
A Mughal Small White Jade Leaf-Shaped Box and Cover
18-19 世纪 18-19th Century C 佳士得
2012-9-13 Lot1028 L 7.5cm
估价：USD 10,000-15,000
成交价：USD25,000

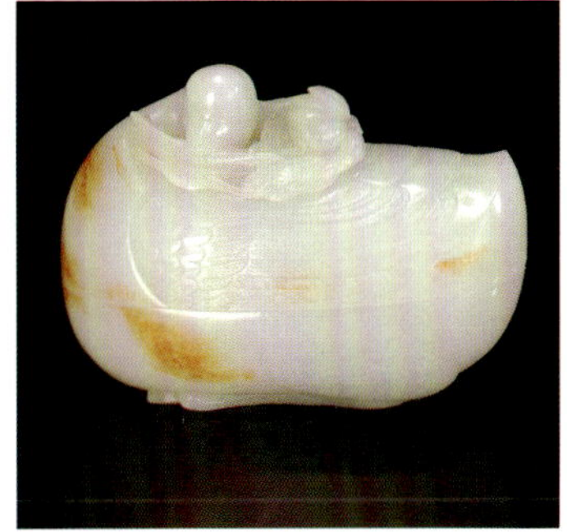

白玉鹅形盖盒
A White Jade "Goose" Box and Cover
乾隆 Qianlong BO 邦瀚斯
2012-11-26 Lot203 L 10.9cm
估价：HKD 800,000-1,200,000
成交价：HKD4,580,000

白玉雕花蝶图圆盒
A White Jade "Butterfly and Chrysanthemum" Box and Cover
乾隆 Qianlong BO 邦瀚斯
2012-5-27 Lot388 D 6cm
估价：HKD 80,000-120,000
成交价：HKD 225,000

青白玉透雕缠枝莲纹椭圆盖盒
A Small Greenish-White Jade Oval Box and Cover
清 18-19 世纪 Qing,18th-19th Century C 佳士得
2012-3-22 Lot1816 W 5.8cm
估价：USD 3,000-5,000
成交价：USD3,750

青玉文房用具一套配紫檀盖盒
A Set of Pale Greenish-White Jade Writing Implements and Zitan Box
清 Qing C 佳士得
2012-3-22 Lot1916 10.3 × 29.3 × 18.8cm
估价：USD 20,000-30,000
成交价：USD52,500

青白玉镂雕扇形香盒
清 Qing BP 北京保利
2012-4-23 Lot1970 W 11.5cm
估价：无底价
成交价：RMB 20,700

青白玉雕回纹八方四系盖盒
年代不详 Unknown RB 北京荣宝
2012-6-24 Lot1622 L 14cm
估价：RMB 35,000-55,000
成交价：RMB39,200

青玉雕琴形印盒
清 Qing RB 北京荣宝
2012-3-10 Lot374 L 12cm
估价：RMB 45,000-65,000
成交价：RMB50,400

翠玉刻龟鹤同寿小圆盒
A Small Jadeite Circular Box and Cover
年代不详 Unknow C 佳士得
2012-5-30 Lot4313 W 5.5cm
估价：HKD 40,000-60,000
成交价：HKD37,500

翠玉圆盖盒
A Jadeite Circular Box and Cover
年代不详 Unknown C 佳士得
2012-5-18 Lot1279 D 10.2cm
估价：GBP 6,000-10,000
成交价：GBP13,750

碧玉龙纹水仙盆
年代不详
BP 北京保利
2012-8-11 Lot1052 D 47cm
估价：无底价
成交价：RMB13,800

碧玉龙纹盒
清 Qing BP 北京保利
2012-8-11 Lot1053 L 15cm
估价：无底价
成交价：RMB51,750

青玉螭纹印盒
明或更早 Ming or Earlier BP 北京保利
2012-10-24 Lot719 L 5cm
估价：无底价
成交价：RMB172,500

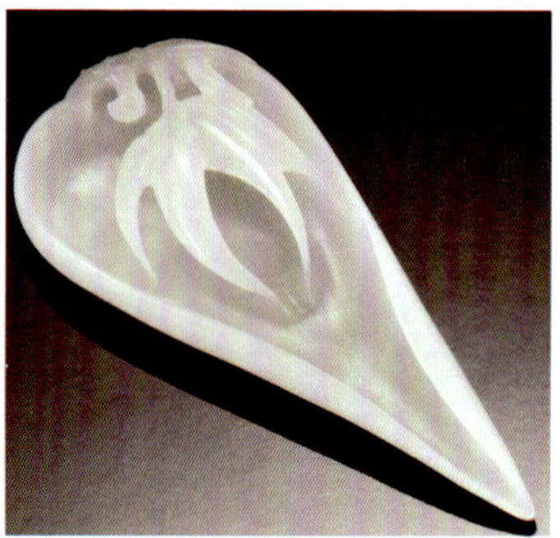

瞿利军 竹报平安 白玉香插
Qu Lijun A White Jade Incense Holder
年代不详 Unknown XLA 西泠印社
2012-7-7 Lot1935 80×36×10mm；W 19g
估价：无底价
成交价：RMB23,000

碧玉团寿纹圆盒
A Carved Celadon Jade Box and Cover
清 Qing BH 北京翰海
2012-12-8 Lot2144 D 16.6cm
估价：RMB 60,000-70,000
成交价：RMB69,000

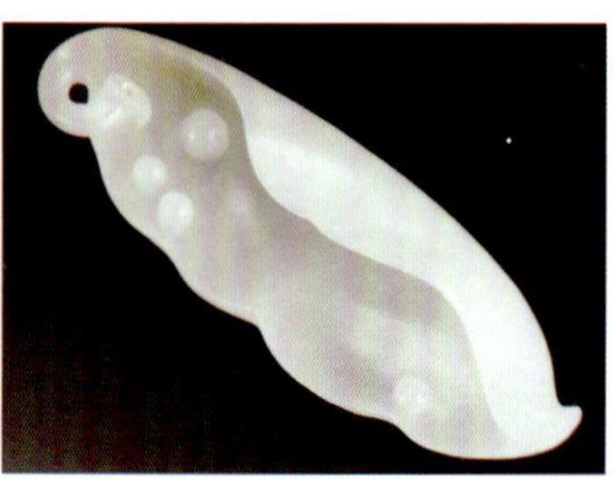

瞿利军 迎风有声 白玉香插
Qu Lijun A White Jade Incense Holder
年代不详 Unknown XLA 西泠印社
2012-7-7 Lot1936 80×28×11mm；W 22.6g
估价：无底价
成交价：RMB23,000

碧玉芙蓉纹圆盖盒一对
A Pair of Greyish-Green Jade Circular Boxes and Covers
年代不详 Unknown C 佳士得
2012-9-13 Lot1046 D 16.2cm
估价：USD 20,000-30,000
成交价：USD20,000

黄玉镂雕花卉纹扳指盖盒
A Small Pierced Yellow Jade Cylindrical Container
清 18 世纪 Qing,18th Century C 佳士得
2012-3-22 Lot1223 4.3×4.1cm
估价：USD 12,000-18,000
成交价：USD15,000

瞿利军 皓态清芳 白玉香插
Qu Lijun A White Jade Incense Holder
年代不详 Unknown XLA 西泠印社
2012-7-7 Lot1937 70×44×10mm；W 28.3g
估价：无底价
成交价：RMB13,800

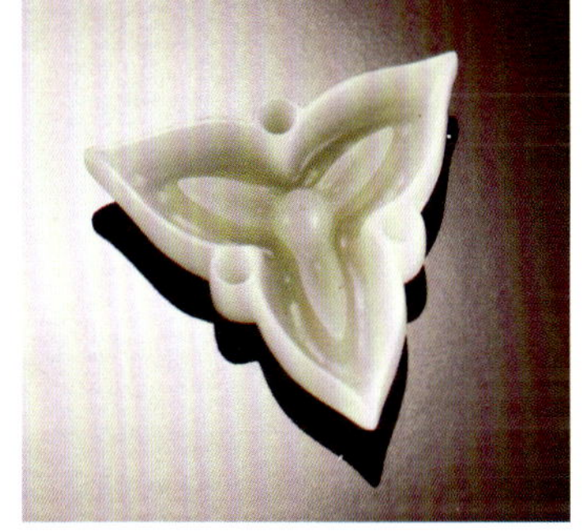

瞿利军 三叶 白玉香插
Qu Lijun A White Jade Incense Holder
年代不详 Unknown XLA 西泠印社
2012-7-7 Lot1938 61×61×15mm；W 33.6g
估价：无底价
成交价：RMB25,300

瞿利军 清风送香远 白玉香插
Qu Lijun A White Jade Incense Holder
年代不详 Unknown XLA 西泠印社
2012-7-7 Lot1939 95×37×9mm；W 39.5g
估价：无底价
成交价：RMB25,300

瞿利军 虚心劲节 白玉香插
Qu Lijun A White Jade Incense Holder with Bamboo Patterns
年代不详 Unknown XLA 西泠印社
2012-10-21 Lot5 87×28×14mm；W 31.7g
估价：无底价
成交价：RMB13800

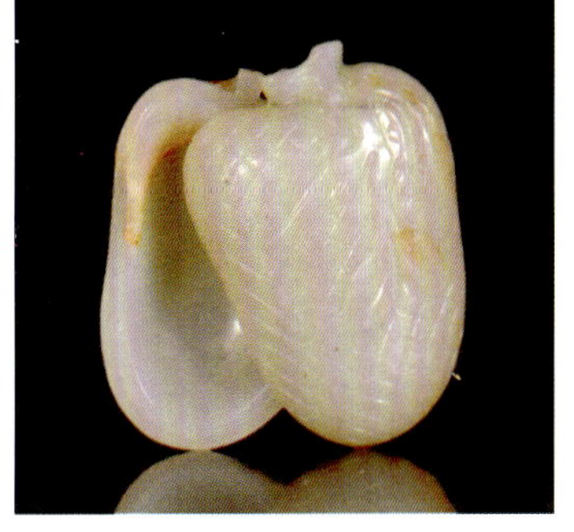

白玉荔枝盒
A White Jade Box
清 Qing GD 中国嘉德
2012-9-17 Lot4126 L 5.7cm
估价：无底价
成交价：RMB5,750

白玉册页带掐丝珐琅盒
A White Jade Inlaid Book with A Filigree Enamel Box
年代不详 Unknown GD 中国嘉德
2012-6-16 Lot3410 16.2×9.7cm；L 20.5cm
估价：无底价
成交价：RMB59,800

铜鎏金嵌玉荷塘图盒
A Bronze Box
年代不详 Unknown GD 中国嘉德
2012-6-16 Lot3481 L 8.7cm
估价：无底价
成交价：RMB9,200

白玉鹌鹑盒（一对）
A Pair of White Jade Quail-Form Boxes
清 Qing GD 中国嘉德
2012-10-29 Lot4002 L 8.5cm × 2
估价：RMB 120,000-180,000
成交价：RMB230,000

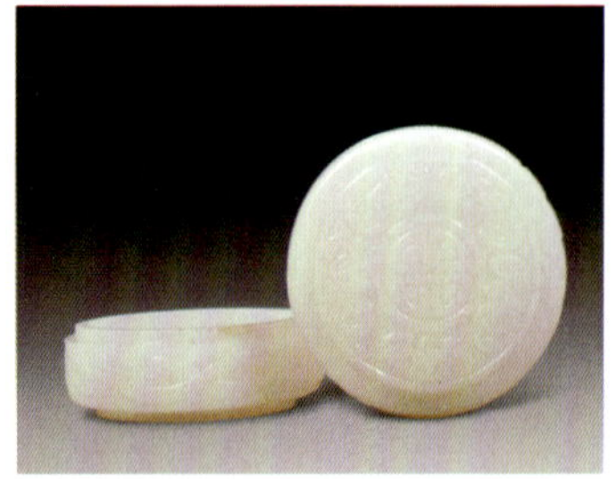

白玉福寿纹印盒
A White Jade Box
清 Qing GD 中国嘉德
2012-6-16 Lot3530 D 5.9cm
估价：RMB 12,000-22,000
成交价：RMB13,800

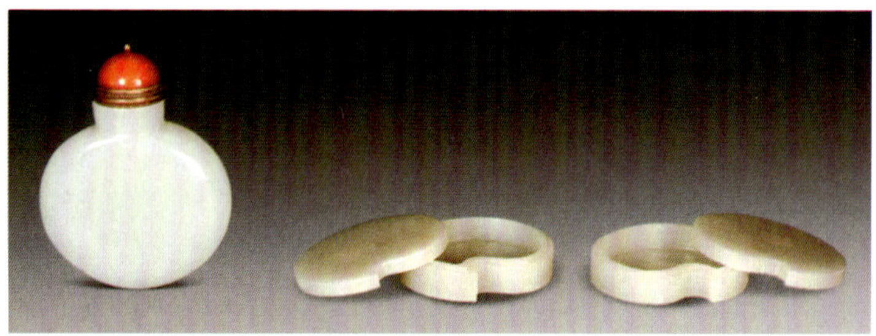

白玉烟壶、白玉盒（一对）
A White Jade Snuff Bottle and A Pair of White Jade Boxes
年代不详 Unknown GD 中国嘉德
2012-9-16 Lot3213 H 7.6cm；D 5cm × 2
估价：无底价
成交价：RMB13,800

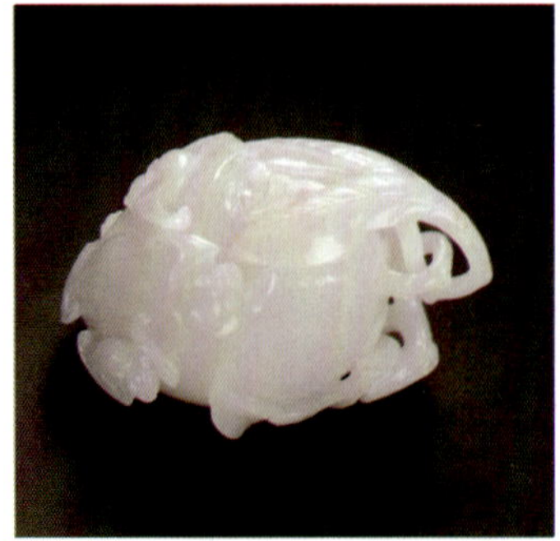

白玉雕五福捧寿纹盖盒
A Fine White Jade Peach-Shaped Brush Washer
乾隆 Qianlong BD 北京东正
2012-10-31 Lot220 L 10cm
估价：RMB 1,200,000-1,300,000
成交价：RMB1,380,000

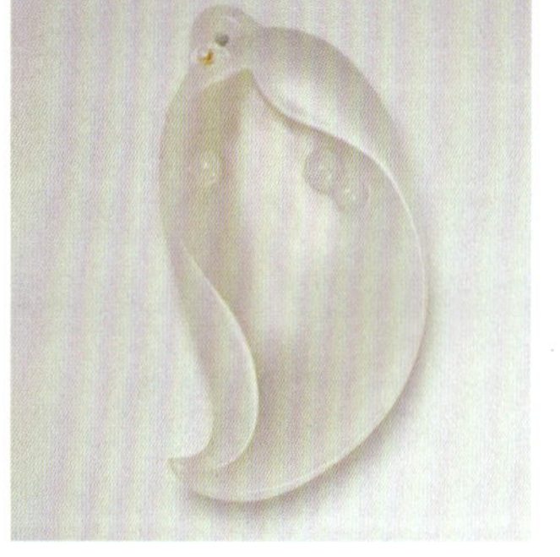

瞿利军 晨露 白玉香插
Qu Lijun A White Jade Incense Holder with Leaf Patterns
年代不详 Unknown XLA 西泠印社
2012-10-21 Lot2 82 × 42 × 13mm；W 35.3g
估价：无底价
成交价：RMB8,050

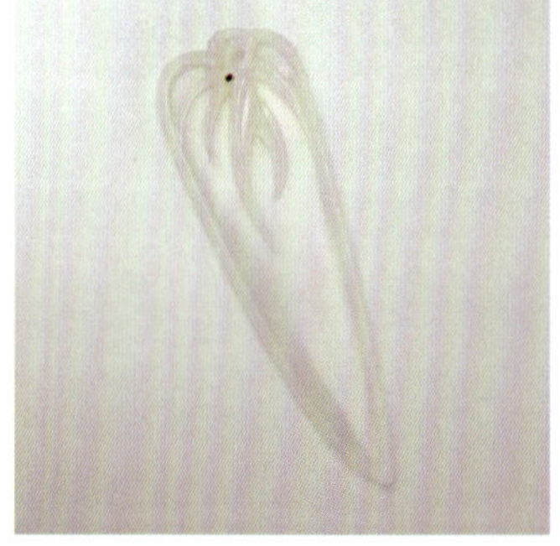

瞿利军 清韵拔俗 白玉香插
Qu Lijun A White Jade Incense Holder
年代不详 Unknown XLA 西泠印社
2012-10-21 Lot3 97 × 31 × 7mm；W 18.7g
估价：无底价
成交价：RMB6,900

瞿利军 柳堤烟暖 白玉印泥盒
Qu Lijun A Jade Inkpad Container with Landscape Patterns
年代不详 Unknown XLA 西泠印社
2012-10-21 Lot13 D 54mm；H 25mm；W 97.7g
估价：RMB80,000-120,000
成交价：RMB149,500

掐丝珐琅嵌明代白玉麒麟五毒带板盖盒
A White Jade Inlaid Cloisonne Enamel Box and Cover
明 Ming BP 北京保利
2012-6-7 Lot7451 L 10.2cm
估价：RMB 60,000-80,000
成交价：RMB 69,000

白玉七佛八宝莲瓣衮盒
A Rare White Jade Box with Buddhist Figures
乾隆 Qianlong BP 北京保利
2012-12-5 Lot5771 D 13cm
估价：RMB 8,000,000-12,000,000
成交价：RMB12,650,000
2012 TOP10 中国玉器拍卖十大排行榜 Top 8
2012 TOP10 中国玉器拍卖器皿类十大排行榜 Top 3

白玉雕如意纹盖盒
An Imperial White Jade Box and Cover
乾隆 Qianlong BD 北京东正
2012-10-31 Lot231 L 7.5cm
估价：RMB 1,800,000-2,000,000
成交价：RMB2,070,000

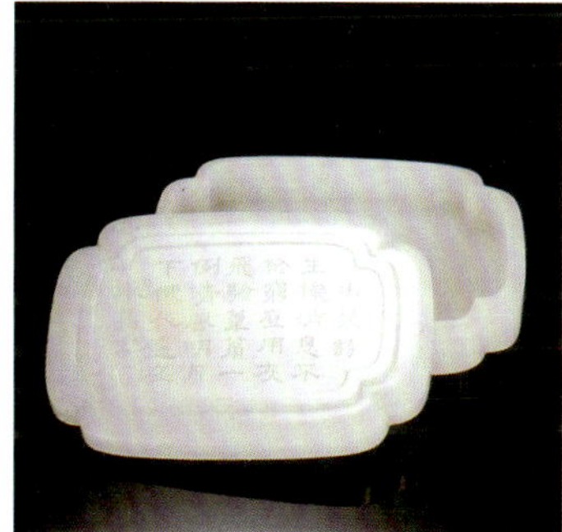

白玉御制诗盖盒
A Fine White Jade Inscribed Box and Cover
乾隆 Qianlong BP 北京保利
2012-6-7 Lot7599 L 9.2cm
估价：RMB 135,000-150,000
成交价：RMB 264,500

黄花梨嵌白玉盖盒
A White Jade Inlaid Huanghuali Box and Cover
清 Qing BP 北京保利
2012-6-7 Lot7679 H 8.7cm；D 11.7cm
估价：RMB 30,000-50,000
成交价：RMB 34,500

白玉素面方盒
An Outstanding White Jade Square Box and Cover
乾隆 Qianlong BP 北京保利
2012-12-5 Lot5711 L 12.9cm
估价：RMB 2,000,000-3,000,000
成交价：RMB2,300,000

白玉琴形“阳春白雪”香盒
A White Jade Qin-Shaped Incense Box
清 Qing BP 北京保利
2012-6-6 Lot6913 L 8.3cm
估价：RMB 60,000-80,000
成交价：RMB230,000

白玉石榴盖盒
A White Jade Box and Cover
清 Qing BP 北京保利
2012-12-7 Lot7428 L 8cm
估价：RMB 50,000-80,000
成交价：RMB195,500

白玉雕倭角锦地花卉纹盖盒
A Carved White Jade Box and Cover
乾隆 Qianlong BD 北京东正
2012-10-31 Lot370 L 7.7 cm
估价：RMB 280,000-300,000
成交价：RMB368,000

青玉花卉纹盒
A Celadon Jade Box
年代不详 Unknown GD 中国嘉德
2012-9-16 Lot3177 D 5.3cm
估价：无底价
成交价：RMB23,000

黄玉鱼纹盒
A Carved "Fish" Yellow Jade Box and Cover
清 Qing GD 中国嘉德
2012-10-29 Lot4144 W 14.5 cm
估价：RMB 50,000-80,000
成交价：RMB82,800

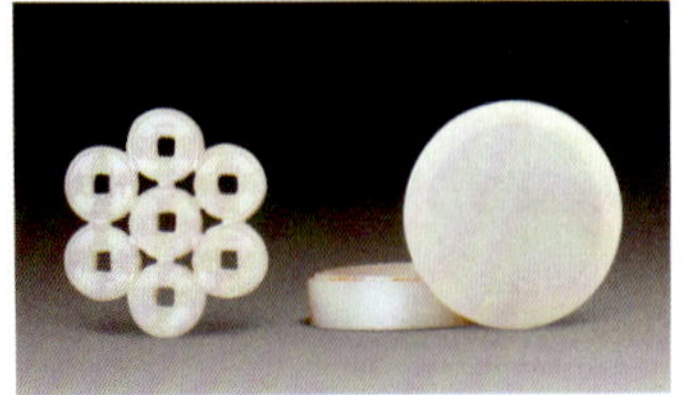

白玉印盒、白玉钱形珮各一件
A White Jade Pendant and A White Jade Inkbox
年代不详 Unknown GD 中国嘉德
2012-9-16 Lot3305 D 5.5cm；L 5.6cm
估价：无底价
成交价：RMB6,900

白玉雕海屋添筹纹印泥盒
A Carved White Jade Seal Box and Cover
乾隆 Qianlong BD 北京东正
2012-10-31 Lot369 D 7 cm
估价：RMB 250,000-280,000
成交价：RMB322,000

黄玉镂雕缠枝莲纹香盒
A Very Rare and Fine Yellow Jade Open Carved Box
清中期 Mid Qing KS 北京匡时
2012-6-4 Lot1410 10.2×3.2×10cm
估价：RMB 100,000-120,000
成交价：RMB124,200

玉"寿"字纹圆角方盖盒
A Small Jade Celadon Square Box and Cover
清 18 世纪 Qing,18th Century S 苏富比
2012-5-16 Lot205 5cm
估价：GBP 4,000-6,000
成交价：GBP5,000

白玉花卉纹圆盖盒
A White Jade Seal Paste Box and Cover
乾隆 Qianlong S 苏富比
2012-4-4 Lot3008 6.6cm
估价：HKD 80,000-120,000
成交价：HKD620,000

碧玉海屋添筹三层盖盒
A Spinach-Green Jade Three-Tier Box and Cover
乾隆 Qianlong BP 北京保利
2012-6-7 Lot7600 W 5.1cm
估价：RMB 200,000-300,000
成交价：RMB 230,000

青白玉螭龙纹方印盒
A Fine Greenish-White "Chi-Dragon" Square Seal Box
万历 Wanli BP 北京保利
2012-6-6 Lot7019 L 9cm
估价：RMB 120,000-180,000
成交价：RMB184,000

PART 6

鼻烟壶
Snuff Bottle

御制白玉龙纹鼻烟壶
An Imperial and Very Rare White Jade "Dragon" Snuff Bottle
乾隆 Qianlong BP 北京保利
2012-6-6 Lot7234 H 8.5cm
估价：RMB 700,000-1,000,000
成交价：RMB 1,380,000
2012 Chinese Art Auction TOP10 中国玉器拍卖鼻烟壶十大排行榜 Top 1

白玉双龙诗文烟壶
乾隆 Qianlong BP 北京保利
2012-4-22 Lot1646 H 7cm
估价：RMB 50,000-80,000
成交价：RMB920,000
2012 Chinese Art Auction TOP10 中国玉器拍卖鼻烟壶十大排行榜 Top 3

苏作松下人物白玉鼻烟壶
A Rare and Nice "Suzuo" White Jade Snuff Bottle
清中期 Mid Qing BP 北京保利
2012-6-6 Lot7232 H 9cm
估价：RMB 700,000-900,000
成交价：RMB 920,000
2012 Chinese Art Auction TOP10 中国玉器拍卖鼻烟壶十大排行榜 Top 2

白玉仿古龙凤纹鼻烟壶
A Fine White Jade Snuff Bottle
清乾隆 Qianlong S 苏富比
2012-4-4 Lot3015 H 7.5cm
估价：HKD 80,000-120,000
成交价：HKD680,000
2012 Chinese Art Auction TOP10 中国玉器拍卖鼻烟壶十大排行榜 Top 10

白玉双骏图烟壶
乾隆 Qianlong BP 北京保利
2012-4-22 Lot1645 H 8.5cm
估价：RMB 100,000-200,000
成交价：RMB517,500

白玉葫芦形御制诗文鼻烟壶
A White Jade Gourd-Shape "Yu Shi Wen" Snuff Bottle
乾隆 Qianlong GD 中国嘉德
2012-5-15 Lot3704 H 6.3cm
估价：RMB 240,000-400,000
成交价：RMB713,000
2012 Chinese Art Auction TOP10 中国玉器拍卖鼻烟壶十大排行榜 Top 5

白玉夔龙纹烟壶
乾隆 Qianlong BP 北京保利
2012-4-22 Lot1649 H 7.5cm
估价：RMB 10,000-20,000
成交价：RMB402,500

御题双面诗文白玉鼻烟壶
A Rare and Nice White Jade Inscribed Snuff Bottle
清 Qing BP 北京保利
2012-6-6 Lot7233 H 8.2cm
估价：RMB 300,000-500,000
成交价：RMB 437,000

白玉洒金皮竹纹题诗烟壶
乾隆 Qianlong BP 北京保利
2012-4-22 Lot1644 H 8.5cm
估价：RMB 120,000-150,000
成交价：RMB437,000

白玉鹿鹤同春鼻烟壶
A Large White Jade Snuff Bottle with Deer and Crane
乾隆 Qianlong BP 北京保利
2012-12-6 Lot6805 H 8.6cm
估价：RMB 250,000-350,000
成交价：RMB437,000

白玉巧雕福寿万代烟壶
乾隆 Qianlong BP 北京保利
2012-4-22 Lot1640 H 6cm
估价：RMB 35,000-45,000
成交价：RMB402,500

白玉巧雕九如鼻烟壶
雍正 Yongzheng BP 古天一
2012-12-2 Lot1004 H 6.5cm
估价：RMB 800,000-1,200,000
成交价：RMB805,000
2012 Chinese Art Auction TOP10 中国玉器拍卖鼻烟壶十大排行榜 Top 4

白玉包袱团寿纹鼻烟壶
A White Jade Snuff Bottle with "Longevity" Motif
乾隆 Qianlong BP 北京保利
2012-12-6 Lot6806 H 6.8cm
估价：RMB 300,000-500,000
成交价：RMB402,500

白玉福寿双全鼻烟壶
A White Jade Peach-Form Snuff Bottle
清 1750-1830 年 Qing,1750-1830 C 佳士得
2012-3-22 Lot1604 H 6cm
估价：USD 6,000-8,000
成交价：USD62,500

白玉鼻烟壶
A Carved White Jade Snuff Bottle
清 18 世纪 Qing,18th Century C 佳士得
2012-5-15 Lot141 H 6.7 cm
估价：GBP 6,000-8,000
成交价：GBP34,850

白玉双骏诗文烟壶
乾隆 Qianlong BP 北京保利
2012-4-22 Lot1643 H 6cm
估价：RMB 100,000-200,000
成交价：RMB345,000

白玉五福捧寿烟壶
A White Jade Snuff Bottle
乾隆 Qianlong BP 北京保利
2012-12-6 Lot6801 H 6.5cm
估价：RMB 250,000-350,000
成交价：RMB345,000

白玉"瓜瓞绵绵"纹鼻烟壶
A White Jade Pebble Snuff Bottle
清 18-19 世纪 Qing,18-19th Century S 苏富比
2012-11-7 Lot457 7.4cm
估价：GBP 4,000-6,000
成交价：GBP27,500

白玉痕都斯坦式烟壶
乾隆 Qianlong BP 北京保利
2012-4-22 Lot1647 H 7.5cm
估价：RMB 80,000-100,000
成交价：RMB322,000

御制白玉仿古兽面鼻烟壶
An Imperial White Jade Snuff Bottle with Carved Auspicious Animal' s Face
乾隆 Qianlong BP 北京保利
2012-12-6 Lot6800 H 7.7cm
估价：RMB 200,000-300,000
成交价：RMB322,000

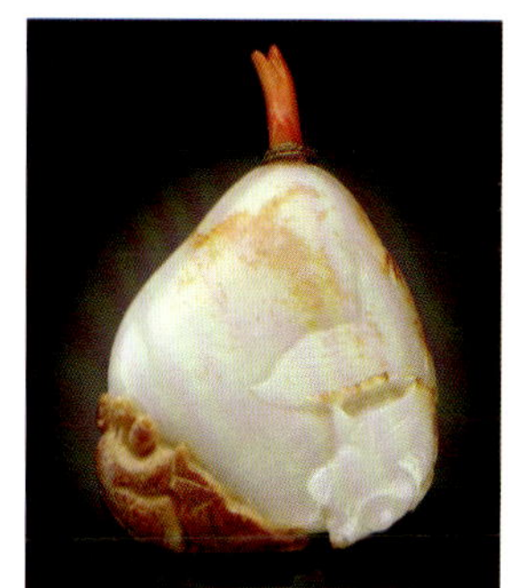

白玉荷塘双鱼图鼻烟壶
An Unusual White, Brown and Russet Jade Snuff Bottle
清（1730-1840 年） Qing,1730-1840 C 佳士得
2012-3-22 Lot1559 W 5.7cm
估价：USD 5,000-7,000
成交价：USD47,500

白玉题诗“梅花”图双羊耳鼻烟壶
An Inscribed White Jade Snuff Bottle with "Ram Head" handles
乾隆 Qianlong S 苏富比
2012-10-9 Lot3010 7.8cm
估价：HKD 250,000-300,000
成交价：HKD350,000

白玉巧雕蝉纹葫芦万代烟壶
乾隆 Qianlong BP 北京保利
2012-4-22 Lot1639 L 6.5cm
估价：RMB 30,000-40,000
成交价：RMB276,000

白玉痕都斯坦式烟壶
清 Qing BP 北京保利
2012-4-22 Lot1655 H 7.5cm
估价：RMB 10,000-20,000
成交价：RMB276,000

白玉茄形鼻烟壶
A Large White Jade Eggplant-Form Snuff Bottle
清（1750-1830 年） Qing,1750-1830 C 佳士得
2012-3-22 Lot1607 H 6.8cm
估价：USD 7,000-9,000
成交价：USD52,500

白玉包袱形鼻烟壶
A White Jade "Cloth-Wrapper" Snuff Bottle
乾隆 Qianlong BP 北京保利
2012-12-6 Lot6809 H 7.3cm
估价：RMB 150,000-200,000
成交价：RMB253,000

白玉竹形鼻烟壶
A Rare White and Russet Jade Bamboo-Form Snuff Bottle
清（1750-1850 年） Qing,1750-1850 C 佳士得
2012-3-22 Lot1571 H 6cm
估价：USD 8,000-12,000
成交价：USD40,000

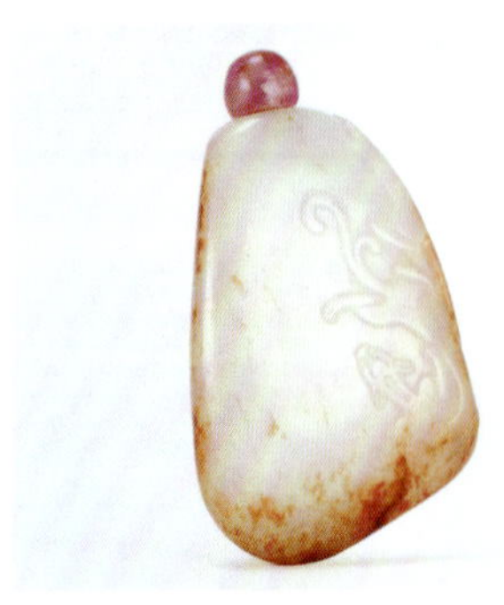

白玉洒金皮双螭烟壶
A Nice White Jade "Chi-Dragon" Snuff Bottle
乾隆 Qianlong BP 北京保利
2012-6-6 Lot7160 H 6.5cm
估价：RMB 200,000-300,000
成交价：RMB 241,500

白玉辅首纹烟壶
乾隆 Qianlong BP 北京保利
2012-4-22 Lot1650 H 6cm
估价：RMB 10,000-20,000
成交价：RMB241,500

白玉洒金皮犬形鼻烟壶
A White Jade "Dog" Snuff Bottle
清中期 Mid Qing BP 北京保利
2012-12-6 Lot6819 H 8.2cm
估价：RMB 150,000-200,000
成交价：RMB241,500

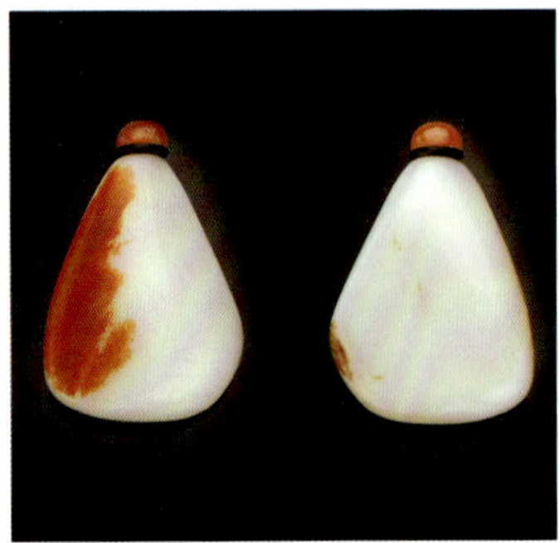

白玉鼻烟壶
A White and Russet Jade "Pebble" Snuff Bottle
清 1750-1850 年 Qing,1750-1850 C 佳士得
2012-3-22 Lot1609 H 7.3cm
估价：USD 20,000-30,000
成交价：USD37,500

苏作白玉采药图烟壶
A White Jade Snuff Bottle
清中期 MiD Qing GD 中国嘉德
2012-9-17 Lot4169 H 6.8cm
估价：RMB 200,000-300,000
成交价：RMB230,000

白玉留皮仙人纳福烟壶
清中期 Mid Qing BP 北京保利
2012-4-22 Lot1654 H 6cm
估价：RMB 10,000-20,000
成交价：RMB230,000

白玉花卉双狮耳烟壶
乾隆 Qianlong BP 北京保利
2012-4-22 Lot1652 H 7cm
估价：RMB 10,000-20,000
成交价：RMB207,000

白玉光素鼻烟壶
A Fine Russet and Jade Pebble Snuff Bottle
雍正 - 乾隆 Yongzheng-Qianlong C 佳士得
2012-11-28 Lot2332 H 5cm
估价：HKD 150,000-200,000
成交价：HKD250,000

白玉素折方式鼻烟壶
A White Jade Snuff Bottle
清中期 Mid Qing GD 中国嘉德
2012-5-14 Lot3640 H 6cm
估价：RMB 170,000-300,000
成交价：RMB195,500

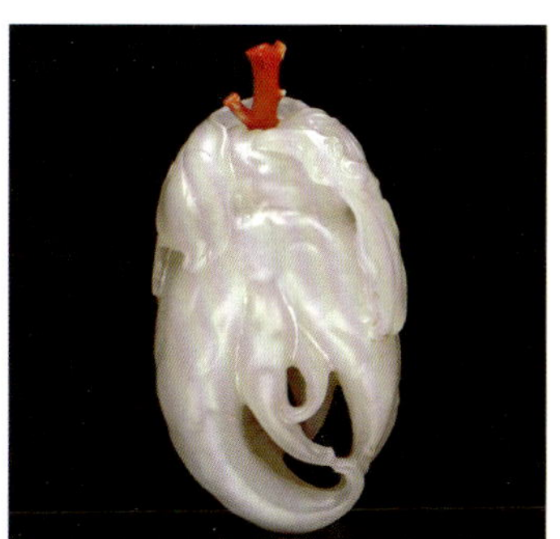

白玉佛手形鼻烟壶
A White Jade "Finger Citron" Snuff Bottle
清 18 世纪 Qing,18th Century C 佳士得
2012-5-15 Lot124 H 8cm
估价：GBP 6,000-8,000
成交价：GBP18,750

白玉英雄烟壶
乾隆 Qianlong BP 北京保利
2012-4-22 Lot1648 H 8.5cm
估价：RMB 60,000-80,000
成交价：RMB184,000

白玉菅箩纹鼻烟壶
A White Jade Snuff Bottle with Carved Pineapple Decoration
乾隆 Qianlong BP 北京保利
2012-12-6 Lot6803 H 7cm
估价：RMB 80,000-120,000
成交价：RMB172,500

白玉红皮烟壶
清 Qing BP 北京保利
2012-4-22 Lot1638 H 5.5cm
估价：RMB 10,000-20,000
成交价：RMB161,000

白玉葫芦御题诗花卉鼻烟壶
A White Jade Double-Groud Snuff Bottle with Imperial Inscription
乾隆 Qianlong BP 北京保利
2012-12-6 Lot6802 H 7.2cm
估价：RMB 120,000-180,000
成交价：RMB161,000

御制白玉双螭鼻烟壶
An Imperial White Jade Snuff Bottle with Double Dragons
乾隆 Qianlong BP 北京保利
2012-12-6 Lot6810 H 6.2cm
估价：RMB 80,000-120,000
成交价：RMB161,000

白玉茄形鼻烟壶
A White Jade Eggplant Shaped Snuff Bottle
乾隆 Qianlong BP 北京保利
2012-12-6 Lot6812 H 8.2cm
估价：RMB 80,000-120,000
成交价：RMB161,000

白玉留皮梅花烟壶
清 Qing BP 北京保利
2012-4-22 Lot1633 H 8.5cm
估价：无底价
成交价：RMB149,500

白玉留皮寿星图鼻烟壶
A Nice White Jade Snuff Bottle
清 Qing BP 北京保利
2012-6-6 Lot7230 H 7.6cm
估价：RMB 120,000-150,000
成交价：RMB 207,000

灰玉饕餮纹鼻烟壶
An Unusual Archaistic Pale Greyish-White, Russet, and Black Jade Snuff Bottle
清 1740-1840 年 Qing,1740-1840 C 佳士得
2012-3-22 Lot1576 H 6cm
估价：USD 4,000-6,000
成交价：USD25,000

卵石皮浮雕师流派 青玉牧童钓翁图鼻烟壶
A Well-Carved Greenish-Yellow and Brown Jade Snuff Bottle
清 1740-1850 年 Qing,1740-1850 C 佳士得
2012-3-22 Lot1563 H 5.7cm
估价：USD 6,000-8,000
成交价：USD30,000

翡翠光素鼻烟壶
年代不详 Unknown GG 北京歌德
2012-12-1 Lot1132 H 6.5cm
估价：RMB 100,000-200,000
成交价：RMB632,500

2012 Chinese Art Auction TOP10 中国玉器拍卖鼻烟壶十大排行榜 Top 6

白玉留皮瓜形老鼠烟壶
年代不详 Unknown BP 北京保利
2012-10-24 Lot1204 L 6cm
估价：无底价
成交价：RMB184,000

和田白玉洒金皮雕鼻烟壶
An Finely Carved White Jade Snuff Bottle
清 Qing HC 北京华辰
2010-10-30 Lot52 H 7.2cm
估价：RMB 150,000-180,000
成交价：RMB172,500

和田白玉带皮随形雕鼻烟壶
An Unusual Jade Snuff Bottle
清 Qing HC 北京华辰
2010-10-30 Lot53 H 9cm
估价：RMB 150,000-180,000
成交价：RMB172,500

翡翠雕双凤云纹鼻烟壶
年代不详 Unknown GG 北京歌德
2012-12-1 Lot1134 H 6cm
估价：RMB 500,000-600,000
成交价：RMB632,500
2012 Chinese Art Auction TOP10 中国玉器拍卖鼻烟壶十大排行榜 Top 7

翡翠雕松鹤长青鼻烟壶
A Finely Carved Jadite Snuff Bottle
清 Qing BC 北京诚轩
2012-10-28 Lot911 4.2×2.8 ×6.0cm
估价：RMB 400,000-500,000
成交价：RMB598,000
2012 Chinese Art Auction TOP10 中国玉器拍卖鼻烟壶十大排行榜 Top 8

翡翠嵌百宝婴戏图鼻烟壶
A Very Rare and Fine Jadite Carved Snuff Box
乾隆 Qianlong KS 北京匡时
2012-12-5 Lot1945 H 6cm
估价：RMB 180,000-200,000
成交价：RMB253,000

珊瑚镶翠寿字烟壶
A Fine and Nice Coral Snuff Bottle
清 Qing BP 北京保利
2012-6-6 Lot7159 H 9.7cm
估价：RMB 150,000-200,000
成交价：RMB 184,000

黄玉鼻烟壶
A Rare and Fine Yellow Jade Snuff Bottle
清 Qing BP 北京保利
2012-6-6 Lot7231 H 7.5cm
估价：RMB 150,000-200,000
成交价：RMB 264,500

翡翠雕一鹭连科鼻烟壶
年代不详 Unknown GG 北京歌德
2012-12-1 Lot1131 H 6cm
估价：RMB 200,000-300,000
成交价：RMB517,500

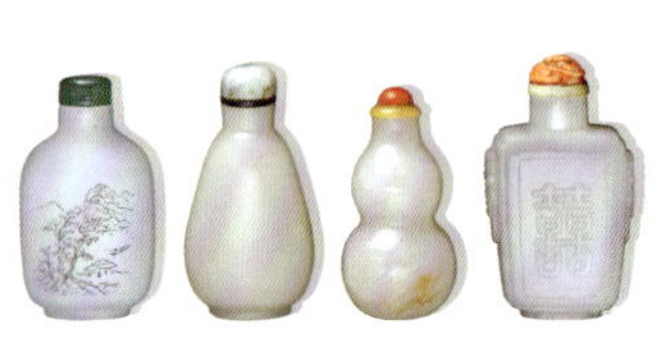

玉雕鼻烟壶一组四件
Two Pale Celadon Jade and Two Glass Snuff Bottles
清 18-19 世纪 Qing,18th-19th Century C 佳士得
2012-5-15 Lot149 最高 H 7.5cm
估价：GBP 6,000-8,000
成交价：GBP20,000

御制黄玉团龙纹鼻烟壶
A Yellow Jade Snuff Bottle with Carved Dragon Decoration
乾隆 Qianlong BP 北京保利
2012-12-6 Lot6804 H 6.7cm
估价：RMB 500,000-800,000
成交价：RMB575,000

2012 Chinese Art Auction TOP10 中国玉器拍卖鼻烟壶十大排行榜 Top 9

黄玉福寿万代烟壶
乾隆 Qianlong BP 北京保利
2012-4-22 Lot1657 H 7.5cm
估价：RMB 60,000-80,000
成交价：RMB460,000

御制黄玉龙纹烟壶
乾隆 Qianlong BP 北京保利
2012-4-22 Lot1660 H 5.5cm
估价：RMB 100,000-200,000
成交价：RMB414,000

翡翠雕五福捧寿鼻烟壶
年代不详 Unknown GG 北京歌德
2012-12-1 Lot1133 H 7cm
估价：RMB 100,000-200,000
成交价：RMB517,500

PART 7

印章·印玺
Seal

皇家玺印
Imperiai Seal

玉印玺（两件）
Two Jade Seals
清 Qing S 苏富比
2012-11-7 Lot393 尺寸不一
估价：GBP 6,000-10,000
成交价：GBP15,000

白玉交龙纽“八徵耄念之宝”玺
An Important Imperially Inscribed “Ba Zheng Mao Nian” White Jade Dragon Seal
乾隆 Qianlong BP 北京保利
2012-6-5 Lot6054 7.5×7.5×6.2cm
估价：咨询价
成交价：RMB69,000,000

2012 Chinese Art Auction TOP10 中国玉器拍卖十大排行榜 Top 1
2012 Chinese Art Auction TOP10 中国玉器拍卖印章·印玺十大排行榜 Top 1

白玉龙钮玺
A White Jade Seal
年代不详 Unknown GD 中国嘉德
2012-6-16 Lot3520 L 8.9cm
估价：无底价
成交价：RMB10,350

玉交龙钮长方玺
An Imperial Jade “Ba Zheng Mao Nian Zhi Bao” Seal
乾隆 Qianlong S 苏富比
2012-9-12 Lot303 6×6cm
估价：USD 800,000-1,200,000
成交价：USD3,498,500

2012 Chinese Art Auction TOP10 中国玉器拍卖十大排行榜 Top 3
2012 Chinese Art Auction TOP10 中国玉器拍卖印章·印玺十大排行榜 Top 2

白玉瑞兽钮“延熏山馆”小玺
An Extremely Rare "Yan Xun Shan Guan" White Jade Seal
康熙 - 乾隆 Kangxi-Qianlong BP 北京保利
2012-6-5 Lot6184 L 5.3cm
估价：RMB 700,000-1,000,000
成交价：RMB1,380,000 2012 Chinese Art Auction TOP10 中国玉器拍卖印章·印玺十大排行榜 Top 9

乾隆帝御宝海水螭龙钮青白玉玺
An Imperial Celadon and Brown Jade Seal
乾隆 Qianlong S 苏富比
2012-10-9 Lot3006 8.6cm
估价：HKD 8,000,000-12,000,000
成交价：HKD16,340,000 2012 Chinese Art Auction TOP10 中国玉器拍卖十大排行榜 Top 6
2012 Chinese Art Auction TOP10 中国玉器拍卖印章·印玺十大排行榜 Top 3

白玉留皮印玺
A White Jade Seal
年代不详 Unknown GD 中国嘉德
2012-6-16 Lot3521 H 6.3cm
估价：无底价
成交价：RMB32,200

印钮印面慈禧太后御宝交龙钮碧玉玺
An Imperial Khotan Green Jade "Dragon" Seal
1834-1908 年 1834-1908 S 苏富比
2012-5-16 Lot186 13.1 × 13.1cm
估价：GBP 300,000-400,000
成交价：GBP313,250 2012 Chinese Art Auction TOP10 中国玉器拍卖印章·印玺十大排行榜 Top 5

碧玉云龙纽方玺（一对）

A Pair of Extremely Rare Spinach-Jade Square Seals

乾隆 - 嘉庆 Qianlong-Jiaqing BP 北京保利

2012-12-5 Lot5658 5.9 × 4 × 4cm

估价：RMB 1,500,000-2,500,000

成交价：RMB2,300,000

2012 Chinese Art Auction TOP10 中国玉器拍卖印章·印玺十大排行榜 Top 6

嘉庆皇帝御制镂雕龙钮碧玉玺

An Imperial Spinach Jade "Xianfu Gong" Seal

嘉庆 Jiaqing S 苏富比

2012-9-12 Lot362 L 5.5 × 3.6cm

估价：USD 400,000-600,000

成交价：USD1,202,500

2012 Chinese Art Auction TOP10 中国玉器拍卖印章·印玺十大排行榜 Top 4

慈禧太后御宝青玉玺

A Massive Imperial Celadon Jade "Tihe Dian Zhenshang" seal

清 19-20 世纪 Qing,19-20th century S 苏富比

2012-10-9 Lot3019 10 × 12.7 × 12.7cm

估价：HKD 1,000,000-1,500,000

成交价：HKD2,660,000

2012 Chinese Art Auction TOP10 中国玉器拍卖印章·印玺十大排行榜 Top 7

其他印章
Other Seal

白玉龙钮扣小品（十件）
清 Qing BP 北京保利
2012-10-24 Lot839 尺寸不一
估价：RMB 12,000-25,000
成交价：RMB13,800

白玉苍龙教子方印
A Very Rare and Nice White Jade "Dragon" Square Seal
清 Qing BP 北京保利
2012-6-7 Lot7642 W 3.8cm ; W 3.8cm ; H 3.5cm
估价：RMB 1,500,000-2,000,000
成交价：RMB 1,955,000 2012 Chinese Art Auction TOP10 中国玉器拍卖印章·印玺十大排行榜 Top 8

白玉兽钮圆章
A Nice White Jade Circular Seal
乾隆 Qianlong BP 北京保利
2012-6-7 Lot7512 H 3cm
估价：RMB 20,000-30,000
成交价：RMB 32,200

白玉兽钮“卧云”方章
A Nice White Jade Seal
乾隆 Qianlong BP 北京保利
2012-6-7 Lot7513 H 3.5cm
估价：RMB 20,000-30,000
成交价：RMB 34,500

白玉龙钮方章
A Nice White Jade Square Seal
清中期 Mid Qing BP 北京保利
2012-6-7 Lot7516 H 5cm
估价：RMB 30,000-50,000
成交价：RMB 69,000

白玉瑞兽钮印章
A White Jade Seal with Knob Carved Anspicious Beast
明或更早 Early Ming or Earlier BP 北京保利
2012-12-7 Lot7615 H 4.5cm
估价：RMB 100,000-150,000
成交价：RMB115,000

白玉龙钮押印
明或更早 Ming or Earlier BP 北京保利
2012-10-24 Lot725 L 4cm
估价：无底价
成交价：RMB299,000

2012 Chinese Art Auction TOP10 中国玉器拍卖印章·印玺十大排行榜 Top 10

黑白玉玺印一方
A Black and White Jade Seal
19 世纪 19th Century C 佳士得
2012-5-18 Lot1082 H 2.8cm
估价：GBP 4,000-6,000
成交价：GBP26,875

白玉龟钮印章
A White Jade Seal
清 Qing GD 中国嘉德
2012-10-29 Lot4033 4.5×4.5×5.3cm
估价：RMB 30,000-50,000
成交价：RMB138,000

白玉留皮瑞兽钮章料
年代不详 Unknown BP 北京保利
2012-8-11 Lot866 L 4cm
估价：RMB 10,000-20,000
成交价：RMB28,750

白玉雕鸿运当头瑞兽钮扁方章
A Carved Jade Seal
清中期 Mid Qing BC 北京诚轩
2012-5-13 Lot222 2×1.6×4cm
估价：RMB 80,000-100,000
成交价：RMB161,000

白玉雕"张元佐印"兽钮方章
A WhiteJade Beast Knob Square Seal Inscribed With "Zhang Yuan Zuo Yin"
明 Ming BD 北京东正
2012-5-11 Lot37 H 5.3 cm
估价：RMB 200,000-250,000
成交价：RMB230,000

白玉瑞兽钮印
清 Qing BP 北京保利
2012-8-11 Lot1458 H 4.5cm
估价：无底价
成交价：RMB3,450

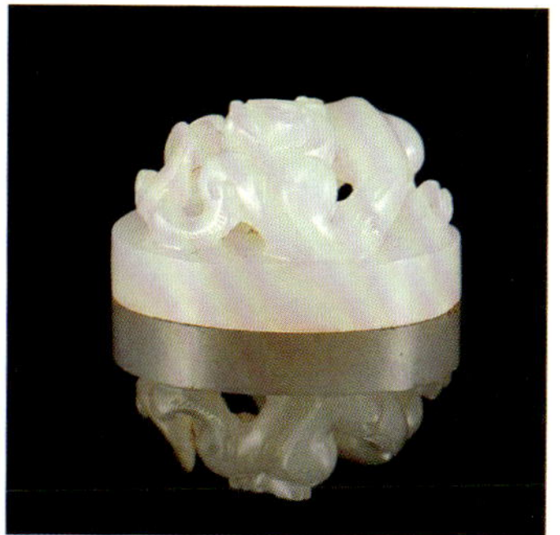

白玉子孙永宝螭龙钮印
A Well-Carved "Dragon" white Jade Seal
清 Qing XLA 西泠印社
2012-7-9 Lot2658 H 1.6cm；D 2.9cm
估价：RMB 200,000-250,000
成交价：RMB230,000

白玉螭钮章
A White Jade Seal
清 Qing GD 中国嘉德
2012-6-16 Lot3519 L 3.7cm
估价：RMB 5,000-8,000
成交价：RMB5,750

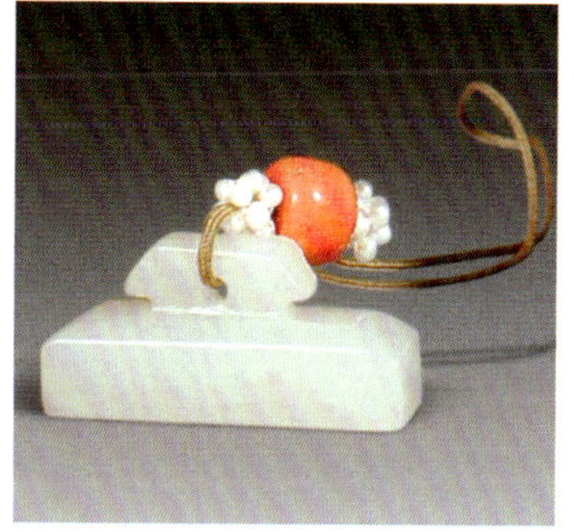

白玉章
A White Jade Seal
清 Qing GD 中国嘉德
2012-9-16 Lot3074 L 3
估价：无底价
成交价：RMB4,600

高士奇自用龟钮白玉印
A Private White Jade "Tortoise" Seal For Gao Shiqi
清 Qing XLA 西泠印社
2012-7-7 Lot910 1.9×2×1.3cm
估价：RMB 20,000-30,000
成交价：RMB57,500

白玉兔钮章
A Carved White Jade Seal
清 Qing BP 北京保利
2012-12-7 Lot7604 H 3.7cm
估价：RMB 30,000-50,000
成交价：RMB34,500

白玉扳指、纽章各一件
A White Jade Archer's Ring and A White Jade Seal
18 世纪 18th Century C 佳士得
2012-5-18 Lot1272 尺寸不一
估价：GBP 4,000-6,000
成交价：GBP22,500

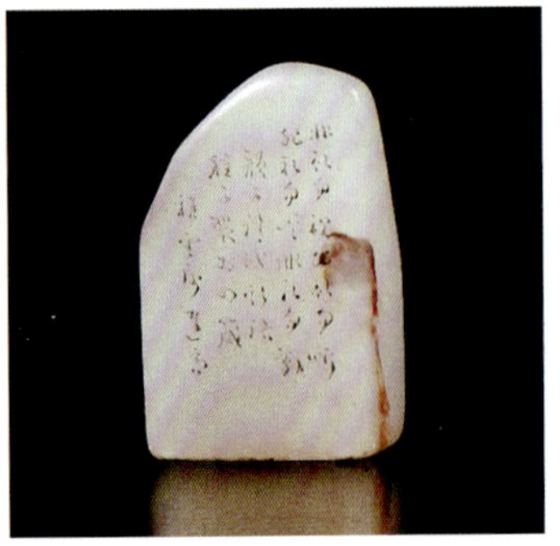

白玉诗文随形章
A White Jade Seal
清 Qing GD 中国嘉德
2012-6-16 Lot3261 H 3cm
估价：RMB 8,000-12,000
成交价：RMB57,500

白玉雕刘海戏金蟾钮圆章
A Carved Jade Seal
清中期 Mid Qing BC 北京诚轩
2012-5-13 Lot223 1.8×3.2cm
估价：RMB 30,000-40,000
成交价：RMB57,500

白玉骏马章料
A White Jade Seal
清 Qing TT 北京传是
2012-7-8 Lot1341 H 4.4cm
估价：RMB 8,000-10,000
成交价：RMB9,200

瞿利军 螭龙钮 白玉印
Qu Lijun A Square White Jade "Dragon" seal
年代不详 Unknown XLA 西泠印社
2012-7-7 Lot1942 36×36×23mm；33g
估价：RMB 40,000-60,000
成交价：RMB115,000

刘 洋 瑞兽祥鹅 白玉印对章
Liu Yang A Pair Of White Jade Seals With Auspicious Beast Patterns
年代不详 Unknown XLA 西泠印社
2012-10-21 Lot215 尺寸不一
估价：无底价
成交价：RMB10,350

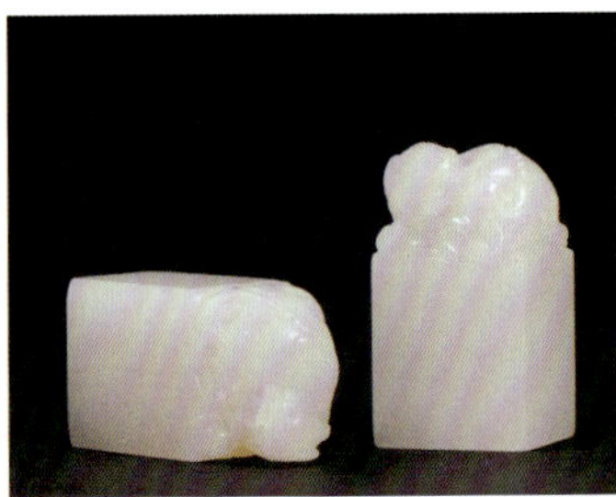

白玉籽料瑞兽钮对章
年代不详 Unknown RB 北京荣宝
2012-3-10 Lot262 W69g×2
估价：RMB 8,000-10,000
成交价：RMB9,200

白玉螭钮章
A White Jade Seal
清 Qing GD 中国嘉德
2012-6-16 Lot3244 L 3.6cm
估价：RMB 5,000-8,000
成交价：RMB6,900

白玉雕瑞兽衔灵芝钮扁方章
A Carved Jade Seal
清中期 Mid Qing BC 北京诚轩
2012-5-13 Lot225 1.8×1.3×3.3cm
估价：RMB 40,000-60,000
成交价：RMB71,300

玉雕兽钮章（两方）
Two Jade Seals
年代不详 Unknown GD 中国嘉德
2012-9-16 Lot3282 H 5cm；H5.5cm
估价：无底价
成交价：RMB1,150

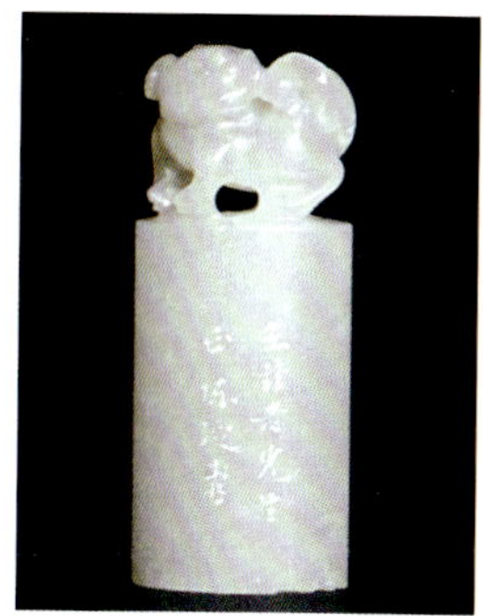

白玉瑞兽钮椭圆印
A White Jade Seal
清中期 Mid Qing BC 北京诚轩
2012-10-28 Lot912 1.8 × 1 × 4.3cm
估价：RMB 20,000-30,000
成交价：RMB36,800

白玉留皮印章一件
A White Jade Seal
17-18 世纪 17-18th Century C 佳士得
2012-5-18 Lot1271 L 5.1cm
估价：GBP 3,000-5,000
成交价：GBP16,250

白玉带糖瑞兽章料
年代不详 Unknown BP 北京保利
2012-4-23 Lot2189 H 7.5cm
估价：无底价
成交价：RMB 1,150

瞿利军 乘风破浪 白玉印
Qu Lijun A White Jade Ornament With Landscape Patterns
年代不详 Unknown XLA 西泠印社
2012-10-21 Lot22 54 × 52 × 32mm；W 161.4g
估价：无底价
成交价：RMB34500

瞿利军 瑞兽钮 白玉印
Qu Lijun A White Jade Seal With Mythical Beast Patterns
年代不详 Unknown XLA 西泠印社
2012-10-21 Lot20 61 × 24 × 24mm；W 93.4g
估价：RMB160,000-200,000
成交价：RMB184,000

白玉辟邪钮方章
A White Jade Square Seal with Bixie Knob
元 Yuan BP 北京保利
2012-12-5 Lot5721 H 5cm
估价：无底价
成交价：RMB97,750

玉龟钮方章
A Carved Jade Square Seal with Turtle Knob
清中期 Mid Qing BH 北京翰海
2012-12-8 Lot2176 H 3.1cm
估价：RMB 8,000-16,000
成交价：RMB9,200

白玉留皮盘螭钮方章
A White Jade Square Seal
乾隆 Qianlong BP 北京保利
2012-6-6 Lot6912 L 3cm
估价：RMB 80,000-100,000
成交价：RMB230,000

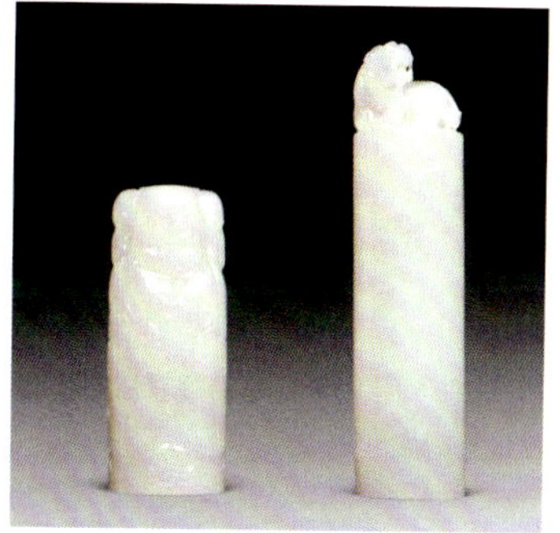

青白玉章（两方）
A Celadon Jade Seals
年代不详 Unknown GD 中国嘉德
2012-6-16 Lot3517 H 6.9cm；H 4.8cm
估价：无底价
成交价：RMB2,300

青玉瑞兽钮章
年代不详 Unknown BP 北京保利
2012-10-25 Lot1429 H 7cm
估价：无底价
成交价：RMB 2,300

青白玉灵芝仙鹿长方印（一对）
A Pair of Small Pale Celadon Jade "Deer" Seals
清 18 世纪 Qing,18th Century C 佳士得
2012-11-28 Lot2293 L 2.8cm × 2
估价：HKD 60,000-80,000
成交价：HKD162,500

青白玉龙钮章
A Celadon Jade Seal
年代不详 Unknown GD 中国嘉德
2012-6-16 Lot3858 H 7.7cm
估价：无底价
成交价：RMB6,900

青白玉题诗“明昌御览”螭龙钮方印
An Inscribed Pale Celadon Jade "Chilong" Seal
清 18-19 世纪 Qing,18th-19th Century C 佳士得
2012-5-15 Lot104 H 5.7cm
估价：GBP 15,000-20,000
成交价：GBP23,750

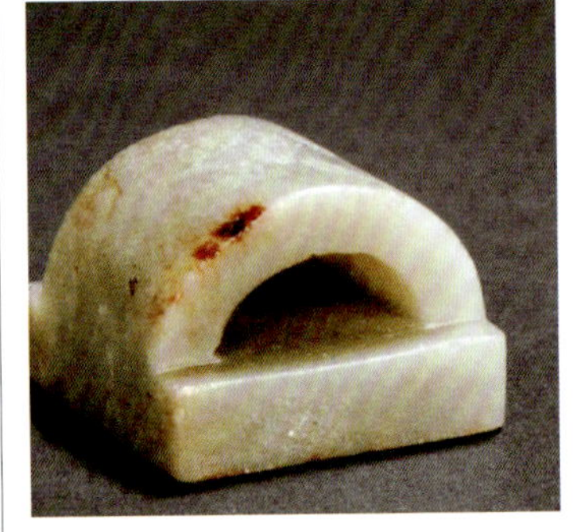

青玉方章
明 Ming BP 北京保利
2012-10-25 Lot1397 L 3cm
估价：无底价
成交价：RMB 2,300

青白玉螭龙钮六方印
A Pale Celadon Jade Hexafoil "Chilong" Seal
清 18 世纪 Qing,18th Century C 佳士得
2012-5-15 Lot106 H 3.8cm
估价：GBP 6,000-8,000
成交价：GBP7,500

青白玉雕螭龙纹钮印
清 Qing RB 北京荣宝
2012-6-24 Lot1587 L 3.7cm
估价：RMB 10,000-30,000
成交价：RMB11,200

青白玉兽钮章
A Celadon Jade Seal
年代不详 Unknown GD 中国嘉德
2012-9-16 Lot3170 4.9 × 4.9cm
估价：无底价
成交价：RMB9,200

碧玉兽钮章
A Jasper Seal
年代不详 Unknown GD 中国嘉德
2012-9-16 Lot3163 5.5 × 5.6cm
估价：无底价
成交价：RMB2,300

青白玉兽钮印章（一套三件）
清 Qing PAC 太平洋
2012-6-16 Lot510 尺寸不一
估价：RMB 6,000
成交价：RMB6,900

旧玉龟龙钮方印
明 Ming BP 北京保利
2012-8-11 Lot1461 L 4cm
估价：无底价
成交价：RMB28,750

旧玉龙钮章
A Jade Seal
年代不详 Unknown GD 中国嘉德
2012-6-16 Lot3859 H 6.7cm
估价：无底价
成交价：RMB4,600

碧玉龙钮章
A Jasper Seal
年代不详 Unknown GD 中国嘉德
2012-9-16 Lot3164 9.7×9.7cm
估价：无底价
成交价：RMB3,450

玉雕虎钮印
明 Ming BP 北京保利
2012-4-22 Lot1455 L 4.5cm
估价：无底价
成交价：RMB97,750

旧玉印（两方）
清 Qing BP 北京保利
2012-8-11 Lot1464 L 4.5cm；H 5cm
估价：无底价
成交价：RMB1,150

玉雕太狮少狮印
清 Qing BP 北京保利
2012-8-11 Lot1457 L 6cm
估价：无底价
成交价：RMB2,300

玉雕瑞兽纽印章（两件）
年代不详 Unknown BP 北京保利
2012-4-23 Lot2194 尺寸不一
估价：无底价
成交价：RMB 1,150

玉雕马型钮章料
清 Qing BP 北京保利
2012-8-11 Lot1456 H 6cm
估价：无底价
成交价：RMB11,500

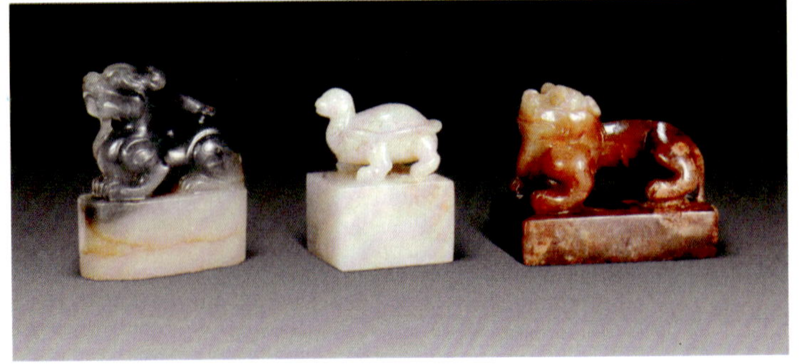

玉雕兽钮章（三件）
Three Jade Seals
清 Qing GD 中国嘉德
2012-9-16 Lot3286 尺寸不一
估价：RMB 10,000-20,000
成交价：RMB11,500

葛洪 如黛墨玉印章
Ge Hong A Dark Jade Seal
年代不详 Unknown XLA 西泠印社
2012-10-21 Lot145 59×17×16mm；W 46.7g
估价：无底价
成交价：RMB10,350

PART 8

痕都斯坦式玉器
Mughal Style Jade

白玉痕都斯坦式杨柳观音图双菊活环耳三足盖炉
A Mughal-Style White Jade Tripod Censer and Cover
年代不详 Unknow C 佳士得
2012-3-22 Lot1899 W 23cm
估价：USD 50,000-70,000
成交价：USD62,500

白玉痕都斯坦式人物花卉炉
A Rare and Fine White Jade "Floral" Censer
清 Qing BP 北京保利
2012-6-5 Lot6202 W 22.8cm
估价：RMB 800,000-1,200,000
成交价：RMB920,000

青玉雕痕都斯坦式执壶
A Mughal-Style White Jade Teapot and Cover
年代不详 unknown BO 邦瀚斯
2012-12-20 Lot230 W 16cm
估价：HKD 100,000-150,000
成交价：HKD212,500

白玉痕都斯坦式三足瓶
A Mughal-Style White Jade Tripod Incense Burner and Cover
年代不详 unknown BO 邦瀚斯
2012-12-18 Lot228 H 14.3cm
估价：HKD 250,000-350,000
成交价：HKD524,000

白玉痕都斯坦式花卉瓶
清中期 Mid Qing BP 北京保利
2012-4-22 Lot1266 H 17cm
估价：RMB 250,000-350,000
成交价：RMB483,000

白玉痕都斯坦式桃形把杯
A Nice White Jade Peach-Shaped Cup
清 Qing BP 北京保利
2012-6-7 Lot7462 L 12.5cm
估价：RMB 50,000-80,000
成交价：RMB 57,500

痕都斯坦式白玉花卉纹杯《乾隆年制》款
A White Jade Mughal Cupincised Seal
清乾隆 Mark And Period Of Qianlong S 苏富比
2012-4-4 Lot3069 10cm
估价：HKD 200,000-300,000
成交价：HKD200,000

痕都斯坦式碧玉嵌白玉宝石梨形盖瓶
An Embellished White and Spinach Jade Pear-Shaped Mughal Jarlet and Cover
清 Qing S 苏富比
2012-4-4 Lot3026 8cm
估价：HKD 120,000-180,000
成交价：HKD125,000

痕都斯坦式白玉蔓草纹杯
A White Jade Mughal-Style Cup
清 19 世纪 Qing,19th Century S 苏富比
2012-11-7 Lot367 5cm
估价：GBP 6,000-8,000
成交价：GBP7,500

痕都斯坦式白玉嵌宝石杯
A White Jade Embellished Mughal Cup
清 19 世纪 19th Century S 苏富比
2012-4-4 Lot3032 9.5cm
估价：HKD 100,000-150,000
成交价：HKD100,000

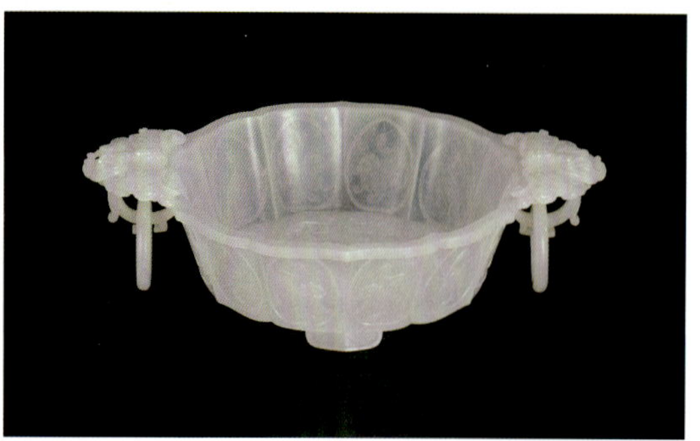

痕都斯坦式白玉蝶耳活环碗
A Mughal-Style White Jade 'Butterfly' Bowl
清晚期 Late Qing Dynasty BO 邦瀚斯
2012-12-10 Lot218 W 20cm
估价：HKD 400,000-600,000
成交价：HKD437,500

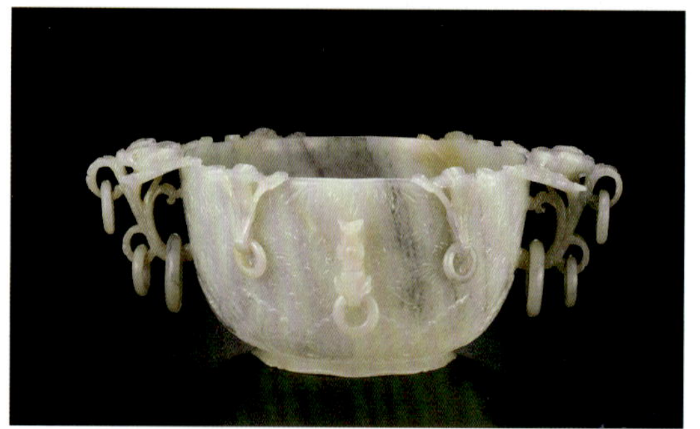

灰白玉痕都斯坦式花卉纹花耳活环碗
A Mughal-Style Mottled Celadon Jade Bowl
清 Qing S 苏富比
2012-9-12 Lot369 L 20.3cm
估价：USD 7,000-10,000
成交价：USD11,250

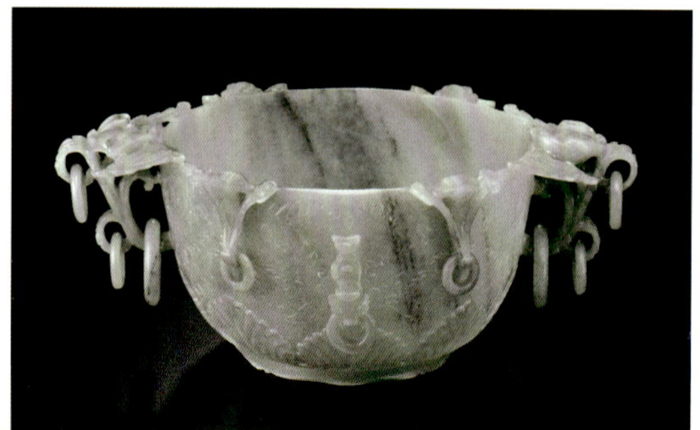

灰玉痕都斯坦式花卉纹花耳活环碗
A Mughal-Style Mottled Celadon Jade Bowl
清 Qing S 苏富比
2012-3-20 Lot205 L 20.3cm
估价：USD 15,000-20,000
成交价：USD23,750

白玉痕都斯坦式菊瓣小盘（一对）
A Pair of Small White Jade Mughal-Style Chrysanthemum Bowls
清 18-19 世纪 Qing,18th-19th Century C 佳士得
2012-3-22 Lot1945 D 8.4cm × 2
估价：USD 4,000-6,000
成交价：USD6,875

青白玉痕都斯坦式御题诗花叶纹碗
An Imperial Inscribed Mughal-Style White Jade “Chrysanthemum” Bowl
乾隆 Qianlong, Incised Poem Dated to 1790 BO 邦瀚斯
2012-11-29 Lot206 W 24cm
估价：HKD 2,500,000-5,000,000
成交价：HKD3,860,000

碧玉痕都斯坦式菊花双耳杯
A Fine Green Jade Mughal-Style “Chrysanthemum” Bowl
清 18/19 世纪 18/19th Century S 苏富比
2012-3-20 Lot216 W 12.5cm
估价：USD 10,000-15,000
成交价：USD23,750

痕都斯坦青白玉菊瓣盘

A Mughal Pale Celadon Jade Chrysanthemum Dish

清 18 世纪 Qing,18th Century C 佳士得

2012-11-28 Lot2357 W 18.9cm

估价：HKD 350,000-550,000

成交价：HKD437,500

痕都斯坦式白玉龙纹洗

A Small Mughal-Style White Jade Lobed Dish

清 19 世纪 Qing,19th Century C 佳士得

2012-5-15 Lot181 W 10.9cm

估价：GBP 8,000-12,000

成交价：GBP25,000

碧玉痕都斯坦式卷草纹嵌宝石虎耳椭圆洗

A Jadeite Archaistic Vase and Cover

清 19-20 世纪 Qing, 19-20th Century S 苏富比

2012-4-4 Lot3281 L 17.5cm

估价：HKD 500,000-700,000

成交价：HKD620,000

痕都斯坦式白玉菊瓣圆盖盒一对

A Pair of Superb White Jade Mughal-Style "Chrysanthemum" Boxes and Covers

乾隆 Qianlong C 佳士得

2012-5-15 Lot127 D 15.3cm × 2

估价：GBP 300,000-500,000

成交价：GBP301,250

痕都斯坦式碧玉菊瓣形盖盒
A Mughal-Style Spinach-Green Jade "Chrysanthemum" Box and Cover
清 19 世纪 Qing,19th Century C 佳士得
2012-5-15 Lot197 D 16.2cm
估价：GBP 10,000-15,000
成交价：GBP12,500

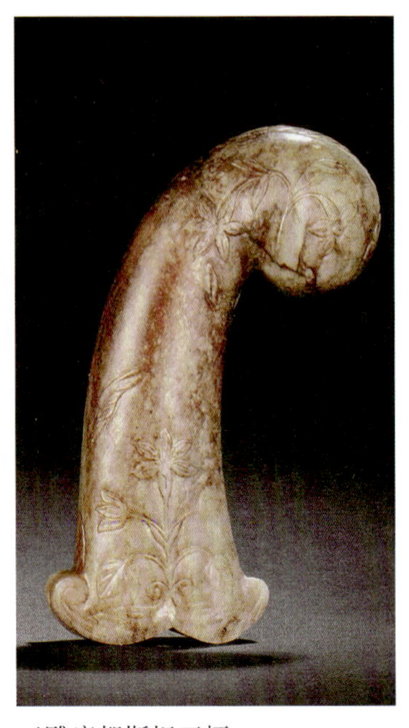

玉雕痕都斯坦刀柄
清 Qing BP 北京保利
2012-8-11 Lot639 L 14cm
估价：无底价
成交价：RMB4,600

白玉雕痕都斯坦马头刀柄
A White Jade Hilt
乾隆 Qianlong SUN 中贸圣佳
2012-7-22 Lot1705 L 14.2cm
估价：RMB 350,000-400,000
成交价：RMB402,500

青白玉雕痕都斯坦马头刀柄
A Pale White Jade Hilt
乾隆 Qianlong SUN 中贸圣佳
2012-7-22 Lot1706 L 15.2cm
估价：RMB 250,000-300,000
成交价：RMB287,500

白玉雕痕都斯坦柄形器
A White Jade Handle Shaped Device
乾隆 Qianlong SUN 中贸圣佳
2012-7-22 Lot1704 L 16.3cm
估价：RMB 500,000-600,000
成交价：RMB667,000

PART 9

翡翠
Jadeite

翡翠葫芦“仙鼠献寿图”佩
A Green Jadeite “Double-Gourd” Pendant
清 19 世纪 Qing, 19th Century S 苏富比
2012-4-4 Lot3270 L 5.2cm
估价：HKD 100,000-150,000
成交价：HKD400,000

满绿翡翠观音牌
年代不详 Unknown GG 北京歌德
2012-12-1 Lot2047 L 6cm
估价：RMB 3,210,000-3,800,000
成交价：RMB3,691,500

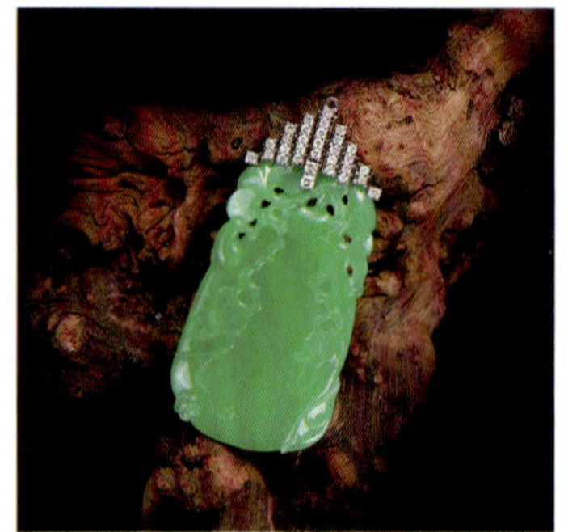

喜鹊登梅翡翠牌
年代不详 Unknown GG 北京歌德
2012-12-1 Lot2042 L 6cm
估价：RMB 500,000-600,000
成交价：RMB1,092,500

翡翠链牌
年代不详 Unknown GG 北京歌德
2012-12-1 Lot2058 L 3cm
估价：RMB 270,000-350,000
成交价：RMB310,500

翠雕喜上梅梢牌
清 Qing BP 北京保利
2012-10-24 Lot1041 L 6cm
估价：RMB 300,000-400,000
成交价：RMB632,500

翠雕鱼纹如意牌
清 Qing BP 北京保利
2012-10-24 Lot1040 L 3.5cm
估价：RMB 200,000-300,000
成交价：RMB230,000

翡翠雕苍龙教子带钩
A Jadeite Belt with Design of Dragon
乾隆 Qianlong SUN 中贸圣佳
2012-7-22 Lot1715 L 11.5cm
估价：RMB 350,000-400,000
成交价：RMB460,000

翠雕龙纹带扣
清 Qing BP 北京保利
2012-10-24 Lot1032 L 9cm
估价：RMB 100,000-200,000
成交价：RMB230,000

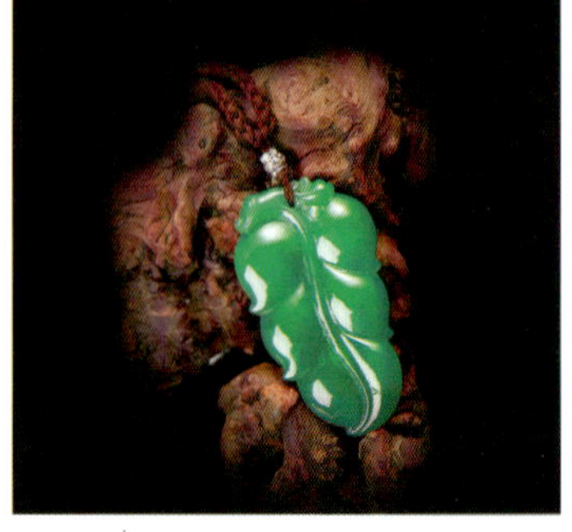

冰种满绿大业有成挂件
年代不详 Unknown GG 北京歌德
2012-12-1 Lot2001 L 7cm
估价：RMB 10,000-140,000
成交价：RMB172,500

翡翠满绿如意福寿佩
An Extremely Rare Jadeite Pendant
20 世纪早期 Early 20th Century BP 北京保利
2012-12-5 Lot5726 L 5cm
估价：RMB 3,000,000-5,000,000
成交价：RMB3,565,000

翡翠知足常乐坠
A Carved Jadeite Pendant
清中期 Mid Qing BP 北京保利
2012-12-7 Lot7453 H 2.5cm
估价：RMB 200,000-300,000
成交价：RMB230,000

烂熳 18K 白金镶翡翠项坠
An 18k Gold Pendant With Jadeite Inlays
年代不详 Unknown XLA 西泠印社
2012-10-21 Lot227 L 23mm；W 16mm
估价：RMB160,000-200,000
成交价：RMB207,000

如意 18K 白金镶翡翠项坠
An 18k Gold Pendant With Jadeite Inlays
年代不详 Unknown XLA 西泠印社
2012-10-21 Lot226 L 21mm；W 17mm
估价：RMB150,000-180,000
成交价：RMB172,500

翠雕梅花坠
清 Qing BP 北京保利
2012-10-24 Lot1034 L 5cm
估价：RMB 150,000-200,000
成交价：RMB172,500

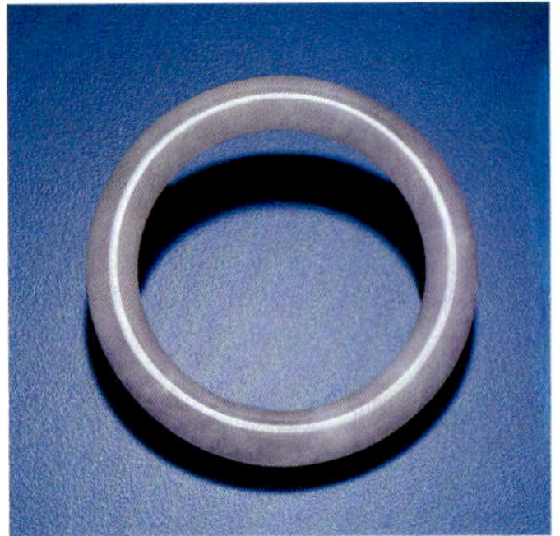

紫翡翠手镯
A Purple Jadeite Bangle
年代不详 C 佳士得
2012-11-28 Lot2404 D 5.8cm
估价：HKD 60,000-80,000
成交价：HKD400,000

翡翠手镯
年代不详 Unknown GG 北京歌德
2012-12-1 Lot2026 D 5.6cm
估价：RMB 1,284,000-1,350,000
成交价：RMB1,495,000

翡翠手镯
年代不详 Unknown GG 北京歌德
2012-12-1 Lot2027 D 5.8cm
估价：RMB 856,000-950,000
成交价：RMB1,012,000

冰种翡翠手镯
年代不详 Unknown GG 北京歌德
2012-12-1 Lot2076 D 5.8cm
估价：RMB 172,000-190,000
成交价：RMB207,000

黄金蛋面戒指
年代不详 Unknown GG 北京歌德
2012-12-1 Lot2032 尺寸不详
估价：RMB 1,070,000-1,200,000
成交价：RMB1,230,500

女士翡翠蛋面戒指
年代不详 Unknown GG 北京歌德
2012-12-1 Lot2079 尺寸不详
估价：RMB 963,000-1,050,000
成交价：RMB1,107,450

蓝宝戒指
年代不详 Unknown GG 北京歌德
2012-12-1 Lot2069 尺寸不详
估价：RMB 642,000-750,000
成交价：RMB747,500

黄金蛋面戒指
年代不详 Unknown GG 北京歌德
2012-12-1 Lot2075 尺寸不详
估价：RMB 642,000-750,000
成交价：RMB738,300

葫芦链牌
年代不详 Unknown GG 北京歌德
2012-12-1 Lot2048 Gr 8
估价：RMB 1,926,000-2,400,000
成交价：RMB2,214,900

翡翠珠链
年代不详 Unknown GG 北京歌德
2012-12-1 Lot2021 尺寸不详
估价：RMB 8,560,000-9,500,000
成交价：RMB10,235,000

马眼戒指
年代不详 Unknown GG 北京歌德
2012-12-1 Lot2059 尺寸不详
估价：RMB 1,284,000-1,800,000
成交价：RMB1,476,600

平安牌链牌
年代不详 Unknown GG 北京歌德
2012-12-1 Lot2002 尺寸不详
估价：RMB 1,070,000-1,200,000
成交价：RMB1,230,500

心蝶系列（一套）
年代不详 Unknown GG 北京歌德
2012-12-1 Lot2071 尺寸不详
估价：RMB 200,000-300,000
成交价：RMB322,000

半亩方塘
年代不详 Unknown GG 北京歌德
2012-12-1 Lot2053 尺寸不详
估价：RMB 300,000-500,000
成交价：RMB552,000

凤凰传说
年代不详 Unknown GG 北京歌德
2012-12-1 Lot2038 尺寸不详
估价：RMB 2,000,000-3,500,000
成交价：RMB2,990,000

翡翠蛋面套装
年代不详 Unknown GG 北京歌德
2012-12-1 Lot2012 尺寸不详
估价：RMB 6,420,000-7,000,000
成交价：RMB8,625,000

宋世义 西厢记 翡翠山子
Song Shiyi A Jadeite Carving of the Romance of Western Chamber
年代不详 Unknown XLA 西泠印社
2012-7-7 Lot1989 310×290×95mm
估价：RMB 3,000,000-3,500,000
成交价：RMB3,450,000

李睿 十八罗汉斗悟空 翡翠山子
Li Rui A Jadeite Carving of Eighteen Arhats Vs. Monkey King
年代不详 Unknown XLA 西泠印社
2012-7-7 Lot2096 H 480mm
估价：RMB 700,000-1,000,000
成交价：RMB1,035,000

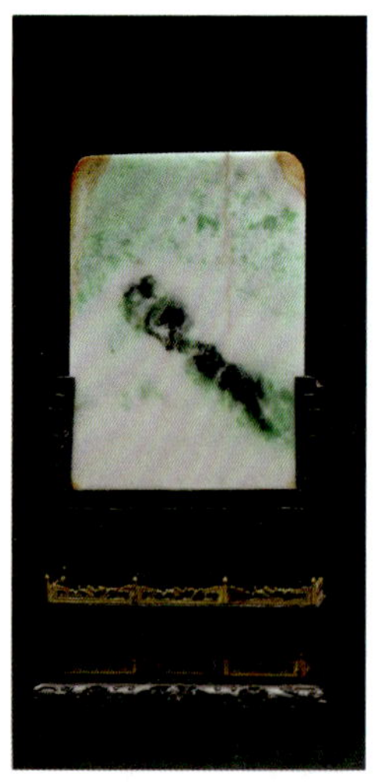

翡翠浮雕山水人物故事插屏
A Very Rare Jadeite Relief Carved Table Screen
清中期 Mid Qing KS 北京匡时
2012-6-4 Lot1362 H 20.5cm
估价：RMB 450,000-500,000
成交价：RMB517,500

翠雕花篮摆件
民国 Republic Period BP 北京保利
2012-4-23 Lot2275 H 82cm
估价：无底价
成交价：RMB 379,500

翡翠雕“清莲”
A Rectangular Jadeite Plaque with Gilt Metal Mounts
年代不详 Unknow C 佳士得
2012-11-9 Lot1179 L 6.4cm
估价：GBP 4,000-6,000
成交价：GBP27,500

金嵌翡翠宝塔
A Fine Gold Miniature Pagoda
清 Qing S 苏富比
2012-4-4 Lot3053 L 21cm
估价：HKD 1,200,000-1,500,000
成交价：HKD1,220,000

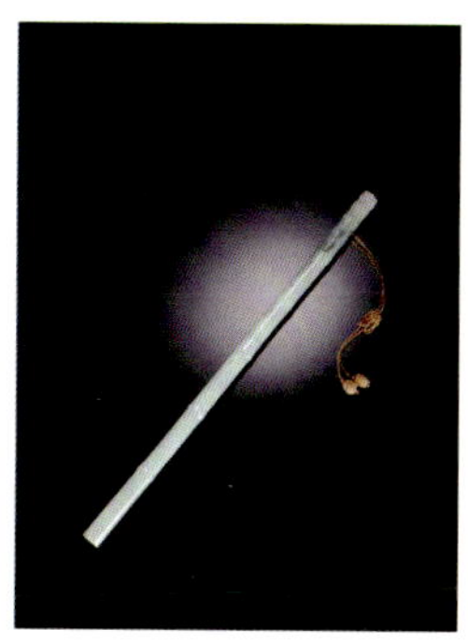

翡翠雕玉洞箫
A Finely Carved Jadeite Flute
乾隆 Qianlong BD 北京东正
2012-5-11 Lot187 L 56.5 cm
估价：RMB 600,000-700,000
成交价：RMB874,000

翡翠贝螺（一组八枚）
A Set of Extremely Delicate Eight Jadeite Carvings of Shells
清 Qing XLA 西泠印社
2012-7-9 Lot2667 尺寸不一
估价：RMB 500,000-600,000
成交价：RMB575,000

翡翠雕观音
A Finely Carved Jadeite Figure of Guanyin
清中期 Mid Qing BD 北京东正
2012-5-11 Lot186 H 36.3 cm
估价：RMB 1,200,000-1,300,000
成交价：RMB1,380,000

翠雕观音立像
民国 Republic Period BP 北京保利
2012-8-11 Lot1271 H 25cm
估价：RMB 400,000-600,000
成交价：RMB805,000

翠雕送子观音山子
清 Qing BP 北京保利
2012-10-24 Lot1055 H 12cm
估价：RMB 100,000-200,000
成交价：RMB299,000

翠雕麻姑献寿摆件
清 Qing BP 北京保利
2012-4-23 Lot2239 H 40cm
估价：RMB 100,000-200,000
成交价：RMB 299,000

翠雕麻姑献寿摆件
清 Qing BP 北京保利
2012-10-24 Lot1056 H 40cm
估价：无底价
成交价：RMB253,000

翡翠雕麻姑献寿摆件
A Well-Carved Jadeite Ornament of "Ma Gu" the Goddess
清 Qing XLA 西泠印社
2012-7-9 Lot2664 H 23.4cm
估价：RMB 160,000-180,000
成交价：RMB184,000

翡翠仕女摆件
A Fine and Rare Jadeite Carved Lady
清中期 Mid Qing KS 北京匡时
2012-12-5 Lot2133 H 23.5cm
估价：RMB 150,000-160,000
成交价：RMB172,500

翡翠雕关公像（三件）
Three Jadite "Guanyu and Two Staffs" Carvings
清 Qing GD 中国嘉德
2012-10-29 Lot4009 尺寸不一
估价：RMB 300,000-500,000
成交价：RMB345,000

翡翠雕福寿纹螭龙耳四方瓶
A Exceptional Fine and Rare Jadeite Carved Dragon Vase
乾隆 Qianlong KS 北京匡时
2012-12-5 Lot1972 H 11.2cm
估价：RMB 2,800,000-3,000,000
成交价：RMB3,220,000

翡翠荷花童子
A Carved "Child and Lotus" Jadeite Ornament
清 Qing GD 中国嘉德
2012-5-14 Lot3533 W 11.5cm
估价：RMB 100,000-200,000
成交价：RMB218,500

冰种翡翠花鸟盖瓶
A Very Nice Carved Jadeite Vase and Cover
清 Qing BP 北京保利
2012-12-7 Lot7458 H 11cm
估价：RMB 300,000-500,000
成交价：RMB345,000

翡翠雕夔凤纹象耳衔活环狮钮瓶
A Fine Carved Jadeite Vase
乾隆 Qianlong BD 北京东正
2012-5-11 Lot455 H 43.7 cm
估价：RMB 1,800,000-2,000,000
成交价：RMB2,070,000

翡翠雕花卉纹瓶（一对）
A Pair Of Jadeite Vases
清中期 Mid Qing BD 北京东正
2012-10-31 Lot549 H 12.2 cm
估价：RMB 180,000-200,000
成交价：RMB230,000

翡翠牡丹纹执壶
清 Qing JG 北京九歌
2012-6-29 Lot2589 H 14cm
估价：RMB 320,000-420,000
成交价：RMB356,500

翡翠三狮钮双兽衔环三足炉
乾隆 Qianlong KS 北京匡时
2012-12-5 Lot1852 H 15.5
估价：RMB 2,800,000-3,200,000
成交价：RMB3,220,000

翡翠双龙耳活环龙钮盖炉
A Green Jadeite Censer and Cover
清 19-20 世纪 Qing, 19th -20th Century S 苏富比
2012-4-4 Lot3278 H 16cm
估价：HKD 250,000-350,000
成交价：HKD980,000

翡翠双龙耳活环龙钮盖炉
A Green Jadeite Censer and Cover
清 19 世纪 Qing, 19th Century S 苏富比
2012-4-4 Lot3279 H 15cm
估价：HKD 150,000-200,000
成交价：HKD3,620,000

翠雕双狮耳炉
清 Qing BP 北京保利
2012-4-23 Lot2240 W 18.5cm
估价：RMB 100,000-150,000
成交价：RMB 218,500

翡翠雕花果大洗
A Fine and Nice Jadeite Washer
清中期 Mid Qing BP 北京保利
2012-6-7 Lot7670 L 21cm
估价：RMB 250,000-350,000
成交价：RMB 287,500

翡翠雕龙纹手炉
A Jadeite Handwarmer with Carved Dragon
民国 Republic Period BP 北京保利
2012-12-7 Lot7464 W 18.5cm
估价：RMB 250,000-350,000
成交价：RMB287,500

御制翡翠雕辟邪水丞

A Magnificent Imperial Jadeite Mythological Chimera Water Vessel

乾隆 Qianlong BP 北京保利

2012-12-5 Lot5710 L 38.2cm

估价：咨询价

成交价：RMB49,450,000 2012 Chinese Art Auction TOP10 中国玉器拍卖十大排行榜 Top 2

翡翠碗（一对）

A Pair of Jadeite Bowls

清中期 Mid Qing BP 北京保利

2012-6-7 Lot7609 D 13.6cm × 2

估价：RMB 200,000-300,000

成交价：RMB 287,500

翠雕牧牛印盒（一对）

清 Qing BP 北京保利

2012-10-24 Lot1045 D 5.5cm

估价：RMB 100,000-200,000

成交价：RMB299,000

翡翠雕螭龙纹盖盒

A Very Rare and Fine Jadite Carved Box

乾隆 Qianlong KS 北京匡时

2012-12-5 Lot1961 D 4.8cm

估价：RMB 220,000-250,000

成交价：RMB253,000

本书所收录2012年度拍卖场次索引

2012 AUCTIONS INDEX

场次	拍卖机构	专场名称	拍卖时间	地点
1	中贸圣佳	2012 迎春拍卖会 古董珍玩	2012-3-4	北京
2	北京荣宝	荣宝迎春第 72 期 古董文玩专场	2012-3-10	北京
3	北京荣宝	荣宝迎春第 72 期 名贵腕表及珠宝首饰专场	2012-3-10	北京
4	北京荣宝	荣宝迎春第 72 期 中国书画三－近现代书画及艺术图书专场	2012-3-11	北京
5	苏富比	重要中国瓷器及工艺品	2012-3-20	纽约
6	北京翰海	翰海四季第 75 期 管窥流传－重要古美术文献专场	2012-3-22	北京
7	佳士得	重要中国瓷器及工艺精品 (I 及 II)	2012-3-22	纽约
8	佳士得	御案清玩：普孟斐珍藏选粹	2012-3-22	纽约
9	佳士得	湅治铜华：安思远铜镜珍藏	2012-3-22	纽约
10	北京翰海	翰海四季第 75 期 家俱 杂项专场	2012-3-23	北京
11	北京中汉	犹珍 10 － 中国古代瓷珍暨工艺品残器专场	2012-3-27	北京
12	苏富比	瑰丽珠宝及翡翠首饰	2012-4-3	香港
13	苏富比	天青宝色－日本珍藏北宋汝瓷	2012-4-4	香港
14	苏富比	玫茵堂珍藏－重要中国御瓷选萃之三	2012-4-4	香港
15	苏富比	格物怡情－私人雅藏珍玩御器	2012-4-4	香港
16	苏富比	儒雅清蕴（二） － 水松石山房藏珍玩专场	2012-4-4	香港
17	苏富比	重要中国瓷器及工艺品	2012-4-4	香港
18	华艺国际	淘珍拍卖会第 1 期 瓷器 玉器 工艺品	2012-4-8	广州
19	北京保利	保利第 18 期 萤窗长物－文房清供及成扇专场	2012-4-21	北京
20	北京保利	保利第 18 期 瓷器	2012-4-21	北京
21	北京保利	保利第 18 期“镂冰锁云” －私家藏玉器、鼻烟壶专场	2012-4-22	北京
22	北京保利	保利第 18 期 工艺品	2012-4-23	北京
23	北京华辰	百年启功－纪念启功先生诞辰一百周年专场拍卖暨启功文物特展	2012-5-11	北京
24	北京华辰	名人手迹暨古美术文献	2012-5-11	北京
25	北京东正	中国古董珍玩专场	2012-5-11	北京
26	北京东正	皇家长物－宫廷艺术专场	2012-5-11	北京
27	北京东正	匠心雅趣－中国古代艺术品专场	2012-5-11	北京
28	中国嘉德	古籍善本	2012-5-12	北京
29	中国嘉德	翦淞阁 文房宝玩	2012-5-12	北京
30	中国嘉德	盛世佛缘－金铜佛造像精品	2012-5-12	北京
31	中国嘉德	文人情怀	2012-5-12	北京
32	中国嘉德	古瓷萃珍	2012-5-12	北京

场次	拍卖机构	专场名称	拍卖时间	地点
33	北京华辰	瓷器玉器工艺品	2012-5-12	北京
34	中国嘉德	紫泥春华－近现代紫砂臻品	2012-5-13	北京
35	中国嘉德	紫泥琢玉－宜陶古器遗珍	2012-5-13	北京
36	中国嘉德	胜日芳华－明清古典家具集珍（一）	2012-5-13	北京
37	中国嘉德	胜日芳华－明清古典家具集珍（二）	2012-5-13	北京
38	中国嘉德	胜日芳华－明清古典家具集珍（三）	2012-5-13	北京
39	中国嘉德	名表 珠宝翡翠	2012-5-13	北京
40	北京诚轩	艺术图书	2012-5-13	北京
41	北京诚轩	瓷器工艺品	2012-5-13	北京
42	中国嘉德	良玉美研－工艺品珍赏	2012-5-14	北京
43	中国嘉德	清宁－金石篆刻艺术	2012-5-14	北京
44	中国嘉德	可石怡情－现代国石臻品	2012-5-14	北京
45	中国嘉德	屏间雅赏－文房及雅玩	2012-5-14	北京
46	中国嘉德	盈寸盛妍－鼻烟壶集萃	2012-5-14	北京
47	北京中汉	瓷器工艺品	2012-5-14	北京
48	北京中汉	犹珍 11 －中国古代瓷珍暨工艺品残器专场	2012-5-14	北京
49	中国嘉德	近现代陶瓷	2012-5-15	北京
50	中国嘉德	八友遗珠－二羲草堂民国瓷画	2012-5-15	北京
51	佳士得	重要中国瓷器及工艺精品	2012-5-15	伦敦
52	中国嘉德	王士平收藏 纸钞（一）	2012-5-16	北京
53	苏富比	重要中国瓷器及工艺品	2012-5-16	伦敦
54	中国嘉德	纸钞（二）	2012-5-17	北京
55	北京传是	物得其宜－黄花梨精品专场	2012-5-17	北京
56	中国嘉德	妙观逸想－铜镜 金银器专场	2012-5-18	北京
57	北京诚轩	古钱 银锭 机制币	2012-5-18	北京
58	佳士得	中国瓷器、工艺精品及纺织品	2012-5-18	伦敦
59	中国嘉德	神与物游－金银锭 古钱 平尾赞平收藏	2012-5-19	北京
60	北京诚轩	纸币	2012-5-19	北京
61	中国嘉德	近现代机制币	2012-5-20	北京
62	北京诚轩	邮品	2012-5-20	北京
63	福建东南	寿山石雕精品专场	2012-5-20	福州
64	福建东南	寿山石雕珍品夜场	2012-5-20	福州
65	福建东南	当代工艺精品专场	2012-5-20	福州
66	中国嘉德	邮品	2012-5-21	北京
67	北京翰海	翰海重要古董书画夜场	2012-5-25	北京
68	北京翰海	古籍善本	2012-5-25	北京
69	北京翰海	古代书画	2012-5-25	北京

场次	拍卖机构	专场名称	拍卖时间	地点
70	北京翰海	北京工美集团及重要藏家珍藏工艺品	2012-5-26	北京
71	北京翰海	温故知新－"荆澜砂流"集藏珍品紫砂	2012-5-26	北京
72	北京翰海	鉴道明神－铜镜	2012-5-26	北京
73	北京翰海	璀璨雅蕴－珠宝翡翠	2012-5-26	北京
74	云南典藏	古董珍玩夜场	2012-5-26	昆明
75	北京翰海	中国玉器	2012-5-27	北京
76	北京翰海	慧眼－天珠	2012-5-27	北京
77	北京翰海	佛殇－金铜佛像	2012-5-27	北京
78	北京翰海	瑰宝堂藏珍	2012-5-27	北京
79	北京翰海	古董珍玩	2012-5-27	北京
80	云南典藏	瓷器·玉器·工艺	2012-5-27	昆明
81	云南典藏	木韵春华－黄花梨金丝楠木家具专场	2012-5-27	昆明
82	云南典藏	尚物心悦－古董珍玩专场	2012-5-27	昆明
83	邦瀚斯	中国古董瓷器及工艺精品	2012-5-27	香港
84	邦瀚斯	纯惠贵妃半身朝服像专场	2012-5-27	香港
85	邦瀚斯	玛丽及庄智博鼻烟壶珍藏：第五部分	2012-5-27	香港
86	邦瀚斯	私人珍藏宜兴紫砂及文人雅玩专场	2012-5-27	香港
87	邦瀚斯	寻古探新－对话：葡萄牙私人藏赵无极与朱德群作品收藏－慈永祐－葡萄牙私人藏宫廷御器	2012-5-27	香港
88	佳士得	瑰丽珠宝及翡翠首饰	2012-5-29	香港
89	佳士得	华彩熠然－文德尔伉俪珍藏掐丝珐瑯器	2012-5-30	香港
90	佳士得	中国宫廷御制艺术精品	2012-5-30	香港
91	佳士得	重要中国瓷器及工艺精品	2012-5-30	香港
92	北京保利	古籍文献名家翰墨	2012-6-2	北京
93	北京歌德	华彩奇珍－珠宝工艺品专场	2012-6-2	北京
94	北京古天一	清玩聚珍	2012-6-2	北京
95	北京古天一	金瓶鸣泉	2012-6-2	北京
96	北京保利	中国当代高端工艺品	2012-6-3	北京
97	北京匡时	古代及近现代紫砂专场	2012-6-3	北京
98	北京歌德	艺林拾翠－古董珍玩专场	2012-6-3	北京
99	北京歌德	方寸凝烟－海外回流鼻烟壶专场	2012-6-3	北京
100	北京歌德	砚田汲古－古代砚品专场	2012-6-3	北京
101	澳门中信	玉器 杂项 书画 陶瓷	2012-6-3	澳门
102	北京匡时	瓷玉工艺品专场（一）	2012-6-4	北京
103	北京匡时	瓷玉工艺品专场（二）	2012-6-4	北京
104	北京匡时	可以清心－茶道具专场	2012-6-4	北京
105	北京匡时	古美术文献专场	2012-6-4	北京

场次	拍卖机构	专场名称	拍卖时间	地点
106	北京匡时	“过云楼”藏古籍善本专场	2012-6-4	北京
107	北京匡时	翠墨撷英－善本碑帖专场	2012-6-4	北京
108	北京保利	耄念八徵－乾隆帝八旬圣寿宝玺与御赏珍玩	2012-6-5	北京
109	北京保利	大明·格古	2012-6-5	北京
110	北京保利	宫廷艺术与重要瓷器工艺品	2012-6-5	北京
111	北京保利	中国古代书画日场	2012-6-5	北京
112	北京保利	方寸之间－纸钞 邮品 金银币	2012-6-5	北京
113	北京保利	朝华凝露－名贵珠宝与翡翠专场	2012-6-5	北京
114	北京匡时	当代玉雕大师作品专场	2012-6-5	北京
115	北京匡时	近现代及当代瓷专场	2012-6-5	北京
116	北京匡时	坚净无尘－纪念启功先生诞辰一百周年作品专场	2012-6-5	北京
117	北京匡时	天生意趣－齐白石作品专场	2012-6-5	北京
118	北京永乐	精美明清瓷器 工艺品及古美术文献善本	2012-6-5	北京
119	北京永乐	中国古代书画	2012-6-5	北京
120	北京保利	“雅印聚珍”－当代国石专场	2012-6-6	北京
121	北京保利	茶熟香温－紫砂茗具与东瀛汤沸	2012-6-6	北京
122	北京保利	精金月华 光耀昭明－铜镜专场	2012-6-6	北京
123	北京保利	中国鼻烟壶	2012-6-6	北京
124	北京保利	私家藏文房精品	2012-6-6	北京
125	北京保利	“新月雅集”－民国文人瓷绘与现当代艺术陶瓷专场	2012-6-6	北京
126	北京保利	中国玉器专场	2012-6-7	北京
127	北京保利	中国古董珍玩日场	2012-6-7	北京
128	华艺国际	古董珍玩－瓷器 玉器 工艺品	2012-6-10	广州
129	华艺国际	紫砂佳器	2012-6-10	广州
130	华艺国际	经典永恒－翡翠及瑰丽珠宝	2012-6-10	广州
131	中国嘉德	嘉德四季：第30期 玉器 工艺品 家具构件	2012-6-16	北京
132	中国嘉德	嘉德四季：第30期 掌玩心悦	2012-6-16	北京
133	中国嘉德	嘉德四季：第30期 瓷器	2012-6-16	北京
134	太平洋	第2季 怀古论今叁－重要明清杂项及工艺品专场	2012-6-16	北京
135	太平洋	第2季 瓷器杂项工艺品专场	2012-6-16	北京
136	上海泓盛	邮品	2012-6-16	上海
137	中国嘉德	嘉德四季：第30期 承古容今－古典家具	2012-6-17	北京
138	荣宝斋（上海）	清玩雅集－古董珍玩（一）	2012-6-17	上海
139	荣宝斋（上海）	艺文馆藏印章、印石	2012-6-17	上海
140	荣宝斋（上海）	北京荣宝玉堂佳器－古董珍玩专场上海异地拍卖会	2012-6-17	上海
141	上海泓盛	古币 金银锭 机制币	2012-6-18	上海
142	上海泓盛	新中国金银币	2012-6-18	上海

场次	拍卖机构	专场名称	拍卖时间	地点
143	上海嘉泰	中国书画 古籍善本	2012-6-22	上海
144	上海嘉泰	艺道华珍	2012-6-23	上海
145	上海嘉泰	御瓷雅玩	2012-6-23	上海
146	北京荣宝	江苏工艺和田籽玉精品专场	2012-6-24	北京
147	北京荣宝	古董文玩专场	2012-6-24	北京
148	北京荣宝	珠宝、钟表及烟斗专场	2012-6-24	北京
149	上海泓盛	澄质朝神－铜镜专场	2012-6-24	上海
150	上海泓盛	闻香候缘－日本精品茶具专场	2012-6-24	上海
151	上海泓盛	应物澄怀－瓷器工艺品专场	2012-6-24	上海
152	上海驰翰	第 5 届 书画文玩专场	2012-6-24	上海
153	北京翰海	翰海四季第 77 期 古董珍玩（二）玉器、古董专场	2012-6-29	北京
154	北京翰海	翰海四季第 77 期 古董珍玩（一）家俱、杂项专场	2012-6-29	北京
155	北京九歌	玲珑珍玩－北美新加坡藏鼻烟壶专场	2012-6-29	北京
156	北京九歌	镌永留香－印章紫砂壶专场	2012-6-29	北京
157	北京九歌	雅玩清赏－瓷器杂项工艺品专场	2012-6-29	北京
158	北京九歌	翠然拾趣－珠宝翡翠专场	2012-6-29	北京
159	北京九歌	物外求真－明清精品瓷器专场	2012-6-29	北京
160	上海道明	盛世精粹	2012-6-29	上海
161	上海道明	古董珍玩	2012-6-29	上海
162	上海道明	古代书画	2012-6-29	上海
163	北京传是	古董珍玩专场	2012-7-8	北京
164	西泠印社	中国当代玉雕大师作品专场	2012-7-7~10	杭州
165	西泠印社	文房清玩·田黄石专场	2012-7-7~10	杭州
166	西泠印社	文房清玩·近现代名家篆刻专场	2012-7-7~10	杭州
167	西泠印社	中国历代庭园艺术·石雕专场	2012-7-7~10	杭州
168	西泠印社	中国首届明清御窑金砖专场	2012-7-7~10	杭州
169	西泠印社	春江雅集·香具专场	2012-7-7~10	杭州
170	西泠印社	文房清玩·古玩杂件专场	2012-7-7~10	杭州
171	西泠印社	文房清玩·历代名砚专场	2012-7-7~10	杭州
172	西泠印社	中国历代紫砂盆专场	2012-7-7~10	杭州
173	西泠印社	古籍善本专场	2012-7-7~10	杭州
174	西泠印社	西泠印社首届历代钱币专场	2012-7-7~10	杭州
175	西泠印社	中国书画古代作品专场	2012-7-7~10	杭州
176	西泠印社	任伯年遗珍专场	2012-7-7~10	杭州
177	朵云轩	名家篆刻印谱专场	2012-7-11	上海
178	朵云轩	当代海派名家篆刻专场	2012-7-11	上海
179	朵云轩	名家翰墨图册专场	2012-7-11	上海

场次	拍卖机构	专场名称	拍卖时间	地点
180	朵云轩	瓷器杂项专场	2012-7-11	上海
181	朵云轩	双雅楼藏铜墨盒专场	2012-7-11	上海
182	朵云轩	古籍善本专场	2012-7-12	上海
183	南京经典	匠心天工－中国古典家具专场	2012-7-15	南京
184	中贸圣佳	古董珍玩·工艺品专场	2012-7-22	北京
185	中贸圣佳	紫玉金砂·紫砂壶专场	2012-7-22	北京
186	中贸圣佳	般若慈源－古代佛教文物专场	2012-7-22	北京
187	中贸圣佳	古典家具专场	2012-7-22	北京
188	中贸圣佳	天禄月华－恩承阁藏古董珍玩专场	2012-7-22	北京
189	中贸圣佳	臻品绽放·珠宝翡翠专场	2012-7-22	北京
190	北京保利	保利第 19 期 瓷器	2012-8-10	北京
191	北京保利	保利第 19 期 归流－同一藏家旧藏	2012-8-10	北京
192	北京保利	保利第 19 期 工艺品	2012-8-11	北京
193	上海工美	古籍文献	2012-8-18	上海
194	上海工美	紫砂文玩	2012-8-18	上海
195	上海工美	珠宝首饰	2012-8-18	上海
196	上海工美	贞珉同寿 印石	2012-8-18	上海
197	北京荣宝	荣宝夏拍第 73 期 白玉酒茶专场	2012-8-26	北京
198	荣宝斋（上海）	荣宝斋（上海）四季 文房清供－名砚雅石	2012-9-9	上海
199	荣宝斋（上海）	荣宝斋（上海）四季 清玩雅集－古董珍玩	2012-9-9	上海
200	荣宝斋（上海）	荣宝斋（上海）四季 域外遗珍 欧洲古董家具	2012-9-9	上海
201	苏富比	重要中国瓷器及工艺品	2012-9-11~12	纽约
202	佳士得	重要中国瓷器及工艺精品（Ⅰ及Ⅱ）	2012-9-13	纽约
203	中国嘉德	嘉德四季：第 31 期 玉器 工艺品	2012-9-16	北京
204	中国嘉德	嘉德四季：第 31 期 承古容今－明清古典家具	2012-9-16	北京
205	中国嘉德	嘉德四季：第 31 期 掌玩心悦	2012-9-17	北京
206	中国嘉德	嘉德四季：第 31 期 瓷器	2012-9-17	北京
207	长风拍卖	荆邑之光（第五辑）古今紫砂艺术专场	2012-9-17	北京
208	长风拍卖	世家元气（第六辑）华人重要藏家藏中国书画及美术文献专场	2012-9-17	北京
209	长风拍卖	文人瓷绘及瓷杂文玩专场	2012-9-17	北京
210	长风拍卖	中国书画专场	2012-9-17	北京
211	北京中汉	犹珍 12 －中国古代瓷珍暨工艺品残器专场	2012-9-18	北京
212	北京翰海	翰海四季第 78 期 古董珍玩（一）玉器、家俱专场	2012-9-28	北京
213	北京翰海	翰海四季第 78 期 古董珍玩（三）古董珍玩专场	2012-9-28	北京
214	北京翰海	翰海四季第 78 期 古董珍玩（二）佛说四季 —— 金铜佛像专场	2012-9-28	北京
215	中国嘉德	观华－明清古典家具及庭院陈设精品	2012-10-7	香港
216	苏富比	玫茵堂珍藏－重要中国御瓷选萃之四	2012-10-9	香港

场次	拍卖机构	专场名称	拍卖时间	地点
217	苏富比	敦朴涵芳：胡惠春旧藏清代单色御瓷	2012-10-9	香港
218	苏富比	重要中国瓷器及工艺品	2012-10-9	香港
219	苏富比	瑰丽珠宝及翡翠首饰	2012-10-9	香港
220	上海驰翰	文玩杂项专场	2012-10-10	上海
221	苏富比	妍泽凝辉：张永珍博士雅藏清瓷选萃	2012-10-10	香港
222	华艺国际	晋文斋－清瓷珍赏私人收藏集萃	2012-10-11	广州
223	华艺国际	古董珍玩－瓷器 玉器 工艺品	2012-10-11	广州
224	华艺国际	经典永恒－翡翠及瑰丽珠宝	2012-10-11	广州
225	西泠印社	中国良渚玉文化园中国当代玉雕大师作品	2012-10-21	杭州
226	北京保利	保利第20期 瓷器 清韵民风－近代及民国瓷器专场	2012-10-23	北京
227	北京保利	保利第20期 瓷器	2012-10-23	北京
228	北京保利	保利第20期 瓷器 镂冰锁云－山水堂藏玉及私家藏玉器烟壶专场	2012-10-24	北京
229	北京保利	保利第20期 工艺品	2012-10-25	北京
230	上海嘉泰	灵脉栖珍专场	2012-10-25	上海
231	上海道明	盛世精粹	2012-10-25	上海
232	上海道明	古董珍玩	2012-10-25	上海
233	上海道明	古代书画	2012-10-25	上海
234	上海嘉泰	艺道乘物专场	2012-10-26	上海
235	上海嘉泰	文房雅具专场	2012-10-26	上海
236	上海驰翰	第8届 书画文玩专场	2012-10-27	上海
237	中国嘉德	盛世佛缘－金铜佛造像精品	2012-10-28	北京
238	中国嘉德	元雨轩藏珍	2012-10-28	北京
239	中国嘉德	名表 珠宝翡翠	2012-10-28	北京
240	北京诚轩	瓷器工艺品	2012-10-28	北京
241	福建东南	寿山石雕精品专场	2012-10-28	福州
242	福建东南	寿山石雕珍品夜场	2012-10-28	福州
243	福建东南	田黄珍品专场	2012-10-28	福州
244	福建东南	当代工艺精品专场	2012-10-28	福州
245	中国嘉德	古芳－玉器及文房雅玩（二）	2012-10-29	北京
246	中国嘉德	古芳－玉器及文房雅玩（一）	2012-10-29	北京
247	中国嘉德	天字十七号－乾隆御制宝腾腰刀	2012-10-29	北京
248	中国嘉德	澄怀观物－明清古典家具	2012-10-29	北京
249	中国嘉德	丽质华堂－陈丽华女士捐赠珠宝及复制清代宫廷家具	2012-10-29	北京
250	中国嘉德	瓷器 工艺品	2012-10-29	北京
251	中国嘉德	赋彩徵祥－清代瓷器精选	2012-10-29	北京
252	北京保利	保利第20期 来仪－古代书画	2012-10-29	北京
253	中国嘉德	可石怡情－现代国石臻品	2012-10-30	北京

场次	拍卖机构	专场名称	拍卖时间	地点
254	中国嘉德	清宁－金石篆刻艺术	2012-10-30	北京
255	中国嘉德	忆梅庵长物－罗寄梅夫妇七十年珍藏	2012-10-30	北京
256	中国嘉德	紫泥春华－近现代紫砂臻品	2012-10-30	北京
257	中国嘉德	紫泥攻玉－宜陶古器遗珍	2012-10-30	北京
258	中国嘉德	近现代陶瓷	2012-10-30	北京
259	北京保利	保利第 20 期 合璧－同一藏家	2012-10-30	北京
260	北京华辰	瓷器玉器工艺品	2012-10-30	北京
261	北京华辰	袖里乾坤－亚洲重要私人收藏鼻烟壶专场	2012-10-30	北京
262	北京中汉	瓷器工艺品	2012-10-30	北京
263	北京中汉	古美术文献撷英	2012-10-30	北京
264	中国嘉德	古籍善本	2012-10-31	北京
265	北京华辰	古美术文献专场	2012-10-31	北京
266	北京华辰	百年启功－纪念启功先生诞辰一百周年专场	2012-10-31	北京
267	北京东正	寄闲楼珍藏－中国古代动物玉雕专场	2012-10-31	北京
268	北京东正	皇家长物－宫廷艺术专场	2012-10-31	北京
269	北京东正	中国古董珍玩专场	2012-10-31	北京
270	佳士得	重要中国瓷器及工艺精品	2012-11-6	伦敦
271	苏富比	重要中国瓷器及工艺品	2012-11-7	伦敦
272	苏富比	清廷珍宝私人收藏	2012-11-7	伦敦
273	苏富比	汤普森伉俪陶瓷收藏	2012-11-7	伦敦
274	佳士得	中国瓷器、工艺精品及纺织品	2012-11-9	伦敦
275	邦瀚斯	璀璨八垓－私人珠宝珍藏	2012-11-23	香港
276	邦瀚斯	瑰丽珠宝及翡翠首饰	2012-11-23	香港
277	保利香港	保利香港 珠宝 钟表	2012-11-24	香港
278	北京诚轩	纸币	2012-11-24	北京
279	邦瀚斯	Paul Braga 珍藏鼻烟壶	2012-11-24	香港
280	邦瀚斯	恒光彻耀 –Harold E. Stack 珍藏玉器	2012-11-24	香港
281	邦瀚斯	朴韵素心－北美私人珍藏竹雕与清玩	2012-11-24	香港
282	邦瀚斯	中国古董瓷器及工艺精品	2012-11-24	香港
283	保利香港	保利香港 中国古董珍玩	2012-11-25	香港
284	北京荣宝	江苏工艺和田籽玉精品专场	2012-11-25	北京
285	北京荣宝	古董文玩专场	2012-11-25	北京
286	北京荣宝	珠宝、钟表及烟斗专场	2012-11-25	北京
287	北京诚轩	古钱 银锭 机制币	2012-11-25	北京
288	北京诚轩	邮品	2012-11-26	北京
289	佳士得	中国古代书画	2012-11-26	香港
290	佳士得	瑰丽珠宝及翡翠首饰	2012-11-27	香港

场次	拍卖机构	专场名称	拍卖时间	地点
291	佳士得	精凝简练－美国私人收藏家珍藏中国家具	2012-11-28	香港
292	佳士得	千文万华－李氏家族重要漆器珍藏(III)	2012-11-28	香港
293	佳士得	重要中国瓷器及工艺精品	2012-11-28	香港
294	北京歌德	金玉溢彩－珠宝工艺品专场	2012-12-1	北京
295	北京歌德	艺林拾萃 II －古董珍玩专场	2012-12-1	北京
296	北京歌德	盛世佳椠－古籍文献专场	2012-12-1	北京
297	北京保利	物华天宝－邮品钱币铜镜专场	2012-12-2	北京
298	北京歌德	气韵烟霞－中国古代书画专场	2012-12-2	北京
299	北京古天一	清玩聚珍	2012-12-2	北京
300	北京古天一	书带留香	2012-12-2	北京
301	北京古天一	松烹清流	2012-12-2	北京
302	北京保利	中国当代高端工艺品－紫砂壶	2012-12-3	北京
303	北京保利	乾隆御制翡翠雕辟邪水丞，宫廷艺术与重要瓷器工艺品	2012-12-5	北京
304	北京保利	科技古董	2012-12-5	北京
305	北京保利	"一色，一切色"－清瓷颜色釉别裁	2012-12-5	北京
306	北京保利	大明·格古	2012-12-5	北京
307	北京保利	石色天享 -- 名贵珠宝与翡翠	2012-12-5	北京
308	北京保利	"有感于斯文"－宫廷逸趣与诗、书、画、印	2012-12-5	北京
309	北京匡时	"雕镂方直"－香道具专场	2012-12-5	北京
310	北京匡时	瓷玉工艺品专场	2012-12-5	北京
311	北京匡时	"坤宁清漪"－官造珍玩专场	2012-12-5	北京
312	北京匡时	"可以清心"－茶道具专场	2012-12-5	北京
313	北京保利	"茶熟香温"－紫砂茗具与金银汤沸	2012-12-6	北京
314	北京保利	中国鼻烟壶	2012-12-6	北京
315	北京保利	中国金铜佛造像	2012-12-6	北京
316	北京保利	"放鹤居"藏文房四事"紫案焚香"－私家藏文房精品	2012-12-6	北京
317	北京保利	中国古典家具	2012-12-6	北京
318	北京保利	"新月雅集"－晚清民国文人瓷绘与现当代艺术陶瓷	2012-12-6	北京
319	北京保利	古籍文献名家翰墨、西文经典、影像及艺术品图书	2012-12-6	北京
320	北京保利	"广韵楼"藏珍贵古籍善本	2012-12-7	北京
321	北京保利	中国古董珍玩	2012-12-7	北京
322	北京匡时	"萃臻瓷韵"－近现代及当代瓷专场	2012-12-7	北京
323	北京匡时	茗注秋香－古代及近现代紫砂专场	2012-12-7	北京
324	北京匡时	古美术文献专场	2012-12-7	北京
325	北京翰海	中国玉器	2012-12-8	北京
326	北京翰海	紫瓯凝香－紫砂艺术	2012-12-8	北京
327	北京翰海	天赐巧琢－石艺术	2012-12-8	北京

场次	拍卖机构	专场名称	拍卖时间	地点
328	北京翰海	古籍善本	2012-12-8	北京
329	北京翰海	美术文献	2012-12-8	北京
330	北京翰海	璀璨雅蕴 - 珠宝翡翠	2012-12-8	北京
331	北京翰海	明点－金铜佛像	2012-12-9	北京
332	北京翰海	金粟神光 II －比利时私人珍藏佛造像	2012-12-9	北京
333	北京翰海	澄空鉴水－铜镜	2012-12-9	北京
334	北京翰海	古董珍玩	2012-12-9	北京
335	北京九歌	瓷杂及文房清玩专场	2012-12-12	北京
336	北京九歌	鼻烟壶专场	2012-12-12	北京
337	北京九歌	北美新加坡藏家鼻烟壶专场	2012-12-12	北京
338	北京九歌	明清瓷器专场	2012-12-12	北京
339	北京九歌	茶具寿山石专场	2012-12-12	北京
340	北京永乐	茶－ 明清瓷器、工艺精品及古美术文献	2012-12-15	北京
341	北京永乐	逸居长物	2012-12-15	北京
342	北京传是	古董珍玩	2012-12-16	北京
343	北京传是	"紫玉金砂" 一宜兴紫砂专场	2012-12-16	北京
344	北京中汉	犹珍 13 －中国古代瓷珍暨工艺品残器专场拍卖会	2012-12-17	北京
345	上海泓盛	嘤鸣和秋－瓷器工艺品	2012-12-22	上海
346	上海泓盛	澄空鉴水－铜镜专场	2012-12-22	上海
347	上海泓盛	清韵羽格－现当代瓷艺专场	2012-12-22	上海
348	上海泓盛	腾上春台－宫廷瓷器精品专场	2012-12-22	上海
349	澳门中信	书画 银币 陶瓷 玉器 杂项	2012-12-28	澳门

图书在版编目（CIP）数据

2013中国艺术品拍卖年鉴．玉器／《拍卖年鉴》编辑部编著．
--北京：北京联合出版公司，2013.3
ISBN 978-7-5502-1396-8

Ⅰ.①2… Ⅱ.①拍… Ⅲ.①艺术品－拍卖－价格－
中国－2013－年鉴②古玉器－拍卖－价格－中国－2013－
年鉴 Ⅳ.①F724.787-54

中国版本图书馆CIP数据核字(2013)第052301号

2013中国艺术品拍卖年鉴
玉器

项目策划 紫圖圖書 ZITO®
丛书主编 黄利 监制 万夏

编　　著 《拍卖年鉴》编辑部
编　　审 赵友厚
责任编辑 张萌
特约编辑 张耀强 安莎莎 陈蕊
吴旭博 牛峥 林玲
装帧设计 紫圖裝幀
封面设计 紫圖裝幀

北京联合出版公司出版
（北京市西城区德外大街83号楼9层 100088）
北京瑞禾彩色印刷有限公司印刷 新华书店经销
230千字 787毫米×1092毫米 1/16 37.5印张
2013年4月第1版 2013年4月第1次印刷
ISBN 978-7-5502-1396-8
定价：199元

精品畅销书出版专家

BEIJING ZITO BOOKS CO., LTD.

ZITO 全球拍卖年鉴系列

◎ 中国唯一最全面、权威的拍卖年鉴大全

定价：199元

定价：199元

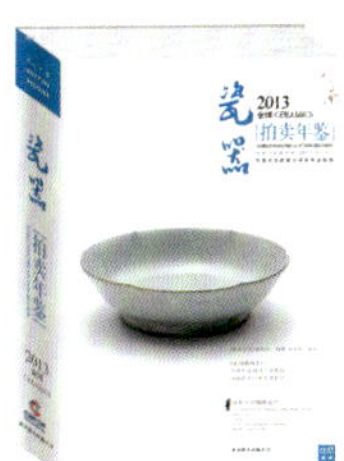

定价：199元

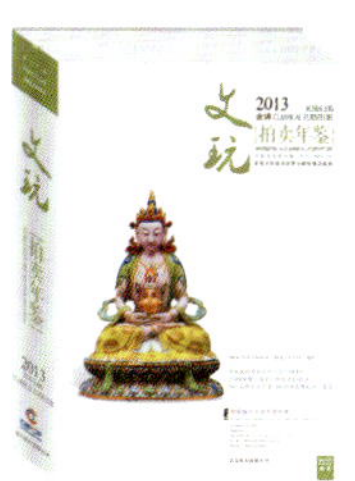

定价：199元

定价：199元

ZITO 中国第一奢侈品图书品牌"名牌志"系列

◎ 提供全球最经典、最奢华、最值得购买珍藏的名品市场价格和全球购买方法指导

定价：99元

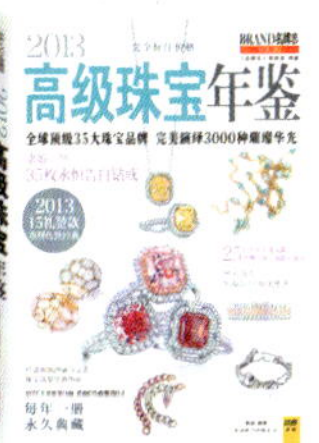

定价：199元

定价：128元

定价：99元

定价：99元

定价：99元

定价：99元

定价：99元

定价：99元

定价：99元

定价：159元

定价：99元

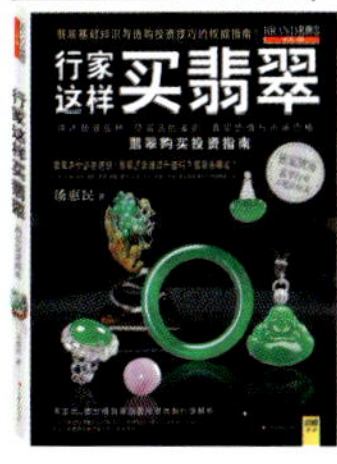

定价：128元

定价：199元

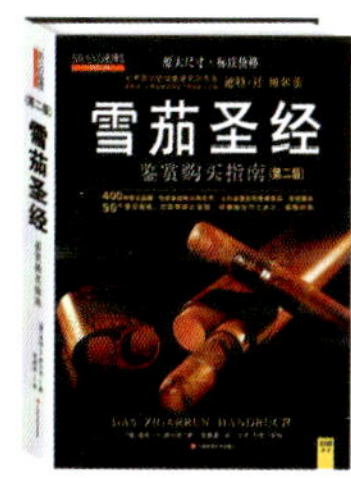

定价：399元